先秦諸子思想의 哲學的 摸索

심 우 섭

이회

머리말

中國 古代에 있어서 사상이 가장 발달한 시대는 春秋戰國시대로 볼 수 있다. 춘추시대는 12諸侯國이 서로 다투던 시대로서 孔子를 비롯한 老子와 같은 인물이 각자 자기의 사상을 주장했고, 전국시대로 접어들면서는 墨家流가 등장하였다. 그리고 전국시대는 7국이 서로 싸우던 때이다. 이 시기에는 孟子·莊子·韓非子와 같은 인물들이 등장하여 자기의 사상을 주장하였던 것이다. 춘추전국시대에 자기의 사상을 주장하던 사상가들을 총망라해서 諸子百家라 불렀던 것이다.

史家 가운데 제자백가의 분류를 맨 처음 시도한 인물은 사마담(기원전 110년에 죽음)이었다. 그는 《사기》를 찬술한 司馬遷의 아버지이다. 사마천은 아버지의 6家 분류에다가 陰陽家, 儒家, 墨家, 名家, 法家, 道德家의 6개 유파에 대한 것을 좀 더 상세하게 분류, 설명하였다. 그리고 역사가 유흠(기원전 46~기원후 23)은 제자백가를 모두 10가로 분류했는데 10가 중 6가는 사마담의 찬술과 동일하며 남은 4가지가 縱橫家, 雜家, 農家, 小說家이다.

위와 같이 유흠이 제자백가를 모두 10가로 분류하였다. 필자는 춘추전국시대 때 정치적으로나 윤리적으로 크게 영향을 줄 수 있었던 儒家, 墨家, 道家, 法家 學派로 국한하고 각 학파별로 대표 인물을 설정하여 그들의 철학 사상을 구명하기로 한다.

儒家流에는 공자, 맹자, 순자의 철학 사상, 墨家流에는 묵자의 철학 사상, 道家流에는 노자, 장자의 철학 사상, 法家流에는 관자, 열자, 한비자 철학 사상 등을 재조명하기로 한다.

古典에 '德이 本이요 財가 末'이라 했는데 오늘날은 本末이 전도되어 物質主義, 崇金主義, 拜金主義로 흘러 인간의 바람직한 明德인 인간성을 상실하게 되었다. 이로 인하여 사람마다 實利 至上主義만을 주장하게 되어 바람직한 인간 가치관을 상실하게 되었던 것이다. 오늘날 인간의 바람직한 가치관을 확립하는데 본 저술은 청량제 역할을 할 수 있으리라 믿는다.

이와 같은 관점에서 先秦 諸子들의 가치문제를 재조명함으로써 현대적 의미를 규명하려는데 연구목적과 필요성을 가진다.

본서는 본인이 선진제자 사상에 관련하여 학회지 및 연구소에 발표한 수편의 논문을 보완·수정한 논문과 새롭게 쓴 논문을 추가하여 한 권의 책으로 엮은 것이다. 그리고 각 장마다 결론에서 현대적 의미를 찾아보았다. 이를 위하여 춘추전국시대의 사상을 철학적으로 모색한 것이다. 이러한 생각에서 한권의 책으로 세상에 내놓은 바이다.

본서의 출판을 흔쾌히 맡아 주신 이회문화사에 감사를 드리며, 그 동안 원고 정리로부터 출판에 이르기까지 각종 잡무를 도맡아 봐준 이주미 선생에게도 고마움을 표하는 바이다.

2004. 5.
성신여자대학교 수정관 연구실에서
심 우 섭

목 차

제 4 장. 法家類

제 1 장
儒 家 類

孔子의 政治哲學思想*

Ⅰ. 序 論

사상 정치사역상은 그 시대의 정치 및 사회 상황에 따라 각기 다른 방법으로 모색되어 졌다는 것을 쉽게 알 수 있다. 이를테면 플라톤(platon)의 『국가론』은 고대희랍에 있어서 도시국가의 쇠망기의 상태를 고찰하지 않고서는 잘 이해할 수 없으며, 토머스 모어의 『유토피아(utopia)』도 영국에 있어서의 농경기로부터 유축농업기로 전환된 사회적 불안을 배경으로 한 것임을 알 수 있다. 그러므로 공자의 정치철학사상도 중국의 사회적 혼란시기를 극복하기 위하여 仁政 곧 民本에 입각한 덕본주의사상을 주장하게 된 것이다.

*이 논문은 1990년도 성신연구논문집 제30집에 게재되었음.

특히 오늘날 배금주의, 물질만능주의가 만연되고, 과학 문명의 발달로 기계화의 현상과 조직의 다양화의 현상은 마침내 우수한 기계와 물질은 얻을 수 있었으나, 인간성 소외 현상으로 참다운 인간가치는 상실하게 되었다. 그러므로 이 같은 사회적 정치적 여러 가지 갈등을 해소하기 위해서는 고래로부터 면면히 전해온 공자의 인도주의에 입각한 정치철학사상이 절실히 요청되고 있는 것이다.

원래 '德者 本也 財者 末也'라 하였는데 현대에 와서는 '財者 本也 德者 末也'라 하는데 모순을 나타내고 있다. 이로 말미암아 사회인심은 점차 각박해 지고, 윤리도덕은 날이 갈수록 희박해지게 되므로 상호간에 불신풍조가 만연하게 된 것이다.

이 같은 시점에 공자의 정치철학사상의 핵심이 덕본주의 사상이 재조명되어야 하겠고, 또한 우리나라의 전통사상으로 내려온 공자의 民本, 德本主義思想에 입각해서 오늘날 민주주의가 정립되어야만 안정된 사회가 구축될 수 있으리라 믿는다.

이 같은 취의를 살려 먼저 공자의 정치사상의 배경을 살펴본 후 그의 정치사상의 구조 및 구현을 구명한 다음 현대적 의의를 찾아보고자 한다.

Ⅱ. 孔子 政治思想의 背景

공자가 생존했던 춘추말기는 衰世로 周나라 왕실은 이미 쇠퇴하여 천자는 다만 虛名만을 가졌을 뿐 제후를 통어할 수 없었다. 열국의 제후들은 또한 언제나 실력 있는 귀족의 제어를 받았으며 서로 다투고 각국의 귀족은 난을 일으켰다. 이리하여 사회질서를 유지하고 있던 禮制나 규범은 붕괴되고 날로 사라져 백성들은 도탄에 빠지고 온 세상은 무질서 상태로 들어가 버렸다. 이러한 때를 당한 공자는 마침내 보편적 질서를 세워 질서 있는 사회로 전환할 것을 자기의 임무로 생각하였다.[1]

그렇다면 공자의 德을 중심으로 한 정치사상은 언제부터 배태되기 시작한 것인가? 아마도 중국문화가 어느 정도 체제를 갖추고 정치적 양상을 갖춘 시대는 지금부터 약 4300여 년 전, 즉 二帝時代부터라고 추정 할 수 있다.

書經에 의하면 "皇帝는 漢民族을 이끌어 국토를 평정하고 봉건제도의 기초를 확립하여 관직, 의관을 정하고, 문학, 음악을 비롯하여 양잠술의 발명, 역법의 개선 등에 주력하여 유목시대로부터 농경시대로 들어온 것이다."라고 하였고, 또 "堯는 근검하여 백성을 잘 통치했을 뿐만 아니라, 지방제도의 토대를 확립하고 그 위에 역법의 기초를 공고히 하였다. 그래서 그를 聖人이라고 부르는 것은 바로

---

1) 『中國哲學史(古代篇)』, 勞思光著, 鄭仁在譯, 探求堂, 1986, 서울, p. 61. 參照.

이 같은 공적에 있는 것이다."[2]라고 한다. 또 書經에 "堯
는 舜의 현명함을 듣고 그를 민간에서 발탁하여, 그에게
양위하였고, 舜은 중앙집권제를 실시하여 제후에게 율령제
를 반포하고 문자를 사용하여 시가·음악을 교육하였다."[3]
고 한다. 그리고 또 書經에 요순은 덕으로서 백성을 다스
려 이상세계를 이룩한 업적을 기록하고 있다.

또 舜임금 뒤를 계승한 禹임금 시대에는 洪範九疇思想이
나왔던 것이다. 그것은 中國政治 사상에 중요한 영향을 주
었을 뿐만 아니라, 唐虞三代의 정치사상 내지 도덕사상을
구명하기에 충족한 것이라고 할 수 있다.

洪範의 진의는 大法; 大憲이라는 뜻이며 洪範에는 九疇
가 있으니 九條目이라는 뜻인데 그것은 인간의 修己; 治人
의 도리가 세분되어 있는 것이다. 그 내용은 다음과 같다.

一. 五行 : 火. 水. 木. 金. 土.
二. 五事 : 貌. 言. 視. 聽. 思.
三. 八政 : 食. 貨. 祀. 司空. 司徒. 司寇. 賓. 師.
四. 五紀 : 歲. 月. 日. 星辰. 曆數.
五. 皇極 : 皇建. 其有極.
六. 三德 : 正直. 剛克. 柔克.
七. 稽疑 : 卜. 筮.
八. 庶徵 : 雨. 暘. 燠. 寒. 風. 時.
九. 五福 : 壽. 富. 康樂. 修好德. 考終命.
　　六極 : 凶短折. 疾. 憂. 貧. 惡. 弱.

---

2) 『書經』 '堯典' 參照.
3) 『書經』 '舜典' 參照.

九疇中에서 제일 중요하게 취급하는 것이 第五의 皇極이다. 皇은 大, 極은 中이라는 뜻으로 '大中', '至正'의 의미를 가지고 통치자가 人民을 敎導하는 근본을 정하는 것이 皇極이라 한다. 즉 천하 만민이 함께 실행해야 할 바른 道를 정하는 것이 建用皇極이다. 그것을 洪範에서 왕은 항상 공평무사한 태도로 인민을 통치해야 함을 설명하기를

"왕은 누구에게도 치우치지 아니하고 공평무사한 태도로 임금의 의로움을 좇으며, 혼자 좋아함을 하지 아니하여 임금의 道를 좇으며, 혼자 미워함을 하지 아니하여 임금의 길을 좇으리다. 비뚤어짐이 없으며 不公함이 없으면 임금의 道가 廣遠하며 비뚤어짐이 없으면 임금의 道가 平易하며 돌이킴이 없으며 기울어짐이 없으면 임금의 道가 정직하리니, 그 極에 따르는 이를 모으면 그 極에 돌아오리이다."4)하여 왕은 누구에게도 치우치지 아니하고 공평무사한 태도를 갖춘다면 王道는 순조롭게 실행 될 수 있음을 시사한 것이다. 이것은 천자가 천하의 백성을 통치함에 있어서 不偏不倚하고 無過不及인 中庸之治를 실행할 것을 敎道한 것이라 볼 수 있다.5) 孔孟의 왕도주의사상도 또한 홍범사상에 영향된 것이라고 할 수 있다.

그리고 堯가 舜에 천하 정치를 양여할 때 "人心惟危 道心惟微 惟精惟一 允執厥中"6)이라고 하였으니 唐虞三代의

---

4)『書經』'周書 : 洪範', "無偏無陂 遵王之義 無有作好 遵王之道 無有作惡 遵王之路 無偏無黨 王道蕩蕩 無黨無偏 王道平平 無反無則 王道正直 會其有極 歸 其有極".
5)『中庸』序文 "允執厥中者 堯之所以授舜也".

정치사상에서 中庸之治를 중요시했음을 알 수 있다. 允執厥中의 中은 隨時處中을 말하는 것으로 何時를 막론하고 極端에 치우치는 일이 없이 항상 中正의 大本原理에 의하여 그때그때 알맞게 처리한다는 의미이다. 이와 같은 사상이 唐虞三代로부터 존재하고 있었다고 본다면, 공자의 정명사상이나 맹자의 왕도사상도 여기서 연유된 것이라고 할 수 있다. 또한 덕치주의사상도 唐虞時代로부터 중시되어 왔다.[7]

洪範중에서 三德을 正直, 剛克, 柔克이라 하고, 또 『書經』 大禹謨篇篇에 "惟和正德 利用厚生"이라 하였으니, 三德에 대해서는 여러설이 있으나, 모든 인군이 갖추어야 할 덕목으로서 三德을 잘 조화하여 施政해야만 덕치주의가 실현될 수 있음을 말해주고 있다.

또 중국철학사상의 핵심을 이루고 있는 天命觀을 살펴본다면, 唐虞三代에는 天을 경외하고 天을 신격화하여 상제 또는 천제라 하였다. 이것은 대개 자연숭배의 사상이 발전하여 관념화된 것이라 볼 수 있고, 홍범의 第九條目에 '考終命'은 바로 천명사상을 나타낸 것이라 할 수 있다.

이와 같이 唐虞三代에는 天을 전지 전능한 인격신으로서 만물의 창조자요 주재자로 天을 외경하였던 것이다.[8] 중세 근세의 천인합일론의 天觀도 고대의 天思想을 배경으로 성립된 것임을 주의해 보아야 할 것이다. 그러나 공자의

---

6) 『中庸章句』 序文.
7) 『書經』 '堯典', "克明俊德. 以親九族. 九族旣睦 平章百姓. 百姓昭明 協和萬邦. 黎民於變 時雍".
8) 『先秦政治思想史』, 梁啓超, 前論 第二章 參照.

천명사상은 하나의 자연종교의 대상으로 생각하기 보다는 인간존재의 당위성을 중시하여 윤리 도덕의 근저로 생각했던 것이다. 즉 天道를 이어 人極을 세운다는 것이다. 그러므로 인간은 누구나 修己를 위하여 誠之하고 又誠之하면 天道와 합일 될 수 있다는 천인합일사상으로 발전했던 것이다. 그래서 공자는 천인합일의 경지에 도달한 內聖外王으로서의 위정자를 요청하고 있으며, 그로 하여금 人民을 통치할 때 원만한 정치가 이루어져서 이상사회가 구현될 수 있음을 시사한 것이다.

이상에서 논술한 바와 같이 唐虞三代의 사상을 배경으로 하여 공자의 정치사상이 배태되었고, 따라서 유가의 정치사상도 구축되었다 할 수 있다.

Ⅲ. 孔子 政治思想의 構造

공자는 周의 봉건제도가 무너져 가기 시작한 춘추시대의 人物이었다. 그 당시의 정치를 한 마디로 말한다면 五覇의 覇者政治라고 할 수 있다. 당시 覇者들은 비록 周 왕실의 封爵을 받는 후국들이었지만 周 왕실은 이미 무력해지고 제후들이 강대해져서 각자 세력 신장을 꾀하여 정치적 패권을 잡으려 하였다. 이와 같은 정치적 불안시대에 살았던 공자는 전제정치와 봉건사회로부터 떠나려 했고, 모든 백성들이 정치적 평등을 얻을 수 있도록 노력했던 것이다.

『중용』에서 공자는 "요순을 祖述하고 文武를 憲章으로

한다."9)라고 하였고, 『논어』에서 "그는 청년시대에 周公을 꿈에 자주 보았으나 연로한 후에는 꿈에 나타나지 않는 구나" 하면서 탄식하였다. 또 그는 "周의 문물제도를 夏殷二代에 비교하여 보면 郁郁히 빛나므로 나는 周를 쫓겠노라."10)고 하였다.

이와 같은 사실들로 추론하여 본다면 공자가 생각한 바람직한 인물로는 요순과 周公과 文武王이고 그가 실현하고자 한 정치는 周의 문물제도에 입각한 施政을 바랐던 것이다. 또 공자는 정치에 있어서 옛 것만을 고수할 것이 아니라 시대의 변천에 따라서 문물제도를 가감하여 그 시대에 알맞게 할 것을 주장하였다. 그리고 그는 정치의 선결조건으로 정명 즉 대의명분을 엄격히 밝혀야만 한다고 주장하였다.

위와 같은 공자의 정치이념을 살려서 다음으로 正名思想, 德治主義, 經濟政策 순으로 논술하고자 한다.

1. 孔子의 正名思想

공자는 그 당시 사회질서의 붕괴를 바로 잡아 질서 있고 안정된 사회를 이룩하는데 가장 긴요한 것이 이른바 正名 즉 대의명분을 확립하는 것이라 했다.

『논어』에 "천하에 道가 있으면 예악과 정벌이 천자로부터 나오게 되고, 천하에 道가 없으면 예악과 정벌이 제후

---

9) 『中庸』第30章, "仲尼祖述堯舜 憲章文武".
10) 『論語』'八佾篇', "子曰周監於仁代 郁郁乎文哉 後周".

로부터 나온다."11)라고 하였듯이 공자는 정치질서 붕괴의
주요문제를 권한 침해로 여겼으니, 자연히 정치 질서를 바
로 잡기 위해서는 권한을 침해하지 않는 것을 위주로 삼아
야 한다는 것이다. 이것을 가장 잘 나타낸 것이 공자의 학
설 중 정명사상인 것이다. 공자의 정명의 의의는 『논어』
子路篇에서 쉽게 찾아 볼 수 있다. 공자가 楚나라에서 衛
나라로 돌아오자 공자의 제자인 子路가 "衛君이 선생님을
맞이해서 정치를 하게 한다면 무엇을 먼저 하시겠습니까?"
라는 물음에 "반드시 자기의 개념을 바르게 해야 한다."12)
라고 대답하였으니, 治國을 하는 위정자 자신이 먼저 자기
개념을 바르게 하여 바람직한 자기가치관을 확립할 것을
시사하고 있다. "名(槪念)이 바르지 못하면 말이 순리롭지
못하고, 말이 순리롭지 못하면 일이 성취되지 않고, 일이
성취되지 않으면 예악이 일지 못하며 예악이 일지 못하면
형벌이 得中하지 못하고, 형벌 得中하지 못하면 백성은 手
足 둘 곳이 없게 된다. 그러므로 군자는 명분을 세우면 반
드시 말을 할 수 있고 말을 하면 반드시 실천할 수 있다.
군자는 그 말에 구차스러움이 없게 할 뿐이니다."13) 하였
으니, 위정자는 자기에게 주어진 개념이 정립된 뒤에 모든

---

11) 『論語』 '季氏篇', "天下有道則禮樂征伐自天子出 天下無道則禮樂征伐
   自諸侯出".
12) 『論語』 '子路篇', "子路曰衛君待子而爲政 子將奚先 子曰必正名乎".
13) 『論語』 '子路篇', "名不正則言不順 言不順則 事不成 事不成則 禮樂
   不興 禮樂不興則 刑罰不中 刑罰不中則 民無所措手足 故君子名之必
   可言也 言之必可行也 君子於其言 無所苟而已矣".

명분이 바로 선다는 것이다. 그러므로 위정자는 正名이 治國의 선행요소가 됨을 말한 것이다.

荀子도 正名篇에서 "왕된 자가 名을 제정하여 名이 정해지면 보물이 분별되고 올바른 道가 행해질뿐 아니라 뜻도 통하게 되며 백성들을 다스림에 신중을 기하게 되고 백성들로 하여금 한결같은 생각을 가지게 할 수 있다. 그러므로 말을 분석하여 자기 생각대로 말을 만들게 되면 정명을 혼란케하고 백성들이 의혹을 갖게 될 뿐만 아니라, 많은 논쟁과 소송을 함께 갖게 될 것이다."14)라고 하였다.

이 같은 正名의 내용은 공자의 정명사상과 같은 의미를 지니고 있는 것으로서, 개념이 올바르게 선 연후에 위정자가 백성을 용이하게 통치할 수 있음을 말하고 있는 것이다.

공자의 정명사상에 대한 명확한 정의는 齊景公과의 정사에 관한 문답 속에서 찾아 볼 수 있다. 즉 齊景公이 공자에게 정사의 도리를 물음에 "임금은 임금으로서의 도리를 다하고, 신하는 신하로서의 도리를 다하고 아버지는 아버지로서의 도리를 다하고, 아들은 아들로서의 도리를 다해야 한다."15)는 것을 설파한 것이다.

이 같은 말은 간이하지만 그 말의 개념이 제정되고 인간관계에 있어서 참된 자기본분을 다하고 대의명분이 확립될

---

14) 『荀子』 '正名篇', "王者之制名　名定而實辨　道行而志通則愼率民而一焉　故折辭擅作名　以亂正名　使民疑惑　人多辯訟　則謂之大姦　其罪猶符節度量之罪也".
15) 『論語』 '顔淵篇' "君君　臣臣　父父　子子".

때 비로소 治國이 실현될 수 있음을 말한 것이다. 또한 그 당시 勸分혼란의 현상을 正名으로써 勸分을 정하여 통일된 질서 속에서 사회의 안정을 꾀하려 한 것이다. 그래서 齊景公은 "좋습니다. 진실로 만일 임금이 임금 노릇을 못하며, 신하가 신하 노릇을 못하며, 아버지가 아버지 노릇을 못하며, 자식이 자식 노릇을 못한다면, 비록 곡식이 있은 들 내 그것을 먹을 수 있겠습니까?(善哉 信如 君不君 臣不臣 父不父 子不子, 雖有粟 吾得而食諸?)"라 하였으니 공자의 정명사상은 그 당시 정치사상의 핵심을 말한 것이다.

2. 孔子의 德治主義

공자의 덕치주의사상을 논하기 전에 덕의 의의를 살펴보기로 하겠다.

說文에 德子의 의의에 대해서 "德者, 升也"라 하여 "올라가는 것"을 말하였고, 殷玉裁는 이것을 풀이하여 "得者와 같은 의미로서 전진이라든가 승한다는 字이다."라고 하였고 또 『논어』 爲政篇에 주자가 설명하기를 '德之爲言 得也'라 하였고, 樂記에도 '德者 得也'라 하였다. 주자의 論語註釋에 의하면, "道를 행함으로써 마음에 얻음이 있다."[16]라 하여 得心과 得身을 말하였으니 德을 得으로 보았던 것이다.

이와 같이 인간은 누구나 자기내면의 성실한 자기가치관을 확립했을 때 虛靈不昧한 內的 明德이 외적으로 발로되

---

16) 『論語』 '爲政篇'. 註釋, "行道以有得於心也 行道以有得於身也".

어 타인의 매력을 가지게 되는 것이다. 이같이 다른 사람에게 매력을 가지게 되고 호감을 가지게 될 때, 자기 몸이 높아지고, 인격이 나아가는 것이다. 결국 得心, 得身하게 되는 것이다.

이와 같이 인간은 수신과 수양을 쌓을수록 人道가 나아가고 덕망이 높아져서 다른 사람들로 하여금 매력을 얻게 되는 것이다. 그래서 설문에 '外得於人 內得於己'[17]라 하여 "밖은 사람에게서 얻고 안은 자기에게서 얻는다."라 하였으니 德을 內와 外로 보았던 것이다. 여기에서 內得於己 인간의 주체로서 盡己之心과 같은 내면적 덕이요 存心이라 하겠고, 外得於人은 객체로서 推己以及人과 같은 외면적 덕이라 볼 수 있다. 내면적 덕은 아직 발현되지 않은 상태로서 尊德性이요 所以然之理로 볼 수 있고, 외면적 덕은 내면의 덕이 問學을 통하여 발동되어 그 마땅함을 얻게 되는 것이라 하겠다.[18] 즉 내면의 덕은 未發의 中으로 君臣, 父子, 夫婦, 長幼, 朋友와 같은 인간의 상호간에 항상 존재하는 所以然之理로서 외물에 접하면, 義, 親, 別, 序, 信의 行德之理가 나타나게 되는데 이것을 외면의 덕이라 볼 수 있다. 마치 『중용』의 中과 和의 관계와 같다고 볼 수 있다.[19] 여기에서 中에 해당되는 것은 義, 親, 別, 序,

---

17) 段玉裁는 이 말을 顚倒하여 '內得於己 外得於人'이라 하여 안에서 내가 얻는 것은 心身에 自得하는 것이요, 밖에서 남에게 얻는 것은 은혜가 남에게 미쳐가서 다른 사람이 고맙게 생각하는 것이라 했다.
18) 『大學』 序文 小註 參照.

信이 우리의 마음속에서 발현되지 않은 道之體를 말하는
것이라면, 和는 義, 親, 別, 序, 信이 발현하여 君臣之義,
夫婦之別, 長幼之序, 朋友之信으로 되는 道之用으로 볼 수
있다. 즉 德을 설명상 內, 外 또는 體用으로 나눌 수 있으
나 결국 이원적 일원화하여 한 개인의 가치관이 외부로 노
출된 것이라고 볼 수 있다. 그래서 中庸에 "天下의 達道五
所以行之者三, 曰君臣也, 父子也, 昆弟也, 朋友也, 五者 天
下之達道也, 知, 仁, 勇, 三者 天下之達德也 所以行之者一
也"20)라 하였으니, 達德三者인 知, 仁, 勇은 인간의 所以
然之理인 내면적 덕이요, 達道五者는 인간의 所當然으로서
외적으로 나타나는 덕이라 볼 수 있다. 이것은 내면적 達
德과 외면적 達道가 眞實無妄하고 純一無雜한 자기 성실성
에서 內와 外가 이원적이면서 일원론화 되어 자기 덕이 구
현됨을 찾아 볼 수 있다. 즉 中和之德이 조화를 이루고 통
일성을 이루는 것이다. 그래서 『중용』에 "큰 덕을 가진 자
는 반드시 그 지위를 얻고 반드시 그 작록을 얻으며, 반드
시 그 명성을 얻고 반드시 장수한다."21)고 하였으니, 이
같은 것을 덕치주의의 이념에 비추어 볼 때 聖人의 德으로
內德과 外德이 합일된 중용의 德을 현시한 것이라 볼 수
있고, 또한 위정자에 적용하게 되면 中和의 道가 정치, 사

---

19) 『中庸』第1章, "喜怒哀樂未發 謂之中 發而皆中節 謂之和 中也者 天
下之大本也 和也者 天下之達道也".
20) 『中庸』第20章.
21) 『中庸』第30章, "大德 必得其位 必得其祿 必得其名 必得其壽 故天
之生物 必因其材而篤焉".

회에 발현되어 덕치주의가 極政에 이르게 될 것이다. 그래서 공자는 위정자의 본령은 덕치에 있음을 강조하여 "군자의 덕은 風이요, 小人의 덕은 草라. 草 위에 바람이 스치면 반드시 풀이 쓰러질 것이다."[22]라 하였으니 위정자는 군자의 덕을 갖추고 난 연후에 治人해야 함을 나타낸 말이다. 또 공자는 위정자 본령이 덕치에 있음을 강조하여 백성들에게 政(法)으로 통치함을 지양하고, 덕으로 통치할 것을 시사한 것이다. 공자는 위정자가 淸正하고 진실한 자기 가치관을 가지고 정치에 임할 것을 말하여 "그 자신이 淸正無雜하면 令을 내리지 아니해도 행하여지고 그 자신이 바르지 못하면 비록 명령을 해도 따르지 않는다."[23]라고 하였으니, 항상 통치자는 백성을 다스리는 자세가 淸正無雜하고 眞實無妄한 中正의 道에 부합해야 함을 말한 것이다. 그리고 공자는 哀公의 問政에 "곧은 것을 들어서 굽은 곳에 놓으면 백성들이 복종하고 굽은 것을 들어서 곧은 곳에 놓으면 복종하지 않는다."[24]라고 답하여 위정자 자신의 정직성과 진실성을 강조한 것이다. 위정자 자신이 不偏不倚하고 過不及이 없는 중용의 道를 감행할 때 자연적으로 백성들에게 덕치주의가 실현될 수 있음을 말하는 것이다. 그러므로 季康子가 공자에게 정치를 물었을 때, 공자는 "政은 正이라. 그대가 솔선 몸을 바르게 가지면, 누가 감히 바

---

22) 『論語』 '顔淵篇', "君子之德風 小人之德草 草上之風 必偃".
23) 『論語』 '子路篇'.
24) 『論語』 '爲政篇'.

르게 행하지 아니하리오."25)라고 답했다. 이것은 바로 위정자 자신이 자기의 개념을 바르게 하여 통치에 임하게 되면 그 덕에 감화되어 만백성들도 자기의 개념을 바르게 하게 된다는 말로서 바로 공자의 정명사상을 통치에 적용해야 함을 시사한 것이다. 그러므로 정치의 본령을 덕에 바탕을 두고 있는 위정자는 "그 자신이 바르면 명령을 내리지 않아도 행하여지고, 그 몸이 바르지 않으면 비록 명을 내려도 백성은 복종하지 아니한다."26)고 한 것이 바로 이것이다.

　그러면 덕치주의의 이념에 입각한 施政은 如何한가? 그것은 『대학』의 三綱領 八條目에서 그 내용을 찾아 볼 수 있다. 三綱領은 明德, 親民, 至善이고 八條目은 格物, 致知, 誠意, 正心, 修身, 齊家, 治國, 平天下이다. 여기에서 格物에서 修身까지는 修己인 明德에 속하고, 齊家에서 平天下까지는 治人인 親民에 속한다고 볼 수 있다. 위의 修己로서의 明德은 爲政者의 主體로서 治者의 가치관을 말한다. 明明德에 대한 주자의 풀이를 살펴보면 "明德은 인간이 하늘로부터 부여받은 것인데 人欲과 私欲이 배제되고 신령스럽고 어둡지 아니하여 여러 이치(仁義禮智)를 갖추어 만사에 응하는 것이다."27)라고 하였다. 明德은 인성의 본질에 대한 의미로서 인간의 내면적 성실성을 뜻하고 있으

---

25) 『論語』 '顔淵篇'.
26) 『論語』 '子路篇'.
27) 『大學』, 朱子註釋, "明德者 人之所得天而虛靈不昧 以其具衆理而應萬事者也".

며, 心之德으로 공자가 말하는 '仁'28)과 같은 뜻을 간직하고 있다. 또 明德은 『중용』의 '天命之謂性'과 같이 하늘로부터 인간에 부여한 眞實無妄하고 純一無雜한 선의지로 나갈 수 있는 힘을 가지고 있기 때문에, 인간의 주체로서 대상에 대하여 교화시킬 수 있는 능력을 가지고 있다. 그래서 이 같은 明德을 갖춘 사람을 우리는 聖人이라고 부르는데 聖人의 마음은 곧 明德의 마음을 갖추고 있는 자라고 볼 수 있다. 이 같은 明德은 孔子의 仁인 心之德을 표출한 것으로 볼 수 있다. 위정자가 이 같은 眞實無妄하고, 純一無雜하고, 思無邪한 明德의 주체가 확립될 때, 대상인 백성을 새롭게 할 수 있고 교화시킬 수 있는 힘을 발휘할 수 있다는 것이다. 다시 말하면 위정자 자신이 확고한 明德의 주체가 밝혀진 후에 齊家, 治國, 平天下와 같은 治人의 功效가 가능하다는 것이다.

여기에서 주의할 것은 明德으로서 修己와 대상으로서 治人은 두 개의 개념으로 보아서는 아니된다는 것이다. 治人의 기준은 修己에 있고, 修己의 내용은 誠意와 正心에 있으므로 格物과 致知의 바탕을 필요로 한다. 즉 修己는 思誠하고 誠之하여 天道를 향해 '擇善而固執'함으로써 천인합일의 경지에 이르러 聖人이 될 수 있다. 이때 비로소 修己의 주체는 그 구실을 다 할 수 있고, 修己之誠이 修己以及人되어 대상인 治人이 가능할 수 있다고 하겠다. 그러므로 위정자는 꾸준한 노력을 하여 積德하게 되면 주체인 明德

―――――――――――――――――
28) 『孟子』의 人義의 주석에서 仁은 朱子가 '心之德, 愛之理'라 하였다.

과 대상인 親民을 가능케 하는 至善의 경지에 도달하게 된다. 이때 修己와 治人이 합일된 至善이 바로 덕치주의가 실현된 경지라고 볼 수 있다.

다음은 공자의 德本主義와 文化主義와의 관계를 고찰하고자 한다. 공자의 정치관에서 덕본주의는 문화주의에 근저를 두고 있다. 덕본주의는 '政은 正이다'의 의미도 도덕 즉 정치, 정치 즉 도덕의 경지이며 정신인 政教一致主義라 할 수 있고, 문화주의란 억압적, 전제적, 강제적인 것이 배제된 詩, 書, 禮, 樂으로 민중을 교화하려는데 그 의미가 있다. 덕치주의 '政은 正이다'의 뜻을 구체화하는데 그 원리가 있다면, 문화주의는 그 수단방법이라 할 수 있다. 덕본주의와 문화주의는 不可離의 관계에 있음을 알 수 있다.

그러면 문화주의가 如何히 정치에 영향을 주었나 하는 것을 알아 보기로 한다. 공자는 '爲國以禮'29)를 말했다. 治國을 하는데는 질서로서의 예가 필요불가결한 요소임을 말하는 듯하다. 예는 대개 節文과 제도로 크게 나눌 수 있다. 정치제도로서 예를 공자께서 다음과 같이 말하고 있다.

"殷은 夏의 예에 因했으니 덜고 더한 것을 알 수 있고 周는 殷의 예에 因했으니 덜고 더한 것을 알 수 있다. 만일 周를 이을자가 있다면 비록 백세라도 알 수 있을 것이다."30)라 한 것과 "夏의 예를 능히 말할 수 있으나 殷에서

---

29) 『論語』 '先進篇'.

증거할 것은 없고, 殷의 예를 나 능히 말할 수 있으나 宋
에서 증거할 것이 없으니 이는 문헌이 부족한 탓이다."31)
라 한 것이 바로 그것이요, 節文으로 예는 "生事之以禮 死
葬之以禮 祭之以禮"32)라고 한 것이다. 그리고 정치제도로서
예로 '禮讓爲國'33)을 말하였는데 예악이 결여되면 治國이
어려움을 말하고 있다.34)

이와 같이 공자는 德과 禮를 治國의 예로 삼고, 政(制
度)을 治國의 用으로 보았던 것이다. 用만 있고 예가 없으
면 治國의 功效가 이루어질 수 없기 때문에 공자는 治國의
體인 덕과 예를 정치의 근본으로 보았다. 그래서 『논어』에
서 공자가 말하기를 "백성을 인도하기를 법령으로써 하고,
백성을 가지런히 하기를 刑으로써 한다면 백성들이 죄를
면할 수는 있으나 부끄러움이 없어진다. 백성을 인도하기
를 덕으로써 하고, 백성을 가지런히 하기를 예로서 한다면
부끄러움이 있을 뿐만 아니라 또한 자기 잘못을 수치로 알
고 정의를 찾게 된다."35)라 하였으니 여기에서 공자의 덕
치주의의 실현을 찾아 볼 수 있다. 또 공자는 "정치를 함

---

30) 『論語』 '爲政篇', "殷因於夏禮 所損益 可知也 周因於殷禮 所損益 可
知也 其或 繼周者 雖百世 可知也".
31) 『論語』 '八佾篇', "夏禮 吾能言之 根不足徵也 殷禮吾能言之 宋不足
徵也 文獻不足故也".
32) 『論語』 '爲政篇'.
33) 『論語』 '里仁篇'.
34) 『論語』 '先進篇', "乘之國 攝乎大國之間 加之以順旅 因之以飢饉 由
也爲之 此及三年 可使有勇 且知方也".
35) 『論語』 '爲政篇', "道之以政 育之以刑 民免而無恥 道之以德 育之以
禮 有恥且格".

에 도덕으로 근본을 삼는다면 마치 북극성이 북극에 자리 잡고 있으면 그 주위의 衆星이 사방에서 북극성을 향해 있는 것과 같다"고 하였으니 위정자가 인도정신에 입각하여 자기 가치관을 갖추고 施政할 때 덕치주의가 잘 실현됨을 시사한 말이다.

3. 孔子의 經濟政策

고래로부터 治國의 政令으로서 경제와 정치는 不可離의 관계에 있어 왔다. 동양의 경제란 말은 經世濟民의 뜻으로 治理의 뜻을 의미하고 있다. 맹자는 恒産이 있으면 恒心이 있다고 하였으니 경제적 뒷받침 없이는 국민들이 맡은바 임무를 잘 수행할 수 없게 된다는 말이다. 위정자는 국민에게 경제적 여건을 충족하게 하여 주는 것이 무엇보다도 중요한 것이다.

정치는 사회의 안녕질서를 확립하기 爲한 법치주의의 한 제도를 말한 것이라면 경제는 국가를 윤택하게 하고 백성의 생활에 부족함이 없게 하는 부국주의를 말하는 것이라 하겠다. 환언하면 경제란 "經國濟民"이라는 뜻으로 經字는 "다스린다"는 治理의 뜻을 내포하고 있고36) 濟字는 "건진다"의 뜻으로 人民을 기아와 환난선상에서 구제한다는 뜻이다.37) 따라서 경제란 "經事濟己", "經家濟親", "經國濟

---

36) 『左傳』 '隱公十一年條' 經國家라는 말에 대한 同疏에 '經, 記理之'라 했고, 呂覽求人에 '終身無經天之色' 同注에 '經, 揆理也'라 했다.

民", "經天下濟類"와 같이 자기로부터 천하인류에게로 확충하여 가는 정치적 경제이며 동시에 경제와 정치는 不可離에 놓여 있음을 알 수 있다. 그리고 사회구성의 기본이 개인이기 때문에 經事濟己 로부터 출발해서 '天下를 다스리고 人類를 건진다' 는 것으로 推廣해 나가는 것이다.

동양의 경제란 내용은 결국 인류가 재화를 획득하여 그 욕망을 충족케 하는 제활동과 상태를 포함하고 있는 것이다.

그러면 공자의 경제이념은 如何한가를 살펴보기로 한다. 인간의 재화라 하면, 물질 뿐만 아니라 정신까지 포함하고 있는 것이다. 우리의 양심은 無價의 재화로 볼 수 있다.

그러므로 공자는 仁德의 근본을 벗어난 비양심적인 행위를 비난 하였다. 즉 門人인 冉求가 季氏의 宰가 되어 백성에게 重稅를 과하여 致富하는 것을 공자가 들으시고 말하기를 "염구는 우리의 무리가 아니니 너희들은 북을 울려 그 죄를 쳐서 고치도록 하는 것이 좋겠다."[38]고 하였다. 또 孔子는 의롭지 못하게 얻은 富貴는 뜬 구름과 같다[39]고 하면서 安貧樂道를 말하였고, "顔回는 참으로 어질구나! 다른 사람들은 한 대 도시락밥을 먹고, 한잔 포도박물을 마시면서 누추한 거리에 사는 그런 고생을 참지 못할 것이거늘 回만은 청빈 속에서 자기의 樂을 고치지 않으니

---

37) 正家通의 '濟, 具周救'라 했고, 繫辭上 '知周乎萬物, 道濟天下'라 했다. 모두 濟字는 몸, 집, 나라를 건진다는 뜻.
38) 『論語』 '先秦篇", "非吾徒也 小子鳴鼓而攻之可也".
39) "飯疏食飮水 曲肱而 枕之樂亦在其中矣 下義而 富且貴於我如浮雲".

回야 말로 어질도다."40)라 한 것은 모두 仁道에 입각한 경제주의를 설명한 것이라 볼 수 있다. 특히 제자인 子貢이 공자에게 말하기를 '가난하되 아첨하지 않고 부자로되 교만하지 않으면 어떻습니까?'라고 물음에 답하기를 "옳은 말이나 가난하되 즐거워하고 부자로되 예를 좋아하는 것만 같지 못하니라."41)하였으니 『대학』에 德이 本이요 財는 末이라 하였는데 바로 이 같은 의미로 경제이념을 강조한 것이라 본다.

그러면 공자의 경제정책은 如何한가를 살펴보기로 하겠다. 공자는 정치를 말할 때는 반드시 經濟節用을 강조하였다.

"千乘의 나라를 다스림에는 모든 일을 신중히 하고 백성의 신뢰를 얻으며, 경비를 절약하고 인민을 사랑하며, 그들을 부리되 때를 맞추어 해야 한다."42)라 한 것은 위정자가 經世濟民하려면 재화를 節用하는 것이 愛民하는 길이라는 것이다. 그러므로 백성을 사랑하는 길은 곧 經濟節用에 있다는 것이다.

공자께서 제자 子貢의 問政에 답하기를 "足食·足兵 民信之矣(顔淵)"라고 한 것도 경제적 문제로 足食을 말씀하

---

40) 『論語』 '雍也', "賢哉回也 一單食一瓢飮 在陋巷 人子堪憂 回也不改其樂 賢哉回也".
41) 『論語』 '學而篇', "子貢曰 : 貧而無諂 富而無驕何如 : 子曰 : 未若貧而樂 富而好禮者也".
42) 『論語』 '學而篇', "子曰 : 道于千乘之國 敬事而信 節用而愛人 使民以時".

고 있으나, 信을 더 중요시한 것은43) 위정자의 明德이 발
휘되어 백성들에게 신뢰를 얻는 것이 재정문제보다 우선
되어야 함을 강조한 것이다. 즉 덕치주의가 이루어진 위에
국민경제의 안정을 요청하고 있는 것이다. 또한 국가의 財
富를 말함에도 君보다 백성을 더 중히 여겨서 말하기를
"백성이 유족하면 임금께서 누구하고 가난할 것이며, 백성
이 가난하면 임금께서 누구하고 넉넉할 수 있겠습니까?"44)
라 하였으니 국가 財富의 목적은 爲民에 있는 것이지 爲君
에 있지 않음을 말하고 있다. 그래서 위정자는 민본주의에
입각한 經濟的 富로 與民同樂을 말하고 있는 것이다.

또한 공자는 국가의 경제정책의 일환으로 財富均霑主義
를 취할 것을 주장하였으니 "나라와 백성을 다스리는 이는
백성이 적은 것을 근심하지 않고 소득의 고르지 못함을 근
심하며, 가난한 것을 근심하지 않고 상하의 편안치 못함을
근심하라 대개 소득이 고르면 가난하지 않을 것이요 나라
가 화평하면 백성이 적지 않을 것이요 상하가 평안하면 국
정이 기울어지지 않을 것이다."45)라고 하였다. 均霑이란
위정자가 백성을 화목하게 평안하게 해주면, 재화의 부족
이 문제시되지 않으며, 안락하게 하면 경제적 파탄을 초래
하지 않는다는 것으로 백성의 화목과 안전을 위주한 경제

---

43) 『論語』'顏淵篇' "子貢曰必不得已而去 於斯三者 何先 曰去兵 子貢曰必
不得已而去 於斯二者何先 曰去食 自古皆有死 民無信不立".
44) 『論語』'顏淵篇' "百姓足君 孰與不足 百姓不足 君孰與足".
45) 『論語』'季氏篇' "有國有家者 不患寡而患不均 不患貧而患不安 蓋均
無貧 和無貧 和無寡 安無傾".

적 均霑을 의미하는 것이다. 바꾸어 말하면, 공자의 경제 정책의 均霑主義는 덕본과 민본주의를 基根으로 한 재화의 均霑을 말한 것이다.

Ⅳ. 孔子의 政治思想의 具顯

중국고대의 정치는 天을 중심으로 한 자연주의적 정치사 상이었으나, 그 사상을 인간중심으로 한 정치체제로 전환 한 자는 바로 공자이다.

공자의 人道는 眞實無妄한 인간존재로서 修己·治人하는 도의정신의 발휘에 있고, 人心을 거역하는 정치는 天心을 배반하는 것이 된다고 하였다. 그래서 천인합일론적 도의 정치를 강조한 것이다.

그리고 공자의 道는 인간과 인간과의 治理와 조화의 관 계에서 출발한 것이라고 볼 수 있다. 또 修己는 治人의 本 이 되고 治人은 修己의 用이 되기 때문에 體와 用을 다 포 용하고 있는 것이 仁인데 공자는 仁을 최선 최고의 德이라 보았으므로 仁을 수득하면 德이고, 仁을 行하면 道이다. 그러므로 공자의 철학은 인도사상이라 할 수 있고 그 지향 하는 목적도 "자기가 서고자 하면, 먼저 남을 세우고 자기 가 통달하고자 하면 먼저 남을 통달해야 한다(己欲立而立人 己欲達而達人)"46)는 것과 같이 바로 仁의 사상을 발현시키기 위한 것에 있다. 그러면 인간가치의 표준으로 보고 있는 仁思想의 개념을 살펴 보기로 하겠다.

공자께서는 하나의 공동사회를 살아가는데 있어서 개인이 홀로 존립할 수 없음을 강조하여 상호부조 정신으로 相愛해야 하는 인류의 조화를 말씀하고 있다. 그래서 "仁은 愛人이다."47) 하였고, 맹자는 '仁은 人이라' 하여 仁은 곧 人이다 하였으니, 仁이란 인간으로서 인간 구실하는 인간을 요청하고 있는 것이다. 인간윤리와 인간자체사상으로 仁을 이해하려면 먼저 인간을 이해해야 한다는 뜻으로 仁道는 곧 人道와 통하는 말로서 인류은 곧 인류이 되므로 인간의 본질을 통해서 仁의 가치관을 이해할 수 있다.

그런데 인간의 바람직한 가치관·윤리관·정치관을 이해하려면 공자의 근본사상인 仁을 구명하는 것이 중요하다. 공자는 仁에 대한 제자들의 물음에 대하여 때와 장소 그리고 제자들의 인격에 따라 각각 그 답이 달랐다. 예컨대 仲弓이 仁을 물음에 "門에 나가서는 귀한 손님을 뵙는 것 같이 하고, 백성을 부리기를 큰 제사를 지내는 것 같이 하고, 自己가 하고자 아니하는 바를 남에게 베풀지 말 것이니 그렇게 하면 나라에 있어서도 원망이 없을 것이요, 집에 있어서 원망이 없을 것이다."48)라고 하였으니, 인간과 인간사이의 조화와 교통을 가능케 할 수 있는 것이 바로

---

46) 『論語』 '雍也篇'.
47) 『論語』 '顏淵篇'.
48) 『論語』 '顏淵篇'.

仁이라는 것이다. 이것은 주체와 대상인 너와 내가 대립의 관계를 넘어서 하나로 상통하는데 仁이 파악될 것이며 동시에 개인윤리·가정륜리·사회윤리의 조화가 이루어지는 것이다.

顔淵이 仁을 물으니 "克己復禮爲仁"49)이라 하였다. 여기서 극기란 자기 자신의 내면적 성실성의 환원으로 이해할 때 일상생활을 함에 있어서 자기 자신의 확고한 내면적 가치관이 정립되어 실천윤리관이 세워질 수 있음을 뜻하는 것이다.

이와 같이 공자의 仁思想은 『논어』의 여러 곳에서 찾아볼 수 있는데 때와 장소 인품에 따라 다르게 말하였으나, 仁思想이 하나로 정립된 말씀이 있으니, 이것이 바로 '一以貫之道'50)이다. 공자의 제자인 증자는 '一以貫之道'를 忠恕로 풀이 하였던 것이다.51) 인간을 중심으로 인간의 밖에 있는 것을 外라 하고, 안에 있는 것을 內라고 할 수 있는데 忠은 '盡己之心'으로 인간의 內라 볼 수 있고 恕는 '推己以及人'으로 外라 볼 수 있다.

그런데 程子는 忠을 '天之道也'라 하였으므로 聖心이라 볼 수 있고, 恕는 聖心이 외적으로 나타나게 될 때 의리정신이 발휘된다고 보아야 한다. 그러므로 忠恕가 이원적 일원화 될 때 仁者로서 바람직한 전인적인 인물이 된다는 것

---

49) 上揭書.
50) 『論語』 '里人篇'.
51) 『論語』 '里人篇'.

이다. 주자는 맹자의 梁惠王章에서 仁은 '心의 德'으로 '愛의 理'라 하였고, 義는 '心의 制', '事의 宜'라 해석하였다. 仁은 마음의 德을 갖추고 사랑의 조화를 이루고 있음을 말하기 때문에 明德과 같은 개념으로 볼 수 있다.[52] 이 같은 '心之德'을 갖춘 위정자가 백성에게 施政하는 것을 仁政이라 볼 수 있다. 공자는 正名思想에 입각한 덕치주의를 실현할 수 있는 바람직한 가치관을 갖춘 위정자를 內聖外王으로 보고, 가장 이상적 인물로는 꼭 요순을 들고 있다. 공자가 말씀하시길 "舜임금은 큰 지혜이시다. 순임금이 묻기를 좋아하시고 가까운 말을 살피는 것을 좋아하시되 악한 것을 숨기시고 착한 것을 선양하시며 그 두 끝을 잡으시어 그 중간을 백성에게 쓰시었다. 이것이 舜임금이 되신 까닭이다."[53]라고 하였으니, 舜임금의 큰 지혜라는 것은 중용의 德을 가지고 民本에 의한 덕치주의를 구현한 분이라는 것이며, 그리고 그 두 끝을 잡으시고 그 중간을 백성에게 쓰시었다는 것은 舜임금이 백성에게 중용의 道를 시행했음을 시사한 말이다. 또 공자께서 말씀하시기를 "舜이야말로 大孝였었다! 德으로는 聖人이 되었고 존귀함으로는 천자가 되었고 富로는 천하를 가져 宗廟에 歆饗하고, 자손이 보존했다."[54]라고 했으니, 舜은 大知였고 大孝였고 大德을 갖춘 聖王이기 때문에 지위와 녹과 명성을 천하에 얻

---

52) 『韓國傳統思想의 理解』, 沈佑燮, pp. 68~69. 參照.
53) 『中庸』 第6章.
54) 『中庸』 第17章. "子曰舜其大孝也與 德爲聖人 尊爲天子 家有四海之內 宗廟饗之 子孫保之".

게 되었다는 것이다. 그리고 공자는 文武의 덕치주의를 찬양하여 말씀하시기를 "文武의 정사가 서책에 기록되어 있으니 그 사람이 있으면 그 정사가 잘되어 가고 그 사람이 없으면 그 정사가 잘 되지 않는다."55)라고 하였으니 人道에 입각한 위정자의 가치관 정립이 덕치주의의 실현에 얼마나 중요한 역할을 한다는 것을 나타내고 있는 것이다.

또 공자께서 말씀하시기를 "배우기를 좋아하는 것은 지혜에 가깝고, 힘써 행하는 것은 어짐에 가깝고, 부끄러움을 아는 것은 용맹에 가까운 것이다."56)라고 하면서 "이 세 가지를 알면 자기의 덕을 닦을 줄 알고 자기의 덕을 닦을 줄 알면 사람을 다스릴 줄 알고 사람을 다스릴 줄 알면 천하와 국가를 다스릴 줄을 알 것이다."57)라고 하여 위정자가 修身함으로서 '虛靈不昧'하고 '眞實無妄'한 天道의 경지에 도달해서 聖人의 明德을 갖추게 될 때 治人이 가능하며 천하와 국가를 다스릴 수 있다는 것이다. 『중용』제20장에 천하와 국가를 다스리는 아홉가지 常道(九經)를 말하고 있으니, "자기의 덕을 닦음과 어진 사람을 높일 것과 어버이를 어버이로 만드는 것과 대신을 공경하는 것과 모든 신하를 체찰하는 것과 서민을 아들처럼 사랑하는 것과 百姓을 오게 하는 것과 먼 데 사람을 부드럽게 하는 것과

---

55) 『中庸』 第20章, "子曰文武之政 布在方第 其人存則其政擧 其人亡則 政息".
56) 『中庸』 第20章, "子曰 好擧近乎知 力行近乎仁 知恥近乎勇".
57) 『中庸』 第20章, "知斯三者則 知所以修身 知所以修身則知所以治人 知所以治人則 知所以天下國家".

제후들을 따르게 하는 것이다."58)라고 하였다. 또 九經의
功效를 말하기를 "몸을 닦으면 道가 확립되고 賢者를 존경
하면 理에 의혹되지 않고, 친족을 친애하면 諸父·兄弟가
원망하지 않게 되고, 大臣을 공경하게 되면 眩迷하게 되지
않고, 군신을 자기 몸 돌보듯이 하면 그들의 報禮가 무겁
게 되고 庶民을 자식처럼 사랑하면 백성들이 받들어 모시
기를 서로 힘써 하게 되고, 백공을 와서 모이게 하면 財用
이 풍족하게 되고, 遠方 사람에게 寬柔히 하면 四方이 歸
順해 오게 되고, 제후를 포용하면 천하가 畏服하게 된
다"59)고 했다. 이렇게 아홉가지 정치의 道를 말하고 다시
이를 시행하는 所以로서는 誠하나로 귀착시키면서 誠身을
말하고, 誠身의 방법으로 明善을 말한다.

　여기서 말하는 明善은 格物·致知에 해당하고 誠身은 誠
意·正心에 해당한다고 할 수 있다.60) 誠은 自成으로 無
息이다. 그러므로 誠은 物의 終始가 된다. 이에 군자는 자
기자신을 誠으로 해야 하는 것이 誠身이다. 그러므로 "군
자의 誠은 스스로 자기를 이룰 뿐만 아니라 物을 이루는
것이다. 또 成己는 仁이요 成物은 知이니, 仁과 知를 모두
性의 德이라 한다."61) 仁은 成己 즉 수신의 功效요 知는

---

58) 『中庸』第20章, "曰修身也 尊賢也 親之也 敬大臣也 體群臣也 子庶
民也 來百工也 柔遠人也 懷諸候也".

59) 『中庸』第20章, "修身則道立 尊貴則不惑 親親則諸父昆第不怨 敬大
臣則不眩 體群臣則士之報禮重 子庶民 則百姓勸 來百工財用足 柔遠
人則四方歸之 懷諸候則天下畏之".

60) 『中庸』第20章, "反諸身不誠 不順乎親矣 誠身有道 不明乎善 不誠
乎身矣" 參照.

成物 즉 治人의 功效를 말하는 것이며, 成己는 內요 成物
은 外이다. 그러나 仁, 知는 모두 誠의 德으로 天命의 誠
이다. 誠의 德은 合內外之道라 한 것이다.

이와 같이 위정자 자신이 誠身하기 위하여 誠之하고 又
誠之하여 天道의 경지에 이르게 되면 成己로서 明德과 가
치관이 확립되어 物로서 治人의 功效가 발휘될 수 있다는
것이다. 그러므로 治道로서 九經의 功效도 바로 위정자의
내면적 성실 즉 明德에 歸一한다고 볼 수 있다.

그러면 동양의 聖人으로 민중의 전범이 되었던 공자의
道는 如何한가? 『중용』 제30장에 말하기를 "仲尼(孔子)는
堯임금과 舜임금을 祖宗으로 이어받고, 文王과 武王의 법
도를 밝히었으며 위로는 하늘의 때(天時)를 法으로 하고,
아래로는 물과 흙의 이치를 좇았다. 비유하면, 마치 하늘과
땅이 잡아 주고, 실어 주고 하지 않음이 없는 것과 같다.
또 비유컨대 마치 사철이 엇바뀜과 같고 해와 달이 교대로
밝은 것과 같다."62) 하였으니, 이 말은 공자가 聖人의 道
를 讚한 말이다. 공자는 堯・舜임금의 德을 계승하였고,
文王과 武王의 道를 지킨 분이다. 이와 같이 공자의 德은
유가자체의 道統을 계승하고 『중용』의 道를 지켜 나간 것
이다. 그러므로 공자의 道는 마치 '하늘과 땅이 서로 잡아
주고 실어주며 감싸주지 않음이 없다.'고 하였으니, 이러한

---

61) 『中庸』 第25章.
62) 『中庸』 第30章. "中尼祖述堯舜 憲章文武 上律天時 下襲水土 辟如
    四時之錯行如日月之代明".

자연의 섭리처럼 오묘한 점이 있으며 또 "사철이 질서 있게 바뀌어지고, 해와 달이 밤낮을 바꿔가며 세상을 비치는 天道와 같은 道이기도 하다. 그래서 공자와 같은 위대한 聖人의 德化를 설명하기를,

> "오직 천하의 至聖이고서야 총명·예지로써 넉넉히 下民에게 군림할 수 있으니, 그 너그럽고 부드러움은 포용함에 충족하고, 힘차고 굳셈은 모든 일을 수행함에 충족하고 그 齊莊中正은 공경함에 충족하고, 文理·密察이 변별함에 충족하다. 그러므로 보편광대하며 유정심원함은 때로 드러나며 薄博함은 하늘같고, 淵泉은 심연과 같다. 그래서 백성들이 공경하지 않는 이 없고, 말하면 백성들이 믿지 않는 이 없으며, 행하면 백성들이 기뻐하지 않는 이 없다."[63]

하였으니, 이것은 聖人의 至德과 至道가 이원적 일원화됨을 설명한 것인데 총명, 예지는 聖人의 至德을 統言한 것이고, 寬裕溫柔는 仁의 德이요, 發强剛顔은 義의 德이며 祭莊中正은 禮의 德이요, 文理密察함은 智의 德이다.[64] 이러한 四德인 仁義禮智가 聖人에게 갖추어진 것을 하늘의 薄博과 淵泉으로 형용하고 있다. 공자는 이와 같은 明德을 지닌 위정자의 治道와 仁政을 요청하고 있는 것이다.

그러므로 위정자는 民本 德本主義에 입각한 중용의 政治

---

63) 『中庸』 第31章. "唯天下至聖 爲能聰明睿知 足以有臨也 寬裕溫柔 足以有容也 發强剛顔 足以有執也 齊莊中王 足以有敬也 文理密察足以有別也 薄博如天 淵泉如淵 見而民莫不敬 言而民莫不信 行而民莫不說".
64) 上同. 朱子註釋 參照.

를 감행함으로써 덕치주의는 문화주의와 일치됨을 볼 수 있고, 따라서 각 자기본분을 지키는 사회가 구현되므로 공자가 설파한 '君君·臣臣·父父·子子'의 질서와 圓融이 일체로 된 正名世界가 이루어질 것이며, 각자의 忠恕의 道가 발로되어 천하가 歸仁하는 이상세계가 이루어질 것이다.

V. 結 論

❶ 이상으로 공자의 정치철학사상은 다음과 같이 요약될 수 있다.

첫째, 공자의 정치사상의 배경에서는 唐虞三代의 정치사상을 배경으로 하여 공자의 정치사상이 배태되었고 따라서 유가의 정치사상도 구축되었음을 알 수 있었고, 특히 孔孟의 王道主義思想이나 德治主義思想은 禹임금 시대의 洪範九疇思想에 영향된 것이라 할 수 있다.

둘째, 공자의 정치사상의 구조로는 정명사상, 덕치주의, 경제정책으로 나누어 논술하였는데 정명사상에서는 위정자 자신의 정명 즉 자기의 개념을 바르게 하는 것이 治國의 선행요소임을 시사하였다. 그리고 덕치주의에서는 위정자가 인도정신에 입각한 자기 가치관이 정립된 연후에 施政할 때 덕치주의가 구현될 수 있음을 고찰했고 그리고 경제정책에 있어서 재화의 均霑主義는 德化主義를 基根으로 한

재화의 均霑을 말하였던 것이다.

셋째, 공자의 정치사상의 구현에서는 위대한 聖人의 德化를 설명하고 있는데 聖人의 至德과 主道가 이원적 이원화되어 그의 明德이 발휘될 때 정명세계가 이루어지고, 德本에 입각한 中庸의 政治가 구현될 수 있음을 시사한 것이다.

요컨대 공자의 정치사상을 總觀해 볼 때 모두가 立道에 입각한 덕과 예를 治國의 주체로 삼았고, 政(제도)를 治國의 用으로 한 덕치주의에 입각한 정치철학사상임을 알 수 있었다.

❷ 생각컨데 현대에 살고 있는 우리는 고래로부터 전수되어 온 전통사상이 현실에 맞지 않은 고루한 사상이라고 일축하는 경우를 종종 발견한다. 특히 물질만능 숭금주의로 흘러 인간성경시, 인간소외의 풍조가 만연되고 있는 것이 오늘날의 실정이다. 이에 如何히 하여야만 민본과 덕본에 입각한 전통사상을 확립해 바람직한 인간성을 회복하고 인간가치관을 정립하느냐 하는 것이 중차대한 것이다.

돌이켜 보건대 8.15 해방과 독립은 우리 사회에 여러가지 어려운 문제를 안겨 주었다. 그 당시의 사회는 서구로부터 유입해 들어온 민주주의가 저절로 이루어지는 것으로 착각하였고, 민주주의의 확립이란 이 어려운 문제해결을 너무 쉽게 생각하였다. 그 당시 국가적으로나 사회적으로 안녕 질서 회복에 총력을 기울이지 못하는 실정이었고, 국민각자가 공익보다 사익을 채우는데 급급한 경향을 보였던 것이다. 이와 같이 가치관이 흔들리는 정치풍토 속에서 신생국으로서의 순조로운 사회질서를 회복하기란 어려운 실정인 것이다.

특히 정치적·경제적 혼란은 인간가치관을 더욱 혼란에 빠지게 하였다. 그리고 6.25동란 이후 불안한 사회였다는 사실과 70년대 이후 급격한 경제성장으로 인한 물질문명의 발달로 배금사상, 물질위주의 가치에 치중함에 따라 인격적 가치 즉 사회의 윤리관이 흩어지기 시작한 것이다.[65]

이와 같이 인간가치의 혼란으로 윤리 도덕은 땅에 떨어지게 되고 세상 인심은 위태로워져 갔던 것이다. 이에 대해 물질위주의 사회에서 인간 가치관 회복을 위한 윤리교육을 실시하였으나, 기대할 만한 성과를 거두지 못한 것이 사실이다. 그와 같은 현상은 물질 및 실리 지상주의가 인간성 회복의 문제보다 위에 있기 때문이다. 물질주의를 신봉하는 이들은 고래로부터 전해온 民本·德本 주의사상은 낡은 잔재로 생각할 뿐 아니라 도덕적 가치관까지도 부정하려 한다. 고전에 '德은 本이요 財는 末이라'하였는데 현대는 가치관이 바뀌어 '財는 本이요 德은 末이라'하는 것이 오늘날 우리의 실정이다. 『대학』에 '本을 外로 하고 末을 內로 하면 백성들이 다투어 서로 약탈한다'고 하였는데, 이것이 우리 사회현상이라 볼 수 있다.

그래서 本末이 전도된 현실 속에서 정치적으로는 사회

---

65) 『韓國傳統思想의 理解』, 沈佑燮, p. 175. 參照.

통합의 이념을 상실한 채 파행적인 민주화를 외치고 있는 사회, 경제적으로는 물질주의로 인한 황금만능주의만이 만연되고 있는 사회, 문화적으로는 무조건 외래문화의 수용만을 제일로 아는 사회, 교육적으로는 바람직한 전인교육을 저버리고 지식교육에만 치닫고 있는 사회, 이 같은 소용돌이 치고 있는 사회의 질서를 확립하고 바람직한 인간가치관을 정립하기 위해서는 고래로부터 내려온 전통윤리에 입각한 인간가치관에 대한 교육이 절실히 요청된다고 본다.

이에 공자는 인간의 내면적 성실성의 환원을 위한 가치관에 대한 敎育으로서 '爲己之學'을 제시하고 있다. 이 말은 자기 자신의 내면적 성실과 虛靈不昧한 明德을 인간의 주체로 가질 때 바람직한 가치관이 정립될 수 있음을 의미한다.

그리고 또한 오늘날 현대사회는 두드러지게 나타나고 있는 기계화의 현상과 조직의 다양화 현상 속에서 과학문명의 발달로 기계와 물질은 얻었으나 인간소외 현상으로 인간가치관을 상실하게 되었다. 이로 인해 상호간에 불신풍조가 만연되고 있는 것이다. 이 같은 시점에 공자의 仁思想에 의한 民本이나 덕치주의사상은 이를 해결 할 수 있는 촉진제 역할을 할 수 있으리라 믿는다.

더욱이 오늘날 민주화의 물결이 몰아치고 있는 현실에서 위정자 자신들이 虛靈不昧하고 思無邪하며 眞實無妄한 明德을 갖추고 난 연후에 민본주의에 입각한 施政을 할 때 백성들로부터 자연적으로 신뢰성을 얻을 수 있고 또한 참신한 민주화가 실현될 수 있으리라 믿는다. 그와 같은 참신한 정치풍토가 구현될 때 위정자와 백성 상호간에 主義 主張이 일관되어 안전한 민주화가 토착 되어 禮記에서 말하는 살기 좋은 大同社會가 이룩될 수 있으리라 믿는다.

그러므로 오늘날의 민주주의도 고래로부터 내려오던 공자의 民本, 德本主義思想을 뿌리와 줄기로 하고 서구로부터 유입된 민주주의사상을 가지고 접목 접목을 붙여서 잘 조화된 민주화가 조성될 때 참다운 민주주의가 정착할 수 있으리라 믿는다.

參 考 文 獻

1. 經集類 및 叢類

· 大學集註
· 論語集註
· 孟子集註
· 中庸集註
· 中庸或問 朱子撰
· 大學或問 朱子撰
· 三經 : 詩經大傳, 周易大傳, 書經大傳 全2冊 影印本, 서울, 成大
　　　　大東文化研究院, 1970.
· 二程全集 宋, 朱熹撰 二程의 遺書
· 朱子大全 宋, 朱熹
· 朱子語類 宋, 黎精德編
· 性理大全 明, 胡廣等撰
· 「先秦政治思想史」梁啓超 著
· 「中國政治思想與制度論集」張其均 著
· 「孔孟學報」孔孟學會 編

2. 單行本

· 金敬琢, 『中國哲學史』, 서울, 泰成社, 1962.
· 金能根, 『中國哲學史』, 서울, 獎學出版社, 1978.
· 柳承國, 『東洋哲學論攷』, 서울, 成大東洋哲學研究室, 1974.
· 柳承國, 『儒學原論』, 서울, 成大出版部, 1981.
· 梁大淵, 『儒學概論』, 서울, 新雅社, 1963.
· 鄭　瑽, 『孔子思想의 人間學的 研究』, 서울, 東大出版社, 1975.
· 鄭　瑽, 『孔子思想과 現代』, 서울, 孔子學會編 思禮研, 1985.
· 梁啓超, 『先秦政治思想史』, 台湾
· 張其均, 『中國政治思想史』, 台湾
· 孔孟學會, 『孔孟學報』, 台湾

· 陳大齊, 『孔子學說』, 台湾

· 宋錫正, 『孔子教學 思想』, 台湾, 三民書國

· 高 明, 『孔子思想硏究論集(一)』, 台湾, 黎明 文化事業公司

· 陳大齊, 『孔子思想硏究論集(二)』, 台湾, 黎明 文化事業公司

· 沈佑燮, 『韓國의 傳統思想의 理解』, 서울, 螢雪出版社, 1990.

孔子의 敎育哲學思想*

I. 序 論

孔子는 중국의 春秋時代 末葉에 출생하였다. 이 시기에
는 十二諸侯國이 각축을 하던 혼란한 시기였다. 그 후 戰
國時代에 이르러서는67) 七個國68)만이 존립 하다가 秦이
六國을 통일하였다. 공자가 출생한 시기는 춘추말기로서
전국시대로 전환될 무렵이었다. 이 때에는 윤리, 도덕이
땅에 떨어져 대단히 혼란한 시기였다. 이와 같은 사회가
혼란한 상황을 목격한 공자는 정치에 있어서는 德治主義를
주장하였으며 윤리적 측면에서는 가정윤리를 주장하였다.

---

*이 논문은 성신여자대학교 교육문제연구소 「교육연구 제37집」에 게재
되었음.
67) 魯, 齊, 晋, 秦, 楚, 宗, 衛, 陳, 蔡, 曹, 鄭, 燕의 十二國.
68) 秦, 楚, 燕, 齊, 趙, 魏, 韓의 七個國.

그 다음으로 인간 가치관 문제로는 교학사상을 주장하였
다. 개인의 수양으로 도덕적 인간이 되도록 仁義禮智의 天
理를 갖춘 明德의 인격을 길러 바람직한 인물이 되기를 바
랐던 것이다.

그러나 공자의 교학사상은 道家諸流의 자연주의도 아니
요, 墨家의 공리주의도 아닌 성실성과 항구성을 지닌 인간
가치관에 관한 학문이며, 동시에 그의 사상은 인간을 중심
으로 파헤친 인생철학이다. 그런데 공자의 敎學사상 중 가
장 핵심이 되는 仁사상은 자기를 완성할 뿐만 아니라 他의
완성까지도 가능케 할 수 있는 능력이 있다고 본다. 그러
므로 공자께서는 인간행위로서 도덕실천의 최고목표로 삼
은 것이다. 공자의 수학과 수신의 절차는 '下學而上達'이
다. 평범한 데부터 시작하여 誠之 又誠之해서 聖人의 경지
에 달성함이 곧 이것이라 하겠다. 『論語』 爲政篇에 공자가
自敍하기를,

"내가 15세에 학문에 뜻을 두었고, 30세에 사회적으로
立志할 수 있었고, 40세에 어떠한 유혹에도 빠지지 않았
고, 50세에 天命을 알 단계에 이르렀고, 60세에 어떤 사물
의 이치를 잘 이해할 수 있었고, 70세에 자기가 하고자 하
는 바를 행하되 법규에 어긋남이 없이 절도에 맞아 나갔
다."[69]

---

69) 『論語』 '爲政篇', "吾十有五而志于學 三十而立 四十而不惑 五十而知
天命 六十而耳順 七十而從心所欲不踰矩.".

라고 한 것이 바로 '下學而上達'의 수양방법이다.

이것은 평범한 인간 공자가 현실에 입각한 이상주의 추구의 단면을 보여준 것이라 본다.

공자의 학문적 태도에서 인생 철학의 일면을 찾아보면,

"집에 들어가서는 효도하고 나가서는 웃어른을 공경하고, 모든 하는 일은 삼가며 믿음을 가지게 하고 널리 무리를 사랑하되 어진 사람을 더 친하게 하고 나서 남은 여력이 있으면 학문을 하라"[70]

하였다. 學文을 나중에 하라는 것이 아니라 孝弟와 같은 인간된 바탕 위에 지식의 조화를 요청하고 있다고 보아야 한다.

또 季路가 귀신을 섬기는 일을 물었을 때 "사람 섬길줄도 모르면서 어찌 귀신을 섬길 수 있겠느냐"[71]라 하였고 또 死의 문제를 물었을 때 "生도 잘 모르면서 어찌 死를 알려고 하느냐"[72]라 하였다. 이와 같은 것으로 추론하건대 공자는 高遠한 현실 초월 세계를 추구한 것이 아니고 평생을 통해 끊임없이 수학과 수신으로 평범한 진리를 탐구하는 것을 과업으로 삼았을 뿐만 아니라 부단히 몸소 실천에 옮긴 자였음을 알 수 있다.

『중용』 제20장에,

---

70) 『論語』 '學而篇', "入則孝 出則弟 謹而信 汎愛衆而親仁 行有餘力則以學文".
71) 上揭書 '先進篇', "未能事人 焉能事鬼".
72) 上揭書 '先進篇', "未知生 焉知死".

"진실하고 망령됨이 없게 하는 것이 하늘의 도요 진실하
고 망령됨이 없게 노력하려 하는 것을 人道라"73)

했다. 여기서 인간 공자가 誠之 又誠之하여 인간의 道를
닦은 연후에 誠者 곧 天道에 돌입할 수 있는 경지를 표현
한 것이다. 바로 이 경지가 공자의 '下學而上達'으로 '從心
所欲不踰矩'의 경지이며 天道는 人道를 요청하고 人道는
天道를 요청하게 된다. 이것으로서 우리는 공자의 천인합
일의 사상을 엿볼 수 있으며 바람직한 인간 가치관을 갖춘
聖人의 모습을 찾아볼 수 있다.

생각컨데 공자는 교육철학의 본질을 바람직한 가치관 형
성에 두었다고 볼 수 있다. 敎育 철학은 인간을 인간답게
기른다는 교육의 근본목표를 포괄하고 있는 것이다. 사람
의 최고 의무란 인간답게 된다는데 있는 것이다. 지덕을
겸비한 사람다운 사람이 된다는 것이다. 따라서 교육의 최
고 과제는 무엇보다도 사람다운 사람으로 자라는 청소년의
인성과 품성을 올바른 방향으로 이끌어주고 또 이루게 하
는 것이 교육자의 본연의 과제라 본다. 우리는 흔히 현대
교육의 위기를 표현하는 말로 '교실 붕괴'니 '학교 붕괴'니
하는 말을 하고 있다. 그것은 교육의 본령인 진리탐구와
인격도야를 하여 바람직한 전인교육을 제대로 하지 못하는
데서 나오는 말이다. 교육의 근본 목적인 지덕을 겸비한
인간다운 인간을 위한 교육을 해결하기 위해 공자의 교육

---

73)『中庸』第20章, "誠者 天之道也 誠之者 人之道也".

철학사상이 필요한 것이다.

本論에서는 공자의 교육철학의 본질인 仁 사상과 明德을 구명함으로써 교육의 목적을 알아보고 이와 같은 교육목적을 달성하기 위해 교육 자료와 내용과 방법론을 구명함으로써 현대인성교육의 미숙한 점을 보완하고 강조하여 공자의 교육철학사상의 현대적 의미를 찾아보고자 한다.

Ⅱ. 本體論

1. 敎育의 根據

우리는 '孔子', '釋迦', '예수' 그리고 '소크라테스'를 大聖人이라 한다. 특히 동양사회에서 유학의 교육사상은 오랜 역사를 통하여 모든 사회제도와 학술문화 그리고 인간정신에 있어서의 도덕의식과 가치관 형성에 크게 이바지해 온 것은 사실이지만 모두 공자의 敎學精神을 기본으로 하고 있다.

공자는 堯舜 이래로 周代에 이르기까지 고대 중국의 전통 교학정신을 집대성하였으며, 그 교학사상으로 後代 학술사상의 발전에 기여했다는 말로 주자는 『중용』章句序에서 '繼往聖 開來學'이란 말에서 찾아볼 수 있다. 또 교학사상의 근저로는 『論語』陽貨篇에 있는 '性相近 習相遠'에서 찾아볼 수 있다. 이것은 인간이 태어날 때 본성은 대개 비슷하나 서로의 환경과 각자의 습성에 따라 善人과 惡人으로 나누어지는 것이며, 좋은 것을 배우면 훌륭하고 착한 사람이 되나, 악한 습관에 젖어지면 악한 사람이 된다는 것이다.

孔子께서 말씀하시기를,

"사람이 날 때부터 성질이 곧은 것이니 이것을 굽히고
사는 것은 요행으로 화를 면하는 것이다"74)

라고 하였으니 인간이 태어날 때부터 부여받은 인성은 純一無雜하고 眞實無妄하며 생각 속에 사악함이 전혀 섞여 있지 않는데, 종종 부정직한 행세로 인생을 살아가는 것은 인생의 우연이며 요행의 삶이라는 것이다. 따라서 부정직한 태도로 인생을 요행히 살아가는 것이 인생의 正道가 아님을 강조하는 동시에 氣質의 性 중에서 濁氣, 薄氣, 偏氣는 교화에 의하여 淸氣, 厚氣, 正氣로 회복할 수 있음을 말한 것이다.

또 공자께서는 "사람이 진리(道)를 넓히는 것이지 진리가 사람을 넓히는 것은 아니다"75)라고 하였다.

진리를 넓히는 주체가 인간임을 밝히고 있는 것으로 진리를 넓혀 가는 것은 인간의 교육과 수양 노력에 따라서

74) 『論語』 '雍也篇', "子曰 人之生也 直 罔之生也 幸而免".
75) 上揭書, 衛靈公篇 "人能弘道 非道弘人".

훌륭한 인물 즉 전인적 인물이 될 수 있음을 밝힌 것이다. 그리고 공자께서는 "교육에는 類가 따로 없는 것이다."[76) 라 하였다. 사람의 本質의 性과 능력은 비슷하여 후천적인 교학이나 수양에 따라 현명함과 우매함으로 나누어지는데 인간이면 모두 교육을 받아서 훌륭한 인물이 될 수 있는 가능성을 가지고 있음을 나타낸 것이라 하겠다.

2. 敎學精神으로서의 仁

공자의 보편적 원리이며 인간 실천적 원리인 仁의 내용에 대해서 고찰해 보기로 한다.

漢의 許愼 "從人從二"라 하였고, 淸의 段王裁는 "從人二"라 하였다. 이것은 인간이 社會 생활하는데 있어서 자기 혼자 존재할 수 없으며, 사회적 유대 속에서 상호부조 하여야 한다는 뜻을 내포하고 있는 것이다. 그래서 『중용』에서는 '仁者人也'라 하였고 맹자는 '仁也者人也'라 하였으니 仁은 人, 다시 말하면 仁은 인간 자체의 성실성 있는 가치관을 가르키는 것이다. 仁을 이해하려면 먼저 인간을 이해해야 한다는 뜻을 지니고 있다. 그래서 仁道는 곧 人道로서 常通되므로 인간의 본질을 통해서 仁의 가치관을 찾아볼 수 있다는 것이다. 그러나 공자는 仁思想에 대해서 뚜렷한 정의는 밝히지 않고 제자들의 물음에 대하여 때와 장소에 따라 그리고 인물에 따라 각각 그 답이 相違하였다.

---

76) 上揭書, '衛靈公篇', "有敎無類".

"樊遲가 仁을 묻자 공자께서 사람을 사랑하는 것이다"[77] 하였고, "仲弓이 仁을 묻자 공자께서 말씀하셨다. 문을 나갈 때에는 큰 손님을 뵈온 듯이 하며, 백성에게 일을 시킬 때에는 큰 제사를 받들 듯이 하고 자신이 하고자 하지 않는 것을 남에게 베풀지 말아야 하니 이렇게 하면 나라에 있어서도 원망함이 없으며 집안에 있어서도 원망함이 없을 것이다."[78]라고 하였고, 또 "顏淵이 仁을 묻자 공자께서 말씀하시기를 자기의 私欲을 이겨 예로 돌아감이 仁을 하는 것이니, 하루 동안이라도 私欲을 이겨 예에 돌아가면 천하가 仁으로 돌아가는 것이다. 仁을 하는 것은 자기로 말미암는 것이지 다른 사람으로 말미암겠는가?"[79]라고 하였고, "말을 교묘하게 하고 모양을 아름답게 하는 자 가운데 仁한 자가 적다."[80]라고 하였다. 또 "군자는 仁을 버리면 군자라는 이름을 이룰 수 없다. 군자는 一飯의 사이라도 仁을 어기지 않고 造次에도 반드시 仁에 居하며 顚沛에도 반드시 仁에 居한다."[81] 等이 그 例라 하겠다.

이것은 인간의 일용생활에서 仁이 不可離의 관계에 작용하고 있음을 시사한 것이다. 그러면 인간의 대타적 관계로

---

77) 『論語』 顏淵, "樊遲問仁 子曰 愛人".
78) 『論語』 顏淵, "仲弓問仁 子曰 出門如見大賓 使民如承大祭 己所不欲 勿施於人 在邦無怨 在家無怨".
79) 上揭書, "顏淵問仁 子曰 克己復禮爲仁 一日克己復禮 天下歸仁焉 爲仁由己 而由人乎哉".
80) 上揭書 '學而篇', "子曰 巧言令色 鮮矣仁".
81) 上揭書 '里仁篇', "君子 去仁 惡乎成名 君子無終食之間違仁 造次必於是 顚沛必於是".

서는 如何한가?

"仁者는 자기가 서고자 하면 남을 먼저 서게 하고, 자기가 통달하고자 하면 남을 먼저 통달하게 한다. 자기의 마음을 미루어 남의 마음을 헤아리는 것이 仁을 행하는 방법이다."[82]라 한 것과 "仲弓이 仁을 물으니 孔子는 門을 나섬에 大賓을 보는 것과 같이 하고 百姓을 부리기를 大祭를 받드는 것과 같이 하고 자기가 싫어하는 일은 남에게 시키지 말라."[83]고 하였다. 이것은 인간의 내면적 충실성인 忠과 인류애로 지향하는 慈悲, 博愛精神인 恕로서 仁思想을 구현한 것이라고 볼 수 있다.

그런데 공자의 仁에 대한 제자들의 물음에 대한 답이 다양하다고 하여 이론적 체계가 없다고 할 것인가? 다음에서 체계화됨을 찾아볼 수 있다.

"공자가 門人 曾參과 子貢에게 '내 道는 一로써 貫하였다'고 하였는데 曾參은 선생의 道는 忠恕뿐이니라."[84]라 하였으니, 공자의 학문의 이론적 체계는 '一貫之道'에서 그 체계화를 엿볼 수 있다. 그래서 曾子가 '一貫之道'를 忠恕로 해석하였는데 내면적 진실인 忠과 외적 객체인 恕는 두 개의 개념으로 보는 학자도 있겠지만 필자는 二元論이면서 一元的인 관계로서 不離不可分 관계인 것이다.

---

82) 上揭書 '雍也篇', "夫仁者 己欲立而立人 己欲達而達人 能近取譬 可謂仁之方也".
83) 註12와 같음.
84) 『論語』 '里仁篇', "子曰 吾道一以貫之 曾子曰 唯 子出 門人問曰何謂也 曾子曰 夫子之道 忠恕而已矣".

환언하면 忠은 內, 恕를 外로 보아 내와 외의 문제가 일치하는 근거는 誠으로 일관할 수 있다고 봄으로써 내와 외의 문제가 誠이 아니고는 합일할 수 없다는 것이다. 그래서 『중용』 제25장에 '誠者는 內外를 합하는 道라'고 한 것이다. 여기서 인식의 주체와 객체가 내와 외의 문제로서 인간 존재 문제로 전환하였다고 볼 수 있다. 그러므로 仁은 나의 주체로서 근본이 되는 동시에 자기 본성을 잃어버리지 않고 자신을 망각하지 않는 나의 본질로서 하늘의 본성이라 할 수 있다.

이와 같이 자기의 주체성이 誠實無妄하게 되고 思無邪의 경지에 돌입하였을 때 완전한 자기가 推己及人 되어 객체로서의 仁에 접근된다고 하겠다. 즉 成己로서 成物의 일치점은 仁에서 이루어진다고 하겠다. 그러므로 仁은 인간의 주체의식으로서 心之德이며, 인간의 本然之性으로서 인간 가치관을 이룩하고 있기 때문에 인간과 잠시도 떠날 수 없음을 강조하였다.

"仁은 사람에게 물과 불보다 더 소중하다. 물과 불은 밟아서 죽는 자는 보았거니와 仁을 실천하다가 죽은 자는 보지 못하였다."[85]고 하였다. 이와 같이 仁의 범주 속에 생활하는 "仁人이나 志士는 살기 위해 仁을 해치는 일이 없고 몸을 죽여서라도 仁을 이룩한다."[86]

---

85) 上揭書 '衛靈公篇', "子曰 民之於仁也 甚於水火 水火吾見踏而死者 未見踏仁而死者也".
86) 上揭書 '衛靈公篇', "子曰 志士 仁人 無求生以害仁 有殺身以成仁".

고 공자께서 시사했다. 누구나 잘 살기를 원하고 죽기를 싫어하는 것이 보통 인간의 생각인데 志士, 仁人은 생사를 초월하여 仁에 뜻을 두고 참된 인간의 도리를 지켜나가고 있음을 말하고 있는 것이다. 그러면 如何히 하여야만 仁者가 될 수 있을까 하는 문제가 제시된다.

    "子張이 仁을 물으니 공자께서는 恭, 寬, 信, 敏, 惠의 다섯을 行하면 仁者가 될 수 있다고 말한 바 있다. 즉 공경하면 羞侮를 받지 않을 것이며, 너그러움으로 하면 많은 사람을 얻을 수 있을 것이며, 믿음이 있으면 사람들이 맡길 것이며 은혜를 베풀면 쉽게 사람을 부릴 수 있을 것이라"[87]

고 하였으니, 이 다섯 가지 德을 갖추고 행할 수 있으면 仁者가 될 수 있다는 것이다. 仁을 완성한 자를 仁者, 仁人 또는 聖人이라 칭하고 이 仁이 정치에 적용되면 仁政이 되고 仁이 인간 가치관에 적용되면 心之德이 된다. 仁政을 행하는 자를 仁君이라 한다면 인간의 주체인 心之德을 갖춘 자가 남을 교화시킬 수 있고 새롭게 할 수 있는 힘을 갖춘 자를 聖人 또는 전인적 인물, 成人이라고 한다.

　위에서 몇 가지 仁 사상을 고찰해 보았는데 사람의 모든 덕행은 仁에서 發하므로 仁은 인심의 온갖 덕을 총괄하는 것이고 萬善의 근원이 된다. 따라서 仁 자체가 바로 인간

---

87)　上揭書 '陽貨篇', "子張問仁於孔子 曰能行五者於天下爲仁矣 請問之曰 恭寬信敏惠 恭則不侮 寬則得衆 信則人住焉 敏則有功 惠則民以使人".

의 가치이며, 교화이고 교육이다. 또한 실천 도덕이기에
仁 사상 속에서 공자의 교학정신이 배태되어 있다고 볼 수
있다.

3. 理想教育

교육이라 할 때 바람직한 인간 즉 이상적 인간상을 기르
는 것이 본령이라 한다. 바람직한 인간상을 만들려고 하면
시대적, 지역적 특성을 고려하지 않을 수 없다. 그러나 이
상적 인간이란 각양 입장과 차이에도 불구하고 창의성을
발휘할 수 있고 덕성을 갖추고 있는 전인성이 있어야 한
다. 지성과 덕성을 겸비하여 사회 환경과 조화를 이룩할
수 있는 전인적 인물을 말하는 것이다.

유학에서는 이와 같은 인물을 군자, 현인, 성인이란 용
어를 사용하기도 한다. 그러므로 공자가 지향하는 제자 교
육의 목적은 聖人 君子와 같은 인간상을 양성하는데 있다.
다시 말해서 知德을 갖추고 事理에 밝고 萬古의 師表가 될
만한 사람을 가리키며, 학문상으로는 學行과 德行이 병행
하면서도 바람직한 인간 가치관을 갖춘 사람을 요청하며,
도덕적으로는 가장 원만한 인격을 가진 자로서 공자와 같
이 어떤 규범에 어긋남이 없이 절도에 맞아들어 가는 행동
을 하는 聖人을 요청하고 있는 것이다. 공자는 교육의 최
종목적을 '仁' 字에 두고 있다. 그래서 사람으로 하여금 성

실하고 진실한 심덕을 널리 여러 사람에게 베풀어 나가는 아량을 가진 사람을 보고 仁을 실천하는 길이라고 하였다.

공자는 仁을 도덕의 기준으로 삼았고, 맹자는 仁과 義를 가지고 도덕의 기준으로 삼았다. 결국 仁은 心의 德이며 義는 인간이 걸어가야 할 길이라 하였다. 仁은 보편적 진리로서 常道요, 義는 구체적 행위이다. 또 仁은 교육적 측면에서 인간의 이상적 이념이라면 義는 이념 구현을 위한 실천방법이라 볼 수 있다.

이와 같이 교육사상은 대개 仁義의 사상으로부터 전개되며 또 인간과 仁의 관계, 교육의 이념과 실천은 상호 유기적 관계로 연결되며, 모든 인간 행위는 진정한 의미의 도덕적 행위를 요청하는데 이것은 바로 공자의 仁 사상으로 교육적 목적을 삼아야 함을 강조하고 있는 것이다.

또한 仁義는 修身, 齊家, 治國, 平天下의 要道로써 인간의 최고의 목표로 하여 그의 敎化論을 전개하여 왔던 것이다. 유교의 교화론으로 修己治人을 중시하여 治人의 本은 修己이고 修己의 작용은 治人이라 하여 修身의 要諦는 格物, 致知, 誠意, 正心이라 했다. 虛靈不昧하고 仁義禮智와 같은 衆理를 잘 갖춘 明德이 자기에게 확립되어 있을 때 대상인 新民이 가능하다는 것을 『대학』三綱領 八條目에서 잘 설명하고 있다.[88]

이와 같은 『대학』의 道는 유가사상에 있어서 교육철학의

---

88) 『大學』三綱領 : 明德 新民 止於至善. 八條目 : 格物 致知 誠意 正心 修身 齊家 治國 平天下.

功效性 내지 교화론을 설명하고 있는 것이다. 공자께서는,

"君子는 근본에 힘써야 하는 것이니 근본이 서고서 道가
생긴다. 孝弟라고 하는 것은 仁을 실천하는 근본인가 보
다"89)

여기에서 근본은 心之德으로 仁이고 仁의 실천방법이 孝
弟라는 것이다. 仁은 『대학』의 明德에 상응하는 개념이라
면 교육의 근본이념이 仁이라고 볼 수 있다. 교육의 근본
이념인 仁이 확립되었을 때 바람직한 인간상이 갖추어져서
가정 윤리인 孝를 충실하게 행 할 수 있고 사회윤리인 弟
를 충실하게 행할 수 있는 이상적 인간상이 될 수 있음을
단적으로 시사하고 있다.

유학에서는 인간은 항상 교화적 존재자로 파악하고 있으
며, 인간은 활기차게 자기 가치관을 구축하기 위해 교화
발전하고 있다고 본다. 공자는 스스로 말하기를,

"나는 15세에 배움에 뜻을 두었다. 30세에 自立하였고,
40세에 不惑하였다. 50세에 天命을 알았고 60세에 耳順하
였다. 그리고 70세에 마음에 하고자 하는데 행하여도 法度
에 넘어가지 않았다."90)

라고 말하였다. 이는 공자가 전 생애를 통하여 修學 단계

---

89) 『論語』 '學而篇', "君子務本 本立而道生 孝弟也者 其爲仁之本與".
90) 『論語』 '爲政篇', "十有五而志于學 三十而立 四十而不惑 五十而知天
命 六十而耳順 七十而從心所欲不踰矩".

를 설명한 것인데 '下學而上達'로서 聖人의 경지에 도달했음을 시사하고 있는 것이다. 즉, '從心所欲不踰矩'의 경지가 바로 聖人의 경지요 成人의 경지이다. 이 경지는 修學으로서의 人道가 天道에 일치되는 천인합일의 경지로서 바로 공자가 가장 바라던 이상적 인간상의 경지다. 그와 같은 인물이 되기 위해서는 끊임없는 수양과 교육이 필요한 것이다. 子路가 成人 즉 바람직한 인물에 대하여 질문했을 때 공자가 대답하기를,

> "臧武仲의 知와 公綽의 不欲과 卞莊子의 勇과 冉求의 藝
> 에 禮樂으로 나타내면 또한 成人이 될 수 있으리라"91)

고 하였다. 이에 대해 朱子는 成人은 全人과 같은 것이라 풀이하면서 다음과 같이 말하였다.

> "지혜는 이치을 밝히기에 족하고, 廉潔은 마음 키우기에 족하고, 용기는 힘써 행하기에 족하며, 예로써 매사에 구김 없이 응할 뿐 아니라 예로써 中節하고 樂으로써 和暢하여 안으로는 덕을 이루고 밖으로는 그 모습을 드러나게 함으로써 곧 材를 온전히 하고 덕을 겸비하여 혼연히 어느 한 가지로 선한 것이라 규정할 수 없나니 中正 和樂하여 수연히 偏倚駁雜한 蔽가 없어서 그 인격을 완전히 이루게 되는 것이다."92)

---

91) 上揭書 '憲問篇', "子路問成人 子曰 若臧武仲之知 公綽之不欲 卞莊子之勇 冉求之藝 文之以禮樂 亦可以爲成人矣".
92) 『論語』 '憲問篇', 朱子註釋, "成人猶全人 則知足以窮理 廉足以養心 勇足以力行 禮足以泛應而又節之以禮 和之以樂 粹然無復而其爲人也

라 하였으니, 여기서 이상적 인간상은 갖추고 있는 文質이 다양하고 전인적인 成人임을 나타내고 있다. 이와 같은 이상적 인간상 즉 전인적 인물이 되기 위해서 끊임없는 수양과 교육이 필요한 것이다. 이와 같은 경지에 도달하기 위한 수양방법으로 '尊德性而道問學', '致中和(中庸)', '存養省察(孟子)', 愼其獨 格物致知 絜矩之道(大學), 一以貫之道 忠恕(論語)등을 생각해 볼 수 있다.

이상에서 공자가 주장하는 '仁'의 교학사상은 아마도 부처님의 '慈悲心'과 예수의 '사랑'과 아울러 지구상 인류가 존재하는 한 영원히 없어지지 않을 것이다.

우리는 이런 의미에서 공자의 주된 사상인 仁의 교학정신은 서양의 물질문화와 기계화로 인하여 인간의 常道德을 극도로 저하시키고 있는 현실상에서 더욱 강조하고 싶은 것은 知育 보다 德育의 필요성이다. 德育이란 덕성을 함양하여 바람직한 인간의 가치관을 확립하는 것을 말한다. 즉 도덕교육의 준말로 도덕적 인간 가치관을 함양하고 도덕의식을 넓혀가는 교육이다. 즉 인간이 인간답게 자기의 개념을 다해가는 正名 교육관을 뜻한다. 곧 인간교육이다.

특히 공자의 유학사상에 입각한 인간교육은 被敎育者들에게 인간의 본성인 心之德으로서의 仁心을 찾아내고 仁을 통하여 인간의 가치관을 찾도록 설파하고 있는 것이다. 그러면 공자가 지향하는 교육의 최고목적인 聖人 즉 전인적 인물이 되기 위한 교육의 내용과 방법론을 다음에서 알아보기로 한다.

亦成矣然".

Ⅲ. 實踐論

1. 敎育內容

공자는 夏殷周 三代의 전통문화를 자신의 입장에서 재정
리하고 집대성한 聖人이다. "공자 자신이 자기는 성현의
말을 본받아 서술한 자일 뿐이지 창작자는 아니다."[93]라
하고 스스로 著作하지 않았다고 하였다. 이와 같이 고래로
부터 내려온 전통문화를 소중히 여겼음을 찾아볼 수 있다.
그러므로 공자는 여러 대의 전통문화를 소중히 여겼지만
자기의 입장에서 새롭게 그 시대에 알맞게끔 선택하였다.
이를테면 顔淵이 나라 다스림에 대한 물음에 공자가 대답
하기를,

> "夏의 曆法을 쓰며 殷의 수레를 타며, 周의 면류관을 쓰
> 며, 음악은 韶舞를 할 것이요, 鄭나라의 노래를 내치며,
> 아첨하는 사람을 멀리할지니 鄭聲은 淫亂하고 아첨하는 사
> 람은 위태하니라."[94]

고 대답하였다. 전통적 문화를 그대로 받아들인 것이 아니
라 時中의 道를 잘 이용하고 있음을 찾아볼 수 있다. 유학
의 諸經典도 여러 대로부터 내려오던 것을 筆刪하고 贊述

---

93) 『論語』 '述而篇', "子曰述而不作 信而好古".
94) 上揭書 '衛靈公篇', "子曰 行夏之時 乘殷之輅 服周之冕 樂則韶舞 放
　　鄭聲 遠佞人 鄭聲淫 佞人殆".

하여 그 당시 교육 敎材로 사용했던 것이다.

이제 공자이전에 교육내용을 알아보고 공자 당시에서 교수한 교육내용을 살펴보기로 한다.

중국 고대에 있어서 교육제도는 周에 이르러 가장 완성되었고 그것은 周公에 의하여 기초가 이루어졌던 것이다. 周代에는 大司徒가 鄕三物로써 萬民을 가르쳤으며 그 가운데 賢能한 자를 천거하여 쓰이도록 하였다는 記錄이 나와 있다.95)

교육의 내용 三物이란 六德, 六行, 六藝를 말한다. 그 내용은 다음과 같다.

① 六德 : 知(是非를 분별함)
　　　　　仁(私欲이 없음)
　　　　　聖(통달치 못함이 없음)
　　　　　義(결단하고 제어함)
　　　　　忠(자기의 誠意와 능력을 다함)
　　　　　和(乖戾가 없음. 즉 조화, 친화)
② 六行 : 孝(부모를 잘 섬김)
　　　　　友(형제간에 우애함)
　　　　　睦(九族과 친함)
　　　　　姻(外親과 친함)
　　　　　任(朋友間에 信함)
　　　　　恤(어렵고 가난한 사람을 賑恤함)
③ 六藝 : 禮(吉禮, 凶禮, 賓禮, 軍禮, 嘉禮)

---

95) 『禮記』, 周禮 大司徒之職 "周禮 大司徒 以鄕三物 敎萬民而賓興之".

樂(雲門, 濤池, 大韶, 大夏, 大濩, 大武)

射(白矢, 參連, 剡注, 襄尺, 井儀)

御(鳴和鸞, 逐水曲, 過君表, 武交遠, 逐禽左)

書(象形, 會議, 轉注, 處事, 假借, 諧聲)

數(方田, 栗布, 襄分, 小廣, 商功, 均輸, 盈胸, 方程, 句股)96)

　위와 같이 周代의 鄕三物은 그 당시 주요 교육과정이라 할 수 있다. 禮記 王制篇에 교관인 樂正이 四術을 높이고 四敎를 세워서 先王의 詩, 書, 禮, 樂을 좋아서 선비를 만들었는데 春秋에는 禮와 樂을 가르치고 冬夏에는 詩와 書를 가르쳤다고 기록하였다.97)

　공자는 제자들을 敎授하는 자료의 내용들 중에서는 자료 내용을 많이 참작하였음을 찾아 볼 수 있다. 이를테면 공자의 교육교과는 四敎인 文, 行, 忠, 信과 六禮이다.98) 六禮는 원래 詩, 書, 易, 春秋, 禮, 樂의 소위 六經을 六藝라고 하였는데 또 한편으로 周禮의 禮, 樂, 射, 御, 書, 數의 여섯 가지 교과목을 뜻하기도 한다. 공자의 三千弟子 중에서 六藝에 능통한 제자가 七十二人이라 하였다.

　그런데 공자의 주요 교과인 言, 行, 忠, 信의 내용을 朱子說에 따라 설명해 본다면, 文은 예부터 전하여 오는 聖

---

96) 『儒學原論』, 成均館大學校出版 pp. 197~198. 參照.

97) 樂正, 崇四術立四敎, 順先王詩書禮樂, 以造士, 春秋, 敎以禮樂, 冬夏, 敎以詩書.

98) 『論語』 '述而篇'.

賢의 가르침인 詩書가 그것이라 함이다. 行은 孝悌의 실행을 이름인데 실행함에 있어서 성실치 못할까 염려하여 忠言을 가르쳤다는 것이다.

『論語』에서 공자는,

   "젊은이들은 가정에서 孝하고 밖에 나가서는 웃어른을 공경하며 모든 일을 삼가고 미덥게 하며 널리 衆人을 사랑하되 어진 사람과 친할 것이니 그와 같은 것을 행하고 남은 힘이 있으면 글을 배울 것이다."99)

라고 하였다. 이와 같은 말은 인륜적인 것을 학문적인 것보다 優位에 두어야함을 강조한 것이다. 곧 윤리 도덕적인 가치관 정립이 이룩된 그 위에 학문적 지식의 조화를 갖춘 성실성과 신실성있는 지성인을 요청하였기에 공자께서는 이같이 말한 것으로 이해한다. 그래서 공자께서는 '主忠信'100)을 말하여 인간의 내적인 성실성과 외적인 신실성을 강조하였다. 程子는 忠에 대한 해석으로 天道로써 體로 보았고101) 信은 體에서 나오는 작용으로 보아야 할 것이다. 즉 眞實無妄하고 思無邪한 주체인 인간의 중심이 확고하게 서있을 때 대인관계에서 신뢰감을 줄 수 있음을 시사한 것이다. 바탕인 忠을 주자는 '盡己之心'이라고 했는데 자기의 마음을 다한다는 것은 하늘로부터 부여받은 '性'그대로를

---

99) 『論語』'學而篇', "子曰 弟子入則孝 出則弟 謹而信 汎愛衆 而親仁 行有餘力 則以學文".
100) 『論語』'學而篇'.
101) 『論語』'里仁篇', '忠恕'에 對한 註釋.

다한다는 뜻으로 '誠者는 天之道也'102)와 상통하는 것이다. 그러므로 값어치있고 바람직한 사람이란 바탕인 忠과 작용적인 信이 '一以貫之'될 때 主忠信으로 인간의 가치관이 정립되어 바람직하고 이상적인 인물이 됨을 말하고 있는 것이다. 그래서 공자는 제자들에게 '文學, 德行, 忠誠, 信實'의 네 가지를 교수요목으로 정했던 것이다.

이상에서 논술을 요약해 보건대 공자의 교과과정은 四敎와 六藝인데, 周代의 六藝인 禮, 樂, 射, 御, 書, 數는 초급교과 과정이라 할 수 있고 詩, 書, 禮, 樂, 易과 공자의 저술인 春秋는 고급교과 과정이라 볼 수 있다.103)

공자는 교과 자료로 六藝 이외에 道, 德, 仁, 藝도 교과 자료로 하고 있음을 다음 말에서 찾아 볼 수 있다.

> 道에 뜻을 두고 德에 根據하고 仁을 떠나지 않으며 六藝를 즐겨 한다.104)

고 하였으니 교육의 자료로서 道, 德, 仁을 중하게 다루고 있음을 쉽게 발견할 수 있다.

공자께서는 '德行, 言語, 政事, 文學'의 四分科로 나누어 弟子들의 능력, 개성, 취향에 맞게 교과 내용을 정하여 특수 교육도 하였던 것이다. 이 四分科에 정통한 제자를 十賢哲이라 부른다.

---

102) 『中庸』 第20章.
103) 「儒敎思想과 敎育哲學」, 金益洙, p. 400. 參照.
104) 『論語』 先進 "德行 ; 顔淵 閔子騫 冉伯牛, 仲弓, 言語 ; 宰我, 子貢, 政事 ; 冉有, 季路 文學 ; 子遊, 子夏".

2. 教育 方法論

교육이란 교육자와 피교육자 상호간이 일치하는 데에서 교육의 효과를 발휘하게 되는 것이다. 교육방법에 있어서 공자의 규범과 원칙을 살펴보기로 한다.

교육이란 교육자인 교사와 피교육자인 학생 사이에 뚜렷한 교육 내용과 방법론이 있게 마련이다. 韓退之는 그 '師說'이란 책에서 교사의 임무란 '傳道, 受業, 解惑'하는 것이라 하였다. 교사는 학생들에게 그 개성이나 환경 지식의 정도 등 여러 가지를 잘 파악하여 勸導하고 자습케 하여 교육의 효과를 거두는 것이 교사의 임무인 것이다. 이에 공자의 교육방법에 대하여 알아보기로 한다.

(1) 普通教育

공자가 교육상 많은 공헌을 한 것은 보통교육인 것이다. 論語 衛靈公篇에 '가르침에는 차별이 있을 수 없다'105)라는 말이 있다. 이 같은 말은 인간을 교육함에 있어서 상하의 계급이나 지위 고하를 막론하고 평민 자제들은 누구나 교육을 받을 수 있음을 시사한 말이다. 또 공자는,

> 배움에 뜻을 두고 束脩의 예를 갖춘 이상 누구에게나 가르치지 않는 일이 없다.106)

---

105) 『論語』'衛靈公篇', "子曰 有敎無類".
106) 『論語』'述而篇', "子曰自行束脩以上 吾未嘗無誨焉".

고 했다.

고래로부터 제자들이 스승에게 배움을 청원할 때는 예물을 지참하는 예가 있었다고 보아야 한다. 그래서 공자께서는 스승을 섬기는 인간의 도리를 갖추기만 하면 누구나 가르쳐 주겠다는 것이 공자의 보통교육의 취의였다.

공자는 '性은 서로 가깝고 익힘은 서로 멀다'고 하였다. 인간은 누구나 태어나면서 고유한 性은 정직하고 진실한 것이지만 후천적으로 수양에 따라서 氣質의 性을 如何히 교화하느냐에 따라서 善人, 惡人으로 갈라지게 된다고 보았다. 우리 인간은 누구나 학문의 정도에 따라서 어질게도 어리석게도 될 수 있다는 것이다. 이것은 공자의 평민교육을 말하는 것이며 보통교육을 말한 것이다. 이와 같이 보통교육은 우리나라 헌법 제27조에 나타난 '모든 국민은 균등하게 교육을 받을 권리가 있다'고 한 것은 공자의 평민교육의 취의와 그 맥을 같이 한다고 볼 수 있다. 이 같은 평민교육은 인간은 누구나 본질적인 면에서 평등하다고 하는 무차별적 평민교육의 신조에서 나온 교육 방법론이라고 볼 수 있다.[107]

(2) 人格 形成을 爲한 敎育

인간이 인간다운 품성을 이룩하고 인덕을 갖춘 인간의 가치관을 정립키 위해서는 교육적인 교화가 필요한 것이

---

107) 「儒敎思想과 敎育哲學」, 金益洙, pp. 111~112. 參照.

다. 따라서 이 같은 교육을 통한 인격형성을 함양할 문제가 제기된다. 『대학』에서는 三綱領 八條目을 말하고 있는데 三綱領 八條目은 공자의 인격 형성을 위한 교육의 요체를 공자의 손자에 의하여 잘 정리하여 놓은 것이라 볼 수 있다. 그 내용을 살펴보면 다음과 같다.

三綱領은 明德, 新民, 止於至善이고 八條目은 格物, 致知, 誠意, 正心, 修身, 齊家, 治國, 平天下이다.108) 朱子가 明德에 대해서 설명하기를,

> "사람이 하늘로부터 부여받는 것인데 虛靈不昧하고 仁, 義, 禮, 智와 같은 衆理를 갖추고 있으며, 그리고 이것을 사물에 感而遂通되어 가는 것이다."109)

라고 하였으니 인간은 태어날 때 누구나 虛靈不昧한 明德을 타고났으나, 이 明德이 사물에 感而遂通할 때 氣質의 性에 淸, 濁, 厚, 薄의 氣質의 차이로 해서 知, 賢, 不肖의 구별이 있게 된다고 朱子는 설명하고 있다. 宋代의 張載가 말한 기질변화와 같이 濁氣를 淸氣로, 薄氣를 厚氣로 수양 또는 교육이 필요함을 요청하게 된다. 이 같은 수양 또는 교육방법으로 『중용』에서 道問學을 제시하고 있다. 道問學의 조목으로 博學, 審問, 愼思, 明辯, 篤行으로 實踐窮行할 것을 강조하고 있다.110) 道問學은 바로 인간의 인격형

---

108) 『大學』 經章.
109) 上揭書 經章 註釋 "人之所得乎天 而虛靈不昧 以具衆理 而應萬事者也."
110) 『中庸』 第20章.

성을 이룩하는 교육방법이라고 볼 수 있다. 道問學의 교육
이 이루어지면 곧 인간의 덕성이 높아져서 타고날 때의 明
德, 즉 인간주체로서의 가치관이 드러나게 되는 것이다.
이와 같이 明德을 이룩한 위정자라면 "마치 북극성이 제
자리에 있으면 뭇별들이 북극성을 잘 받들고 있는 것"111)
과 같은 內聖外王의 인격을 갖추고 있는 위정자라 볼 수
있다.

　이와 같이 하늘로부터 부여된 진실한 性, 즉 자연지성인
明德을 회복하는 방법으로 공자는 '克己復禮爲仁'112)을 주
장한다. '克己'란 자기 자신의 울분을 참고 견딘다는 의미
가 아니라 자기 자신의 기질 중에 좋지 못한 氣質의 性을
수양하고 또 학문적 교육을 통하여 성실한 자기, 즉 天賦
의 明德을 되찾는다는 의미이다. 즉 天道로의 환원을 뜻한
다. 그래서 공자는 군자에게는 '爲人之學'을 하지 말고 '爲
己之學'113)을 강조하신 것은 바로 인간가치관의 확립을 위
한 말인 것이다.

　그리고 공자께서는 '德者는 외롭지 않다. 반드시 이웃이
있다'114)라고 하였다. 德은 得也라인데 이것은 오늘날의
매력과 같은 의미를 가지고 있다. 이 같은 德을 갖추고 있
는 사람은 겉보기에 어리석어 보이나 그 德의 힘은 남을
이끌 수 있는 매력을 가지게 되므로 반드시 共鳴者나 따르

---

111)『論語』'爲政篇', "子曰爲政以德 譬如北辰居其所 而衆星共之".
112)『論語』顔淵篇.
113)『論語』'憲問篇', "子曰 古之學者 爲己 今之學者 爲人".
114)『論語』'里仁篇', "子曰 德不孤 必有隣".

는 자가 있게 된다는 것이다. 또한 사람다운 明德을 갖추게 되면 자기주체의식이 확립되어 남을 교화시킬 수 있고 새롭게 할 수 있는 교육적 의무를 가지게 된다. 그래서 『중용』에 成己 成物을 말했는데, 이것은 이와 같은 의미와 같다고 본다. 즉 자기 자신이 수신과 교육을 통하여 전인적 인물이 되면 대상인 他者의 인격을 완성시키는 것에 힘써야 함을 강조하는 말이다. 결국 공자의 교육의 실천방안은 仁・德・道를 통하여 자기 인격형성과 동시에 他者의 인격형성을 완수하는데서 교육실천의 효과를 기대해 볼 수 있는 것이다.115)

이와 같이 공자 교육의 이념은 오늘날 교육의 본령이 진리탐구에 있고 인격도야에 있으며 지향하는 목적이 전인교육에 있다고 하는 말과 그 맥을 같이 한다. 이와 같이 공자의 교육론은 인간다운 인간을 기르기 위해서는 知와 德을 겸비하여 갈 것을 강력히 촉구하고 있다. 그러므로 교육을 인간교육 또는 인격형성을 위한 교육, 전인교육이라 부를 수 있다.

(3) 個性과 資質에 따른 教育

올바른 교육을 하자면 피교육자의 개성을 존중하고 자질을 이해하는 데서만이 성과를 찾아볼 수 있다.

공자는 개성과 본질에 따라 그에 알맞은 교육을 실천하

---

115) 「東洋哲學硏究」 第4輯 p. 42. 參照(沈佑燮, 儒學思想에 立脚한 倫理敎育).

였다. 『論語』에 "季文子가 무슨 일이든 세 번 생각한 뒤에 행하니, 공자가 듣고 말하되 두 번이 옳으니라."116) 하였다. 魯나라 大夫인 季文子는 매사에 신중을 기하기 위하여 세 번 깊이 생각하고 난 연후에 실행에 옮기는 분이다. 공자께서는 너무 신중을 기하다 보면 추진력이 떨어질 가능성이 있기 때문에 두 번 정도로 고려할 것을 季文子에게 말한 것이다. 다른 사람이라면 四思를 말했을 것이다. 이와 같은 교육은 '隨人異敎' 도는 '因材施敎'라 할 수 있다. 이를테면 공자께서 "子貢이 師(子張)와 商(子夏) 가운데서 누가 더 현명한가를 물었을 때 공자께서는 師는 過하고 商은 不及하다"117)고 했고 또 "顔淵은 道에 가까우나 가난하여 자주 끼니를 못한다"118)고 했다. 또 공자께서는 다음과 같이 평하였다.

> "柴(子羔)는 愚하고 參(曾子)은 魯(魯鈍誠實)하고 由(子路)는 喭(粗俗)하다."119)

이와 같은 사례들은 공자께서 제자들의 개성과 재질을 충분히 파악하고서 그에 대한 적절한 교육을 하였음을 보여준 것이다. 이 같은 사례들은 論語를 통하여 여러 곳에서 찾아 볼 수 있다.

---

116) 『論語』 '公冶長', "季文子三思而後行 子聞之曰再斯可矣.".
117) 『論語』 先遊 "子貢問 師與商也 孰賢? 子曰師也 過, 商也 不及"
118) 上揭書 "子曰 回也 其庶乎 屢空".
119) 上揭書 "柴也愚, 參也魯, 師也辟, 由也喭".

'이에 대한 사례를 하나 더 들어본다면 "子路가 공자에게 말씀을 들었으면 즉시 실천에 옮겨야 합니까?'라고 물었을 때 공자께서는 '父兄이 계시는데 어찌 들었다고 바로 행할 수 있으랴?'라고 대답하였다. 그러나 冉有가 같은 질문을 했을 때는 들었으면 바로 행할지니라고 하였다. 公西華는 이와 같이 상반되는 말에 의혹하여 그 까닭을 물었다. 이에 대하여 공자는 子路는 그 자질이 굳세므로 물러서게 한 것이고 冉有는 謙退하므로 나아가게 한 것이라고 일러 주었다."120)

이와 같은 공자의 개성교육은 오늘날 학교교육에서만이 아니고 가정교육, 사회교육에서도 요청되고 있음을 절감케 한다.

(4) 啓發教育

공자의 교육은 단순한 지식만을 피교육자에게 전달하는 교육을 중요시하지 아니 하였다. 윤리교육의 기반 위에서 학문을 할 것을 주장하였다.

"공자께서 말씀하시기를 제자란 집에 들어오면 효도하고 나아가면 웃어른을 공경하며 삼가 미덥게 하며 널리 무리를 사랑하되 어진 이를 친히 할 것이니 이것을 행하고 남은 틈이 있거든 글을 배울 것이다."121)

---

120) 『論語』先進 "子路問 聞斯行諸, 子曰 有父兄在 如之何其聞斯行之 冉有問 聞斯行諸, 子曰聞斯行之 赤也惑敢問. 子曰求也 退故進也 由也 兼人故退之.".

라고 하였다. 이와 같이 가정윤리 교육이나 사회윤리 교육을 제자들에게 전달할 때 항상 '知行合一' 할 것을 말하면서 제자들의 개성이나 교육의욕 태도에 따라서 지도하는 방법도 달리 했으며 그리고 제자들이 자발적으로 탐구하고 연마하는 정신을 길러 주는 계발적 교육방법을 택하고 있음을 『논어』을 통하여 알 수 있다. 즉,

"스스로 알려고 애쓰지 않으면 열어주지 않고, 발표하려고 애쓰지 않는 사람은 깨우쳐 주지 않는다. 한 모퉁이를 알려 주어 세 모퉁이로 반응을 보이지 않는다면 더 계속해서 가르치지 않는다."[122]

라고 한 것이다. 학문을 하는 사람은 자발적으로 연구케 하고 사색케 하여 자기가 스스로 문제를 풀 수 있도록 하고 스승은 그 문제 해결을 위한 産婆的 역할만 하면 된다는 것이다. 즉 하나를 열어주면 셋, 넷의 길을 계발해 나가는 창의성을 발휘하게 하는 교육이라 볼 수 있다.

또 공자께서는,

"스스로 어떠한 문제에 대해 해결을 구하지 않고, 이 일을 어떻게 할까 하고 근심 격정만 한 사람은 나도 어쩌할 도리가 없다."[123]

---

121) 『論語』 '學而篇', "子曰 弟子入則孝 出則弟 謹而信 汎愛衆 而親仁 行有餘力 則以學文".
122) 『論語』 '述而', "子曰 不憤不啓 不悱不發 擧一隅而示之以三隅反 則不復也.".

고 하였다. 이것은 계발적 교육의 필요성을 한층 더 강조한 말이라 할 수 있다. 또 공자는 제자들을 교육함에 있어서 제자들 각자의 의지나 개성 자질에 따라 하고자 하는 바를 살펴서 키워 주고 깨우쳐 주는 것이 없다. 『논어』을 통하여 볼 때 仁에 대한 제자들 물음에 공자의 해답은 제자들의 개성, 자질에 따라 그 해답은 다양했다. 이를테면 子張이 仁을 물었을 때에 "능히 5가지를 천하에 행할 수 있으면 仁을 행하는 것"124)이라고 하였고 또 顔淵이 仁을 물었을 때 "克己復禮爲仁"이라 했다.

이와 같이 공자는 먼저 제자들의 개성과 자질, 그들이 하고자 하는 의지를 파악하고 가르침을 달리 했으며, 그리고 하나의 암시를 던져 주어 제二 제三의 문제를 해결케 하는 계발 교수법을 취했던 것이다.125)

이와 같이 자기 문제를 자기 스스로 계발해 가는 강인한 정신적 태도와 창의적 계발 정신이 있을 때 비로소 훌륭한 교육의 효과를 기대할 수 있는 것이다. 위에서 논술한 바와 같이 공자의 교육방법은 보통교육, 인격형성을 위한 교육, 개성교육, 계발교육을 통하여 자기 자신의 가치관 정립과 가정 사회로 추급하는 차등을 가진 교육방법임을 찾아볼 수 있었다. 생각컨데 모든 교육은 인간됨의 바탕을 위한 것임을 알 수 있고 그와 같은 교육이 이루어질 때 참된 인간 가치관을 발견할 수 있는 것이다.

---

123) 『論語』 '衛靈公', "子曰 不曰如之何 如之何者 吾未如之何也矣".
124) 『論語』 '季氏篇', "子貢問仁於孔子 孔子曰 能行五者於天下爲仁矣 請問之 曰恭寬信敏惠".
125) 上揭書 顔淵篇.

Ⅳ. 結 論

『중용』서문에 朱子는 書經의 말을 인용하여 "인심은 오직 위태롭고 道心은 오직 희미해가니 오직 정밀히 하고 오직 한결같이 하여 진실로 그 中을 잡으라."[126] 하였다. 오늘날 산업 경제 시대의 병폐와 물질 존중, 인간경시의 사상으로 인심은 날이 갈수록 위태롭게 되고 윤리 도덕은 날이 갈수록 땅에 떨어져 가고 있다. 이와 같은 시점에서 지덕을 겸비한 바람직한 인간 가치관 확립에 역점을 둔 공자의 교육 철학 사상이 오늘날 지식 교육으로 치닫고 있는 이 시점에 그 필요성이 절감하게 되는 것이다.

생각컨데 교육의 목적이 바람직한 인간상, 즉 전인적 인물인 지성인을 양성하는데 있다면, 지성인과 지식인은 구별되어야 한다. 지성인이라 할 때 그 性은『중용』의 '天命之謂性'이라 한 性과 같은 의미로 보아 하늘이 인간에게 부여한 인성 즉 虛靈하고 어둡지 않은 明德과 같은 개념이며, 마음의 明德으로서 공자의 仁에 상응하는 것이다. 지성인의 知는 良知와 같은 知로서 知行할 수 있는 知인 것이다. 그러므로 지성인은 윤리, 도덕의 가치관을 갖춘 기초 위에 학식을 구비한 사람으로서 성인과 같은 인물을 의미한다. 그러므로 공자의 교학사상은 바람직한 인간을 위한 것이다. 학식이 많고 지식이 풍부하다 하더라도 바람직

---

126)『中庸』朱子章句序 "人心惟危 道心惟微 惟精惟一 允執厥中".

한 인간 가치관이 결여된 때는 참다운 인물이 될 수 없는 것이요, 동시에 전인적 인물이라 일컬을 수 없다. 생각컨데 오늘날 知와 德을 겸비한 전인교육을 실행해야 할 학교교육을 생각해 볼 때 교육자와 피교육자 간의 문제점을 쉽게 발견할 수 있다. 교육의 효과는 교육자와 피교육자와의 관념이 일치 되는데서 그 효과가 구현되는 것이다. 그러므로 교육의 목적을 달성하기 위해서는 교육자 자신이 교육의 사명감을 가지고 있어야 하며 또는 투철한 교육 철학이 있어야 한다. 특히 교육 철학이 결여되고서는 바람직한 교육은 기대하기 어려운 것이다. 그러므로 교육과 철학은 서로 밀접한 관계 속에서 이해되어야 한다.

환언하면 교육 작용의 근본, 본질을 탐구하고 구명해 내는 것이 교육철학의 근본 문제임을 공자의 교학사상을 통하여 알게 되었다. 따라서 교육은 최고 과제는 무엇보다도 지덕을 겸비한 사람다운 사람을 만드는데 있다면, 교육자는 줄기차게 자라나는 청소년들의 인성과 품격을 올바른 방향으로 이끌어주고 또 이루게 하는 것이 교육자의 본연의 자세이며 본연의 과제를 다하는 것이라고 본다.

우리는 흔히 현대교육 붕괴니 또는 교실 붕괴니 하는 말을 자주 한다. 이 같은 현상은 입시 교육에 치중되어 공교육이 무너졌음을 표현한 말이다. 오늘날 지식만을 축적하는 知識人 교육에 치중하고 있는 현실에서 바람직한 자녀교육이 이루어지지 못한 그 책임은 누가 져야 할 것인가? 이와 같은 추세에서 하루 빨리 제거하여 바람직한 전인교육을 실천해야 한다.

오늘날 위기 교육을 바로 잡기 위해서는 전국의 학부모, 학생, 교육자들이 三位一體가 되어 함께 지덕을 겸비한 전인교육에 邁進할 때 실효성을 거둘 수 있으리라 본다. 이와 같은 전인교육의 실효성을 거두기 위해서는 지덕의 조화를 가진 공자의 교육철학사상에 그 해결책을 찾아볼 수 있다고 본다.

參 考 文 獻

1. 經集類
· 大學集註
· 中庸集註
· 論語集註
· 孟子集註
· 中庸或問, 大學或問
· 三經 : 詩經, 周易, 書經 全2冊, 影印本 (서울 : 成大 大東文化研 究院, 1970)
· 性理大全
· 朱子大全, 朱熹 撰
· 增補退溪全書, 李滉 著
· 栗谷全書, 李珥 著

2. 單行本
〈國內資料〉

· 金能根,『中國 哲學史』, 서울, 獎學出版社, 1978
· 柳承國,『東洋哲學論考』, 서울, 成大 東哲研究室, 1974
· 裵宗鎬,『韓國儒學史』, 서울, 延大出版部, 1974
· 鄭 璨,『孔子思想의 人間學的 研究』, 서울, 東大出版部, 1975
· 金益洙,『儒家思想과 教育哲學』, 서울, 螢雪出版社, 1979
· 朴鍾鴻,『國民倫理』, 서울, 삼화출판사, 1971
· 柳承國,『儒學原論』, 서울, 成大出版部, 1981
· 沈佑燮,『中庸思想研究』, 서울, 誠信女大出版部, 1981
· 沈佑燮,『儒學思想에 立脚한 倫理教育』,『東洋哲學研究 第4輯』, 서 울, 三元社, 1983
· 梁大淵,『儒學概論』, 서울, 新雅社, 1962
· 崔己元,『道德과 教育』, 서울, 1969

〈中國資料〉
· 唐君毅, 『中國哲學元論』, 台灣 九龍, 人生出版社, 中華 60(1971)
· 牟宗三, 『中國哲學的 特質』, 台灣 九龍, 人生出版社 中華 52(1968)
· 馮友蘭, 『中國哲學史』, 上海, 商務印書館, 中華 46(1957)

孟子의 政治哲學思想*

I. 序 論

역사의 흐름 속에서 정치 철학사상과 정치는 상호밀접한 관계를 이루고 있었다는 것을 쉽게 알 수 있다. 대부분 정치 철학사상은 그 당시 사회의 새로운 변화와 개혁을 시도하고, 비판하기 위해서 절대로 필요하며, 이 정치 철학사상에 의해서, 정치 철학자들은 이상국가에 관여하고 모색하고 그들의 정치적 이상을 전개하고자 한 것이 사실이다. 그러나 이러한 정치적 이상을 지향하고자 하는 정치적 이론들은 그 당시 정치 철학사상과 밀접한 관계를 이루고 있음을 알 수 있다. 이를테면 플라톤(Platon)의 『국가론』은 고대 희랍에 있어서 도시국가의 쇄망기에 있었던 상태를

---

*이 논문은 1998년도 동양철학연구 제19집에 게재되었음.

고찰하지 않고서는 이해할 수 없고, 토마스 모어(More)의 『유토피아(utopia)』도 영국에 있어서의 농경시대로부터 유축농업기로 전환된 사회적 불안을 배경으로 한 것이다.

일반적으로 정치 철학사상을 그 당시의 사회적 환경과 경제적 상황 및 정치적 여건의 보편적이며 객관적 표현이며, 그 당시의 상황과 지식체계를 바탕으로 이루어지는 것이다. 이 같은 정치 철학사상은 동양과 서양의 구별 없이 변천·발전되었다고 생각한다.

이와 같은 취의에서 동양의 정치 철학사상을 대표하는 맹자의 정치철학사상을 구명함으로써, 오늘날 혼란한 정치사상에 활력을 주고자 한다. 특히 혼란한 사회 질서와 인간가치관이 무너져서 인간성 상실이란 현대에 있어서 맹자가 주장하는 인간가치관 문제인 性善論과 관련된 인성론 문제를 정치사상의 본질로 구명하고 이 같은 인간가치관 문제를 民本主義, 王道主義와 연관하여 연구함으로써 平和主義 정치관을 모색하여 현대적 의미를 찾아보고자 한다.

Ⅱ. 本 論

1. 政治思想의 本質

사상의 본질인 性善論과 仁義思想을 살펴보기 전에 먼저 맹자의 사상적 배경을 찾아보기로 한다.

(1) 思想的 背景

司馬遷의 『史記』 '孟荀列傳'에 의하면, "孟軻는 鄒人으로 子思의 門人 밑에서 수업하여 이미 학문이 성취됨에 齊의 宣王을 섬기려 했는데 宣王이 그를 등용하지 아니하므로 또 梁으로 가서 惠王을 봄에 惠王은 그의 말한 바를 실천하지 않고 그의 주장은 세상 실정과 거리가 멀다고 생각했다. 특히 맹자는 唐虞三代의 盛德을 祖述하였다. 그러므로 간 곳마다 의견이 불합해서 鄕里에 退歸하여 萬章 등 제자를 데리고 『詩經』과 『書經』을 編序하였는데 仲尼의 사상을 承述함으로써 『맹자』 7편을 作하였다."[128]고 했으니 그의 人稱이 서명으로 되었다.

맹자는 子思의 사상을 再傳한 제자이며, 맹자의 책은 자작한 책이다. 이와 같은 설에 대하여는 이론이 있으나, 『맹자』를 통하여 볼 때 子思의 제자요 자작인 점을 찾아 볼 수 있다.

이 저서는 맹자와 당시의 국왕 및 제자들과의 대화를 쓴 것인데, 후에 주자가 『대학』과 『중용』을 『예기』에서 빼내어 각각 주석을 붙여서 表章한 것으로 후에 단행본으로 만들고 난 후 『논어』, 『맹자』와 함께 四書라 하였다. 이 때부터 교육의 중추적인 서적으로 귀중하게 여겨왔다.

천성적으로 총명했던 맹자는 賢母의 양육과 훌륭한 스승

---

128) 『史記』 「孟子列傳」 司馬遷. "孟軻鄒人也 受業子思之門人道旣通遊 事齊宣王 宣王不能用 適梁 梁惠王不果所信則見以爲迂遠而闊事情 當時之時…孟軻乃述唐虞三代之德 是以所如者 不合退而與 萬章之 從 序詩書述仲尼之意 作孟子七篇".

의 교육을 받음으로써 그의 학문은 날로 현저해졌었다. 특히 맹자는 공자의 손자인 子思의 교육을 받았으므로 유가의 조종인 공자의 사상을 그대로 전수 받을 수 있었던 것이다. 맹자는 이 같은 정통 유학사상을 제자들에게 가르쳤을 뿐만 아니라, 공자와 같이 제자들을 거느리고 여러 나라를 주유하면서 유가의 이상적인 정치사상을 실현시키고자 하였다. 맹자는 諸國의 왕들에게 왕도정치와 仁政의 실현을 촉구하고 민생문제의 해결책으로써 농업경제를 제시하기도 하였다. 다시 말하면 유가의 이상정치로부터 실용정치까지를 제시하였던 것이다.

이와 같은 왕도정치가 구현되게 하는 所以然之理가 바로 맹자 정치사상의 본질이라고 생각한다. 다음으로 정치사상의 본질인 性善說을 논하고자 한다.

(2) 性善說

맹자의 性善說은 그의 철학사상의 근본 문제이다. 그는 인성이 선하다 함을 先聖의 說과 경서를 통하여 찾아 볼 수 있고 또 인간의 심리 및 오관의 작용등을 예거하여 논증하려 하였다.

『詩經』 '大雅 蒸民篇'에,

> 天이 蒸民을 낳으시니 物이 있으면 則이 있도다. 民의
> 불변의 道(彝)를 잡음이여! 懿德을 좋아 하는도다.[129]

라 함은 사람들이 태어날 때부터 미덕을 좋아하는 正常道를 지킨다는 것을 말하고 있으므로 이것은 바로 인성의 本善을 증명한 것이라고 할 수 있다.

子思는 『중용』 제20장에서 誠은 天의 道요 誠되게 함은 人道라 하고, 또 『중용』 首章에 天으로부터 부여받은 것을 性이라고 하였는데 인간에게 부여한 것을 인성이라 한다. 이 때 人性은 바로 天道이고 眞實無妄한 것으로써 인욕과 사욕이 배제된 소박한 性卽理임을 맹자는 터득하여 人性은 선함을 명백히 하였다. 또 龍子는 "사람의 발의 寸法을 재지 않고 신(履)을 만들지라도 그것이 삼태기가 되지 않음은 天下人의 발이 다 相似한 증거라고 하였다. 또 사람의 혀로 맛을 보는 것이나 귀로 소리를 듣는 것이나 눈으로 색깔을 보는 것은 사람마다 다 같다. 그렇다면 오직 마음에 있어서만 어찌 다를 수 있으랴 그러나 실제에 있어서 사람의 마음에 악이 있음은 욕심이 본연의 선심을 梏亡하여 버린 까닭이다."130)이라 하였다. 이와 같이 인간에 있어서 마음의 그렇게 같은 바(所同然)가 곧 천리로서 性卽理가 되는 보편성이 있음을 설명하고 있다.

또 맹자는 性善의 사실을 인간의 심리현상으로 나타나는 四端을 가지고 설명하고 있다.

---

129) "天生 蒸民 有物有則 民之秉彝 好是懿德".
130) '告子上' 龍子曰 "不知足而爲履 我知其不爲蕢也 履之相似 天下之足同也 故曰 口之於味也 有同耆焉 耳之於聲也 有同聽焉 目之於色也 有同美焉 至於心獨無所然乎 心之所同然者 何也 謂理也 義也 聖人先得我心之所同然耳 ".

사람은 누구나 다 남의 불행을 차마 보지 못하는 마음이
있다. 이제 어떤 어린 아이가 우물로 기어들어 간다고 가
정한다면 그것을 보는 사람은 누구나 다 불쌍히 여겨서 건
지려고 할 것이다. 이 순간 그 정황을 생각해본다면 그는
어린아이를 구출하였다는 명예를 얻으려는 것도 아니고,
그 기회에 어린아이의 부모와 사귀어 이익을 보자는 것도
아니고 또 어린아이를 구출하지 아니한데 대한 좋지 못한
평을 두려워함도 아니다. 어린아이를 건지려함은 순수한
自然之性의 발로이다. 이 같은 마음을 惻隱의 心이라 한
다. 이것을 추급해보면 측은한 마음이 없으면 사람이 아니
고 羞惡의 마음이 없으면 사람이 아니고, 辭讓의 마음이
없으면 사람이 아니고 是非의 마음이 없으면 사람이 아니
다. 惻隱의 마음은 仁의 端이고, 羞惡의 마음은 義의 端이
고, 辭讓의 마음은 禮의 端이고, 是非의 마음은 智의 端이
다. 사람은 누구나 다 이 四端이 있다.[131]

라고 하였다. 이 四端을 가지고 있는 것은 인간이 태어날
때부터 선한 性을 가지고 태어남을 시사한 것이다.

맹자는 性善으로써 良知 良能을 말하였는데 양지 양능은
선천적인 것으로 사람이 배우지 않아도 능한 것은 양능이
고, 생각하지 않고도 아는 것은 양지이다. 孩提의 아이가
그의 어버이를 사랑할 줄 알고 성장함에 따라 그 형을 공
경할 줄 아는 것은 양지 양능이 있기 때문이다.[132] 惻隱,

---

131) ‘公孫丑 上’ 孟子曰, “人皆有不忍人之心…今人 乍見孺子將入於井
皆有怵惕惻隱之心 非所以內交於孺子之父母也 非所以要譽於鄕黨朋
友也 非惡共聲而然也 由是觀之 無惻隱之心 非人也 無羞惡之心 非
人也 無辭讓之心 非人也 無是非之心 非人也 惻隱之心 仁之端也
羞惡之心 義之端也 辭讓之心 禮之端也 是非之心 智之端也”.
132) ‘眞心 上’ 孟子曰, “人之所不學而能者 其良知者 孩提之童無不知愛

羞惡, 辭讓, 是非의 마음은 양심의 내용으로써 사람마다 가지고 있는 양심의 고유한 것이다. 그리고 이에 王陽明은 맹자의 良知說을 취하여 일가의 학설을 이룩하였다.[133]

또 맹자는 상식적인 표현으로 牛山의 나무 이야기로 性善을 말하고 있다. "牛山의 나무는 일찍이 울창하고 아름다웠다. 그런데 牛山은 大國의 교외에 위치하였으므로 樵夫가 도끼로 그 가지를 찍고 방목하는 牛羊들이 그 싹을 먹어 버렸으므로 마침내 벌거벗은 산이 되고 말았다. 그 가지를 찍고 방목하는 牛羊들이 그 萌芽를 먹어 버렸으므로 마침내 벌거벗은 산이 되고 말았다. 사람들은 그 벌거벗은 牛山을 보고 본래 草木이 없는 것이라고 생각한다. 그러나 牛山에 본래 초목이 없는 것이 아니다. 초목이 없는 것이 산의 性이 아니다. 이와 같이 사람의 性은 본래 선한 것이나 욕심 때문에 악하여졌다. 사람의 性이 악하다 함은 牛山에 초목이 없는 것을 보고 그 산에 본래 초목이 없다 하는 것과 같다. 이것은 심히 잘못된 견해이다."라고 하였다.[134]

맹자는 또한 性은 인의 도덕의 본성으로 다음과 같이 설명하고 있다.

其親也".

133) 「中國哲學史」, 金能根, pp. 73~75. 參照.

134) '告子 上' 孟子曰, "牛山之木 嘗美矣 以其郊於大國也 斧斤伐之 可以爲美乎 是其日夜之所息 雨露之所潤 非無萌蘖之生焉 牛羊又從而牧之 是以 若彼濯濯也 人見其濯之也 以爲未嘗有材焉 此豈山之性也哉 雖存乎人者 豈無仁義之心哉 其所放其良心者 亦猶斧斤之於木也".

告子가 말하기를, 性은 杞棬에 비할 수 있습니다. 사람의 본성으로 仁과 義를 만드는 것은 마치 杞柳를 가지고 桮棬을 만드는 것과 같습니다.

맹자가 말하기를, 자네는 능히 杞柳의 본성에 순응하여 桮棬을 만드는가? 자네 의도를 보면 杞柳의 본성을 해롭게 하여 桮棬을 만들려고 한 것이니, 만약에 杞柳의 본성을 해롭게 하여 桮棬을 만들려고 하였다면 이것은 또한 사람의 본성을 해롭게 하여 仁과 義를 만들려고 한 것이다. 천하의 사람을 인솔하여 仁과 義에 화를 가져오게 하는 것은 반드시 자네의 말이로구나!135)

여기에 담긴 글의 내용을 살펴보면 맹자와 告子가 각자 자기의 性論에 대한 정의를 내리면서 상대를 논박한 것이다. 맹자는 인성을 사회적 규범에 적응하는 도덕을 실현해야 한다는 의미에서 그 근거는 인간의 본성에서 찾겠다는 입장이고, 告子는 이러한 선택적 입장을 벗어나서 경험적인 태도였기 때문에 인성은 도덕·비도덕 이전 상태로 돌아가야 한다는 입장에서 인의·도덕은 인간의 작위로 본 것이다. 즉 맹자는 性을 선천적 도덕성으로 보았다.

告子는 性은 마치 빙빙도는 물과 같다고 했다. 동방으로 트면 동으로 흐르고 서방으로 트면 서로 흐릅니다. 인성에 선과 불선의 구분이 없는 것은 마치 물에 동서의 구분이 없는 것과 같다고 말하였으며, 이에 맹자는 물에는 정말

---

135) '告子 上' 告子曰, "性猶杞柳也 義猶桮棬也 以人性爲仁義 猶以杞柳爲桮棬" 孟子曰 "子能順杞柳之性而以爲桮棬也 如將戕賊杞柳而以爲桮棬則亦將賊人以爲仁義與 率天下之人而禍仁義者 必子之言夫".

동서의 구분은 없지만 상하의 구분이야 없겠는가? 인성이 선한 것은 마치 물이 아래로 내려가는 것과 같으니 사람치고 선하지 않은 사람이 없고 물 치고 아래로 내려가지 않는 물이 없어 이제 물을 쳐서 뛰어 오르게 하면 이마를 넘어 가게 할 수 있으나 이것이 어찌 물의 性이겠는가? 외부의 힘으로 그렇게 되는 것일세. 사람이 性을 불선하게 만드는 것도 그 경우가 이 물과 같은 것이다라 말하였다.[136)

告子가 앞에서 말한 자신의 性論에 대한 견해를 조금도 굽히지 않고 人性을 물에 비유한 것을, 맹자가 자신의 性善說에 대한 확언을 물에 비유하여 논박한 것이다.

이상의 性善에 대한 맹자의 논증으로 추론해 보면 사람의 본성이 선한 것으로 이해할 수 있었다. 특히 맹자는 子思의 하늘이 명한 것을 性이라고 한다는 것과 『周易』에 한 번은 陰하고 한 번은 陽한다. 이것을 천지자연의 道라고 한다. 이것을 계승한 것이 선이요, 이것을 형성한 것이 본성이다라고 하여 본성의 선함을 말하였는데, 이 같은 본성의 선함을 만인이 다 구비하고 있다는 것이다.

---

136) '告子 上' 告子曰, "性猶湍水也 決諸東方則東流 決諸西方則西流 人性之無分於善 不善也 猶水之無分於東西也 孟子曰 '水信無分於東西 無分於上下乎 人性之善也 猶水之就下也 人無有不善 水無有不下 今夫水 搏而躍之 可使過顙激而行之 可使在山 是豈水之性哉 其勢則然也 人之可使爲不善 其性 亦猶是也".

(3) 仁과 義의 思想

맹자는 인간은 태어날 때부터 본성이 선하다고 하였고 또 태어날 때부터 仁義禮智와 같은 四端으로서 道心을 지니고 있음을 말하고 있다. 그래서 맹자는,

仁이라는 것은 사람이 행하는 것이니 이것을 합해서 말하면 道이다.137)

라고 하였다. 맹자는 仁思想은 공자의 仁思想을 이어 받았다. 공자가 말하는 '仁'의 의미는 『대학』의 經文에 있는 明德과 같은 의미를 가지고 있다.

明德에 대한 주자의 풀이를 보면 "明德이란 사람이 하늘로부터 부여받은 것인데 人欲과 私心이 배제되고 신령스럽고 어둡지 아니하여 여러 이치(仁義禮智)를 갖추어 만사에 응하는 것이다."138)라고 하였다.

明德은 인성의 본질에 대한 의미로서 인간의 내적 성실성을 말하고 있으며 心之德이요 愛之理로서 공자가 말하는 仁과 같은 뜻을 의미한다. 공자는 하나의 공동사회를 살아가는데 있어서 상부상조 정신으로 相愛해야 하는 인류의 조화를 강조하였다. 그래서 "仁은 愛人"139)이라 하였고 맹자도 "仁은 人이라"140)하여 仁 은 곧 人이라 하였으니 仁

---

137) 孟子曰 "仁也者 合而言之道也.".
138) 『大學』 朱子註釋 "明德者 人之所得於天而虛靈不昧 以其具衆理而應萬事者也."
139) 『論語』 '顏淵', 孔子曰, "仁者 愛人也".

은 인간의 가치관 문제를 요청하고 있는 것이다. 仁을 이해하려면 먼저 인간을 이해해야 한다는 뜻을 내포하고 있다. 仁道는 곧 人道로서 인간의 본질을 통해서 윤리관을 세울 수 있고, 仁의 가치관을 이해할 수 있음을 시사한 것이다.

인간의 바람직한 가치관·윤리관을 이해하려면 『논어』속에 있는 공자의 仁思想을 구명하는 것이 중요하다. 공자와 제자들과의 仁에 대한 대화를 살펴보기로 한다.

예컨대 仲弓이 공자에게 仁을 물음에 "문에 나가서 귀한 손님을 뵙는 것 같이 하고, 백성을 부리기를 큰 제사를 지내는 것 같이 하고, 자기가 하고자 아니하는 바를 남에게 베풀지 말아야 할 것이니 그렇게 하면 나라에 있어서도 원망이 없을 것이며 집에 있어서도 원망이 없을 것이다."141) 라고 하였으니, 인간과 인간 사이에 사랑의 조화와 상호교통을 통하여 너와 나와의 대립관계를 넘어서 하나로 통하는 仁思想을 표현한 말이라고 하겠다.

顔淵이 仁을 물으니 "克己復禮爲仁"142)이라 했다. 여기서 극기란 자기의 人欲과 私欲을 다 버리고 내면적으로 성실한 자기환원으로 이해할 때 일상생활 속에서 극기함으로서 바람직한 자기가치가 정립된 仁者를 요청하고 있는 것이다. 또 공자께서 대타적 관계에 있어서의 조화를 설명하

---

140) '盡心 下' 孟子曰, "仁也者 仁也.".
141) 『論語』'顔淵' "仲弓問仁子曰 出門如見大賓 使民如承大祭 己所不欲 勿施於人".
142) 上揭書 '顔淵'.

기를 "仁이란 자기가 서고자 하면 다른 사람을 세우며 자기가 통달하고자 하면 다른 사람을 통달하게 한다."143)라 하였다. 이것은 사람 각자가 내면적 성실성과 虛靈不昧한 明德의 가치관이 성립되면 자비스러움과 박애의 정신이 자연스럽게 나 이외의 대상에게로 추급되어 忠恕의 정신으로 연결되는 것을 설명하고 있다.

이와 같은 공자의 仁思想은 여러 곳에서 찾아볼 수 있는데 때와 장소에 따라 사람에 따라 다르게 말하고 있으나 仁思想이 하나로 정립된 말씀이 있으니, 이것이 바로 "一以貫之道"144)이다. 공자의 제자인 曾子는 '一以貫之道'를 忠恕로 풀이하였던 것이다. 忠은 인간이 하늘로부터 부여받은 마음을 다 한다는 것으로 內라 볼 수 있고 恕는 나를 미루어 타자에게 미쳐가는 아량으로 外라 볼 수 있다. 그런데 程子는 『논어』 '里仁篇'에서 忠은 天道요 恕는 人道라 하고, 忠은 無妄이요 恕는 忠을 행하는 것이라 하고 또 忠은 大本으로써 體요 恕는 達道로써 用으로 설명하고 있다.

『중용』에 "誠은 天道요 聖人이라."145) 하였다. 여기에 忠이 심화되면 誠으로 연결됨을 쉽게 알 수 있다. 그래서 忠은 天道로써 聖心이라 볼 수 있고 恕는 聖心이 외적으로 나타나게 될 때 인간이 마땅히 행해야 할 人道로서 의리정신의 발휘라 볼 수 있다. 그러므로 『중용』에 "忠恕는 天道

---

143) 上揭書 '雍也' "夫仁者 己欲立而立人 己欲達而達人 能近取譬 可謂仁之方也耳".
144) 上揭書 '里仁'.
145) 『中庸』 二十章, "誠者 天之道也…聖人也".

로 지향함에 사람으로부터 멀지 않다."146)고 하였다. 인간의 大本인 忠의 가치관이 확립되었을 때 達道로서 恕가 가능할 수 있음을 시사한 말로서 忠恕가 이원적 일원화될 때 二者로서 바람직한 전인적인 인물이 된다는 것이다. 忠恕의 작용으로써 恕가 발휘될 때 의리정신이 드러나기 때문에 맹자는 공자의 仁思想 외에 義字를 더 첨가해서 仁義를 인간가치 문제로 본 것이다.

주자는 『맹자』의 '梁惠王' 장의 인의에 대한 설명을 다음과 같이 말하고 있다. '仁은 心의 德이요, 愛의 理'라 하였고 義는 '心의 制요 事의 宜'라 하였다. 仁은 天道로서 마음의 德과 사랑의 조화를 갖추고 眞實無妄하기 때문에 明德과 같은 개념으로 볼 수 있다. 이 같은 人德을 갖추어 대상에 적응될 때 외적인 행위들이 사리에 맞게 된다는 것이다. 그러므로 仁과 義는 두 글자이지만 하나의 뜻으로 나타낼 때 道義란 뜻으로 통용될 수 있는 것이다.

이상에서 논술한 바와 같이 맹자의 性善과 인의 사상은 인간 가치관 문제로 취급될 수 있음을 알 수 있었다. 이 같은 맹자의 인간 가치관 문제를 가지고 정치사상으로 볼 때 바로 바람직한 인간가치를 정립한 內聖外王으로써 왕도정치를 요구하고 있는 것이다.

다음으로 정치사상의 구현을 논하기로 한다.

---

146) 『中庸』 十三章, "忠恕違道 不遠人".

2. 政治思想의 具顯

(1) 民本主義

民本이란 말은 『書經 夏書』에 "백성들을 가까이 친애하여야 할 것이다. 천시해서는 안 된다. 백성은 나라의 근본이니 근본이 견고하여야만 나라가 편안하리라."147)고 하는 데서 생긴 말이다. 이 같은 민본주의적 요소가 후세 바람직한 제왕상을 규정하는 정치사상으로 정책되어 왔었다.

민본사상은 백성들을 愛民하고 重民하는 정신을 강조한 것이다. 공자가 말한 애민·중민 사상을 『논어』에도 여러 곳에서 찾아 볼 수 있다. 특히 仲弓이 仁에 관한 질문에 "백성이 부리는 데 있어서는 나라의 大祭를 지내는 것처럼 신중히 하여야 한다. 내가 하고자 하지 않는 것을 다른 사람에게 베풀지 말라."148) 하여 위정자가 백성을 愛之重之해야 함을 강조한 것이다. 더욱 번지가 仁을 물었을 때 공자께서는 '愛人'이라 말한 것은 內聖外王된 자가 民本에 의한 施政을 해야만 할 것을 요청하고 있음을 말하고 있는 것이다.

맹자대에 와서는 書經의 민본주의, 愛民·重民 사상을 더욱 심화하여 諸國의 왕들에게 강조한다. 맹자가 가장 귀한 것은 人民이라 하여 '盡心' 章句에서 "人民이 가장 귀중하고 社稷이 그 다음이고 임금이 가장 輕한 존재이다. 이

---

147) '五子之歌篇' "民可近 不可下 民惟邦本 本固 邦寧".
148) 『論語』 '顔淵' "使民如承大祭 己所不欲 勿施於人".

런 까닭으로 人民 대중에게 신임을 얻으면 천자가 되고, 천자에게 신임을 얻으면 제후가 되고 제후에게 신임을 얻으면 대부가 될 뿐이다."[149]라고 했다. 국가의 구성요소 가운데 중요한 것이 인민·사직·임금으로 그 중 가장 중요한 것이 바로 인민임을 지적하고 있다. 이 말은 셋 중에서 존재의 비중이 인민이 제일 크다는 것이다. 천하·국가의 근본은 인민이라고 맹자는 생각한 것이다.

대부가 제후에게 신임을 얻어야 대부가 될 수 있고 제후가 천자에게 신임을 얻어야 제후가 될 수 있는데 천자는 바로 백성에게 신임을 얻어야만 천자로서 천자 구실을 할 수 있다는 것을 강조함으로써 인민이 국가정치의 근본임을 말한 것이다.

맹자는 夏王朝 최후의 폭군 桀과 殷王朝 최후의 폭군 紂, 이 두 임금이 천하를 잃은 것은 민본주의에 의한 정치를 하지 못함에 있다는 것이다. "桀·紂가 천하를 잃은 것은 그 인민을 잃은 까닭이다. 그 인민을 잃은 것은 그 민심을 잃은 까닭이다. 천하를 얻는 데는 방법이 있다. 그 인민을 얻으면 곧 천하를 얻을 수 있다. 그 인민을 얻는 데는 방법이 있다. 인민이 갖고 싶어 하는 것을 모아다 주고 인민이 싫어하는 것을 베풀지 않도록 할 뿐이다. 이제 천하의 임금들 가운데서 人道를 좋아하는 이가 있다면 딴 임금들 가운데서 그를 위해서 인민을 몰아다 줄 것이다."[150] 천

---

149) 『孟子』 '盡心 下' "民爲貴 社稷次之 君爲輕 是故 得乎丘民而爲天子 得乎天子爲諸侯 得乎諸侯爲大夫".

하를 잃은 원인은 민심을 잃는 데 있다. 그래서 失民心이면 失天下한다는 것이다. 맹자는 천하를 얻는 방도는 인민을 얻는데 있고 인민을 얻는 방도는 민심을 얻는데 있다고 하였다.

천하를 얻고 민심을 얻기 위해서는 민본주의에 입각한 仁政·仁道를 실행할 것을 시사한 말이 있다. 여기서 주의할 것은 仁政·仁道를 施政할 수 있는 위정자의 가치관 문제이다. 바람직한 明德을 갖춘 內聖外王이라야만 仁政을 베풀어 민심을 얻게 될 수 있고 따라서 천하의 왕 노릇을 할 수 있다는 것이다.

맹자와 齊宣王과의 대화 속에서 민본주의의 중요성을 말하고 있다. "齊나라가 越나라를 쳐서 승리하였다. 宣王이 맹자에게 묻기를, 어떤 이는 과인에게 연나라를 차지하지 말라고 하고 어떤 이는 과인에게 아주 차지해 버리라 합니다. 萬乘의 큰 나라가 똑같은 萬乘의 큰 나라를 쳐서 불과 五十日만에 대승하였으나, 사람의 힘으로 이렇게까지 되지 않을 것입니다. 그러니 차지해 버리지 않으면 반드시 하늘이 내리는 재앙이 생길 것입니다. 차지해 버리는 것이 어떻겠습니까? 이에 맹자가 말하기를, 차지해서 연나라 인민들이 기뻐한다면 차지하십시오. 옛날 사람 중에 그렇게 한 분이 있었습니다. 文王이 그렇게 했습니다. 차지해서 燕나

---

150) 『孟子』 '離婁' 上, "桀紂之失天下也 失其民也 失其民者 失其心也 得天下有道 得其民 斯得天下矣 得其民 有道 得其心 斯得民矣 得其心 有道 所欲與之聚之 所惡勿施爾也…今天下之君 有好仁者 爲之敺矣".

라 인민들이 기뻐하지 않는다면 차지하지 마십시오. 옛날 사람 중에 그렇게 한 분이 있었습니다. 文王이 그렇게 했습니다."151)

齊宣王에게 武王과 文王처럼 民本主義에 의한 愛民·衆民의 덕치주의를 실현함으로써 천하 만백성이 歸服할 수 있게 한다면 연나라를 차지해도 인민들이 기뻐하며 왕을 맞이할 것이나 그렇지 않는다면 인민이 기뻐 맞이하지 않을 것이니 차지하지 말라는 것은 국제적인 민본주의 사상을 고취했다고 하겠다.

맹자는 민본주의와 천명사상의 결부에서 민심은 천심이 됨을 밝혔다.

萬章이 말하기를 "堯임금이 천하를 舜에게 주었다는 것이 사실입니까?" 맹자 대답하기를 "아니다. 천자가 천하를 남에게 주지 못한다." "그러면 舜이 천하를 차지한 것은 누가 준 것입니까?" "하늘이 준 것이다." 萬章이 말하기를 "그를 하늘에 천거하였더니 하늘이 그를 받아들이신 다음 그를 인민들 앞에 내놓았는데 인민들이 그를 받아 들였다는 것은 어떻게 된 것인지 좀 알고 싶습니다." 맹자 대답하기를 "그를 시켜 제사를 주관하게 하였는데 모든 신이 그 제사를 받아 지내시니 그것은 하늘이 그를 받아들인 것이다. 그를 시켜 나라 일을 주관하게 하는데 나라 것은 인민들이 그에게 심복하였으니 그것은 인민들이 그를 받아들인 것이다."152)

---

151) 『孟子』 '梁惠王 下', "齊人伐燕勝之" 宣王 問曰 "或謂寡人勿取 或謂寡人取之 以萬乘之國 伐萬乘之國 五旬而擧之 人力不至於此 不取必有天子 取之何如" 孟子對曰 "取之而燕民 悅則取之 古之人有行之者 武王是也 取之而燕民 不悅則勿取 古之人有行之者 文王是也".

堯임금이 돌아가신 뒤 천자의 지위가 요임금의 아들 단주(丹朱)에게 돌아가지 않고 舜에게 돌아온 것은 인민들이 그를 맞이했기 때문이다. 舜의 덕치주의에 만백성들이 歸服했기 때문이다. 이것은 天義가 民義를 토대로 민의를 토대로 하고 있기 때문이다. 그래서 천심은 인심이라는 말이 나온 것이다. 그리고 맹자는 天義가 民義를 따름을 말해주는 것을 『書經』·『詩經』에 있는 구절들을 많이 소개하고 있다. 이를테면

書經에 "天의 견문은 늘 인민들이 견문하는 것을 따르고 天의 明德과 두려움은 인민들의 明德과 두려움을 따른다."153)고 하였고 "인민이 하고자 하면 天이 반드시 이것을 따른다."154)고 하였다. 舜임금이 천하를 준 것은 堯임금이 아니라 민의를 토대로 한 하늘이라는 것이다. 天은 有德者에 명하여 天을 대신하여 인민을 통치하도록 한 것이다. 有德한 천자가 민의에 의한 정치를 할 때 민심은 천심이 되고 천심은 민심과 같이 된다는 것을 이해할 수 있다.

맹자는 민본주의를 근거로 한 與民同樂할 것을 여러 제후에게 권장했다. 맹자는 梁惠王에게 동산을 자랑하고 있을 대 맹자가 말하기를 "賢者가 된 후에야 이런 것을 즐길

---

152) 『孟子』 '萬章 上', 萬章曰, "堯以天下與舜有諸" 孟子曰 "否天子不能
以天下與人" "然則舜有天下也 孰與之" 曰 "天與之" "敢問薦之於天
而天受之 暴之於民而民受之 如何" 曰 "使之主祭而百神享之 是天之
使之主事而事治 百姓安 是民受之也 天與之人之與之故" 曰 "天子
不能以天下與人".
153) 『書經』 '虞書 皐陶謨', "天聰明自我民聰明 天明畏自我民明畏".
154) 『書經』 '周書 泰誓', "民之所欲 天必從之".

줄 알지요 不賢者는 이런 것을 가지고 있다 하더라도 즐길
수 없습니다."라고 하면서 "文王은 인민들의 힘으로 臺도
쌓고 못도 파고 하였으나 인민들은 그것을 기쁘고 즐겁게
여겨 그 臺를 靈臺라 부르고 그 못을 靈召라 부르며 그 안
에서 사슴 떼와 물고기들이 뛰놀고 있는 것을 즐겨 하였습
니다. 文王과 같은 어진 분들은 인민들과 함께 서로 나누
기 때문에 잘도 즐길 수 있었던 것입니다."155)

　인민을 중시한 민본주의의 맹자는 통치자들에게 與民同
樂할 것을 권한다. 梁惠王에게 有德者로서의 與民同樂한
文王의 천의에 의한 정치철학의 단면을 설명하고 있다. 이
어 성왕으로 일컬어지는 周나라 文王의 苑囿는 인민과의
공유물을 말한다.

　　齊宣王이 묻기를 문왕의 苑囿는 사방 十七里나 되었다
　하는데 사실입니까? 맹자가 대답하기를 옛 기록에 있습니
　다. 그렇게까지 컸었습니까? 인민들은 오히려 그것이 작다
　고 생각했습니다. 寡人의 苑囿는 사방 四十里밖에 안되는
　데 인민들은 그것이 크다고 생각하니 왜 그렇습니까? 文王
　의 苑囿는 사방 七十里지마는 나무꾼·사냥꾼들이 마음대
　로 드나드는 등 그것을 인민들과 함께 쓰셨으니 인민들이
　그것을 작다고 생각하는 것이 또한 옳지 않습니까?156)

---

155) 『孟子』 '梁惠王 上', 孟子對曰, "賢者以後樂此 不賢者 雖有此不樂
　　也…文王以民力爲台爲沼 而民 歡樂之謂其台曰靈台 謂其沼 樂其有
　　麋鹿魚鼈 故之人 與民偕樂故 能樂也.".
156) 『孟子』 '梁惠王 下', 齊宣王 問曰, "文王之囿 方七十里 有諸" 孟子
　　對曰 "於傳有之" 曰 "若是其大乎" 曰 "民猶以爲小也" 曰 "寡人之囿
　　方四十里 民猶以爲大何也." 曰 "文王之囿 方七十里 芻蕘者 往焉
　　雉兎者 往焉 與民同之 不亦宜乎民以宣小".

文王과 같이 인민과 함께 즐길 수 있을 때 민본주의 사상이 구현될 수 있고 왕과 인민의 주의주장이 하나가 되어 화평한 세계가 올 수 있다고 본다.

(2) 王道主義

맹자는 민본주의에 입각한 애민사상과 중민사상을 바탕으로 하는 왕도정치사상을 요청하고 있다.

맹자가 말하는 王道란 二帝三王(堯舜의 二帝 夏禹, 殷湯, 周文武의 三王)과 같은 聖王이 천하를 다스리던 방법을 말한다. 그런데 王道는 인의와 밀접한 관계를 두고 있기 때문에 왕도와 인의는 不可離 관계에 있음을 맹자는 말하고 있다. 이와 같은 관점에서 먼저 王道와 경제의 관계를 알아보고 왕도와 仁政 및 왕도와 霸道를 구명하고자 한다.

① 王道政治와 經濟

맹자는 왕도주의 시책으로 務農과 興學을 두 가지 강령으로 제시했다.

"산사람을 부양하고 죽은 사람을 장사지내는 데 유감이 없도록 하는 것이 왕도정치의 시작이라"157) 고 말했다. 이것은 平常之道를 말하는 것으로 왕된 자는 人倫之道에 관심을 가지고 또한 만백성들이 거리낌 없이 살도록 하는 것

---

157) 『孟子』 '梁惠王 上', "使民養生喪死 無憾也 養生喪死 無憾 王道之始也.".

이 바로 왕도정치의 시작이라고 맹자는 보고 있다. 맹자의 務農策으로 다음과 같이 말하고 있다. "농사철을 어기지 않게 하면 곡식은 이루 다 먹을 수 없을 만큼 넉넉하게 될 것이다."라고 하고 또 "百畝의 전답을 가진 경작자에게 농번기를 빼앗지 않는다면 수명의 식구를 가진 가구가 굶주리지 않게 될 것이다.158)

"학교교육을 신중하게 실시하고 孝悌의 道를 되풀이하여 가르친다면 斑白의 노인이 짐을 지거나 이고서 걸어 다니지는 않게 될 것입니다. 七十代 노인이 비단 옷을 입고 고기를 먹으며 일반 인민이 주리지 않고 헐벗지 않게 될 것이다."159)라고 하였다. 맹자는 務農策으로 인민대중의 경제적 안정을 도모하고 그 기초 속에서 興學策으로 인륜교육을 진작시켜서 인간의 도리를 다하는 이상사회를 지향하고자 한 것이다. 즉 경제적으로 안정을 기하고 윤리도덕교육으로 사회질서를 확립하고자 한 것이다.

이와 같이 경제적 안정 속에서 윤리도덕이 확립된 사회를 만드는 것이 곧 왕도정치의 완성을 위한 기초인 것이다. 이 같은 의미에서 맹자는 다시 恒産과 恒心의 관계를 설명한다.

滕文公이 나라 다스리는 법을 물었다. 맹자는 인민의 농사일을 소홀히 하여서는 아니 됩니다. 『詩經』에 "낮에는

---

158) 上揭書, "百畝之田 勿奪其時 數國之家可以無飢矣".
159) 上揭書, "謹庠序之教 申之以孝悌之義 頒白者 不負戴於道路矣 七十者 衣帛食肉黎民 不飢不寒 然而不王者".

너 가서 떠풀을 하고, 밤이면 너 새끼 꼬아서, 네 집 지붕
서둘러 이어 놓아라. 그렇게 하고 비로소 백곡을 씨 뿌려
라."라고 하였다. 일반 인민들이란 恒産이 있는 자는 恒心
이 있고, 恒産이 없는 자는 恒心도 없는 것이다. 만일 恒
心이 없어 바깥 유혹에 마음이 흔들리면 방탕·편벽·사치
등 못할 짓이 없는 것이다.160)

왕도정치에서 인민의 농사일을 소홀히 하여서는 아니 된
다는 것을 강조하면서 왕도정치의 출발점이 경제생활의 안
정에 있다는 것을 강력히 피력한 것이다. 다시 恒産과 恒
心의 관계를 설명하고 있다. 일정한 본심인 恒心과 경제적
여건인 恒産은 서로 不可離의 함수관계에 있음을 말하고
있다. 그리고 왕도정치에서 이 두 관계를 충족시켜야만 민
본주의가 실현될 수 있음을 시사한 것이다.

② 王道政治와 仁政

王者가 되는 길은 바로 仁政을 베푸는 데 있으며 인정을
베푸는 것이 바로 왕도정치이다.

그러므로 王者는 백성들의 농사를 보살펴 주는 務農과 孝
悌忠信의 덕을 가르쳐 주는 興學 두 방면의 왕도정치를 실
천하게 되면 인정에 부합하는 王者가 될 수 있다고 본다.

맹자는 요순의 道로서도 인정을 행하지 않으면 천하를

---

160)『孟子』'滕文公 上', "滕文公 問爲國" 孟子曰 "民事 不可緩也" 詩云
'晝爾于茅 宵爾索綯 亟其乘屋 其始播百穀' 民之爲道也 有恒産者有
恒心 無恒産者 無恒心 放辟邪侈 無不爲已".

화평하게 다스릴 수 없다 하여 인정이란 仁愛의 정치를 말한다고 설명하고 있다.

　　맹자가 말씀하기를 '離婁의 밝은 시력과 公輪子의 교묘한 기술로도 컴퍼스와 曲尺을 쓰지 않으면 사각과 원은 만들지 못한다. 師曠의 밝은 청각으로도 六律을 쓰지 않으면 오음을 바르게 할 수 없다. 堯임금·舜임금의 치세법으로도 仁政을 행하지 않으면 천하를 화평하게 다스리지 못한다. 이제 어진 마음과 어질다는 소문이 있으면서 인민이 그 은택을 입지 못해서 후세에 모범이 될 수 없는 것은 先王의 道를 실천하지 않기 때문이다. 그래서 실천이 따르지 않는 한갓 착하기만 한 것으로는 정치를 하기에 부족하고 실행이 따르지 않는 한갓 형식만 갖춘 법도만으로는 그것이 저절로 운영되어 나가지는 못한다.…정치를 하는데 先王(聖王)의 道를 따르지 않는다면 지혜롭다고 할 수 있겠는가. 이러한 까닭으로 오직 어진 사람이라야만 높은 지위에 있어 마땅하다. 불인한 사람이 높은 지위에 있다면 그것은 그 악을 여러 사람에게 뿌리는 것이다.161)

　맹자는 위정자로서 仁政은 先王의 道 즉 內聖外王의 道의 실천을 요청하고 있는 것이다. 천하의 정치를 완전히 수행할 수 있는 자는 仁者가 높은 지위에 올라서 施政을 해야만 한다는 것이다. 다시 말하면 천하의 정치에 대하여

---

161) 『孟子』 '離婁 上', 孟子曰, "離婁之明 公輪子之巧 不以規矩 不能成方圓 師曠之聰 不以六律 不能正五音 堯舜之道 不以仁政 不能平治天下. 今有仁心仁聞而不被其澤 不可法於後世者 不行先王之道也" 曰 "徒善 不足以爲政 徒法不能以自行…爲政 不固先王之道 可謂智乎 是以惟仁者 宣在高位 不仁而在高位 是播惡於衆也".

仁愛의 정치 즉 有德者로서의 왕도정치를 강조한 것이요 이러한 仁愛의 정치를 여러 제후들에게 강력히 권고한 것이다.

夏·殷·周 三代 왕조의 역사는 우리에게 仁政에 의한 得天下와 不仁政에 의한 失天下의 함수관계를 보여 주고 있다.

> 맹자가 말하기를 夏·殷·周 삼왕조 때에 천하를 얻은 것은 仁때문이요, 천하를 잃은 것은 不仁 때문이다. 나라가 피폐하고, 흥성하고, 존속하고, 멸망하는 것 역시 그러하다. 천자가 不仁하면 천하를 보존하지 못하고, 제후가 不仁하면 사직을 보존하지 못하고, 卿이나 대부가 不仁하면 종묘를 보존하지 못하고, 士나 서인이 不仁하면 四體를 보존하지 못한다. 그런데 죽는 것이나 멸망하는 것을 싫어하면서도 不仁한 행동을 즐기고 있으니 이것은 취하는 것을 싫어하면서 억지로 술 마시는 것과 같다.162)

『맹자』에서는 이 같은 뜻을 말해 주는 문구를 여러 곳에서 찾아 볼 수 있다. "仁則榮, 不仁則辱"163)같은 말도 그 같은 뜻을 말해 주고 있다. 不仁한 행위는 천하를 망친다는 뜻으로 천자로부터 諸侯, 卿, 大夫, 士, 庶人에 이르기까지 이치는 같은 것이다. 그러므로 천자로부터 서인에 이

---

162) 『孟子』 '離婁 上', 孟子曰, "三代之得天下也 以仁其失天下也 以不仁. 國之所以廢興存亡者亦然 天子不仁 不保四海 諸侯不仁 不保社稷 卿大夫不仁 不保宗廟 士庶人不仁 不保四體 今惡死亡而樂不仁 是猶惡醉而强酒".
163) 『孟子』 '公孫丑 上'.

르기까지 心之德인 仁의 가치관으로써 자기주체를 확립할 때 국가질서를 바로잡고 평화를 유지할 수 있으므로 불인보다 仁政을 강조했던 것이다. 불인한 권력이나 무력으로 정치하는 것을 가장 나쁜 정치라 규정하고 양심과 仁愛의 道로서 다스려야 한다고 생각한 것이 바로 맹자의 왕도정치라 할 수 있다.

③ 王道와 覇道

맹자가 梁惠王, 齊宣王 그리고 滕文公에게 권고한 정치사상의 요점은 王道에 있다. 왕도란 요순 이래 聖王이 인의 가치관 윤리를 가지고 천하를 다스리는 방법을 말하는데 맹자는 그의 정치사상에 이 이름을 붙여서 왕도주의라 한다. 그래서 왕도는 맹자의 인의사상을 떠나서 따로 왕도를 생각할 수 없다.

覇道는 王道와 상반되는 정치술이다. 왕도가 남의 불행을 참아 보지 못하는 어진 마음을 가지고 인민을 다스리는 仁政을 말하며 覇道는 仁政 또는 德政을 가장하고 실제로는 무력을 가지고 인민을 복종케 하는 것을 말한다. 맹자의 말을 직접 인용하면 다음과 같다.

"무력으로 仁政을 가장하는 자는 覇者다. 覇者는 반드시 큰 나라를 지니고 있어야 한다. 도덕으로 仁政을 실행하는 자는 王者이다. 王者는 큰 나라를 지니고 있어야 할 필요가 없다. 湯임금은 칠십리로써 王者가 되었고, 文王은 백리로써 王者가 될 수 있었다. 무력으로 남을 복종시키는 것은 마음속으로부터, 복종케 하는 것이 아니다. 그 복종자가 힘이 모자라서 그러는 것이다. 도덕적으로 남을 복종시키는 것은 마음속으로부터 기뻐서 정말로 복종하도록 하는 것이다. 그것은 칠십 명의 제자가 공자에게 복종하는 것과 같은 것이다."164)

맹자 그 당시 제후들의 야망은 모두 천하의 覇道가 되는 것이 꿈이었다. 맹자가 그 당시 제후들에게 요구한 것은 왕자가 되어야 한다는 것이다. 왕자가 되는 데는 큰 나라를 가져야만 된다는 것도 아니다. 小國에서도 왕도정치는 가능하다는 것이다.

다음으로 왕자의 백성과 覇者의 백성을 구별하고 있다.

> 覇者의 인민들은 즐겨 날뛰며 좋아하는 것 같다. 그러나 왕자의 인민들은 마음이 넓고 부드러워 悠悠自得하야 스스로 만족하고 있는 것 같다. 그래서 죽여도 원망하지 않고 이롭게 하여 주어도 공로로 여기지 않는다. 인민들은 날로 선한데도 옮겨가나 그렇게 만드는 사람을 모른다. 군자가 지나가는 곳은 교화가 되고 머물러 있는 곳은 잘 다스려진다. 위로는 天德과 합하고 아래로는 地德과 합하여 그 운행을 같이 하는 것이다. 그러니 어찌 覇道가 조그만 틈바구니를 보충하듯 하는 조그만 善政에 비할 것인가?165)

---

164) 上揭書, 孟子曰, "以力假仁者覇 覇必有大國 以德行仁者王 王不待大 湯以七十里 文王以百里 以力服人者 非心服也 力不贍也 以德服人者 中心 悅而誠服也 如七十子之服孔子也".
165) 『孟子』'盡心 上', 孟子曰, "覇者之民 驩虞如也 王者之民 皞皞如也 殺之而不怨 利之而不庸 民日遷而不知爲之者 夫君子所過者化 所存者神 上下與天地同流 豈曰小補之哉".

霸者의 小善 따위에 비교할 수 없는 왕도정치에서는 인민들은 오히려 治者의 존재를 인식하지 못한다. 王者의 정치는 그 존재를 인식하지 않는 것이 최상의 정치요 이것이 곧 仁政이라는 것이다. 왕도정치 하에 있는 인민들은 왕이 그들을 이롭게 하여 주어도 그 공을 모를 정도로 擴大自得하고 있다는 것이다. 이것은 霸者의 백성들이 그 霸者의 小善에 만족하여 즐겨 좋아하는 것보다는 월등한 경지이다. 그리고 천하 사람들이 마음의 승복이 있어야만 王者가 된다는 것이다.

　　선으로써 남을 복종시키려는 사람 가운데는 아직 남을 복종시켜 낸 사람이 없다. 선으로써 남을 교양한 뒤에라야 천하를 복종시킬 수 있다. 온 천하가 마음으로부터 悅服하지 않는 데도 왕 노릇한 사람은 아직 있어 본 일이 없다.166)

다음으로 仁德을 갖추고 왕도정치를 행하는 데 있어서 堯舜·湯武·五霸 사이에 차이가 있음을 지적하고 있다.

　　요순은 그것(仁)을 본성대로 하였으며, 湯武는 그것(仁)을 힘써 체득하였으며 五霸는 그것(仁)을 借用하여 돌려보내지 않았으니 자기가 진정으로 가지고 있지 않다는 것을 어떻게 알겠는가?167)

---

166) 『孟子』 '離婁 下', 孟子曰, "以善服人者 未有能服人者也 以善 養人然後 能服天下 天下不心服而王者未之有也".
167) 『孟子』 '盡心 上' 孟子曰, "堯舜性之也 湯武身之也 五霸之假之也 久假而不歸 惡知其非有也".

옛 先王(聖王) 堯와 舜은 하늘로부터 부여된 天道 즉 본성 그대로 仁政을 실천하였고 殷의 湯王과 周의 武王은 노력하여 그것을 체득하였으며 五霸들은 仁政을 표면적으로 명분상 빌린 자들이라는 것이다. 힘으로써 仁政을 빌린 자는 霸者라고[168] 맹자는 말하였다.

맹자는 천하의 心腹이 있어야 王者가 된다고 하였는데 그러면 천하 사람들이 왕에게 心腹하게끔 하는 근원적인 것을 우리는 이해해야 한다. 그것은 바로 위정자인 왕 자신의 가치관 문제인 것이다. 仁政을 실천하고자 하는 왕 자신이 眞實無妄하고 思無邪한 心之德이 중심을 잡고 있을 때 백성을 교화시킬 수 있고 새롭게 할 수 있는 힘이 있게 될 것이다. 그래서 왕이 明德이란 주체가 확립될 때 대상인 백성을 교화시킬 수 있는 것이다. 이와 같이 주체와 대상이 일치될 때 仁政이 발휘되고 왕도정치가 구현되어 평화스러운 사회가 올 수 있으리라 믿는다.

3. 平和主義

생명을 존중하고 평화를 애호하는 聖君이 나와서 仁政을 행하면 온 천하의 민중이 다 그에게 歸服하리라는 것이다. 인간의 생명을 귀중하게 여기는 『Humanism』이 평화주의를 주장하는 기본 정신이 됨을 맹자는 말하고 있다.

　　梁襄이 맹자에게 말하기를, "누가 천하를 통일할 수 있

---

168) 『孟子』 '公孫丑 上', 孟子曰, "以力服仁者霸".

을까요? 하기에 사람 죽이기를 좋아하지 않는 사람이 천하
를 통일할 수 있을 것입니다 라고 대답하였다." 또 "누가
그런 사람에게 歸服하겠습니까?"하기에 "천하 사람들이 아
무도 歸服하지 않을 자 없습니다. 왕게서는 저 곡식의 싹
을 아시겠지요. 여름 七, 八月 사이에 날이 가물면 싹이
마릅니다. 그러다가 하늘이 뭉게뭉게 검은 구름을 일으켜
좌좌 비를 내려주면 다 말라 가던 싹이 힘차게 소생할 것
입니다. 만일 이와 같이 된면 누가 그것을 막아낼 수 있겠
습니까? 오늘날 천하 임금들치고 사람 죽이기를 좋아하지
않는 사람이 없습니다. 사람 죽이기를 좋아하지 않는 사람
이 나온다면 온 천하의 人民들이 다 목을 길게 늘이고 그
를 대망할 것입니다. 그렇게만 된다면 인민들이 歸腹하여
오는 것을 마치 물이 낮은 데로 좌좌 세차게 흐르듯 할 것
입니다. 어느 누가 막아낼 수 있겠습니까?169)

고 대답하였다. 이는 맹자가 살고 있었던 그 당시의 사회
상의 단면을 나타낸 표현이다. 그 당시 전쟁으로 사회가
혼란할 때로 혼란한 난세, 이름 그대로 전국시대이었다.
맹자는 생명의 존귀함을 襄王의 질문을 받기가 무섭게 인
민을 전쟁으로 모는 것은 살인행위가 됨을 강조하면서 仁
者에 의한 천하통일론을 주장했다. 인간의 생명을 존중하
고 사회평화를 애호할 줄 아는 聖君이 仁政을 행할 때 천
하 인민이 다 마음의 복종을 하리라는 것이다.
 맹자가 주장하는 이상적 평화주의의 기본 정신은 바로

---

169) 『孟子』'梁惠王', "孟子見梁惠王 '孰能一之' 對曰 '不嗜 殺人者 能一
 之' '孰能與之' 對曰 '天下莫不興也 王夫苗乎 七八月之間 旱則苗槁
 矣 天油 然作雲 沛然下雨則苗 氵孛然興之矣 其如是 孰能禦之 今夫
 天下之人牧 未有不嗜 殺人者 則天下之民 皆引領而望之矣 誠如是
 也 民歸之由水之就下沛然 誰能禦之'".

인간의 생명을 존귀하게 여기는 데 있다고 보겠다.

　맹자는 공자의 인도주의정신에 입각하여 평화주의사상을
한층 더 강력히 표현하였다. 전쟁을 부정하고 평화주의의
신념이 투철했던 맹자는 무력으로 천하통일의 대업을 하려
는 당시의 제후들에게 천하통일은 "반드시 사람 죽이기를
좋아하지 않는"170), 聖人에 의하여 이루어짐을 역설하였
다. 또 맹자는 不殺, 不奪取가 곧 仁이요 義라는 뜻을 말
하고, 생명존중의 인도주의와 전쟁부정의 평화에의 신념은
맹자사상을 일관하고 있는 사상이다.171) 맹자는 仁者는
無敵이라 할 정도로 인도주의정신에 입각한 평화주의사상
을 갈망했던 것이다.

Ⅲ. 結　論 - 現代的 意味

　이상에서 논술한 바와 같이 정치 사상적 본질에서는 性
善論과 仁義思想의 양면에서 위정자의 가치관을 해명해 보
았다. 특히 맹자의 '仁은 人이라'하여 仁은 곧 人이라 하였
으니 仁이라는 것은 인간으로서 인간구실을 할 수 있는 인
간을 요청하고 있는 것이다. 인간 윤리와 인간 자체 사상
으로 仁을 이해하려면 먼저 인간을 이해해야 한다는 뜻을
내포하고 있다. 仁道곧 人道와 통하는 말로서 인류는 곧

---

170)『孟子』'梁惠王 上', "不嗜殺人者一之".
171)『儒學原論』成大 儒學科 編 p. 240. 參照.

인륜이 되므로 인간의 본질을 통해서 仁의 가치관을 이해할 수 있었다.

맹자는 공자의 仁思想 외에 義字를 더 첨가해서 仁義를 가지고 인간의 가치관 문제로 보았던 것이다. 여기에서 仁은 心之德 愛之理요 義는 心之制 事之宜라고 주자가 해석했다. 仁은 마음의 덕을 갖추고 사랑의 조화를 의미하기 때문에 明德과 같은 개념으로 인간의 주체로 볼 수 있다. 이 같은 주체가 대상인 인민에게 적용될 때 주체와 대상이 하나로 조화를 이루어 대상을 새롭게 한다는 것이다. 이것이 바로 의리의 발휘라 볼 수 있다.

이와 같은 상황은 『중용』의 中和의 가치관 문제와도 같다. 『중용』의 首章에 "喜怒哀樂의 未發 상태를 中이라 하고 발하여 절도에 맞는 것을 和라고 하며 中은 천하의 大本이요, 和는 천하의 達道이다."172)라 하였다. 주자가 이를 설명하기를 "情이 발현되지 않은 상태를 性이라 하였고 이것을 中으로 보았다. 이 같은 性이 대상에 감응하여 절도에 맞는 것을 情之正이니 이것이 和이다."173)

宋代의 성리학자 程尹川은 "性은 곧 理요, 本善이며 천하의 理로 희노애락의 未發이라."174) 하였으니 '中和'의 中은 性이요, 理요, 至善으로 仁과 같은 개념이라고 볼 수 있다.

---

172) 『中庸』「中和章」.
173) 上揭書, 朱子 註釋.
174) 『論語』程伊川.

주자의 말을 빌면 性은 本然之性과 氣質之性으로 나누고 있다. 本然의 性은 그대로 至善으로 明德이요 仁과 같은 개념으로 볼 수 있다. 氣質之性은 기품 속에 情氣, 獨氣, 厚氣, 偏氣 正氣 등이 함유하고 있는 것이 濁氣를 情氣로, 薄氣를 厚氣로, 偏氣를 正氣로 기질을 잘 순화하여 자연의 性으로 회복하게 된다. 未發之中으로 돌아갈 수 있게 되면 至純, 至善, 調和, 義理와 같은 실체적 구실을 할 수 있다는 것이다.

다시 말하면 인간의 주체가 되는 仁(心之德)으로서의 中이 대상에 작용할 때 情之正으로 나타내서 의리 즉 至善의 조화를 이루어 바람직한 인물로서 聖人의 경지에 이르게 된다. 오늘날 현대 용어로 말하면 전인적인 인물 즉 지성인이 될 수 있다는 것이다.

이와 같은 中和의 德 즉 仁義의 德을 갖춘 위정자가 仁政을 베풀 때 참다운 민주주의 정치가 구현될 수 있음을 찾아보았다.

또 맹자는 인도주의 정신에 입각한 평화주의사상을 구명하여 보았다. 맹자는 살인행위를 일삼는 전쟁을 적극적으로 반대했다. 생각컨데, 전국시대 제후들 간에 많은 투쟁으로 사회가 매우 혼란했음을 짐작할 수 있었다. 맹자가 왕도정치로서 仁政을 실현할 것을 요청함은 그 당시의 평화주의가 절실히 요청된 시대였음을 엿볼 수 있다.

맹자의 정치적 본질로서 性善과 인의사상 및 왕도정치와 仁政은 현대에 살고 있는 우리에게 귀감이 될 수 있으리라 믿는다. 특히 물질만능, 황금주의로 흘러 인간성 경시사상과 인간소외의 양상이 만연되고 있는 것이 오늘날의 실정이다. 이에 위정자는 어떻게 하여야만 바람직한 인간성을 회복하고 인간 가치관을 정립하느냐 하는 것이 중요한 문제이다.

생각컨데, 8.15 해방과 독립은 우리 사회에 여러 가지 어려운 문제를 던져 주었다. 그 당시의 사회는 서구로부터 유입된 민주주의가 저절로 이루어지는 것으로 착각하였고, 어려운 문제 해결을 너무 쉽게 생각하였다. 그 당시 국가건설과 사회안녕 질서회복에 힘을 경주할 실정이 못 되었고 각각의 사리사욕에 눈이 어두웠던 것이다. 이와 같이 가치관이 흔들린 실정이었다. 특히 정치적, 경제적 혼란은 더욱 인간의 가치관을 혼란케 하였다. 6.25 동란 이후 불안한 사회였다는 사실과 70년 이후 급격한 경제 성장으로 인한 물질문명의 가치에 치중됨에 따라 인격적 가치 즉 사회윤리관이 무너지기 시작한 것이다.[175]

이와 같은 인간가치관의 혼란으로 윤리도덕은 땅에 떨어지고 인심은 위태로워져 갔던 것이다. 이에 대해 인간 가치관 회복을 위한 윤리교육을 실시하였으나 기대할 만한 성과를 거두지 못한 것은 사실이다. 그와 같은 현상은 실리지상주의가 인간성 회복의 문제보다 위에 있기 때문이다. 고전에 "德은 本이요 財는 末이라"[176] 하는 것이 오늘

---

175) 韓國 國民倫理學會, 國民倫理, 螢雪出版社, 1987. pp. 79~80. 參照.

날의 실정이다. 그래서 本末이 전도된 오늘날 현실 속에서
정치적으로는 사회통합이나 민족통합을 內로 하면 백성들
이 서로 다투고 서로 약탈한다."고 하였으니 이것이 우리
정치·사회현상의 이념을 상실한 채 파행적인 민주화를 외
치고 있는 사회, 경제적으로는 물질위주로 인한 황금만능
주의만이 만연되는 사회, 문화적으로는 무조건 外來 문화
의 수용만을 제일로 아는 사회177), 이 같이 소용돌이치는
사회의 질서를 확립하고 바람직한 가치관을 정립하기 위해
서는 맹자의 정치철학 속에서 그 가치관을 반드시 찾아야
만 올바른 가치관이 정립될 수 있으리라 믿는다. 특히 오
늘날의 정치의 책임을 맡고 있는 위정자의 가치관은 맹자
가 주장하는 가치관을 확립하여 백성들에게 仁政을 베풀어
仁道主義에 입각한 평화스러운 사회를 이룩하기 바란다.

---

176) 『大學』傳十章.
177) 「韓國 傳統思想의 理解」, 拙稿, p. 175. 參照.

參 考 文 獻

1. 單行本

· 『論語』, 『孟子』, 『大學』, 『中庸』, 『詩經』, 『書經』, 『周易』
· 『禮記』, 『春秋』
· 成均館大 大同文化研究院 影印本, 1985.
· 程齊家, 『中國教育思想史』, 北京, 教育科學出版社, 1991.
· 具本明, 『新譯四書Ⅲ 孟子』, 서울, 玄岩社, 1968.
· 金能根, 『中國哲學史』, 서울, 探究堂, 1975.
· 金忠烈, 『中國哲學散考』, 서울, 凡學社, 1939.
· 羅　光, 『中國哲學思想史』, 臺北, 學生書局, 1987.
· 柳承國, 『東洋哲學論攷』, 서울, 成大東洋哲學研究室, 1974.
· 方立天, 『中國古代哲學問題發展史』, 北京, 新華書店, 1992.
· 馮友蘭, 鄭仁在 譯, 『中國哲學史』, 서울, 螢雪出版社, 1998.
· 成大儒學科 編, 『儒學原論』, 서울, 成均館大出版社, 1982.
· 沈佑燮, 『韓國傳統思想의 理解』서울, 螢雪出版社, 1990.
· 梁啓超 等著, 『中國哲學思想論集』, 臺北, 水牛出版社, 1986.
· 梁國榮, 『儒家價値體系的歷史衍化及其現代轉換』, 北京, 上海人民出
　　　　版社, 1994.
· 梁化之 編, 『孟子研究集』, 臺灣, 民國 52年.
· 梁大淵, 『儒學概論』, 서울, 新雅社, 1963.
· 吳康等, 『孟子思想研究論集』, 臺灣, 黎明文化事業公司, 1982.
· 吳　怡, 『中國哲學發展史』, 臺北, 三民書局, 1984.
· 宇　同, 『中國哲學問題史』, 臺北, 彙文堂出版社, 1984.
· 李相殷, 『現代와 東洋思想』, 서울, 日新社, 1963.
· 李澤厚, 『中國古代思想史論』, 臺北, 谷風出版社, 1987.
· 張起鈞 著, 宋河璟 譯, 『中國哲學史』, 서울, 一志社, 1984.
· 趙吉惠 等 四人 主編, 『中國儒學史』, 北京, 新華書店, 1991.
· 曹伯言, 張哲永, 『中國古代思想家列傳編注』, 北京, 華東師範大學 出
　　　　版社, 1985.

· 周桂鈿, 『中國傳統哲學』, 北京, 北京師範大學 出版社, 1991.

· 陣訓章, 『中國人性論史』, 臺北, 臺灣常務印書館, 1984.

· 復旦大學國際交流辦公室, 『儒家思想』, 北京, 上海人民出版社, 1992

2. 論文類

· 金忠烈, 「東洋 人性論의 序說」, 『東洋哲學의 本體論과 人性論』, 韓
國東洋哲學會 編, 서울, 延大出版部, 1982.

· 裵宗鎬, 「東洋 人性論의 意義」, 서울, 延大 出版部

· 柳承國, 「中國哲學과 韓國思想」, 서울, 韓國哲學會, 1974.

· 李相殷, 「孟子 性善說에 대한 研究」, 『高大 50週年 紀念論文集』, 高
大 出版部, 1955.

孟子의 敎育哲學思想*

I. 序 論

교육의 본령이 진리탐구에 있고 인격도야에 있다면, 그 지향하는 목적은 바로 전인적 인물 곧 지성인을 양성함에 있다. 이와 같은 교육의 목적을 성취하기 위하여는 교육을 직접 담당하고 있는 교육자 자신들에게는 교육철학이 필히 있어야 한다. 교육철학이 결여 되고서는 바람직한 교육은 기대하기 어려운 것이다. 그러므로 교육과 철학은 서로 불가리의 관계를 가지고 있다고 하겠다. 이 같은 관계 속에서 현대 교육관을 이해해야 한다. 철학은 본질적 근본학 또는 본체론적 형이상학이라 볼 때 교육철학은 교육의 본

---

*이 논문은 성신여자대학교 교육문제연구소 「교육연구 제38집」에 게재 되었음.

체이며 교육의 근본학이며 교육의 본체학이라 할 수 있다. 즉 교육의 작용인 교육제도의 근본·본질·전체를 탐구해 내는 것이 교육철학의 본질이라고 말 할 수 있다. 교육철학은 인간을 인간답게 기른다는 교육의 목표를 내포하고 있는 것이다. 지덕을 겸비한 사람다운 사람을 만드는 데 있다는 것이다. 따라서 교육의 최고 목표 과제는 무엇보다도 인성 교육에 있다면, 교육을 담당하고 있는 교육자는 피교육자들의 인성과 품성을 올바른 방향으로 나아가도록 교도하여 바람직한 지성인을 양성해야 한다.

우리는 흔히 학교 교육 붕괴니 교실 붕괴니 하는 말을 한다. 그것은 교육이 智育·德育을 겸비한 지성인을 양성하기 위한 교육을 제대로 하지 않고, 물질교육·사교육·지식인 교육·입시위주 교육에 치중하여 공교육이 무너지고 있는데서 야기된 말이다.

오늘날 지식인 교육에서 바람직한 인성 교육을 해결하고 공교육을 살리기 위해서는 맹자의 교육 철학사상이 필요하다고 절감하여 본 연구를 시도 한 것이다.

본론에서는 맹자의 시대적 배경과 교육철학의 본질인 性善 사상을 규명함으로써 교육의 목적을 알아보고 이 같은 목적을 달성하기 위해 교육 내용과 교육 방법론을 고찰함으로써 현대 인성 교육의 미숙한 점을 보완하고 강조하여 맹자 철학사상의 현대적 의미를 찾아보고자 한다. 또한 본 논문을 발표함으로써 현대 위기에 처해 있는 왜곡된 교육관을 바로 잡아 나가는데 청량제 역할을 하고자 한다.

Ⅱ. 本體論

1. 道德的 根據로서의 性論

(1) 現代的 背景

중국의 춘추전국시대는 여러 제후들이 서로 각축하던 혼란기였다. 이 같은 혼란기는 재래의 봉건제도를 도덕화 해 가려는 대기회가 되었던 것이다. 그래서 孔·孟은 周代의 봉건제도를 도덕화해서 새로운 사상을 피력하려는 계기가 되었던 것이다. 따라서 도덕교육은 봉건사회의 혼란한 신분사회 질서의 회복에 있었다. 여기에서 孔孟의 봉건사회 도덕교육학이 요청하는 대상은 예의 구현에 있는 것이다. 『논어』에 '博學於文 約之以禮'라고 했다. 예는 봉건적 사회의 질서를 바로 잡는 규정인 것이다. 이 같은 예는 인간의 천성으로 선천적으로 지니고 있다고 보았다. 이 예는 인간에게 하늘로부터 인성을 부여 할 때 주어진 절대의 것이기 때문에, 인간이 그것을 함부로 變改 할 수 없는 것이다. 동시에 사람이면 누구나 天道인 하늘의 질서를 실천해 나가야 하는 것이 인간의 실천목표이며 이상인 것이다. 따라서 孔孟의 교육 목표가 공공의 이익을 추구하고 혼란한 봉건사회의 질서 유지를 위한 도덕적인 바람직한 인물 양성에 있다고 할 수 있다. 이와 같은 교육의 목표는 인간이 본질적으로 天道의 길을 실천할 수 있도록 되어 있다고 하는 인성론적 입장에서 전개되어져야 한다고 본다.

유학에서 말하는 인간의 본질적 性은 天命에 의한 것으로서 好義的이며 도덕적인 것으로써 非禮·不義的인 것을 거부하는 것이 천성적으로 주어졌다는 것이다. 그러나 현 사회의 환경이 악과 불의가 유혹을 하고 있다는 것이다. 이 같은 악을 초래하는 모든 환경과의 교섭을 차단할 능력을 인간은 누구나 갖고 있는 것이다. 그러므로 우리는 이 같은 환경 차단과 자기반성을 통한 인성 수양과 도덕적 교육을 통하여 本然의 性을 회복할 수 있다는 것이다. 이 같은 취의를 살려 맹자의 교학 정신으로서의 性論을 고찰하고자 한다.

(2) 道德敎育의 根據로서의 性論

도덕교육의 본능적 욕구로서 필연성이 인성 중에서 내재하고 있음을 명확히 규명한 이는 맹자이다. 맹자는 도덕교육을 행할 수 있는 근거는 본말적으로 具有하고 있는 양심이라 하여 인간의 性을 하늘로부터 부여한 절대적 선이라고 보았다.

그래서 맹자는 윤리·도덕 교육사상 중 가장 중요한 것은 성선설이라는 것이다. 그가 주장하는 오륜의 합리적 근거가 바로 이 성선설에 있으며, 모든 실천도덕과 수양의 가능성도 이 성선설에 그 기초를 두고 있다. 성선설은 인간의 존재 가치를 도덕적 인간관의 위치에서 사회에 道義

의 실천함을 그 목적으로 하고 있다. 이와 같은 취의를 구명하기 위해 먼저 맹자의 性善에 대한 의미를 규정해 보고자 한다.

> "등(滕)의 문공이 아직 세자로 있을 때의 일이다. 楚에 일이 있어서 가는 길에 宋나라에 들러 孟子와 만났다. 孟子는 性善을 主張하면서 말마다 堯舜을 예로 들었다. 楚에서 돌아 올 때도 세자는 孟子를 찾았다. 孟子가 말하기를 '세자께서는 아직도 제 말을 반신반의 하십니까? 무릇 도라는 것은 오직 하나 善을 행하는 일 뿐입니다."179)

라고 하였다. 맹자는 바람직한 인간 가치관을 주장 할 때는 반드시 聖人의 상징이 되는 堯舜을 引稱함으로서 인성이 선하다 함을 증명하려 하였다.

맹자가 성선을 주장할 때 항상 요순을 언급하려는 것은 文公에게 明君이 될 수 있다는 가능성을 자각시키기 위함이다. 동시에 인간은 누구든지 요순과 같은 인물이 될 수 있음을 시사한 것이다. 이렇게 인간이 누구나 될 수 있다는 전제는 인간의 본성이 절대적인 선을 배태하고 있기 때문이라는 것이다. 그러나 누구나 요순과 같은 인물이 저절로 된다는 것이 아니고 요순과 같은 성군이 되기 위해서는 꾸준한 자기 수양을 통하여 가능하다는 것이다. 이와 같이 성군이 될 수 있는 가능성 즉 인간의 본성은 도덕적 교화

---

179) 『孟子』 '滕文公章句上', "滕文公爲世子 將之楚 過宋而見孟子 孟子道性善 言必稱堯舜 世子自楚反 復見孟子. 孟子曰 世子楚吾言乎夫道一而已矣.".

를 통하여 성군이 될 수 있다는 것이다. 이 같은 것으로
미루어 보아서 인간은 누구든지 반드시 도덕적 교화의 소
질이 있다는 것이 맹자 성선의 의의라 할 수 있다. 본성은
선천적으로 인간에게 부여되어져 있는 선의지를 바탕으로
하고 있기 때문에 이것을 고수하여 확충해 가면 누구든지
요순과 같은 聖人이 될 수 있다는 것이다. 그러므로 맹자
는 性을 선천적 도덕의 본체로 보게 된 것이다.

> "告子가 말하기를 '性은 마치 빙빙 도는 물과 같습니다.
> 東方으로 트면 東으로 흐르고 西方으로 트면 西方으로 흐릅
> 니다. 인성에 선과 불선의 구분이 없다는 것은 마치 물에
> 동서의 구분이 없는 것과 같습니다.' 맹자가 말하기를 '물에
> 는 정말 동서의 구분은 없지마는 상하의 구분이야 없겠는
> 가? 사람치고 선하지 않은 사람이 없고 물치고 아래로 내려
> 가지 않는 물이 없네. 이제 물을 쳐서 뛰어 오르게 하면 이
> 마를 넘어 가게 할 수 있고, 아래를 막아서 역류케 하면 산
> 에까지 올라가게 할 수 있으나 이것이 어찌 물의 性이겠는
> 가? 외부의 힘으로 그렇게 되는 것일세. 사람을 불선하게
> 만드는 것도 그 경우가 이 물과 같은 것이다.'"180)

라고 하였다. 이 글은 맹자가 인성을 물에 비유하여 설명
하고 있는 告子의 性論을 논박한 글이다. 맹자는 告子의

---

180) 『孟子』 '告子章句上', "告子曰 '性猶湍水也 決諸東方則東流 決諸西
方則西流 人性之無分於善不善也 猶水之無分於東西也.' 孟曰 '水信
無分於東西 無分於上下乎 人性之善也 猶水之就下也 人無有不善
水無有不下 今夫水搏而躍之 可使過顙 激而行之 可使在山 是豈水
之性哉 其勢則然也 人之可使爲不善 其性亦猶是也.'".

이러한 물의 비유는 결코 물의 본성이 아니라는 것을 논급하였고 이것을 끌어다가 인간도 물의 성향과 같이 그 본성 자체는 반드시 선의 성향이 있으나, 불선한 행위를 하는 것은 일시적인 환경의 영향에 의한 것이라 하였다. 요약컨대 告子는 도덕의 후천성을 말한 것이라면, 맹자는 도덕의 선천성을 주장한 것이다. 또 맹자는 인간의 본성은 仁義禮智로 보았다.

> "사람은 누구나 다 남의 불행을 차마 보지 못하는 마음이 있다. 이제 어떤 어린아이가 우물로 기어들어 간다고 가정한다면 그것을 보는 사람은 누구나 다 불행히 여겨서 건지려고 할 것이다. 이 순간 그 정황을 생각해 본다면 그는 어린아이를 구출하였다는 명예를 얻으려는 것도 아니고, 그 기회에 어린아이와 사귀어 이익을 보자는 것도 아니고 또 어린아이를 구출하지 아니한데 대한 좋지 못한 평을 두려워함도 아니다. 어린아이를 건지려 함은 순수한 自然之性의 발로이다. 이 같은 마음은 惻隱의 마음이라 한다. 이것을 추급해 보면 측은한 마음이 없으면 사람이 아니고 羞惡의 마음이 없으면 사람이 아니고 辭讓의 마음이 없으면 사람이 아니고 是非의 마음이 없으면 사람이 아니다. 측은의 마음은 仁의 실마리이고, 수오의 마음은 義의 실마리이고, 사양의 마음은 禮의 실마리이고, 시비의 마음은 智의 실마리이다. 사람은 누구나 다 이 四端 즉 네 실마리가 있다."[181]

---

181) 『孟子』 '公孫丑上', "人皆有不忍人之心…今人乍見孺子將入於井 皆有怵惕惻隱之心 非所以內交於孺子之父母也 非所以要譽於鄉黨朋友也 非惡其聲而然也 由是觀之 無惻隱之心 非人也 無羞惡之心 非人也 無辭讓之心 非人也 無是非之心 非人也 惻隱之心 仁之端也 羞

라 하였다. 인간이 이 四端을 가지고 있다는 것은 태어날 때부터 선한 性을 가지고 태어남을 말해 주고 있는 것이다. 또 맹자가 말하는 不忍之心의 발로는 상대방의 행위에 대한 도덕적 가치판단으로 선이라 규정할 수 있다. 이 같은 자연적으로 노출되는 不忍之心은 오직 순수한 本然之性의 발로인 것이다. 그러므로 맹자는 가치관의 규정으로서 선의 결과를 이룰 수 있는 것은 인간의 본성에 근본하고 있는 不忍之心에 의한 것이라 하였다. 또 맹자가 성선을 주장하는데 요순의 性을 말한 것은 不忍之心을 확충해서 聖人의 경지에 이르도록 하기 위함이지 처음부터 사람들을 요순과 같은 성인의 마음을 갖추고 태어났다는 것은 아니다. 맹자가 사람들은 누구나 그 本然의 性 중에 있는 인의예지를 발현할 수 있는 실마리를 갖추고 있음을 말한 것이다. 그래서 그 본성을 수양하고 교학해 나가면 인의예지의 四端이 확충되어서 요순의 인의예지의 본성과 일치될 수 있다는 것이다. 여기에서 맹자는 두 가지 점을 강조하고 있다. 하나는 사단의 마음은 사람들은 누구나 반드시 소유하고 있는 마음이며 또 하나는 성선을 발휘할 수 있는 가능성이다. 환언하면 사단 확충의 가능성을 말하고 있다. 이 양심의 善端을 확충시켜 나가면 선한 사람이 되고 양심의 善端을 발견시키지 못하면 악인이 된다는 것이다.

　그래서 맹자는 도덕적 교화론을 주장한다.

　惡之心 義之端也 辭讓之心 禮之端也 是非之心 智之端也.".

"사람의 性은 善한 것이다. 그것은 마치 물이 아래로 흐
르는 것과 같다. 그러므로 사람은 착하지 않은 性品이 없
으며 물은 아래로 흐르지 않는 것이 없다."182)

라 하여 사람은 선의 마음을 가지고 있음을 확증한 것이라
하겠다. 또 맹자는 인성 그대로 따르면 사람은 선한 가치
관을 가지게 되고 악을 미워하는 경향이 있다고 하였다.

"마음이 같이 그러한 것이 있다면 그것이 무엇일까? 그
것은 理이니, 성인은 먼저 우리들이 옳다고 하는 것을 가
지고 있을 뿐이다. 그런고로 理와 義가 내 마음을 기쁘게
함이다."183)

라 하였다. 의리를 욕구하는 것도 선천적으로 고유한 것이
며 또한 보편적 진리인 것이다. 그러므로 의리는 누구나
다 좋아하고 의리가 아닌 것은 누구나 다 미워한다. 이러
한 의리는 사람들의 본성에서 나오는 것이기 때문에 이것
은 바로 인성이 선한 의지를 가지고 있음을 시사한 것이
다. 맹자는 또 性은 인의도덕의 본성임을 다음과 같이 말
하고 있다.

"告子가 말하기를 '性은 갯버들에 비하면 義는 갯버들을
구부려 만든 술잔이나 바리에 비할 수 있습니다. 사람의

---

182) 『孟子』 '告子上', "人性之善也 猶水之就下也 人無有不善 水無有不下.".
183) 『孟子』 '告子上', "心之所同然者何也 謂理也 聖人先得我心之所同然
耳 故義理之悅我也.".

본성으로 仁과 義를 만드는 것은 마치 갯버들로 술잔이나
바리를 만드는 것과 같다.'라고. 맹자가 말했다. '당신은 갯
버들의 본성을 따라 술잔이나 바리를 만드는가 또는 갯버
들의 본성을 죽임으로써 술잔이나 바리를 만드는가. 만약
갯버들의 본성을 죽임으로써 술잔이나 바리를 만드는 것이
라면 혹은 사람의 본성을 죽여 인의를 만든다고도 할 수
있을 것이다. 천하 사람을 이끌고 인의를 해치는 것은 필
시 당신의 학설일 것이다.'"184)

라고 하였다. 위의 내용은 맹자와 告子가 각자 性論에 대
한 제의를 내리면서 상대의 이론을 논박한 것이다. 告子는
인간의 선택적 입장을 벗어나서 경험적인 태도였기 때문에
인성은 존재 가치관을 따지기 이전 상태로 돌아가야 한다
는 입장에서 인의도덕은 인간의 작위로 본 것이다. 맹자는
性을 선천적 도덕성으로 보았기 때문에 인성을 사회적 규
범에 적응하는 도덕적 실현적 의미로 본 것이다.
　이상의 性善에 대한 맹자의 논증을 정리해 본다면, 사람
의 본성이 선한 것으로 이해할 수 있다. 특히 子思가『중
용』의 첫머리에서 '하늘이 命한 것을 性이라고 한다.'하는
것과『周易』에 '한번 陰하고 한번은 陽한다. 이것을 천지
자연의 道라고 한다. 이것을 계승한 것은 선이요, 이것을
형성한 것이 본성이다.'라고 하여 본성의 선함을 말하였는

---

184)『孟子』'告子上', "告子曰', '性猶杞柳也　義猶桮棬也　以人性爲仁義
　　猶以杞柳爲桮棬'　孟子曰 '子能順杞柳之性而以爲桮棬乎　將賊杞柳而
　　後以爲桮棬也　如將戕賊杞柳而以爲桮棬則　亦將戕賊人以爲仁義與
　　率天下之人而禍仁義者　必子之言夫.'".

데 이 같은 본성의 선함을 만인이 다 구비하고 있다는 것
이다. 위의 사실을 근거하여 맹자는 인성이 선하다 함을
확신한 것이라 볼 수 있다.

그런데 맹자가 말하는 不善은 사회적 환경과 인간의 물
욕에 의하여 자연의 본성을 가리워 생기는 것이라는 것이
다. 이 같은 경우에는 인간 본성이 물욕에 가리워졌을 때
는 교학적 방법에 의하여 본성을 회복해야 한다는 것이다.
즉 인도적 수양 및 교학을 통해서 天道의 경지에 이르렀을
때 本然의 性인 선으로 돌아가서 바람직한 가치관을 정립
하게 된다는 것이다.

2. 仁과 義의 敎學的 價値觀

맹자는 性善에 대한 논증을 추론해 보면, 인간의 본성은
선하다고 하였고, 태어날 때부터 仁義禮智와 같은 天道의
마음을 지닌 四端을 가지고 태어남을 말하고 있다. 맹자의
仁思想은 공자의 仁思想을 이어 받아 구체화하여 仁義를
함께 시사하고 있다. 공자가 말하는 仁의 의미는 『대학』
'經文章'에 있는 明德과 같은 의미를 가지고 있다. 명덕에
대한 朱子의 설명을 살펴보면 "명덕이란 사람이 하늘로부
터 부여 받은 것인데 인욕과 私心이 배제되고 신령스럽고
어둡지 아니하여 여러 이치(仁義禮智)를 갖추어 만사에 응
하는 것이다."[185]라고 하였다. 명덕은 맹자가 말하는 인간

---

185) 『大學』, '朱子註?', "明德者 人之所得於天而虛靈不昧 以其具衆理而

의 본성에 대한 의미로서 인간의 내적 성실성을 말하고 있으며, 공자가 말하는 仁과 같은 의미로서 朱子는 心의 德, 愛의 理로 풀이하고 있다. 공자는 또 "仁은 愛人"[186] 이라 하여 인간이 공동사회 생활을 하는데 상부상조하는 박애정신을 발휘하는데 필요한 인륜의 조화를 의미하고 있다. 그래서 맹자도 "仁은 人이라."[187] 하여 仁은 인간 가치관 문제를 내포하고 있는 것이다. 仁을 이해하려면 인간의 가치관 문제를 먼저 이해해야 한다는 뜻을 지니고 있다. 仁道는 곧 人道로서 인간의 본질적 가치관을 통해서 윤리관을 세울 수 있고, 仁의 가치관을 정립 할 수 있음을 시사하고 있다.

顔淵이 仁의 의미를 공자에게 물었을 때 "공자가 克己復禮爲仁"[188]이라 했다. 여기서 극기란 자기의 울분을 억제한다는 뜻이 아니라, 자기 내면적 인욕과 사욕을 다 버리고 성실한 자기 본래의 환원으로 이해할 때, 극기란 바람직한 자기 가치관이 정립된 仁者를 요청하고 있는 것이다. 또 공자께서 仁을 대타적 관계에서 설명하기를 "仁이란 자기가 서고자 하면 다른 사람을 세우며 자기가 통달하고자 하면 다른 사람을 통달하게 한다."[189]라 하였다. 이것은 사람 각자가 내면적 가치관인 명덕이 확립되면, 대상인 타

應萬事者也.".
186) 『論語』'顔淵', 孔子曰, "仁者 愛人也.".
187) 『孟子』'盡心下篇', 孟子曰, "仁也者 人也.".
188) 『論語』'顔淵篇', 子曰, "克己復禮爲仁.".
189) 上揭書 '雍也'.

인에게 자연스럽게 박애의 정신이 추급되어 忠恕의 道와 연결 될 수 있음을 시사하고 있다.

이와 같이 공자의 仁思想은 『논어』 여러 곳에서 찾아 볼 수 있는데 때와 장소에 따라 사람에 따라 다르게 말하고 있으나 仁思想이 하나로 정립된 말씀이 있으니 이것이 바로 "一以貫之道"190)이다. 공자의 제자인 曾子는 一以貫之道를 忠恕로 풀이하였던 것이다. 그런데 程子는 『논어』 里仁篇에서 忠恕의 의미를 풀이하기를 忠은 天道요 恕는 人道라 하고 忠은 無妄이요 恕는 忠을 행하는 것이라 하고 또 忠은 大本으로써 體요 恕는 達道로써 用으로 설명하고 있다.

『중용』에 "誠은 天道요 聖人이라."191)하였다. 여기에서 忠이 심화되면 誠으로 연결됨을 쉽게 알 수 있다. 그래서 忠은 天道로서 聖人의 마음이라 볼 수 있고 恕는 聖人의 마음이 외적 대상에 추급하게 될 때, 인간으로 마땅히 행해야 할 人道로서 의리 정신의 발휘라 볼 수 있다. 그러므로 인간의 본체인 忠의 가치관이 정립 될 때 達道로써 恕가 작용됨을 찾아 볼 수 있다. 이로 미루어 보아 바탕되는 忠과 작용적인 恕가 이원적 일원화 될 때 仁者로써 바람직한 전인적인 인물이 된다는 것을 찾아 볼 수 있다. 이와 같이 忠恕의 恕가 작용 될 때 의리 정신이 발휘될 수 있기 때문에 맹자는 공자의 仁思想 외에 義字를 더 첨가하여 仁義를

---

190) 上揭書 '里仁'.
191) 『中庸』 二十章, "誠者天之道也…聖人也.".

인간 가치관 문제로 본 것이다.

　朱子는『맹자』'梁惠章'에서 仁義에 대한 설명을 다음과 같이 설명하고 있다. '仁은 心의 德이요 愛之理라' 하였고 '義는 心의 制요 事의 宜라' 하였다. 仁은 인간의 본체로서 天道인 마음의 德과 사랑의 조화를 갖추고 있는 명덕과 같은 개념으로 볼 수 있다. 이 같은 人德을 갖추어 대상에 적응 될 때 외적인 작용들이 사리에 알맞게 적용된다는 것이다. 그러므로 仁과 義는 두 글자이지만 하나의 뜻으로 나타날 때 道義란 뜻으로 통용된다.

　또한『중용』에 있는 "忠恕는 天道로 지향함에 사람으로 멀지 않다."192)고 한 忠恕의 道와 같은 의미를 내포하고 있다. 인간의 心의 大本인 忠의 가치관이 정립되었을 때 達道로서 恕가 가능할 수 있음을 시사한 말로 충서가 이원적 일원화가 될 때 仁者로서 바람직한 전인적 인물이 될 수 있다는 것이다. 충서의 작용으로써 恕가 발휘 될 때 의리 정신이 구현하기 때문에 仁字 외에 義字를 더 첨가해서 인의를 인간 가치관 문제로 해명할 수 있다고 본다.

　이상에서 논술한 바와 같이 性善과 인의사상 그리고 충서의 문제는 바람직한 인간 가치의 존재 문제로 취급될 수 있다. 이 같은 맹자의 인간 가치관 문제를 가지고 다음 교육철학의 실천론을 구현하고자 한다.

---

192) 上揭書 十三章, "忠恕達道 不遠人.".

Ⅲ. 實踐論

1. 敎育目的

유교 교육의 목적은 知行合一 할 수 있는 聖人의 경지에 이름에 있는 것이다. 다시 말하면 바람직한 인간 가치관의 인격자를 길러 냄에 있다고 하겠다.

맹자도 교육의 최고 목적은 자연의 본성을 신장하여 四端을 확충하여 도덕의 근본인 仁義를 갖춘 바람직한 인물을 양성함에 있다고 볼 수 있다.

> "이상적 인물은 천하의 넓은 집에서 살고 천하의 가장 합당한 위치에 서서 천하의 가장 큰 道를 시행하여 자기가 하고자 하는 뜻을 얻으면 백성들과 같은 방향으로 나아가고 만일에 하고자 하는 뜻을 얻지 못하면 자기 혼자만이라도 이 도를 행한다. 부귀라도 나의 마음을 유혹할 수 없고 빈천에 처해 있어도 옮길 수 없고 권위와 무력이라도 나의 기대를 꺾을 수 없다. 이런 것을 하는 자를 사나이 대장부라 한다."193)

위에서 말하는 천하의 넓은 집은 仁이며 천하의 바른 위치란 禮이며 천하의 大道는 義를 나타내고 있다고 본다. 그러므로 仁과 義와 禮를 실천할 수 있는 바람직한 인물을

---

193) 『孟子』 '滕文公下' "居天下之廣居 立天下之正位 行天下之大道 得志與民由之 不得志獨行其道 富貴不能淫 貧賤不能移 威武不能屈 此之謂大丈夫.".

대장부라 하였는데 바로 이 같은 인물이 맹자가 바라는 이
상적 인물이라 하겠다. 그러므로 맹자는 이 같은 바람직한
이상적 인물이 王이 되어야만 王道政治를 할 수 있다고 보
았다. 이 같은 바람직한 인물을 공자는 君子, 眞人으로 표
시하였는데 좀 더 修己治人하면 인간의 극치인 人極으로서
聖人에 이를 수 있는 교육철학을 제시하고 있다고 본다.
맹자도 완전한 인격자를 군자와 같은 표현으로 자주 한 것
을『맹자』책 가운데서 찾아 볼 수 있다. 이 같은 표현들
은 좀 더 도덕 교육에 의한 天道의 경지를 열망하고 있다
고 보아야 한다. 그러므로 맹자의 교육의 최고 목적은 人
道의 과정을 거쳐 天道에 도달한 聖人을 요청하고 있는 것
이다. 이 같은 교육철학을 제시하고 있는 맹자는 현대 교
육에서 말하는 전인교육 사상을 고취시킨 최초의 인물로
간주 할 수 있다.

2. 敎育의 內容

맹자는 항상 도덕 교육을 주장하고 있다. 도덕교육의 목
적을 聖人에 두고 性善論과 仁義論으로 교육의 본질을 해
명하고자 하였다. 그래서 도덕적 판단을 할 수 있는 도덕
적 지혜를 요청하고 있다.

　"지성인에게는 알지 못할 것이 없는 것이겠지만 먼저 당
　연히 힘써야 될 일을 급하게 여겨야 할 것이다. 인자한 사

람에게는 사랑하지 않을 것이 없는 것이겠지만 賢良한 사람을 더 친하기를 서두를 것을 힘써야 될 일이다. 堯임금 舜임금 지혜로도 사물을 두루다 알지 못했던 것은 먼저 힘써야 될 일을 서둘러 했기 때문이다. 또 堯임금과 舜임금의 仁慈함을 가지고도 사람들을 두루 다 사랑하지 못한 것은 賢良한 사람을 먼저 친하는데 서둘렀기 때문이다."194)

라 하였다. 사람은 누구나 도덕적으로 보다 가치 있고 긴요한 일을 먼저 가려서 실행할 줄 아는 판단의식을 갖고 있다. 이것이 바로 도덕적 知이다. 그러나 사람들은 가장 근본적인 것을 잘 파악하지 못하고 일을 처리하는 경우가 많다. 堯임금이나 舜임금과 같이 바람직한 지성인은 자기가 마땅히 처리해야 할 것이 무엇인가를 확실히 판단 할 줄 아는 사람이다. 도덕교육의 목표는 요순과 같은 바람직한 지성인을 양성함을 그 내용으로 한다. 맹자는 또 仁과 義로써 인간 교육의 내용으로 하고 있다. 주위 환경에 의해 인간의 본성이 악화되는 경우가 많다.

이와 같이 되는 것은 存養省察을 제대로 하지 못하기 때문이라는 것이다. 우리의 본성 가운데 있는 仁義禮智의 사단을 확충하는 것이 절대로 필요하다. 이와 같은 역할을 하는 것이 바로 도덕교육 또는 인성교육인 것이다. 그래서 맹자는 다음과 같은 도덕교육을 제시하고 있다.

첫째로, 四端을 확충해야 한다는 것이다.

---

194) 『孟子』'盡心章上' "知者 無不知 當務之爲急 仁者 無不愛也 急親賢之 爲無 堯舜之知 而不偏物 急先務也 堯舜之仁 不偏愛人 急親賢.".

"이 四端의 마음을 확충하면 한점의 불이 붙기 시작하여 점차로 뜨거운 火勢를 이루는 것과 같이 또 작은 물방울이 모여서 나중에 滔天의 홍수를 이루는 것과 같이."195) 선의 능력이 강대해져서 물욕의 침해를 배제하면 훌륭한 현인 군자가 될 수 있다는 것이다.

둘째로, 浩然의 氣를 기른다는 것이다. 맹자는 不動心에 이르는 방법으로 浩然之氣를 기를 것과 知言의 방법을 말하였다.

"浩然之氣의 氣됨이 至大至剛하여 正道로써 가르고 害함이 없으면 천지간에 充塞한다. 그 氣는 義와 道를 짝한다. 이것은 義를 쌓음으로써 생기는 것이고 義가 엄습하여 취하는 것은 아니다. 다시 말하면 계속적으로 義를 쌓음으로써 얻어지는 것이고 一朝一夕에 갑자기 얻어지는 것은 아니다. 자기 양심에 비추어 보아 조금이라도 불만족한 것이 있으면 浩然之氣는 얻어졌다고 할 수 없다."196)

라 하였으니 浩然之氣를 가진 사람의 모습을 설명한 것으로 그와 같은 사람을 지조가 있고 품위가 있는 바람직한 인물이라 한 것이다.

셋째로, 養氣와 함께 不動心에 이르는 방법으로 타인의 말을 듣고 正邪曲直을 정확히 판단해야 한다는 것이다.

---

195) 上揭書 '公孫丑上', "凡有四端於我者 知皆擴而充之矣 若火之始 然 泉水之始達.".
196) 上揭書 '公孫丑上', "曰難言也 其爲氣也 至大至剛 以直養而無害 則 塞于天地之間 其爲氣也 配義與道 無是餒也 是集義所生者 非義襲 而取之也 行有不慊於心則餒矣.".

넷째로, 마음을 수양하는 요체로서 寡欲을 함으로써 욕망을 절제해야 한다.

다섯째로, 夜氣를 보존하고 放心을 도로 찾아야 한다. 그렇게 실행함으로써 性善을 회복하게 된다는 것이다.[197]

이상에서 논술한 5가지 방법으로 인성을 교화했을 때 천인합일의 경지에 이르게 되어 바람직한 인간 가치관을 가지게 된다는 것이다. 맹자는 요순과 같은 바람직한 인물을 희망하고 있다.

맹자의 교육의 내용으로 또한 五倫과 五常을 들 수 있다. 오륜은 인간이 살아가는데 반드시 지켜나가야 할 인륜으로서 父子有親, 君臣有義, 夫婦有別, 長幼有序, 朋友有信인데 이것을 요약해서 親, 義, 別, 序, 信이라 한다.

원래 書經 舜典에 五典이라는 말이 있는데 五品, 五常, 五倫이라는 말과 같은 것으로써 仁, 義, 禮, 智, 信의 五德目을 말하고 있다.

인륜의 기준으로 오륜의 윤리 교육을 실천할 것을 늘 강조한 것은 전국시대의 사회혼란기를 엿 볼 수 있다. 이와 같은 綱常을 확립해야만 禮記에서 말하는 大同社會를 이룩할 수 있다는 것이다. 이와 같은 행위의 주체는 사회구성원 각자의 虛靈不昧한 明德이라는 것을 쉽게 알 수 있다. 그러므로 맹자는 유가의 요체인 修己治人의 원리에 입각한 사회·윤리 교육을 요청하고 있다고 보아야 한다.

---

197) 『中國哲學史』, 金能根, 獎學出版社, 1984. 서울, pp. 76~77. 參照.

3. 敎育의 方法

공자의 교육방법을 요약하면 계발법을 사용하였다. 『논어』 전편을 통해 볼 때 제자와의 문답을 고찰해 보면 제자들의 재질성에 따라, 그 문제에 따라 그 적절한 지도와 해답을 하여 주었으니 바로 이와 같은 것이 계발식 교육방법이라 하겠다.

맹자는 공자와 달리 다변적 교육방법을 취하고 있다.

"가르치는 데에도 역시 그 방법이 여러 가지 있다. 내가 탐탐하게 여기지 않아서 가르쳐 주지 않는 것도 역시 가르쳐 주는 것이 될 따름이다."[198]

라고 하여 남을 가르치는 교육방법에 여러 가지 양상이 있음을 시사하고 있다. 그래서 맹자는 교화의 다섯 가지 방법을 제시하고 있다.

(1) 啓發 敎育

"맹자께서 말씀하셨다. '군자가 남을 가르치는 방법에 다섯가지가 있다. 제때에 내리는 비가 초목을 저절로 자라게 하는 것과 같이 하는 것이 있다. 德을 이룩하게 해 주는 것이 있다. 물음에 대답해 주는 것이 있다. 혼자서 덕을 잘 닦아 나가도록 해 주는 것이 있다. 이 다섯 가지는 군

---

198) 『孟子』 '告子章句下', "敎亦多術矣 予不屑之敎誨也者 是亦敎誨之而已矣.".

자가 가르키는 방법이다.'"199)

라 하였다. 맹자의 교육의 방법 이론은 인간의 도덕 의지를 통해서 자율적으로 악을 거부하고 바람직한 인간 가치관을 정립할 수 있는 가능성을 教示해 주고 있다. 그 방법은 환경으로부터 유발하는 모든 악을 차단하고 자율적으로 도덕적 가치관을 가질 수 있도록 하는 일종의 개발 교육이라 볼 수 있다. 위의 '제때에 내리는 비가 초목의 변화를 가져오는 것과 같이 하여', '스스로 덕을 닦아 나가도록' 한다는 것은 바로 간접적 개발 교육 방법이라 볼 수 있다.

  (2) 標準 敎育

  스승의 가르침을 배우고 배운 것을 구현케 하는데는 적합한 표준이 있어야 한다. 그래서 맹자가 말하기를 "羿(예)가 남에게 활 쏘는 법을 가르칠 적에 반드시 활을 충분히 당기도록 하는 것에 마음 써야 한다. 목수가 남을 가르칠 적에 반드시 規矩를 가지고서 가르친다. 배우는 사람 역시 規矩를 가지고서 배워야 한다."200)고 하였다. 聖人의 道를 배우고 그것을 실행하는 데에는 반드시 거기에 필요한 표준이 서 있어야 된다는 것을 비유한 말이다.

---

199) 『孟子』 '盡心章句上', "孟子曰 '君子之所以敎者五 有時雨化之者 有成德者 有達財者 有答問者 有私淑艾者 此五者 君子之所以敎也.".
200) 上揭書 '告子', "孟子曰 羿之敎人射 必去於彀 學者於亦 必去於彀 大匠海人 必以規矩 學者亦必以規矩.".

활 잘 쏘기로 이름난 羿가 남에게 활 쏘는 법을 가르칠 적에 반드시 활을 최대한으로 잡아 당겨서 목표물을 맞혀야 하겠다는 일념으로 전심하도록 했다. 이와 같은 방법으로 聖人의 道를 배우는 사람들에게도 위와 같은 방법으로 반드시 실행하도록 하여 이에 전심해야 된다는 것이다.

위의 말을 통관해 볼 때에 맹자는 선왕의 道가 교육에 기준이 됨을 시사한 것이다. 올바른 스승이라면 그 표준을 지키게 하는 이상적 교육을 지도해야 한다.

(3) 個性 敎育

자연 순리에 따르는 개성 계발 교육을 강조하여 다음과 같이 말하고 있다.

"송나라의 어떤 사람이 싹이 자라지 않는다고 걱정한 나머지 이것을 뽑아 주었다. 매우 지쳐 돌아오자 '오늘은 피곤하다. 나는 싹이 자라도록 도와서 늘여 주었다.'고 가족에게 말했다. 아들이 급히 밭으로 달려가 보았더니 싹은 온통 시들어 있었다. 이것은 웃을 일이 아니다. 천하 사람들을 보건대, 이 송나라 사람처럼 싹 자람을 도와준답시고 잡아 당겨서 늘이려 들지 않는 사람은 드물다. 이런 일이 해가 됨을 알고 싹난 곡식을 버려두는 사람은 김을 매지 않는 사람이며 이것을 돕는다고 잡아 당기는 사람은 싹을 잡아 뽑는 사람이다. 다만 이익이 안 될 뿐 아니라 싹에 해를 주는 행동이 아니겠느냐."201)

---

201) 上揭書 '公孫丑上', "宋人有閔其苗之不長而揠之者 芒芒然歸 謂其
　　 人曰 '今日病矣! 豫助長矣!' 其子趨而往視之 苗則橋矣 天下之不

라고 하였다. 이 문답은 맹자가 신뢰하는 제자의 질문에 대해 자기의 학습방법과 인생의 신조를 토로한 대목이다. 자연의 순리를 무시하고 인위적인 방법으로 목적을 달성하려고 하면 도리어 害가 된다는 것이다. 교육도 자기 주관에 의한 교육방법은 무익하다는 것을 비유한 말이다. 그러므로 자연의 순리에 의한 개성교육을 실천해야 함을 강조한 것이다.

(4) 學習敎育

맹자께서는 사람은 불가능이란 있을 수 없다는 것을 강조하여 말씀하시기를,

> "사람에게 나는 태산을 옆에 끼고 북해를 건너 뛸 수 없다고 하면 이것은 참으로 할 수 없는 것이다. 그러나 또 사람에게 나는 어른을 위해서 나뭇가지 하나도 꺾을 수 없다고 하면 이것은 하지 않는 것이요, 할 수 없는 것은 결코 아니다."202)

라고 했다. 사람들은 최선의 노력을 다하여도 불가능한 것이 있고, 가능한 것이 있다. 그러나 피교육자의 학문은 부지런히 목표를 향해서 노력하면 이루지 못할 것이 없다는

助苗長寡矣 以爲無益而舍之者 不耘苗者也 助之長者 揠苗者也 非徒無益 而又害之.".
202) 上揭書 '梁惠王', "狹太山以超北海 語人曰 我不能 是誠不能也. 爲長者折枝 語人曰 我不能 是不爲也 非不能也.".

것이다. 활을 쏠 때도 전심전력을 다할 때에 목표물에 명중 시킬 수 있듯이 학습교육에 도달하려는 자는 일정한 목표를 설정하여 그 목표를 향해 온 정신력을 집중해야만 달성할 수 있다는 것이다.

(5) 敎育 環境

맹자는 慈母의 三遷之敎에 의하여 감화되었기 때문에 교육환경을 매우 중요시했다.

"맹자가 범읍으로부터 제의 서울에 갔을 때 왕자를 멀리 바라보고 감탄하면서 말했다. '환경이 기질을 바꾸고 식생활이 체질을 바꾼다더니 환경이란 참으로 중요하구나. 다 사람의 아들이 아닌가? 그런데 저 왕자만 어찌 저리도 돋보이는 것이랴.' 또 말하기를 '왕자의 거실, 거마의 복은 대개 타인과 같은데 그래도 왕자가 저렇게 훌륭해 보이는 것은 그 환경 탓이다. 하물며 천하를 자기의 거처로 삼는 인인이야 어찌 훌륭해 보이지 않으랴.' 魯나라 임금께서 宋나라에 가셨을 때 그 서울의 질태문에서 문을 열도록 소리치셨는바 그 때 문지기가 말했다. '우리 상감이 아니신데도 그 소리는 어찌도 그리 우리 상감을 닮으신 것일까?' 이것은 다름이 아니라 환경이 비슷한 때문이다."203)

---

203) 上揭書 '盡心章句上', "孟子自范之齊 望見齊王之子 喟然歎曰 居移氣 養移體 大哉乎 夫非盡人之子與 孟子曰 王子宮室車馬衣服多與人同 而王子若彼者 其居編之然也 況居天下之廣居者乎 魯君之宋呼於垤澤之門 守者曰 此非吾君也 何其聲之 似我居也 此無他 居相似也.".

라고 하였다. 왕자 역시 인간의 자식인 점에 있어서는 다름이 없다. 그러나 그가 차지하는 지위와 환경에 따라서 그처럼 비범한 인물을 형성한 것이다. 더구나 천하에서 무엇보다 크고 넓은 위치를 차지하는 仁義 뜻을 둔 사람이라면 비범하게 됨을 설명할 필요조차 없다는 것이다. 교육의 효과도 환경의 영향이 절대적 비중을 갖는다는 것을 시사하고 있는 것이다. 그러므로 환경이야말로 교육의 성과를 이룩할 수 있는 주요한 것임을 말하고 있다.

"이제 한 알의 보리를 가지고 비유하면 밭에 씨를 뿌리고 흙으로 덮어주고 땅도 같고 파종 시기도 같게 하면, 그 씨들이 무성히 일제히 자라나니 때가 되면 다 성숙하게 된다. 비록 가을 수확이 많고 적은 차이가 있더라도 이것은 다 땅이 쌀지거나 메마르거나, 비와 이슬이 고르지 않게 자라거나, 또는 사람의 힘을 골고루 들이지 못한 까닭이다."204)

라고 하였다. 같은 보리씨를 같은 시기에 심고 자라났는데 수확의 차이가 생기는 것은 환경의 여건 때문이라는 것이다. 교육의 효과도 환경의 여건에 따라서 인성교육에 중점을 둘 수도 있고 지식 교육에 중점을 둘 수도 있게 된다는 것이다. 또 맹자는 환경과 교우관계가 교육학습 활동에 큰 영향을 줄 수 있다고 한다.

---

204) 上揭書 '告子', "今夫麰麥 播種而耰之 其地同 樹之時又同 樹之時又同 浡然而生 至於日至之時 皆熟矣 雖有不同 則地有肥磽 雨露之養 人事之不齊也.".

"맹자가 萬章에게 일러 '한 고을의 선한 선비를 벗으로 사귀고 한나라의 선한 선비일 경우에는 한나라 선한 선비를 벗으로 사귀며 또 천하의 선비일 경우에는 천하의 선한 선비를 벗으로 사귀는 것이 만족하게 여겨지지 않으면 또 옛 사람에게 향해서 논평하고 벗 삼는다. 그 사람이 지은 시를 낭송하고 그 사람이 쓴 책을 읽고서도 그의 사람됨을 모른 대서야 되겠는가? 그래서 그의 시대를 논하게 되는 것이니 이것이 곧 위로 향해서 벗으로 사귄다는 것이다.' "205)

라고 하였다. 인간은 누구나 다 자기보다 식견이 넓고 올바른 행실을 가진 사람과 사귀고자 한다. 그래서 인격적으로 훌륭한 인물을 한 고을에서 찾지 못하면 전국적으로 찾아보고 천하를 두루 찾아보아도 적격 인물이 없을 때에는 역사적으로 훌륭했던 인물을 논평해 보고 벗으로 삼는다는 것이다. 이 같은 제시는 훌륭한 교우 관계가 인성 교육을 학습하는데 지대한 영향을 주기 때문에 교육방법으로써 중요하게 여겼던 것이다.

이것은 세월의 흐름에 따라 인물의 품격을 평가하고 훌륭한 점을 본받는데서 우리가 취할 수 있는 기본적인 교육의 법칙이 될 수 있다는 것이다.206)

---

205) 上揭書 '萬章章句下', "孟子謂萬章曰 一鄕之善士 斯友 一鄕之善士 一國之善士 斯友一國之善士 天下之善士 斯友天下之善士. 以友天下之善士 爲未足 又尙論古之人 頌其詩 讀其書 不知其人 可乎 是以論 其世也 是尙友也.".
206) 『儒家思想과 敎育哲學』, 金益洙, 형설출판, 1979. 서울. 孟子의 敎育方法 參照.

(6) 師道 敎育

公孫丑는 자녀교육에 대하여 맹자에게 질문하기를,

"군자는 자기 친자식을 가르치지 않는다고 하였으니 이
것은 무슨 이유입니까? 하고 물으니 그것은 사실상 행할
수 없는 것이다. 교육은 반드시 올바르게 가르쳐야 하는
것인바, 子息이 올바르게 되지 않으면, 자연히 계속 성을
내게 되고 자연히 부자의 정이 상하게 마련이다. '가령 아
버지는 아들을 올바른 길로 가르친다고 하지만 아버지도
그 하는 것이 올바른 데서 나오는 것이 아니다.'라고 하게
되면 그것은 곧 父子가 서로 해치게 되는 것이다. 부자가
서로 해치게 되면 나쁜 것이다. 옛날에는 아들을 바꿔서
가르쳤고 父子간에는 잘하라고 책하지는 않았던 것이다.
잘하라고 책하면 틈이 나게 된다. 사이가 나쁘게 되면 상
서롭지 못하기가 그 보다 더한 것이 없는 것이다."207)

라고 하였다. 부모가 자식을 교육하는데 있어 중요한 문제
점을 시사하고 있다. 不德하고 의롭지 못한 부모가 많기
때문에 자식 교육을 원만하게 할 수 없음을 맹자는 말하고
있다. 그래서 맹자는 바람직한 교육의 이상은 정당한 방법
을 사용해서 자녀들에게 올바른 가치관을 심어 주는데 그
효과가 있다고 한다. 자식 교육은 아버지가 직접 나서서
해서는 효과를 거둘 수 없음을 말하고 있다. 교육철학이

---

207) 上揭書 '離婁章句', "公孫丑曰 '君子之不敎者 何也' 孟子曰 '勢不行
也 敎者必以正 以正不行 繼之以怒 則反夷矣. 夫子敎我以正 夫子
未出於正也' 則是父子相夷也. 父子相夷 則惡矣 古者 易子而敎之
父子之間不責善 責善則離 離則不祥莫大焉.".

투철하고, 明德의 가치관이 확립되어 있는 교육자로 하여금 자녀 교육을 하도록 해야 한다는 것이다. 그렇게 될 때 바람직한 인물로 성장 할 수 있다는 것이다. 교육이 효과는 교육자의 虛靈不昧한 明德의 본체가 피교육자에게 감응해 갔을 때 피교육자는 교화시키고 새롭게 할 수 있는 힘이 뻗어 나갈 때, 교육자와 피교육자가 일치되는 점에서 교육의 진가가 발현 될 수 있으리라 믿는다.

IV. 結 論

이상에서 논술한 것을 요약한다면

첫째, 도덕근거로서의 性論에서는 '人性이 善하다'라는 성선설을 도덕교육의 근거로 제시하고 있다. 맹자가 性善을 주장할 때 항상 요순을 언급하려는 것은 인간은 누구나 꾸준한 자기 수양을 통하여 요순과 같은 聖君이 될 수 있다는 것이다. 이와 같은 것을 미루어 보아 인간은 누구나 반드시 도덕적 교화의 소질을 갖추었음을 시사 한 것이다. 그리고 인간의 본성은 선천적으로 부여되어져 있는 선의지를 바탕으로 하고 있기 때문에 이것을 고수하여 확충해 가면 누구든지 天道의 경지인 聖人이 될 수 있다는 것이다.
둘째 仁과 義의 교학적 가치관에서는 맹자의 性善에 대한 논증을 추론컨데 인간이 태어날 때부터 인성은 선하고

仁義禮智와 같은 天道의 마음을 지니고 태어났음을 알 수 있다. 그리고 맹자의 仁思想은 공자의 仁思想을 계승하여 仁과 義로 발전시킨 것이라 볼 수 있다. 맹자의 仁과 義의 의미는 공자의 一以貫의 道와 같은 뜻이므로 忠恕로 해명할 수 있다는 것이다. 본체로서의 忠은 心의 德으로 仁에 상응하는 것이라면 작용으로서 恕는 義에 해당하는 것으로 볼 수 있다. 인간의 본체인 忠의 가치관이 정립될 때 達道로서 恕가 조화있게 작용됨을 찾아 볼 수 있다. 그러므로 바탕 된 忠과 작용적인 恕가 이원적 일원화 될 때 仁者로서 바람직한 인물이 될 수 있다는 것이다. 이와 같은 仁者의 행위는 어떤 규범에 어긋남이 없이 의리에 맞는 행위를 할 수 있는 전인적인 인물이 됨을 찾아 볼 수 있다.

그리고 맹자는 仁義道德을 실현할 수 있는 바탕을 선천적 良知良能으로 보아 性善을 주장하였고 그것을 더욱 강조하기 위해서 盡心章下에서 '可欲之謂善'이라 하였다. 여기서 말하는 可欲이란 仁義道德을 욕구하는 선의지의 욕망인 것이다. 이것은 寡欲으로서의 도덕적 가치로서 절대적인 天性의 선이 된다는 것이다. 이 같은 절대적 性善은 仁과 義와 忠과 恕의 사상이 수양과 교학을 통하여 이원적 일원화 될 때 이루어진다는 것을 알 수 있다.

셋째, 실천론으로는 교육목적과 교육내용 및 교육방법론으로 규명해 보았다. 그 내용은 다음과 같다.

❶ 교육의 목적은 知行合一할 수 있는 聖人의 경지에 도달함에 있다. 즉 人道의 과정을 거쳐 天道에 도달하게 되

면 바람직한 전인적 인물이 되는 것에 교육목적이 있다고
보았다

❷ 교육의 내용은 도덕적 판단을 할 수 있는 지혜를 필
요로 한다. 그러므로 요순과 같은 전인적 인물을 양성하는
것을 그 내용으로 한다는 것이다. 存養省察로서 도덕교육,
인성교육을 제시하면서 첫째 四端 확충과, 둘째 浩然의 氣
를 기르는 것과, 셋째 養氣와 不動心의 방법 正邪曲直을
잘 파악해야 한다. 넷째로 寡欲으로 욕망을 절제해야 한
다. 다섯째로 夜氣를 보존하고 방심을 도로 찾아야 한다는
것이다. 이같이 함으로써 性善을 회복할 수 있다는 것이
다. 또 맹자는 五倫과 五常을 교육내용으로 하고 있다.

❸ 교육방법론으로는 다변적 교육 방법을 취하였다. 첫
번째는 자율적으로 도덕적 가치관을 정립하는 계발교육이
요, 두 번째는 표준교육이요, 세번째는 자연의 순리에 의
한 개성교육이다. 네번째로는 전심으로 노력하는 학습교육
이요, 다섯번째로는 교육환경조성이요, 여섯 번째로는 스
승의 올바른 교육이라 하였다. 스승이 올바른 교육철학이
확립되어야 올바른 교육이 실천될 수 있다는 것이다.

생각컨데 오늘날 급변하여 가는 현실을 직시 해 볼 때
사회는 다원화됨으로 인하여 사회적 인심은 극도로 악화되
어 서로간의 불신 신조가 만연되어 인간가치관이 무너져
가는 것이 오늘의 실정이다. 더구나 숭금주의, 물질주의가
팽배해짐으로 실리지상주의로 말미암아 참된 인간성을 찾
아 볼 수 없다. 이와 같은 가장 큰 원인은 무엇보다도 이

시대에 적합한 교육철학의 부재에 있다고 본다. 교육의 본령이 진리탐구에 있고 인격도야에 있다고 했는데, 그 향하는 목적이 바로 전인교육, 지성인 교육에 있는 것이다. 오늘날 우리는 학교 교육 붕괴니 교실 붕괴니 하는 말이 나돌고 있다. 이와 같은 현상은 知德을 겸비한 지성인 교육을 하지 않고 물질교육, 지식교육, 대학입시교육에 치중하다 보니 공교육이 무너지고 사교육으로 치닫고 있는 현실이다. 이와 같은 교육을 수십년 계속 해온 교육자들은 그것이 곧 교육의 본질로 착각하고 있다. 아무리 입시제도를, 학교 교육제도를 바꾸어도 올바른 교육관이 서지 못하는 것은 교육의 본질인 인성교육, 사람교육을 제대로 확립하지 못한 위에 교육제도를 개혁하였기 때문이다. 즉 교육철학이 없는 교육제도 개혁은 모래 위에 집을 짓는 격이 되고 말 것이다. 이와 같은 시점에서 인성교육의 표본이 되는 맹자의 교육 철학 사상은 오늘날 황무지의 교육관을 재정립해 줄 수 있는 청량제의 역할을 할 수 있으리라 확신한다.

參 考 文 獻

1. 單行本

· 『論語』, 『孟子』, 『大學』, 『中庸』, 『詩經』, 『書經』, 『周易』, 『禮記』, 『春秋』, 成均館大 大同文化研究院 影印本, 1985

· 郭齊家, 『中國教育思想史』, 北京, 教育科學出版社, 1991

· 具本明, 『新譯四書Ⅲ 孟子』 서울, 玄岩社, 1968

· 金能根, 『中國哲學史』 서울, 探究堂, 1975

· 金忠烈, 『中國哲學散考』 서울, 凡學社, 1939

· 羅 光, 『中國哲學思想史』 臺北, 學生書局, 1987

· 柳承國, 『東洋哲學論攷』 서울, 成大東洋哲學研究室, 1974

· 方立天, 『中國古代哲學問題發展史』, 北京, 新華書店, 1992

· 馮友蘭, 鄭仁在 譯, 『中國哲學史』, 서울, 螢雪出版社, 1998

· 成大儒學科 編, 『儒學原論』 서울, 成均館大出版社, 1982

· 沈佑燮, 『韓國傳統思想의 理解』, 서울, 螢雪出版社, 1990

· 梁啓超 等著, 『中國哲學思想論集』, 臺北, 水牛出版社, 1986

· 梁國榮, 『儒家價值體系的歷史衍化及其現代轉換』, 北京, 上海人民出版社, 1994

· 梁化之 編, 『孟子研究集』, 臺灣, 民國 52年

· 梁大淵, 『儒學概論』 서울, 新雅社, 1963

· 吳康等, 『孟子思想研究論集』, 臺灣, 黎明文化事業公司, 1982

· 吳 怡, 『中國哲學發展史』, 臺北, 三民書局, 1984

· 宇 同, 『中國哲學問題史』, 臺北, 彙文堂出版社, 1987

· 李相殷, 『現代와 東洋思想』 서울, 日新社, 1963

· 金益洙, 『儒家思想과 教育哲學』 서울, 螢雪出版社, 1979

· 李澤厚, 『中國古代思想史論』, 臺北, 谷風出版社, 1987

· 張起鈞 著, 宋河璟 譯 『中國哲學史』 서울, 一志社, 1984

· 趙吉惠 等 四人 主編, 『中國儒學史』, 北京, 新華書店, 1991

· 曹伯言, 張哲永, 『中國古代思想家列傳編注』, 北京, 華東師範大學 出版社, 1985

· 周桂鈿, 『中國傳統哲學』, 北京, 北京師範大學 出版社, 1991
· 陣訓章, 『中國人性論史』, 臺北, 臺灣商務印書館, 1984
· 復旦大學 國際交流 辦公室, 『儒家思想』, 北京, 上海人民出版社, 1992

2. 論文類

· 金忠烈, 「東洋 人性論의 序說」, 『東洋哲學의 本體論과 人性論』, 韓
　　　　國東洋哲學會 編, 서울, 延大 出版部, 1982
· 裵宗鎬, 「東洋 人性論의 意義」 서울, 延大出版部, 1982
· 柳承國, 「中國哲學과 韓國思想」 서울, 韓國哲學會, 1974
· 李相殷, 「孟子 性善說에 대한 研究」, 『高大 50週年 紀念論文集』, 高
　　　　大出版部, 1955

荀子의 哲學思想[*]

I. 序 論

순자의 생존연대는 『史記』의 '孟子荀卿列傳'에 의하면 순자의 이름은 況, 荀卿이라고도 불렸는데, 漢代에 와서 宣帝의 諱를 피하여 孫卿이라고 불렀다. 순자는 지금 河北省의 서쪽으로부터 山西省의 北部까지를 점유하였다고 하는 전국시대의 趙나라에서 태어났다. 荀卿은 齊의 襄王때에 세 번이나 祭酒에 등용되었으나 참소를 받아 齊를 떠나 楚로 갔다. 만년에 楚의 王族이고 권력자인 春申君의 천거로 蘭陵令에 任命되었으나 春申君이 암살당하자 벼슬을 그만두고 그곳에서 후학들에게 講學과 저술에 전념하다가 그

*이 논문은 성균관대학교 동아시아학술원 「유교문화연구 제1집」에 게재되었음.

곳에서 일생을 마쳤다. 秦의 宰相 李斯와 漢의 公子 韓非
는 다 그의 제자들이다.

순자의 書는 漢初에 322편으로 되어 있었으나 漢의 劉
向이 중복된 것을 삭제하여 32편으로 정리하여 孫卿新書
라고 하였다. 唐의 楊倞은 이에 주석을 쓰고 『순자』라고
개칭하였다.209) 또한 순자는 공자 이후 맹자에 의해 정비
된 유교는 인간의 내면적이고 주관적인 心之德을 강화함으
로써 인간의 바람직한 가치 윤리에 중점을 두었다면, 순자
는 성악설을 근거로 하는 예의 윤리 사상을 내세워 제자백
가 사상을 비판적으로 받아들이면서 객관적 입장에서 유교
철학을 재정비하였다. 그는 맹자에 비하여 현실주의에 입
각한 실천 윤리를 강조한 것이 특징적이다. 공자·맹자가
주장하던 도덕 근원으로서의 天觀을 부정하여 하늘은 인간
의 도덕 윤리와는 아무 관련이 없는 자연의 天에 지나지
않다고 하여 '天人之分'을 역설했다. 그러므로 순자의 天은
자연의 天으로써 禮思想의 근거가 되는 것이다. 이 예의
근거가 天이므로 이 같은 관계를 추론컨데 단순한 자연적
天만이 아니라 형이상학적 의미를 부여하고 있음을 알 수
있다.

또한 순자는 독립된 인간의 존귀함은 성인이므로 예에
이하여 유지될 수 있고, 예에 의해서 인간사회의 질서와
평화를 유지할 수 있고, 따라서 바람직한 인간 가치관도
정립될 수 있다고 하였다.

---

209) 『中國哲學史』, 金能根, 獎學出版社, 1984, p. 81. 參照.

순자의 철학적 이론은 『순자』전편을 통하여 볼 때 인간의 성악에 관한 것으로 일관되어 있다. 인간의 가치관 문제는 선천적인 본성에 의하여 지배되지 않고 후천적인 인위에 의하여 형성된다고 보았다. 이 같은 본성을 교정하는 방법은 師法의 가르침과 예의의 길인 '인위'에 의해서만 교화될 수 있다고 하였다. 宋代 이후 이 성악설은 天·人의 분리설로 인해 이단시되었으나 漢代에 유교발전에 크게 기여한 역사적 의의와 그의 철학적·논리적 사상이 그 당시 사회 질서 유지에 기여한 바가 된 것도 높게 평가해야 한다.210) 이와 같은 관점을 살려서 순자 철학사상의 본질면에서는 자연으로의 天觀과 성악설 문제를 구명하고 다음으로 순자 철학사상의 구현으로써는 禮思想과 정치사상의 실현을 통찰함으로써 현대적 의미를 찾고자 한다.

Ⅱ. 哲學思想의 本質

1. 自然의 天

순자의 天에 대한 사상은 중국고래로부터 내려오는 『詩經』·『書經』에 나타난 天思想 이나 공자·맹자의 天思想과는 크게 다르다. 특히 유학에서 말하는 天觀은 종교적이며

---

210) 『荀子』, 崔大林, 新譯, 홍신출판사, 序文參照.

도덕적 근거로서 의미가 부여되어져 있다. 즉 공자는 주재적 天으로 맹자는 의리적 天으로 보고 있는 반면, 순자의 天은 자연의 天으로 구분하고 있다.211) 이렇게 볼 때 유학적 天은 도덕적인 선의지를 내포한 天으로 이해할 수 있다. 이 같은 天은 인간·도덕 가치관의 뿌리이며 윤리적 질서의 근원으로서의 의미를 부여하고 있게 된다. 순자의 天은 단순한 자연天이라기 보다는 본체론적 실체의 의미를 지니고 있다고 보아야 한다. 그래서 순자는 天을 철학적·과학적·자연적·기계적인 것으로 보았다.212) 그리하여 다음과 같은 사실을 밝혔다.

'治亂은 天의 所爲가 아니고 人君의 所爲이다. 日月星辰을 관찰하여 曆을 만들어서 천하를 다스린 것은 禹王때나 桀王때나 모두 같다. 그러나 禹王때는 잘 다스려지고 桀王때는 어지러워진 것을 보면 治亂은 결코 天의 所爲가 아니고 人君의 所爲임이 분명하다. 治亂은 四時의 所爲도 아니다. 五穀을 비롯하여 모든 초목은 春夏에 發芽하고 성장하여 추기에 결실하면 사람들은 그것을 수확하여 창고에 보관한다. 이것은 禹王때나 桀王때나 다 같다. 그런데 禹王때는 다스려지고 桀王때는 어지러워졌다. 이것을 보면 治亂은 결코 四時의 所爲가 아니고 人君의 所爲이다. 또 治亂은 地의 所爲도 아니다. 만물은 地의 利를 얻으면 생육하고 地의 利를 잃으면 사멸한다. 이것도 禹王때나 桀王때가 다 같다. 이것을 보면 治亂은 地의 所爲도 아니고 人君의 所爲임이 분명하다. 그러므로 人君이 正道로써 다스리

---

211) 「中國哲學史」, 馮友蘭, p. 55. 參照.
212) 「中國哲學史」, 金能根, p. 87. 參照.

면 천하는 平定하고 邪道로써 다스리면 천하는 어지러워진
다. 또 天은 사람들이 추위를 싫어한다 하여 겨울을 폐하
지 않으며 地는 사람들이 遼遠한 것을 싫어한다 하여 넓음
을 폐하지 않으며 君子는 小人들이 떠든다 하여 그 행함을
그만두지 않는다.'213)

라 하여, 天에는 常道가 있고 地에는 常數가 있고 군자에
게는 常體가 있다고 하였다. 순자에 있어서 天은 인위적인
것을 보존하는 기능으로서 자연적 天觀이다. 그러므로 순
자의 自然之天은 인위적·기교적·가식적인 것이 배제된
純粹 無雜한 자연현상으로서의 天이며, 인간의 작위가 전
혀 포함되어 있지 않음을 시사한 것이다.

그래서 순자는 天과 인간의 구별을 철저히 하여 '明於天
人之分'을 주장한 것이다. 그것은 바로 인위적인 것을 배
제한 물질세계의 자연적 天을 의미하는 것이다. 순자는 또
'天人之分'을 밝히는 자연관을 다음과 같이 말하고 있다.

'天의 운행은 常道가 있다. 天은 堯때문에 있는 것도 아
니고 桀때문에 없어지는 것도 아니다. 善治로써 이에 응하
면 吉하고 亂으로써 이에 응하면 凶하여진다. 농업과 같이
근본적인 산업에 힘쓰고 비용을 절약하면 天이 그를 가난
하게 할 수 없고, 봄이면 여름이 올 것을 대비하여 여름

---

213) 『荀子』, '天論篇', "治亂天邪? 曰 日月星辰瑞曆, 是禹桀之所同也 禹
以治 桀以亂 治亂非天也 時耶 曰繁啓蕃長於春夏 畜積收藏於秋冬 是
又禹桀之所同也 禹以治 桀以亂 治亂非時也 地耶 曰得地則生 天地則
死 是又禹桀之所同也 禹以治 桀以亂 治亂非地也 天不爲人之惡寒也
輟冬 地不爲人地惡遼遠也輟廣 君子不爲 小人匈匈也輟行.".

준비를 하고, 여름이 오면 가을 준비를 하는 것처럼 미리
준비하여 때맞추어 움직이면 天이 그를 병들게 할 수 없으
며, 자연의 운행을 미리 예측하여 마땅히 대비해야 하는
인간의 도리를 잘 닦아서 한결같이 하면, 天이 그에게 화
를 줄 수 없다. 그러므로 홍수나 가뭄이 이르지 아니하여
도 굶주리거나 목마르게 할 수 없고 추위와 더위가 그로
하여금 병들게 할 수 없으며, 怪한 것이 그를 凶하게 할
수 없다. 農桑과 같은 근본된 산업이 황폐해지고 쓰임이
사치스러워지면 天이 그를 吉하게 할 수 없다. 그렇게 되
면 홍수나 가뭄이 이르지 아니하여도 굶주리게 되고, 추위
와 더위가 다가오지 아니하여도 병들게 되며 怪한 것이 이
르지 아니하여도 凶하게 된다. 春夏秋冬이 四時로 운행되는
天의 혜택을 받음은 堯舜 시대와 같지만 화가 일어남은 다스
려진 시대와 다르다. 그렇다고 해서 天을 원망할 수 없다.
그 이치가 그러하기 때문이다. 그러므로 天과 人의 구분을
분명히 할 줄 아는 사람을 至人이라고 할 수 있다.'214)

라고 하였다. 自然의 天은 변함없는 운행을 자연 법칙에
따라 지속하고 있다. 인위적인 치란의 영향을 받아서 常道
를 이탈하지도 않고 그렇다고 인위적인 治亂에 영향을 주
지도 않는다. 자연이 지속적이고 변함없는 운행은 인간의
작용이나 의지와는 아무런 상관없다. 순자의 天이란 자연

---

214) 같은 책, 같은 곳, "天行有常 不爲堯存 不爲桀亡 應之以治則吉 應
   之以亂則凶 彊本而節用則天下能貧 養備而動時則天不能病 修道而
   不貳 則天不能禍 故水旱不能使之飢 寒暑不能使之病 祆怪不能使之
   凶 本荒而用侈則天不能使之富 養略而動罕 則天不能使之全 倍道而
   妄行則天不能使之吉 故水旱未至而飢 寒暑未薄而疾 祆怪未至而凶
   受時與治世同 而殃禍與治世異 不可以怨天 其道然也 故明於天人之
   分則可謂至人也.".

그대로를 가르키는 것이며 인간의 인위적인 의지나 윤리의식 도덕률과는 아무런 관계가 없다. 천지 운행의 질서는 인간사회의 治亂·吉凶·禍福·貧賤이 발생하는 것과는 아무런 관계없이 지속된다. 그러면 순자가 말하는 天은 인위적인 것과 아무런 관계가 없다는 것인가? 더욱 일정한 독립적 관계를 가지고 있다고 본다. 天은 인간의 주관과는 별개로서 객관적인 존재로 생각하지만, 인간 세계의 치란·길흉은 天秩 天序의 범주 속에서 인간의 인위적 노력 여하에 따라 결실을 볼 수 있다는 것이다. 自然의 天의 큰 범주 속에 인간을 생각할 때 인간도 하나의 자연으로 보아야 한다. 그 대자연속에서 인간의 자유로운 의지적 행위를 통하여 자기 자신의 실체를 찾아내야 한다. 따라서 '天人의 分'은 대자연속에서의 자기존재에 대한 자각인 것이다. 순자가 말하는 '天人의 分'의 分은 곧 자연과 인간의 질서에 대한 구분을 말하고 있다. 자연은 자연의 운행 질서가 있고 인간은 인간사회의 질서가 있는 것이다. 각각 독립된 질서를 가지고 있는데 인간사회의 질서는 인위적 의지와 도덕률에 의하여 자연의 질서 범주 속에서 자연 질서에 순응하면서 자기 주체 확립을 위한 질서를 계발해야 함을 강조한 것이다. 여기에서 分은 자연과 인위와의 관계로서 '應之以治'와 같은 分이다. 즉 자연과 인성과의 상호간의 질서인 것이다. 이 때에 天의 常道는 하나의 객체로서 독립된 常道이지만 인위와의 관계에서 常道에 순응하여 자기 계발을 해나가면 자기존재 가치가 드러난다는 것이다. 이와 같이 될 때 자연에 대한 자기 주체의식이 확립하게 되고 또한 自然의 天과 인간과의 질서가 서게 되는 것이다. 이와 같이 天과 人의 질서가 이룩되는 것을 '天人의 分'이라고 한다. 즉 자연 질서라 한다. 순자는 天과 人의 구분 분리는 단순한 구분 분리가 아니라 대자연 질서 속에서 인간 질서의 관계를 설명하면서 自然의 天의 運行秩序와 인간이 지켜야 할 질서를 잘 터득하여 그 조화를 이룰 수 있는 인물을 至人이라 했다. 여기에서 至人은 自然의 天을 잘 이해 할 줄 알면서 인간의 질서를 이해하여 인간 윤리를 확고하게 할 수 있는 바람직한 인물을 지칭한다고 할 수 있다. 자연을 잘 이용하고 이해할 줄 아는 사람을 至人이라고 한다. 이 같은 사람을 인간의 세계에서는 성인이라 하는 것이다. 여기에서 自然의 天과 인성문제와의 관계를 생각할 수 있다.

자연은 아무 의지도 없이 일정한 원리에 따라 운행되고 있을 따름이다. 자연은 사람의 운명을 지배하는 것이 아니라 사람들의 행동이 자기 운명을 결정한다. 빈부나 길흉 또는 건강까지도 모두 인간자신들이 스스로 만드는 것이다. 따라서 인간들은 자연을 잘 이용하도록 하여야 한다. 이처럼 天과 人과의 구별 즉 명분을 잘 알고 있는 사람을 至人이라고 한 것이다. 그래서 순자는 자연의 현상에 능동적으로 대처하는 동시에 자연을 인간생활에 적용해야 된다는 것이다.

'하늘을 위대하게 여기고 그것을 생각하고 있는 것과 물
건을 저축하면서 그것을 처리하는 것과 누가 낫겠는가? 하
늘을 따르면서 그것을 기리는 것과 하늘로부터 타고난 것
을 처리하면서 그것을 이용하는 것과 누가 낫겠는가? 철을
바라보면서 그것을 기다리기만 하는 것과 철에 호응하여
그것을 활용하는 것과 누가 낫겠는가? 물건을 그대로 두고
그것이 많아지기 바라는 것과 능력을 다하여 그것을 변화
시키려는 것과 누가 낫겠는가? 물건을 갖고자 생각하면서
만물을 자기 것이라 여기는 것과 물건을 정리하여 그것을
잃지 않도록 하는 것과 누가 낫겠는가? 물건을 낳게 하는
자연을 사모하는 것과 물건을 완성시키는 사람의 입장을
지니는 것과 누가 낫겠는가? 그러므로 사람으로서의 입장
을 버리고 하늘을 생각한다면 곧 만물의 實情을 잃게 될
것이다.'215)

라고 하였다. 여기에서는 하늘과 사람의 입장을 구분하고
인간은 自然의 天을 잘 이용해야 됨을 강조하였다. 생각컨
데 순자가 인정한 바로서 꼭 추구할 필요가 없는 것은 대
자연의 본체론적 지식이고 꼭 추구해야만 된다고 인정한
것은 과학적 지식이라고 볼 수 있다. 天의 내용을 살펴보
면 우리의 감각기관으로 감지할 수 있는 자연현상과 우리
감각기관으로 감지 할 수 없는 所以然之理로써 본체론적
실체로 볼 수 있다. 예를 들어보면 천지의 운행, 사계절의
질서, 만물의 생성 등은 우리 감각기관으로 감지할 수 없
는 것이다.

---

215) 같은 책, '天論', "大天而思之 孰與物畜而制之? 從天而頌之 孰與制
天命而用之? 望時而待之 孰與應時而謝之? 因物而多之 孰與騁能而
化之? 思物而物之 孰與理物理勿失之? 願於物之所以生 孰與有物之
所以成? 故錯人而思天則失萬物之情.".

2. 人性論

순자의 성악설은 맹자의 성선설과 대치시켜 생각하여 왔기 때문에 유가에서 부정되어 왔었다. 그러나 순자의 성악설은 그 본질적인 성론을 올바로 이해하여야만 한다. 순자가 말한 본성을 자연의 性으로써 인간의 욕망적 작용만이 있을 뿐이지 인간의 사고 작용까지 포함되지 않는다는 점을 이해하여야 한다. 다시 말하면 순자의 自然의 性은 그 본성자체와 志慮는 각각 독립된 상태 아래에서 성악설을 생각해야 한다.

특히 순자가 태어난 전국시대의 말기는 극도로 혼란한 시대로서 윤리강상이 무너진 시대였다. 순자는 세간의 인심을 바로잡아 사회기강을 바로 잡을 것을 생각하고 그 시대 상황에 알맞은 性惡論을 주창하게 되었다.

'순자는 사람의 본성은 악하고 그 선함을 인위적 노력의 결과이다. 이제 인간의 본성을 살펴보면 나면서부터 利를 좋아한다. 그러므로 爭奪이 생기고 辭讓이 없어진다. 또 사람은 나면서부터 미워하는 마음이 있다. 그러므로 도적이 생기고 충신이 없어진다. 사람은 나면서부터 耳目의 欲이 있어 聲色을 좋아한다. 그러므로 淫亂이 생기고 禮義文理가 없어진다. 사람의 性情에 따라 행하면 반드시 爭奪이 生하고 분수를 넘어서고 예의절도를 어지럽혀 포악한 세상이 되고 말 것이다. 그러므로 반드시 師法에 의한 교화와 예의로 인도함을 받은 뒤에야 辭讓하게 되고 예의의 조리에 합당하게 되어 다스리게 된다. 이것으로 본다면 인간의

본성은 악하다는 것은 분명하다. 선한 것은 인위적 노력의
결과이다.'216)

라고 하였으니, 순자가 말하는 인성의 性은 자연성으로써
性情 그대로를 따라가면 이익을 좋아하고, 남을 질투하고
미워하며 爭奪·盜賊·淫亂 등의 악한 행위를 하게 된다는
것이다. 그러므로 師法의 교화와 聖人이 만든 예의의 인도
가 필요하다고 하였다.

이와 같은 것을 나무에 비유하고 있다. 금방 採伐해 놓
은 나무의 상태를 性이라 하고 톱으로 켜고 대패로 다듬고
繪具로 꾸민 것을 僞라고 한다. 또 사람의 본성을 구명하
기를,

'본성은 주리면 배부르려 하고 추우면 따스해지려 하고
피곤하면 휴식하려 한다. 지금 사람이 주릴지라도 長上에게
양보하는 것은 예라는 僞때문이다. 아들이 아버지의 勞를
대신하고 동생이 형에게 양보를 함은 다 자연의 性에 반하
여 僞를 행하는 것이다.'217)

---

216) 같은 책, '性惡', "人之性惡 其善者僞也. 今人之性 生而有好利焉
    順是故爭奪生 而辭讓亡焉 生而有疾惡焉 順是故盜賊生而忠臣亡焉
    生而耳目之欲 有好聲色焉 順是 故淫亂生而禮義文理亡焉 然則從人
    之性 順人之情 必出於爭奪 合於犯分亂理而歸於暴 故必將有師法之
    化 禮義之道 然後出於辭讓 合於文理而歸於治 用此觀之 然則人之
    性惡明矣 其善者僞也.".
217) 같은 책, 같은 곳, "今人之性 飢而欲飽 寒而欲煖 勞而欲休 此人之
    性情也 今人飢 見長而不敢先食者 將有所讓也 勞而不敢求息者 將
    有所代也 夫子之讓乎父 弟之讓乎兄 子之代乎父 弟之代乎兄 此二
    者 皆反於性而悖於情也.".

라 하였으니, 인간의 性은 自然의 性으로써 태어날 때부터 악한 것이고 그 선하다는 것은 작위로써 수식이라는 것이다. 순자가 말하는 聖人은 인성을 교정하여 선의 경지에 달성한 자이다. 자연성을 순화하여 선하게 만드는 것이 인위이다. 비유컨데 陶人이 흙을 반죽하여 토기를 만드는 것과 같다고 할 수 있다. 耳目口鼻의 欲은 다 사람의 性情에서 생기는 충동적인 것이다. 性情은 선천적 고유의 것이고 예의법도는 후천적 僞飾이다. 그러므로 性情대로하면 형제도 싸우고 예의로 교화하면 다른 사람에게 양보하게 된다고 하였다.218)라 하였으니 본성이 악한 사람은 교육과 규법을 통하여 예의와 충성, 믿음과 같은 덕망을 양성케 해야 할 것이다. 그래서 순자는 다음과 같이 시사하고 있다.

'굽은 나무는 반드시 댈나무를 대고 쪄서 바로잡은 뒤에라야 곧아지고 무딘 쇠는 반드시 숫돌에 간 뒤에라야 날카로워지듯이 지금 사람의 본성이 악한 것은 반드시 스승과 법도의 가르침이 있은 뒤에라야 올바라지고, 예의의 규제를 받은 뒤에라야 다스려 지는 것이다. 지금 사람들에게 스승과 법도가 없다면 편벽되고 음험하여 바르지 않을 것이며, 예의가 없다면 곧 이치에 어긋나는 어지러운 짓을 하여 다스려지지 않을 것이다. 옛날 성왕께서는 사람들의 본성이 악하기 때문에 편벽되고 음험하여 바르지 않으며 이치에 어긋나는 어지러운 짓을 하여 예의를 만들고 법도를

---

218) 같은 책, 같은 곳, "人之性惡 則禮義惡性 應之曰 凡禮義者 是生於 聖人之僞 非故生於人之性也 故陶人埏埴而爲器 然則器生於工人之 僞 非故生於人之性也…化禮義 則讓乎國人矣 凡人之欲爲善者 爲性 惡也.".

제정하여 사람들의 감정과 본성을 바로잡고 수식함으로써
이를 올바로 인도하셨다. 이에 비로소 모두 잘 다스려지게
되고 도리에 맞는 행동을 하게 된 것이다.'219)

라 하였다. 사람들은 스승과 법도로써 교화하고 높은 학덕
을 쌓아서 예의를 실천할 수 있는 사람들을 도덕군자라 하
고 본성과 감정을 교화시키지 않고 멋대로 버려두고 성나
는 대로 편히 두고 예의범절을 어기는 자를 소인배라 한
다. 이로써 관찰해 보건대 사람의 본성은 악함이 분명하며
선하다 함은 작위이다. 그러므로 사람들의 본성은 태어날
때부터 악하기 때문에 그대로 버려두면 바르지 못하고 다
스려지지 않게 된다. 그리하여 스승과 법도로써 사람들을
교화시켜 바로잡아야만 하고, 예의로써 행동을 규제하여
다스리도록 해야 한다. 옛날 성왕들이 인간이 지켜야 할
예의법도를 제정한 것도 그와 같은 연유에서이다. 이로써
사람의 본성이 악함을 거듭 강조한 것이다. 그리고 또 순
자는 다음과 같이 性과 僞를 구별하여 설명하고 있다.

'맹자는 '사람이 배우는 것은 그의 본성이 선하기 때문이
다.'라고 말하였다. 내 생각으론 그렇지 않다. 그것은 사람
의 본성을 제대로 알지 못하여 사람의 본성과 작위의 구분

---

219) 같은 책, 같은 곳. "故枸木 必將待檃栝烝矯然後直 鈍金必將待礱厲
然後利 今人之性惡 必將待師法然後正 得禮義然後治. 今人無師法
則偏險而不正 無禮義則悖亂而不治 故者 聖王以人之性惡 以爲偏險
而不正 悖亂而不治 是以爲之起禮義 制法度 以矯飾人之情性而正之
以擾化人之情性而導之也. 始皆出於治 合於導者也.".

을 잘 살피지 못한 때문이다. 본성이란 것은 하늘로부터
타고난 것이어서 배워서 행하게 될 수 없는 것이며, 노력
으로 이루어 질 수 없는 것이다. 예의란 것은 성인이 만들
어낸 것이어서 배우면 행할 수 있는 것이며, 노력하면 이
루어질 수 있는 것을 사람이 지니고 있다. 그것을 작위
(僞)라고 말하는 것이다. 이것이 본성과 작위의 구분인 것
이다. 지금 사람의 본성으로 눈은 볼 수 있고 귀는 들을
수가 있다. 모든 것을 볼 수 있는 시력은 눈을 떠나지 않
으며, 들을 수 있는 청력은 귀를 떠나지 않는다. 눈은 시
력이 있고 귀는 청력이 있는데 이것은 배워서 될 수가 있
는 것은 아니다. 맹자는 '지금 사람의 본성은 선한데 모두
그의 본성을 잃기 때문에 악한 것이다.'라고 하였다. 나는
그런 말을 잘못이라고 본다. 지금 사람이 본성대로 내버려
둔다면 그 질박함이 떠나버리고 그의 자질도 떠나 버려 선
한 것을 반드시 잃어버리고 말 것이다. 이로써 본다면 그
러하오니 사람의 본성이 악하다는 것은 분명하다.'220)

라고 하였다. 여기서는 맹자의 성선설과 비교 설명하면서
맹자의 성선설의 잘못임을 지적하고 순자의 性과 작위의
구별을 분명하게 설명하고 있다. 사람은 태어난 성품 그대
로 두면 맹자가 말하는 선한 성질이란 하나도 나타나지 않
는다는 것이다. 이 대목의 문장을 통하여 같은 유가이면서

---

220) 같은 책, 같은 곳, "孟子曰 人之學者 其性者善. 曰是不然 是不及
之人知性 而不察乎人之性僞之分者也. 凡性者 天之就也 不可學 不
可事. 禮義者 聖人之所生也 所學而能 所事而成者也. 不可學 不可
事 而在人者 謂之性 可學而能 可事而成之在人者 謂之僞 是性僞之
分也. 今人之性 目可以見 耳可耳聽. 夫可以見之明 不離目 可以聽
之聽 不離耳. 目明而耳聽 不可學明矣. 孟子曰 今人之性善 將皆失
喪其性故也. 若是則過矣. 今人之性 生而離其朴 離其資 必失而喪
之 用此觀之 然則人之性惡明矣.".

맹자의 인성문제와의 큰 차이점을 확연히 설명하고 있는 것 같다. 그리고 예의와 같은 제도는 聖人들이 본성을 교화시키려는 작위에 의하여 생겨난 것이지 그 本性 자체에서 생겨나는 것이 아니라는 것이다. 따라서 聖人과 보통 사람도 본성은 모두 같으나 그들의 교화작용에 따라서 차이가 있게 된다는 것이다. 또 맹자의 성선을 비평하면서 선악의 구별을 설명하기를,

'맹자는 말하기를 '사람의 본성은 선하다'고 하였다. 내 생각으로는 그렇지 않다. 무릇 옛부터 지금에 이르기까지 천하에서 선하다고 하는 것은 이치에 바르고 다스림에 공평하다는 것이며 악하다 하는 것은 음험하게 편벽되며 어지러이 이치를 어기는 것이다. 이것이 선함과 악함의 구분인 것이다. 지금 진실로 사람의 본성을 따른다면 본시부터 이치에 바르고 다스림에 공평해지겠는가? 그렇다면 聖王이 무슨 소용이 있으며 예의는 무슨 소용이 있겠는가? 비록 聖王이나 예의가 있다하더라도 이치에 바르고 다스림에 공평한데다가 무엇을 더할 것인가? 지금 보면 그렇지 않고 사람의 본성은 악하다. 그러므로 옛날의 성왕께서는 사람들의 본성이 악하며 음험하게 편벽되어 바르지 못하며 어지러이 사리를 어겨 다스려지지 않는다고 생각했기 때문에 그래서 그들을 위하여 임금의 권세를 세워서 이를 위해 군림하고 예의를 밝혀 이들을 교화하고 올바른 법도를 만들어 이들은 다스렸으며 형벌을 중히 하여 이들의 악한 행동을 금하였다. 그렇게 함으로써 온 세상이 모두 잘 다스려지도록 하고 선함으로 보이도록 한 것이다. 이것이 성왕의 다스림이며 예의의 교화인 것이다.……이렇게 본다면 사람의 본성은 악한게 분명하며 그것이 선하다는 것은 작위인 것이다.'221)

라 하였다. 여기서도 맹자의 성선설을 비평하는 것인데 사람이 선하다는 것은 '이치에 바르고 다스림에 공평함'을 말하였다. 그렇다면 성왕이나 예의같은 것은 아무 쓸모가 없게 된다. 사람의 본성이 악하기 때문에 聖王之治와 예의제도가 필요하다는 것이다. 맹자가 말 한대로 본성이 착하다고 한다면 聖王의 다스림이나 예의제도가 필요 없을 것이다. 생각컨데 오늘날 현실을 볼 때 사회가 다양화되면 될수록 문화가 발전하면 할수록 법규가 강화되어 가고 있는 것이 현실이다. 이와 같은 것으로 볼 때 인간에게는 이기적인 속성이 있기 때문인 것으로 생각해 볼 수 있다.

이상에서 살펴본 순자의 성악론에서 나타나고 있는 것을 요약 정리할 수 있다.

순자의 性情에서 性은 自然의 理로 태어날 때부터 본질적인 好利로서 본체적인 실체로 볼 수 있고 情은 自然의 情으로써 대상과 접촉하여 耳目의 감각적 욕망으로 작용하게 된다. 이기적인 욕망추구로 인해 악을 나타내게 된다는 것이다. 이 같은 성악을 순화하는데는 聖王의 다스림이나 사회규제인 예의와 같은 제도가 필요함을 역설하였다. 그리고 맹자의 성선에 대한 논박으로 성악설의 타당성을 제

---

221) 같은 책, 같은 곳, "孟子曰 人之性善. 曰 是不然 凡古今天下之所以善者 正理平治也. 所謂惡者 偏險悖亂也. 是善惡之分也已. 今誠以人之性 固正理平治也哉? 今不然 人之性惡 故古者 聖人以人之性惡 以爲偏險而不正 悖亂而不治 故爲之立君上之執以臨之 明禮義以化之 起法正以治之 重刑罰以禁之 使天下皆出於治 合於善也. 是聖王之治而禮義之化也. …用此觀之 然則人之性惡明矣 其善者僞也.".

시하고 있다. 인성이 선하다면 어떤 작위 없이도 계속 성선이 유지되고 악이 없어야 하는데 현실은 그렇지 못하다고 반박했다. 순자는 전국말기의 타락된 사회현상을 통하여 인성의 이기적인 면을 생각하였고 그와 같은 이기적이요 욕망적인 성정을 개선하는 방법을 제시하였다. 그것은 바로 聖王之治와 禮義의 道와 師法의 敎化와 같은 인위적인 노력을 통하여 사양할 줄 알고 文理에 합당하고 바른 다스림을 하게 되는 질서있는 사회가 정립될 수 있음을 강조하였다.

또 순자는 性과 僞의 관계를 위에서 나무와 도지개, 곡선과 먹줄의 관계로 비유하였는데 도지개는 구부러진 나무 때문에 도지개의 존재가치를 드러내고 먹줄은 굽어진 선 때문에 먹줄의 존재가치를 드러내듯이, 예의 곧 작위는 성악을 교화 교정하기 위하여 그 존재가치가 필요한 것이다. 그러므로 性과 僞의 관계는 앞의 天과 人의 관계와 같은 맥락에서 구명되어야 한다. 인간은 누구나 다 같은 본성과 같은 본체적 실체를 지니고 태어났지만 각자의 노력에 의하여 어떤 사람은 성인의 지혜를 어떤 사람은 군자의 지혜를 어떤 사람은 소인의 지혜를 지니게 된다. 인성은 악하기 때문에 성인이 만들어 놓은 師法禮義와 같은 작위로써 수양하면 바람직한 인물이 될 수 있다는 것이다. 누구나 다 성인이 될 수 있음에도 그렇게 되지 못하는 것은 積僞(수양)가 부족하기 때문이다. 積僞가 충분하면 누구나 聖人이 될 수 있다고 하였다. 그래서 순자는 예의라는 것은 인성에 具有한 것이 아니다. 聖人이 제작한 것이라는 것이다.

사람이 선을 좋아하여 행하려 하는 것은 바로 自然의 性과 自然의 情이 태어날 때부터 악하기 때문이다. 예컨대,

> '인간은 薄하면 厚를 원하고 狹하면 廣을 원하고 貧하면 富를 원하고 賤하면 貴를 원한다. 진실로 사람은 그 中에 없으면 外에 구하는 법이다. 그러므로 富하면 財를 원하지 않고 貴하면 勢를 원하지 않는다. 진실로 그 中에 있는 자는 外에 미치지 않는다.'222)

라고 하였다. 사람의 본성은 본시 예의가 없으므로 성인이 이것을 제작하여 백성을 선도하고 백성은 積僞로써 악을 제거하여 선을 행하게 되는 것이다.

3. 化性起僞

순자는 인간성이 태어날 때부터 이기적이고 욕망이 많은 것으로 보았기 때문에 그 本然의 性이 이기적이고 욕망의 성향을 그대로 둘 때에는 악을 발생한다고 보았다. 그러나 이 같은 성악은 후천적인 작위에 의해 선으로 변화될 수 있다고 한다. 이와 같이 自然의 性을 교화시켜서 작위를

---

222) 같은 책, 같은 곳, "夫薄願厚 惡願美 狹願廣 貧願富 賤願貴 苟無之中者 必求於外 故富而不願財 貴而不願勢 苟有之中者 必不及於外 用此觀之 人之欲爲善者 爲性惡也.".

유발시키는 것을 化性起僞라 한다. 즉 인간의 性은 自然의 性으로 이기적이고 욕심을 가지고 태어난다. 이를 후천적인 僞를 통하여 師法의 敎化와 禮義의 文理로 선도하는 것을 말한다. 이 때 인간의 본성을 교화시키기 위한 노력이 僞인 것이다. 이것은 師法之化와 예의를 통하여 이룩되는 것이다. 순자는 예의에 대하여 다음과 같이 말한다.

　　'聖人은 마음의 근심거리가 될 만한 것을 알고 있고, 마음이 어느 한 쪽에 가리워져 오는 재앙까지 바라보고 있다.…그러므로 그 가운데를 잡아 저울(표준)을 세운다.…그렇다면 마음은 道를 모르면 안 된다. 마음이 道를 모르면 道는 가능하지 않고 道가 아닌 것이 나타날 것이다. 사람은 누구나 자기가 하고 싶은 대로 하려들기 때문이다.'223)

라 하였다. 여기서 道란 예의를 뜻하는 것이다. 인간의 마음은 예의를 인식하는 주체이며 또 예의를 실천하여 化性起僞하는 원동력이 된다. 그렇다면 化性起僞는 어떻게 하여야만 이룩될 수 있는가를 생각해야 한다. 이에 대한 治氣養心說을 말하고 있다.

　　'氣를 다스리고 마음을 기르는 방법은 혈기가 너무 왕성한 사람은 유순하게 하여 조화시키고 지혜와 사려가 지나

---

223) 같은 책, '解蔽篇', "聖人知心術之患 見蔽塞之禍…而中縣衡焉…何謂衡曰道 故心不可以不知道 心不知道 則不可道 而可非道 人孰欲得恣.".

치게 깊은 사람은 알기 쉽고 바른 道로써 통일하도록 해야
한다.…禮에 따르는 것보다 빠른 길이 없고 스승을 얻어
교훈을 얻는 것보다 요긴한 것이 없고 好學하는 것보다 신
통한 것이 없다.'224)

라 하였으니, 治氣養心의 방법은 心氣의 調柔와 통일을 이
루어 예의를 따르고 스승의 교훈과 학문을 수학하는 것이
가장 좋은 방법이라는 것이다. 積僞를 이룩하는 방법을 순
자는 제시하고 있다.

'한 줌의 흙이 모여 큰 산을 이루면 풍우가 일고, 작은
물이 모여 연못이 되면 교룡이 살 듯 인간도 선행을 쌓고
쌓아 덕을 이루면 스스로 신명에 통하여 聖人의 마음씨가
갖추어진다.'225)

라 하였으니 인간의 明德은 하루아침에 이루어지는 것이
아니라 차츰차츰 노력하여 이룩된다는 것이다. 인위적인
노력에 의해 선덕을 쌓아갈 때, 예의가 생활화되어 질서
있는 생활을 하게 된다는 것이다. 이와 같은 사람은 聖人
으로써 바람직한 자기 가치관을 세운 사람이라고 한다.

---

224) 같은 책, '修身篇', "治氣養心之術 血氣剛彊則柔之以調和 知慮漸深
    則一之以易良…莫徑由禮 莫要得師 莫神一好 夫是之謂治氣養心之
    術也.".
225) 같은 책, '觀學篇', "積土成山 風雨興焉 積水成淵 蛟龍生焉 積善成
    德 而神明自得 聖心備焉.".

Ⅲ. 哲學 思想의 具顯

1. 禮思想

순자는 인간의 본성이 태어날 때 好利的이고 욕망적인 것을 지니고 있기 때문에 그대로 두면 악으로 흐르게 된다는 것이다. 따라서 性情을 교정하여 사회생활을 원만하게 할 수 있도록 교정하는 기준이 바로 예의 작위라고 보았다. 그리고 사회생활 속에서 共存共榮할 수 있는 방법으로 또한 예의를 말하고 있다. 순자는 예에 대해서 말하기를,

'예는 인간 도리의 극치이다. 그래서 예를 規準으로 하지 않고 예가 부족한 것을 일러 방정하지 못한 백성이라 하고 예에 따르고 예를 충족시킨 것을 일러 방정한 선비라 한다.'226)

라고 하였다. 유가에서 가장 중요시하는 것은 공자의 仁思想인데 순자에 있어서는 예의가 공자가 말하는 仁의 내용만큼 인간륜리를 해명하는데 중요한 역할을 한다는 것이다. 그래서 仁은 인간의 道極이라고 보았다. 여기에서 道極이란 『중용』 제20장에서 말하는 天道의 경지요, 천인합일의 경지와 같은 뜻으로 볼 수 있다. 이와 같은 경지에

---

226) 같은 책, '禮論篇', "禮者 人道之極也 然而不法禮 不足禮 謂之無方之民 法禮足禮 謂之有方之士."

이른 사람을 聖人이라 볼 수 있는데 순자가 말하는 방정한 선비인 것이다. 즉 방정한 선비는 道極에 이른 사람으로서 聖人이요, 또한 바람직한 사람이라 볼 수 있다. 또 순자의 예는 이상적인 인격의 기준이 됨을 말하고 있다.

'나라에 무례하면 정의롭지 못하게 된다. 예가 나라를 바로잡는 근거를 비유하면 저울이 輕重을 바로잡는 것과 같다.'227)

라고 하였으니 인간의 가치 평가의 기준은 마치 저울에 輕重을 달 때 저울을 표준으로 삼듯이 예의가 어느 정도 積禮가 되었는가에 따라 가치의 판단이 되는 것이다. 그러면 예가 생겨난 연유를 순자는 다음과 같이 말하고 있다.

'예는 어디에서 생겨났는가? 그것은 사람은 나면서부터 욕망이 있는데 바라면서도 얻지 못하면 곧 희구함이 없을 수 없고 희구함이 일정한 도량이나 한계가 없다면 다투지 않을 수 없게 된다. 다투면 어지러워지고 어지러워지면 궁하여지는 것이다. 옛 임금들께서는 그 어지러움을 싫어하였기 때문에 예의를 제정하여 이들의 분계를 정함으로써, 사람들의 욕망을 충족시켜주고, 사람들의 희구하는 것을 공급케 하였던 것이다. 그리하여 욕망으로 하여금 반드시 물건에 궁하여지지 않도록 하고 물건은 반드시 욕망에 부족함이 없도록 하여 이 두 가지 것이 서로 견제하여 발전하도록 하였는데 이것이 예가 생겨난 이유인 것이다.'228)

227) 같은 책, '王覇篇', "國無禮則不正 禮之所以正國也 譬之猶衡之於輕重也.".

라 하였으니, 예란 사람들의 요구를 충족시키기 위하여 생
겨난 법도인 것이다. 일정한 도량이나 한계가 없이 멋대로
버려두면 사람들의 수요와 공급이 제대로 균형 잡히지 않
게 된다. 이 때 예의로서 질서를 조절하는 것이다. 아울러
사회적 신분을 올바르게 균형 잡는 것도 예라는 것이다.
예는 사회 윤리적 질서, 경제적인 질서를 유지하여 사회의
안녕을 지키는 역할을 하고 있는 것이다. 순자는 예의 근
본을 말하기를,

　　'예에는 세 가지 근본이 있으니, 하늘과 땅은 생명의 근
　본이요, 선조는 종족의 근본이요, 훌륭한 임금은 다스림의
　근본인 것이다. 하늘과 땅이 없다면 생명이 어찌 있겠는
　가? 선조가 없다면 사람이 어디서 나왔겠는가? 훌륭한 임
　금이 없다면 어떻게 다스려지겠는가? 세 가지를 어느 한편
　이 없어도 안락한 사람은 없을 것이다. 그러므로 예는 위
　로는 하늘을 섬기고 아래로는 땅을 섬기며 선조들을 존경
　하고 훌륭한 임금을 존중하여야 한다. 이것이 예의 세 가
　지 근본이다.'229)

라 하여, 예에는 천지·선조·군사와 같은 세 가지 근본이
있다는 것이다. 이 세 가지를 바탕으로 한 인간관계의 서

---

228) 같은 책, '禮論篇', "禮起於何也? 曰 人生而有欲 欲而不得 則不能
　　無求 求而無度量分界 則不能不爭, 爭則亂 亂則窮. 先王惡其亂也.
　　故制禮義以分之 以養人之欲 給人之求. 使欲必不窮乎物 物必不屈
　　於欲 兩者相持而長 是禮之所起也.".
229) 같은 책, 같은 곳, "禮有三本 天之者 生之本也 先祖者 類之本也
　　君師者 治之本也. 無天地惡生? 無先祖惡出? 無君師惡治? 三者偏亡
　　焉 無安人. 故禮上事天 下事地 尊先祖而隆君師. 是禮之三本也.".

열을 통하여 상호질서가 이루어지고 있다. 이같이 인간의 구별이나 서열은 그 자신의 행동이 바탕으로 된 것이므로 이것은 지극히 자연스러운 질서이다. 또 예에는 사람의 감정을 넘어선 인위적인 수식성이 있는 반면 사람들의 감정에 맞는 합리적인 면도 있다. 순자는 앞의 것을 '근본을 귀중히 여기는 것'이라 하고 뒤의 경우를 '실용에 가까이 하는 것'이라 구별하여 대조시키면서 설명하고 있다.230) 또 예란 소박한 사람의 감정에서부터 시작하여 극도로 발달한 형식적인 수식에까지 미치고 있다는 것이다. 따라서 예란 바로 사람의 행위나 사회적 질서의 규범이 될 뿐만 아니라 하늘과 땅의 여러 변화나 日·月의 운행 만물들의 성장 등 자연의 질서와도 부합되는 것이다. 그러므로 예는 다스림의 근본이 된다. 예를 따르면 흥하게 되고 어기면 망한다는 것은 바로 자연의 섭리인 것이다. 군자가 아닌 소인들은 이런 원리를 이해할 수 없다는 것이다.231) 그리고 예란 올바른 규범이다. 그러기에 쓸데없이 궤변이나 쓸데없는 행동은 통하지 않는다. 예는 올바른 일 올바른 길만이 허용되는 것이다. 따라서 예에 알맞게 생각하고 예에 알맞게 행동하여 예를 좋아하는 사람이 성인이라는 것이다. 그래서 다음과 같이 순자는 말하고 있다.

---

230) 같은 책, 같은 곳, "貴本之謂文 親用之謂理 兩者合而成文 以歸大一. 夫是謂大隆.".
231) 같은 책, 같은 곳, "凡禮始乎 成乎文 終乎悅校…天地以合 日月以明 四時以序 星辰以行…天下從之者治 不從者亂 從之者安 不從者危 從之者興 不從者亡 小人不能測也.".

'예에 들어맞게 사색할 줄 알면 이것을 일컬어 '생각할
줄 안다'고 말하고, 예에 들어맞게 지조가 바뀌지 않으면
이것을 일컬어 '절조가 굳다'고 말한다. 생각할 줄 알고,
절조를 굳게 지킬 줄 알며 더욱 예를 좋아하는 사람이라면
이것이 바로 '聖人'인 것이다. 그러므로 하늘이란 높음의
극치이고 땅은 낮음의 극치이며 끝없는 것은 넓음의 극치
이듯이 聖人이란 올바른 道의 극치인 것이다. 그러므로 배
우는 사람이란 본시부터 聖人이 되는 길을 배우려는 것이
지, 법도없는 백성되기를 배우려는 것은 더욱 아니다.'232)

라고 하였다. 그러므로 성인이 독실한 것은 예가 쌓여 있기
때문이며, 큰 것은 예가 넓기 때문이며 높은 것은 예가 융
성하기 때문이며, 밝은 것은 예를 다하였기 때문이다.233)라
고 하였다. 여기에서 聖人의 인격에 대한 것을 말하였는
데, 유가에서 말하는 성인은 誠之하고 誠之하여 天道의 경
지에 이른 사람을 말한다. 이와 같은 사람을 周濂溪는 人
極에 이른 사람이라 한다. 이와 같은 경지에 이른 사람은
『중용』 제20장에 생각하지 않아도 깨닫게 되고 힘쓰지 않
아도 時中에 맞아들고, 자연스럽게 도리에 들어맞는 행위
를 하는 자로서 성인이라 한다. 순자가 말하는 성인으로서
의 道極은 바로 『중용』에서 말하는 천도로서 人極과 같은

---

232) 같은 책, 같은 곳, "禮之中焉 能思索 謂之能慮 禮之中焉 能勿易
謂之能固 能慮能固 加好者焉 斯聖人矣. 故天者高之極也 地者下之
極也 無窮者廣之極也 聖人者道之極也. 故學者 固學爲聖人也 非特
學爲無力之民也.".
233) 같은 책, 같은 곳, "是聖人也. 故厚者 禮之積也 大者 禮之廣也.
高者 禮之隆也. 明者 禮之書也.".

의미의 내용을 가지고 있는 것이다. 결국 순자는 匹夫匹婦로서 예란 수양의 단계를 거쳐서 道極의 경지에 이르게 되면 바로 성인의 경지라 볼 때 유가의 천인합일로서의 천도 경지와 같은 내용이라 보아야 한다. 그러므로 인간 가치관의 궁극목표는 결국 聖人에 있다면 순자도 유가학파에 속한다고 보아야 한다. 또 君子는 실용적인 禮에 대하여 언급하기를,

　'예란 삶과 죽음을 다스리는 일을 삼가는 것이다. 삶은 사람의 시작이요, 죽음은 사람의 마지막이다. 마지막과 시작이 모두 훌륭하면 사람의 도리는 다한 것이 된다. 그러므로 군자는 시작을 공경하고 마지막을 삼가서 마지막과 시작이 한결같도록 한다. 이것이 군자의 도이며 예의의 형식인 것이다.'234)

라 하였으니 예란 흔히 산사람에 대한 생각만 하기 쉽지만 죽음에 대한 예도 그에 못지않게 중요함을 시사한 것이다.

　'그러므로 천자의 관과 덧관은 열 겹이요, 제후의 것은 다섯 겹이요, 대부들의 것은 세 겹이요, 士의 것은 두 겹이다. 그리고도 屍衣와 祭物에는 많고 적고 厚하고 薄한 규칙이 모두에게 있으며 관의 장식과 무늬에는 등급이 모두에게 있어 공경히 장식함으로써 삶과 죽음의 처음과 마지막으로 하여금 한결같게 하는 것인데, 한결같음은 충분

---

234) 같은 책, 같은 곳, "禮者 謹於治生死者也. 生人之始也 死人之終也. 終始俱善 人道畢矣. 故君子 敬始而愼終 終始如一. 是君子之道 禮義之文也.".

히 사람들의 소원을 이루어 줄 수 있는 것이다. 이것이 옛
임금의 道이며 충신과 孝子들의 법도인 것이다.'235)

라 하였다. 그 시대의 喪制를 설명한 것인데 천자로부터
일반 백성들에 이르는 여러 가지 신분의 차이에 따라 예의
형식에도 여러 가지 등급이 있음을 설명하고 있다. 그 외
에 사람이 죽은 뒤 처리해야 할 예에 대하여 禮論 가운데
여러 곳에서 말하였다. 예는 경사스런 일에 쓰이는 吉禮나
불행한 일에 쓰이는 凶禮를 막론하고 모두 너무 지나쳐서
는 안 된다는 것이다. 예의 형식은 吉·凶을 구별하고 높
고 낮은 신분과 가깝고도 먼 관계를 나타낼 수 있으면 그
만이다. 그 이상의 예는 군자의 도가 아니며 간사한 사람
들의 도라는 것이다. 그러므로 예란 吉禮이든 凶禮이든 이
를 경우에 알맞도록 적절히 조절해서 사용해야만 올바른
예가 될 수 있다는 것이다. 또 순자는 인간의 자연성과 작
위를 잘 조화시킬 수 있는 사람이 바로 聖人이라는 것이
다. 그래서 다음과 같이 설명하고 있다.

'그러므로 사람의 본성이란 시작의 근본이며 소박한 본
질의 것이요, 爵位란 형식과 무늬가 융성된 것이라 하는
것이다. 본성이 없다면, 곧 작위가 가하여질 곳이 없게 되
고, 작위가 가하여질 곳이 없게 되고, 작위가 없다면 곧
본성은 스스로 아름다울 수가 없을 것이다. 본성과 작위가

---

235) 같은 책, 같은 곳, "故天子棺槨十重 諸侯五重 大夫三重 士再重.
衣衾多少厚薄之數 皆有翣菨文章之等 以敬飾之 使生死 終始若一
足以爲人願. 是先王之道 忠臣孝子之極也.".

합쳐친 뒤에라야 聖人이란 이름과 천하를 통일하는 功이
이에 이루어지는 것이다.'236)

라 하였으니, 사람에게는 선천적인 소박한 본성이 있고 또
후천적인 수식된 인위적인 작위가 있다는 것이다. 따라서
예는 사람의 소박한 본성에도 어긋나지 않고 사람의 욕망
에도 어긋나지 않고 사람의 욕망도 충족시켜 줄 수 있는
것이라야 한다. 이러한 본성과 작위를 잘 조화시키는 사람
이 바로 성인이라는 것이다. 성인은 이 조화가 예를 통하
여 천지만물을 올바로 분간하고 세상을 평화롭게 다스린다
는 것이다. 그래서 순자는 인간의 행위를 통한 예의 실천
을 강조하고 있다. 예를 숭배만 하고 또 성인의 가르침에
만 얽매여 실천행위를 소홀히 한다면 이것은 예의의 근본
뜻에서 어긋나는 행위라는 것이다. 순자는 관념적인 유가
의 예를 인간 행위적 實踐禮로 바꾸어 놓은 인물이라 볼
수 있다.

2. 政治思想

순자는 王制篇에서 임금으로서 백성을 다스리는 법과 이
상적인 정치에 대해서 말하고 있다. 다음으로 정치하는 방
법을 살펴본다면,

---

236) 같은 책, 같은 곳, "故曰性者本始材朴也 僞者文理隆盛也. 無性則
僞之無所加 無僞則性不能自美. 性僞合 然後聖人之名 一天下之功
於是就也.".

'정치는 어떻게 하면 좋을까요? 내 생각으로는 어질고
능력 있는 이는 차례를 기다릴 것도 없이 등용하고, 시원
찮은 능력 없는 자는 조금도 지체 없이 파면시키며 크게
악한 자는 교화를 기다릴 것 없이 처벌하며, 보통 백성들
은 정치를 기다릴 것 없이 교화시키면 되는 것이다.…다섯
가지 큰 병이 있는 사람은 임금이 거두어 그들을 길러 주
며, 재능에 따라서 그들을 부릴 것이며, 관청에서 입을 것
과 먹을 것을 베풀어주어 모든 사람을 빠짐없이 보호해야
한다. 재능과 행동이 시세에 반하는 자는 용서 없이 사형
에 처한다. 이런 것을 두고 하늘의 덕이라고 말하며, 왕자
의 정치라 하는 것이다.'237)

라 하였다. 賢能한 자를 등용하고, 형벌을 올바르게 쓰며
예의를 존중해야 한다는 것이다. 특히 신분에 상관없이 학
덕과 예의 바른 사람들에게 지위가 주어져야 한다는 것이
다. 그리고 그가 주장하는 정치방법의 하나로 상벌의 사용
을 강조한 것은 뒤에 법가사상가에게 지대한 영향을 준 것
같다. 또 순자는 소청을 처리하는 법을 논하기를,

'소청을 처리하는 대원칙은 선한 일을 가지고 온 자는 예
로써 대접하고, 선하지 못한 일을 가지고 온 자는 형벌로써
대접하는 것이다. 이 두 가지를 분별하면 곧 어진이와 못난
이가 섞이지 않게 되고, 옳고 그름이 혼동되지 않을 것이
다. 어진이와 못난이가 섞이지 않는다면 뛰어난 인물들이

---

237) 같은 책, '王制篇', "請問爲政 曰 賢能不待次而擧 罷不能 不待須而
廢. 元惡 不待敎而誅 中庸民 不待政而化.…五疾上收而養之 材而
事之 官施而衣食之 兼覆無遺 才行反時者 死無赦. 夫是之謂天德
王者之政也.".

모여들 것이며, 옳고 그름이 혼동되지 않는다면 나라가 잘 다스려질 것이다. 이렇게 되면 명성이 드러나고 온 세상이 그런 정치를 바라게 될 것이며, 명령이 행하여지고 禁令이 없어져서 임금으로서 일이 완성될 것이다.'238)

라고 하였다. 군자라야만 송사의 처리를 적절하게 할 수 있다는 것이다. 그리고 순자는 사회신분을 규정하는 제도와 이에 따른 행동을 규제하는 예의법도에 대하여 말하기를,

'신분이 고르면 곧 다스려지지 않을 것이며 세력이 고르면 통일되지 않을 것이며, 대중이 고르면 부릴 수 가 없을 것이다. 하늘이 있고 땅이 있어서 위아래의 차별이 있듯이 밝은 임금이 서야만 비로소 나라를 다스리는 데 제도가 있게 되는 것이다.

대체로 양편이 모두 귀한 사람이면 서로 섬길 수 없고, 양편이 모두 천하면 서로 부릴 수 없는데 이것은 하늘의 섭리인 것이다. 세력과 지위가 같으면서 바라는 것과 싫어하는 것도 같으면, 물건이 충분할 수 없을 것이므로 반드시 다투게 된다. 다투면 반드시 어지러워지고 어지러워지면 반드시 궁해 질 것이다. 옛 임금들은 그러한 혼란을 싫어했기 때문에 예의제도로써 이들을 구별해 주어, 가난하고 부하고 귀하고 천한 등급이 있게 하여, 서로 아울러 다스리기에 편하게 하였는데 이것은 천하백성들을 기르는 근본이 되는 것이다.'239)

238) 같은 책, 같은 곳, "聽政之大分 以善至者 待之以禮 以不善至者 待之以刑 兩者分別 則賢不肖不雜 是非不亂. 賢不肖不雜則英傑至 是非不亂 則國家治. 若是名聲日聞 天下願 令行禁止 王者之事畢矣.".
239) 같은 책, 같은 곳, "分均則不偏 執齊則不壹 衆齊則不使. 有天有地

라고 하였다. 모든 사람이 평등하다면, 언제나 사람의 욕망은 변함이 없으므로 같은 목표를 추궁하다 서로 다투게 된다는 것이다. 다투게 되면 사회질서는 혼란에 빠지고 경제적으로 곤궁해진다는 것이다. 그러므로 사회 구성 요소는 덕망 있는 사람, 능력과 지식을 가진 사람 간에 차별이 있어야 하며 또한 차별에 따른 공정한 신분의 차별이 있어야 한다는 것이다. 또 그 신분의 차별에 의하여 사회질서가 서게되고, 동시에 공평한 정치가 실행될 수 있다는 것이다. 또 순자는 백성들의 생활은 안정되게 하는 것이 정치의 근본이라 하였다.

'말이 수레를 끌다가 놀라면 군자는 수레에서 안정될 수 없고, 서민이 정치에 놀라면 군자는 그의 자리에 안정되지 못한다. 말이 수레를 끌다 놀라면 그것을 안정시키는게 가장 좋고, 서민들이 정치에 놀라면 그들에게 은혜를 베풂이 가장 좋다.⋯그러므로 임금이 안정되려 한다면 정치를 공평히 하고 백성들을 사랑하는게 가장 좋으며, 번영을 바란다면 예를 존중하고 어진 이를 높히고 능력 있는 이를 부리는게 가장 좋은 것이다. 이것이 임금된 사람의 큰 원칙인 것이다. 이 세 가지 원칙이 합당하지 못하면 그 나머지 것이 비록 부분적으로 합당해도 아무런 이익이 되지 않을 것이다'.240)

而上下有差 明王始立而處國有制. 夫兩貴之不能相事 兩賤之不能相使 是天數也. 執位齊而欲惡同 物不能澹 則必爭 爭則必亂 亂則窮矣. 先王惡其亂也. 故制禮義以方之 使有貧富貴賤之等 足以相兼臨者是養 天下之本也.".

240) 같은 책, 같은 곳, "馬駭輿則君子不安輿 庶人駭政則君子不安位. 馬駭輿則莫若靜之 庶人駭政則莫若惠之⋯故君人者欲安則 莫若平政

라고 하였다. 정치의 근본은 백성들의 생활을 안정시키는
데 있는데 안정된 생활을 하려면 무엇보다도 어질고 훌륭
하고 능력있는 위정자를 세우고, 또 효도와 우애 같은 예
절을 보급시키며 어려운 처지의 사람들을 잘 돌봐주면 된
다는 것이다. 그리고 임금이 백성을 다스리는 데 세 가지
원칙을 제시하고 있다. 첫째는 공평한 정치를 하고 백성을
사랑하는 일이요, 둘째는 예의를 존중하고 선비를 공경하
는 일이요, 셋째는 어진이와 능력 있는 이들을 존경하고
등용하는 일인 것이다. 이 세 가지 원칙이 잘 지켜지면 좋
은 정치가 이루어진다는 것이다. 순자는 위정자가 爲民,
愛民政治를 第一 원칙으로 내세운 것은 그 당시 군주전제
정치 시대이지만 맹자에 못지않게 民本思想을 주장한 것으
로 보아야 한다. 또 순자는 올바른 정치란 정의에 입각한
올바른 신분의 구별을 통하여 가능하다는 것이다.

'물과 불은 기운은 있으되 생명이 없고, 풀과 나무는 생
명은 있으되 지각이 없고 새와 짐승은 지각은 있으되 의로
움이 없다. 사람은 기운도 있고 생명도 있고 지각도 있으
며 또한 의로움까지도 지니고 있으니 그래서 가장 천하에
서 존귀하다는 것이다. 힘은 소만 못하고 달리기는 말만
못한데, 소와 말은 어째서 사람에게 부림을 받는가? 그것
은 사람들은 여럿이 힘을 합쳐서 모여 살수 있기 때문이
다. 사람은 어떻게 여럿이 힘을 합쳐 모여 살수 있는가?
그것은 분별이 있게 때문이다. 그 분별은 어째서 존재할

愛民矣 欲榮則莫若隆禮敬士矣 欲立功名則莫若尙賢使能矣. 是君人
者之大節也.".

수 있는가? 그것은 의로움이 있기 때문이다. 그러므로 의
로움으로써 사람들을 분별 지우면 화합하게 되고, 화합되
면 하나로 뭉쳐지고, 하나로 뭉쳐지면 힘이 모아지고, 힘
이 모아지면 강해지고, 강하면은 만물을 이겨낼 수 있는
것이다. 그러므로 사철의 질서에 따라 만물을 성장케 하여
온 天하를 함께 이롭게 하는 것은 다른 까닭이 아니라 바
로 분별과 의로움을 지니고 있게 때문이다.'241)

라고 하였다. 사람이 짐승들을 지배하는 것은 사회생활 속
에서 협동정신을 발휘할 줄 알기 때문이라는 것이다. 그런
데 사람들이 사회생활을 할 수 있는 것은 자기들의 신분을
구별하여 분수를 지킬 줄 알기 때문이라는 것이다. 여기에
서 사회질서가 유지되는 것은 사람들이 신분의 구분을 의
롭게 하기 때문이다. 따라서 올바른 정치도 올바른 신분의
구별을 통하여 가능함을 시사한 것이다. 그리고 순자는 나
라를 풍족하게 하고 富하게 하는 방법을 제시하고 있다.

'나라를 풍족하게 하는 길은 쓰는 것을 절약하고 백성들
을 넉넉하게 하여 그 남은 것을 잘 저장하는데 있다. 쓰는
것의 절약은 예의로써 하고, 백성들을 넉넉하게 하는 것은
정치로써 한다. 백성들이 넉넉하면 그 때문에 남는 것도
많게 된다. 백성들이 넉넉하면 백성들이 부하고 백성들이

---

241) 같은 책, 같은 곳, "水火有氣而無生 草木有生而無知 禽獸有知而無
義 人有氣有生有知 亦且有義 故最爲天下貴也. 力不若牛 走不若馬
而牛馬爲使用也? 曰 人能群 彼不能群也. 人何以能群? 曰 分. 分
何以能存? 曰 義. 故義以分則和 和則一 一則多力 多力則彊 彊則
勝物. 故宮室可得而居也. 故序四時 裁萬物 兼利天下 無它故焉 得
之分義也.".

부하면 곧 밭을 비옥하게 경작하고, 밭을 잘 경작하면 생산하는 곡식이 백배로 는다. 임금은 법에 따라 이를 거둬들이고 아래 백성들은 예의로써 이를 절약해 쓴다면 남는 것이 산더미 같이 많아서 때때로 태워버려야 할 만큼 저장할 곳이 없게 된다. 군자들이 어찌하여 남는 것이 없음을 걱정하겠는가? 그러므로 쓰는 것을 절약하고 백성들을 넉넉하게 할 줄 알면 곧 반드시 어질고 의로우며 훌륭하고 성인답다는 명성이 생기게 되고 또 산더미처럼 쌓인 두터운 부를 지니게 될 것이다. 이것은 다른데 원인이 있는게 아니라 바로 쓰는 것을 절약하고 백성들을 넉넉하게 해주는 데서 생겨나는 것이다.'242)

라고 했으니, 물자를 절약하고 백성들의 생활을 유족하게 해주는 것이 나라를 풍족하게 하고 부하게 하는 방법이라는 것이다. 백성들의 생활에 여유가 생기고 또 물건을 절약해 쓴다면 자연히 나라가 부해진다는 것이다. 이렇게 된다면 자연히 그 나라 임금은 어질고 의로우며 성인답고 훌륭하다는 명성이 생기게 된다는 것이다. 백성을 잘살게 하며 세상을 잘 다스리는 사람은 어진 사람이란 것이다. 어진 사람에게는 지혜가 있고 仁厚함이 있고 또 德이 있다는 것이다. 즉 內聖外王을 요청하고 있는 것이다. 이와 같이 임금의 지혜와 仁厚함과 德에 힘입어 백성들이 잘 살아가

---

242) 같은 책, '富國篇', "足國之道 節用裕民 而善臧其餘. 節用以禮 裕民以政. 彼裕民故多餘. 裕民則民富 民富則田肥以易 田肥以易則出實百信. 上以取焉 而下以禮節用之 餘若丘山 不時焚燒 無所臧之. 夫君子奚患乎無餘? 故知節用裕民則必有仁義聖良之名 而旦有富厚丘山之積矣. 此無它故焉 生於節用裕民也.".

고 있게 때문에, 자연히 백성들도 목숨을 바쳐가면서까지 임금의 은혜를 갚으려 한다는 것이다. 백성들이 임금을 존경하고 따르며 그를 위해 온힘을 다하는 것은 임금이 그들에게 막대한 이익을 가져다주기 때문이라는 것이다. 여기에서 순자의 經世齊民의 일면을 찾아 볼 수 있다. 또 순자는 임금이 올바라야 백성들이 살게 되고 또 백성들이 그 임금을 따르게 된다는 것이다.

'임금이란 백성들의 근원인 것이다. 근원이 맑으면 흐름도 맑고 근원이 흐리면 흐름도 흐린 것이다. 그러므로 나라를 다스리고 있는 사람이 백성을 사랑하지 못하고, 백성을 이롭게 하지 못하면서 백성들이 자기와 친애하기를 바라는 것은 될 수 없는 일이다. 백성들이 하지도 않고 사랑하지도 않는데도 그들이 자기를 위하여 일하고 자기를 위하여 죽기 바란다는 것은 될 수 없는 일이다. 백성들이 자기를 위하여 일하지 않고 자기를 위하여 죽지 않는데도 군대가 강하고 성이 견고하기 바란다는 것은 될 수 없는 일이다.…그러므로 임금이 강하고 견고하여지고 안락하여지기 바란다면 백성들을 돌이켜 살펴봄이 가장 좋은 것이다. 신하들이 따르고 백성들이 통일되기를 바란다면 정치를 돌이켜 살펴봄이 가장 좋을 것이다. 정치를 닦고 나라를 아름답게 하고자 한다면 합당한 사람을 구하는 것보다 더 좋은 일은 없을 것이다.'243)

---

243) 같은 책, '君道篇', "君者 民之原也. 原淸則流淸 原濁則流濁. 故有社稷者 而不能愛民 不能利民 而求民之親愛己 不可得也. 民不親不愛 而求其爲爲己用 爲己死 不可得也. 民不爲己用 不爲己死 而求兵之勁 域之固 不可得也. 兵不勁 域不固 而求敵之不至 不可得也. 故人主欲彊固安樂 則莫若反之民 欲附下一民 則莫若反之政 欲修政美國 則莫若求其人.".

라고 하였다. 임금이란 정치를 이끌어 나가는데 있어서 백성들의 근원이 되는 존재라는 것이다. 임금이 올바른 정신을 가지고 있어야 백성들이 잘 살게 되고 또 백성들이 그 임금을 따르게 된다는 것이다. 그러므로 임금이 임금으로써 자기의 명분을 다하고 신하가 신하로써 자기 명분을 다할 때 백성들은 자연히 자기명분을 다하게 된다는 것이다. 그렇게 될 때 백성들이 임금을 위하여 일을 하고 임금을 위하여 죽을 결심이 서게되어 강하고 안락한 나라가 될 수 있다는 것이다.

Ⅳ. 結論 - 現代的 意味

이상과 같이 순자철학사상의 본질적 측면에서는 자연의 天과 인성 문제를 논술했다. 순자의 天은 유가의 종교적·도덕적 근거로서의 주재적 天과는 달리 본체론적 실체로서의 의미를 가진 철학적·科學的·기계적인 것으로 보았다. 순자의 天은 인위적인 것을 조력해주는 기능으로써 자연적 天인 것이다. 그래서 天과 人과의 구별을 철저하게 하여 天과 人의 관계를 분명히 확정지었다. 여기서 '天人之分'이란 자연과 인간의 질서에 대한 구분을 말하고 있다. 자연과 인성과의 상호간의 질서인 것이다. 대자연 질서 속에서 인간의 운행질서 관계를 잘 터득하여 그 조화를 이룰 수 있는 인물을 至人이라 하였는데 곧 聖人이라 볼 수 있다. 인성문제에서는 인간의 본성은 自然之性으로써 태어날 때부터 이기심과 욕망심을 가지고 태어났다고 한다. 그러므로 인간의 性은 작위없이 性情 그대로 놓아두면 악으로 돌아가기 때문에 善人이 되기 위해서는 성인이 만든 예로서 교화해야 된다는 것이다. 그렇게 하면 누구나 至人 즉 聖人의 경지에 도달할 수 있다는 것이다.

순자의 性情에서 '性'은 自然之理로써 태어날 때부터 본질적인 好利를 가지고 있는 본체적인 실체로 볼 수 있고, 情은 自然之氣로써 대상과 접촉하여 감각적 욕망으로 작용하게 된다는 것이다.

이 같은 이기적이고 욕망적인 작용으로 나아갈 때 악하게 된다는 것이다. 性惡을 순화하여 선하게 하는데는 聖王이 만든 예의와 같은 제도가 필요함을 역설하였다. 또 순자는 이 같은 性情을 개선하는 방법으로는 聖王之治, 禮義之道, 師法의 敎化와 같은 인위적인 노력이 필수적이라는 것이다. 그러나 그 本然之性을 그대로 둘 때 악이 발생한다고 보았다. 이 같은 性惡은 후천적인 작위에 의해서 性善으로 변화할 수 있다고 보았다. 本然之性 즉 본연의 性을 교화시켜서 작위를 유발시키는 것을 '化性起僞'라 한다. 인간은 '化性而起僞'에 의하여 善德을 쌓아 갈 때 예의가 생활화되어 질서 있는 생활을 하게 된다는 것이다.

다음은 순자철학사상의 구현에 있어서는 禮思想과 政治思想을 구명하였다. 순자의 禮思想은 공자에 있어서의 仁

思想만큼 인간윤리, 정치사상을 해명하는데 중요한 사상으로 취급하였다. 그래서 예는 인간가치관을 정립하는 道極으로 보았다. 道極이란 유가의 최고경지인 天道 즉 천인합일의 경지와 같은 의미를 가지고 있다. 즉 성인의 경지를 말하고 있다. 그러므로 순자는 인간가치관의 궁극목표는 결국 聖人의 경지에 있기 때문에 유가학파에 속한다고 볼 수 있다.

다음으로 정치사상을 살펴본다면 순자는 임금이 백성을 다스리는데 세 가지 원칙을 제시하였다. 첫째는 공평정치를 하고 백성을 사랑하는 일, 둘째는 예의를 존중하고 선비를 공경하는 일, 셋째는 어진이와 능력 있는 이들을 존경하고 등용하는 일인 것이다. 이 세 가지 원칙을 위정자가 잘 지키면 좋은 정치가 이루어진다는 것이다. 순자시대가 군주전제정치를 하고 있는 시대였지만 백성을 위하는 愛民政治로서 民本主義 정치사상이었음을 찾아 볼 수 있었다. 환언하면, 임금의 지혜와 仁厚함과 德에 힘입어 백성들이 잘 살아 갈 때 자연히 백성들도 자기희생을 하면서 임금의 은혜를 갚으려 한다는 것이다. 좋은 정치는 '正理平治'할 수 있는 王道政治이지만, 사회가 다원화되어서 혼란할 때는 覇道政治까지 인정해야 하는 것이 순자의 정치관인 것이다.

생각컨데, 순자는 인간이 태어날때부터 가지고 있는 이기심과 욕망을 얼마만큼 교화하느냐에 따라 선하게도 악하게도 될 수 있다는 양면성을 말하고 있다. 이 같은 이기심과 욕망을 조절하는 제도를 예라고 보았다. 인간은 이 같은 예의로서 積僞할 때 至人으로써 도극에 이를 수 있다고 하였다. 바람직한 王道政治를 구현할 수 있는 위정자는 도극 즉 성인의 경지에 이른 內聖外王이라야 '正理平治'할 수 있다고 보았다. 위와 같은 위정자가 나라를 다스릴 때, 『중용』의 首章에서 '天地가 제자리 잡히고 만물이 자연스럽게 길러지게 된다는 致中和의 경지와 같이' 만백성이 평화롭게 살 수 있는 사회가 구축될 수 있다고 믿는다. 특히 우리가 살고 있는 현대는 정치, 경제, 교육 등 諸方面에서 다각적인 변화를 가져오고 있다. 사회가 다원화되어가고, 인구가 기하급수로 많아지고, 과학문명이 발달함에 따라 黃金主義, 物質萬能主義가 만연되어 인간가치관이 상실되어 가고 있는 것이 오늘의 실정이다.

고전에 德은 本이요 財는 末이라 했는데 현대는 財가 本이요 德이 末이 되어 本末이 전도된 현대에 살고 있다. 末인 財를 중요시하고 本인 德을 경시할 때 백성들이 서로 다툰다고 하였는데 이 같은 실황이 오늘날 사회현상이라고 볼 수 있다. 이로 인하여 현대인은 자기 이익만을 주장하는 이기주의로 흘러 참다운 인간성을 상실하고 있다. 이와 같은 양상 속에서 살아간다면 倫理網常은 찾아볼 수 없을 것이다. 우리가 파멸의 길을 벗어나서 잘 살 수 있는 사회를 회복하는 길은 순자가 말하는 예의로서 化性起僞하여 도극의 경지에 이르게 될 때 바람직한 가치관을 정립할 수 있게 되는 것이다.

환언하면 모든 국민이 각자 맡은 바 자기의 개념을 바르게 하여 올바른 가치관을 확립할 때, 혼란한 사회질서를 바르게 잡아서 '禮記'에서 말하는 大同社會로 전환할 수 있으리라 믿는다. 오늘날 혼란한 사회 윤리를 바로잡고 물질주의에 예속되어 인간성이 소외되고 있는 현대인들에게 모든 어려움을 극복하여 바람직한 인간문화를 창조해나가는데 순자 철학이 이에 청량제 역할을 할 수 있으리라 믿는다.

參 考 文 獻

1. 基本資料
·『荀子』,『論語』,『孟子』,『中庸』,『老子』,『詩經』,『書經』,『禮記』

2. 單行本
· 金能根,『中國哲學史』, 獎學出版社, 1984.
· 金忠烈,『中國哲學散稿』, 汎學圖書, 1977.
· 尹絲淳,『韓國儒學論究』, 玄岩社, 1985.
· 勞思光,『中國哲學史』(古代篇), 鄭仁在 譯, 探求堂, 1986.
· 吳　康,『諸子學槪要』, 正中書局, 1982.
· 韋政通,『荀子與古代哲學』, 臺灣商務印書館, 1985.
· 黃公偉,『孔孟荀哲學證義』, 臺灣 幼獅文化事業公司, 1975.
· 馮友蘭,『中國哲學史』, 鄭仁在 譯, 探求堂, 1983.
· 蔡仁厚,『孔孟荀哲學』, 臺灣學生書局, 1984.
· 陳大齊,『荀子學說』, 臺灣華岡出版部, 1974.
· 龍宇純,『荀子論集』, 臺灣學生書局, 1987.
· 周群振,『荀子思想研究』, 文津出版社, 1987.
· 崔大林 新譯,『荀子』, 홍신출판사, 1995.
· 劉正浩, "孟子"「中國歷代思想家2」, 臺北, 商務印書館, 國民 67년)
· 吳　康,「孔孟荀哲學(上·下)」, 臺北, 商務印書館, 國民 71년)
· 吳　康 等 著,「孟子哲學思想研究論集」, 臺北, 黎明文化亨業公司,
　　　　　　　國民 71년
· 駱建人 著,「孟子學說體系探」, 臺北, 文津出版社, 國民 68년
· 陳訓章 著,「孟子管窺」, 臺北, 黎明文化亨業公司, 國民 73년

3. 論文類
· 金忠烈,「論天人之際」金俊燁教授華甲紀念『中國學論叢』, 1983.
· 金炳采,「荀子의 '天'에 대한 研究」『東洋學』12집, 1982.
　-------,「荀子 '禮'的 根據」檀國大『論文集』16집, 1982.

-----, 「先秦儒家哲學的道德意識研究」, 輔仁大學哲學研究所 博士論文, 1986.
· 李起東, 「荀子思想의 社會哲學的 意味」『大東文化研究』21집, 1987.
· 鮑國順, 「荀子的人生思想」『孔孟學報』43期, 1982.
· 李乙浩, 「禮槪念의 變遷過程」成大『大東文化研究』제4집, 1967.
· 鄭仁在, 「荀子의 知識論」, 東洋哲學의 饗宴, 姜聲渭外, 이문사, 1981.
· 申大休, 「王道思想의 研究(孟子를 中心으로)」, 成均館大學校 哲學科, 碩士學位論文, 1967
· 金鍾秀, 「孟·荀 政治思想의 人性論的 基盤」, 韓國精神文化研究院, 碩士學位論文, 1990
· 金吉洛, 「孟子 王道思想의 哲學的 根據」「哲學研究」26집, 1978
· 趙南旭, 「孟子 政治論 研究」, 釜山大師大論集 제11집, 1985

荀子의 敎育哲學思想[*]

Ⅰ. 序 論

荀子가 생존한 시대인 戰國時代는 중국역사상 가장 심한
정치적 변동기로서 秦이 六國을 거의 통일해가는 단계에
이르렀고, 또한 諸子百家의 학술사상도 정치적 변동기에
영향을 입어서 커다란 흐름 속으로 합류되어 가던 때였다.
정치적으로나 사상적으로 대단히 혼란한 이 시대에 유가는
맹자에 뒤이어 순자라는 위대한 사상가가 나타난 것이다.
공자의 사상은 孟·荀이라는 두 사람에 의하여 더욱 체계
화되었고 이론적으로 다져졌다고 볼 수 있다. 공자 사상의
가르침에는 내면적 인간가치문제와 외면적인 실천주의의

---

*이 논문은 2003년도 한국한문교육학회 「한문교육연구 제20호」에 게
재되었음.

두 면을 이루고 있었다. 그 정신적인 내면적 가치면에 주력한 인물은 曾子로부터 맹자에게로 발전하였는데 반해 형식적인 실천주의면은 子游, 子夏를 거쳐 순자에게로 계승되었다고 볼 수 있다. 맹자가 주관적 이상주의를 주장했다면, 순자는 객관적이고 현실적이며 실천적이라고 할 수 있을 것이다.

또한 맹자는 공자이후 유교가 인간의 내면적이고 주관적인 '明德'을 강화함으로써 인간의 바람직한 가치관에 역점을 두었다면, 순자는 性惡說을 근거로 禮에 의한 외적 윤리관을 강조함으로써 여러 사상을 비판적으로 받아들여, 五經 사상에 기초하여 객관적인 유교철학을 재정비하였다.

전국시대의 혼란한 상황에 대한 극복책으로 외적 제도를 생각했던 순자의 天觀은 孔孟에서 주장했던 천인합일사상과는 대립되는 천인분리사상을 주장함으로써 天에 대하여 인간이 능동적으로 대처해야함을 강조하였고, 인성론에서는 性惡說을 제창하여 '化性起僞'를 주장함으로써 禮에 의한 인성의 교정작용을 강조하였다.

그는 孔孟에 비해 현실주의에 입각한 실천윤리를 요청하고 있다. 공자・맹자가 주장하던 윤리・도덕의 본체론적 천관을 거척하여 天은 인간의 윤리・도덕과는 아무 관계를 맺고 있지 않은 자연의 天이라 보아서 '天人之分'을 주장했다.

그러므로 순자가 말하는 天은 자연의 天으로써 禮의 근원이 된다는 것이다. 禮의 근거가 天이므로 이와 같은 관계를 구명해보면 또한 형이상학적 의미를 내포하고 있다는 것이다. 또한 순자는 바람직한 인간의 가치관을 갖춘 자를 聖人이라 하였다. 이와 같은 바람직한 가치관을 정립할 수 있게 하는 것이 바로 禮라고 하였다. 이와 같은 바람직한 인간가치문제는 선천적인 본성에 의하여 형성되는 것이 아니라, 후천적인 작위에 의해서 형성된다고 보았다. 이와 같은 본성을 교정하는 방법으로 師法의 가르침과 예의의 길인 '人爲'에 의해서만 교화가 될 수 있다고 하였다. 여기에서 순자의 교육사상의 일면을 찾아 볼 수 있다.245)

생각컨데 순자는 교육철학의 본질은 바람직한 가치관형성에 두었다고 볼 수 있다. 교육철학은 인간을 인간답게 기른다는 교육의 근본목표를 포괄하고 있는 것이다. 교육철학은 교육의 본질이며 교육의 근본학으로써 인간을 인간답게 기른다는 교육의 근본목표를 포함하고 있는 것이다. 知德을 겸비한 사람다운 사람을 만드는데 있다. 따라서 순자는 교육의 최고 과제는 무엇보다도 사람다운 사람을 만드는데 있다고 본다.

우리는 흔히 오늘날 교육 붕괴니 교실 붕괴니 하는 말을 한다. 그것은 교육철학의 본체인 인성교육이 제대로 이루어지지 못하고 지식교육, 물질교육에 치중한데서 제기된 말이다. 오늘날 물질교육에서 사람 교육을 하기 위해서는 순자의 교육철학사상이 필요하다고 절감하여 본 논문을 시도한 것이다.

---

245) 『新譯荀子』, 崔大林, 서문, 홍신문화사, 1997.

본체론에서는 순자의 天論과 性論, 禮論을 구명함으로써 교육의 목적을 알아보고, 이와 같은 교육목적을 달성하기 위해 교육내용과 방법론을 구명함으로써 현대 인성교육의 미숙한 점을 보완하고 강조하여 순자의 교육철학사상의 현대적 의미를 찾아보고자 한다.

Ⅱ. 本體論

1. 天論

순자의 天에 대한 사상은 유가 학파중 공자나 맹자가 주장하는 天사상과는 크게 다르다. 특히 유학에서 말하는 天觀은 도덕적 근거로서 의미가 부여되어져 있다. 이와 같은 天은 주재적 天으로 의리의 天으로 도덕적인 善의지를 내포한 天으로 이해할 수 있다. 이와 같은 天은 인간의 윤리질서의 근원으로서의 의미를 가지고 있다. 이에 순자의 天은 자연의 天으로서 본체론적 실체의 의미를 가지고 있다고 보아야 한다. 그래서 순자는 天을 철학적·과학적·기계적인 것으로 보았다.246)

그래서 순자는 종래의 유가학파들이 주장해온 천인합일 사상을 거척하고 天보다도 구체적인 현실적인 인위적 노력

---

246)『中國哲學史』, 金能根, 奬學出版社, 1984, 87면.

을 강조하게 되었다. 따라서 순자는 天을 人事와 무관한 단순한 자연세계를 파악하는 노자의 자연주의사상을 받아서 재래의 천인합일사상을 부정하여 거척했던 것이다. 그리하여 다음과 같은 사실을 밝히고 있다.

> "별들이 서로 열 따라 선회하고 해와 달이 서로 바꾸어 가면서 비추고 사계절이 서로 번갈아 가면서 운행되고 陰과 陽이 만물을 크게 화육하고 비와 바람이 광범위하게 불고 내리어 만물이 각각 화기를 얻어 생겨나고 각각 그 滋養을 얻어 생장한다. 인간은 그 일이 어떻게 운행되는 것인가를 볼 수 없지만 그 공적을 볼 수 있으니, 무릇 이것을 神이라고 말한다. 인간은 모두 만물이 성장하는 조건을 알지만 그 無形의 과정을 알 수 없으니 무릇 이것을 天功이라고 한다."247)

삼라만상의 생성과 변화는 인위적인 것이 배제된 자연 그대로의 현상인 것이다. 여기에서는 天의 주재적이고 의지적인 형상은 찾아볼 수 없다는 것이다. 순자는 자연의 운행이 인위적인 의지에 의해서 변화하는 것이 아니라 자연적인 규율에 의해서 움직인다는 것을 말하고 있다. 또 천인분리적 입장에서 天과 인간과의 관계에 명확성을 말하고 있다.

---

247) 『荀子』 '天論篇', "列星隨旋 明遞炤 四時大御 陰陽大化 風雨博施 萬物各得其和以生 各得其養以成 不見其事而見其功 夫是之謂神 皆知其所以成 莫知其無形 夫是之謂天功.".

"天의 운행은 常道가 있다. 天은 堯 때문에 있는 것도 아니고 桀 때문에 없어지는 것도 아니다. 善治로써 이에 응하면 吉하고 亂으로써 이에 응하면 凶하여진다. 농사 같은 근본적인 일에 힘쓰면서 쓰는 것을 절약하면 곧 하늘은 가난하게 할 수 없고 양생에 대비하면서 철에 알맞게 움직이면 곧 하늘은 병들게 할 수 없으며 올바른 도를 닦아 이를 어기지 않으면 곧 하늘은 재난을 당하게 할 수 없다. 그러므로 추위와 더위도 그런 사람을 병들게 할 수 없으며 요괴도 그런 사람을 흉하게 할 수 없다. 농사 같은 근본적인 일을 버려두고 쓰는 것만 사치하게 하면 곧 하늘은 그를 부하게 할 수 없으며 올바른 道를 어기고 함부로 행동하면 하늘은 그를 길하게 할 수 없다. 그러므로 그런 사람은 장마와 가뭄이 오기 전에 굶주리고 추위와 더위가 닥쳐오지도 않아서 병이 나며 요괴가 나타나기도 전에 흉하게 된다.

타고난 때는 평화롭던 시대와 같은데도 재앙과 재난은 평화롭던 시대와는 달리 많은데 하늘을 원망할 수 없는 것이며 그들의 행동방법이 그렇게 만든 것이다. 그러므로 天과 人의 구분이 밝으면 곧 그를 지극한 사람이라 말할 수 있는 것이다."248)

天에는 常道가 있고 地에는 常數가 있고 군자에게는 常體가 있다. 순자에 있어서 天은 인위적인 것을 보존하는

_____

248) 『荀子』 '天論篇', "天行有常 不爲堯存 不爲桀亡 應之以治則吉 應之以亂則凶 彊本而節用 則天下能貧 養備而勤時 則天不能病 修道而不貳 則天不能禍 故水旱不能使之飢 寒暑不能使之病 祅怪不能使之凶 本荒而用侈 則天不能使之富 養略而動罕 則天不能使之全倍道而妄行 則天不能使之吉 故水旱未至而飢 寒暑未薄而疾 祅怪未至而凶 受時與治世同 而殃禍與治世異 不可以怨天 其道然也 故明於天人之分 則可謂至人也.".

기능으로서의 天이다. 그러므로 순자의 자연의 天은 인위적 · 기교적 · 가식적인 것이 배제된 純粹無雜한 자연현상의 天으로써 인간의 작위가 전혀 포함되어 있지 않은 것이다. 그래서 순자는 天과 인간과의 구별을 철저히 하여 '天人之分'을 밝히는 자연관을 시사한 것이다.

여기서 말하는 자연의 天은 또한 인위적인 치란의 영향을 받아서 常道를 이탈하지도 않으며 그렇다고 인위적인 치란에 영향을 주지도 않는다. 자연의 지속적이고 변함없는 운행은 인간의 작용이나 의지와는 아무런 상관이 없다. 또한 인간의 인위적 의지나 윤리의식 · 도덕율과는 아무런 관계가 없다는 것이다. 그렇다면 순자가 말하는 天은 인위적인 것과 아무런 관계가 없다는 것인가? 일정한 독립적 관계를 유지하고 있는 것이다. 인위적인 것을 자연의 天의 큰 범주 속에서 생각할 때, 인간도 하나의 자연으로 볼 수 있다. 따라서 '天人之分'은 대자연속에서 자기존재에 대한 자각인 것이다. 즉 자연과 인간의 질서에 대한 구분을 말한 것이다.

자연은 자연운행의 질서가 있고 인간은 인간사회의 질서가 있다. 각각 독립된 질서를 가지고 있는데, 인간사회의 질서는 인위적 의지와 도덕율에 의해서 자연의 질서 속에서 자연의 질서에 순응하면서 자기주체확립을 위한 질서를 계발해야 한다.

여기에서 '分'은 자연과 인위와의 관계로서 자연과 인성 상호간의 질서인 것이다. 이때에 常道는 하나의 객체로서 독립된 상도이지만 인위와의 관계에서 常道에 순응하여 자기개발을 해나가면 자기존재가치가 드러나게 된다는 것이다. 이와 같이 될 때 자연에 대한 자기주체의식이 확립되고 또한 자연의 天과 인간과의 질서가 확립하게 되는 것이다. 이와 같이 天과 人의 질서가 이룩되는 것을 '天人之分'이라고 한다. 즉 자연질서라 한다.

> "治亂은 禹王때나 桀王때나 다 같다. 그런데 禹王때는 다스려지고 桀王때는 어지러워졌다. 이것을 보면 治亂은 결코 四時의 소위가 아니고 땅의 소위도 아니다. 만물은 땅의 이로움을 얻으면 생육하고, 땅의 이로움을 잃으면 사멸한다. 이것도 禹王때나 桀王때가 다 같다. 이것을 보면 治亂은 땅의 소위도 아니다. 천은 사람들이 추위를 싫어한다 하여 겨울을 폐하지 않으며 땅은 사람들이 요원한 것을 싫어한다 하여 그 넓음을 폐하지 않으며 군자는 소인들이 떠든다하여 그 행하는 것을 그만두지 않는다."[249]

순자는 天과 구분은 단순한 구분이 아니라 대자연의 질서 속에서 인간질서의 관계를 설명하면서 자연의 天의 운행질서와 인간이 지켜야 할 질서를 잘 터득하여 조화를 이룰 수 있는 인물을 '至人'이라 했는데, 바로 치란에 잘 대응할 수 있었던 禹임금과 같은 聖王을 至人이라고 말할 수 있다. 禹임금과 같은 至人은 자연의 天을 잘 이해할 줄 알

---

249) 『荀子』'天論篇'. "治亂又禹桀之所同也 禹以治 桀以亂 治亂非時也 地耶 曰 得地則生 失地則死 是又禹桀之所同也 禹以治 桀以亂 治亂非地也 天不爲人之惡寒也輟冬 地不爲人地遼遠也輟廣 君子不爲 小人匈匈也輟行.".

면서 인간의 질서를 이해하여 인간윤리를 확고하게 할 수 있는 바람직한 인물인 것이다. 이와 같은 사람을 聖人이라 하겠다.

여기에서 자연과 인성문제와의 관계를 생각할 수 있다. 자연은 일정한 원리에 따라 운행되고 있을 따름이다. 자연은 사람의 운명을 지배하는 것이 아니라 사람들의 행동이 자기운명을 결정한다는 것이다. 길흉이나 빈부, 심지어는 인간의 건강까지도 인간 자신들이 스스로 만드는 것이다. 따라서 인간은 자연을 잘 이용해야 한다. 이처럼 天과 人의 구별 즉 명분을 잘 알고 있는 사람이 至人이라는 것이다. 그래서 순자는 인간이 자연현상에 능동적으로 대하고 적용해야 된다고 하였다.

> "하늘을 위대하게 여기고 그것을 생각하고 있는 것과 물건을 저축하면서 그것을 처리하는 것과 누가 낫겠는가? 하늘을 따르면서 그것을 기리는 것과 하늘로부터 타고난 것을 처리하면서 그것을 이용하는 것과 누가 낫겠는가? 때를 바라보면서 그것을 기다리기만 하는 것과 때에 호응하여 그것을 활용하는 것과 누가 낫겠는가?…물건을 낳게 하는 자연을 사모하는 것과 물건을 완성시키는 사람의 입장을 지니는 것과 누가 낫겠는가? 그러므로 사람의 입장을 버리고 하늘을 생각한다면 곧 만물의 實情을 잃게 될 것이다."250)

---

250) 『荀子』'天論篇', "大天而思之 就與物畜而制之 從天而頌之 孰與制天命而用之 望時而待之 孰與應時而使之 因物而多之 孰與聘能而化之 思物而物之 孰與理物而勿失之也 願於物之所以生 孰與有物之所以成 故錯人而思天則失萬物之情.".

204 先秦諸子思想의 哲學的 摸索

여기에서는 자연과 인간의 입장을 구별하고 인간의 입장에서 자연을 잘 이용해야함을 시사하고 있다. 생각컨데 우리가 감지할 수 없는 형이상학적 天은 본체론적 실체로서 꼭 추구할 필요가 없는 것이지만 꼭 추구해야만 되는 것은 과학적 지식이라 볼 수 있다. 순자는 天 즉 자연중심 사고방식에서 인간지식 중심적 사고방식으로 전환해야 함을 강조한 것이지, 天人觀의 관계를 완전히 배제한 것이라 볼 수 없다. 이와 같은 관점에서 추론해 보건데 순자의 천인분리사상은 자연의 天과 인간과의 완전 분리를 뜻하는 것이 아니라, 인간이 주체가 되어서 자연이란 큰 범주 속에서 인간사회의 질서 유지인 것이다. 인간사회 또한 이와 같은 사회질서를 위한 인간사고의 극치로 표현된 것이 바로 순자의 禮사상인 것이다.

2. 性論

순자가 말하는 본성은 자연의 性으로서 욕망의 작용만 있을 뿐이지 사고 작용까지 포함되지 않는다는 점을 이해하여야 한다. 즉 그 본성자체와 志慮는 각각 독립된 상태에서 性惡說을 생각해야 한다.
순자는 인간의 본성은 자연적으로 이룩한 욕망이 있기 때문에 그것을 방종하면 惡으로 된다고 파악하였다. 따라서 본성의 방종으로 악으로 떨어지는 것을 막기 위하여 외적인 규제가 필요했던 것이다. 따라서 師法의 교화와 예의의 인도가 필수적으로 요청될 수밖에 없었고, 인간은 僞인 禮를 통하여 자기수양을 해야만 된다고 생각했던 것이다.

생각컨데 순자가 말하는 본성의 내용은 아무런 가치적 근거가 없는 자연적인 것이며, 동시에 인위적 노력에 의하여 파악될 수 있다는 것이다. 따라서 인간의 본성은 당연히 선천적 선을 부정할 수밖에 없고, 인위적 욕망이 있기 때문에 본성의 방종은 물질적 재화의 투쟁만을 나타나게 한다는 것이다. 이 같은 것을 다음 性惡說에서 살펴보기로 한다.

"인간의 본성은 惡하고 그 善한 것은 인위적인 작위로 말미암아 형성된 것이다. 이제 인간의 본성을 살펴보면 나면서부터 이익을 좋아한다. 이 본성을 따르기 때문에 쟁탈이 생기고 사양이 없어진다. 태어나면서부터 질시하고 미워하는 것이 있나니, 이 본성을 따르기 때문에 殘賊이 생겨나고 충신이 없어진다. 태어나면서부터 耳目의 욕망이 있고 聲色을 좋아하는 것이 있으니, 이 본성을 따르기 때문에 음란이 생겨나고 예의문리가 없어진다. 그렇다면 인간의 본성을 방종하고 인간의 성정을 따르면 반드시 쟁탈이 발생하고 명분을 범하고 질서를 어지럽히는 데에 부합하여 난폭한 데에 귀착하게 된다. 그러므로 반드시 師法의 교화와 예의의 인도함을 받은 뒤에야 사양하게 되고 예의의 조리에 합당하게 되어 다스려지게 된다. 이것으로 본다면 인간의 본성이 악하다는 것은 분명하다. 선한 것은 인위적인 노력의 결과이다."251)

---

251) 『荀子』 '性惡', "人之性惡 其善者僞也 今人之性 生而有好利焉 順是
故爭奪生而辭讓亡焉 生而有疾惡焉 順是 故殘賊生而忠信亡焉 生而

순자가 말하는 인간의 본성은 자연성으로써 性情 그대로 따라가면 이익을 좋아하고, 남을 질투하고 미워하며 쟁탈, 음란 등 나쁜 행위를 하게 된다는 것이다. 그러므로 스승의 교화와 예의의 인도가 필요하다고 하였다. 즉 교육적 방법을 택해야 한다는 것이다.

    "그러므로 굽은 나무는 반드시 댑나무를 대고 쪄서 바로 잡은 뒤에라야 곧아지며, 무딘 쇠는 반드시 숫돌에 간 뒤에라야 날카로워지듯이 지금 사람의 본성이 악한 것은 반드시 스승과 법도의 가르침이 있은 뒤에라야 올바라지고 예의의 규제를 받은 뒤에야 다스려지는 것이다. 지금 사람들에게 스승과 법도가 없다면 편벽되고 음험하여 바르지 않을 것이며 예의가 없다면 곧 이치에 어긋나는 어지러운 짓을 하여 다스려지지 않을 것이다. 옛날 성왕께서는 사람들의 본성은 악하기 때문에 편벽되고 음험하여 바르지 않으며, 이치에 어긋나는 어지러운 짓을 하여 다스려지지 않는다고 생각하였기 때문에 그래서 이를 위하여 예의를 만들고 법도를 제정하여 사람들의 감정과 본성을 바로잡고 수식함으로써 이를 올바르게 하셨으며, 사람들의 감정과 본성을 길들이고 교화함으로써 이를 올바르게 인도하셨다. 이에 비로소 모두 잘 다스려지게 되고 도리에 맞는 행동을 하게 된 것이다."252)

有耳目之欲 有好聲色焉 順是 故淫亂生而禮義文理亡焉 然則從人之
性 必出於爭奪 合於犯分亂理而歸於暴 故必將有師法之化禮義之道
然後出於辭讓 合於文理而歸於治 用此觀之 然則人之性惡明矣 其善
者僞也.".
252)『荀子』'性惡篇', "故枸木必將待檃栝烝矯然後直 鈍金必將待礱厲然後
利 今人之性惡 必將待師法然後正 得禮義然後治 今人無師法 則偏險
而不正 無禮義 則悖亂而不治 是以爲之起禮義 制法度 以矯飾人之情
性而正之 以擾化人之情性而導之也 使皆出於治 合於善者也.".

인간의 본성은 악하기 때문에 교화하지 않고 그대로 버려두면 바르지 못하고 거칠게 된다. 그리하여 스승과 법도로써 인간의 본성을 교화시켜 바로잡아야만 하고, 예의로써 행동을 규제하여 잘 다스려지도록 인위적 노력을 해야 한다는 것이다. 옛날 聖王들이 예의와 법도를 제정하여 인간의 본성을 교화시킨 것도 이와 같은 이유 때문이다. 따라서 인간의 본성이 악하다함을 다시 한번 강조하였다. 그리고 또한 사람들은 스승과 법도에 교화되고 학문을 쌓아가고 있고, 예의를 실천하고 있는 사람을 군자라 하고, 본성과 감정을 멋대로 버려두고 멋대로 성나는 대로 편히 두고 예의를 어기는 자를 소인이라 한다. 이로써 본다면 사람의 본성은 악함이 분명하며 전함은 작위이라 했다. 그리하여 순자는 다음과 같이 性과 僞를 설명하고 있다.

"맹자는 '사람이 배우는 것은 그 본성이 선하기 때문이다'라고 말하였다. 내 생각으로는 그렇지 않다. 그것은 사람의 본성을 제대로 알지 못하여 사람의 본성과 작위의 구분을 잘 살피지 못한 때문이다. 본성이라는 것은 하늘로부터 타고난 것이어서 배워서 행하게 될 수 없는 것이며 노력으로 이루어질 수 없는 것이다. 예의란 것은 성인이 만들어 낸 것이어서 배우면 행할 수 있는 것이며 노력을 하면 이루어질 수 있는 것이다. 배워서 행할 수 없고 노력하여 이루어질 수 없는데도 사람이 지니고 있는 것 그것을 본성이라 말하고, 배우면 행할 수 있고 노력하면 이루어질 수 있는 것을 사람이 지니고 있는 것 그것을 작위라고 말하는 것이다. 이것이 본성과 작위의 구분인 것이다. 지금 사람의 본성으로 눈은 볼 수 있고 귀는 들을 수가 있다.

모든 볼 수 있는 시력은 눈을 떠나지 않으며, 들을 수 있는 청력은 귀를 떠나지 않는다. 눈은 시력이 있고 귀는 청력이 있는데 이것은 배워서 될 수 없는 것들이다. 맹자는 '지금 사람의 본성은 선한데 모두 그의 본성을 잃기 때문에 악한 것이다.'라고 하였다. 나는 그런 말은 잘못으로 안다. 지금 사람이 본성대로 내버려둔다 하더라도 그의 질박함이 떠나버리고 그의 자질도 떠나버리어 선한 것을 반드시 잃어버리고 말 것이다. 이로써 본다면 그러하니 사람의 본성이 악하다는 것은 분명하다."253)

여기에서는 맹자의 性善說이 잘못된 것임을 비평하면서 性과 僞의 차이점을 명확하게 설명하고 있다. 맹자가 말하는 성선설은 선천적인 사람의 본성과 후천적으로 사람의 작위에 의하여 얻어진 자질을 구별하지 못하였기 때문이라는 것이다. 사람은 태어난 성품 그대로 두면 맹자가 말하는 선한 성질을 나타내지 않는다는 것이다. 이 문장을 살펴보면 순자는 같은 유가이면서 맹자의 인성문제와의 큰 차이점을 나타내고 있다. 그리고 예의와 같은 제도는 성인들이 본성을 교화시키려는 작위에 의하여 생겨난 것이지 그 본성 자체에서 생겨나는 것이 아니라는 것이다. 따라서

---

253) 『荀子』 '性惡篇', "孟子曰 人之學者 其性善也 曰 是不然 是不及知
人之性 而不察乎人之性僞之分者也 凡性者 天之就也 不可學 不可
事 禮義者 聖人之所生也 所學而能 所事而成者也 不可學不可事而
在人者 謂之性 可學而能可事而成之在人者 謂之僞 是性僞之分也
今人之性 目可以見 耳可以聽 夫可以見之明不離目 可以聽之聰不離
耳 目明而耳聰 不可學明矣 孟子曰 今人之性善 將皆失喪其性故也
若是則過矣 今人之性 生而離其朴 離其資 必失而喪之 用此觀之 然
則人之性惡明矣.".

성인과 보통 사람의 본성은 모두 같으나 그들의 교화작용
에 따라서 차이가 있게 된다는 것이다. 또 다시 성선설에
대한 비평을 하고 있다.

　　"이른바 성선설이란 것은 본시의 질박함이 떠나지 않음
　으로써 아름답고, 자질이 떠나지 않음으로써 이로운 것이
　라고 하는 것이다. 자질과 질박함의 아름다움과 마음의 뜻
　의 선함이 마치 볼 수 있는 시력이 눈을 떠나지 않고, 들
　을 수 있는 청력이 귀를 떠나지 않음으로써 눈은 밝게 볼
　수 있고 귀는 분명히 들을 수 있는 것과 같이 생각하려는
　것이다.
　　지금 사람들의 본성은 배고프면 밥을 먹고자하고 추우면
　따뜻이 하고자하며 수고로우면 쉬려하는데, 이것이 사람의
　감정과 본성인 것이다. 지금 사람들이 배가 고파도 어른을
　보면 감히 먼저 먹지 않는 것은 사양하려는 마음이 있기
　때문이다. 수고로우면서도 감히 쉬려고 들지 않는 것은 대
　신 일하려는 마음이 있기 때문이다. 자식이 아버지에게 사
　양하고 아우가 형에게 사양하며 자식이 아버지를 대신해
　일하고 아우가 형을 대신해서 일하는데 이 두 가지 행동은
　모두 본성에 반대되고 감정에 어긋나는 것이다. 그러나 이
　렇게 하는 것이 孝子의 도리요 예의의 형식적인 수식인 것
　이다. 그러므로 감정과 본성을 따르면 곧 사양하지 않게
　되며, 사양을 하면 곧 감정과 성격에 어긋나게 된다. 이로
　써 본다면 사람의 본성이 악한 것이 분명하며 그것을 선하
　다하는 것은 작위인 것이다."254)

───────────────────────────────

254) 『荀子』'性惡篇', "所謂性善者 不離其朴而美之 不離其資而利也. 使
　　夫資朴之於美 心意之於善 若夫可以見之明不離同 可以聽之聰 不離
　　耳 故曰 目明而耳聰也. 今人之性 飢而欲飽 寒而欲煖 勞而欲休 此
　　人之情性也. 今人飢 見長而不敢先食者 將有所讓也 勞而不敢求息
　　者 將有所代也 夫子之讓乎父 弟之讓乎兄 子之代乎父 弟之代乎兄

맹자의 性善說에 대한 비평을 구체적으로 하고 있는 것이다. 그러면서 사람의 욕망을 내세워 예의와 대조시켜서 이론을 펴나가고 있다. 사람들이 자기 욕망대로 하고 싶은 대로 행동한다면 예의도 사양도 없게 되어 부도덕한 인물이 된다는 것이다. 자기의 욕망을 누르고 예의를 지켜나가는 사람은 자기의 본성에 어긋나는 행위를 하는 자이다. 욕망은 타고난 본성이므로 사람의 본성은 악하다는 것이다. 그러므로 사람들의 본성 즉 본질은 태어날 때부터 악하다는 것이다. 그래서 반드시 교화를 거쳐서 바람직한 인간의 가치관을 정립할 수 있음을 시사하고 있는 것이다. 순자에게 어떤 사람이 질문을 하였다.

" '사람의 본성이 악하다면 곧 예의는 어떻게 생겨났는가?'라고 하였다. 여기에 대답하기를, 무릇 예의라는 것은 聖人의 작위에 의하여 생겨나는 것이니, 본시 사람의 본성으로부터 생겨는 것이 아니다. 그러므로 옹기장이가 진흙을 쳐서 그릇을 만드는데 그러니 그릇은 옹기장이의 작위에서 생겨나는 것이지 본시 사람의 본성으로부터 생겨나는 것이 아니다. 목수가 나무를 깎아 그릇을 만드는데 그러니 그릇은 공인의 작위에 의해서 생겨나는 것이지 본시 사람의 본성으로부터 생겨나는 것이 아니다.

성인은 생각을 쌓고 작위를 익히어서 그것으로써 예의를 만들어내고 법도를 제정한다. 그러니 예의와 법도같은 것은 성인의 작위에 의해 만들어지는 것이지 본시 사람의 본

此二行者 皆反於性 而悖於情也. 然而孝子之道 禮義之文理也 故順情性則不辭讓矣 辭讓則悖於情性矣 由此觀之 然則人之性惡明矣 其善者僞也.".

성으로부터 생겨나는 것이 아니다. 눈이 색깔을 좋아하고
귀가 소리를 좋아하고 입이 맛을 좋아하고 마음이 이익을
좋아하고 신체와 근육피부는 상쾌하고 편안함을 좋아하는
데 이것은 모두 사람의 감정과 본성으로부터 생겨나는 것
이다. 느껴서 스스로 그렇게 하는 것이니 어떤 일이 있은
뒤에야 생기는 것이 아니다. 느껴도 그렇게 하지 못하고
반드시 또한 어떤 일이 있은 뒤에야 그렇게 되는 것을 일
컬어 '작위에서 생겨난다'고 말하는 것이다. 이것이 본성과
작위가 생겨나게 되는 것들이 같지 않다는 증거인 것이다.
그러므로 성인께서는 사람들의 본성을 교화시키어 작위를
일으키고 작위를 일으키어 예의를 만들어내고 예의를 만들
어 법도를 제정한다. 그러니 예의와 법도라는 것은 聖人이
만들어낸 것이다. 그러므로 성인이 여러 사람들과 같은
것, 즉 성인이 여러 사람들과 다름없는 것이 본성이고 여
러 사람들과는 다르고도 훨씬 뛰어난 것이 작위인 것이
다."255)

'사람의 본성이 악하다면 예의는 어떻게 생겨났겠는가?'
라는 설문의 대답으로 性과 僞의 구별을 설명한 것이다.
예의와 같은 것은 맹자가 말했듯이 본성에 구비하여 태어

---

255) 問者曰 人之性惡 則禮義惡生? 應之曰 凡禮義者 是生於聖人之僞
非故生於人之性也. 故陶人 埏埴而爲器 然則器生於工人之僞 非故
生於人之性也. 故工人斲木而成器 然則器生於工人之僞 非故生於人
之性也. 聖人積思慮習僞 故以生禮義 而起制度. 然則禮義法度者
是生於聖人之僞 非故生於人之性也. 若夫目好色 耳好聲 口好味 心
好利 骨體膚理好愉佚 是皆生於人之情性者也. 感而自然 不待事而
後生之者也 夫感而不能然 必且待事而後然者 謂之生於僞 是性僞之
所主其不同之微也. 故聖人化性而起僞 僞起而生禮義 禮義生而制法
度 然則禮義法度者 是聖人之所生也. 故聖人之所同於衆 其不異
於衆者 性也 所以異而過衆者 僞也.

난 것이 아니라 성인들이 본성을 교화시키려는 작위에 의하여 생겨난 것이라는 것이다. 성인과 중인은 본성은 똑같은데 다만 그들의 작위에 있어서 차이가 난다는 것이다. 예의나 법도같은 것은 사람의 본성이 악하기 때문에 성인이 만들어 낸 작위라 했다. 그런데 다만 감정과 본성을 따른다면 이익을 좋아하고 얻기를 바라기 때문에 서로 성내고 다투게 된다는 것이다. 사람들이 선해지려고 하는 것은 본성이 악하기 때문이라는 것이다.

"인간은 얇으면 두텁기를 원하고 보기 흉하면 아름다워지기를 바라며 좁으면 넓어지기 바라고 가난하면 부해지기 바라고 천하면 귀해지기 바라는데 진실로 자기 가운데 없는 것은 반드시 밖에서 구하게 되는 것이다. 그러므로 부하면 재산을 바라지 아니하고 귀하면 권세를 바라지 않는 것이니 진실로 자기 가운데 가지고 있는 것은 반드시 밖에다 기대를 걸지 않을 것이다. 이렇게 본다면 사람이 선하게 되려고 하는 것은 본성이 악하기 때문인 것이다. 지금 본성은 본시 예의가 없음으로 애써 배워 그것을 지니기를 바라는 것이다."256)

사람의 본성은 악하기 때문에 자기 이익을 중하게 여기고 물건을 얻기를 좋아한다. 그래서 본성대로 두면 투쟁만이 남게 된다는 것이다. 그래서 예의로서 본성을 교화시키면 남에게도 사양할 수 있는 아량을 갖게 된다는 것이다.

---

256) 『荀子』 '性惡篇', "夫薄願厚 惡願美 狹願富 賤願貴 苟無之中者 必求於外. 故富而不願財 貴而不願勢 苟有之中者 必不及於外 用此視之 人之欲爲善者 爲性惡也. 今人之性 固無禮義 故彊學而求有之也.

사람들이 선을 행하려 드는 것도 실은 본성이 악하기 때문이다. 가난하면 부자 되고자 하듯이 자기에게 없는 것을 지니려고 애쓴다. 사람이 선한 것을 가지려 하는 것도 그 본성이 악하다는 증거가 된다. 이상에서 살펴본 순자의 성악설은 다음과 같이 요약 정리할 수 있다.

순자의 情性에서 性은 자연의 理로 태어날 때부터 본질적으로 利를 좋아하는 것으로서 본체적인 실체라 할 수 있고, 情은 自然의 情으로서 대상과 접촉하여 耳目의 감각적 욕망으로 작용하게 된다는 것이다. 이와 같은 이기적인 性惡을 순화하는 데에는 성왕의 다스림이나 사회 규제인 예의와 제도가 필요하며, 교화가 필요하다는 것이다. 맹자의 성선설에 대한 논박으로 순자는 성악설의 타당성을 제시하고 있다. 인성이 선하다면 어떤 작위 없이도 계속 성선이 유지되고 악이 없어야 하는데 현실은 그렇지 못하다는 것이다. 순자는 전국말기의 타락된 사회 현상을 통하여 인성의 이기적인 면을 생각하였고 그와 같은 이기적이요 욕망적인 情性을 개선하는 방법을 제시하였다. 그것은 바로 聖王의 治와 禮義의 道와 師法의 敎化와 같은 방법을 제시하였다. 여기에서 聖王의 治는 정치적 측면에서, 禮義의 道는 윤리적 측면에서, 그리고 師法의 敎化는 교육적 측면에서 인간의 본질인 情性의 기질을 순화 교육하게 되면 사양할 줄 알고 文理에 합당한 성인의 마음을 가지게 된다는 것이다.

3. 禮論

순자는 인간이 태어나면서부터 好利嫉惡하는 마음과 耳目聲色의 욕망이 많기 때문에 이와 같은 이기적이고 욕망적인 성향을 적절히 조치하지 않으면 필연적으로 쟁탈과 혼란이 발생하게 되므로 질서 있는 사회가 실현될 수 없다고 보았다. 그래서 순자는 인간의 自然의 性을 후천적인 작위에 의해 선으로 변화시킬 수 있다고 보았다. 이와 같이 自然의 性을 교화시켜서 작위를 유발시키는 것을 '化性起僞'라 한다. 인간의 본성은 自然의 性으로 이기적이고 욕심을 가지고 생겨난 것이다. 이것을 후천적인 작위를 통하여 사법의 교화와 예의의 문리로 선도해야 한다. 이 때 인간의 본성을 교화시키기 위한 작위를 '僞'라 한 것이다. 그러면 순자의 '예의'에 대해서 먼저 알아보기로 한다.

　　"예는 무엇에서 기원하였는가? 인간은 나면서부터 욕망을 가지고 있으니, 욕망은 있는데 얻지 못하면 추구하지 않을 수 없고, 추구하는데 도량과 한계가 없으면 싸우지 않을 수 없다. 싸우면 혼란이 발생하고 혼란이 발생하면 곤궁해지니, 선왕이 그 혼란한 것을 싫어하였기 때문에 예의를 제정함으로써 분계를 정하여 인간의 욕망을 조절하여 길러주고 인간의 욕망을 충족시켜 주어 반드시 물자에 곤궁해지거나 물자가 반드시 욕망에 소진되지 않도록 하여 양자가 서로 지탱해주어 증진되도록 하였으니, 이것이 예의 기원이다."257)

---

257) 『荀子』 '禮論篇', "禮起於何也? 曰 人生而有欲 欲而不得 則不能無

예란 사람들의 욕망을 충족시켜 주기 위하여 생겨난 법도라는 것이다. 교화나 교육 없이 본성 그대로 내버려두면 사람들의 수요와 공급이 제대로 균형을 잡지 못하게 된다. 이에 예로써 이에 차질이 없도록 조절하는 것이라 한다. 따라서 사람들의 욕구에 충족되면 또한 사회적 신분의 분별이 요청된다. 이와 같은 신분의 분별을 바르게 조화를 이루어 나가는 것도 사회 질서로서의 예이다. 따라서 예는 정치적 경제적 윤리적 질서를 유지하여 평화로운 사회를 조성하는데 큰 역할을 한다고 볼 수 있다.

따라서 性情을 교정하여 사회생활을 원만하게 할 수 있도록 교정하는 기준이 바로 예의 작용이라고 보았다. 그리고 사회생활 속에서 공존 공영할 수 있는 방법으로 또한 예의를 말하고 있다.

"예는 인간 도리의 극치이다. 그래서 예를 기준으로 하지 않고 예가 부족한 것을 일러 방정하지 못한 백성이라 하고 예에 따르고 예를 충족시킨 것을 일러 방정한 선비라 한다."258)

공자의 仁사상의 내용만큼 순자의 예의사상은 인간륜리적 가치관 문제를 해명하는데 중요한 역할을 하고 있다.

求 求而無度量分界 則不能不爭. 爭則亂 亂則窮. 先王惡其亂也 故制禮義以分之 以養人之欲 給人之求. 使欲必不窮乎物 必不屈於欲 兩者相持而長 是禮之所起也.".
258) 『荀子』 '禮論篇', "禮者 人道之極也 然而不法禮 不足禮 謂之無方之民 法禮足禮 謂有之士.".

그래서 순자는 예를 인간의 道極이라고 여겼다. 도극이란
天道의 경지로써 성인의 경지라 볼 수 있다. 즉 순자가 말
하는 방정한 선비인 것이다. 방정한 선비는 도극에 이른
사람으로서 성인이요 또한 바람직한 사람이라 볼 수 있다.
순자는 예의 근본을 다음과 같이 말하고 있다.

> "예에는 세 가지 근본이 있다. 하늘과 땅은 생명의 근본
> 이요, 선조는 종족의 근본이요, 훌륭한 임금은 다스림의 근
> 본인 것이다. 하늘과 땅이 없다면 생명이 어찌 있겠는가?
> 선조가 없다면 사람이 어디서 나왔겠는가? 훌륭한 임금이
> 없다면 어떻게 다스려지겠는가? 세 가지 중에 어느 하나가
> 없어도 안락한 사람은 없다. 그러므로 예는 위로는 하늘을
> 섬기고 아래로는 땅을 섬기며 선조들을 존경하고 훌륭한 임
> 금을 존중하여야 한다. 이것이 예의 세 가지 근본이다."259)

예에는 천지·선조·군사와 같은 세 가지 근본이 있다.
이 세 가지를 바탕으로 한 인간관계의 서열을 통하여 상호
질서가 성립된 것이다. 이러한 인간의 구별이나 서열은 그
자신의 행동이 기본이 된 것으로 매우 자연스러운 질서인
것이다. 따라서 예란 바로 사람의 행위나 사회적 질서의
규범이 될 뿐만 아니라, 하늘과 땅의 여러 변화나, 日·月
의 운행과 만물들의 성장 등 자연의 질서와도 부합되는 것
이다. 그러므로 예는 다스림의 근본이 된다. 예를 따르면

---

259) 『荀子』 '禮論篇', "禮有三本 天地者 生之本也 先祖者 類之本也 君
師者 治之本也 無天地惡生 無先祖惡出 三者偏亡焉 無安人. 故禮
上事天 下事地 尊先祖而隆君師 是禮之本也.".

흥하게 되고 어기면 망한다는 것은 바로 자연의 섭리이다. 따라서 군자가 아닌 소인들은 이런 원리를 이해할 수 없다는 것이다.260) 그리고 예란 올바른 규범이다. 그러므로 쓸데없이 궤변이나 쓸데없는 행동은 통하지 않는다. 예는 올바른 일 올바른 길만이 용납되는 것이다. 따라서 예에 알맞게 생각하고 행동하여 예를 사랑하고 좋아하는 인물을 성인이라는 것이다. 순자는 다음과 같이 시사하고 있다.

　　"예에 맞게 사색할 줄 알면 이것을 일컬어 '생각할 줄 안다'고 말하고 예에 맞게 지조가 바뀌지 않으면 이것을 일컬어 '절조가 굳다'고 말한다. 생각할 줄 알고, 절조를 굳게 지킬 줄 알며 더구나 예를 좋아하는 사람이라면 바로 성인이다. 그러므로 하늘이란 높음의 극치이고 땅은 낮음의 극치이며 끝없는 것은 넓음의 극치이듯이 성인이란 올바른 도의 극치이다. 그러므로 배우는 사람이란 본래부터 성이 되는 길을 배우려는 것이지, 단지 법도 없는 백성되기를 배우는 것이 아니다."261)

　생각이 깊고 절조를 굳게 지키면서 예를 좋아하는 사람을 성인이라 하면서 道의 극치, 즉 道極이라 했다. 그러므로 성인은 예를 독실하게 쌓아 나가고 예의 활용이 넓고

260)『荀子』'禮論篇', "凡禮始乎脫 成乎文 終乎悅佼…天地以合 日月以明 四時以序 星辰以行…天下從之者 不從者亂 從之者安 不從者亡 小人不能測也.".
261)『荀子』'禮論篇', "禮之中焉能思索 謂之能慮 禮之中焉能勿易 謂之能固 加好者焉 斯聖人矣 故天者 高之極也 地者 下之極也 無窮者 廣之極也 聖人者 道之極也 故學者固學爲聖人也 非特學爲無力之民也.".

융성하기 때문에 周濂溪가 말했듯이 人極과 같은 인물이다. 결국 순자는 보통 사람들이 예라는 수양의 과정을 거쳐서 道極의 경지에 이르게 되면 바로 성인의 경지에 도달한다고 보았다. 그러므로 학문을 해나가는 사람은 본래부터 성인이 되기 위해서 배운다고 한 것이다. 그리고 또한 순자는 학문의 최고 목표가 道極이요 성인의 경지로 본 것이다.

III. 實踐論

1. 敎育의 內容

순자는 성악론을 바탕으로 하여 교육의 중요성을 강조하고 있는 것이다. 즉, 사람들의 행위나 사회적 질서의 규범되는 예는 교육을 통하여 형성된다는 것이다. 순자는 인간의 본성이 태어날 때부터 이기적이고 욕망이 많은 것으로 보았기 때문에 그 本然의 性의 이기적이고 욕망을 추구하는 성향을 그대로 둘 때는 악이 발생한다고 보았다. 그러나 이와 같은 性惡은 후천적인 작위인 예에 의해 선으로 변화될 수 있다는 것이다. 이와 같이 自然의 性을 교화시켜서 작위를 유발시키는 것을 '化性起僞'라 한다. 즉, 인간의 性은 自然의 性으로 이기적이고 욕심을 가지고 생겨난 것이다. 이것을 후천적인 작위를 통하여 師法의 교화와 예의의 文理로 선도해야 한다라고 하였다. 여기에서 바로 순자의 교육 사상의 일면을 찾아볼 수 있다. 그러므로 사람이 타고난 본성은 악하나 선한 性으로 될 수 있는 것은 태어난 후 化性起僞에 의한 교화로서 가능함을 시사하고 있는 것이다. 이와 같은 교육사상에 대한 것을 『순자』 勸學篇에서 찾아보기로 한다.

"군자가 말하기를 '학문이란 중단해서는 안 된다.'하였다. 푸른 물감은 藍草에서 취하는 것이지만 남초보다 더 파랗고 얼음은 물이 이루어진 것이지만 물보다 더 차다. 나무가 곧아서 먹줄에 들어맞는다 하더라도 굽히어 수레바퀴를 만들면은 그 굽은 자에 들어맞고 비록 바싹 마르다 하더라도 다시 펴지지 않는 것은 굽힘으로써 그렇게 되는 것이다. 그처럼 나무는 먹줄을 따르면 곧게 되고, 쇠는 숫돌에 갈면 날카로워지는데 군자는 널리 배우며 매일 자기에 대하여 생각하고 살핀다면 곧 앎이 밝아지고 행동에 허물이 없게 될 것이다.

그러므로 높은 산에 올라가 보지 않으면 하늘이 높은 것을 알지 못할 것이고 깊은 계곡 가까이 가보지 않으면 땅의 두터운 것을 알지 못할 것이며 옛 임금들이 남기신 말씀을 듣지 못한다면 학문의 위대함을 알지 못할 것이다. 吳나라와 越나라 또는 오랑캐들의 자식들도 낳아서는 같은 소리를 내는데 자랄수록 풍습이 달라지게 되는 것은 가르침이 그렇게 만드는 것이다."262)

---

262) 『荀子』, '勸學篇', "君子曰 學不可以已. 青取之於藍 而青於藍 冰水爲之 而寒於水. 木直中繩 輮以爲輪 其曲中規 雖有槁暴 不復挺者 輮使之然也. 故木受繩則直 金就石厲則利 君子 博學而日參省乎己 則知明而行無過矣. 故不登高山 不知天之高也 不臨深谿 不知地之厚也. 不聞先王之遺言 不知學問之大也. 干越夷貊之子 生而同聲

순자가 교육사상을 서술함에 있어서 위와 같이 학문에 대한 그의 기본태도를 설명함은 학자로서의 실천성을 보여 주고 있다고 하겠다. 또한 순자가 그의 책 첫머리에 학문에 대한 자기 태도부터 밝히고 있는 것은 곧 자기 성실성을 나타내고 있다는 것이다. 학문이란 남초에서 푸른 물감을 만들어 내거나, 곧은 나무를 굳혀 놓는 것처럼, 사람의 악한 성품은 교화에 의해서 변화시켜 예의에 맞는 성품으로 변화시켜 준다는 것이다.

사람이 태어날 때에는 문화인의 아이들이나 오랑캐의 아이들이나 모두 같은 본성과 같은 소리를 내는데, 성장할수록 풍속이 달라지고 문화의 차이가 생기게 되는 것은 교화와 교육에 의해서 달라진다는 것이다. 또한 순자는 배움의 중요성을 다음과 같이 강조하고 있다.

> "나는 일찍이 하루 종일 생각만 해본 일이 있었으나 잠깐 동안 배운 것만도 못하였다. 나는 발돋움을 하고 바라본 일이 있었으나 높은 곳에 올라가서 널리 바라보는 것만 못하였다. 높이 올라가서 손짓을 하면은 팔이 더 길어지지 않더라도 멀리서도 보게 되며, 바람을 따라 소리치면 소리가 더 커지지 않더라도 분명히 들리게 되며 수레와 말을 이용하는 사람은 발이 빨라지는 것은 아니지만, 천릿길을 가게 되며 배와 노를 이용하는 사람은 물에 익숙하지 않더라도 강물을 걷는다. 군자는 나면서부터 남과 달랐던 게 아니라 사물을 잘 이용한 것이다."263)

長而l異俗 敎使之然也.".
263) 『荀子』 '勸學篇', "吾嘗終日而思矣 不如須臾之所學也. 吾嘗跂而望

사람에게는 사색보다는 배우는 것이 더욱 중요하다는 것이다. 또한 배우는 자는 좋은 환경에서 좋은 교육 방법을 택해야 한다는 것이다. 발돋움하여 바라보는 것보다 높은 곳에 올라가서 바라보는 것만 못하다는 것처럼 학문도 좋은 환경에서 크게 발전됨을 시사하고 있다. 걷는 것보다 수레나 말을 타면 더 빨리 목적지에 도달할 수 있듯이, 좋은 방법으로 교육을 받으면 더 빨리 훌륭한 사람이 될 수 있다는 것이다. 좋은 환경, 좋은 교육 방법에다 훌륭한 스승의 가르침이 있을 때 군자가 탄생할 수 있다는 것이다. 또 좋은 성품으로 수양하기 위해서는 교육환경이 좋아야 된다고 한다.

"남방에 새가 있는데 그 이름을 蒙鳩라 한다. 새 깃으로 둥우리를 만들고 머리털로 그것을 짜가지고는 갈대 이삭에다 그것을 매어 놓는다. 바람이 불어와 이삭이 꺾어지면 그 속의 알이 깨지고 새끼가 죽고 하는데 둥우리가 불완전한 때문이 아니라 그런 곳에 매어 놓았기 때문인 것이다. 서쪽에 나무가 있는데 이름을 야간(射干)이라 한다. 줄기의 길이는 네 치이지만 높은 산 위에 자라고 있어서 백 길이나 되는 못을 바라보고 있다. 나무의 줄기가 길어질 수 있기 때문이 아니라 서 있는 곳이 그러하기 때문인 것이다. 쑥대가 삼대밭 속에 자라나면 부축해 주지 않아도 곧으며 흰모래가 개흙 속에 있으면 함께 모두 검게 되는 것이다.

矣 不如登高之博見也. 登高而招 臂非加長也 而見者遠 順風而呼 聲非加疾也 而聞者彰 假輿馬者 非利足也 而致千里 假舟檝者 非能水也 而絶江河. 君子生非異也 善假於物也.".

난괴의 뿌리는 바로 향로가 되는 것인데 그것을 구정물에 적셔두면 군자도 가까이 않으려니와 범인들도 그것을 몸에 차지 않는다. 그 바탕이 아름답지 않은 것이 아니라 적셔둔 것이 그렇게 만든 것이다. 그러므로 군자는 사는데 있어서는 반드시 고을을 가리고 노는데 있어서는 반드시 선비들과 어울리는데 이것은 악하고 비뚤어짐을 막음으로써 올바름으로 나아가게 하고저 함이다."264)

위에서는 몽구새·야간나무, 난괴 등의 비유를 들어서, 사람들의 인격을 형성하는 데는 교육적 환경이 중요하다는 것을 강조하고 있다. 그러므로 인간의 악한 본성을 올바르게 교화·교육하기 위해서는 좋은 고을과 훌륭한 선비들과 어울려 살 수 있는 환경을 요청하고 있다. 바로 좋은 환경이 좋은 교육적 여건 조성이라 하겠다. 孟母三遷이라는 말이 있듯이 순자도 좋은 교육 환경을 강조하고 있는 것이다. 그러므로 순자가 말하는 교육은 인성을 교화하고 인위적인 예의 법도를 실행케 해주는 중요한 작용으로서 환경적 여건을 중시하였다.

학문하는 사람의 환경을 더 구체적으로 설명하면서 교육의 작용에 대해서 다음과 같이 설명하고 있다.

"여러 가지 사물의 발생은 반드시 시초가 있을 것이며

---

264) 『荀子』 '勸學篇', "南方有鳥焉 名曰蒙鳩 以羽爲巢 而編之以髮 繫者然也. 西方有木焉 名曰射干 莖長四寸 生於高山之上 而臨百仞之淵 木莖非能長也 所立者然也. 蓬生麻中 不扶而直 白沙在涅 與之俱黑 蘭槐之根 是爲芷 其漸之滫 君子不近 庶人不服 其質非不美也 所漸者然也. 故 君子 居必擇鄕 遊必就士 所以防邪 而近中正也.".

영예나 욕됨이 오는 것은 반드시 그의 덕을 따르는 것이
다. 고기가 썩으면 벌레가 생겨나고 생선이 마르면 좀 벌
레가 생겨나는 것이니, 태만함으로써 자신을 잊는다면 재
앙이 곧 닥칠 것이다. 굳센 것은 스스로 떠받치고 서지만,
부드러운 것은 스스로 묶여야만 하게 되는 것이다. 악함과
더러움을 몸에 지니고 있으면 원한이 맺어지게 된다. 땔나
무를 펼쳐 놓으면 불은 한결같이 마른 것을 태울 것이고,
땅을 평평히 하면 풀은 한결같이 젖은 곳으로부터 적실 것
이다. 풀과 나무는 무리를 이루어 자라나고, 새와 짐승은
떼를 지어 사는데 모든 물건은 제각기 그의 종류를 따르기
마련이다. 그러므로 과녁을 펼쳐놓으면 화살이 날아오게 되
고 나무숲이 무성하면 도끼가 쓰여지게 되고 나무가 그늘
을 이루면 새떼들이 와서 쉬게 되고 식초가 시어지면 바구
미가 모여들게 된다. 그래서 말에는 화를 부르는 수가 있
고, 행동에는 욕됨을 자초하는 일이 있으니 군자는 自己의
입장에 대하여 신중을 기하는 것이다."[265]

라고 하였으니, 학문하는 사람의 환경을 세심하게 시사하
고 있다. 환경이란 자연히 주어지는 것이 아니라 학문하는
사람의 결심여하에 따라서 형성된다는 것이다. 풀과 나무
가 무리 지어 살 듯이 사람도 같은 사람들이 모이게 되는
것은 당연하다. 따라서 군자는 언행을 삼가 자기 자신의
환경을 잘 형성해 가야 한다는 것이다. 그러므로 자기 자
신들을 잘 교화할 수 있는 환경 속에서 꾸준히 한결같은

---

265) 『荀子』 '勸學篇', "物類之起 必有所始 榮辱之來 必象其德. 內腐出蟲
魚枯生蠹 怠慢忘身 禍災及作 强自取柱 柔自取束. 邪穢在身 怨之所
構. 施薪若一火就燥也 平地若一水就濕也. 草木疇生 禽獸羣焉 物各
從其類也. 是故 質的張而弓矢至焉 林木茂而斧斤至焉 樹成蔭而衆鳥
息焉 醯酸而蜹聚焉 故言有召禍也 行有招辱也 君子愼其所立乎!".

마음으로 노력하여 교육할 것을 다음과 같이 말하고 있다.

　　"흙이 쌓여 산이 이룩되면 바람과 비가 일게 되고, 물이
모여 못이 이룩되면 교룡과 용이 생겨나며, 선함이 쌓여
德이 이룩되면 신명함을 자연히 얻게 되고 성스러운 마음
이 갖추어지게 된다. 그러므로 반 발자국이 쌓이지 않으면
천리 길을 갈 수 없고, 작은 흐름이 쌓이지 않으면 강과
바다를 이룰 수 없는 것이다. 준마도 한번 뛰어 열 발자국
갈 수 없고 둔한 말도 열 번 수레를 끌면 준마를 따를 수
있다. 공을 이룸은 중단하지 않는데 달렸으니, 칼로 자르
다 중단하면 썩은 나무라도 꺾이지 않으며 자르는 것을 중
단하지 않으면 쇠나 돌이라도 파여 생길 수 있다.
　　지렁이는 날카로운 발톱과 이빨이나 힘센 근육이나 뼈를
갖고 있지 않지만, 그것은 마음 쓰임이 한결 같기 때문이
다.…그러므로 꿋꿋한 뜻이 없는 사람은 밝은 깨우침이 없
을 것이며, 묵묵히 일함이 없는 사람은 혁혁한 공을 이루
는 일이 없을 것이다. 네거리를 헤매는 자는 목적지에 이
루지 못하고 두 임금을 섬기는 자는 아무에게도 받아들여
지지 않을 것이다. 눈은 두 가지를 제각기 보지 못함으로
써 밝게 보이고, 귀는 두 가지를 제각기 듣지 못함으로써
분명히 듣게 되는 것이다."266)

　　순자는 교육을 인간본성을 교화하는데 필요한 수단으로
본 것이다. 그래서 인간의 최고 가치관인 至人卽聖人의 경

---

266)『荀子』'勸學篇', "積土成山 風雨興焉 積水成淵 蛟龍生焉 積善成德
　神明自得 聖心備焉. 故不積蹞步 無以至千里 不積小流 無以江海.
　騏驥一躍 不能十步 駑馬十駕 功在不舍 鍥而舍之 朽木不折 鍥而不
　舍 金石可鏤. 蚓無爪牙之利 筋骨之强 上食埃土 下飮黃泉 用心一
　也.…是故 無冥冥之志者 無昭昭之明 無惛惛之事者 無赫之功. 行
　衢道者 不至 事兩君者 不容者. 目不能兩視而明 耳不能兩聽而聰."

지에 도달하기 위해서는 꾸준한 교화의 노력이 절대 필요하다는 것을 설파하고 있는 것이다. 악한 본성을 예의라는 수양 방법을 통해서 한결같이 꾸준히 교육하면은 바람직한 가치관을 가진 전인적인 인물이 될 수 있다는 것이다. 그래서 詩經에 말하기를,

> "뻐꾹새가 뽕나무에 있는데, 그 새끼 일곱 마리일세. 훌륭한 군자께서는 그 태도가 한결같네! 그 태도가 한결 같고 마음은 맺힌 듯하네."[267]

라고 하였다. 이것은 바로 꾸준하게 교육시키는 일면을 표현한 말이다. 다음으로는 교육의 방법과 목표를 설명하고자 한다.

> "학문은 어디에서 시작하여 어디에서 끝나는가? 그 방법에 있어서는 經文을 외우는 데서 시작하여 禮記를 읽는 데서 끝나는 것이며, 그 뜻에 있어서는 선비가 되는 것에서 시작하여 성인이 되는 것으로 끝나는 것이다. 정말로 노력을 오랫동안 쌓으면 그런 경지에 들어가게 되지만, 학문이란 죽은 뒤에야 끝나는 것이다. 그러므로 학문의 방법에는 끝이 있지만, 그 뜻으로 말 하면은 잠시라도 버려둘 수가 없는 것이다. 그것을 하는 것은 사람이고 그것을 버려두는 것은 금수인 것이다."[268]

---

267) 『詩經』, "鳲鳩在桑 其子七兮. 淑人君子 其儀一兮. 其儀一兮 心如結兮 故 君子結於一也.".
268) 『荀子』, '勸學篇', "學惡乎始惡乎終? 曰 其數則始乎誦經 終乎讀禮 其義則始乎爲士 終乎爲聖人 眞積力久則入 學至乎沒而後止也. 故

학문 교육 방법으로서는 옛날의 경전들을 읽고 예에 관한 교화 교육을 주장했다. 즉, 經書인 詩, 書, 樂, 春秋를 읽고 암기하는 교육 과목으로부터 시작해서 예를 읽고 암기하는 교육 과목으로 끝낸다 하였다. 경전은 사람에게 지식을 이룩해주고 예는 사람의 행동을 바르게 규제해주기 때문에 禮記를 마지막 과목으로 선정한 것이다. 이것은 교육하는 과정을 마치는 것이지 학문이 끝나는 것을 의미하는 것은 아니다. 학문의 끝은 죽음으로 끝난다는 것이다. 그리고 학문의 목표는 선비로부터 시작하여 훌륭한 덕을 갖춘 온전한 사람인 성인이 되는데 있다는 것이다. 순자가 말하는 성인의 경지는 공자가 말하는 성인의 경지와 다를 바가 없다. 이 경지는 유가에서 공통적으로 지향하고 있는 天道의 경지로서 人極에 상응하는 천인합일의 경지이다. 『중용』 제20장에 '誠者는 天之道'라 하였고, '誠之者는 人之道'라 하였다. 또 '誠者는 聖人'이라 하였다. 공자와 같은 성인도 노력하여 달성한 성인인 것이다. 下學에서부터 上達할 때까지 수학을 거듭하여 달성한 성인이라고 본다면, 순자가 말하는 성인과 다를 바가 없다고 본다.

또 한편으로 순자는 지행합일의 교육사상을 피력하고 있다.

　　"군자의 학문은 귀로 들어와 마음에 붙어서 온몸으로 퍼
　　져 행동으로 나타난다. 단정히 말하고 점잖게 움직이어 모

　　學數有終 若其義則不可須臾舍也. 爲之人也 舍之禽獸也.".

두가 법도가 될만하다. 소인의 학문은 귀로 들어와 입으로
나온다. 입과 귀 사이는 네 치 밖에 안 되니, 어찌 일곱
자나 되는 몸을 아름답게 할 수 있을 것인가? 옛날의 학자
들은 자기 자신을 위해서 학문을 하였고 지금의 학자들은
남에게 보이기 위하여 학문을 한다. 군자가 학문을 하는
것은 그 자신을 아름답게 하기 위해서이고 소인이 학문을
하는 것은 남에게 내놓아 이용하기 위해서이다. 그러므로
묻지도 않았는데 이야기하는 것을 시끄러움이라 하고, 하
나를 물었는데 둘을 이야기하는 것을 뽐냄이라고 한다. 시
끄러움도 그르고 재는 것도 그르니 군자는 메아리 울림처럼
행동하는 것이다."269)

    교육 받은 학문이 행동과 일치하는 사람은 군자이고 그
렇지 못한 사람은 학문을 출세하는 수단으로 아는 소인이
라고 한 것이다. 군자는 자기 자신의 성실한 가치관을 완
성하기 위하여 학문을 하고 또 교육 받은 학문의 지식을
행동으로 옮길 때, 산울림과 같이 틀림없이 실천한다는 것
이다.

    또 순자는 학문을 하는 것은 자기를 위하고 자기를 아름
답게 하기 위함이라고 했다. 공자도 '옛날 사람은 자기를
위하여 학문에 힘을 썼지만, 지금 사람은 남에게 보여주기
위하여 아니면 출세하기 위한 수단으로 학문을 한다.'270)

---

269) 『荀子』 '勸學篇'. "君子之學也 入乎耳 著乎心 布乎四體 形乎動靜
    端而言 蝡而動 一可以爲法則. 小人之學也 入乎耳 出乎口 口耳之
    間 則四寸耳 曷足以美七尺之軀哉! 古之學者 爲己 今之學者 爲人.
    君子之學也 以美其身 小人之學也 以爲禽犢. 故不問而告 謂之傲
    問一而告二 謂之囋. 傲非也 囋非也 君子如響.".
270) 『論語』 '憲問篇'. "古之學者爲己 今之學者爲人.".

라고 한 것과 그 내용이 비슷하다. 현대의 사람들은 학문을 함은 출세하기 위한 수단과 방법으로 하고 있지만, 옛날의 학자들은 자기 자신의 성실성을 갖추기 위하여 학문을 하였다고 보았다.

이상에서 논술한 것을 요약하면 예는 교육적인 측면에서 모든 윤리 교화의 핵심으로서 인간수양의 표준으로 보았었다. 그리고 순자의 교육내용은 詩, 書, 禮, 樂, 春秋 等과 같은 것을 교과 과목으로 교육했음을 알 수 있고, 순자가 생각한 바람직한 인간상은 士, 군자와 같은 인간상을 거쳐 聖人의 경지에 이른 인간상을 요청하고 있다. 결국 유가학파가 바라는 최고 인간상인 聖人의 경지와 일치한다고 보아야 한다. 그러므로 인간 가치관의 정립 방법은 공자나 맹자와 다르나 궁극에 이르러서는 서로 일치하기 때문에 순자를 유가류로 보는 것이다. 여기에서 순자는 군자와 성인을 동등한 위치로 보았느냐 다르게 보았느냐는 학자간에 견해의 차이를 가진다. 생각컨데 군자가 수기하고 성지했을 때 군자 즉 성인, 성인 즉 군자가 되어 바람직한 인간상을 이룩할 수 있다고 본다. 그래서 순자는 교육의 최고 목표는 군자에 있는 것이 아니라 성인에 있다고 보아야 한다.

2. 敎育方法

순자는 교육의 궁극 목표는 인간의 性惡을 윤리, 도덕적인 교화를 통하여 예의에 맞는 바람직한 인간상을 요청하고 있다. 또한 인간의 본성은 自然之性으로써 태어날 때부터 악한 것이고 그 선한 것은 僞로써 가식이라는 것이다. 그러므로 인간의 性情은 선천적으로 악한 것이므로 性情 그대로를 따라하면 이익을 좋아하고 남을 질투하고 미워하여 쟁탈, 음란한 행위를 하게 된다는 것이다. 그러므로 師法의 교화와 聖人이 만든 예의의 인도가 필요하다는 것이다. 이와 같이 自然之性을 교화, 교육하는 것을 '化性起僞'라 한다. 이것을 후천적인 작위를 통해서 교육하고 예의 文理로 교화하면 누구나 다 바람직한 가치관이 확립하여 성인이 될 수 있다는 것이다. 그래서 순자는 바람직한 인간 가치관을 형성한 至人, 즉 聖人이 되는데 교육의 목적이 있다고 보아야 한다. 그러면 이와 같은 성인의 경지에 도달하기 위한 교육방법은 다음과 같이 생각해 볼 수 있다.

(1) 敎育 環境 造成

孟母三遷이 있듯이 좋은 환경을 택해서 교육해야 됨을 강조하였다.

> "남쪽에 새가 있었는데 그 이름은 蒙鳩이다. 이 새는 깃으로 둥지를 만들고 머리털로 그것을 짜가지고는 갈대 이삭에다 매어 놓는다. 바람이 불어와 이삭이 꺾어지면 그 속에 알이 깨지고 새끼가 죽고 하는데 둥우리가 불완전한 때문이 아니라 그런 곳에 매어 놓았기 때문이다."[271]

---

271) 『荀子』 '勸學篇', "南方有鳥焉 名曰蒙鳩 以羽爲巢 而編之以髮 繫之

주위환경과 자연적 여건이 몽구라는 새가 살기에 적절하지 못함을 시사한 것으로 둥지 자체가 불완전한 것이 아니라 둥지를 설치해야할 환경 자체가 좋지 않았음을 설명하고 있다. 또 환경의 중요성을 강조하고 있다.

> "쑥대가 삼대 밭 속에 자라나면 부축해주지 아니해도 곧으며 흰모래가 개흙 속에 있으면 함께 모두 검게 되는 것이다.…그러므로 군자는 사는데 있어서는 반드시 고을을 가리고, 노는데 있어서는 반드시 선비들과 어울리는데 이것은 악하게 비뚤어짐을 막음으로써 올바름으로 가까워지고자 하는 때문이다."272)

바람직한 가치관을 갖추기 위해서는 첫째 조건으로 사는 곳을 가리고 사람을 가려 사귐으로써 올바른 가치관을 정립해야 한다는 것이다.

(2) 持續的인 學習

학습방향과 목표를 세워서 일관성 있게 꾸준히 학습하는 태도를 요청하고 있다. 그래서 '두 길을 가는 사람은 영원히 목적지에 도달할 수 없다.'273)라고 하였다. 그래서 순자는,

---

葦苕 風至苕折 卵破子死 巢非不完也 所繫者然也.".
272) 上揭書, "蓬生麻中 不扶而直 白沙在涅 與之俱黑…故 君子 居必擇鄉 遊必就士 所以防邪辟 而近中正也.".
273) 上揭書, "行衢道者不至.".

"흙이 쌓여 산이 이룩되면 바람과 비가 일게되고, 물이
　　모여 연못이 이룩되면 교룡과 용이 생겨나며 선함이 쌓여
　　덕을 이루게 되면 신명함을 자연히 얻게 되고, 성스러운
　　마음이 갖추어지게 된다."274)

라고 하였다. 자기수양과 교화해가는 학문적 방향을 꾸준
히 줄기차게 쌓아 나감으로써 그 功績에 의해 신명에 찬
聖心을 갖추게 된다는 것이다.

　　　"사람이 호미질과 밭갈이를 계속해서 기술을 쌓아가면
　　농부가 되고, 깎고 쪼개는 일을 계속 쌓아가면 기술자가
　　되며, 사고파는 일을 계속 쌓아가면 상인이 되고, 예와 의
　　를 쌓아가면 군자가 된다."275)

라고 하였다. 한 가지 일에 지속적으로 꾸준히 쌓아 나가
면 누구나 전문인이 될 수 있듯이 학문을 하고 있는 선비
는 꾸준하게 예와 의에 맞는 인간 가치관을 쌓아 나가면
누구나 군자가 되고 더 나아가서 성인의 경지에 도달할 수
있음을 시사한 것이다.
　　이상과 같이 순자는 교육관을 통하여 볼 때 틀림없는 교
육리론가이요, 교육실천론자임을 알 수 있었다.

---

274)　上揭書, "積土成山 風雨興焉 積水成淵 蛟龍生焉 積善成德 神明自
　　　得 聖心備焉.".
275)　『荀子』 '儒效篇', "人積耨耕而爲農夫 積斲削而爲工匠 積反貨而爲商賈.".

Ⅳ. 結 論

이상에서 논술한 것을 정리하면 다음과 같다.

순자는 본체론에서는 天論과 性論, 그리고 禮論으로 논술하였다. 天論에서는 천인분리사상을 말하였는데 자연의 天과 인간과의 완전 분리를 뜻하는 것이 아니라 자연이란 큰 범주 속에서 인간이 본체가 되어서 인간사회의 질서를 유지함을 말하는 것이다. 즉 자연 중심 사고방식에서 인간 지식 중심의 사고방식으로 전환해야함을 강조한 것이다. 그리고 性論에서는 순자는 전국말기의 사회 타락상을 통하여 인성의 이기적인 면을 생각했고, 이기적이요 욕망적인 性情을 개선하는 방법을 제시했다. 그것은 바로 師法의 교화와 성왕의 다스림과 예의의 道와 같은 교화방법을 제시했다. 禮論에서는 보통 사람일지라도 예의라는 수양과정을 거쳐서 도극의 경지에 이르게 되면 바로 至人으로서 聖人의 경지에 도달할 수 있다고 보았다. 그러므로 사람들은 본디부터 성인이 되기 위해서 학문을 한다는 것이다. 학문의 최고 목표가 도극이요, 성인의 경지로 보았다.

그리고 실천론에서는 교육의 내용과 교육의 방법론을 진술했다.

교육의 내용에서는 詩, 書, 禮, 樂, 春秋와 같은 과목으로 교육을 했고, 바람직한 인간상은 士, 君子와 같은 인간상을 거쳐 성인의 경지에 이른 인간상을 요청하고 있다. 결국 유가에서 바라는 聖人의 경지와 일치한다고 보아야 한다. 그러므로 인간 가치관의 정립 방법은 설령 맹자와 다르나 성인이라는 궁극에 이르러서는 서로 일치됨을 찾아볼 수 있었다.

교육 방법에서는 교육 환경 조성 문제와 지속적인 학습으로 나누어 설명하였다. 교육 환경 조성에서는 바람직한 인간가치관을 정립하기 위해서 첫째 조건으로 좋은 환경을 찾아서 살고, 사람도 가려 사귐으로써 올바른 가치관을 세울 수 있다는 것이다. 지속학습에서는 자기의 수양과 교화를 꾸준히 줄기차게 쌓아 나감으로써 그 공적에 의해 성심을 갖춘 성인이 될 수 있음을 시사했다.

생각컨데 교육의 목적이 바람직한 인간상, 전인적 인물을 양성하는데 있다면, 전인적 인물은 순자가 말하는 至人과 같은 聖人에 상응하는 것으로 보아야 한다. 오늘날의 교육본령은 진리탐구에 있고 인격도야에 있으며 그 지향하는 목표는 바람직한 지성인을 양성함에 있다고 하였다. 순자의 입장에서 생각컨데 知는 바람직한 실천적인 知로서 지행합일의 知일 것이요, 지성의 性은 性惡에서 性善으로 전환된 理法과 같은 性으로 보아야 한다. 그러므로 순子가 말하는 聖人 또는 至人은 바로 오늘날 지성인에 해당하는 것이다.

우리는 흔히 현대 교육의 붕괴니 또는 교실 붕괴니 하는 말을 자주 한다. 이 같은 현상은 지식교육, 물질교육, 입시교육에 치중되어 공교육이 무너졌음을 표현하는 말이다. 오늘날의 교육은 지식만을 축적하는 지식인 교육에 치중하

고 있는 현실에서 하루 빨리 인성 교육 즉 전인교육에 치
중해야 한다. 오늘날의 위기교육을 벗어나서 知德을 겸비
한 전인교육의 實效性을 찾을 수 있는 길은 바로 순자의
교육철학사상이 그 청량제 역할을 할 수 있다고 본다.

參考文獻

1. 基本資料

· 『荀子』, 『論語』, 『孟子』, 『中庸』, 『老子』, 『詩經』, 『書經』, 『禮記』

2. 單行本

· 金益洙, 『儒家思想과 教育哲學』, 螢雪出版社, 1979.
· 金能根, 『中國哲學史』, 獎學出版社, 1984.
· 金忠烈, 『中國哲學散稿』, 汎學圖書, 1977.
· 尹絲淳, 『韓國儒學論究』, 玄岩社, 1985.
· 勞思光, 『中國哲學史』(古代篇), 鄭仁在 譯, 探究堂, 1986.
· 吳　康, 『諸子學槪要』, 正中書局, 1982.
· 韋政通, 『荀子與古代哲學』, 臺灣商務印書館, 1985.
· 黃公偉, 『孔孟荀哲學證義』, 臺灣 幼獅文化事業公司, 1975.
· 馮友蘭, 『中國哲學史』, 鄭仁在 譯, 探究堂, 1983.
· 蔡仁厚, 『孔孟荀哲學』, 臺灣學生書局, 1984.
· 陳大齊, 『荀子學說』, 臺灣華岡出版部, 1974.
· 龍宇純, 『荀子論集』, 臺灣學生書局, 1987.
· 周群振, 『荀子思想研究』, 文津出版社, 1987.
· 崔大林, 新譯『荀子』, 홍신출판사, 1995.
· 劉正浩, "孟子", 『中國歷代思想家2』, 臺灣商務印書局, 民國67年.
· 吳　康, 『孔孟荀哲學(上, 下)』, 臺灣商務印書局, 民國71年.
· 吳　康等著, 『孟子思想研究論集』, 臺灣黎明文化事業公司, 民國71年.
· 駱建人, 『孟子學術體系探?』, 臺灣文津出版社, 民國68年.
· 陳訓章, 『孟子管窺』, 臺灣黎明文化事業公司. 民國73年.
· 沈佑燮, 『先秦諸子選讀』, 誠信女子出版社. 1984.

3. 論文類

· 金忠烈, 「論天人之際」金俊燁教授華甲紀念『中國學論叢』, 1983.
· 金炳采, 「荀子의 ‘天’에 대한 研究」『東洋學』12집, 1982.

------, 「荀子 '禮'的 根據」檀國大『論文集』16집, 1982.

------, 「先秦儒家哲學的道德意識研究」, 輔仁大學哲學研究所 博士
論文, 1986.

· 李起東, 「荀子思想의 社會哲學的 意味」『大東文化研究』21집, 1987.

· 鮑國順, 「荀子的人生思想」『孔孟學報』13期, 1982.

· 李乙浩, 「禮概念의 變遷過程」成大『大東文化研究』4집, 1967.

· 鄭仁在, 「荀子의 知識論」, 東洋哲學의 饗宴, 姜聲渭外, 이문사, 1981.

· 金吉洛, 「孟子 王道思想의 哲學的 根據」『哲學研究』26집, 1978.

· 趙南旭, 「孟子 政治論 研究」, 『釜山大師大論集』제11집, 1985.

孟・荀의 價値觀 比較

I. 序 論

우리가 살고 있는 현대는 정치, 경제, 사회 등 다방면에서 급진적 변화와 발전을 가져오고 있다. 특히 사회가 다원화 되어가고 인구가 기하급수로 증가함에 따라 『書經』에서 말하듯이 "人心은 위태롭게 되고 윤리도덕은 무너져 인간 가치관이 상실되어 가고 있는 것"276)이 오늘의 실정이다.

고전(大學)에 '德은 本이요 財는 末이라'277)했는데, 현대는 財가 本이요 德이 末이 되어 본말이 전도되었다. 末인 財를 중시할 때 물질주의, 숭금주의로 흘러가게 되어 근본인 心之德은 경시되어 자연적으로 인간 가치관이 무너지게

---

276) 『中庸』 '章句序', "人心惟危 道心惟微 惟精惟一.".
277) 『大學』 第10章, "德者本也 財者末也.".

된다. 이로 인하여 백성들은 서로 투쟁하게 된다는 것이다. 이 같은 실황이 오늘날의 사회현상이라고 볼 수 있다. 따라서 현대인은 실리지상주의로 흘러 참다운 인간성을 잃게 된 것이다. 그러므로 우리가 파멸되어 가는 인간 가치관을 회복하는 길이 바람직한 사회 질서를 찾는 길이라 볼 수 있다.

그래서 맹자는 도덕적 필연성을 인간의 性善으로 보고 외적인 환경에 의해서 악해지지 않도록 수양해서 본연의 성선을 회복해야만 바람직한 인간 가치관을 정립할 수 있다고 보았고, 순자는 생리적인 욕망이 인간의 化性起偽 할 것을 요청하고 있다. 그렇게 할 때 人極에 이르러 비로소 바람직한 가치관을 정립할 수 있다는 것이다. 맹자는 인성의 良知 良能할 수 있는 良心은 선천적으로 인간에게 부여한 것이라 하였고 또한 仁義의 마음을 고수하면서 잃어버렸던 본성을 다시 회복하기 위하여 예를 방법으로 사용했으나 순자는 인간의 본성을 악이라고 생각하여 그 본성을 교화하기 위해서 예를 또한 사용하였다. 孟·荀의 인간 가치관을 정립하는데 예의 방법에 대한 견해는 서로 다르다고 하겠다. 따라서 孟·荀의 性善과 性惡을 규명함에 있어서는 性의 범위 설정을 서로 달리하고 있음을 찾아볼 수 있다. 두 사상가는 본성에 대한 입장을 달리하고 있으나, 인간의 최고 경지인 天道 즉 聖人의 경지에 이르러서는 하나로 일치한다고 보아서 다같이 공자학파에 속한다고 볼 수 있다. 이와 같이 올바른 인간 가치관이 확립할 때 공자

가 말하는 '君君 臣臣 父父 子子'278)와 같은 정명 사상이
具顯되어 禮記 禮運篇에서 말하는 大同社會가 이루어질 수
있으리라 믿는다. 이와 같은 취의를 살려서 맹자와 순자의
가치관 문제인 性善과 性惡의 문제를 재조명함으로써 현대
의 물질 지상주의로 병들어 가는 사회 윤리관을 바로 세우
고자 하는데 본 연구의 목적과 필요성을 가진다.

Ⅱ. 本 論

상품의 값어치는 희귀성과 그 효용성에 있다면 인간의
값어치는 善惡에 있다고 볼 수 있다. 인간에 있어서 선악
을 나타내게 하는 근원적인 것은 인성이라 볼 수 있다. 이
같은 性이란 글자는 고전 여러 곳에서 찾아볼 수 있다. 그
러나 동양 고전에서 사람의 본성에 대해 언급하기 시작한
것은 『書經』 '湯誥篇'에 "惟皇上帝께서 이 땅의 백성에게
衷心을 내리시어 떳떳한 性을 주시니 능히 이 道에 따르는
자가 오직 임금이니라"279)한 데서 性字를 찾아볼 수 있다.
그리고 『周易』 '繫辭上'에 性字가 보인다.280) 여기에 나타
나는 性은 인간의 본성이라고 孔穎達은 설명하고 있
다.281) 인성론의 본격적인 시작은 아무래도 공자로부터

---

278) 『論語』 '顔淵篇'.
279) 『書經』 '湯誥', "惟皇上帝 降民于民 若有恒性 克綏厥猷 惟后.".
280) 『周易』 '繫辭上', "一陰一陽之謂道 繼之者善也 成之者性也.".

잡는 것이 옳을 듯하다. 論語를 통하여 볼 때 인간 본성에 대해서 말씀하신 것은 陽貨篇에서 찾아 볼 수 있다. "타고난 본성은 서로 가깝고 익힘은 서로 멀다"[282]고 했다. 이것은 인성론의 본격적인 시작으로 보기도 하는데 宋 시대의 張載는 여기서 말하는 性은 본성으로 習은 습성으로 풀이했고, 朱子는 性을 本然의 性으로 習은 氣質의 性으로 풀이했다.[283]

공자의 손자 子思는 性에 대한 근원을 天道에 두고 하늘이 인간에게 부명한 것을 인성이라고[284] 했다. 하늘에서 부여받은 純然한 性은 天地의 性이라 純一無雜하고 眞實無妄한 絶對善으로 보았고, 氣質의 性은 기품에서 나와서 五行(水火木金土)의 배합정도에 따라서 善, 不善, 賢不育의 차별이 생한다는 것이다. 맹자의 性善으로서 인간 가치관에 대한 정립도 공자가 주창한 性相近의 性과 중용의 하늘이 인간에게 賦命한 天地의 性이라는 데서 性善의 가치관을 정립했다고 보아야 한다. 한편으로서 순자의 性은 告子가 말한 '生之謂性'과 같은 의미로 "사람이 나면서부터 타고 태어난 것이 性이라"[285]하였고, 사람은 태어날 때부터 이익을 좋아한다.[286]고 하였다. 이와 같이 인간이 태어날

---

281) 孔穎達 疏, "若能成就此道者 是人之本性.".
282) 『論語』 '陽貨篇', "性相近 習相遠.".
283) 「朱子語類」, "有天地之性 有氣質之性 天地之性則太極本然之妙 萬殊一本也 氣質之性則二氣變運而生 一本而萬殊也.".
284) 『中庸』 第一章 "天命之謂性.".
285) 『荀子』 '正名篇', "生之所以然者 謂之性.".
286) 『上揭書』 '性惡篇', "人之性 生而有好利焉.".

때부터 그 본성이 악하고 이기적이라는 것이다. 그러므로 性惡을 예라는 작위로 교화할 것을 요청하고 있다. 이 같은 의미를 추론하건대 순자는 공자의 性相近보다 習相遠에 치중하였기 때문에 氣質의 性을 더 중요시했다고 볼 수 있다. 이와 같은 취의를 살려 다음 맹자의 性善說의 가치관 문제를 규명하고 다음으로 순자의 성악설의 가치관을 천명하여 孟・荀의 가치관을 비교하고자 한다. 그리하여 실천론에서는 윤리적 측면과 정치적 측면으로 구명함으로써 현대적 의미를 밝히고자 한다.

1. 孟子의 人性論

(1) 思想的 背景

맹자는 공자가 죽은지 100여년 뒤에 鄒나라에서 태어났다. 鄒나라는 공자가 태어난 魯나라와 인접한 곳이며 지금 중국의 산동성 남쪽 지역에 해당한다. 司馬遷의 『史記』 '孟荀列傳'에 의하면,

> "孟軻는 鄒人으로 子思의 문인 밑에서 수업을 하여 이미 학문이 성취됨에 齊의 宣王을 섬기려 했는데 宣王이 등용을 거부하므로 梁으로 가서 惠王을 봄에 惠王은 그의 말한 바를 실천하지 않고 그의 주장은 세상 실정과 거리가 멀다고 생각했다.…특히 맹자는 唐虞三代의 聖德을 祖述하였다. 그러므로 간 곳마다 의견이 불합해서 鄕里에 退歸하여 萬章 등 제자를 데리고 『詩經』『書經』을 編序하였는데 仲

尼의 사상을 承述함으로써『孟子』7편을 作하였다."287)

고 하였다. 맹자는 공자의 손자 子思의 사상을 再傳한 제
자이며, 맹자의 책을 저술한 자이다. 특히 공자의 손자인
子思의 정통 유학 사상을 전수 받을 수 있었다. 그는 공자
와 같이 제자들을 거느리고 여러 나라를 방문하면서 유가
의 이상 정치사상을 구현시키고자 하였다. 맹자는 諸國王
들에게 仁과 義의 정신이 담긴 왕도정치를 촉구하고 민생
고를 해결할 수 있는 경제 정책을 구현 할 수 있는 所以然
之理가 바로 인간가치를 확립하는데 있다고 생각했다.

공자가 유가학파의 전통을 확립하고 仁사상으로 인간의
가치문제를 해명하려 했다. 이에 맹자는 공자의 仁에다가
義를 더 첨가하여 仁義로써 性善說을 전개한 것이다.

(2) 性善의 價値觀 問題

맹자의 性善論은 그의 인생철학의 근본 문제로 제시하고
있다. 그는 인성이 선하다함을 先聖의 설과 경전을 통해서
찾아 볼 수 있다.『詩經』'大雅 蒸民篇'에 "天이 뭇백성을
낳으시니 物이 있으면 則이 있도다. 백성들이 不變의 道를
잡음이여! 美德을 좋아하는도다."288)라 함은 사람들이 태

---

287)『史記』'孟荀列傳', 司馬遷, "孟軻鄒人也 受業子思之門人 道旣通遊
　　事齊宣王　宣王不能用　適梁王　不果所信則見以爲迂遠而闊於事情當
　　時之時…孟軻乃述唐虞三代之德　是以所如者　不合退而萬章之徒　序
　　詩書述仲尼之意 作孟子七篇.".
288) "天生蒸民　有物有則　民之秉彛　好是懿德.".

어날 때부터 미덕을 좋아한다는 것은 바로 인성의 선함을 나타낸 것이라고 보았다. 또 子思는 『중용』首章에서 天으로부터 부여받은 것을 性이라 하였는데 인간에게 부여한 것을 인성이라 했다. 또 二十章에서 誠은 天의 道요 誠되게 함은 人道라 하였다. 이 때 인성은 바로 眞實無妄한 하늘의 道이므로 人欲과 私欲이 배제된 소박하고 純一無雜한 天理임을 맹자는 터득하여 인성은 선하다는 것을 확정하였다. 또 맹자는 性이 선하다는 사실을 인간의 심리적 현상으로 나타난 四端을 가지고 설명하고 있다. 四端인 惻隱·羞惡·辭讓·是非는 누구나 태어날 때 없는 사람이 없으니 능히 이것을 길러서 확충하면 반드시 聖人의 영역인 天道에 도달할 수 있다고 보았다.

> "사람은 누구나 다 남의 불행을 차마 보지 못하는 마음이 있다. 이제 어떤 아이가 우물로 들어간다고 가정한다면 그것을 보는 사람은 누구나 다 불쌍히 여겨서 건지려고 할 것이다. 이 순간 그 정황을 생각해 본다면 그는 어린아이를 구출하였다는 명예를 얻으려는 것도 아니고 그 기회에 어린아이의 부모와 사귀어 이익을 보자는 것도 아니다. 또 어린아이를 구출하지 아니한 데 대한 좋지 못한 평을 두려워함도 아니다. 어린아이를 건지려 함은 순수한 自然의 性의 발로인 것이다. 이 같은 마음을 惻隱의 心이라 한다. 이것을 推及하면 惻隱한 마음이 없으면 사람이 아니고 羞惡의 마음이 없으면 사람이 아니고 辭讓의 마음이 없으면 사람이 아니고 是非의 마음이 없으면 사람이 아니다. 惻隱의 마음은 仁의 端이고, 羞惡의 마음은 義의 端이고 辭讓의 마음은 禮의 端이고, 是非의 마음은 智의 端이다."289)

라고 하였다. 사람이 이 四端을 가지고 있음은 四體를 가지고 있음과 같으니 인간이 태어날 때부터 善한 性을 가지고 태어났음을 시사한 것이라 하겠다. 그리고 또한 四端은 各人이 가지고 있는 도덕의식인데 이것을 확충·발전시키고 체득해야 한다는 것이다. 四端은 仁義禮智를 발생하는 근본이 되는 것이다.

맹자는 性善으로서 良知 良能을 말했는데 良知 良能은 인간이 태어날 때부터 가지고 있다고 하였다. "사람이 배우지 않아도 능한 것은 良能이고 생각하지 않고도 아는 것은 良知이다. 孩提의 아이가 그의 아버지를 사랑할 줄 알고 성장함에 따라 그 형을 공경할 줄 아는 것은 良知 良能이 있기 때문이라"[290]는 것이다. 惻隱·羞惡·辭讓·是非의 마음은 양심의 고유한 것으로서 인간 가치관을 이루는데 주체라고 볼 수 있다. 이와 같은 주체로써 四端이 확립되어져서 사물과 작용하게 될 때 자기 행위는 반드시 情之正으로써 선행을 할 뿐만 아니라 대상을 교화시켜 나갈 수 있는 힘이 된다는 것이다. 이와 같은 인격자를 우리는 聖人이라 한다. 이 같은 취의를 살려 명대 王陽明은 맹자의 良知說을 취하여 一家의 학설을 이룩하였다.

---

289) 『孟子』 '公孫丑上', "人皆有不忍人之心…今人乍見孺子將入於井 皆有怵惕惻隱之心 非所以內交於孺子之父母也 非所以要譽於鄕黨朋友也 非惡共聲而然也 由是觀之 無惻隱之心 非人也 無羞惡之心 非人也 無辭讓之心 非人也 無是非之心 非人也 惻隱之心 仁之端也 羞惡之心 義之端也 辭讓之心 禮之端也 是非之心 智之端也".
290) 『孟子』 '盡心上', "人之所不學而能者 其良能也 所不慮而知者 良知者 孩提之童 無不知愛其親也".

또 맹자는 상식적인 표현으로 牛山의 나무 이야기로 性善을 말하고 있다.

"牛山의 나무는 일찍이 울창하고 아름다웠다. 그런데 牛山은 大國의 교외에 위치하고 있으므로 樵夫가 도끼로 그 가지를 찍고 방목하는 牛羊들이 그 싹을 먹어 버렸으므로 마침내 벌거벗은 산이 되고 말았다. 사람들은 그 벌거벗은 牛山을 보고 본래 草木이 없는 것이라고 생각했다. 그러나 牛山에 본래 초목이 없는 것이 아니다. 초목 없는 것이 산의 性이 아니다. 이 牛山 같이 사람의 性은 본래 선한 것이나 욕심 때문에 악하여졌던 것이다. 인간의 性惡하다 함은 牛山의 草木이 없는 것을 보고 그 산에 본래 草木이 없다 하는 것과 같다는 것이다. 이것은 심히 잘못된 견해이다."291)

라고 하였다. 맹子는 性을 선천적 명덕으로 보았던 것이다. 그리고 告子는 性을 물에 비유했다.

"性은 빙빙 도는 물과 같다고 했다. 동방으로 트면 동방으로 흐르고 서방으로 터면 서방으로 흐릅니다. 人性에 선과 불선의 구분이 없는 것은 마치 물에 동서의 구분이 없는 것과 같다고 말했으며, 이에 맹자는 물에는 동서의 구분은 없으나 상하의 구분이야 없겠는가 인성이 선한 것은 마치 물이 아래로 내려가는 것과 같으니 사람 치고 선하지

291) 『孟子』 '告子上', "牛山之木嘗美矣 以其郊於大國也 斧斤伐之 可以爲美乎 是其日夜之所息 雨露之所潤 非無崩蘗之生焉 牛羊又從之牧之 是以若彼濯濯也 人見其濯之也 以爲未嘗有材焉 此豈山之性也哉 雖存乎人者 豈無仁義之心哉 其所以 放其良心者 亦猶斧斤之於木也.".

않은 사람이 없고 물 치고 아래로 나려가지 않는 물이 없
어 이제 물을 쳐서 뛰어오르게 하면 이마를 넘어 가게 할
수 있고, 아래를 막아서 역류케 하면 올라가게 할 수 있으
나 이것이 어찌 물의 性이겠는가? 외부의 힘으로 그렇게
되는 것일세. 사람이 性을 불선하게 만드는 것도 그 경우
가 이 물과 같은 것이다."292)

라고 말하였다. 告子가 性에는 선과 불선의 구분 없는 것
을 물에 비유하여 설명한 것에 대하여 맹자가 자신의 性善
說에 대한 확신을 갖고 물에 비유하여 논박한 것이다. 또
告子가 말하기를 "性은 선함도 없고 불선함도 없다. 혹자
는 말하기를 性은 선을 할 수도 있으며 불선을 할 수도 있
으니 이러므로 文王과 武王이 일어나면 백성들이 선을 좋
아하고 幽王과 厲王이 일어나면 백성들이 포악함을 좋아한
다 하였고, 혹자는 말하기를 性이 선한 이도 있고 性이 불
선한 이도 있다. 그러므로 堯가 군주가 됐는데도 象이 있
었으며 고수를 아버지로 삼은 舜이 있었으며 紂王은 형의
아들이 되고 또 군주가 되었는데도 微子 啓와 王子 比干이
있었다 하니, 지금 불선이라 하시니 그렇다면 저들은 모두
틀린 것입니까?"293)라고 맹자에게 물었는데 "사람이 性을

---

292) 『上揭書』 '告子上', "性猶湍水也 決諸東方則東流 決諸西方則西流
人性之無分善不善 猶水之無分於東西也 孟子曰水信無分於東西 無
分於上下乎 人性之善也 猶水之就也 人無有不善 水無有不下 今夫
水搏而躍之 可使過顙 激而行之 可使在山 是豈水之性哉 其勢則然
也 人之可使爲不善 其性亦猶是也.".
293) 『上揭書』 '告子上', "告子曰 性無善無不善也 或曰性可以爲善可以爲
不善 是故文武興則民好善 幽厲興則民好暴 或曰有性善有性不善 是

가지고 있으면 재질을 가지고 있으니 性이 이미 선하면 재질도 선하다"294)는 것이다. 그러니 맹자는 "그 情으로 말한다 하더라도 선하다고 할 수 있으니 이것이 곧 내가 주장하는 선이다."295)라고 하였다. 맹자가 말하는 불선은 物欲이 자연성을 가리워 생기는 것이라는 것이다.

맹자는 性善에 대한 논증을 추론해보면 사람의 본성이 선한 것으로 볼 수 있다. 또 맹자는 인간이 태어날 때부터 본성이 선하다고 하였고 또 태어날 때부터 仁義禮智와 같은 四端으로서의 道心을 지니고 태어남을 말하고 있다. 맹자의 仁思想은 공자의 仁思想을 더욱 구체화하여 仁義를 함께 말하였다. 공자가 말하는 仁의 의미는 『대학』經文章에 있는 明德과 같은 의미를 가지고 있다. 明德에 대한 朱子의 설명을 보면 "明德이란 사람이 하늘로부터 부여받은 것인데 인욕과 사심이 배제되고 신령스럽고 어둡지 아니하여 여러 이치(仁義禮智)를 갖추어 만사에 응하는 것이다"296)라고 하였다. 명덕은 인성의 본질에 대한 의미로서 인간의 내적 성실성을 말하고 있으며 心之德이요 愛之理로서 공자가 말하는 仁과 같은 뜻을 의미한다. 공자는 "仁은 愛人"이라 하여 인간이 공동사회 생활을 하는데 있어서 상부상조 정신으로 相愛해야 하는 인류의 조화를 시사하고

故以堯爲君而有象 而瞽瞍爲父而有舜 以紂爲兄之子 且以爲君 而有微子啓 王子比干 今曰性善 然則彼皆非與.".
294) 『上揭書』 '告子上', "人有是性則有是才 性旣善則才亦善.".
295) 『上揭書』 '告子上', "孟子曰 乃若其情則可以爲善矣 乃所謂善也.".
296) 『大學』 '經文', 朱子註釋, "明德者 人之所得於天而虛靈不昧 以其衆理而應萬事.".

있다. 그래서 맹자도 "仁은 人이라"297)하여 仁은 곧 人이라 하였으니 仁은 인간의 가치관 문제를 내포하고 있는 것이다. 仁을 이해하려면 먼저 인간을 이해해야 한다는 뜻을 지니고 있다. 仁道는 곧 人道로서 인간의 본질을 통해서 윤리·도덕관을 세울 수 있고 仁의 가치관을 이해할 수 있음을 말하고 있다. 顔淵이 仁을 물으니 "克己復禮爲仁"298)이라 했다. 여기서 克己란 자기의 인욕 사욕을 다 버리고 내면적 성실한 자기 환원으로 이해할 때 일상생활 속에서 극기함으로서 바람직한 자기 가치관이 정립된다는 것이다. 맹자는 공자의 仁사상 외에 義字를 더 첨가해서 仁義思想으로 인간 가치문제를 해명하고자 한다. 『맹자』梁惠王章'의 仁義에 대한 朱子의 설명은 다음과 같다. '仁은 心의 德이요 愛의 理라 하였고 義는 心의 制요 事의 宜'라 하였다. 仁은 天道로서 마음의 명덕과 사랑의 조화를 갖추고 眞實無妄한 明德의 개념으로 볼 수 있다. 이 같은 仁德을 마음 중심에 갖추어 대상에 적응될 때 외적인 행위들이 사리에 맞게 된다는 것이다. 그러므로 仁과 義는 두 글자이지만 하나의 뜻으로 나타낼 때 道義란 뜻으로 통용된다. 또한 『중용』에 "忠恕는 天道로 지향함에 사람으로 멀지 않다"299)고 한 충서의 의미를 내포하고 있다. 인간의 大本인 忠의 가치관이 확립되었을 때 達道로서 恕가 가능할 수 있

---

297) 『孟子』'盡心下篇', "孟子曰 仁也者人也.".
298) 『論語』'顔淵篇', "子曰 克己復禮爲仁.".
299) 『中庸』十三章, "忠恕違道 不遠人.".

음을 시사한 말로서 忠恕가 二元的 一元化될 때 仁者로서 바람직한 전인적인 인물이 될 수 있다는 것이다. 그리고 충서의 작용으로써 恕가 발휘될 때 의리 정신이 발휘되기 때문에 맹자는 仁思想 외에 義字를 더 첨가해서 仁義를 인간 가치관 문제로 설명한 것이다.

2. 荀子의 人性論

(1) 思想的 背景

순자는 전국 말에 태어나서 秦의 통일 전후까지 활동한 河北省의 趙나라 사람으로 맹자보다 조금 뒤의 인물인 것이다.

『史記』 '孟子荀卿列傳'에 의하면 이름은 況, 荀卿이라고도 불렀는데 漢代에 와서 宣帝의 諱를 피하여 孫卿이라고 불렀다. 순자는 지금 河北省 서쪽으로부터 山西省 북부까지를 점령하였던 전국시대에 태어났다. 순경은 齊의 襄王 때에 세 번이나 祭酒에 등용되었으나 참소를 받아 齊나라를 떠나 楚로 갔다. 楚의 왕족이고 권력자인 春申君의 천거로 蘭陵令에 임명되었으나 春申君이 암살당하자 벼슬을 그만두고 그곳에서 講學과 저술에 전념하다가 일생을 마쳤다. 宰相 李斯와 韓의 公子 韓非는 다 그의 제자이다.

그 생존했던 춘추전국 시대는 정치 사회적으로 대단히 혼란한 시대였지만 사상의 자유와 언론의 자유가 허용되어진 사회 풍토였기 때문에 유가류, 법가류, 도가류와 같은 諸子百家의 사상가들이 출현하기 시작했던 것이다. 그와 같은 혼란한 시대상 속에서 등장한 순자는 인간의 속성은 이기적 욕심을 지니고 있음을 발견하였던 것이다. 인간의 이기적 속성을 인위적 예에 의해서 순화해야 된다는 것이다. 그래서 순자는 인간의 이기심을 그대로 둔다면 사회질서가 무너진다고 보고서 이기적 본성을 변화시켜 선하게 만들어야 한다고 강조했는데 그것이 바로 '化性而起僞'이다.[300]

또한 순자는 공자 이후 맹자에 의해서 정비된 유교사상이 인간의 내면적이고 주관적인 心之德을 강화함으로써 인간의 바람직한 가치관에 역점을 두었다면, 순자는 성악설을 근거로 하는 예의 윤리사상을 강조하여 여러 사상을 비판적으로 받아들이면서 객관적 입장에서 인간 가치관 문제를 이해하고자 했다.

순자는 孔·孟이 주장하는 윤리·도덕의 근원으로서의 天觀을 부정하여 하늘은 인간의 윤리도덕과는 상관없는 자연의 天에 지나지 않다고 하여 天人之分을 역설했다. 그러므로 순자의 天은 자연의 天으로써 예사상의 근거가 되었던 것이다. 또한 순자가 지향하는 바람직한 인간의 경지는 聖人이므로 이 경지에 도달하기 위해서는 師法의 가르침과 예의의 길인 인위에 의한 교화만이 달성할 수 있다고 하였다. 그러므로 인간의 가치문제는 선천적인 본성에 의하여

---

300) 『荀子』 '性惡篇'.

지배되지 않고 후천적인 인위에 의하여 형성된다고 보았다. 宋代 이후 순자의 性惡說은 天·人의 분리설로 간주되어 이단시 되었으나, 그의 철학적이고 논리적 사고방식으로 그 당시 사회질서 유지와 인간 가치관을 정립하는데 크게 기여한 것이다.

이와 같은 관점을 살려서 다음으로 性惡의 가치관 문제를 규명하고자 한다.

(2) 性惡의 價値觀 問題

① 本體論的 天

유학에서 말하는 天觀은 종교적이며 도덕적 근거로서 의미를 부여하고 있기 때문에 도덕적 선의지를 내포한 天으로 볼 수 있다. 그리고 또한 이 같은 天은 인간 도덕적 가치의 근원으로서 의미를 가지고 있다. 그러나 순자의 천관은 단순한 자연 天이라기 보다는 본체론적 실체의 의미를 부여하고 있다. 그래서 순자는 天을 철학적·과학적·기계적인 것으로 보았다.301)

"治亂은 天의 所爲가 아니고 人君의 所爲이다. 明星辰을 관찰하여 曆을 만들어서 천하를 다스린 것은 禹王 때나 桀王 때나 모두 같다. 그러나 禹王 때는 잘 다스려지고 桀王 때는 어지러워 진 것을 보면 치란은 결코 天의 所爲가 아니고 人君의 所爲임이 분명하다. 치란은 四時의 所爲도 아

---

301) 「中國哲學史」, 金能根, p. 55. 參照.

니다. 오곡을 비롯하여 모든 초목은 春夏에 발아하고 성장
하여 秋期에 결실하면 사람들은 그것을 수확하여 창고에
보관한다. 이것은 우왕 때나 걸왕 때나 다 같다. 그런데
禹王 때는 다스려지고 桀王 때는 어지러워졌다. 이것을 보
면 치란은 결코 사시의 소위가 아니고 인군의 소위이다.…
그러므로 인군이 正道로써 다스리면 천하는 平定하고 邪道
로써 다스리면 천하는 어지러워진다. 또 天은 사람들이 추
위를 싫어한다 하여 겨울을 폐하지 않으며, 땅은 사람들이
遼遠한 것을 싫어한다 하여 그 넓음을 폐하지 않으며, 군
자는 小人들이 떠든다 하여 그 행하는 것을 그만두지 않는
다"302)

라 하니 天에는 常道가 있고 地에는 常數가 있고 군자에게
는 常體가 있다. 순자에 있어서 天은 인위적인 것을 보존
하는 기능으로서 자연적 천관이다. 순자의 자연의 天은 인
위적인 작위가 배제된 자연 현상으로서의 天이다. 그래서
순자는 인위와 天의 구별을 철저히 하여 天人之分의 자연
관을 다음과 같이 설명하고 있다.

    "天의 운행은 常道가 있다. 天은 堯 때문에 있는 것도
아니고 桀 때문에 없어지는 것도 아니다. 善治로써 이에
응하면 吉하고 亂治로써 이에 응하면 凶하여진다. 농업과
같이 근본적인 산업에 힘써 비용을 절약하면 天이 그를 가

---

302) 『荀子』 '天論篇', "治亂天耶曰 日月星辰瑞曆 是禹桀之所同也 禹以
治 桀以亂 治亂非天也 時耶曰 繁啓蕃長於春夏 畜積收藏於秋冬 是
又禹桀之所同也 禹以治 桀以亂 治亂非時也 地耶曰 得地則生 天地
則死 是又禹桀地所同也 禹以治 桀以亂 治亂非地也 天不爲人之惡
寒也輟冬 地不爲人也惡遼遠也輟廣 君子不爲小人匈匈也輟行.".

난하게 할 수 없고, 봄·여름이 올 것을 대비하여 여름 준
비를 하고 여름이 오면 가을 준비를 하는 것처럼 미리 준
비하여 때 맞추어 움직이면 天이 그를 병들게 할 수 없으
며 자연의 운행을 미리 예측하여 마땅히 대비해야 하는 인
간의 도리를 잘 닦아서 한결같이 하면 天이 그에게 화를
줄 수 없다. 그러므로 홍수나 가뭄이 굶주리거나 목마르게
할 수 없고 추위와 더위가 그로 하여금 병들게 할 수 없으
며, 괴이한 것이 그를 凶하게 할 수 없다. 農桑과 같은 근
본된 산업이 황폐해지고 쓰임이 사치스러워지면 天이 그를
吉하게 할 수 없다. 그렇게 되면 홍수나 가뭄이 이르지 아
니하여도 굶주리게 되고, 추위와 더위가 다가오지 아니하
여도 병들게 되며 괴이한 것이 이르지 아니하여도 凶하게
된다. 春夏秋冬이 四時로 운행되는 天의 혜택을 받음은 堯
舜 시대와 같지만 禍가 일어남은 다스려진 시대와 다르다.
그렇다고 天을 원망할 수 없다. 그 이치가 그러하기 때문
이다. 그러므로 天과 人의 구분을 분명히 할 줄 아는 사람
을 至人이라고 할 수 있다."303)

　　자연의 天은 자연의 법칙대로 운행하는 것이지 인위적인
治亂의 영향을 받아서 常道를 이탈하지도 않으며 그렇다고
인위적인 치란에 영향을 주지도 않는다는 것이다. 그렇다
면 순자가 말하는 天은 인위적인 것과 아무런 관계가 없다
는 것인가? 일정한 독립적 관계를 가지고 있다. 인간세계

---

303)『荀子』'天論篇', "天行有常 不爲堯存 不爲桀亡 應之以治則吉 應之以
　　亂則凶 彊本而節用則天不能貧 養備而動時則天不能病 修道而不貳則
　　天不能禍 故水旱不能使之飢 寒暑不能使之病 祆怪不能之凶 本荒而用
　　侈則天不能使之富 養略而動罕則天不能使之全 倍道而妄行則天不能使
　　之吉 故水旱未至而飢 寒暑未薄而病 祆怪未至而凶 受時與治世同 而
　　殃禍與治世異 不可以怨天 其道然也 故於天人之分則至人也.".

의 治亂·吉凶은 天秩·天序의 범주 속에서 인간의 인위적인 노력 여하에 다라서 결실을 볼 수 있다는 것이다. 따라서, 天人之分은 대자연속에서의 자기존재에 대한 자각인 것이다. 순자가 말하는 天人之分의 分은 자연과 인간의 질서에 대한 구분을 말하는 것이다. 즉, 자연과 인성 상호간의 질서인 것이다. 이와 같이 天과 人의 질서가 이룩되는 것을 天人之分이라고 한다. 즉, 자연 질서라고 한다.

순자는 天과 人의 구분은 단순한 구분이 아니라 대자연의 질서 속에서 인간질서의 관계를 설명하면서 自然天의 운행 질서와 인간이 지켜야 할 질서를 잘 터득하여 그 조화를 이룰 수 있는 인물을 至人이라고 했다. 여기에서 至人은 자연의 天을 잘 이해할 줄 알면서 인간의 질서를 이해함에 인간의 윤리를 확고하게 할 수 있는 바람직한 인물을 지칭한다고 할 수 있다. 여기에서 말하는 至人은 老莊學派들이 무위자연의 道를 체득한 인물을 가리키고 있는데 그와 같은 의미에서 순자는 至人이라는 말을 구사하고 있는 듯하다. 순자의 至人은 인간세계에서 볼 때는 성인이라 할 수 있다.

② 性惡說

순자가 말하는 본성은 自然의 性으로서 이기심과 욕망의 작용만 있을 뿐이지 사고 작용까지 포함되어 있지 않은 점을 이해하여야 한다. 그러므로 自然의 性은 그 자체와 志慮는 각각 분리시켜서 성악설을 생각해야 한다. 순자가 태

어난 전국시대 말기는 윤리·도덕이 무너져 인간가치관이
상실된 시대였다. 순자는 혼란한 사회풍토를 바로잡을 것
을 생각하고 그 시대에 적절한 성악설을 주장하게 되었다.
다음으로 성악의 근거를 찾아보기로 한다.

　　"사람의 본성은 악하고 그 선함은 인위적 노력의 결과이
　다. 이제 인간의 본성을 살펴보면 나면서부터 이익을 좋아
　한다. 그러므로 쟁탈이 생기고 사양이 없어진다. 또 사람
　은 나면서부터 미워하는 마음이 있다. 그러므로 도적이 생
　기고 충신이 없어진다. 사람은 나면서부터 耳目의 욕망이
　있어 聲色을 좋아한다. 그러므로 음란이 생기고 禮義文理
　가 없어진다.
　　사람의 性情에 다라 행하면 반드시 쟁탈이 생기고 분수
　를 넘어서고 예의절도를 어지럽혀 포악한 세상이 되고 말
　것이다. 그러므로 반드시 師法에 의한 교화와 예의로 인도
　함을 받은 위에야 사양하게 되고 예의의 조리에 합당하게
　되어 다스려지게 된다. 이것으로 본다면 인간의 본성이 악
　하다는 것은 분명하다. 선하다는 것은 인위적인 노력의 결
　과이다."304)

　순자가 말하는 인간성은 태어날 때부터 이익을 좋아하고,
남을 미워하고 질투하는 것을 가지고 태어났기 대문이

---

304)『荀子』'性惡篇', "人之性惡 其善者僞也 今人之性 生而有好利焉 順
　是故爭奪生而辭讓亡焉 生而有病惡焉 順是故盜賊生而忠臣亡焉 生
　而有耳目之欲有好聲色焉 順是故淫亂生而禮義文理亡焉 然則從人之
　性 順人之情 必出於爭奪 合於分亂而歸於暴 故必將有師法之化 禮
　義之道 然後出於辭讓 合於文理而歸於治 用此觀之 然則 人之性惡
　明矣 其善者僞也".

性·情 그대로 행위를 하게 내버려두면 禮義文理가 무너져서 바람직한 인간가치관을 잃게 된다는 것이다. 그러므로 반드시 師法의 교화와 聖人이 만든 예의의 가르침이 요청된다는 것이다. 또 순자는 사람의 본성을 다음과 같이 설명하고 있다.

"본성은 주리면 배부르고자 하고 추우면 따스해지려 하고 피곤하면 휴식하려 한다. 지금 사람이 주릴지라도 어른에게 양보하는 것은 禮라는 僞 때문이다. 아들이 아버지의 수고를 대신하고 동생이 형에게 양보를 함은 다 자연의 性에 반하여 僞를 행하는 것이다."305)

인간의 본성은 태어날 때부터 악하기 때문에 그 性情대로 간다면, 예의법도가 없어져서 父子兄弟 사이에 투쟁만 남지만 예의로서 교화하면 서로 양보할 줄 아는 인간윤리가 확립하게 된다는 것이다. 그래서 순자는 다음과 같이 말하고 있다.

"굽은 나무는 반드시 도지개를 대고 쪄서 바로잡은 뒤라야 곧아지고 무딘 쇠는 반드시 숫돌에 간 뒤라야 날카로워지듯이 지금 사람의 본성이 악한 것은 반드시 스승과 법도의 가르침이 있은 뒤라야 바르게 되고, 예의 규제를 받은 뒤에야 다스려지는 것이다. 지금 사람들에게 스승과 법도

---

305) 上揭同 '性惡篇', "今人之性飢而欲飽 寒而欲煖 勞而欲休 此人之性情 今人飢 見長而不敢先食者 將有所讓也 勞而不敢求息者 將有所代也 夫子之讓乎父 弟之讓乎兄 子之代乎父 弟之代乎兄 此二者 皆反性情而悖於情也".

가 없다면 편벽되고 음험하여 바르지 않으며 이치에 어긋
나는 어지러운 짓을 한다고 여기어 예의를 만들고 법도를
제정하여 사람들의 본성과 감정을 바로잡고 수식하여 올바
로 인도하니 이에 비로소 모두 잘 다스려지게 되고 도리에
맞는 행동을 하게 되었다."306)

라고 하였으니, 타고난 성악에 따르고 감정에 맡겨두면 서
로 싸우고 빼앗아 법에 저촉되는 일을 하게 되고, 윤리·
도덕이 무너져 혼탁한 사회가 되어서 인간가치관이 상실된
다고 보았다. 그러므로 스승의 교화와 聖王이 만든 예의법
도로서 순화하고 높은 학덕을 쌓아서 인간의 본성과 감정
을 바로잡아야만 바람직한 도덕군자가 된다는 것이다. 옛
날 聖王들이 인간이 지켜야 할 예의법도를 제정한 것도 그
와 같은 연유에서 있는 것이다. 그리고 또 순자는 다음과
같이 性과 僞를 분별하고 있다.

"맹자는 '사람이 배우는 것은 그 본성이 선하기 때문이
다'라고 말하였다. 이것은 그렇지 않다. 이것은 사람의 본
성을 제대로 알지 못하여 사람의 본성과 작위의 구분을 살
피지 못한 것이다. 본성은 하늘로부터 타고난 것이어서 배
워서 행할 수 없는 것이며 노력으로 이루어 질 수 없는 것
이다. 예의는 성인이 만들어 낸 것이어서 배우면 행할 수

---

306) 『上揭書』 '性惡篇', "故枸木必將待檃栝烝矯然後直 鈍金必將待礱厲
然後利 今人之性惡 必將待師法然後正 得禮義然後治 今人無師法
則偏險而不正 無禮義則悖亂而不治 古者 聖王 以人之性惡 以爲偏
險而不正 悖亂而不治 是以之起禮義 制法度 以矯飾人之情 性而正
之 以擾化人之情性而導之也 使皆出於出合於導者也.".

있는 것이며, 노력하면 이루어 질 수 있으니 그것을 작위
라 한다. 이것이 본성과 작위의 분별이다. 지금 사람의 본
성은 눈으로 볼 수 있고 귀로는 들을 수가 있다. 볼 수 있
는 시력은 눈을 떠나지 않으며 들을 수 있는 청력은 귀를
떠나지 않는다. 눈에는 시력이 있고 귀에는 청력이 있는
이것은 배워서 될 수 있는 것은 아니다. 맹자는 '지금 사람
의 본성은 선한데 모두 그의 본성을 잃기 때문에 악한 것'
이라고 하였다. 나는 그런 말은 잘못이라고 본다. 지금 사
람이 본성대로 내버려두면 그 질박함이 떠나버리고 그의
자질도 떠나버려 반드시 본성을 잃어버리고 말 것이다. 이
로써 본다면 사람의 본성은 악하다는 것이 분명하다."307)

여기서는 맹자의 성선설과 비교 설명하여 성선설의 잘못
을 지적하면서, 性과 僞의 구별을 설명하고 있다. 맹자는
예의와 같은 것은 선천적 본성에 구비되어 있는 것으로 보
고 있으나 순자는 예의와 같은 제도는 성인들이 본성을 교
화시키기 위한 작위에 의해서 생긴 것이지 본성자체에서
생긴 것이 아니라는 것이다. 聖人과 보통 사람의 본성은
모두 같으나 그들의 교화작용에 따라 다르게 나타난다는
것이다. 따라서 성인과 보통 사람과의 가치관도 차이가 있
다는 것이다. 그래서 인간은 누구나 똑같은 본성과 같은

---

307)『上揭書』'性惡篇', "孟子曰 人之學者 其性善也 曰 是不然 是不及
知之性 而不察乎人者性僞之分者也 凡性者 天之就也 不可學 不可
事 禮義者 聖人之所生也 所學而能 所事而成者也 不可學 不可事
而在人者 謂之性 可學而能可事 而成之在人者 謂之僞 是性僞之分
也 今人之性 目可以見 耳可以聽 夫可以見之明不離目 可以聽之聰
不離耳 目明耳耳聰 不可學明矣 孟子曰 今人之性善 將皆失喪 其性
故也 若是則過矣 今人之性 生而離其朴 離其資 必失而喪之 用此觀
之 然則人之性惡明矣".

본체적 실체를 지니고 태어났지만 각자의 노력에 의하여 어떤 사람은 성인의 지혜를 어떤 사람은 군자의 지혜를 어떤 사람은 소인의 지혜를 지니게 된다는 것이다. 모든 인성은 악하기 때문에 聖人이 만들어 놓은 師法禮義와 같은 작위로서 수양(교육)하면 바람직한 인물이 될 수 있다는 것이다. 누구나 인간의 최고봉인 聖人이 될 수 있음에도 그렇게 되지 못하는 것은 積僞(수양)가 부족하기 때문이다. 積僞가 충분하면 누구나 聖人의 경지에 도달하여 바람직한 인간의 가치관을 확립한다는 것이다. 이와 같이 자연성을 교화시키고 작위를 일으키는 것을 化性起僞라 한다.

인간의 性은 自然之性으로 이기적인 욕심을 가지고 생겨나는 것이다. 이때 인간의 본성을 교화시키기 위한 작위를 僞라 한다. 이것은 師法의 교화와 예의를 통하여 이룩되는 것이다. 예의를 인식하는 주체는 인간의 마음이다. 또한 이것은 예의를 실천하여 化性起僞하는 원동력이 되기도 한다. 이에 대해 순자는 治氣養心說을 다음과 같이 말하고 있다.

> "氣를 다스리고 마음을 기르는 방법은 혈기가 너무 왕성한 사람은 유순하게 하여 조화시키고, 지혜와 사려가 지나치게 깊은 사람은 알기 쉽고 바른 도로써 통일하도록 해야한다.…예에 따르는 것보다 빠른 길이 없고 스승을 얻어 교훈을 얻는 것보다 요긴한 것이 없고 好學하는 것보다 신통한 것이 없다."308)

---

308) 『上揭書』 '修身篇', "治氣養心之術 血氣剛彊 則柔之以調和 知慮漸深

治氣養心의 방법은 마음의 기운을 유순하게 조화시키고 예의를 통하여 수양하고 스승의 교훈과 학문의 수학하는 것이 가장 좋은 방법이라는 것이다. 또 순자는 積僞의 방법을 다음과 같이 말하고 있다.

> "한줌의 흙을 쌓아 큰 산을 이루면 풍우가 일고, 작은 물을 모아 연못을 이루면 교룡이 산다. 인간도 선행을 쌓아 덕을 이루면 스스로 신명에 통하여 聖人의 마음씨가 갖추어진다."309)

인간의 人極인 明德은 일조일석에 이루어지는 것이 아니라 차츰차츰 노력하여 이룩된다는 것이다. 인위적인 노력에 의해 善德을 쌓아갈 때 바람직한 인간상을 갖춘 聖人으로써 자기가치관을 확립하게 되는 것이다.

3. 性善·性惡의 價値觀 問題의 對比

이상에서 맹자의 성선설과 순자의 성악설에 대한 논술을 종합해보면 맹자는 性이 선하다는 것은 하늘이 인간에게 부여할 때 자연의 소박하고 純一無雜한 天地의 性을 지니게 했기 때문에 인성은 선하다고 보았다. 악하게 되는 것은 본성은 선하지만 환경에 의해서 淸·濁, 厚·薄, 正·

則一之以易良…莫徑由 禮 莫要得師 莫神一好 夫是之謂治氣 養心之術也".
309) 『上揭書』'勸學篇', "積土成山 風雨興焉 積水成淵 蛟龍生焉 積善成德 而神明自得 聖心備焉.".

偏이 생긴다는 것이다. 이것을 氣質의 性이라 하는데, 濁氣를 淸氣로 薄氣를 厚氣로 偏氣를 精氣로 수양하면 하늘로부터 부여받은 本然之性인 明德으로 돌아간다는 것이다. 이 경지가 天道의 경지이며 聖人의 경지로 인간의 極致인 人極인 것이다. 인간은 누구나 태어날 때부터 性善을 가지고 태어났으나 환경에 의해서 氣質之性이 다르게 적용하기 때문에 小人, 君子, 聖人으로 분별되나, 仁義禮智와 같은 덕목으로 수양을 하여 천인합일 경지에 이르면 다같이 바람직한 성인이 될 수 있다는 것이다.

순자는 인간의 본성은 自然의 性으로써 태어날 때부터 악한 것이고 그 선하는 것은 僞로써 가식한 것이라는 것이다. 그러므로 인간의 性情은 선천적으로 악한 것이므로 性情 그대로를 따르면 이익을 좋아하고 남을 질투하고 미워하여 쟁탈·도덕·음란한 행위를 하게 된다는 것이다. 그러므로 師法의 교화와 성인이 만든 예의의 인도가 필요하다고 하였다. 性情은 선천적이고 예의법도는 후천적인 수식이라고 하였다. 이와 같이 自然의 性을 교화시켜서 작위를 유발시키는 것을 '化性起僞'라 한다. 이것을 후천적인 작위를 통하여 師法의 교화와 禮義文理로 선도하면 누구나 다 인간의 바람직한 가치관을 확립하여 성인이 될 수 있다는 것이다. 순자는 맹자의 성선을 비평하면서 선악의 구별을 다음과 같이 설명하고 있다.

"맹자는 '사람의 본성은 선하다'라고 하였다. 내 생각은 그렇지 않다. 무릇 옛부터 지금에 이르기까지 천하에서 선하다고 하는 것은 이치에 바르고 다스림에 공평하다는 것이며, 악하다는 것은 음험하게 편벽되며 어지러이 이치를 어기는 것이다. 이것이 선함과 악함의 구분이다. 지금 사람의 본성에 따른다면 본시부터 이치에 바르고 다스림에 공평해지겠는가? 그렇다면 聖王이 무슨 소용이 있으며 예의는 무슨 소용이 있겠는가? 비록 聖王이나 예의가 있다 하더라도 이치에 바로 다스림에 공평한데 무엇을 더 할 것인가? 지금 보면 그렇지 않다. 사람의 본성은 악한 고로 옛날에 성왕은 사람들의 본성이 악하며 음험하게 편벽되어 바르지 못하며 어지러이 사리를 어겨 다스려지지 않는다고 생각했기 때문에 그들을 위하여 임금의 권세를 세워서 군림하고 예의를 밝혀 교화하고 올바른 법도를 만들어 다스렸으며, 형벌을 무겁게 하여 악한 행동을 금하였다. 그렇게 함으로써 온 세상이 모두 잘 다스려지도록 하고 선에 적합하도록 하게 한 것이다. 이것이 성왕의 다스림이며 예의의 교화이다.…이렇게 본다면 사람의 본성은 악한 것이 분명하며 그 선함은 작위인 것이다."310)

　이것은 순자가 맹자의 성선을 비평한 것인데 사람이 선하다는 것은 '이치에 바르고 다스림에 공평함'이라고 하였다. 그렇다면 성왕이나 예의와 같은 것은 쓸모가 없게 된다는 것이다. 사람의 본성이 악하기 때문에 성왕의 다스림

310)『荀子』'性惡篇', "孟子曰 人地性善曰 是不然 凡古今天下之所謂善者 正理平治也 所謂惡者 偏險悖亂也 是善惡之分也已 今誠以人之性 固正理平治邪 則有惡用聖王 惡用禮義矣哉 雖有聖王 禮義將曷加於正理平治也哉 今不然 人之性惡 故古者 聖人以人之性惡 以爲偏險而不正 悖亂而不治 故爲之立君上之藝以臨之 明禮義以化之 起法正以治之 重刑罰以禁之 使天下皆出於治 合於善也 是聖王之治而禮義之化也…用此之見之 然則人之性惡明矣 其善者僞也".

과 예의제도가 필요하다는 것이다. 맹자가 말한 것처럼 본성이 착하다고 한다면 성왕의 다스림이나 예의가 필요 없을 것이다. 오늘날 법규가 강화되고 있는 것은 인간에게 이기적 본성이 있기 때문이라고 생각했던 것이다. 또 여기서는 맹자의 성선설과 비교설명 하면서 맹자의 성선설이 잘못된 것임을 지적하고 있다. 맹자가 말하는 선천적 성품 그대로 두면 선한 성질은 나타나지 않는다는 것이다. 그리고 예의와 같은 제도는 聖人들이 본성을 교화시키려는 작위에 의해 생겨난 것이지 그 본성자체에서 생겨나는 것이 아니라는 것이다. 따라서 聖人과 보통 사람도 본성이 악하다는 것은 모두 같으나 化性起僞에 의한 교화에 따라 차이가 있다는 것이다. 생각컨데 맹자의 성선설은 선천성을 강조하는 입장이고 순자의 성악설은 후천성을 주창하고 있다고 보아야 한다. 선천적 性인 性卽理를 강조하게 되면 실용성을 상실하게 되고, 후천성을 강조하게 되면 실용주의에 빠지게 될 염려가 있다. 孟·荀의 이론에서 나타나고 있는 바와 같이 선천성만을 주장하거나 후천성만을 주장한다면 중화의 道를 유지할 수 없다고 하겠다.

『중용』 首章에서 '致中和'를 말하고 있는데 致中은 性卽理로써 인간의 본성을 말하고 致和는 達道로써 情之正을 말하고 있다. 致中은 선천성으로서 明德에 속하며 性善에 속하고, 致和는 師法의 교화와 예의의 인도로 수양을 요청하고 있기 때문에 순자가 말하는 性惡의 교화라고 볼 수 있다.

致中和속에서 맹자의 性善과 순자의 性惡의 만남을 찾아 볼 수 있다. 致中和되었을 때 天道의 경지에 이르면 바람직한 聖人의 경지에 이르게 된다. 따라서 이 같은 聖人의 경지는 인간으로 가장 바람직한 가치관을 이룩한 경지라 볼 수 있다. 聖王이 致中和된 정치를 하게 되면 '천하백성들이 다 제자리를 차지하고, 만백성들이 다 먹고사는데 걱정 없게 된다.'311)라고 하였다. 그러므로 孟·荀의 바람직한 인간가치관의 정립으로 인간의 極致인 聖人의 경지에서 일치됨을 찾아 볼 수 있다. 이와 같은 점에서 맹자나 순자는 다같이 유가학파에 속한다고 볼 수 있다.

4. 實踐論

(1) 倫理觀

① 孟子의 修養論

전술한 바와 같이 사람의 본성은 선한 것이나, 악을 행하는 것은 물욕에 빠지기 때문이라고 했다. 맹자는 다음과 같은 수양론을 제시하고 있다.

첫 번째로 四端을 확충해야 한다는 것이다. "이 四端의 마음을 확충하면 한점의 불이 붙기 시작하여 점차로 뜨거운 火勢를 이루는 것과 같이 또 작은 물방울이 모여서 나중에 滔天의 홍수를 이루는 것과 같이 善의 능력이 강대해져서

---

311)『中庸』首章, "致中和 天地位焉 萬物育焉".

물욕의 침해를 배제하면, 홀륭한 현인군자가 될 수 있
다"312)고 하였다.

둘째로 浩然의 氣를 기른다는 것이다. 맹자는 不動心에
이르는 방법으로 浩然의 氣를 기를 것과 知言의 방법을
말하였다.

　　"浩然의 氣는 정의하기는 어려우나 그 氣됨이 至大至剛
　하여 正道로써 기르고 해함이 없으면 천지 사이에 충색한
　다. 그 氣는 義와 道를 짝한다. 이것은 義를 쌓음으로써
　생기는 것이고 義가 엄습하여 취하는 것은 아니다. 다시
　말하면 계속으로 義를 쌓음으로써 얻어지는 것이고 一朝一
　夕에 갑자기 얻어지는 것이 아니다. 자기의 양심에 비추어
　보아 조금이라도 불만족한 것이 있으면 浩然의 氣는 얻어
　졌다고 할 수 없다."313)

라 하였으니 浩然의 氣를 가진 사람의 모습을 설명한 것으
로 그런 사람을 지조 있고 威武한 대장부라 하여 바람직한
인물이라 볼 수 있다.

셋째로는 養氣와 함께 不動心에 이르는 방법으로는 타인
의 말을 듣고 正邪曲直을 정확히 판단해야 한다는 것이다.

넷째로는 마음을 수양하는 要辭로서 寡欲을 가져야
한다.

---

312)『上揭書』'公孫丑上', "凡有四端於者 知皆擴而充之矣 若火之始然泉
　　之始?".
313)『上揭書』'公孫丑上', "曰難言也 其僞氣也 至大至剛 以直養而無害
　　則塞于天地之間 其爲氣也 配義與道 無是 是集義所生者 非義襲而
　　取之也 行有不慊於心則餒矣".

다섯째로 夜氣를 보존하고 放心을 도로 찾아야 한다. 그렇게 함으로 선한 상태를 회복하게 된다는 것이다.314)

이상에서 논술한 5가지 수양방법을 잘 숙지하여 復其性했을 때 천인합일의 경지에 이르게 되어 바람직한 인간가치관을 가지게 된다는 것이다. 맹자는 堯舜과 같은 內聖外王이 될 수 있는 인물을 희망하고 있다. 생각컨데 맹자는 올바른 王道政治를 할 수 있는 왕은 위의 다섯 가지 조건의 수양을 쌓은 聖人이여야만 가능하다고 보았다. 즉 內聖外王으로써 바람직한 가치관이 확립된 인물이라야만 민중을 위한 왕도정치를 실현 할 수 있다고 보았다.

② 荀子의 修養論

순자는 인간의 본성이 태어날 때부터 好利的이고 욕망적인 것을 가지고 있기 때문에 그대로 두면 악으로 흐르게 되어 인간의 가치관이 상실하고 만다고 했다. 好利的이고 疾惡的인 性情을 교정하여 사회생활을 잘 할 수 있도록 교화시키는 기준이 바로 예의 작위라고 보았다. 순자는 예에 대해서 다음과 같이 말하였다.

> "예는 인간도리의 극치이다. 그래서 예를 기준으로 하지 않고 예가 부족한 것을 일러 方正하지 못한 백성이라 하고, 예에 따르고 예를 충족시킨 것을 일러 방정한 선비라고 한다."315)

---

314)『中國哲學史』, 金能根, 奬學出版社, 1984, 서울, pp. 76~77. 參照.
315)『荀子』'禮論篇', "禮者 人道之極也 然而不法禮 不足禮 謂之無方之

라 하였다. 여기에서 말하는 예의는 공자의 主思想인 仁의
내용만큼 인간윤리를 해명하는데 중요한 역할을 한다. 그
래서 순자는 예를 인간의 道極으로 여겼던 것이다. 여기서
道極이란 天道의 경지요, 聖人의 경지라고 볼 수 있는데 순
자가 말하는 方正한 선비인 것이다. 방정한 선비는 성인과
같은 사람으로서 바람직한 인격을 갖춘 인물을 지칭한 것이
다.

또 예는 사회의 윤리적 질서와 경제적인 질서를 유지하
여 사회 안녕을 지키는 역할을 하는 것이다. 그리고 예란
올바른 규범이다. 그러므로 쓸데없는 궤변이나 쓸데없는
행동은 통하지 않는다. 예는 올바른 일 올바른 길만이 허
용되는 것이다. 따라서 예에 알맞게 생각하고 예에 알맞게
행동하여 예에 순응하는 사람이 성인이라는 것이다. 그래
서 순자는 다음과 같이 말하고 있다.

> "예에 맞게 사색할 줄 알면 이것을 일컬어 '생각할 줄 안
> 다'고 말하고, 예에 맞게 지조가 바뀌지 않으면 이것을 일
> 컬어 '절조가 굳다'고 말한다. 생각할 줄 알고, 절조를 굳
> 게 지킬 줄 알며, 더구나 예를 좋아하는 사람이라면 바로
> 聖人이다. 그러므로 하늘이란 높음의 극치이고, 땅은 낮음
> 의 극치이며 끝없는 것은 넓음의 극치이듯 聖人이란 올바
> 른 道의 극치이다. 그러므로 배우는 사람이란 본래부터 聖
> 人이 되는 길을 배우려는 것이지, 단지 법도 없는 백성이
> 되기를 배우는 것이 아니다."316)

民 法禮足禮 謂有方之士".
316) 『荀子』 '禮論', "禮之中焉能思索 謂之能慮 禮之中焉能勿易 위지능

라고 하였다. 그러므로 "聖人이 독실한 것은 예가 쌓여 있기 때문이며, 위대한 것은 예가 넓기 때문이며, 고상한 것은 예가 융성하기 때문이며, 총명한 것은 예를 다했기 때문이다."317)라고 하여 성인의 인격에 대한 설명인데, 순자가 말하는 성인으로서의 도극은 周濂溪가 말하는 인극에 해당되며 천도의 경지라 볼 수 있다. 이와 같은 경지에 이른 사람은 『중용』 제20장에 "생각하지 않아도 까닭에 되고 힘쓰지 않아도 時中에 맞아들고 자연스럽게 도리에 들어맞는 행위를 하는 성인이다."318)라고 했다. 순자가 말하는 성인으로 道極은 바람직한 인간가치관이 확고히 이루어진 경지라 할 수 있다.

 이상과 같이 孟·荀의 윤리관을 논술하였는데 맹자나 순자 두 사람 다 인간가치의 최고봉은 도극으로서 성인이 되는데 있었다. 서로간 수양의 범위설정이 달랐지만, 인극에서는 서로 일치되어 성인으로서의 바람직한 가치관을 가진다는 점에서 같은 유가학파의 맥을 가졌다고 할 수 있다. 다음으로 이 같은 바람직한 가치관을 이룩한 聖人의 정치관에 대해서 설명하고자 한다.

　　固　加好者焉　斯聖人矣　故天者高之極也　地者下之極也　無窮者廣之極也　聖人者道之極也　故學者　固學爲聖人也　非特學爲無力之民也".
317) 『荀子』 '禮論', "是聖人也　故厚者　禮之積也　大者　禮之廣也　高者　禮之隆也　明者　禮之盡也".
318) 『中庸』 第20章, "不思而得　不勉而中　從容中道　聖人也".

(2) 政治思想의 具顯

맹자의 정치사상을 먼저 논하고 다음으로 순자의 정치사
상을 구현하고자 한다.

① 孟子의 政治思想

맹자는 夏王朝 최후의 폭군 桀과 殷王朝 최후의 폭군 紂
이 두 임금이 천하를 잃게 된 것은 民本主義에 의한 정치
를 하지 못함에 있다는 것이다.

> "桀·紂가 천하를 잃은 것은 그 인민을 잃은 까닭이다.
> 그 인민을 잃은 것은 그 民心을 잃은 까닭이다. 천하를 얻
> 는 데는 방법이 있다. 그 인민을 얻으면 곧 천하를 얻을
> 수 있다. 그 민심을 얻는 데는 방법이 있다. 인민이 갖고
> 싶어 하는 것을 모아다 주고, 인민이 싫어하는 것을 베풀
> 지 않도록 할뿐이다. 이제 천하의 임금들 가운데서 仁道를
> 좋아하는 이가 있다면 딴 임금들 가운데서 그를 위해서 인
> 민을 몰아다 줄 것이다."319)

천하를 얻고 민심을 얻기 위해서는 民本主義에 입각한
仁政·仁道를 실행할 것을 시사한 말이다. 생각컨데 인민
을 얻고 민심을 얻기 위한 仁道를 베풀 수 있는 위정자의
가치관 문제인 것이다. 性卽理로서 바람직한 明德을 갖춘

---

319) 『孟子』 '離婁上', "桀紂之失天下也 失其民也 失其民者 失其心也 得
　　天下有道 得其民 斯得天下矣 得其民有道 得其心 斯得民矣 得其心
　　有道 所欲與之聚之 所惡勿施爾也…今天下之君 有好仁者 則諸候皆
　　爲之敺矣".

內聖外王이라야만 仁政을 베풀어 민심을 얻게 될 수 있고 따라서 천하의 왕노릇 할 수 있다는 것이다.

맹자는 民本主義를 근거로 한 與民同樂할 것을 여러 제후에게 권장했다. 『맹자』에서 梁惠王이 동산을 자랑하고 있을 때 맹자가 말하기를, "賢者가 된 후에야 이런 것을 즐길 줄 알지요. 不賢者는 이런 것을 가지고 있다하더라도 즐길 수 없습니다."라고 하면서 "文王은 인민들의 힘으로 臺도 쌓고 못도 파고 하였으나 인민들은 그것을 기쁘고 즐겁게 여겨 그 臺를 靈臺라 부르고 그 못을 靈沼라 부르며 그 안에서 사슴 떼와 물고기들이 뛰놀고 있는 것을 즐겨하였습니다. 文王과 같은 어진 분들은 인민들과 함께 서로 나누기 때문에 잘도 즐길 수 있었던 것입니다."320)라고 한 것은 맹자가 梁惠王에게 有德者로서의 文王이 천의에 의한 與民同樂하고 있는 정치철학의 일면을 설명하고 있다.

또 맹자는 民本主義에 입각한 愛民思想과 重民思想을 바탕으로 하는 왕도정치 사상을 요청하고 있다. 맹자가 말하는 왕도란 二帝三王(堯舜의 二帝, 夏禹, 殷湯, 周文武의 三王)과 같은 聖王이 천하를 다스리던 방법을 말한다. 그러므로 王道는 仁義와 밀접한 관계를 두고 있음을 말하고 있다. 또 맹자는 왕자 되는 길은 바로 仁政을 베푸는 데 있으며 인정을 베푸는 것이 바로 왕도정치라는 것이다. 맹

---

320) 『孟子』 '梁惠王上', 孟子對曰, "賢者以後樂此 不賢者雖有此不樂也…文王以民力爲台爲沼 而民歡樂之謂其台曰靈台謂其沼 樂其有麋鹿魚鼈 故人與民偕樂故 能樂也".

자는 堯舜과 같은 道로서도 인정을 행하지 않으면 천하를
화평하게 다스릴 수 없다하여, 인정이란 仁愛의 정치를 말
한다고 설명하고 있다.

"堯임금·舜임금의 治世法으로도 인정을 하지 않으면 천
하를 화평하게 다스리지 못한다. 이제 어진 마음과 어질다
는 소문이 있으면서 인민이 그 은택을 입지 못해서 후세에
모범이 될 수 없는 것은 先王의 道를 실천하지 않기 때문
이다. …정치를 하는데는 先王(聖王)의 道를 따르지 않는
다면 지혜롭다고 할 수 있겠는가? 이러한 까닭으로 오직
어진 사람이라야만 높은 지위에 있어 마땅하다. 不仁한 사
람이 높은 지위에 있다면 그 惡을 모든 사람에게 뿌리는
것이다."321)

맹자는 堯舜과 같은 바람직한 가치관을 갖춘 有德者로서
의 왕도정치를 강조하면서, 仁愛의 정치를 여러 제후들에
게 요청하고 있다.

『맹자』책 속에서 '仁則榮 不仁則辱'322)과 같은 仁政에
관한 文句를 여러 곳에서 찾아 볼 수 있다. 그러므로 맹자
는 천자로부터 諸侯, 卿, 大夫, 士, 庶人에 이르기까지 心
之德인 仁의 가치관으로써 자기주체를 확립할 때 국가질서
를 바로잡고 평화를 유지할 수 있으므로 覇道보다는 王道

---

321) 『孟子』'離婁上', 孟子曰, "堯舜之道 不以仁政 不能平治天下 今有
仁心 仁聞而不被其澤 不可法於後世者 不行先王之道也…爲政 不固
先王之道 可謂智乎 是以惟仁者 宜在高位 不仁而在高位 是播其惡
於衆也".
322) 『孟子』'公孫丑上'.

를 강조했던 것이다. 不仁한 권력이나 무력으로 정치하는 霸道는 나쁜 정치라 규정하고 양심과 仁愛의 道로서 다스려야 한다고 보는 왕도정치에 역점을 둔 것이다. 그러므로 맹자는 不殺, 不奪取가 곧 仁이요 義라는 뜻을 말하고, 생명존중의 人道主義와 戰爭否定의 평화의 신념은 맹자사상을 일관하고 있는 사상이다. 맹자는 仁者는 無敵이라 할 정도로 인도주의정신에 입각한 평화주의사상을 갈망했던 것이다.

② 荀子의 政治思想

순자는 맹자와 같이 民本主義에 뿌리를 두고 있다. 위정자는 爲民·愛民정치를 제일 원칙으로 내세우고 있다. 그래서 백성들의 생활을 안정되게 하는 것이 정치의 근본이라 했다.

"말이 수레를 요동시키면 군자는 수레에서 안정될 수 없고, 서민이 정치를 혼란하게 하면 군자는 그의 자리에서 안정되지 못한다. 말이 수레를 요동시키면 말을 안정시키는 것이 좋고, 서민들이 정치를 혼란하게 하면 그들에게 은혜를 베푸는 것이 가장 좋다.…그러므로 임금이 안정되려 한다면 정치를 공평히 하고 백성들을 사랑하는 것이 가장 좋으며, 번영을 바란다면 예를 존중하고 어진 이를 높이고 능력 있는 이를 뿌리는 것이 가장 좋다. 이것이 임금의 큰 원칙이다."323)

---

323) 『荀子』'王制篇', "馬駭輿 則君子不安輿 座人駭政 則莫若靜之 庶人 駭政 則莫若惠之…故君人者欲安 則莫若平政愛民矣 欲榮則莫若隆禮

정치의 근본은 백성들의 생활을 안정시키는데 있다. 안정된 생활을 하려면 무엇보다도 어질고 훌륭하고 능력 있는 위정자를 세워서 그로 하여금 공평한 정치, 예의를 존중하고 선비를 공경하는 일, 어진 이와 능력 있는 이들을 존경하고 등용하는 일을 하게 하면 좋은 정치가 이루어진다는 것이다. 그래서 순자는 나라를 풍족하게 하고 부유하게 하고 예의 질서가 잘 이룩하게 될 수 있도록 할 수 있는 위정자로는 仁厚하고 明德을 갖춘 內聖外王이라는 것이다. 이와 같은 바람직한 가치관을 갖추고 있는 위정자가 施政할 때 임금의 지혜와 仁厚함과 덕에 힘입어 백성들이 잘 살아 갈 수 있기 때문에, 자연히 백성들도 목숨 받쳐 임금의 은혜를 갚으려 한다는 것이다. 여기에서 순자의 經世濟民 사상을 엿볼 수 있다.

> "임금이란 백성들의 근원이다. 근원이 맑으면 흐름도 맑고, 근원이 흐리면 흐름도 흐리다. 그러므로 나라를 다스리고 있는 사람이 백성을 사랑하지 못하고 백성을 이롭게 하지 못하면서 백성들이 자기를 친애하기를 바라는 것은 될 수 없는 일이다.···그러므로 임금이 강하고 견고하여지고 안락하여지기 바란다면 합당한 사람을 구하는 것보다 좋은 것은 없다."324)

敬士矣 欲立功名 則莫若尙賢使能矣 是君人者之大節也".
324) 『荀子』 '君道篇', "君者 民之原也 原清則流淸 原濁則流濁 故有社稷者而不能愛民 不能利民而求民之親愛已 不可得也···故人主欲彊固安樂則莫若反之民 欲附下一民則莫若反之政 欲修政美國 則莫求其人".

임금이란 백성을 이끌어 가는 귀중한 존재이다. 위정자인 임금이 똑바른 가치관이 확립되어야만 올바른 정치가될 수 있다는 것이다. 그러므로 임금이 임금으로서 자기명분을 다하고 신하는 신하로서 자기명분을 다하게 될 때 자연적으로 백성들도 자기명분을 다하게 된다는 것이다. 그렇게 될 때 나라 안의 질서가 확립되어 평화로운 사회가이룩된다는 것이다.

이상에서 맹자와 순자의 정치사상을 구명하여 보았다. 둘 다 바람직한 明德의 가치관을 갖춘 內聖外王의 정치를할 것을 요청한 것은 서로 정치적 맥을 같이 했다고 볼 수있다.

Ⅲ. 結 論 - 現代的 意味

이상에서 논술한 것을 요약한다면,

첫째, 맹자의 인성론에서는 '人性이 善하다'함을 상식적측면과 심리적 측면으로 나누어 구명했다. 맹자의 논증을추론건데 인성이 선하다는 것으로 볼 수 있었다. 맹자는인간이 태어날 때부터 본성이 선하며, 仁義禮智와 같은 四端으로써의 道心을 지니고 태어났음을 시사하였다. 그런데不善이나 악은 物欲이 자연의 본성을 가리워 생기는 것으로 보았다. 그래서 본성을 自然의 性 또는 天地의 性이라 하고 情을 氣質의 性이라 보았다. 氣質의 性에는 淸濁, 厚薄, 偏正이 있는데 淸, 厚, 正氣는 情之正으로 선이 되지만, 濁, 薄, 偏氣는 수양을 거쳐서 濁氣는 淸氣로 薄氣는 厚氣로 偏氣는 正氣로 순화되었을 때 하늘로부터 인간에게 부여한 本然의 性으로 회복된다는 것이다. 이와 같은 인간을 바람직한 가치관을 확립한 聖人이라는 것이다.

둘째, 荀子의 인성론에서는 인간은 누구나 똑같은 본성과 같은 본체적 실체를 지니고 태어났지만 모든 인성은 악하기 때문에 聖人이 만들어 놓은 師法의 교화와 聖人이 만들어 놓은 예의와 같은 작위로서 수양을 하면 바람직한 가치관을 갖춘 인물이 된다는 것이다.

셋째, 性善·性惡의 가치관 문제의 대비에서는 맹자의 성선설은 선천성을 강조하는 입장이고 순자의 성악설은 후천성을 주창하고 있다고 보았다. 선천성인 天理를 강조하게되면 실용성을 상실하게 되고 후천성을 강조하게 되면 실용주의에 치우치게 될 염려가 있다는 것이다. 孟·荀의 이론에서 나타나고 있는 바와 같이 선천성만을 주장하거나 후천성만을 주장한다면, 中和의 道를 유지할 수 없다는 것이다. 致中은 性卽理로써 인간의 본성을 말하고 致和는 達道로써 情之正을 말하고 있다. 致中은 선천성으로 性善에 속하고, 致和는 師法의 敎化와 예의의 인도로 수양을 필요로 하기 때문에 순자의 性惡의 교화라 볼 수 있다. 그러므로 致中和되었을 때 人極으로써 바람직한 성인의 경지에 이르게 된다는 것이다. 그러므로 孟·荀의 바람직한 인간

가치관 정립은 인간의 극치인 聖人의 경지에 일치됨을 찾아 볼 수 있다. 이와 같은 점에서 둘 다 유가학파에 속한다고 볼 수 있다.

넷째, 실천론에서는 윤리관과 정치관으로 나누어 살펴보았다. 윤리적 측면에서는 맹자나 순자 두 사람 모두 인간 가치관의 최고봉은 道極으로써 聖人이 되는데 있었다. 서로 수양범위 설정은 달랐지만, 人極에서는 서로 일치되어 성인으로서의 바람직한 가치관을 확립할 수 있었다는 점을 살펴보았고, 정치적 측면에서는 맹자나 순자는 둘 다 바람직한 인간가치관을 갖춘 內聖外王의 정치를 요청했다는 것을 구명했다.

생각컨데 오늘날 급변하여 가는 현실을 직시해 볼 때 사회가 다원화되어 가고 인구밀도가 높아져서 인심은 극도로 악화되어 서로 간에 불신신조가 만연되어 인간가치관이 상실되어가고 있는 것이 오늘의 실정이다. 더구나 崇金主義, 拜金主義, 物質主義가 팽배해짐으로 實利至上主義로 말미암아 참된 인간성을 찾아보기 힘들게 되었다. 이 같은 바람직한 인간가치관을 회복하는 길은 맹자가 말하는 性善을 회복하여 바람직한 인간가치관을 가질 수 있다고 하였고, 순자는 본연의 性惡을 예의로써 化性起僞하여 人極에 이르게 될 때 비로소 바람직한 가치관을 정립할 수 있다는 것이다. 두 사람은 본성에 대한 입장을 달리하고 있으나 인간의 최고경지인 聖人에 이르러서는 일치한다고 하겠다. 이와 같은 취의를 살려 이와 같은 바람직한 인간가치관을 확립할 때 오늘날 혼란한 사회질서가 확립되어 살기 좋은 세상이 될 수 있으리라 믿으며, 또한 바람직한 가치관 확립은 오늘날 정치철학이 없는 혼란한 정치풍토를 안착시키는데 청량제 역할을 할 수 있으리라 확신한다.

參 考 文 獻

1. 基本資料

· 『荀子』, 『論語』, 『孟子』, 『中庸』, 『老子』, 『詩經』, 『書經』, 『禮記』

2. 單行本

· 金能根, 『中國哲學史』, 獎學出版社, 1984.
· 金忠烈, 『中國哲學散稿』, 汎學圖書, 1977.
· 尹絲淳, 『韓國儒學論究』, 玄岩社, 1985.
· 勞思光, 『中國哲學史』(古代篇), 鄭仁在 譯, 探求堂, 1986.
· 吳　康, 『諸子學槪要』, 正中書局, 1982.
· 韋政通, 『荀子與古代哲學』, 臺灣商務印書館, 1985.
· 黃公偉, 『孔孟荀哲學證義』, 臺灣 幼獅文化事業公司, 1975.
· 馮友蘭, 『中國哲學史』, 鄭仁在 譯, 探求堂, 1983.
· 蔡仁厚, 『孔孟荀哲學』, 臺灣學生書局, 1984.
· 陳大齊, 『荀子學說』, 臺灣華岡出版部, 1974.
· 龍宇純, 『荀子論集』, 臺灣學生書局, 1987.
· 周群振, 『荀子思想研究』, 文津出版社, 1987.
· 崔大林 新譯, 『荀子』, 홍신출판사, 1995.
· 劉正浩, "孟子", 『中國歷代思想家 2』, 臺灣商務印書局, 民國 67年.
· 吳　康, 『孔孟荀哲學(上,下)』, 臺灣商務印書局, 民國 71年.
· 吳　康, 等 著 『孟子思想研究論集』, 臺灣黎明文化事業公司, 民國 71年.
· 駱建人, 『孟子學術體系探?』, 臺灣文津出版社, 民國 68年.
· 陳訓章, 『孟子管窺』, 臺灣黎明文化事業公司, 民國73年.

3. 論文類

· 金忠烈, 「論天人之際」 金俊燁敎授華甲紀念 『中國學論叢』, 1983.
· 金炳采, 「荀子의 '天'에 대한 研究」 『東洋學』 12집, 1982.
　------, 「荀子 '禮'的 根據」 檀國大 『論文集』 16집, 1982.

------, 「先秦儒家哲學的道德意識研究」 輔仁大學哲學研究所 博士論文, 1986.

・李起東, 「荀子思想의 社會哲學的 意味」『大東文化研究』21집, 1987.

・鮑國順, 「荀子的人生思想」『孔孟學報』13期, 1982.

・李乙浩, 「禮概念의 變遷過程」成大『大東文化研究』제4집, 1967.

・鄭仁在, 「荀子의 知識論」, 東洋哲學의 饗宴, 姜聲渭外, 이문사, 1981.

・金吉洛, 「孟子 王道思想의 哲學的 根據」『哲學研究』26집, 1978.

・趙南旭, 「孟子 政治論 研究」『釜山大師大論集』제11집, 1985.

『大學』의 道*

I. 序 論

『대학』은 본래 『小戴禮記』 49편 가운데 42편으로 수록
되어 있었다. 『예기』는 유교의 윤리·도덕의 이론과 실천
방법에 대한 절차 문제까지 설명하고 있으므로 동방 여러
나라의 유학자들에게 매우 중요한 古典으로 삼아 왔던 것
이다.

그러나 六朝時代부터 『대학』과 『중용』은 『禮記』에서 떼
어내어 그 사상의 중요성을 강조하는 학자들은 있었지만,
唐에 이르기까지 불교와 도교가 성행하여 『대학』의 修身과
明德을 바탕으로 하는 政敎一致思想은 그 당시 학자들의
취향에 어긋나게 적용되었다.

*이 논문은 2004년도 동양철학연구 제37집에 게재되었음.

唐代에 와서야 비로소 韓愈(七三八~八二七)에 의해 『대학』의 내용이 높이 평가되기 시작했다. 韓愈는 '原道'란 글에서 요순에서부터 공자, 맹자로 이어지는 유학의 전통을 논했는데 여기서 『대학』의 八條目을 끌어내어 修身으로부터 平天下에 이르는 것을 윤리·도덕의 근거로 보았다.

宋代에 와서 『대학』의 가치성을 널리 인식하게 되었다. 그래서 宋代에 와서야 단행본으로서 『예기』에서 별도로 다루어지기 시작했다. 程頤와 程顥 형제의 討究를 거쳐 朱熹에 이르러 비로소 '大學章句'가 이루어지고 동시에 『중용』, 『논어』, 『맹자』와 함께 이른바 四書라는 명칭이 붙게 되었다.

그런데 주희는 『예기』中 『대학』편에 章·節 없이 句로만 되어 있던 것을 분리·독립시킨 뒤 章·節을 나누고 句·節도 고쳐 '대학장구'를 편찬하고 이에 주석을 붙였다. 그리고 주희는 程顥, 程頤의 형제의 뜻을 이어 『대학』의 본문을 교정하고 문장의 編序를 改編하여 經一章과 傳十章으로 나누었다.

經과 傳의 구별은 대학장구 서문에서 설명하기를 '聖經賢傳' 즉 聖人의 말씀을 기록한 것을 經文이라 하고 經文의 내용을 설명하는 의미를 지니는 賢人의 말을 傳文이라 하였다. 경문은 곧 『대학』의 중심부분에 해당되는 총론격으로 공자가 품었던 생각으로 曾子가 기록한 것이라 하여 經이라 불렸던 것이다. 그리고 전문은 경문을 演述한 각론격으로 증자에게 나온 것을 그 문인이 기록한 것이라 하여

傳이라 하였다. 그리고 『대학』의 저자에 대해서는 학자에
따라서 구구하게 유추하고 있으나, 주희는 『대학』 속의
'曾子曰' 句에 근거하여 『대학』이 증자에게서 나왔다고 보
았다. 『대학』의 저자가 누구인가에 관계없이 주희가 '대학
이란 것은 大人의 學이다' '대학장구'라고 했다. 여기서 '大
人'이란 有德者를 일컬음이다. 즉 이것은 군자 또는 성인
과 같은 바람직한 사람이다. 그러므로 大人의 학문은 바람
직한 가치관을 갖춘 有德者를 요청하고 있는 것이다.326)

『대학』의 내용은 三綱領과 八條目으로서 요약할 수 있
다. 三綱領은 明明德, 新民, 止於至善이고 八條目은 格物,
致知, 誠意, 正心, 修身, 齊家, 治國, 平天下이다.

三綱領은 『대학』의 목표로서 바람직한 인간의 가치관을
나타낸 것이고 八條目은 三綱領을 구현하는 방법을 제시하
고 있다. 그리고 八條目은 『대학』의 범위라 볼 수 있다.
格物로부터 시작하여 致知·誠意·正心을 거쳐 修身을 바
탕으로 하여 齊家·治國·平天下로 발전하는 것이다. 즉
修身인 修己와 齊家·治國, 平天下인 治人으로서 요약 할
수 있다.

그러므로 『대학』은 修己로서 자기 가치관 정립이 이룩된
연후에 대상인 治人의 교화가 가능하다는 그 원리를 설명
하고 있다. 주희는 이것을 한마디로 '窮理·正心을 하고
修己 治人하는 道'327)라고 말했다. 이것은 수양을 통해서

---

326)『大學集註』朱子章句 序 參照.
327)『大學章句』朱子章句 序.

자기 가치관을 갖춘 인물이 된 후에 治人이 가능함을 시사한 것이다. 이 같은 '大學之道'의 취의를 살려서 오늘날 물질주의, 실리지상주의가 팽배됨으로써 바람직한 인간성이 상실되어 가고 있는 이때 교육적으로 바람직한 교육 철학을, 정치적으로 위정자들의 바람직한 政治 哲學을 定立하는데 본 논문이 주요한 역할을 할 수 있으리라 믿는다.

이 같은 취의를 살려 주희 주석을 중심으로 하여 본체론에서는 『대학』의 三綱領 중 修己로서의 明德과 治人으로서의 新民을 구명하고 그 관계를 구명해 보고자 한다. 그리고 실천론에서는 明德의 구현과 齊家의 확충 및 덕치주의 실현을 구명함으로써 현대적 의미를 알아보고자 한다.

Ⅱ. 本體論

1. 修己로서의 明明德

『대학』經一章에서 『대학』은 大人의 學으로 明德을 밝히는데 있다 했고, 백성을 새롭게 하는데 있다 했고, 至善에 머무는데 있다고 했다. 즉 明明德, 新民, 止於至善의 三綱領을 제시하고 있다. 주자가 明明德을 『대학』의 제1강령으로 삼고 있는 의의를 살펴보면,

"明德은 사람이 하늘에서 얻은바 虛靈하고 어둡지 않아서 衆理(仁義禮智)를 갖추어 만사에 응하는 것이다. 다만 기품에 구애된 바와 인욕에 가리운 바가 되면 때로 어두울 적이 있으나, 그 본체의 밝음은 일찍이 쉬지 않는다. 그러므로 배우는 자가 마땅히 그 발하는 바를 인하여 마침내 밝혀서 그 처음을 회복해야 한다.…이미 스스로 그 명덕을 밝혔으면, 또 마땅히 미루어 남에까지 미쳐서 그로 하여금 또한 옛날에 묻든 더러움을 제거함에 있음을 말한 것이다."328)

여기서 '天'이 무엇인가를 알아야하겠다. 대개 천의 개념을 네 가지로 요약 설명할 수 있다. 첫째는 자연의 天으로서 '上天下地'의 上天이요, 둘째는 만물의 주재자로서 인격신을 상징하는 天帝, 天神, 上帝, 上天 등의 의미로서 天이요, 셋째는 운명·숙명의 뜻으로서의 天이다. 즉 주제자로서의 天이요, 넷째 理의 근원으로서 본체론적인 의미를 가진 형이상학적의 天이다. 그리고 주자가 설명하는 天은 바로 본체론적 형이상학의 天을 의미한다고 볼 수 있다. 위의 明德에 대한 주자의 설명은 마치 하늘이 인간에게 부명하는 것을 인성이라329) 할 때와 같이 性卽理의 의미를 내포하고 있다.

'虛靈不昧'는 인간의 마음을 두고 설명한 것으로 하늘로부터 부여 받은 인간의 마음이 自然之性으로서 소박하고

---

328) 『大學章句』 '大學章句註', "明德者 人之所得乎天而虛靈不昧 以具衆理而應萬事者也 但爲氣稟所拘 人欲所蔽 則有時而昏 然其本體之明 則有未嘗息者 故 學者當因其所發而遂明之 以復其初也…言旣自明其明德 又當推以及人 使之亦有以去 其舊染之汚也.".
329) 『中庸』 第1章, "天命之謂性.".

純一無雜하여 靈明한 마음을 표현한 것이다. 그리고 '모든 이치를 갖추었다'는 것은 인간행위의 모든 법칙인 인간의 도리가 하늘로부터 부여 받은 성품 속에 이미 내재하고 있음을 의미한다. 즉 性卽理를 설명하고 있다. 다시 말하면 인간이 하늘로부터 인성을 부여 받을 때 이미 仁·義·禮·智와 같은 인간의 도리를 내재하고 있기 때문에 이 같은 性卽理로서의 明德은 바람직한 인간 가치관을 형성하고 있다고 말할 수 있다. '온갖 일에 응해간다'는 것은 본체로서의 明德이 대상에 접했을 때 내재해 있는 性卽理가 구현되어 감을 말한다. '모든 이치를 갖추었음'이 明德의 體이고 '온갖 일에 응해감'은 明德의 用이라 볼 수 있다. 또 주자는 『或問』에서 明德은 인성에 관계 된 것임을 설명하고 있다.

"理로서 말하면 만물의 한 근원으로서 사람과 사물에 귀천의 다름이 없지만, 氣로서 말하면 바르고 소통되는 氣를 얻으면 사람이 되고, 치우치고 막힌 氣를 얻으면 사물이 된다는 것이다. 이 때문에 어느 것은 귀하고 어느 것은 천하며 같을 수 없다는 것이다. 저 천하에 사물이 된 것은 이미 形氣의 치우치고 막힘에 질곡되어 본체의 온전함을 확충할 수 없다. 오직 사람은 태어나면서 바르고 소통되는 氣를 얻어서 그의 본성이 가장 고귀한 것이다. 이 때문에 사람의 마음은 虛靈하고 밝으며, 모든 도리를 갖추고 있다. 사람이 禽獸와 다른 점은 바로 여기에 있으며 모든 사람이 다 堯·舜과 같은 인물이 될 수 있고 또한 천지에 참여하여 변화하고 자라남을 도울 수 있는 근거는 또한 여기에서 벗어나지 않는다. 이것을 일러서 밝은 덕(明德)이라 한다."330)

理의 차원에서는 만물의 일원으로서 사람과 사물에 차별이 없지만, 氣의 차원에서는 각각 人性과 物性으로 나뉘되, 明德은 性卽理로서 인간성에만 관계한다는 것이다. 明德의 有無는 바르게 소통되는 氣를 품부 받느냐 받지 못하느냐에 달려 있다는 것이다.

사물은 偏塞된 氣를 품부 받아 明德을 가질 수 없고, 사람은 正通한 氣를 품부 받아 明德을 가질 수 있다는 것이다.

그러므로 누구나 인간은 태어날 때부터 虛靈不昧한 明德을 부여 받았기 때문에 堯・舜과 같은 天道의 마음을 가지고 있다고 보아 인성은 善하다고 한 맹자의 性善과 같은 의미를 부여하고 있다.

이 같은 明德은 性卽理로 天道의 마음으로 볼 때 누구나 堯・舜과 같은 聖心을 가지고 태어났으나, 누구나 동일하게 드러낼 수 있는 것은 아니다. 그것은 氣質의 차이가 있기 때문이다. 기질의 기품에는 淸濁・美惡의 氣의 질적인 차이로 해서 智愚・賢不肖의 구별이 생기는데 그에 따라 明德을 나타내는 차이가 생긴다. 그 智・大賢의 자질을 가

---

330) 『或問』4b. "然以其理而言之 則萬物一原 故無人物 貴賦而爲物者 旣梏於形氣之偏塞 而無以充其 本體之全矣. 唯人之生 乃得其之正 且通者 而其性爲最貴 故其方寸之間 虛靈洞徹 萬理咸備 蓋其所以 異於禽獸者 正在於此 而其所以可爲堯舜 而能參天地以變化育者 亦 不外焉 是則所謂明德也.".

진자는 본체 곧 明德을 온전히 보존하여 밝혀지지 못하는 점이 없다. 여기에 미치지 못하는 愚·不肖의 자질을 가진 자들은 그들은 물질적인 기질에 사로잡혀 明德이란 본체를 잃게 된다.331)는 것이다. 비록 氣質之性의 자질 차이로 明德의 밝음은 차이가 있겠지만 본래 본체적 明德에 대한 능력은 모든 사람에게 잠재적 가능성을 가지고 있는 것이다. 그래서 누구나 본체적 明德을 끝까지 밝혀 확충시켜 나갈 수 있다는 것이다. 기품과 인욕은 明德을 昏昧하게 하는 것이고 이것들을 잘 제거해 나가는 것이 明德을 밝힘이 된다. 그래서 주자는 明德에 대해 설명하기를,

"본체의 밝음은 하늘에서 얻어 온 것으로 끝내 昏昧해 질 수 없는 것이다. 그러므로 비록 어둠이 덮인 속에서라 도 잠깐이나마 한번 깨달음이 있으면 이러한 빈틈 가운데 로 卽해 그 본체는 환하게 트이는 것이다."332)

위의 설명은 거울에 비유할 수 있다. 거울은 본래 밝은 것인데 먼지와 티끌이 끼이면 어두워진다. 어두워진다고 해서 거울의 본래 밝음이 아주 상실된 것은 아니다. 밝음 이 먼지 티끌에 의해 가리워졌을 뿐이다. 먼지 티끌 사이

---

331) 『或問』5a. "然其通也 或不能無淸濁之異 其正也. 或不能無美惡之 殊. 故其所賦之質 淸者智而濁者愚 美者賢而惡者不肖 又有不能同 者. 必其上智大賢之資 乃能全其本體 而無所不明 其有不及乎此 則 其所謂明德者 已不能無蔽而失全矣.".

332) 『或問』5a. "然而 本明之體 得之於天 終有不可得而昧者. 是以雖其昏 蔽之極 而介然之頃. 一有覺焉 則旣此空隙之中 而其本體 已洞然矣.".

로 빛이 발하는 데를 근거로 하여 닦아 나가면 마침내 본연의 밝음이 온전하게 드러나게 된다. 위에서 말한 주자의 '빈틈 가운데' 가 바로 거울에 끼어 덮인 먼지 티끌 사이의 빛이 발하는 틈서리와 같은 것이요, 맹자가 말하는 惻隱·羞惡·辭讓·是非의 단서와 같은 것들이다. 이와 같은 심성의 仁·義·禮·智의 단서를 포착하여 확충해 가는 것이 바로 明德의 昏昧한 것들을 제거해 가는 길이요, 本然之性의 明德을 體認하는 길이라 볼 수 있다. 이 같은 본체적 明德은 누구나 다 가지고 있다.

> "明德은 쉼이 없고 때때로 일상생활 사이에서 드러난다. 의롭지 않음을 보면 부끄러워하고, 어린아이가 우물에 들어가려 하면 불쌍해하고, 어진이를 보면 공평하고, 좋은 일을 보면 탄식하는 일과 같은 것이 다 明德이 드러남이다. 이와 같이 미루어 가면 매우 다양하다. 다만 마땅히 드러난 바를 바탕으로 미루어 넓혀가야 한다."[333]

氣質之性은 明德을 인식케 하는데 있어서 개인적 차이를 조성할 수 있으되 본체적 明德의 인식 자체를 불가능하게 할 수 없음을 알 수 있다.

이상에서 살펴 본 바와 같이 明德은 虛靈不昧한 인간의 본체로서 性卽理이다. 형이상자로서 칸트가 말하는 이성 또는 이법에 상응한다고 볼 수 있다. 유가철학은 修己 위

---

333) 『語類』 14~78. "明德未嘗息 時時發見於日用之間. 如見非義而羞惡 見孺子入井而惻隱 見尊賢而恭敬 見善事而歎慕 皆明德之發見也 如此推之極多 但當因其所發而推廣之.".

에 수립된 철학으로 性卽理를 인간의 본체로 보고 氣質之性에 대한 인욕의 가리움을 해쳐 내고 빛의 발하는 바를 확충해 내고 그 本然之性을 회복해서 明德을 體認하여 실현하는 것으로서 자기완성을 이룩하는 것이다. 그러므로 明明德은 修己를 통하여 본래적 자기 모습으로 돌아감으로써 자기완성의 길을 정진해 가는 것이다.

또 주자는 明明德에 대해서 明德을 밝힌다고만 하지 않고 『대학』의 八條目과 결부시켜 明明德의 실제적 과정을 구체적으로 설명하고 있다.

> "格物・致知・誠意・正心・修身 5가지는 다 明明德의 일이다. 格物致知는 곧 분명하게 알려는 것이고 誠意・正心은 곧 분명하게 행하려는 것이다. 만약 格物致知에 다하지 못하는 바가 있다면, 明德을 안 것이 아직 분명하지 못한 것이고, 생각이 성실하지 못하다면 이 덕이 아직 밝아지지 못한 바 있는 것이며, 마음에 바르지 못한 바 있다면, 덕에 밝아지지 못한 바 있는 것이다. 몸이 아직 닦여지지 못한 바 있다면, 덕에 밝아지지 못한 바 있는 것이다. 반드시 생각은 잠시도 성실하지 못함이 있을 수 없게 하고, 마음은 잠시라도 바르지 못함이 있을 수 없게 하며 몸은 잠시라도 닦여지지 못함이 있을 수 없게 한다면, 이 明德이 비로소 항상 밝게 된다."[334]

---

334) 『語類』 14~84. "如格物致知誠意正心修身五者 皆明明德事. 格物致知 便是要知得分明 : 誠意正心修身 便要行得分明・若是格物致知有所未盡 便是知得這明德未分明: 意未盡誠 便是這德有所未明: 心有不正 則德有所美明 : 身有不修 則德有所未明. 須是意不可有頃刻之不誠 心不可有頃刻之不正 身不可有頃刻之不修 這明德方常明.".

주자는 八條目 중에서 修己의 덕목을 明德과 결부시켜 明明德의 실제적 절차를 구체화 한 것이다. 格物致知는 明德을 구현하는 인식의 문제로 제시 되었고, 誠意·正心·修身은 明德을 분명하게 행동하려는 행적인 면을 제시하고 있다. 그러므로 明明德은 知行의 두 측면을 포함하는 개념으로 이해 할 수 있다.

그런데 본래의 모습 그대로의 明德이 언제나 뚜렷하게 빛나게 존재 하는 것이 아니다. 기질과 인욕에 속박되고 은폐되어 性卽理인 明德이 불분명하고 희미해지기 마련이다. 그러나 본질적인 밝음이 상실되는 것이 아니다. 그래서 밝음의 실마리를 발현하여 그 본래의 밝고 빛남을 잘 인식해서 그 밝은 德을 계속 밝혀 나가는 것을 실행하게 되면 본래의 明德으로 복귀하게 된다는 것이다. 이것이 바로 명덕의 가치관 정립이라 볼 수 있다.

2. 治人으로서의 新民

『小戴禮記』 '大學篇'에 親民으로 전해 오던 것인데, 程頤가 新民으로 씀이 옳다고 한 것을 주희는 이에 근거하여 '大學章句'에서 親民을 新民으로 풀이했다.

新民은 明明德의 他者에로의 확대로서 대중을 향한 교화를 의미한다.

"사물이 구명된 뒤에야 앎이 투철해지고 앎이 투철해진

뒤에야 뜻이 성실하게 되어서고, 뜻이 성실하게 된 뒤에야
마음이 바루어지게 되고, 마음이 바르게 된 뒤에야 몸이
닦아지게 되고 몸이 닦이고 난 뒤에라야 집안이 바로 잡히
게 되고 집안이 바로 잡히고 난 뒤에라야 나라가 다스려지
게 되고, 나라가 다스려지고 난 뒤에라야 천하가 화평하게
되어지리라."[335]

明德이 천하에 밝혀져 가는 과정을 순서대로 설명한 것
이다. 가정이 윤리적인 조화를 가져오고 난 후에 국가·사
회 윤리의 조화가 이루어지고 그것이 온 천하까지 화평하
기 위해선 먼저 각 개인의 인간적 가치관인 明德이 갖추어
져야 한다는 것이다. 이를 주희는 다음과 같이 풀이하고
있다.

　　"내 스스로 밝힌 바를 미루어 그들에게 미쳐가되 齊家로
부터 비롯하여 중간에는 治國을 마지막엔 平天下에까지 이
르러 자신의 明德을 가지고서도 스스로 밝히지 못하는 많
은 사람들 모두가 스스로가 밝은 덕을 밝혀서 해묵고 더러
운 때를 없애도록 해주는 것이 곧 이른바 백성을 새롭게
함이다. 그러나 이 또한 그들에게 나의 것을 준다거나 더
해 주는 것은 아니다."[336]

明德을 밝히는 일은 단순히 개인에게 국한되지 아니하고

---

335) 『大學章句』 經章, "物格而后 知至 知至而后 意誠 意誠而后 心正 心
　　正而后 身修 身修而后 家齊 家齊而后 國治 國治而后 天下平.".
336) 『或問』5b. "故必推吾之所自明者以及之 始於齊家 中於治國 而終及
　　於平天下 使彼有是明德而不能自明者 亦皆有以自明而去其舊染之汚
　　焉. 是則所謂新民者 而亦非有所付畀增益也.".

온 사회로 확충, 발전되어 전인류에 기여하는 바가 되어야 한다. 그러므로 新民은 자기 본체로서의 明德을 밝혀서 대중에로 확대되어 가는 것이다. 그리하여 대중의 明德도 밝힘으로써 兼善天下 하는데로 나아감을 말하는 것이다. 新民은 백성들로 하여금 인간된 본성 즉 바람직한 인간 가치관을 정립 하도록 깨우쳐 주는 일로써 덕치주의의 일면을 바로 新民에서 찾아 볼 수 있다. 그래서 明明德이 자기 본체의 직접적 실현이라면 新民은 明德의 작용으로써 明德의 수양과정을 통한 내적 자기 변화의 일면을 타인에게까지 확충해 가는 것을 가르킨다. 그래서 明明德, 新民의 일은 '세상에 明德을 밝힌다'라고 말할 수 있다. 이는 자기의 明德을 밝혀 대상자인 타인을 교화시키고 새롭게 한다는 것이다. 즉 덕치주의의 구현으로 나 이외의 다른 사람들로 하여금 虛靈 明德한 가치관을 정립하게 한다는 것이다.

그러므로 明德을 밝히는 일은 단순히 개인에게 국한되지 아니하고 온 사회로 확충 발전시켜 전 인류에로 기여하는 것이 되어야 한다. 한마디로 新民은 明明德의 대중에로의 확대로서 자신의 明德을 밝힘으로써 자기 혼자의 가치관 정립에 만족하는 것이 아니고, 대중의 明德을 밝힘으로써 대중 각자의 가치관을 정립하는 데로 나아감을 말하는 것이다.

新民은 백성들로 하여금 인간의 本然之性에 돌아가 최대한으로 실현하도록 깨우쳐 주는 일로써 덕치주의의 과제가 바로 新民에 있다는 것이다. 新民의 덕치주의는 교육적,

경제적, 사회적 안정을 얻도록 할 뿐만 아니라 '齊家·治國·平天下'를 구체적으로 실현케 하는 것이다.

3. 明德과 新民의 關係

明德과 新民의 관계는 중용의 '成己·成物'[337]에 의한 功效性과도 같다. 成己는 明德에 成物을 新民에 상응된다고 볼 수 있다. 즉 자기 자신을 이룩한다는 것은 자기 자신 속에 있는 인욕과 물욕을 배제하고 소박하고 純一無雜한 心之德을 갖춘다는 뜻이다. 修己에 의한 가치관 정립을 의미하는 것이고, 成物은 나 이외의 대상을 뜻하는 것으로 修己로서의 明德이 이루어진 연후에 대상을 자기의 明德과 같이 될 수 있도록 교화시켜서 내적인 成己와 외적인 成物을 하나 되도록 하는 것이 곧 誠者로서 天道의 경지인 것이다. 이 경지가 이른바 止於至善의 경지요, 천인합일의 경지라 할 수 있다.

> "대중의 가르침으로 삼은 것이 조금이나마 이치를 회복했다 할지라도 순수하지 못함이 있거나 자신이 대략 극복했다 했을지라도 지극히 다하지 못한 바가 있으면, 몸을 닦아 남을 다스리는 방법을 다할 수 없을까 염려한 나머지 반드시 이를 말하여 明德과 新民의 표준을 삼은 것이다."[338]

---

337) 『中庸』第25章, "誠者非自成己而已也. 所以成物也. 成己 仁也 成物 知也. 性之德也 合內外之道也 故時措之宜也.".
338) 『或問』6a. "此爲大學之敎者 所以慮其理 雖粗復而有不純 已雖粗克而有不盡夫修己治人之道 故必指是而言 以爲明德新民之標的也.".

위와 같이 주자는 '止於至善'에 대하여 설명하고 있다. 至善이라는 것은 최고의 선을 말하는 것으로 事理當然의 최고 준칙인 동시에 일체 사물의 원리가 되는 최후의 준칙이라 볼 수 있다. '止於至善'은 明明德과 新民의 일에 따라야 할 준거가 된다는 것이다. 따라서 '止'자는 『大學集註』에서 '반드시 이에 이르러 옮기지 않는다.'라고 풀이했다. 『대학』 전3장에서 詩經의 文王篇을 인용하여 설명하고 있다.

> "人君이 되어서는 仁에 그치시고, 人臣이 되어서는 敬에 그치시고 人子가 되어서는 孝에 거치시고, 人父가 되어서는 慈에 그치시고 國人과 더불어 사귐에 信에 그치셨다."[339]

라 하여 聖人의 그침은 至善 아님이 없음을 말한 것이다. 이 같은 聖人은 사리의 당연한 표준이 된다는 것이다. 그러므로 修己로서 明德을 갖추어 자기 가치관이 정립된 聖人은 治人으로서의 대상을 교화시키고 새롭게 할 수 있는 능력을 가진자이다. 하는 행동은 모두 至善의 경지에 맞추어 天理의 極을 다하고 있고 조금도 人欲의 사사로움이 없는 소박한 天道의 마음을 가진자이다. 이와 같은 사람을 바람직한 인물이라 한다. '堯·舜은 性之'[340]라 했는데 이 같은 인물은 바로 하늘로부터 부여된 착한 성품대로 모든

---

339) 『大學集註』 '傳子' "詩云 穆穆文王 於緝熙敬止 爲人君 止於仁 爲人臣 止於敬 爲人子 止於孝 爲人父 止於慈 與國人交 止於信.".
340) 『孟子』 '盡心章句上' "堯舜 性之也 湯武身之也 五霸假之也.".

행위를 하되 어떤 법규나 법칙에 어긋남이 없이 진리에 맞아들어 간다는 뜻으로 바람직한 明德을 갖춘 聖人이라고 할 수 있다.

맹자는 '性善'을 주장하여 堯·舜과 같은 聖心을 누구나 태어날 때부터 부여받고 있음을 주장한다. 그런데 우리가 하늘로부터 性卽理인 明德을 누구나 부여받을 때에 다 착한 마음씨를 가지고 있지만 악한 행위를 하는 것은 무엇 때문인가 하는 의문이 생긴다. 이것은 맹자의 말을 빌리면 우리의 기품에 淸·濁·厚·薄의 기질이 있는데 대상을 접할 때 우리의 기질이 濁氣·薄氣로 되었을 때에 악의 방향으로 흘러 간다고 보았다. 수양을 통해서 濁氣를 淸氣로 薄氣를 厚氣로 되었을 때 인간의 本然之性을 회복하여 바람직한 가치관을 정립한 인물이 될 수 있다는 것이다.

또 공자의 仁思想에 대하여 살펴보면 『논어』의 여러 곳에서 찾아 볼 수 있는데 때와 장소에 따라 다르게 仁思想을 설명하였으나, 仁思想이 하나로 정립된 말씀이 있으니, 이것이 바로 '一以貫之道'341)이다. 공자의 제자인 증자는 '一以貫之道'를 忠恕로 풀이하였던 것이다.342)

그런데 인간을 중심으로 인간의 밖에 있는 것을 外라 하고 안에 있는 것을 內라고 할 수 있는데 忠은 하늘로부터 부여된 天道의 마음을 다한다는 것으로 인간의 內라고 할 수 있고 恕는 자기를 미루어 다른 사람에게까지 미쳐가는

---

341) 『論語』 '里人篇'.
342) 上揭書 '里人篇'.

것으로 볼 수 있다. 그러므로 忠은 인간의 본체로서 明德
에 상응하고 恕는 新民에 상응한다고 보아야 한다.

그런데 程子는 『논어』에 '主忠信'이란 문구에서 忠은 '天
之道也'라 주석하고 있다. 그러므로 忠은 인간의 본체인
明德으로써 天道로 볼 수 있기 때문에 聖心이라 볼 수 있
고 恕는 聖心이 외적으로 나타나게 될 때 도덕심으로서의
의리정신이 발휘된다고 보아야 한다. 그러므로 忠恕가 이
원적 일원화될 때 仁者로서 바람직한 전인적 인물이 된다
는 것이다. 忠恕의 恕가 발휘될 때 의리의 정신이 노출되
기 때문에 맹자는 공자의 仁思想외에 義字를 더 첨가해서
仁義를 인간의 가치관 문제로 본 것이라 할 수 있다.

주자는 맹자의 梁惠王章篇에서 仁은 '心의 德'이요 '愛의
理'라 하였고, 義는 '心의 制', '事의 宜'라 설명하였다. 仁
은 마음의 德을 갖추고 사랑의 조화를 이루고 있음을 말하
기 때문에 『대학』의 明德과 같은 개념으로 볼 수 있다. 이
와 같은 明德이 갖추어져서 대상에 적용되어 갈 때 대상을
교화시킬 수 있고 새롭게 될 수 있게 하는 힘을 가진다.
다시 말해서 질서 있고 사리에 맞는 행위를 하게 되어서
바람직한 인물이 된다는 것이다.

위 경전 속에서 인간 가치관 문제를 찾아보았다. 이외의
경전 속에서도 인간 가치관 문제로 취급될 수 있으나, 윤
리·도덕의 주류를 이루고 있는 경전 사상들을 종합해 볼
때 가치관 문제로는 明德으로 일관할 수 있다고 본다.[343]

---

343) 『韓國傳統思想의 理解』, 沈佑燮, 형설출판사, 1990. 67~70쪽.ㅎ.

Ⅲ. 實踐論

1. 明德의 具顯

위에서 三綱領 八條目에 대한 설명은 『대학』 내용의 개괄된 체계 설명이자 덕치주의 이념을 구현하기 위한 방법론의 개요이다.

> "옛날 明德을 천하에 밝히려는 이는 먼저 그 나라를 다스렸고, 그 나라를 다스리려는 이는 먼저 그 집안을 바로 잡았고, 그 집안을 바로 잡으려는 이는 먼저 그 마음을 바르게 했고, 그 마음을 바르게 하려는 이는 먼저 그 뜻을 성실하게 했고, 그 뜻을 성실하게 하려는 이는 먼저 그 앎을 투철히 했나니 앎을 투철히 함은 사물을 구명함에 있다."[344]

'옛날 밝은 德을 천하에 밝히려는 이'란 말은 孔子가 항상 칭송하고 있는 唐堯·虞舜·夏禹·商湯·周文武 등 역대 聖君을 가르키는 표현일 것이다. '明德을 천하에 밝힌다는 것'은 모든 인간으로 하여금 인간된 본성 즉 性卽理의 가치관을 바탕으로 한 인간성 회복이란 문제를 전인류에까지 확대 실현할 것을 요청하고 있다.

이와 같은 실현은 덕치주의의 큰 이상인 것이다. 덕치주

---

344) 『大學章句』 傳4章. "古之欲明明德於天下者 先治其國 欲治其國者 先齊其家 欲齊其家 先修其身 欲修其身者 先正其心 欲正其心者 先誠其意 欲誠其意者 先致其知 致知在格物.".

의의 중요한 것은 治者 자신들의 인격이다. 治者가 훌륭한 明德을 갖추지 못하고는 피치자들을 德化해 갈 수 없기 때문에 맹자는 王道政治와 같은 德治를 반드시 聖人이 해야 한다고 주장한 것이다. 그래서 新民의 본체로서 明明德의 문제가 제기된 것이다. 明明德하는 일이 다름 아닌 修身이요 修身의 요체는 正心·誠意·致知·格物이다. 이와 같은 요체를 거쳐 修身이란 근본적인 문제가 해결되어 진 연후에야 작용적인 齊家·治國·平天下를 이룩할 수 있다는 것이다.

2. 齊家의 擴充

그 다음으로 齊家의 중요성을 살펴보기로 한다.

"나라를 다스림에 앞서 반드시 제 집안을 바로 잡는다는 것은 제 집안을 교화시키지도 못하면서 남들을 교화시킬 수 있는 사람은 없다. 그러므로 군자는 집을 나가지 않고 나라에 가르침을 이루는 것이다. 孝는 군주를 섬기는 것이요, 弟는 윗사람을 섬기는 것이요, 慈는 여러 백성들을 부리는 것이다."345)

가정은 인륜의 조화를 조성할 수 있는 溫床이라 볼 수 있다. 사회적 인간관계도 가정의 인간관계로부터 시작된

---

345) 『大學章句』 傳9章. "所謂治國 必先齊其家者 其家不可敎 而能敎人者 無之 故君子 不出家而成敎於國 孝者 所以事君也 弟者 所以事長 慈者 所以使衆也.".

다. 가정내의 孝·弟·慈는 본디 가정의 덕목이요 가정 행위이다. 이것은 국가·사회에 있어서 인간관계를 올바르게 실현할 수 있게 하는 도덕임을 설명하고 있다. 따라서 齊家가 治國에도 직결되지 않을 수 없다. 『논어』 爲政篇에,

"정치를 하는데 德으로써 하는 것이 비유하면 북극성이 제자리에 있으면 모든 별들이 그를 向해 둘러 있는 것과 같다."346)

라고 하였다. 이것은 위정자에게 바람직한 明德을 요청하고 있는데, 治國을 하는 위정자만이 明德이 필요한 것은 아니다. 가정을 교화하는 일이 덕치를 베푸는 일이나 마찬가지로 가정을 구성하는 부모 형제간에 각자 바람직한 明德을 가지고 齊家에 참여한다면 가정 윤리를 이룩할 것이고 이를 확충해 나가면 덕치주의가 구현되어 간다는 것이다. 이처럼 유가에서는 孝·弟·慈 등 가정의 덕행을 사회적, 국가적으로 확장시켜 나라 안의 도덕규범을 올바로 실현하고자 했던 것이다.

"한 집안의 仁이면 한 나라가 仁을 흥기하고 한 집안이 사양하면 한 나라가 사양함을 흥기하고, 한 사람이 탐하고 어그러지면 한 나라가 亂을 일으키니, 그 기틀이 이와 같다. 이것을 일러 '한 마디 말이 일을 그르치며, 한 사람이 나라를 안정시킨다.'고 하는 것이다."347)

---

346) 『論語』 '爲政篇', "子曰 爲政以德 譬如北辰 居其所 而衆星共之.".
347) 『大學章句』 傳9章. "一家仁 一國興仁 一家讓 一國興讓 一人貪戾

한 집안은 나라에 대해서 하나하나 중요한 동기를 갖는다. 한 집안은 한 집안 그것에만 머무는 것이 아니라 나라 전체에 대한 하나의 동기를 갖는 곳으로서 그것들이 仁과 讓으로 일어나느냐 하는 것이 나라 전체에 영향을 미치게 된다는 것이다. 집안마다 仁과 讓으로 일어나면 온 나라가 그렇게 흥기한다는 것이다. 여기에서 '한 집안'이란 왕실을 지칭하고 있다. 왕실은 모든 집안 위에 군림하여 큰 영향을 미치므로 마땅히 모든 집안의 모범이 되어야 한다는 것이다. 이 같은 왕실이 바로 잡히기 위해서는 정사를 맡은 임금의 덕이 무엇보다도 중요하게 된다. '한 사람이 제 이익을 탐하면 한 나라가 어지러움을 일으킨다.'고 했듯이 임금이 덕을 잃으면 필경 나라에 혼란을 초래하게 된다는 것이다. 그러므로 임금의 언행은 나라의 대사에 큰 영향을 주기 때문에 '한 마디 말이 일을 뒤엎고, 한 사람이 나라를 안정시킨다.'고 했다. 이 말은 나라를 통치하는 위정자가 虛靈不昧한 明明德을 갖추어 施政할 때 덕치주의가 실현될 수 있음을 시사한 것이다.

3. 德治主義의 實現

"堯와 舜이 천하를 仁義로써 거느리매 백성들이 거기에 따라했고 桀과 紂가 천하를 暴으로써 거느리매 백성들이 거기에 따라했다. 그들이 내리는 명령이 그들 자신이 실제

一國作亂 其機如此 此謂一言僨事 一人定國.".

좋아하는 바에 반대되는 것이면 백성들이 따르지 않는 법이다. 그러므로 군자는 자신에게 善이 있은 뒤에 남에게 善을 요구하며, 자신에게 惡이 없은 뒤에 남의 惡을 비난하는 것이다. 자기 몸에 간직하고 있는 것이 恕하지 못하고서 능히 남을 깨우치는 자는 있지 않다."348)

유교사상의 始源이 바로 堯로부터 시작하여 堯·舜·禹·湯·文·武·周公·孔子로 되어 있다. 유교사상에서 폭군으로는 桀紂로 보았다. 堯·舜은 스스로 본체로서의 明德을 밝힌 聖君으로 보았고 桀紂는 失德한 폭군으로 오래도록 상징되어 왔다.

덕치주의의 실현을 위해서는 무엇보다도 위정자의 바람직한 가치관인 明德이 중요함을 거듭 강조하고 있는 것이다. 위정자로서 임금은 心之德의 가치관이 정립되어 백성들에게 모범이 되어야만 한다는 것이다. 그래서 '堯와 舜이 천하를 仁義로써 거느리매 백성들이 거기에 따라 했고 桀紂가 천하를 暴으로써 거느리매 백성들이 거기에 따라 했다.'고 했다. 『논어』에,

"군자의 德은 風이요, 小人의 德은 草라 했는데 풀 위의 바람은 반드시 풀을 다 넘어지게 한다."349)

---

348) 『大學章句』傳9章, "堯舜 帥天下以仁 而民 從之 桀紂 帥天下以暴 而民 從之 其所令 反其所好 而民 從之 是故 君子 有諸己而後 求 諸人 無諸己而後 非諸人 所藏乎身 不恕 而能喩諸人者 未之有 故 治國在齊其家."
349) 『論語』'顔淵篇', "君子之德風 小人之德草 草上之風 必偃."

고 했다. 임금이 明德인 性卽理의 주체가 확립되어 있으면, 그것이 백성들에게 推己及人 되어져서 그를 본받아 교화되고 새로운 인물로 된다는 것이다. 즉 忠恕의 의미가 있는 것이다. 그러므로 明德으로서의 忠과 新民으로서의 恕 이원적 일원화되어 질 때 사회 질서가 확립되어 질 수 있는 덕치주의가 구현될 수 있다고 본다.

> "이른바 천하를 화평하게 함이 그 나라를 다스림에 있다는 것은 윗자리 있는 이들이 늙은이를 늙은이로 섬기면 백성들이 孝를 흥기 하며, 윗사람이 어른을 어른으로 대우함에 백성들이 弟를 흥기하며, 윗사람이 고아를 愛恤이 여기면 백성들이 저버리지 않는다. 이러므로 군자는 矩로 재는 道가 있는 것이다."350)

윗자리에 있는 이들이 孝·弟·慈의 明德을 베풀면, 아랫사람은 윗사람 하는 일을 본받아 그에 따라 일어난다고 했다. 본디 孝·弟·慈는 집안의 德이자 인간이 마땅히 지켜야 할 人道의 大端이라 할 수 있다. 그것들은 모든 인간관계의 조화를 가져 올 수 있는 근간이 되는 것이다. 그러므로 齊家·治國·平天下의 본체가 되는 것이다.

여기에서 설명하고 있는 孝·弟·慈의 上行下效와 絜矩之道와의 관계를 주자는 '먼저 上行下效를 행하고 나서 絜矩之道에 이르고 나서 政事上에 나아가야 한다'351)고 했다.

---

350) 『大學章句』 傳10章, "所謂平天下在治其國者 上者老而民興孝 上長長而民興弟 上恤孤而民不倍(背) 是以 君子 有絜矩之道也.".
351) 上揭書, 傳10章註, "上行下效 捷於影響 所謂家濟而國治也…推以度

絜矩의 道는 백성들로 하여금 孝·弟·慈에 흥기하게 한
뒤에 그 흥기된 마음을 실제 수행할 수 있도록 베푸는 정
사 상의 문제인 것이다. 治國·平天下를 위한 본체적인 道
인 絜矩의 道는 정치상의 문제뿐만 아니라, 明明德으로서
의 주체와 작용으로서의 대상의 관계가 이루어지는데 보편
적으로 적용되고 있다. 사람들이 인간관계의 조화로서 絜
矩의 道를 지닐 때 세상은 균형과 질서 있는 사회가 이룩
되며, 또 위정자가 이와 같은 마음으로 정사에 임한다는
것은 治國·平天下를 할 수 있는 要道가 된다. 그러나 絜
矩의 道를 지니게 되는 것도 修身으로서의 明德의 가치관
이 이룩된 뒤에 絜矩의 道가 실현되어 齊家·治國·平天下
가 달성된다는 것이다.

Ⅳ. 結 論

첫째, 이상으로 『대학』의 道에 대한 본체론을 다음과 같
이 요약 할 수 있다.

　修己로서의 明德은 『대학』의 경1장에서는 明明德·新
民·止於至善의 三綱領을 제시하고 있다.

주자는 八條目 중에서 修己의 덕목을 明德과 결부시켜
明明德의 실질적인 절차를 구체화하고 있다. 格物致知는

物 使彼我之間 各得分願 則上下四旁 均齊方正 而天下平矣.

明德을 구현하는 인식의 문제로 제시 되었고 誠意·正心·修身은 明德을 확실하게 실행하려는 행적인 면을 제시하고 있다. 그러므로 明明德은 知·行의 두 면을 포함하는 개념으로 볼 수 있다.

그런데 본래의 모습 그대로의 明德이 언제나 뚜렷하게 빛나게 존재하는 것이 아니다. 기질과 인욕에 속박되고 은폐되어 性卽理인 明德이 불분명하게 희미해지기 마련이다. 그러나 본질적인 밝음이 상실되는 것은 아니다. 밝음의 단서를 발현하여 그 본래의 밝고 빛남을 잘 찾아서 그 밝은 德을 회복하게 되는 것이다. 이것이 바로 明德의 가치관 정립이라 할 수 있다.

② 治人으로서의 新民은 자기 본체로서의 明德을 밝혀서 대중에로 확대해 나가는 것이다. 그리하여 대중의 明德도 밝힘으로써 兼善天下하는 데로 나아감을 말하는 것이다. 新民은 백성들로 하여금 인간된 본성 즉 바람직한 인간 가치관을 정립하도록 깨우쳐 주는 일로써 덕치주의의 일면을 바로 新民에서 찾아 볼 수 있다.

③ 明德과 新民의 관계로서는 주체가 되는 明德과 대상이 되는 新民의 관계를 조화시키고 있는 것이 바로 止於至善이다. 즉 虛靈不昧한 明德의 가치관이 정립된 위정자가 덕치주의의 구현으로 대상인 백성을 교화하여 자기와 똑같은 明德의 가치관을 가지게 하여 止於至善의 경지에 이르게 할 때, 이 같은 인물을 內聖外王으로 바람직한 가치관이 정립된 위정자라 한다.

둘째, 다음으로 실천론을 다음과 같이 요약할 수 있다.

❶ 明德의 구현으로서 三綱領 八條目에 대한 설명은 『대학』 내용의 개괄된 체계 설명이자 덕치주의 이념을 구현하기 위한 방법론의 개요이다. 明德을 천하에 밝힌다는 것은 모든 인간으로 하여금 인간된 본성 즉 性卽理의 가치관을 바탕으로 한 인간성 회복이란 문제를 전인류에까지 확대 실현할 것을 요청하고 있다.

❷ 齊家의 확충에 있어서는 가정의 孝·弟·慈는 가정의 덕목이요 덕행이다. 이것은 국가 사회에 있어서 인간관계를 올바르게 실현 할 수 있게 하는 도덕인 것이다. 따라서 齊家가 治國에도 직결된다는 것을 알 수 있었다.

❸ 덕치주의의 실현으로는 明德으로서의 忠과 新民으로서의 恕가 이원적 일원화되어 질 때 사회질서가 확립되어 덕치주의가 구현될 수 있음을 밝혔다.

셋째, 현대적 의미를 살펴보면 오늘날 현대사회는 과학문명의 발달로 인류에게 기계와 물질은 얻었으나 인간성 경시 사상으로 인간 가치관을 상실하게 되었다. 이로 인해 물질 및 실리지상주의가 인간성 회복보다 위에 있게 되었다. 물질주의를 신봉하는 이들은 고래로부터 전해 온 民本·德治主義思想은 낡은 잔재로 생각할 뿐만 아니라 도덕적 가치관까지도 부정하고 있다. 『대학』에 '德은 本이요, 財는 末이니 根本을 밖으로 하고 末을 안으로 하면 백성을 다투게 하여 겁탈하는 가르침을 베푸는 것이다.'352)라고 하였는데, 이것이 우리가 살고 있는 사회현상이라 볼 수 있다. 그래서 財를 本으로 삼고 德을 도외시하는 현실 속에서 정치적으로는 사회통합과 화평을 상실한 채 왜곡된 민주화를 외치는 사회, 경제적으로는 황금만능만이 판을 치고 있는 사회, 교육적으로는 바람직한 전인교육을 저버리고 지식교육에만 치닫고 있는 사회, 이 같이 소용돌이 치고 있는 사회의 질서를 확립하고 바람직한 인간 가치관을 정립하기 위해서는 『대학』의 道의 가치문제를 이해하는데서 구출 할 수 있을 것이다.

더욱이 오늘날 민주화의 물결이 몰아치고 있는 현실에서 위정자 자신들이 虛靈不昧하고 思無邪하며 眞實無妄한 明德의 가치관을 갖추고 난 연후에 덕본주의에 입각한 시정을 할 때 백성들로부터 자연적으로 신뢰성을 얻을 수 있고 또한 참신한 민주화가 실현 될 수 있으리라 믿는다.

---

352) 『大學集註』 傳10章. '德者 本也 財者 末也 外本內末 爭民施奪.'.

參 考 文 獻

1. 原典類

·朱 熹,『大學章句集註』, 大田, 學民文化社, 1990.
-----,『論語集註』, 大田, 學民文化社, 1990.
-----,『孟子集註』, 大田, 學民文化社, 1990.
-----,『中庸章句集註』, 大田, 學民文化社, 1990.
-----,『大學或問』, 서울, 保景文化社, 1990.
-----,『朱子語類』, 北京, 中華書局, 1983.
-----,『朱文公文集大全』, 서울, 法仁文化社, 1988.
·程顥·程頤,『二程集』, 中華書局, 1981.

2. 著書類

·沈佑燮,「費隱의 觀點에서 본 中庸思想」『中庸思想의 哲學的 摸索』,
　　　　　대화교육문화, 1996.
·오오하마 아키라『주자의 철학』(임현규 옮김), 서울, 인간사랑, 1997.
·錢 穆,『주자학의 세계』(이완재, 백도근 譯), 대구, 以文出版社, 1994.
-----,『朱子新學案』, 臺北, 三民書局, 民國 69.
·한국철학사상연구회,『우리들의 동양철학』, 서울, 동녘, 1997.
·侯外廬,『宋明理學史』1·2(박완식 譯), 서울, 이론과 실천, 1993.
·金能根,『中國哲學史』, 서울, 장학출판사, 1984.
·蒙培元,『理學範疇系統』, 북경, 人民出版社, 1989.
·束京南,『朱子大傳』福建, 福建教育出版社, 1992.
·市川安司,『朱子哲學論考』, 東京, 汲古書院, 昭和 60.
·友枝龍太郎,『朱子思想形成』, 東京, 春秋社, 昭和 44.

3. 論文類

·孔泳立,「朱子 倫理사상의 본질에 관한 연구 -禮사상을 중심으로-」,
　　　　　성대 박사학위 논문, 1986.
·金道基,「朝鮮朝 儒學에 있어서 認識理論에 관한 연구 - 大學의 格物

致說을 中心으로-」, 성대 박사학위 논문, 1986. 「朱熹의
佛教批判과 工夫論 연구」, 고려대 박사학위 논문, 1998.
· 孫英植, 「宋代 新儒學에서 哲學的 爭點의 研究」, 서울대 박사학위
논문, 1993.
· 梁熙龍, 「大學의 本義에 관한 연구」, 성신여대 박사학위 논문, 1998.
· 李楠永, 「李退溪의 孔子觀과 그 實踐性」, 『退溪學報』 제87·8집, 1995.

『中庸』의 中和思想[*]

Ⅰ. 序 論

본 논문은 『중용』에 있어서 中和의 가치관에 관한 연구이다. 이를 위해서 우선 儒家 경전에서의 『중용』을 고찰하고자 한다.

四書로 전해 오고 있는 『중용』은 선진시대의 유학자들이 기록한 예에 관한 자료를 131편본으로 편찬하였는데, 이것을 戴聖이란 학자가 49편으로 정리하여 이것을 小戴禮記라 하였다. 『중용』은 바로 이 『小戴禮記』 49편 속에 들어 있는 31편의 글이다.

宋代에 이르러 性理學의 발흥과 때를 같이 하여 중용사상의 진가가 본격적으로 거론하기 시작했다. 程明道(103

---

[*]이 논문은 2003년도 동양철학연구 제35집에 게개되었음.

2~1085)와 程伊川(1033~1107) 형제가 孔門에 전수된 心法이라 하여 높이 평가해서 중요하게 다루었다. 그 후 다시 朱子(1130~1200)가 이들의 설을 계승하여 『예기』 중에 있는 『대학』, 『중용』 2편을 독립시켜 『논어』, 『맹자』와 함께 사서라 하고 『중용장구』, 『중용혹문』등을 저술하여 『중용』의 오묘한 뜻을 밝혔다.354)

이와 같이 『중용』은 사서의 하나로 당당히 자리 잡은 후부터 철학적 이론이 집약되어 있고 유학적 근본정신이 가장 함축성 있게 표현 되어 있다 하여 유가에서 높이 평가하여 왔다. 그리하여 『중용』은 유가의 철학 사상이 집약되어 있는 원리로서 인간 가치관 문제를 잘 해명할 수 있는 경전으로 연구되어 왔던 것이다.

『중용』이란 책은 전부 三十三章으로 되어 있는데 그 書頭에서 '天命之謂性'이라 하여 하늘로부터 시작하여 末尾 '上天之載 無聲無臭'라고 하여 형이상학적 천리를 말하고 있다. 주자는 이에 대하여 설명하기를 『중용』은 '처음은 一理를 말하였고 중간은 흩어서 만사가 되고 末은 다시 一理에 合한다.'355)라 평하였다.

한편 『중용』은 性의 원융한 본연의 길로서 '진리'를 제시하고 있으며, 자기 내면에서의 성찰을 성실히 함으로써 道心이 확고한 자기주체가 확립될 수 있다고 보았다. 인욕과

354) 『漢書 藝文志』에 中庸說二篇 『隋書 經籍志』 戴顒(南北朝時代의 宋人)의 中庸傳二卷, 梁武의 中庸講疏一卷이 著錄되어 있다.
355) 『中庸』 第1章 朱子註, "其書 始言一理 中散爲萬事 末復合一理."

私意를 버리고 참된 자기 가치관을 확고하게 하는 방법론으로 『중용』의 第一章에서 중화론을 제시하고 있다. 『중용』에서 중화사상을 이해하기 위하여 먼저 중화의 개념을 살펴보고, 다음은 中과 和의 관계를 알아보고, 또 致中和의 가치관을 구명하여 費隱 및 天人合一과의 관계를 고찰함으로써 중화의 가치와 그 功效性을 탐구함으로써 중화사상의 현대적 의의를 음미하고자 한다.

Ⅱ. 本 論

1. 中과 和의 概念

『중용』의 첫 장에 있는 중화의 개념을 논하기 전에 중용의 의미를 간략하게 설명하고 중화의 개념을 논하기로 한다. 『중용』은 中과 庸의 두 글자로 된 말인데 주자는 이에 대해서 설명하기를 '中은 不偏不倚이요 無過不及之名이라 하고 庸은 平常也라.'356) 하였다.

中은 어느 쪽으로 치우치거나 기대어 있지 않아 인성이 至中至正하여 질서를 이룬 상태로써 사물에 접하여 感而遂通하기 이전의 인성 본연을 나타내는 말이며, 庸은 일상생활에 있어서 평상됨을 나타내는 뜻이라 하겠다. 또 程子가

---

356) 『中庸』 第1章註.

설명하기를 '不偏之謂中이요 不易之謂庸이라. 中은 천하의 正道요, 庸은 不易한 천하의 定理라.'357) 하였으니 中은 不偏不倚한 천하의 正道요, 庸은 不易한 천하의 定理로 보았다. 그러므로 중용사상은 中과 庸, 즉 알맞음과 꾸준함이 不可離의 관계를 유지하면서 不偏不倚하고 無過不及의 中德 뿐만 아니라 꾸준한 庸德을 겸비하여야만 중용의 참된 뜻이 드러날 수 있다.

주자가 '中은 不偏不倚하고 無過不及之名이라.' 고 말한 것에, 新安陳氏는 '不偏不倚는 未發의 中이며 마음을 논한 것으로 中의 體요, 無過不及은 時中의 中이며 人事를 논한 것으로 中의 用이다.'라고 하였으니, 중용의 用에 해당하는 것이 바로 時中이다. 이러한 時中을 가능케 하는 것은 '不偏不倚'인 大本의 中인 것이다. 이에 대해서 北溪陳氏(宋代人, 名:陳淳, 號 : 北溪)는 중용의 中을 在心의 中과 在事物의 中이 합일한 것으로 보았다. '在心의 中'은 인간의 내심으로서 體로 보았고 '在事物의 中'은 외적 사물로서 작용이요 時中으로 보았다고 할 수 있다. 體와 用이 합일되는 경지에서 중용의 道가 실현될 수 있다는 것이다. 그러나 『朱子語類』에 말하기를,

> "性情으로써 말하면 중화라 이르고 理義로써 말하면 중용이라 이르나 그 실제는 동일하다. 中을 和에 對言하면

---

357) 『中庸』第一章小註, "中庸之中 却是含二義 有在心之中 有在事物之中 所以文公 必內外而言 謂不偏不倚 無過不及 可謂確而盡矣.".

中은 體, 和는 用이니 이는 已發, 未發을 가리켜 말한 것
이다. 中을 庸과 對言하면 또 折轉되어 庸이 體, 中이 用
이니, 伊川이 말한 것과 같이 中은 천하의 正道이요, 庸은
천하의 定理라 함이 이것이다. 이 中은 도리의 時中, 執中
의 中이다. 중화를 중용과 對言하면 중화는 體요, 중용은
또 用이다."358)

생각컨데 이 말은 중화는 性情으로서 심성 문제를 가리키
는 것이고 중용은 윤리 도덕적인 행위로 드러나는 것을 가
리키는 것이다. 위의 중화의 성정 문제를 살펴본다면, 中
은 心의 體이고, 情은 心의 用으로 나누어 생각해 볼 수
있다. 體用一源즉 中과 和가 일치 될 때 바람직한 인간 가
치관이 드러나게 된다는 것이다. 이 같은 中과 和의 개념을
고찰해 본다면, 『중용』首章에, "喜怒哀樂이 發하지 않은
상태를 中이라 하고, 發해서 다 절도에 맞는 것을 和라고
하며 中은 天의 大本이요, 和는 천하의 達道이다."359)라는
말이 있다. 주자는 이에 대해서 설명하기를,

    "喜怒哀樂이 情인데 그 情이 발현되지 않은 未發狀態에
    있는 것이 性이다. 이 같은 性은 過·不及·偏倚가 없기
    때문에 中이라 말 할 수 있으며 이 性이 외부의 사물에 感

---

358) 『朱子語類』卷之十三 中庸 第二章, "以性情言之謂之中和 以理義言
    之謂之中庸 其實一也. 以中對和而言 則中者體 和者用 此是指 已
    發未發而言 以中對庸而言 則又折轉來 庸是體 中是用 如伊川云 中
    者 天下之道 庸者天下之定理 是也 此中却是 時中執中 以和對
    庸而言 則中和又是體 中庸又是用.".
359) 『中庸』中和章, "喜怒哀樂之未發 謂之中 發而皆中節 謂之和 中也
    者 天下之大本也 和也者 天下之達道也.".

而動되어 乘戾하는 바 없이 절도에 맞는 것은 情의 正이니
이것이 곧 和이다. 中은 大本으로서 道로 體요. 和는 達道
로서 道로 用이다."360)

주자가 여기에서 성정이라고 한 것은 心의 體와 用의 관계
를 가지고 말한 것이고, 中과 和는 道之體와 用을 가지고
설명한 것인데, 둘 다 체용관계를 설명한 것이라 하겠다.
환언하면, 喜·怒·哀·樂 4가지 情은 喜·怒·哀·懼·
愛·惡·欲의 七情을 요약한 표현이라고 보아야 한다. 이
같은 칠정은 성리학에서 맹자의 四端(惻隱·羞惡·辭讓·
是非)과 함께 옛부터 논쟁점이 되어왔다. 이 四·七의 논
란은 인성은 선한데, 情은 선하게도 되고 악하게도 되느냐
하는 기품에 대한 문제의식과 성리학에서는 性은 一性인데
本然의 性과 氣質의 性의 둘로 구별하는 문제로서 理氣二
元論으로 논란되어 왔다.

그리하여 程伊川은 本然의 性이라는 문제로 "性은 곧 理
요 本善이며 천하의 理로서 '희노애락'의 未發이라는 것이
고, 情은 性이 動할 때 선악으로 갈라지는데 惡은 形氣에
가려진 것이며 善은 본래적으로 나온 것이다."361)라고 하
였다. 程伊川은 性은 自然의 性으로 性善으로 未發之中을
말하였고, 情은 形氣로 말미암아 純善이 가려진 氣質의 性

---

360) 『中庸』 '中和章註', "喜怒哀樂 情也 其未發則性也 無所偏倚 故謂之中
　　　發皆中節 情之正也 無所乘戾 故謂之和 大本者 天命之性 天下之理
　　　皆由此出 道之體也 達道者 循性之謂 天下古今之所共由.".
361) 『二程全書』 卷二十四遺書, "性則理也 所謂理 性是也 天下之理原其所
　　　自未有不善 喜怒哀樂未發 何嘗不善 發而中節 則無往不善." p. 19.

을 말하여 희노애락의 已發을 말하고 있다. 그런데 주자는 張橫渠說과 程伊川의 性論을 계승·종합·발전시켜 人性에는 本然의 性과 氣質의 性으로 나누어 설명하여 이를 더욱 구체화하였다. 주자는 本然之性을 설명하기를,

> "이것은 天地의 性이며, 寂然不動한 未發狀態로서 純粹至善이며, 太極의 本然의 性로서 萬殊之一本이고, 氣質의 性은 陰陽二氣의 交運이 이루어진 것으로서 氣의 偏正·淸濁에 의해서 善惡이 섞이어 있음으로서 萬殊라는 것이다."362)

이와 같이 주자는 性을 本然의 性과 氣質의 性의 양면성을 언급한 것이다. 또 주자는 "性은 心의 理요 情은 性의 用이며, 心은 性情의 主라 하고 性은 心에 구비하고 있는 理이며, 情은 性이 事物에 感而動한 것이라."363) 고 하였다.
  생각컨데 心은 性情을 통어하는 주가 되며 性은 心의 體로서 理인데 이것이 사물에 감응할 때 작용으로 情이 나타난다는 것이다. 또한 주자는 '天命의 性은 天理의 전체요.'364) '性은 곧 太極의 전체라.'365) 하였으니 性은 理

---

362) 『性理大全』 卷十五. "有天地之性 有氣質之性 天地之性 則太極本然之妙 萬殊之一本也 氣質之性 則二氣交運而生 一本而萬殊者也 以理言之 則無不全 以氣言之 則不能無偏 論天地之性 則專指理而言 論氣質之性 則以理與氣 雜而言之." 參照.
363) 上揭書 卷十五. "性者 心之理也 情者 性之用也 心者 性情之主也… 性者 心之所具之理 情者 性之感於物而動者也." 參照.
364) 『朱子大全』 卷四十三. 答林澤之. p. 27.
365) 上揭書 卷之十一. 答嚴時亨. p. 22.

요 太極으로서 본체라는 것이다. 이에 대해 陳北溪는 性卽理라는 주자의 설을 천명하여, 性卽理는 본체론적 입장에서 도덕론적 입장과 관련하여 말한 것으로 本然의 性은 寂然不動한 未發狀態로서 至純 至善하며 도덕실천의 실체로서 우주의 본체에 비유할 수 있다는 것이다.366) 그리고 주자는 성정을 설명하기를 性은 理요 體이며 情은 작용의 氣로서 用이라 하고 그리고 心은 性과 情을 주재하는 것이라고 한다. 그리고 또 心의 未發을 性, 已發을 情이라고 한 것에 대하여 栗谷은 未發은 太極의 體요 已發은 太極의 用이라 하였고 그리고 未發의 中 곧 至善의 體에 해당하는 것을 天命의 性으로 보았다. 그리하여 大本은 '在心의 中'이요 達者는 '在事物의 中'으로 보았다. 在心의 中은 未發의 中으로 至善의 體요, 在事物의 中은 至善의 用이라 하였다.367) 즉 至善의 體와 用으로 中과 和를 표현한 것이라 볼 수 있다. 雲峯胡氏는 "開端에 비록 中字가 나타나지 아니했다. '天命謂性'은 곧 未發의 中이요, 率性의 道로 말미암아 그것을 品節하는 것은 곧 時中의 中道이다."368)라고 하였다. 天이 부명하는 것을 性이라 하는 것은 未發의

---

366) 第1章小註, "北溪陳氏曰 性卽理也 在以不謂之理而謂之性 盖理是泛言 天地間人物公共之理 性是在我之理 只這道理 受於天而爲我所有 故謂之性.".

367) 『栗谷全書』卷八答成浩原書, "大本者中之在心者 達道者 中之在事物者也 至善之體 卽未發之中…至善之用 卽事物上自有之中." 至善與中 pp. 187~190. 參照.

368) 『中庸』第一章小註, '雲峯胡氏曰 開端 雖不露出 中字 天命之謂性卽未發之中 因率性之道而品節之 卽時中之中道也'

中으로 보았고, 天道의 性을 향해 誠으로 하고 誠之하여 절도에 맞게 되는 것을 時中이라 하는데 이것이 곧 중화의 和라 볼 수 있다. 天이 부명한 것 性이라고 한 것을 伊川의 설명을 살펴보기로 한다.

> "天이 부여 한 것을 命이라 하고 품부 받아 나에게 있는 것을 性이라 한다. 사물에 나타난 것을 理라 한다. 理·性·命의 세 가지는 다르지 않다. 理를 궁극하면 盡性이 되고 盡性하면 천명을 알게 된다. 천명은 天道와 같다. 그 작용으로써 말하면 命이라 한다. 命은 조화를 말한 것이다."369)

하늘이 인간에게 부여한 것을 인성이라고 할 수 있다. 인성은 부여받을 때 천리의 理를 머금고 부여되기 때문에 性卽理가 된다는 것이다. 그러므로 理·性·命 세 가지는 不可離의 관계로서 理를 궁구하면 盡性이 되고 진성하면 천명을 알게 된다는 것이다. 이 때 천명으로서의 조화라고 함은 주자가 "天이 陰陽五行으로서 만물을 化生하여 氣로써 모양을 이루고 理 또한 부여하니 명령하는 것과 같다."370) 하는 것으로 이해 할 수 있다. 여기에서 하늘이 만물에 부여하였을 때 물성이라 할 수 있다. 그러면 물성과 인성이

---

369) 『性理大全』 卷29 性命. "天之付與之謂命 稟之在我之謂性 見於事物之謂理 理也 性也 命也 三者 未嘗有異 窮理則盡性 盡性則知天命 天命猶天道也 以其用而言之 則爲之命 命者 造化之謂也." p. 498.
370) 『中庸』 第1章註. "天以 陰陽五行 化生萬物 氣以成形而理亦賦焉 猶命令."

서로 다른 것이다. 그렇지 않으면 인성이 물성에 포함 되는 것인가 하는 문제는 많은 성리학자 간에 논란되어 왔던 것이다. 이 같은 문제는 결론을 낼 수 없기 때문에 차제하고 다만 인간의 性 문제에 대해서 생각해 보기로 한다.

위의 주자가 주장하는 '天命之性者 天理之全體'371)요 '性卽 太極全體'372)라 하니, 인성을 부여 받기 이전의 본체를 理 또는 太極, 天이라는 것이다. 그러므로 인간이 天으로 性을 부여받을 때는 天理와 동시에 부여된다는 것이다. 그래서 性卽理라 한 것이다. 그러므로 이 性을 天理 그대로 부여받기 때문에 天地之性으로 소박하고 인욕이 배제된 眞實無妄한 天道인 것이다. 또한 이 性卽理는 인간에 있어서 본체이기 때문에 천하의 大本으로서 明德과 같은 의미가 있다. 그러므로 중화의 中으로 바람직한 가치관을 이룩하는데 중심이 될 수 있다. 그래서 忠恕의 忠과 같은 개념으로 볼 수 있다. 한편 "天이 부여하는 것을 命이라 하고 物이 받는 것을 性이라 한다. 부여하는 것을 命이라 하고 부여하는 바를 氣라 하고 받는 것을 性이라 하고 받는 바를 理라"373) 하였다. 우주본체론에서 理와 氣 문제는 인간의 心에 있어서는 性과 情의 문제로 된 것이라고 볼 수 있다. 性卽理는 心의 體이고 氣는 性의 작용이라 하겠다. 천명의 受者는 性이며 所受者는 理라 하였으니 性體·情用인데 이

---

371) 『朱子大全』 卷43 答林擇之, p. 9.
372) 上揭書 卷61 答嚴時亨, p. 462.
373) 『性理大全』 卷29 性命, p. 498.

것은 곧 理體氣用이라 볼 수 있다. 그러므로 性은 理의 體로서 희노애락의 未發에, 氣의 작용으로서, 희노애락의 已發에 상응하는 것이라 볼 수 있다. 즉 性卽理는 大本으로서 中이요 情卽氣는 達道로서 和에 해당된다고 하겠다. 대개 우리 인간은 자기에게 人性이 있음을 알고 있으나 天에서 나왔음을 알지 못하고 있으며, 事에 道가 있음을 알고 있으나, 性으로 말미암음을 알지 못할 때가 있는 것이다. 그러므로 일의 道理 즉 調和가 바로 性卽理의 本體로 말미암아 확립 될 수 있음을 시사하고 있다. 和의 본체가 性卽理로서의 中에 있다는 것이다. 인성의 본체가 中이라면 不中節에 따르는 不和의 문제가 제기된다. 중절에 대해 부중절에 대한 것을 살펴보면,

"이른바 靜은 未發할 때를 가르켜 말한다. 이때에 마음의 상태는 혼연한 상태의 天理이다. 인욕의 편벽됨이 없는 고로 天의 性이라 말한다. 物에 감응해서 동적으로 되면, 시비와 眞妄이 이로부터 나누어진다. 그러나 性이 아닌 즉 또한 스스로 발함이 없는 고로 性의 欲이라 한다. 動字는 중용의 發字와 다름이 없다. 이 是非 眞妄이 특히 有節, 無節이냐에 따라 中節과 不中節의 사이가 결정될 뿐이다."374)

不中節의 불화는 未發時의 혼연한 천리인 본연의 性이 사

_____

374) 『性理大全』 卷29性. "所謂靜者 亦指未發 時言耳 當此之時 心之所存 渾是天理 未有人欲之偏 故曰 天之性 及其感物而動則是非眞妄 自此勿矣 然非性 則亦無自而發 故曰性之欲 動字與中庸發字無異 而其是非眞妄一 持決於有節與無節 中節與不中節之間耳." p. 502.

물에 감응할 때 현실에서 氣質의 性의 淸濁·偏正 등의 形氣로 말미암아 인욕의 私에 가리어서, 불화가 된다는 것이다. 즉 本然之性인 中의 純正이 乘離·拂戾되어지기 때문에 本然의 性이 구현되어지지 않고 부조화가 되는 것이다. 이 때에 體로서 中과 用으로서의 和가 조화되지 못하고 모순관계에 있게 된다. 이와 같은 中과 和는 인성의 靜과 動두 계기로서 靜은 體요 中이요, 動은 用으로서 和로 볼 수 있다. 伊川의 易傳序에서 '體用一源이요 顯微無間이라.'함은 體로서 中과 用으로서 和가 二元的一元化됨을 말한 것이다. 생각컨데 인간의 주체가 되는 性卽理가 중심을 잡고 확고한 인욕과 사심을 버려서 자연의 性을 유지하게 될 때 사물과의 접촉에서 작용하는 氣質之性은 천리에 맞는 행위를 하게 되는 것이다. 이와 같이 體·用이 이원적 일원화되는 致中和가 될 때 바람직한 가치관을 이룩할 수 있다고 본다.375)

2. 中과 和의 關係

중화의 中은 희노애락이 아직 발현되지 않은 상태로서 본연의 性이요 천명의 性이라 할 수 있다. 또한 未發의 中은 천명의 性으로서 천하의 大本이므로 인간에 있어서는 마음의 본체이기도 하다.

중화의 和는 희노애락이 절도에 맞는 것을 말하는 것으

---

375) 「中庸思想의 哲學的 摸索」, 沈佑燮, 中 pp. 8~9. 參照.

로 천하의 達道이며, 마음의 작용으로서 만상에 구현되는 情의 德이다.

　理體인 中과 氣用은 和의 관계에 대해 주자는 다음과 같이 설명하고 있다.

　　"사람의 한 몸이 지각·운용되는 것은 사람의 마음이 하는 바 아닌 것이 없다. 사람의 마음은 진실로 몸을 주재하는 바로서 動靜語默의 사이가 없는 것이다. 그러나 마음이 고요한 상태일 경우에는 사물이 아직 이르지 않고, 思慮가 아직 싹트지 아니하며 一性이 혼연하여 도의가 완전히 갖추어 지는 것으로 이른바 中이니 이는 곧 마음의 體가 되는 것으로서 寂然不動한 것이 된다. 그것이 움직임에 미쳐서는 사물이 서로 이르고 思慮가 싹튼즉 七情이 번갈아 작용하며 각기 主되는 바가 있으니 이른바 和로서 이는 心의 用되는 바로서 감응하여 드디어 통용하게 되는 것이다. 그러나 性이 靜할 때에도 動하지 않을 수 없고, 情이 動할 때도 반드시 절도가 있으니, 이는 곧 마음이 寂然하고 감통하여 周流貫徹해지므로, 體와 用이 처음부터 서로 떨어지지 아니하는 所以이니라."[376]

　이 때 心은 性과 情을 통어하고 있는 것이다. 心의 寂感은 心의 체용이 되며 중화는 性情의 德이 된다는 것이다.

---

376) 『朱子大全』卷三十二書答張欽夫, "人之一身 知覺運用 莫非心之所爲則 心者固所以主於身 而無動靜語默之間者也 然方其靜也 事物未至 思慮未萌 而一性渾然 道義全具 其所謂中 是及所以爲體 而寂然不動者也 及其動也 事物交至 思慮萌焉 則七情迭用 各有攸主 其所爲和 是及心之所以爲用 感而遂通者也 然性之靜也 而不能不動 情之動也 而必節焉 是則心之所以寂然感通 周流貫徹而體用始相離者也." p. 589.

心의 寂然時는 未發의 中이요 感通時에는 中節로서 和가
된다는 것이다.

또한 性情의 德과 중화로 妙는 마음의 주체가 확립될 때
에 조리가 있고 질서를 유지하게 된다는 것이다. 心을 말
할 때 寂感으로 말하고 性情을 말할 때는 未發已發로서 설
명하여 中과 和의 不相離를 설명하고 있다. 中과 和의 不
可離를 말하여 致中和를 말하고 있다. 그러면 致中和의 방
법은 여전한가? 未發前의 存養과 已發之際의 성찰이 필수
적인데 주자는 存養省察을 敬으로 일관하고 있음을 설명하
고 있다.

　　"대개 心은 일신을 주재하는 것이며 動靜語默의 간격이
　없다. 이로써 군자가 敬에 있어서 또한 動靜語默으로 그
　힘을 쓰지 아니함이 없다. 未發之前이 곧 敬이니 진실로
　이미 存養의 성실을 주로 하는 것이요, 또 已發之際도 곧
　敬이니 항상 성찰의 사이에서 행하느니라. 그 存養함에 당
　해서는 思慮가 싹트지 아니하여도 지각은 어둡지 아니하니
　靜中의 움직임이라... 성찰함이 있으니, 이로써 寂然해도
　일찍이 感通하지 아니함이 없고, 動中의 고요함을 살핌이
　있으니 이로써 感通해도 일찍이 寂然하지 아니함이 없다.
　寂然해도 항상 感通하고 感通해도 항상 寂然하니, 이것은
　마음이 周流貫徹해서 一息의 不仁도 없는 까닭이니라. 그
　러므로 군자가 중화를 이루고 천지가 位하며 만물이 育하
　는 까닭이 여기에 있을 뿐이니라."377)

377) 『朱子大全』 卷三十二答張欽夫. "蓋心主乎一身 而無動靜語默之間
　　　是以君子之敬 亦無動靜語默 而不用其力焉 未發之前 是敬也 固而
　　　主乎存養之實 已發之際 是敬也 又常行於省察之間 方其有也 思慮

주자는 心의 寂感이 周流事物에 관철하여 不離不卽의 관계에 있을 때 主敬상태에 있게 되면 仁되지 않음이 없이 致中和의 상태가 된다고 하였다. '致中和하면 천지가 位하며 만물이 育한다.'[378]고 한데 대하여 주자가 설명하기를 "致는 미루어 극진히 하는 것이요, 位는 그 처소를 평안히 하는 것이요, 育은 그 삶을 이루는 것이다."[379]라 하였다.

이에 대해 北溪陳氏는 "致中은 천명의 性이요 致和는 率性의 道이다."[380]라 하였다. 주자는 致中·致和에 대하여 더욱 상론하기를,

> "지극히 靜한 가운데 이르러 조금도 偏倚한 것이 없으며 그 지키는 것을 잃지 않으면 그 中을 극진히 하여 천지가 그 처소를 평안히 할 것이며 사물 감응하는 데에 이르러 조금도 오류를 가지지 않게 하여 그러하지 않음이 없으면 그 和한 것을 극진히 하여 만물이 육성된다."[381]

未萌而知覺不昧 是則靜中之動…及其察也 事物紛糾 而品節不差 是則動中靜…有以主乎靜中之動 是以 寂而未嘗不感 有以察乎動中之靜 是以感而未嘗不寂 寂而常感 感而常寂 此心之所以 周流貫徹 而無一息之不仁也 然則君子之所以致中和 而天地位 萬物育者 在此而已." pp. 589~590.

378) 『中庸』第1章, "致中和 天地位焉 萬物育焉.".
379) 『中庸』第1章註.
380) 上揭書 第1章小註, "致中 卽天命之性 致和 卽率性之道.".
381) 『中庸』第1章註, "以至於至靜之中 無所偏倚而其守不失 則極其中而天地位矣…以至於應物之處 無小差謬而無適不然 則極其和而萬物育矣.".

이 때 中은 至靜으로써 그 지킴을 잃지 않고 극진히 하면 대자연의 본체가 확립되어 그 位가 평안하게 된다는 것이다. 이 같은 본체를 추급하여 사물에 감응하게 되어 그 작용이 조화를 이룰 때, 만물이 육성하게 된다는 것이다. 그러면 致中致和의 관계를 살펴보기로 한다. 주자는 體로서의 中과 用으로서의 和의 관계를 설명하기를 "그 하나의 體와 하나의 작용이 비록 動靜의 다름은 있을 수 있으나 반드시 그 體가 선 뒤에 작용이 행하게 된다. 즉 그 실상은 두 가지 일이 있는 것이 아니다."382)라고 하여 體로서 中과 작용으로 和는 兩事가 아니라 이원적 일원화의 경지됨을 설명하고 있다. 栗谷도 중용사상과 관련하여 『대학』의 明德을 설명함에 있어서 '明德의 體는 至善의 體이며 未發의 中이요, 明德의 用은 곧 至善의 用이요, 已發의 中이라.'383) 하였다. 그가 말하는 明德의 體는 未發의 中이요, 明德의 用은 已發의 中으로 和에 해당한다. 그가 明德을 體用으로 分說한 것은 중용의 隱費에 해당된다. 주자가 隱費을 설명하기를 隱은 體之微요, 費는 用之廣이라.384) 설명했기 때문이다. 그런데 주자가 본체가 선후에 작용이 실행된다고 한 것에 대해 新安陳氏는 '體靜 用動은 分言이고 體立而後에 用行은 合言이라. 致中하면 반드시 致和할 수

---

382) 上揭書 第1章註. "是其一體一用 雖有動靜之殊 然 必其體立而後 用有以行則其實 亦非有兩事也.".
383) 『栗谷全書』卷九 答成浩原. "明德之體 至善之體 未發之中 明德之用 卽至善之用 而已發之中也.".
384) 『中庸』第12章註.

있으니 中和一理라.'385) 하였으니 致中致和는 體와 用이기 때문에 體用一源이라 볼 수 있다. 또 北溪陳氏도 다음과 같이 설명하고 있다.

"道 이것은 일용사물의 마땅히 행할 바의 길이니 즉 率性을 이름이요, 하늘의 命한 바를 얻을 것이니 그것이 吾心에 다 모아진 것이다. 크게는 父子·君臣·長幼·朋友의 길이요, 작게는 起居飮食에도 있다. 대개 사물에 있지 아니함이 없다. 예로부터 지금에 이르기까지 천지사이에 유행하니 대개 어느 때고 그러하지 아니함이 없다. 戒愼·恐懼는 다만 主敬이요, 이것은 경각심을 진작하여 恒常 惺惺케 한 즉 천명의 본체가 항상 여기에 있는 것이요, 만약 戒懼하지 아니하면 道로부터 멀리 떠나게 되어 쉽게 잃을 것이다."386)

생각컨데 致中和의 방법은 未發之前에는 敬으로서 戒愼·恐懼(存養)하고 已發之際에는 敬으로 愼獨(성찰)을 해야 한다는 것이다. 또한 敬은 未發·已發을 周流貫徹한다고 보아야 한다. 그러면 吾心의 致中和로 어찌 능히 천지가 正位하고 만물이 육성하게 되겠는가 하는 것이 제기된다. 주자는 유가의 전통적 천인합일사상으로 "천지만물이 본래 나와 일체이니, 나의 마음이 치중하면 천지의 마음도 치중

---

385) 上揭書 '中和章小註'.
386) 『中庸』 '中和章小註', "道是日用事物所當行之路 卽率性之謂而得於天之所命者 而其總會於吾心 大而父子君臣夫婦長幼朋友 微而起居飮食 蓋無物不有 自古及今 流行天地之間 蓋無時不然 戒謹恐懼 只是主敬 是提撕警覺 使常惺惺則天命之本體 常存在此 若不戒懼則易至於離道遠也.".

할 것이고, 이는 천지의 치중이요, 나의 氣가 화순(치화) 하면 천지에도 화순할 것이니 萬物化育이 成遂(萬物育) 될 것이라."387)고 極言한 것이다. 이는 학문의 極功으로서 성인의 능사인데 천하의 평정과 더불어 나아가서 天地正義・萬物化育의 이상적 교화를 그린 것이다.

이상과 같이 중용의 철학적 근거와 내용으로써 致中和를 구명하였다. 中과 和의 최고경지를 이루고 그 공효성은 바로 中과 和가 이원적 일원화인 致中和에 있음을 알 수 있었다. 이 경지가 바로 중용의 최고 경지로써 군자의 人道가 天道와 일치되는 경지이다. 공자 말을 인용하면 군자는 중용이요, 小人인 反中庸이라 하며 중용의 德됨이 知仁勇三者가 드러남을 말하고 있다. 그런데 군자가 바로 致中和의 경지에 도달한 인물이 되는 것이 아니라 誠之又誠之의 수양을 해서 天道의 경지에 달성할 때 군자는 聖人의 경지에 도달할 수 있다는 것이다. 이 같은 인물을 우리는 바람직한 가치관을 가진 사람이라 한다. 또 이 같은 인물이 위정자로서 천하백성을 다스린다면 천하백성들을 안위케 하고 만백성들을 잘 살 수 있는 여건을 조성할 수 있을 것이다. 한 개인이 이 같은 치중화의 가치관을 이룩하게 된다면, 바람직한 인물이 되어 자기의 개념을 바르게 실행할 수 있을 것이다. 즉 공자가 말하는 正名思想에 입각한 생

---

387) 『中庸』 第1章註, "蓋天地萬物 本吾一體 吾之心 正則天地之心 亦正矣 吾之氣順 則天地之氣 亦順矣 故其效驗 至於如此 止學問之極功 聖人之能事.".

활을 할 수 있는 전인적 인물이 될 수 있다는 것이다.

3. 致中和의 方法論

중화의 中은 心의 본체로서 희노애락의 未發상태로서 性의 德이요 大本이라 했고 和는 心의 작용으로서 희노애락의 已發상태로서 情之正으로 達道라 했다. 心之德이 外物에 感而遂通되어 갈 때 本然의 性 그대로 인식되지 않고, 情의 正으로 조화를 이루지 못하는 不中節의 상태일 때, 우리의 기품속에 있는 淸濁, 厚薄, 偏正과 같은 기질에 대한 수양 방법론이 제기된다. 즉 濁氣를 淸氣로 薄氣를 厚氣로 偏氣를 正氣로 수양했을 때 치중화에 도달하게 되어 바람직한 가치관을 정립하게 되는 것이다. 이 같은 가치관을 달성하는 방법론으로 戒愼恐懼와 愼獨 문제를 다음과 같이 살펴보기로 한다.

(1) 戒愼恐懼와 愼獨

『중용』 제1장에서 하늘로부터 인간에게 부명한 것을 인성이라는 것을 이해하였다. 이 性은 자연의 性으로부터 그대로를 인간에게 부여되었기 때문에 眞實無妄한 天道로서 인간의 본질이라 할 수 있다. 그러므로 "이 같은 天道는 사람들이 잠시도 그것을 떠날 수 없다. 떠날 수 있다면 道가 아니다. 이런 고로 군자는 그 보이지 않는 곳에서 戒愼

하고 그 들리지 않는 곳에서 恐懼한다."388)고 하였다. 이
때의 道는 인간이 마땅히 행해야 할 도리로서 인간이 누구
나 갖추고 있는 성품의 德이다. 이 같은 성품의 德을 마음
에 갖추고 있기 때문에 사물에 卽하여 작용으로 될 때 조
화 있는 행위로 구현된다. 그러므로 "군자의 마음은 항상
경외하여 보고 듣지 않더라도 또한 감히 소홀히 하지 못할
것이니 天理의 본연이 있는 까닭에 잠시도 떠나지 못하게
된다는 것이다."389)

北溪陳氏 戒愼恐懼를 설명하기를,

> "道는 일용사물에 마땅히 행하는 바의 길이다. 곧 率性
> 을 이르는 것이며 천명을 얻어서 吾心에 모두 모은 것이
> 다. 크게는 父子·君臣·夫婦·長幼·朋友요, 작게는 起居
> 飮食이니 대개 物에 있지 아니함이 없다. 예로부터 지금까
> 지 천지사이에 유행하니 대개 그러하지 아니 할 때 없는 것
> 이다. 戒謹恐懼는 단지 敬을 主로 한다. 만약에 戒懼하지 않
> 으면 道를 떠나 멀리 이르기가 쉽다."390)

未發之中인 天命의 本性을 확고하게 하고 있을 때 已發之
和가 中節될 수 있는 것이다. 그러나 일상 생활 속에서 작

---

388) 『中庸』第1章. "道也者 不可須臾離也 可離非道也 是故君子戒愼乎
其所不睹 恐懼乎其所不聞.".
389) 『中庸』第1章註. "是以 君子之心 常存敬畏 雖不見聞 亦不敢忽 所
以存天理之本然而不使離於須臾之頃也.".
390) 上揭書 '小註'. "道是日用事物所當行之路 卽率性之謂而得於天之所
命者 而其總會於吾心 大而父子君臣夫婦長幼朋友 微而起居飮食 蓋
無物不有 自古及今 流行天地之間 蓋無時不然 戒謹恐懼 只是主
敬... 若不戒懼則 易至於離道遠也.".

게는 起居飮食으로부터 크게 父子·君臣·夫婦·長幼·朋友와 같은 五倫이 中節 되기 위해서는 평소에 主敬을 통한 戒愼恐懼의 수양을 통해서 가능함을 시사하고 있는 것이다.

또 자기 가치관의 수양 방법으로 愼獨을 제시하고 있다. 『중용』 제1장에 "隱微한 것보다 더 현저하고 뚜렷한 것이 없기 때문에 군자는 홀로 있을 때 삼가한다."[391]라고 하였다. 未發의 中의 본체가 바로 心의 은미한 것이요, 心의 은미한 본체가 대상에 감응될 대 已發의 情으로 뚜렷하게 드러나는 것이다. 대상에 감응되기 전에 대상의 상황에 따라 대처하는 마음의 자세가 중요한 것이다. 마음의 은미한 본체가 참된 가치관을 이룰 수 있도록 마음의 정리 즉 性卽理가 중심을 잡도록 삼가고 삼가서 대상에 감응되어 갈 때 情之正으로 발현되어 바람직한 가치관이 실현 될 수 있음을 말하고 있다. 그리하여 三山陳氏는,

"隱하다 말하고 微하다 말한 것은 생각이 이미 싹튼 것이다. 특히 다른 사람은 未知한 바로써 隱하여 보이지 않고 微하여 나타나지 않는다. 다른 사람은 알지 못할지라도 나는 이미 그것을 안즉 진실로 이미 잘 보이고 잘 나타나는 것이다. 이것이 선악의 기미이다."[392]

---

391) 『中庸』第1章. "莫見乎隱 莫顯乎微 故君子 愼其獨也.".
392) 『中庸』第1章小註. "曰隱 曰微則 此念 已萌矣 特人所未知 隱而未見 微而未顯耳 然 人雖未知而我已知之則 固已甚見而甚顯矣 此正善惡之幾也.".

항상 군자는 天道의 마음을 간직하여 마음의 大本인 性卽理를 잘 存養할 필요성을 강조하고 있다. 따라서 마음의 存養이 잘 이룩되어 있으면 대상에 대한 선악의 성찰 가능한 것이다. 그래서 新安氏는 다음과 같이 설명하고 있다.

"未發之前에는 사욕이 싹트지 않고 단지 천리만 있을 뿐이다. 기미가 움직이는 初에 천리와 인욕이 이로 말미암아 나누어지니 이곳에서 더욱 삼가면 인욕이 장차 싹터 움직이지는 것을 곧 따라서 막을 수 있다."393)

이로써 戒懼와 謹獨을 통하여 인욕과 사욕을 미연에 막아서 性卽理의 본체를 온전하게 하여 天道를 지켜 致中하는 것이요, 戒懼와 謹獨의 기미를 살펴 인욕을 막아서 情之正으로써 치화를 이룩하는 것이다. 그러므로 未發일 때는 敬으로 본연의 천리를 보존할 수 있고 已發했을 때는 敬으로 인욕을 배제 할 수 있다는 것이다. 그러므로 戒懼는 靜으로 敬하고 愼獨은 動으로써 敬한다는 것이다. 따라서 靜動을 敬으로 일관할 때 體와 用이 顯微無間이 되어 치중화에 상응하게 된다. 맹자가 말하고 있는 存養省察을 戒懼愼獨과 대언해 보면 『중용』의 戒懼하는 마음은 정적으로써 천리의 마음을 存養함이요, 愼獨하는 마음은 동적으로서 성찰에 상응하는 것이라 볼 수 있다. 그리하여 주자는

---

393) 上揭書 第1章小註. "未發之前 私欲不萌 只是存天理而已 幾動之初 天理人欲 由此兩分 此是 加謹則 人欲 將前 便從而遏絶之矣.".

"敬字는 動靜을 관통한다. 다만 未發時에는 곧 혼연한 敬의 體로서 이는 未發을 알아서 바야흐로 敬 공부를 하는 것은 아니다. 旣發한즉 일에 따라서 성찰하니 敬의 用이 행해지는 것이다. 그러나 그 體가 본래 서지 아니하면 성찰의 功 또한 스스로 작용 될 수 없다…敬이 서게 되고 義가 행해지면 어디를 가나 천리의 正이 아님이 없다."[394]

致中和의 방법을 제시하고 있다. 未發時에는 主敬으로써 戒·懼하고, 已發時에도 主敬으로써 愼獨해야 한다는 것이다. 主敬은 動靜, 未發, 存養省察을 관철하는 것이다. 未發時에는 敬의 體로서 中이 되고 已發時에는 敬의 用으로서 和가 된다고 볼 수 있다. 이에 대해 주자는 다음에서 詳說하고 있다.

"대개 心은 一身을 주재하는 것이며 動靜語默의 사이가 없다. 이로써 군자가 敬에 있어 또한 動靜語默으로 그 힘을 쓰지 않음이 없다. 未發前이 곧 敬이니 진실로 이미 존양의 實을 主로 하는 것이요 已發할 때도 敬이니 항상 성찰의 사이에서 행한다. 그 存養함에 당해서는 思慮가 싹트지 아니하여도 지각은 아직 어둡지 아니하니 이는 靜中의 動이요, 그 성찰함에 미쳐서는 사물이 뒤섞여와도 品節이 어긋나지 않으니 이 動中의 靜이다… 靜中의 動을 주로 함이 있으니 이로써 寂然해도 일찍이 感通하지 아니함이 없다. 寂然해도 항상 감통하고 감통해도 항상 적연하니 이

---

394) 『朱子大全』卷43 答林澤之, "敬字道貫動靜 但未發時則渾然是敬之體 非是知其未發 方下敬底工夫也 旣發則隨事省察 而敬之用行焉 然非其體素立 則省察之功 亦無自而施也…敬立義行 無適而非天理之正矣." p. 859.

것은 마음이 周流貫徹해서 一息의 不仁도 없는 까닭이다.
그러므로 군자가 중화를 이루고 천지가 位하며 만물이 育
하는 까닭은 여기에 있을 뿐이다."395)

　未發前에도 敬으로 存養의 성실을 다 하고 已發할 때도
敬으로 성찰해야 된다는 것이다. 未發前의 存養함에도 靜
中의 動이 있고 已發할 때도 動中의 靜이 있다는 것이다.
그러므로 寂·感함에 主敬해야만 치중화에 이르러 바람직
한 인간의 가치관을 이룩할 수 있다는 것이다. 이 같은 치
중화의 가치관이 이룩되었을 때 대자연에 安位하게 되고,
만인을 양육할 수 있는 인물이 될 수 있다는 것이다. 다시
말하면 未發時 靜中의 動으로 敬하여 在心에 存養하면 致
中하는 것이요, 已發時 動中의 靜으로 敬하여 사물을 잘
성찰하면 致和하는 것이다. 이와 같이 致中과 致和가 이원
적 일원화될 때 바람직한 인간 가치관이 형성되는 것이다.
다음으로 중용의 敬과 관련된 주자의 居敬窮理의 수양 방
법론을 살펴보겠다.

---

395) 『朱子大全』卷32 答張欽夫, "蓋心主乎一身 而無動靜語黙之間 是以
君子之敬 亦無動靜語黙 而不用其力焉 未發之前 是敬也 固已主乎 又
常行於省察之間 方其存也 思慮未萌而知覺不昧 是則靜中之動…及其
察也 事物紛糾 而品節不差 是則動中之靜…有以主乎靜中之動 是以
寂而未嘗不感 有以察乎動中之靜 是以 感而未嘗不寂 寂而常感 感而
常寂 此心之所以周流貫徹而無一息之不仁也 然則君子之所以致中和
而天地位 萬物育者 在此而已." pp. 589~590.

(2) 居敬窮理

주자의 居敬窮理는 周濂溪(1017~1073)의 主靜과 無欲
思想과 程明道의 敬과 義, 程伊川의 主敬思想을 종합·정
리해서 하나의 수양방법으로 거경궁리라는 爲學工夫를 창
출한 것이다. 주자의 거경궁리의 상호관계에 대해 다음과
같이 말하고 있다.

> "학자의 공부는 오직 居敬窮理에 있다. 이 二事는 상호
> 발하는 것이다. 능히 窮理하면 居敬 공부가 날로 더욱 나
> 아가고 능히 居敬하면 窮理 공부가 날로 더욱 친밀해 진
> 다. 비유하면 사람의 양쪽과 같다. 左足이 가면 右足이 머
> 무르고 右足이 가면 左足이 머무르는 것과 같다…그 실은
> 다만 一事일 뿐이다."[396]

주자가 말하는 居敬과 窮理는 사람의 兩足과 같이 상호
관계가 있음을 말하였다. 이것은 마치 수레의 앞바퀴가 똑
같이 병진해야만 전진 할 수 있듯이 居敬과 窮理工夫도 이
와 같다고 본다. 이것은 바로 『중용』에서 말하는 '尊德性
而道問學'[397]과 같은 수양방법이라 볼 수 있다. 이 때 尊
德性의 덕성은 『대학』의 明德과 같은 의미로서 天의 性으
로서 性即理와 같은 뜻을 지니고 있다. 인욕과 사의가 배
제된 天道를 높이는 것으로서 存養과 같은 맥을 가지며 道

---

396) 『性理大全』 券46 知行, "學者工夫 唯在居敬窮理 此二事互相發能
　　窮理 則居敬工夫益進 能居敬 則窮理工夫日益密 譬如人之兩足 左
　　足行則右足止… 其實只是一事." p. 65.
397) 『中庸』 第二十七章, '君子 尊德性而道問學…敦厚以崇禮.'

問學은 問學으로 말미암는다는 뜻으로 질문하여 수학한다는 는 지적 사실을 통하여 진리탐구한다는 뜻을 지니고 있기 때문에 성찰과 같은 수양 방법론이다. 존덕성과 도문학도 거경궁리와 같이 상호관계에 의한 수양방법이라고 볼 수 있다.

退溪는 주자의 敬思想에서 敬은 動靜을 관철한다는 견해로 거경과 궁리를 설명하고 있다.

"오직 십분 窮理·居敬의 공부에 힘을 써야 한다…二者 (居敬·窮理)는 비록 서로 首尾가 되나 실은 兩端 공부이다. 절대 分段할 것을 우려하지 말고 오직 반드시 互進으로써 기준을 삼아야 한다. 대등하게 됨을 삼지 말고 곧 지금 공부해야 한다."398)

이는 거경과 궁리가 兩事이나 不相離이므로 대등하게 互進해야 함을 시사한 것이다. 또 退溪 선생은 敬과 관련하여 거경궁리를 體用으로 설명하고 있다.

"敬을 위주로 하여 事事物에 있어 所當然과 所以然之故를 궁구하지 아니함이 없고, 沈潛反覆하여 玩索本然함으로써 지극한 도리를 극진히 한다. 세월이 오래되고 공력이 깊어짐에 이르러서 一朝에 깨닫지 못하는 사이에 융해되고 활연히 관통한 곳에 있게 된 즉 비로서 體用一源, 顯微無

398) 『退溪集』(국역) '書(Ⅱ)答李叔獻 別紙' "惟十分勉力於窮理居敬之工…二者雖相首尾 而實是兩端工夫 切勿以分段爲憂 惟必以互進爲法 勿爲等待 卽今便可下工." pp. 55~553. 參照.

間한 것이 참으로 그러함을 알게 되어 아주 미미함에 미혹되지 않고 精一에 현혹되지 않아서야 中을 잡을 수 있을 것이다. 이것을 眞知라 이른다."399)

위의 설명을 요약하면 體로서의 居敬은 중화의 致中에, 用으로서의 窮理는 致和에 상응한다고 볼 수 있으며, 二事는 體用一源이며 顯微無間으로서 이원적 일원화되는 점에서 眞知가 드러난다고 하였다. 다시 말하면 거경궁리의 수양방법을 통해서 致中和됨을 찾아 볼 수 있다. 군자가 거경궁리의 수양을 통해서 致中和의 경지에 도달 할 때 바람직한 가치관이 정립된 聖人이 될 수 있다는 것을 찾아 볼 수 있다.

(3) 忠恕

『중용』 제13장에서 "忠과 恕는 道에서 거리가 멀지 않다."400)고 하였다. 사람이 忠恕의 마음으로 임하면 진리에 가깝다는 것이다. 주자는 忠恕를 설명하기를 "자기의 마음을 다하는 것이 忠이 되고 자기를 미루어서 남에게 미치는 것이 恕가 된다."401)하였으니, 忠은 자기의 본심을 다하는

---

399) 『退溪集』(국역) '疏(Ⅱ)戊辰六條疏', "敬以爲主 而事事物物 莫不窮其所當然與其所以然之故 沈潛反覆 玩索體認 而極其至 至於歲月之久功力之深 而一朝不覺其有洒然融? 豁然貫通處則 始知所謂 體用一源 顯微無間者 眞是其然 而不迷於危微 不眩於危微 不眩於精一而中可執 此之謂眞知也." p. 449.

400) 『中庸』 第十三章, "忠恕違道不遠."

401) 上揭書 第13章註, "盡己之爲忠 推己及人爲恕."

것이요, 恕는 자기를 미루어 남을 이해함인 것이다. "자기에게 베풀기를 원하지 않는 것을 다른 사람에게 베풀지 말라는 마음씨이다."402) 忠恕는 誠의 道를 따르는 人門이요 下學處이며, 恕는 忠을 바탕으로 이루어지는 것이므로 忠은 體요 恕는 用이 된다는 것이다. 또 忠은 자기중심을 가지고 하늘로부터 부여한 소박하고 순수한 마음을 다한다는 것으로 天道와 같은 뜻을 가지고 있다. 恕는 자기의 天道의 마음을 타인에게 미루어 교화시켜서 자기의 마음과 교화된 타인의 마음이 같다는 것이다. 그리하여 주자는 忠과 恕를 설명하기를,

"忠은 천하의 大公道요, 恕는 행하는 바이다. 忠은 그 體를 말하니 天道요, 恕는 人道로써 用이다."403) 라 하였으니 忠은 천도로써 體요, 恕는 인도로써 用이 된다는 것이다. 그러므로 인간을 중심으로 생각해 볼 때 內의 것을 忠이라 하고 外의 것은 恕가 되므로 恕는 忠을 바탕으로 말미암아 작용되기 때문에 性卽理로써 본체인 忠의 가치관이 확립되어 있어야만 인도로서의 恕가 조화를 이루게 된다는 것이다. 『논어』에 曾子의 말로 '夫子의 道는 忠恕뿐이다.' 한 바가 있다. 이 충서의 의미는 공자의 '一以貫之道'를 풀이한 것이다. 여기에서 말하는 충서는 道자체요, 중용의 이른바 충서는 아직까지 道에는 미치지 못한 것이

---

402) 上同 第13章, "施諸己而不願 勿施於人.".
403) 『性理大全』 卷37忠恕, "忠者 天下大公之道 恕所以行之也 忠言其體 天道也 恕言其用 人道也." p. 613.

다. 주자가 이에 대하여 설명하기를,

　　"盡己하고 推己하는 것은 違道不遠을 말하는 것으로 이
　것은 학자의 일로써 충서 공부의 과정에 있는 것이다. 曾
　子가 이를 취하여 성인의 一貫之理로써 밝힌 것일 뿐이다.
　그러므로 聖人의 충서는 단지 聖者와 仁者를 말하고 盡字
　와 推字는 학자의 충서를 말한 것이다."404)

이는 학자의 忠恕와 성인의 忠恕를 밝힌 것인데 『중용』의
忠恕는 '違道不遠'이라 하였기 때문에 수양 도중에 있는 학
자의 忠恕로 볼 수 있고 『논어』에서는 '一貫之道'를 忠恕로
보아서 誠者, 仁者와 같은 뜻으로 풀이했기 때문에 충서는
바로 천도 곧 성인을 가르키고 있다고 보아야 한다. 程子
의 설명을 살펴보면,

　　"忠恕는 一以貫之니 忠은 天道요 恕는 人道이며 忠은 無
　妄하며, 恕는 忠에서부터 작용하는 것이다. 忠은 體요 恕
　는 用이니 大本과 達道이다. 이것이 違道不遠과 다른 것은
　움직이기를 하늘로써 함이다. 또 말하기를 오직 天之命이
　화목하여 쉬지 않는 것은 忠이요, 乾道가 변화하여 각각
　性命을 바르게 하는 것은 恕이다."405)

---

404) 『中庸』第13章小註, "朱子曰 盡己推己 此言違道不遠 是也 是學者
　　事 忠恕工夫 到底只如此 曾子取此 以明聖人一貫之理耳 若聖人之
　　忠恕 只說得誠學與仁字 盡字推字 用不得若學者.".
405) 『論語』'里仁篇註' "忠恕一以貫之 忠者天道 恕者人道 忠者無妄 恕者
　　所以行乎忠也 忠者體 恕者用 大本達道也 此與違道不遠異者 動以天爾
　　又曰 維天之命 於穆不已 忠也 乾道變化 各正性命 恕也.".

바로 학자의 충서와 성인의 충서의 구별함을 알 수 있다.
그러므로 道에 들어가는 방법으로 충서를 제시한 것이라
보아야 한다.

　위의 것을 요약하면 忠은 盡己之心으로 性卽理요 본체로
서 대본이며 중화의 中이요, 恕는 推己及人으로 用이요 달
도로써 중화의 和에 상응한다. 忠과 恕가 이원적 일원화될
때 치중화에 상응하여 바람직한 가치관을 정립하게 된다.
이와 같은 경지에 도달한 인물을 성인 즉 전인적 인물이라
한다.

4. 中和의 具現

　『중용』 제1장에 "致中和면 천지가 자리잡히고 만물이 育
成된다."[406)]라고 하였다. 이를 주자가 설명하기를,

　　"스스로 戒愼하고 恐懼하여 그것을 마음속에 잘 정리해
　　서 지극히 靜한 가운데 이르러 조금도 偏倚된 바 없게 하
　　며 그 지키는 것을 잃지 않으면 그 中을 극진히 하여 천지
　　가 자리 잡힐 것이다. 物에 응하는 데에 이르러 조금도 차
　　이 남이 없이 알맞아서 그렇지 않음이 없으면 그 和한 것
　　을 극진히 하여 만물을 육성케 한다."[407)]

---

406)『中庸』第1章, "致中和 天地位焉 萬物育焉.".
407) 上揭書 第1章註, "自戒懼而約之 以至於至靜之中 無小偏倚 而其守
　　不實 則極其中 而天地位矣…以至於應物之處 無小差謬 而不適不然
　　則極其和 而萬物育矣.".

戒愼·恐懼의 수양방법을 통하여 마음속에 眞實無妄한 天道를 간직하게 될 때 天地萬物과 일체가 되기 때문에 나의 마음이 바르면 天地之性도 바르게 될 것이요, 나의 氣가 화순하면 천지의 氣도 화순하게 되므로 그 결과 천지가 자리 잡혀서 천지의 질서가 확립하게 되고 따라서 만물들도 조화있게 育成되는 효험을 가지게 된다는 것이다. 따라서 나의 마음이 致中하면 천지의 마음도 致中할 것이요 나의 氣가 치화하면 천지의 氣도 치화할 것이다. 다시 말하면 性卽理의 體로써 存養과 情의 正의 用으로써 성찰이 합일되어 치중화의 경지가 될 때 나의 명덕과 만물과의 조화를 이룰 때 바람직한 가치관을 정립하게 된다.

栗谷은 '大本은 中이 마음 가운데 있는 것이요 달도는 中이 사물 가운데 있는 것이다.'라고 하였다. 대본은 和의 中이고 나의 중심을 가진 中이며 달도는 중화의 和로서 사물의 中인 것이다. 이로써 치중화는 吾心의 中과 사물의 中과의 일치를 찾는 것이라고 볼 수 있다. 여기의 사물의 中은 中節의 의미로서 時中으로 볼 수 있다. 따라서 사물의 조화를 의미한다. 이와 같이 치중화의 가치의 문제는 두 가지로 생각해 볼 수 있다. 하나는 우주본체적 입장과 인간본체적 입장에서 생각해 볼 수 있다. 그러나 이와 같은 것을 취급하는 주체는 인간인 것이다. 천지·만물의 본체가 확립되어 있을 때 천지가 제자리에 있게 되고 만물이 육성케 되어 세계 질서가 확립된다는 우주론적인 것을 생각해 볼 수 있고, 하늘로부터 인간이 부여받은 性卽理로서의 본체가 확립되어 있을 때 그 작용인 情이 中節되어 바람직한 가치를 발휘할 수 있게 된다는 것이다. 즉 치중화될 때 하늘로부터 부여받은 天道의 마음을 存養하여 외적 사물과의 작용이 조화를 이루어 하는 행위가 인도에 맞아 들어가는 바람직한 인물이 된다는 것이다. 따라서 천인합일에 상응하는 치중화의 가치관을 확립할 수 있는 것이다. 그리하여 중용에서 다음과 같이 치중화의 공효성을 찾아 볼 수 있다.

> "오직 천하의 至誠이라야 능히 그 性을 다할 것이니 능히 그 性을 다한 즉 능히 사람의 性을 다하는 것이고, 능히 사람의 性을 다한 즉 능히 物의 性을 다하고, 능히 物의 性을 다한 즉 천지의 化育을 도울 수 있고, 천지의 화육을 도울 수 있은 즉 천지와 더불어 참여 할 수 있다."[408]

이 때 至誠은 인간이 下學而上達의 수양과정을 통하여 달성한 天道의 경지로써 인간이 이 같은 경지에 도달하면 物我一體로서 자기완성 뿐만 아니라 타인 및 사물의 性까지도 교화할 수 있다는 것이다. 이로써 至誠은 치중화와 같이 인간 가치관이 정립되었을 때 成己・成物로서 그 공효성이 발휘된다는 것을 찾아 볼 수 있다.

이와 같이 치중화로서 가치관을 갖춘 인물을 성인이라

---

408) 『中庸』第22章, "唯天下至誠 爲能盡其性 能盡其性則 能盡人之性 能盡人之性則 能盡物之性 能盡物之性則 可以贊天地化育則 可以與 天地參矣.".

한다. 그래서 『중용』제20장에 "誠者는 天의 道이며 힘쓰지 아니해도 절도에 맞아지고 생각하지 아니해도 진리를 깨닫고자연스럽게 천도에 맞아지므로 성인이라."[409]고 하였으니, 치중화는 바로 성인에 의해서 그 공효성이 구현될 수 있음을 찾아 볼 수 있다. 그러면 至聖의 經論을 알아보기로 하자.

> "오직 천하의 至誠이고서야 능히 천하의 大經을 경론할 수 있고 천하의 大本을 세울 수 있으며, 천지의 化育을 알 수 있으니 어찌 의지하는 바가 있으리오. 誠懇한 그 仁, 깊디 깊은 그 深淵, 넓디 넓은 그 하늘 뿐이다. 진실로 聰明聖智(至聖)로써 天德에 도달한 이가 아니면 그 누가 능히 알아보겠는가?"[410]

大本은 천하의 대본으로서 中이요 大經은 五倫으로써 천하의 大經이니 和이다. 그러므로 반드시 有德한 자로서 치중화의 가치관을 갖춘 위정자가 덕치주의를 실현할 때, 백성들이 저절로 교화되어 심복하게 된다는 것이다. 이렇게 되면 각각 자기의 본분을 지키는 사회가 구현되므로 공자가 설파한 '君君・臣臣・父父・子子'[411]의 질서와 원용이 일체로 된 正名世界가 이루어 질 것이며, 국민 각자가 致中

---

409) 『中庸』第20章, "誠者 天之道也 … 誠者 不勉而中 不思而得 從容中道聖人也.".
410) 『中庸』第32章, "唯天下至誠 爲能經論天下之大經立天下之大本 知天地化育 夫焉有所倚 肫肫其仁 淵淵其淵 浩浩其天 苟不固聰明聖知 達天德者 其孰能知之.".
411) 『論語』 '顔淵篇'.

和의 가치관이 발로되어 천하가 仁으로 돌아가는 이상세계가 이루어 질 것이다.

Ⅲ. 結 論

첫째, 이상으로 『중용』에 나타난 중화사상은 다음과 같이 요약될 수 있다.

① 中과 和의 기본적 개념은 인성론적 측면에서 中은 性卽理로서 體요, 和는 情之正으로서 작용됨을 파악하였으며, 또한 '體用一源'이라는 의미에서 '顯微無間'이라 하겠다.

② 中과 和의 관계에서는 體로서의 中과 用으로서의 和가 體用一源으로서 이원적 일원화될때 致中和의 가치관이 정립될 수 있음을 알 수 있었다.

③ 致中和의 방법론으로써는 ① 戒懼 · 愼獨 ② 居敬窮理 ③ 忠恕이다. 戒懼 · 居敬 · 忠은 天 道로써 致中의 體요, 愼獨 · 窮理 · 恕는 인도로써 치화됨을 알 수 있었다.

④ 中和의 구현에서는 치중화로써 가치관을 갖춘 爲政者(內聖外王)가 덕치주의를 실현하게 되면 백성들이 다 교화되어 심복하게 된다는 것이다. 그렇게 되면 각자 본분을 지키는 사회가 구현된다는 것이다. 즉 공자가 설파한 자기 개념을 바르게 하는 正名思想이 구현되면 국민 각자가 致中和의 가치관이 발로되어 이상적 세계가 이루어진다는 것이다.

둘째, 오늘 현 사회를 생각해 볼 때 중용장구 서문에서 말했듯이 '인심은 惟危하고, 道心은 惟微해가는 시대임을 절감한다. 인간 가치관 즉 인간성 회복이 절실하게 요구되고 있다.

그리하여 본 논문은 이 문제점을 해결하기 위해 부조화의 세계를 조화의 세계로 이끌어 나갈 수 있는 논리적 근거를 치중화의 가치관 정립에서 탐구한 것이다. 이와 같은 의미에서 중화사상의 가치관의 이해는 崇金主義, 拜金主義, 物質主義로 흐르고 있는 현실을 바로잡고, 보다 새롭고 밝은 미래를 열어주는 청량제 역할을 할 수 있으리라 본다.

그리고 『중용』에서 주장하는 인도존중과 인간 가치관 문제는 민주주의의 인격존중사상의 바탕이 될 것이며, 더욱이 대본을 세우기를 강조한 것은 오늘날 우리가 외치는 주체성 확립의 전범이 될 것이며, 자기본심을 미루어 사람에게 미치게 하는 충서사상은 민족협동은 물론이요, 나아가서는 인류애의 사상으로 확충될 것으로 본다.

특히 현대 산업경제시대의 병폐로 말미암아 빚어진 물질존중 인간경시사상은 『중용』의 치중화사상으로 바야흐로 구축할 수 있으리라 생각하고, 여기서 致中和의 가치는 현대의 세계적 위기를 극복할 수 있는 원동력이 되리라 확신하는 바이다.

參 考 文 獻

1. 經集類

· 『十三經注疏及補正全』 16冊. 臺北, 世界書局, 中華民國 52~62
  (1963~1973)
· 「經書 : 四書章句集註大全」, 影印版, 서울, 成大 大東文化研究院, 1970.
· 「中庸集註, 大學集註, 論語集註, 孟子集註」, 서울, 世昌書館, 1968.
· 宋 程顥·程頤 撰, 朱熹 編 『二程全書』 影印版, 서울, 曹龍承刊行, 1975.
· 南宋 朱熹 撰 『朱子大全』, 影印版, 서울, 曹龍承刊行, 1975.
· 明 胡廣 等 奉勅纂 『性理大全』 影印版, 서울, 曹龍承刊行
· 李 滉, 『增補退溪全書』 全 5冊 서울, 成大 大東文化研究院, 1971.
· 李 珥, 『栗谷全書』 全 5冊 影印版, 서울, 成大 大東文化研究院, 1971.

2. 單行本

· 金能根, 『中國哲學史』, 서울, 汎學圖書出版社, 1977.
· 柳承國, 『東洋哲學攷』, 서울, 成大 東洋哲學研究室, 1974.
· 朴鍾鴻, 『韓國思想의 方向』, 서울, 博英社. 1968.
· 裵宗鎬, 『韓國儒學史』, 서울, 延大出版部, 1979.
· 梁大淵, 『儒學槪論』, 서울, 新雅社, 1962.
· 唐君毅, 『中國哲學原論』 香港, 人生出版社, 中華民國 55 (1966)

3. 論文集

· 李相殷, 「中庸思想」 『新譯四書』 中庸篇, 서울, 玄岩社, 1963.
· 朴鍾鴻, 「大學과 中庸의 現代的 意義」, 『新譯四書』中庸篇, 서울,
           玄岩社, 1963.
· 李乙浩, 「中庸思想展開의 方向」
· 金斗憲, 「中庸의 道理」 『劉錫昶博士 古稀紀念論文集』, 1970.
· 沈佑燮, 「中庸의 誠思想에 관한 연구」, 『유승국 박사 回甲紀念論文
           集』, 1983. 11.
· 沈佑燮, 「中庸思想의 哲學的 摸索」, 서울, 대화교육문사 篇, 1996. 11.

『中庸』의 誠思想

Ⅰ. 序 論

본 논문은 費隱의 관점에서 『중용』의 誠思想에 관한 연구이다. 이를 위해서 우선 儒家經典 속에서 『중용』의 위치와 가치성을 성찰해 보기로 하겠다.

『중용』은 四書의 하나로 전해 오고 있는데 본래 『小戴禮記』49편 중의 문제 31편 속에 수록되어 있는 篇名이었다. 이것이 『예기』로부터 독립되어 단행본으로 다루어지기 시작한 것은 漢代부터인 듯하다.412) 그러나 『중용』은 宋代에 이르러 성리학의 발흥과 때를 같이하여 그 진가가 현저하게 되었던 것이다. 특히 程伊川은 『중용』을 孔門에 전

---

412) 漢書 藝文志에 中庸說 二篇, 隋書 經志戴顒의 中庸傳 二卷, 梁武帝의 中庸講疏 一卷이 著錄되어 있다.

수된 心法이라 하여 이를 높이 평가해서 중요히 다루었고, 그의 형인 程明道와 더불어 그 내용을 진지하게 연구를 했다. 그 후 다시 朱子가 이들의 설을 계승하여 南宋 淳熙年間에 이르러서 『예기』 중에 있는 『대학』과 『중용』 2편을 중요시하여 이를 독립시켜 『논어』, 『맹자』와 함께 四書라 하고, 『中庸章句』, 『中庸或問』등을 저술하여 『중용』의 오묘한 뜻을 천명하였다.413) 이 같이 『중용』은 四書로 나누어진 후부터 유가의 철학적 사상이 집약되어 있는 것으로 높이 평가하게 되었다.

이 같은 유학의 寶典인 『중용』의 저자에 대하여 살펴보기로 한다. 이에 관해 주자는 『중용』을 공자의 손자 子思가 孔門의 心法을 전수하였으나 시간이 오래면 그 참뜻과 어긋날까 염려하여 이것을 한 권의 책으로 써서 맹자에게 전하였다 한다.414) 그러나 『중용』 全三十三章을 살펴보면 제2장 이하는 공자의 말과 고전에서 나오는 사례 및 『詩經』등의 말을 인용하여 제一장에 제기된 이 책의 요지를 심화·천명한 것으로 미루어 보아 『중용』은 子思에 의하여 그 저본이 성립되고 다시 그 門流에 의하여 보충된 것이라 본다. 그러나 『중용』의 저자가 누구인가는 차치하고라도 여기 (『중용』)에는 유가사상의 정수가 담겨 있을 뿐만 아니라, 가장 함축성 있는 철학적인 이론이 잘 전개되어 조리가 정연한 보전임에는 이론이 없을 것이다.

---

413) 『中庸章句』序.
414) 『中庸章句』序.

유가경전에서 『논어』와 『맹자』는 인간 사회의 사실을 많이 말하고 있는데 대하여 『대학』과 『중용』은 인간 사회의 근원으로서의 심성의 세계를 설명한 것이다. 한 걸음 나아가 『대학』과 『중용』을 비교할 때, 전자가 유가사상의 정치적 면과 인식론적(格物致知) 면에 중점을 두었다면 후자는 유가사상에 있어서의 인성론과 실천론을 체계적으로 전용한 그것에 차이점이 있다.

여기서 『중용』의 誠사상 연구에 있어서 費·隱을 중심으로 한 것은 『霞谷集』의 費·隱思想에서 유래한다. 霞谷은 "中庸一篇之所推明 只是費隱微顯之指耳"[415]라 하여 『중용』 일편이 費와 隱으로 추명됨을 살폈다. 논자는 霞谷의 이 견해에 타당한 근거가 있다고 생각되어 『중용』의 성사상을 費·隱의 관점에서 살피고자 한다. 그리고 『중용』 사상을 대별하면 中庸論과 誠論으로 나눌 수 있다. 중용을 논하게 되면 誠論이 구명되고 誠論을 구명하게 되면 중용이 昭著 해지므로 중용과 誠은 不可離의 관계에 있게 된다. 그러므로서 『중용』의 誠思想을 규명함으로써 『중용』 전체를 보고 유가사상의 방향을 내다보려는 것이 필자가 본 연구를 시도하게 된 취지이다.

이 같은 취지를 살리기 위하여 본론에서 費·隱의 개념을 밝혀 誠의 의미를 살피고, 또한 誠思想의 費隱的 해명을 통하여 천인관계를 규명하고, 끝으로 誠의 費隱的 구현을 통하여 誠의 현대적 의의를 찾고자 한다.

---

415) 『霞谷集』 '雜解', 卷之七. p. 324.

Ⅱ. 誠의 意味

1. 費・隱의 槪念

『중용』 제12장에 "군자의 道는 費하되 隱하나니라"는 말이 있다. 주자는 이를 설명하기를 "費는 用의 廣이요 隱은 體의 微라"고 했다.

雲峯胡氏는 말하기를 "費字 當作費用之費"라 하여 費用의 費로 보았고, 『說文』에는 "散財用也"라 하여 費用의 費로서 재산을 흩어서 쓴다는 것으로 보았지만 隱字에 대해서는 언급치 아니했다. 그러나 주자의 費와 隱에 대한 설명에서 미루어 보아 隱은 '體之微'의 體로 보았다고 할 것이다.

鄭玄은 費字를 拂字로 해석했는데 그 설에 대하여 孔穎達의 '疏'에서는 費隱을 註하기를 "군자가 혼란한 세대를 만나서는 은거하여 벼슬을 하지 않고, 만일에 君道가 어긋나지 않으면 나아가 마땅히 벼슬해야 한다."416)라고 하였으니, 세상에 진리가 행하여질 때는 나아가 출세하여 벼슬을 하고 無道한 사회에서는 은거한다는 뜻으로 본 것이다.

茶山(1762~1836)은 費를 "散而大", 隱을 "悶微"로 보았고, 또 鄭霞谷은 費를 "文之著"요 "博之所在", 隱을 "體之微"요 "約之所存"이라 하여 공자의 이른바 博文約禮로 해석

---

416) 『禮記注疏』 '中庸篇', "鄭玄 費字釋文 古本拂字同音 佛字同意 孔穎達 疏 君子之道 費而隱註云 '言可隱之節' 費猶佛也. 言君子之人遭値亂 世. 道德違費則 隱而不仕 君道不費則 當仕也", pp. 8~9. 參照.

하고, 栗谷은 費를 理가 사물(人事)에 산재한 바의 所當然
者로 보고 父慈, 子孝, 君義, 臣忠의 類로, 이를 用이라
하고, 隱은 그 所當然者로서 體라 한다.[417]

상기 諸說을 개관하건대, 표현은 다르지만 크게 말하자
면 주자의 體와 用으로 설명한 것이다. 이를테면 주자가
설명한 費는 用之廣, 隱은 體之微라고 하는 體用說의 테두
리를 벗어나지 아니한 것이다.

다음에는 費와 隱의 관점에서 誠思想을 해명하고자 한다.

2. 誠의 意義

誠의 의의를 고찰하기 위해서는 우선 字意上의 의미를
구명하고 역사적 전개변천을 고찰하여 그것이『중용』에 이
르러 어떻게 해석되어 졌는가를 서술하고자 한다.

許愼(後漢 召陵人, 字는 叔重)의 『說文』에 의하면 "誠
信也 從言成聲 "이라 하였으니 誠이란 字는 言과 成의 합
으로 이루어진 것으로, 言에 의미가 있고 成에는 音符로만
취한 것이라 하였다.『설문』에 의하면 成字의 뜻은 戊字와
丁字의 결합으로, 戊는 茂字와 상통하며 초목이 무성하다
는 뜻을 내포하고, 丁字도 초목의 싹이 돋아난다는 뜻을
의미하는 것이다. 즉 成字는 音符로만 나타날 뿐만 아니라

---

417) 『栗谷全書』, 卷 二十, 聖學輯要二, "臣答曰 中庸曰 君子之道 費而
隱 朱子釋之曰 費用之廣也 隱體之微也 理之散在事物 其所當然者
在父爲慈 在子爲孝 在君爲義 在臣爲忠之類 所謂費也 用也 其所以
然者 則至隱存焉 是其體也", p. 457.

成就, 成遂의 뜻을 내포하고 있다. 그러므로 誠字는 言과 成의 양쪽 의미가 함축되어 있다고 하겠다.418)

이와 같이 문자상의 어의로 볼 때 일상생활에 통용되고 있는 언어는 이것을 사용하는 사람 자신부터 진실성을 내 포하는 언어통용이 되어야만 타인에게 신실성과 신뢰성을 줄 수 있다고 하겠다. 환언하면 자기가 전달하려고 하는 언어는 純一無雜하고 眞實無妄하여야만 자기가 지향하려는 바 목표와 의도에 대해서 행할 때 타인의 신실감을 줄 수 있고, 또한 'Logos'로서 자기완성뿐만 아니라 타자완성을 함께 도모할 수 있는 것이다.

이와 같이 인간 상호간에 생활하여 가는데 언어를 통한 행위에 僞나 虛僞가 있어서는 아니되기 때문에 『논어』子 路篇에, "말을 했으면 반드시 행하여야 된다."고 할 것이라 든가, 『중용』에 "말은 반드시 행위를 돌아보아야 되고, 행 위는 말을 돌아보아야 한다."419) 고 한 것은 말이 행위를 통해 이루어진 자기의 진실성을 남에게 표명하는 것이기 때문에 언행일치를 강조한 것이다.

誠字가 고전 중에서 가장 먼저 보이는 것으로는 『商書』 太甲篇 (B.C 18C)의 "鬼神 無常享 享于克誠"이라든가, 『周易』의 乾卦 文言에 "閑邪在其誠"이라는 글귀에서 찾아 볼 수 있다.420)

---

418) 『東洋哲學論攷』, 柳承國, 成大大學院, 1974, p. 149. 參照.
419) 『中庸』第30章, "言顧行 行顧言".
420) 柳承國, 上揭書.

또한 『설문』에 의하면 誠은 '允', '信', '敬'의 뜻으로 전부 진실의 뜻을 내포하고 있다. 이 같은 誠의 의의는 공자시대에 이르러서는 忠信의 개념으로 표현되었는데, 『논어』 學而篇 에 "主忠信"이라 하였고, 이에 대해서 註하여 "人不忠則 事皆無實"이라 하였다. 이러한 忠信의 개념이 더욱 심화되어 『중용』의 誠으로 되어진다.

誠의 개념은 『중용』에 와서 유학의 중심사상으로 정립되어 그 위치를 확립하게 되었던 것이다. 『중용』 제20장에 誠에는 天道와 人道의 양면성을 언급하고 있다.[421] 특히 『중용』의 誠에 대하여 주자는 誠은 眞實無妄이며 천리의 본연이라 하였다. 그뿐만 아니라, 栗谷은 이에 대하여 "誠에 實理之誠과 實其心之誠"[422]이 있음을 말하여 眞實無妄한 것은 천리의 본연으로서 '實理'의 영역이요, 그것이 내 마음 속에 내재화해 있는 것을 밝혀 내는 노력, 다시 말해서 인간의 당위적인 노력이 '實其心之誠'의 영역임을 말하고 있다. 즉 '實理之誠'은 인간의 당위성 여부가 개재될 수 없는 천리의 영역이요, '實其心之誠'은 인간의 당위성 여부에 따라 誠이 좌우되는 것으로 여기에는 인간의 수양이 필요하게 된다. 이렇듯 眞實無妄한 것은 천도이지만 眞實無妄하고자 하는 것은 인도이며, 천도로서 誠이 본연론적 개념이라면 인도로서 誠은 수양론적 개념이라 볼 수 있다. 그러므로 誠에는 실리와 實心, 즉 천도와 인도는 體로서의

---

421) 『中庸』 第20章. "誠者天之道也 誠之道也誠之者人之道也".
422) 『栗谷全書』 四 「誠疑」 p. 1107.(影印本).

隱과 用으로서의 費의 양면성이 誠을 통하여 이루어지는 것이며 誠을 통하여 인격완성이 이루어진다고 하겠다.

3. 誠者와 誠之者

유가사상의 핵심인 誠은 『중용』에서 도덕적인 극치로서 인간윤리의 가치관뿐만 아니라, 유가정통사상의 樞機가 되어 있었다. 그와 같은 誠을 가장 잘 현시하고 있는 곳이, 『중용』 제20장에 "誠者는 天之道요 誠之者는 人之道也라" 하는 것이다. 誠之者는 아직 성실하지 못하고 미숙한 자가 眞實無妄해지려고 함을 말한 것으로 人事의 당연이다.

성인의 덕은 당연히 天理인지라 진실하고 虛妄함이 없이 思勉을 거치지 않고 곧바로 從容히 道에 맞나니 이것이 천도요, 성인의 경지에는 아직 미치지 못함으로 인욕의 私가 없을 수 없어 그 德됨이 진실하지 못해서 사려하지 않고 얻을 수 없으니, 반드시 善을 택한 후에야 善을 밝힐 수 있고, 힘쓰지 않고 中節할 수 없으니 반드시 굳게 잡은 뒤에야 몸을 誠케 할 수 있으니 이것이 바로 人道라고 주자는 말하였다.[423]

즉, 여기에서 말하는 誠이란 천도요 성인의 道이며 천도와 성인의 道는 동일한 개념으로서, 인간이 지향하는 바 천도는 至誠인 것이다. 이 같은 경지에 도달하면 인간의

---

423) 『中庸』 第20章 註.

행하는 바가 無過, 不及의 상태인 中節에 처하여 眞實無妄한 인간상인 성인의 경지에 이른다. 그래서 주자는 "一이면 純이요, 二이면 雜이요, 雜이면 妄이다."424)하였다. 실로 성인, 즉 천도에 달하기 위하여서는 匹夫匹婦의 인간에게는 誠之의 수양이 요청된다. 이러한 것은 인간윤리관에서 보아도 誠이 얼마나 핵심적인 위치에 있는가를 말해 주고도 남음이 있으며, 이것은 인간 윤리면의 주체로서 隱에 해당한다고 보아도 과언이 아니다.

또한 주자는 "誠字를 指鬼神之實理而言이라" 하여 실리의 면을 말하였고, 율곡은 "誠者는 天의 實理요 心의 本體라"(聖學輯要, 券三)하여 天과 人의 근원은 실리요, 본체로서 誠을 인식하고 있다. 이것은 유교가 인도주의를 넘어서 초월적 天을 인간에 내재화하여 파악하고 있음을 볼 수 있는데, 『중용』에서 "天命之謂性"이라 하여 性을 천명으로 보고 있는 점에서도 명백히 나타나 있다.425)

이 같은 誠思想은 『栗谷全書』 捨遺卷六 雜著 誠策과 '四子言誠疑' 및 '四子立言不同疑'등에서도 찾아볼 수 있다. 그 중 '四子言誠疑'에 의하면 "誠은 眞實無妄한 것으로 實理의 誠과 實心의 誠이 있다."426)고 하였다. 그러면 實理와 實心은 어떻게 다른가 하는 문제가 제기된다.

실리는 본체론적인 것으로 천도 자체로서 화육할 수 있

---

424) 『中庸或問』 '誠章', "則純 二則雜 純則誠 雜則妄".
425) 上揭書, 柳承國, p. 149.
426) 『栗谷全書』 p. 1107. (影印本).

는 體와 用을 겸비하였으므로 천도요 성인인 것이다. 그리
고 실심은 나의 현상계에서 기품과 기질의 편벽됨도 극기
하고 修身하여 天理, 즉 天道에로 복귀하려는 賢者와 같은
것으로, 이 같은 것을 인도라 하겠다.427)

그러므로 성인은 천도의 경지에 도달하였으므로 全體의
誠이 아님이 없으나, 현인, 군자는 全體의 誠이 없으므로
편벽되고 편차가 있으므로 실리를 밝히고 천도로 복귀하려
고 노력하는 것이 인간이다. 그럼에도 불구하고 현인, 군
자의 인간은 "誠之 又誠之"의 수양이 요청된다. 또한 生知
安行하는 성인은 비록 수양을 하지 아니한다 할지라도 從
容히 中道하지만, 學知 利行하는 현인, 군자는 수양에 의
하여 '擇善固執'하여야 비로소 천도에 도달할 수 있는 것이
다. 그러면 수양의 방법은 과연 어떤 것인가를 살펴보는
것이 중요하다. 『중용』 제27장의 "尊德性과 道問學"을 들
수 있다. 군자는 이 같은 "尊德性과 道問學"의 수양에는
"지극한 德이 아니고서는 道를 이루지 못한다."는 것이다
(『중용』, 제27장). 그러므로 "군자는 德性을 尊崇하면서
학문으로 말미암는 것이요, 광대하게 확충하면서 精微를
극진히 하고 옛 것을 溫習하면서 새 것을 찾아내고 高明을
극진히 하면서 중용에 말미암고, 敦厚함으로 예의를 숭상
한다"428)고 했다. 즉 군자는 덕성을 존중하여 精微를 극진

---

427) 『栗谷全書』, '誠策', p. 1096. (影印本).
428) 『中庸』 第27章, "君子尊德性而道問學 致廣大而盡精微 極高明而道
中庸 溫故而知新 敦厚以崇禮".

히 하고, 중용으로 말미암아 새 것을 찾아내며, 예의를 숭상하면서 광대하게 확충하고, 고명을 극진히 하고, 옛 것을 온습하면서 돈후함에 힘써야만 천도, 즉 성인의 경계에 도달 할 수 있음을 시사한 것이다. 그러므로 덕성을 높이는 것은 愼獨의 공부라 할 수 있고, 도문학하는 데는 博學, 愼思, 明辯, 篤行과 같은 五事를 준행해야 된다고 할 수 있다. 여기에서 주의해야 할 것은 '尊德性而道問學'은 두 개의 별개 개념이 아니라 상호표리의 관계에 있다는 점이다.

인간은 이처럼 끊임없이 수양의 방법을 통하여 성인의 경지에 도달하면 공자와 같이 "從心所欲 不踰矩"의 경지가 되며 "不勉而中 不思而得 從容而中道"하여 "君子之道 費而隱"의 경지가 되며, 體와 用이 일치된 천도에 도달하게 된다. 따라서 君子之道로서 誠은 一則多 多則一, 다시 말하면 費而隱 隱而費로서 圓融無礙하게 된다는 것이다.

Ⅲ. 誠思想의 費隱的 明解

1. 人道와 天道

『중용』 제12장의 "君子之道 費而隱"이라는 말의 '費와 隱'은 군자의 道이다. 그러므로 道를 객관적 대상으로서의 진리로 보아서도 아니되며, 또한 도리의 규정을 외적인 것에 두어서도 아니된다. 진리와 인간과의 관계인 군자와 道, 즉 君子之道가 문제된다. 道를 인간 자신과 무관계한 외적 대상으로서 단순한 초월적인 것으로 보지 않고 인간 자신의 道라고 본다. 그래서 "君子之道 費而隱"에 있어서 '費와 隱'이라는 설명도 인간자체에 대한 깊은 해명에서 연유한다. 인간이해를 깊이 한다는 것이 費·隱을 아는 소이가 된다고 하겠다.

『중용』 제13장에, "道가 사람에게서 멀리 있지 않다"고 한 것은 인간자체에 내재한 道이므로 사람이 곧 진리의 주체라 "人能弘道 非道弘人"[429]이라 했다. 人心이 道體인 性을 넓히는 것이지 無爲로서의 道體(性)가 사람의 心을 넓힐 수 없는 것이다. 그래서 "人能弘道 非道弘人"이다. 이 말은 '道不遠'이란 뜻으로 내 자신 속에 이미 天命之性으로서의 道가 내재하며, 그 道를 주체인 내가 넓혀 가야 한다는 뜻이다.

『중용』 제13장에, "執柯以伐柯"라 하여 柯를 잡고 柯를 벌하면서 도리어 나와 무관계한 것으로 본다는 비유이다. 이 말은 자루의 표준이 나에게 있듯이 道도 이미 나에게 있다는 뜻이다.

그러나 대부분의 현실적 인간은 일상적 타락으로 말미암아 物欲掩蔽를 면하기 어렵다. 그러나 이 같은 物欲掩蔽된 인간이라 할지라도 자각할 수 있는 가능성(所能然)이 상존

---

429) 『論語』 '衛靈公篇'.

하여 있고 또 자기의 내면성을 근거로 하여 他를 이해할
수 있다는 뜻에서 '道不遠'이며 '人能弘道'이다. 그러므로
나의 자각과 확충이 문제된다고 하겠다. 그래서 雙峰饒氏
는 『중용』의 篇次 내용을 설명함에 있어서 처음에 中和를
말함으로써 道가 吾心에서 管攝됨을 나타내 보이고, 다음
중용을 말함으로써 道가 사물에 昭著됨을 나타내 보이고,
費·隱은 道가 천지에 充塞됨을 나타내 보인다고 했
다.430) 이같이 道는 吾心에 管攝되어지고 나아가서는 천
지까지 充塞됨을 알 수 있다.

인간이 행하는 道는 인간이 인간본성에 따르는 의미에서
率性之道가 君子之道라 할 수 있다. 맹자가 말한 바 있는
"요순은 性之"431)라고 한 性之는 곧 『중용』의 "率性"이다.
그래서 『중용』 備旨에서 道는 天에서 本原하는 것이지만
군자가 행함으로써 천도가 드러난다고 보았던 것이다.432)
그러나 이해를 중심으로 사는 인간과 의리를 중심으로 사
는 인간으로 구별하여 小人은 下達, 군자는 上達이라
고433) 공자는 말씀하였다. 小人, 士, 君子, 聖人 등은 그
수양된 경지가 다르다. 周濂溪가 말한 바와 같이, "聖希天
賢希聖 士希賢"434)이라 한 것은 인간의 본성을 회복하기
위하여 성실성의 極處로 환원하여 가는 것을 말한 것이

---

430) 『中庸』 第20章 註. "始言中和 以見此道管攝於吾心 次言中庸以見
此道充塞乎天地".
431) 『孟子』 '盡心章'.
432) "子思自立言曰 道原於天而盡於君子 故爲君子之是道也".
433) 『論語』 '憲問篇'.
434) 『性理大全』 '周濂溪 卷二通書' p. 61.

다. 이것은 一朝一夕에 가능한 것이 아니오, 生知, 學知, 困知의 차가 있다 할지라도 인간의 성실과 수양의 정도에 따라 점진되어가는 것이라고 보아야 한다. 공자의 "吾十有五而志于學 三十而立 四十而不惑 五十而知天命 六十而耳順 七十而從心所欲不踰矩"435)가 바로 이를 말함이 아니겠는가? '率性之'하여 가는 비근한 방법에서 毋自欺의 忠(中心 즉 本心)으로써 타자를 恕하는 마음씨를 베풀 때, 中庸之道가 드러난다고 하여 『중용』 제13장에서 "忠恕違道不遠"이라고 하였다. '道不遠人'이므로 사람이 충서의 마음씨로써 임하면 道에 가깝다고 한다. 이에 사람이 충서를 행함에 있어서는 어떻게 해야 할까하는 문제가 제기된다.

주자는 충서에 註하기를, "盡己之心爲忠이요 推己及人爲恕"436)라 하여 忠은 나의 중심(본심)을 다하는 마음이요, 恕는 자기를 미루어 남을 이해함이라 했다. 즉, '施諸己而不願'을 '勿施於人'하는 마음씨이다. 忠恕는 誠의 道를 따르는 入門이요 下學處이며, 恕는 忠을 근거로 하여 나오게 됨으로 忠은 體이요 恕는 用이 된다. 그러므로 忠이 더욱 근본적인 문제가 된다. 이 忠을 『중용』에서 더욱 심화하여 極化할 때 誠으로 되는 것이다.

『논어』에서는 曾子의 말로 "夫子의 道는 忠恕뿐"이라 한 바 있다. 이 충서의 의미는 공자의 "一以貫之"437)를 풀이

---

435) 『論語』 '爲政篇'.
436) 『中庸』 第13章 註.
437) 『論語』 '里人篇'.

한 것이다. 여기서 말한 이 '충서'는 『중용』에서 "忠恕違道不遠"이란 말로 나타나고 있다. 『논어』에서는 이 같은 말을 찾아볼 수 없다. 違道不遠이란 말은 道에서 떨어짐이 멀지 않다는 뜻으로서 아직 道의 단계에 일치된 것이 아니라고 보아야 한다. 그러나 曾子는 공자의 "一以貫之道"를 忠恕라 했으나 이때의 忠恕는 바로 道 그 자체로 보아야 할 것이 아닌가? 그러면 『논어』의 이른바 충서는 道 자체요, 『중용』의 이른바 충서는 아직까지 道에는 미치지 못한 것이다. 여기에 있어서 후세의 충서에 대한 풀이가 달라지게 되는데, 주자는 생각하기를 盡己나 推己란 말은 違道不遠의 뜻이며, 이것은 학자의 일로서 忠恕工夫의 과정에 있는 것이요, 충서공부가 극에 이르면 성인의 경지로 "一以貫之"하는 것이다. 그러므로 성인의 충서는 다만 誠字나 仁字로 말해야 하고 盡字나 推字로는 말할 수 없으며 학자의 충서에 있어서는 推를 말해야 한다고 한다. 이에 程伊川의 이른바 "以己及物은 仁也요 推己及物은 恕也며 違道不遠이 是也라"한 것을 가지고 성인의 충서와 학자의 충서로 변별한다.[438]

君子之道는 학자가 충서를 통함으로 말미암아 仁과 誠을 체득한 것이다. 그러나 성실하지 않은 것이 대다수의 인간 존재양상이다. 그러면 일상적인 대다수의 凡人은 어떻게 하여야 성실한 인간이 될 수 있을까 하는 문제가 제기된다. 程伊川은 인간은 不誠한 데에서부터 성실할 수 있는

---

438) 『中庸』 第13章 小註 p. 35. 參照.

가능성을 가졌고 또 자각할 수 있는 존재라 하고, "所以爲 萬物一體者 皆有此理…人則能推 物則推不得"[439]이라고 한 바 있다. 이에 朱子는 주해하기를 "사람이 받은 바 氣는 밝게 통하는 고로 능히 추리할 수 있으나, 物은 받은 바 氣가 濁하고 塞한 고로 능히 추리할 수 없다"[440]고 했으니 物은 진리를 자각할 수 없으나, 인간은 진리를 자각할 수 있다는 뜻이다. 그러나 인간은 원래 성실의 가능근거를 지니고 있으나 실제 현실에서는 모두 성실한 것만은 아니다. 대부분의 사람은 성실성이 결여된 채로 살아가고 있는 것이다. 그러나 불성실한 인간이 성실한 인간으로 전환될 수 있는 가능성은 누구에게나 다 있다고 말할 수 있다. 그러므로 인간에게는 성실한 자기가 문제되는 것이다. 성실한가 불성실한가를 반성하고, 성실하되 독실한가 부독실 한가의 문제로 바뀌어진다고 볼 수 있다. 불순한 자기를 극복하고 성실한 자아에로 귀환하는 것을 공자는 "克己"라고 하였다. 천리대로 순수하게 하여 誠의 온전함을 얻는 자는 성인이요, 一端을 성실하게 하여 誠의 偏을 얻는 자는 賢人이라 하였으니 誠의 偏에서 全으로 충실하게 하여 가는 것이 賢에서 聖으로 가는 길이라고 栗谷은 말한다.[441]

또 誠의 본질은 자율적으로 인간본성에서 우러나오는 것이며 誠의 道는 스스로 이루어지는 길이라 하였다.[442] 간

---

439) 『近思錄』 '二程全書', 辨思端類.
440) 『近思錄』 "朱子曰 然人所稟之氣通 故能推 物所稟之氣塞 故不能推".
441) 『栗谷全書』, "純乎天理 而得誠之全者 聖人也 實其一端 而得誠之偏 者 賢者也", p. 1096.

사하고 왜곡된 생각을 막으면 내 마음 속에 誠이 간직된다고 했다.443) 성실의 길은 그 자체에 미래지향적인 성향을 가짐과 동시에 조화나 질서가 있는 것이며, 至誠은 無息이라(『중용』, 제26장)하여 중단이 없는 것이라고 하였다.

또 자기성실의 길은 자기완성인 동시에 남을 성취케 하는 까닭이 되기도 한다. "誠者 非自成己而已也 所以成物也"(『중용』, 제25장)라 하였으니, 자아의 본래성을 따라 행하려고 노력하여 자기자신을 참되게 하려는 것이며, 이것이 곧 남을 이룰 수 있다는 것이다. 자기를 망각하고 자기가 불성실한 채로 남에게 영향을 주어 匡正하려는 것은 옳지 않다. 진정한 자기성취를 떠나서 남을 이룰 수 없다는 것이다.

인간의 내면적 본성은 天命之性으로 누구에게나 보편적으로 받은 바 천성이므로 개인에게만 주어진 것이 아니고 인간 모두에게 도리로서 나와 남이 다른 바 없는 것이다. 공자는 '爲己之學'을 강조하면서 '爲人之學'을 하는 것은 옳지 않다고 한다.444) 이것은 사사로운 뜻에서가 아니라 성실한 자기실현에 무엇보다도 애써야 한다는 말이다. 자기를 성실하게 하는 것은 세계를 완성하는 길이며 자기가 불성실하면 事皆無實이라 하였으니, 곧 不誠이면 無物인 것이다. 그러므로 인간존재에 있어서 성실의 문제는 천도와

---

442) 『中庸』第25章, "誠者 自成也而道 自道也".
443) 『周易』 '閑邪存誠'.
444) 『論語』 '憲問篇', "古之學者 爲己 今之學者 爲人".

인도가 합일되는 요체라고 하였다.

『중용』 제20장에 "誠者 天之道也요 誠之者 人之道也"라 하였으니 眞實無妄한 誠自體를 天의 道라 하고 誠되려고 하는 것은 人의 道이다. 불성실한 자가 思誠(孟子)하고 誠之(중용)하려는 것이 所當然으로서의 人의 誠이다. 그러면 誠者와 誠之者의 차이는 무엇인가? 『중용』에 "誠者는 不勉而中이요 不思而得하여 從容中道이니 此聖人也라, 誠之者는 擇善而固執之者也라" 하였다. 周濂溪는 誠을 聖人의 本이라 하고 人極으로 보았는데, 주자는 誠을 태극이라 풀이하고 있다. 그러면 태극은 萬物化生의 근원으로서 우주의 본체이다. 이에 周濂溪는 만물資始의 乾元을 誠의 근원으로 보고 "乾道變化에 各正性命하니 誠斯立焉이라"[445]한다. 이는 誠을 천도의 元으로 본 것이다. 성인은 천도에 도달한 존재로서 바로 誠이다. 그러므로 성인은 "從心所欲不踰矩"로서 힘쓰지 아니해도 천도에 中하고 사려하지 아니해도 천도를 얻어서 從容히 천도에 적중하니, 이것이 곧 天人合一의 경지로서 君子의 道의 극치이다. 그러나 성인 이하는 誠의 단계에 아직 도달하지 못한 존재로서 한 가지 善을 알면 그것을 택하여 굳게 잡는 자이니 誠되려고 하는 존재이다. 즉 이는 천도를 향하여 인도를 실천하는 道程에 있는 것이다. 誠之者는 하나의 善한 것을 얻으면 놓칠까 염려하여 꼭 간직하려고 힘쓰게 된다.

---

445) 『性理大全』 卷三, '通書', p. 49.

2. 天人關係

인간존재의 성실성을 통하여 인간에 내재한 본성을 알 수 있고, 자기의 본성을 알 수 있는 경지가 곧 天을 아는 것이라고 맹자는 말하였다.446) 자기의 성실성을 다하지 않고 자기의 본성을 아는 자는 없다는 것이다. 盡其心하는 상태가 인간의 성실을 다하는 實存態라 할 것이요, 실존의 해명이 존재일반을 이해하는 까닭이라는 것이다. 『중용』에 이르기를, "오직 천하에 지극히 성실한 사람이라야 자기의 성품을 다할 것이며, 사물의 성품을 다하면 천지의 화육을 돕고, 천지의 화육을 도우면 천지와 더불어 참여할 수 있다."447)고 하였다. 나와 남을 아는 길이 천하의 至誠을 통하여서만 가능하다고 한 것이다. 至誠이란 문구가 『중용』에 두 번 나온다. 天下至誠이라야 진리에 참여 할 수 있는 길이라고 강조함을 알 수 있다. "誠之者는 人의 道也라"하고, "군자는 誠之爲貴"라 하였으니448) 誠之함으로써 誠의 극치에 달하면 天이라 부른다. 이것은 誠과 誠之者가 하나로 된 상태, 즉 天과 人이 합일된 경지이다. 성실성이 없다면 사람의 事爲가 虛僞라는 것이다. 그러므로 『중용』에서는 "誠之爲貴"라 한다. 이때의 物은 우주론적으로 본 천

---

446) 『孟子』 '盡心章句上'. "盡其心者 知其性也 知其性 則知天矣".
447) 『中庸』 第22章. "唯天下至誠 爲能盡其性 能盡其性 則能盡人之性 能盡人之性 則能盡物之性 則可以贊天地之化育 可以贊天地以與天地參矣".
448) 『中庸』 第25章.

지만물과 인생론적으로 본 人間事爲를 통칭하는 것이다. 앞에서 말한 바와 같이 誠은 太極이요 人極이다. 誠을 太極으로서 보면 太極은 우주만물을 化生한 존재이므로 太極이 없으면 우주만물이 존재할 수 없을 것이요, 誠을 人極으로써 보면 주자도 말했듯이, 사람의 마음이 한 번 불성실함이 있는 즉, 비록 事爲는 드러난다 할지라도 그것이 虛僞가 없는 것과 같다. 그러므로 인간에 있어서 事爲는 드러난다 할지라도 그것은 허위가 없는 것과 같다. 그러므로 인간에 있어서 事爲는 성실한 마음에 드러나야만이 비로소 진실한 事爲로 그 존재성이 인정될 것이다. 이에 우리는 不誠이면 無物이라고 한 참 뜻을 알 수 있을 것이다. 이에 誠이 天人一貫의 진리임을 알 수 있다.

이상에서 忠과 恕의 관계와 誠과 物의 관계를 논하였다. 이에 우리는 이것을 體用과 費隱으로 풀이해 보자.

첫째, 忠恕에 있어 忠은 인간본심으로서 體요, 恕는 그 활용으로 用이다. 그러면 忠은 體로 一이요 恕는 用으로 多이다. 맹자는 "形色은 天性也"449)라 하였으니, 우리는 형색으로서의 多를 통해 그 천성의 一을 推知하는 것이다. 그러면 費는 多로서 分殊요 隱은 一로서 理이다.

둘째, 誠과 物의 관계를 보면, 誠은 太極으로서 一이요 物은 만물로서 多이다. 여기서도 多而一로 費而隱의 관계가 성립된다고 보겠다. 그리고 또 誠은 人極으로 心의 본체요 物은 心의 발현으로서의 事爲이다. 여기에서도 역시

---

449) 『孟子』 '盡心章句上'.

費而隱의 관계를 알 수 있다. 결국 天人의 관계를 미루어보
면 여기에서도 역시 體用의 관계와 費隱의 관계가 있다고
하겠다.

Ⅳ. 誠의 費隱的 具顯

1. 誠과 敬

인간이 최고의 목표로 하는 바, 誠 즉 천도는 도덕적 극
치로서 성인의 道이다. 인간은 이 경지를 여하히 하여야만
그 목표하는 바의 천도에 도달할 수 있을 것인가라는 문제
가 제기되는 것이다.

천도, 즉 誠을 향하는 전제의 수양공부로서 '敬'을 중요
시하고 있는 것이다. 敬이란 용어는 본래 고래로부터 誠과
함께 중요하게 다루어 왔다. 이같이 중요시되는 '敬'字는
어떤 내용을 갖고 있는지 먼저 字意부터 고찰하고 다음으
로 경서 속의 敬思想, 송대의 성리학자의 敬思想, 퇴율의
敬思想 등의 순위로 고찰하고자 한다.

敬字에 대한 字意上의 고찰은 다음과 같다.

『설문』에 의하면 "敬 肅也 從攴苟"라 하였으니 모든 것을
조심하고 삼가 하는 것으로 보았고 『詩經』周頌閔豫少子篇
에서는 "夙夜敬止"에 대한 同註에 "敬 愼也"라 하였으니 삼

가한다는 뜻이고, 『禮記』曲禮上에서는 "恭敬樽節"이라 한데 대한 同疏에 "貌多心少爲恭 心多貌少爲敬"이라 하였으니 恭과 敬으로 설명했다. 즉 조심성이 외모에 많이 나타나고 마음이 적은 것은 恭이고, 조심성이 마음 속에 많고 외모에 적게 나타나는 것을 '敬'이라 했다. 또 『呂覽孝行』에는 '敢不敬乎'의 註에서 "敬畏愼也"라 하였으니 두려워하고 조심하는 뜻에서 쓰이고 있다.[450]

위의 것을 요약하면 인간의 행위와 말을 삼가고 마음을 조심한다는 뜻으로, 마음은 내적이고 말과 행위는 외적이라 할 수 있다. 이러한 '敬'思想은 경서 중에서 찾아볼 수 있다. 즉, 『서경』와 『시경』에 이미 '敬'의 관념이 있는데 그것은 도덕적 관념이 농후하다. 『서경』召誥에는 "惟不敬厥德 乃早墜厥命"하였고, 『서경』無逸에는 "則皇自敬德"이라는 글귀가 있고, 『시경』小雅 雨無正에는 "各敬爾身"과 '魯頌泮水'에는 "穆穆魯候 敬明其德"이라는 말이 있으며, 『논어』에는 21개의 '敬'字가 나오는데, 그것은 모두 行事의 면을 말한 것이고 '敬'이 철학적으로 중요한 지위를 점하는 것은 『주역』文言傳의 "敬以直內"에서 비롯되며, 그것은 송대 성리학에 큰 영향을 미친다. 『논어』의 "主忠信", 『맹자』의 "盡其心", 『중용』의 "戒愼恐懼", "愼獨", 『대학』의 "格物致知", "誠意", "正心", 『주역』의 "閑邪存誠", 『서경』의 "惟精惟一"이 '敬'의 근본되는 사상으로 宋儒들이 특히 중요시하여 왔다. 이를테면 성리학의 鼻祖인 周濂溪(宋眞宗—神宗,

---

450) 「儒學槪論」, 梁大淵, p. 229. 參照.

1017~1073, 名惇頤)는 인간의 본성은 본래 純粹至善이
지만 외물에 접하여 감동되면 선악이 생기는 까닭으로 인
간은 主靜하지 않으면 안된다고 하였다.[451] 수양공부로서
는 主靜과 無欲을 주장하였다. 그의 생각으로는 성인은 靜
을 주로 하여 본성인 誠을 온건하게 세웠기 때문에 인간도
主靜지켜야 되지만 五性(仁義禮智信)이 감동하여 惡이 발
생하는 바는 욕심을 내포한 것으로 보는 까닭에 主靜의 수
양공부를 제시한 것이다. 『주역』文言傳의 "敬以道內 義以
方外"를 받아들여 程明道는 "敬으로써 內를 정직하게 하고
義로써 外를 方正하게 하여 敬義를 세울 것 같으면, 德은
외롭게 되지 않는다"[452]고 하였다. 이것은 '敬'과 '義'라는
것으로 수양방법을 제시하였다. 또 성경으로 내면적 수양
을 할 것을 강조하여 "배우는 자는 모름지기 먼저 仁을 알
아야 한다. 仁은 만물과 渾然하여 동체가 되어 있다. 義禮
智信은 모두 仁인 것이다. 이 이치를 알아서 誠敬으로 간
직하고 있을 뿐이다"[453]라고 한 것은 먼저 仁이 혼연히 만

---

451) 太極圖說 全集』卷一, "五性感動 善惡分 萬事出矣 聖人定之以中
   正 仁義而主靜 立人極焉".
452) 二程全書』卷二, "敬以直內 義以方外 敬義立而德不孤" : 이 敬과
   義의 관계는 그의 아우 伊川이 좀더 자세히 밝힌 바 있다. 즉 "問
   必有事焉 當用敬否 曰敬只是涵意一事 必有事焉 須當集善 只知用
   敬 不知集義 却是都無事也 問敬義何別 曰敬只是持己之道 義便知
   有是有非 順理而行 是爲義也"(伊川語錄)에서 持己의 道로써 敬을
   강조하고 그 持己의 道가 옳은가 그른가를 밝혀서 順理대로 行하
   는 것을 義라 하여 直內로서의 敬을 本으로 삼고, 方外로서의 義
   를 그 本을 바르게 하는 방법으로 보았다.
453) 『二程全書』卷二, "學者須先識仁 仁者 渾然與物同體 義禮智信皆仁
   也 識得此理 以識敬存之而已".

물과 동체인 까닭을 알고 誠敬으로 存養할 것을 말한 것이다. 그리고 그는 "誠은 天의 道요, 敬은 人事의 근본이니 敬은 곧 誠이다"454)라 말한 것은 '誠'은 內로 '敬'은 外로 보아 상호표리 관계에 있음을 말한 듯하다. 이 같은 '誠'과 '敬'의 관계는 程伊川에 이르러 더욱 상세하게 설명되고 있다. 程伊川의 수양방법에 다음과 같은 특징을 찾아볼 수 있다. 이는 主敬과 致知를 설명하기를 "涵養須用敬 進學則在致知"(二程全書, 卷十九)라 하여 내적으로는 主敬하고 외적으로는 致知해야 한다는 수양법을 제시하고 있는 듯하다. 그러나 程伊川은 정신이 외계의 자극에 의하여 동요되고 산만해질 憂慮를 지양하기 위하여 主敬을 중하게 여겨 靜坐와 용모단정하게 할 것을 말하였던 것이다.455)

이 같은 '主一無適'의 敬思想은 주자에 이르러 더욱 고조되어 '居敬窮理'로서 근본 원칙을 삼았다. 이것을 내적, 외적으로 볼 수 있는데, 거경은 程伊川의 主敬을 계승한 것으로서 내적으로 보았고, 궁리는 외적인 것이다. 외적 수양인 궁리는 『중용』의 "道問學", 『대학』의 "致知格物"을 말한다고 볼 수 있다. 그의 敬思想은 聖門의 第一義로서456)堯가 천하를 통치할 때의 근본원리인 '允執厥中'의

---

454) 『二程全書』 卷二, "誠者 天之道 敬者 人事之本 敬則誠".
455) 『二程全書』 卷二, "但惟是動容 整思慮則自然生敬 敬只主一則旣 不之東 又不之西 如是則只是中".
456) 『朱子語類』 卷十二, "敬字工夫 乃聖門第一義 撤頭撤尾 不可頃刻間斷" 周濂溪의 主靜과 朱子의 敬과의 차이점을 설명해 주는 중요한 용어이다. 즉 "自早至暮有許多事 不成說事多撓亂 我去是此 若事至也 前面自家却要主靜 頑然不應 便是心都死了 無事時 敬在事

中이라든가 공자의 '仁', 『맹자』의 '仁義', 『중용』의 '天道'
와 같은 사상은 모두 '敬'一字에 歸하는 것이라 하여 매우
중요시하였던 것이다. 그래서 '敬'을 설명하기를 "사람이
능히 敬을 보전할 수 있으면 吾心이 담연해져서 천리가 찬
연하여지며 一分도 현저하게 하는 바도 없고, 一分도 현저
하게 하지 않는 바도 없는 것이다"[457]라 하였으니, '敬'에
처하면 心이 담연해져서 사리에 명석해진다는 것이다. 이
와 같이 居敬과 窮理는 마치 『중용』의 尊德性과 道問學이
서로 不可離인 것과 같이 어느 하나라도 결하게 되면 목적
을 달할 수 없는 것이다. 이 양자를 "비유컨대 사람의 양
족과 같아서 左足이 행하면 右足이 정지하고 우족이 行하
면 좌족이 정지하여 보조를 맞춤으로써 보행의 목적을 달
성하는 것과 같다"[458]고 할 수 있으므로 여기에 대해서 주
자는 말하기를 "主敬窮理 雖二端 其實一本"(朱全語類, 卷
九)이라고 하였다.

위에서 말한 것을 요약하면 誠과 敬의 관계는 상호불리
의 관계이며, 주자가 誠과 敬을 주해하기를 '誠'은 "純一無
僞", "敬"은, "主一無適"이라 하였고, 또한 "誠은 天의 道요
敬은 人事의 근본이니 敬은 곧 誠이다"(朱全, 卷之五十六,
遺書)라 하였으니 '誠'과 '敬'을 상호표리 관계에 있다고 볼

上 有事無事 吾之敬 未嘗 問斷".
457) 『朱子大全』 '語類', 卷二十八.
458) 『朱全語類』 卷九. "譬如人之兩足 左足行則右足止 右足行則左足止
又如一物室中 右抑則左昂 左抑則右昂 其實只是一事 居敬窮理 雖
二端其實一本 持敬是窮理之本 窮理理明 又是養心之助".

수 있으며, 用으로서의 '敬'이 體로서의 誠에 일치되어 天
道가 드러날 때 君子之道로서 費而隱에 상응되는 것이다.
또한 이 같은 경지는 천인합일의 경지요 전인적인 성인의
경지이다.

다음으로 한국의 巨儒인 퇴계와 율곡의 誠敬思想을 살펴
보기로 하겠다.

퇴계는 程朱의 存養省察의 방법을 계승하여 居敬窮理로
서 求人의 방법을 말한다. 그리하여 '居敬'에 대하여 다음
과 같이 말하기를, "다만 敬而直內를 日用第一義로 삼는
다."459) "格物도 진실로 쉽지 않지만 持敬도 또 어찌 쉬우
리까? 대개 敬이란 것은 徹頭徹尾한 것으로 진실로 持敬
의 방법을 알면 理明하고 心定해진다. 이것으로써 格物한
다면, 곧 물리는 나의 心鑑을 벗어나지 못하고 이것으로
事爲가 心의 累가 될 수 없다"460)라 하였다. 이것은 '敬以
直內'로서 '存養省察'하는 것이 日用事爲의 第一義가 되며,
'敬而直內'로서 '持敬' 방법을 알게 되면 '理明 心定'하여 궁
리가 극진해진다는 것이다. 그리하여 그는 '敬'의 수양공부
로서 '存養省察'을 말하여 "無事時에는 存心養性하여 惺惺
할 뿐이요, 講習應按時에 이르러서는 바야흐로 義理를 思
量해야 한다"461)라 하였다.

---

459) 『退溪集』 卷二十九. '答金而精', "只將敬以直內爲日用第一義".
460) 『退溪集』 卷二十八. '答金惇叙', "格物周不易 然持敬亦豈易乎 盖敬
者 徹頭徹尾 苟能知持敬之方 則理明而心定 以之格物 則物不能逃
吾之鑑 以之應事則事不能爲心之累".
461) 『退溪續集』 '自省錄', 卷一 答李叔獻珥.

그리고 "靜해서는 천리의 본연을 함양하고 動해서는 인욕을 幾微해서 결단한다"[462]라고 하였으니, 존양은 靜한 가운데 天理의 心을 보존하는 것이고, 省察이란 마음이 발한 후에 나타나는 것이므로 人欲의 幾微를 식별하는 것이다. 그러므로 涵天理는 存養之事이요 決人欲은 省察之事인 듯하다.

이와 같이 퇴계에 있어서 '敬'은 一心의 主宰이요 참된 주체로서 자기 자신을 가늠하면서 동시에 진리에 나아가게 하는 힘인 것이니 이를 持敬修養工夫라 한다. 또한 '敬'은 '誠'에 이르는 길이라 하겠거니와 誠을 향해 오래 힘쓰고 노력하는 군자의 '敬'으로부터 '不勉而中 하고 不思而得하여 從容而中道'하는 성인의 '敬'에 이르기까지 인간의 성장과 성숙을 가능하게 하는 힘이요 仁을 실현케 하는 길잡이가 되는 것이라 하겠다.[463]

이와 같이 退溪는 先主敬 後格物의 방법으로 主敬하면 心定理明이 될 것이고, "窮理하여 踐履를 徵驗해서야만 비로서 眞知로 된다. 敬을 주로 하여 능히 마음에 二三이 없어야 바야흐로 實得이 된다"[464]라고 하였으니 이는 곧 『중용』의 "明則誠"의 경지라 할 수 있다.

다음으로 栗谷의 誠敬을 살펴보기로 한다.

---

462) 『退溪集』卷二十, '答金惇叙' "靜而涵天理之本然 動而決人欲於幾微".
463) 『十六世紀韓國性理學派의 歷史意識에 關한 硏究』, 李東俊, p. 136. 參照.
464) 『退溪全書』卷十四, '答李叔獻' "窮理而驗乎踐履如爲眞知 主敬而能無二三 方爲實照".

위에서 거경궁리를 통하여 心定理明하여 誠의 경지에 도달할 수 있음을 말한 바 있다. 그런데 栗谷은 主誠을 내세워 수양 방법을 제시한다.

"敬은 用功의 요령이요 誠은 收功의 地(結果)이니 敬으로 말미암아 誠에 이른다"[465]

"理는 誠이 없으면 궁구되어지지 않는다"[466]라고 하였으니, 즉 栗谷은 先主誠 後理明으로 보아, 誠은 『중용』의 從用而中道로서 성인의 경지이므로 '誠則明'의 방법인 듯하다.[467]

율곡에 있어서 誠과 明을 갖추어야만 成聖 成德이 가능하다고 보았으므로 '誠'은 본체론적 문제이고 '明'은 방법론적 문제이다.

인간은 誠을 체험하고 실체상에서 天道에 달하면 誠이 바로 오심의 전부가 되어 誠은 眞實無妄의 理임을 자각하게 되니, 이것이 곧 성인의 경지이다. 그러므로 聖人이 聖人이 된 까닭은 이 誠에 全體全用하는 데 있고, 현인 군자의 현인 군자된 까닭은 '誠'을 향해 덕성을 쌓아 감에 있다. 즉 성인은 전체가 誠이나, 군자는 全體의 誠에 아직

---

465) 『栗谷全書』 卷二十一 聖學輯要三, "敬是用功之要 誠是收功之地 由敬而至於誠矣" : 또한 이 誠과 敬의 관계는 이미 程明道가 '誠者 天之道 敬者 人事之本 敬則誠'이라 하여 誠敬이 誠은 天道, 敬은 人事의 문제로서 栗谷的 의미에서 보면 '誠'은 '實理'의 측면이요, '敬'은 '實其心'의 측면으로 서로 內外가 됨을 말했고, 孟子는 '陳善閉邪 謂之敬'(離婁上)이라 해서 周易 文言傳의 '閉邪存誠'과 같은 것임을 시사하고 있다.

466) 『栗谷全集』 聖學輯要三, "理無誠則不格".

467) 「韓國儒學史」, 裴宗鎬, p. 116. 參照.

이르지 못했으나 이 誠을 반성하여 誠之하는 자란 것이다.[468)

이와 같이 全者專一한 성인은 '誠則明'이요, 偏者 反身하여 誠에 이르는 수양공부는 '明則誠'인 것이다. 그러므로 栗谷에 있어서 '誠'은 인간 주체의 성실성을 고정함에 있고 '明'은 善을 규명하여 誠을 향해 가는 수양공부로 보았으니 『중용』 제20장에 "誠身有道 不明乎善 不誠乎身"이라 한 것에 해당된다고 할 수 있다.

그러므로 율곡은 成聖成德의 수양공부가 '誠'을 위주로 하고 있으므로 '誠意', '正心', '實心'을 주장하여 '靜'과 '明'은 이에 기초를 두어야 한다고 보았다. 그래서 "一心不實 萬事皆假…一心苟實 萬事皆眞"(율전, p. 405)라 하였다. 이와 같이 栗谷의 誠思想은 '四子言成疑'에서 찾아 볼 수 있다.

"誠者 眞實無妄謂 而有實理之誠 有實其心之誠 知乎此則 可以論乎誠矣"(栗全, p. 1107)라 하여 '誠'에는 '實理之誠'과 '實其心之誠'이 있다고 하였다. 그러면 '實理之誠'과 '實其心之誠'은 여하히 다른가? 율곡은 다음과 같이 말한다.

"이른바 實理實心은 誠을 말하는 데 불과할 뿐이다. 天理에 純하고 誠之全을 얻는 것은 성인이고, 一端에 성실하여 誠之偏을 얻는 것을 현인이다"[469)라고 하였으니, 성인

---

468) 『栗谷全書』, "不誠無物 聖人性此誠者也 君子反此誠者也", p. 1097.
469) 『栗谷全書』, '誠策', "所謂 實理實心者 不過曰誠而已矣 純乎天理而 得誠之全者 聖人也 實其一端而得誠之偏者 賢者也", p. 1096.

은 실리를 얻었으므로 나타나는 것이 全體의 誠이고, 현인·군자는 誠의 偏者이므로 '실리'의 경지로 환원해 가기 위해 '主敬', '戒愼', '謹獨'으로 힘써 나아가야 한다.

그리고 "天道則實理 而人道卽實心也"(栗全, p. 1108)라 하여 실리는 천도에 해당하고 실심은 인도에 해당한다고 볼 수 있다. 그러므로 율곡이 말하는 主誠은 천도인 '실리'와 인도인 '실심'을 通貫하는 것으로, 인도는 明善하여 수양공부하는 데 있으나 그의 지향하는 바 최고 목표는 역시 至誠에 있다.

이상에서 논술한 바와 같이 敬思想을 경서를 통하여 살펴보았고 宋代 성리학자, 퇴율의 견해를 살펴보았다. '誠'과 '敬'과의 관계에서 '誠'은 내적이요 천도이며 '실리'이고, '敬'은 외적이요 인도이며 실심이다. '誠'과 '敬'은 상호표리의 관계에 있으며 不可離의 관계에 있음을 알았다. 즉 用으로서 '敬'이 體인 '誠'에 일치될 때 '君子之道'로서 '費而隱'에 해당되며 '不思而得' '不勉而中'하는 성인의 경지이다.

2. 誠과 信

誠과 信의 의의를 살펴보기 위해서는 먼저 字意上 그 뜻을 분석해 보기로 한다. 誠의 문자상 구성에 관해서는 앞 장에서 규명하였으므로 여기서는 생략하기로 하고 信의 문자상의 구성을 알아 보고, 다음으로 그 의미를 규명하고자 한다.

『설문』에 "信 誠也 從人言"이라 하였다. 또 이에 許愼의 『說文解字註』에 "誠 信也 從言成聲"이라 하였고, 『段王裁解字註』에서는 "人言則無不信者 故從人言"이라 풀이하고 있다. 이것은 인간의 언어에 허위가 배제된 신실성과 성실성이 있어야 하기 때문에 人言이 합하여 信이라 하였고, 誠과 통한다고 하였다. 즉 타자와의 언어 통용에 있어서 자기의 내면적 성실성을 가진 언어를 통용하여야만이 타자의 신실성을 얻을 수 있다는 것을 뜻하는 것이라 하겠다. 인간은 이 같은 언어와 사유능력을 가지고 있으므로 새로운 문화를 창조하기도 하였고, 의사교환의 수단으로 이용하기도 하였던 것이다. 이와 같이 타자와 나와의 관계에서 서로와의 신뢰성은 언어로써 이어진다. 『주역』繫辭上에 "군자가 집에서 생활할때에는 그 말을 선하게 하니, 곧 이것은 천리 밖에까지도 감응해 가는 것이니 하물며 가까운데 있어서야 말할 것도 없다"470)라 하였으니, 참된 군자의 언어는 원근할 것 없이 누구에게나 신뢰성을 줄 수 있음을 나타낸 말이라고 보아야 한다. 그리고 『논어』 學而篇에 "벗과 사귀되 말에 信이 있으면 비록 그가 배우지 않았다 할지라도 나는 반드시 그를 배웠다 하리라"471)하였고, 또 曾子는 "벗과 더불어 사귀는 데 불신스러운 일이나 없었던가?"472)라고 하였으니, 信이란 言과 行을 검증하는 것을

---

470) "子曰 君子居其室 出其言善 則千里之外應之 況其邇者乎".
471) 『論語』 '學而篇' "與朋友交 言而有信 雖曰未學 吾必謂之學矣".
472) 『論語』 '學而篇' "與朋友交而不信乎".

의미한다고 볼 수 있다. 그래서 『논어』 衛靈公篇에서는 子張이 한 行에 대한 물음에 공자께서 답하기를 "말은 참되고 信實해야 하며 行動은 돈독하고 공경스러워야 한다"[473]고 하였으니, 인간의 言과 行에 신실성과 독실성이 있어야 함을 시시한 것이다. 그리고 신실성의 중요성을 강조하여 子貢이 공자에게 정치에 관한 것을 물었을때 이르시기를 "식량을 풍부하게 하고 국방을 견고하게 하고 백성이 이것을 신뢰하는 일이라 하였을 때, 또 묻기를 '반드시 부득이 해서 하나를 빼라면 세 가지 중에서 어느 것을 빼야 하겠습니까?'라고 하니, 공자께서 '국방을 빼라'하였고, 또 '묻기를 부득이 해서 또 하나 빼라면 두 가지 중에서 어느 것을 빼야 하겠습니까?'하니, 이르시되 '식량을 빼라'하시며 예로부터 다 죽음이 있지마는 백성에게 신뢰를 못 받으면 나라를 지탱하지 못 할 것이다"[474]라 하였다. 이 같은 신실성이 인간의 개인윤리에서 사회윤리로 확충되어 가더라도 言과 行의 검증자이며 또한 공동윤리를 실천하려는 신념으로서 독실성을 의미한다. 이와 같이 誠과 信은 인간윤리적 측면에서는 거의 같은 의미를 지니고 있으나, 철학적 입장에서는 그 의미를 달리하고 있는 것이다. 즉 형이상학적, 인식론적, 존재론적인 문제로 생각할 수 있다. 형이상학적면에서는 誠을 천도로서 體로 볼 수 있다면 信을 用으

---

473) 『論語』 '衛靈公篇', "子曰 言忠信 行篤敬".
474) 『論語』 '顏淵篇', "子貢問政 子曰 足食 足兵 民信之矣 子貢曰 必不得已而去於斯三者 何先 曰去兵 子貢曰 必不得已而去於斯二者 何先 曰去食 自古皆有死 民無信不立".

로 볼 수 있고, 인식론적 면에서는 誠을 인간의 주체로 볼 수 있다면 信을 대상으로서 객체로 볼 수 있고, 존재론적 면에서는 誠과 信은 이원적 일원화로서 존재일반으로 취급할 수 있다. 그리고 費隱의 관점에서는 體로서 誠은 隱에 해당하고, 用으로서 信은 費에 해당한다고 볼 수 있다.

그러나 여기서는 誠의 의미가 信의 근저가 되며 道自體의 自成으로서 자명적인 이성체인 天道인 것이다. 그러므로 誠을 규명함으로써 信의 뜻은 저절로 드러난다고 본다.

誠者가 고전 가운데 가장 먼저 나타난 것은 『古文尙書』太甲篇에 나오는 誠字와 『周易』 乾封 文言에 "閑邪存其誠"이라는 곳에서 誠字를 찾아볼 수 있다. 그러나 『古文尙書』라고 하는 것은 今文에 없는 僞書라는 경향에 속하고, 『주역』의 文言이라는 것도 戰國末期의 시대로 거슬러 올라갈 수 없는 것이므로, 이 설도 신빙성이 없는 것이다.

그러므로 誠이란 문자가 윤리적 의의와 철학적 의미로 나타나기 시작한 것은 공자 이후 諸經典에서 찾아볼 수 있다. 특히 『대학』과 『중용』에서 비롯했다고 보아야 한다. 『중용』에서 誠字가 더욱 심화하여 논리적인 의의를 가지고 철학적인 전개를 하게 된 것이다. 이 같은 誠思想의 연원은 요순의 윤리정치로 거슬러 올라가서 살펴보아야 한다. 『서경』 大禹謨篇에 "惟精惟一 允執厥中"이란 말에서 찾아볼 수 있다. 그러나 이것을 주자가 『중용장구』 序에서 설명하기를 "진실로 그 中을 잡아라 한 것은 堯가 舜에게 전수한 것이요, 인심은 危殆하고 도심은 미묘하나니 정밀히 하고 한결같이 하고서야 진실로 그 中을 잡으리라 한 것은 舜이 禹에게 전수한 것이다"475)라고 하였다.

생각컨대 "진실로 그 中을 잡아라"한 것은 『중용』 제6장에 "나쁜 일을 숨기고 좋은 일은 드러내며, 그 양단을 붙잡아 그 中을 백성에게 쓴다"476)라는 말과 같은 의미라고 볼 수 있다. 그러므로 "允執厥中"의 中은 隨時處中으로써 적의 타당하다는 말로서 時中과 같은 뜻이며, 何事何物을 막론하고 中正의 大本原理에 입각하여 그때 그때의 위치한 바에 적의하게 한다는 말이다. 이 같은 시중은 惟精惟一의 태도로서 擇善固執하는 것이므로 요순과 같은 大聖人이 아니고는 불가능한 것이다. 즉 堯임금이나 舜임금이 자기의 인욕과 사욕을 이기고 그 본심의 바름을 지켜서 天理之公인 도심으로써 정사에 임할 때, 인심을 교화할 수 있고, 백성들로 하여금 신뢰성을 얻어 덕치주의가 실현될 수 있는 것이다. 그러나 위정자 그 자체가 眞實無妄하고 思無邪한 성실성 없이는 時中이 불가능하며, 또한 백성들의 절대적인 신실성을 얻을 수 없다는 것이다. 그러므로 允執厥中에는 윤리적 誠思想이 함축되어 있음을 알겠다.

『논어』里仁篇에 "子曰吾道一以貫之"라고 한데 對해 曾子는 "우리 夫子의 道, 오직 충서일 뿐이다"라고 하였다. 여기서 孔子의 仁思想을 생각해 본다면, 『논어』에 나타난 仁

---

475) 『中庸章句』序, "允執厥中者 堯之所以授舜也 人心惟危 道心惟微 惟精惟一 允執厥中者 舜之所以授禹也".
476) 『中庸』第6章, "隱惡而揚善 執其兩端 用其中於民 其斯以爲舜乎".

者는 58장이나 된다. 仁의 개념은 제자의 개성이나 장소, 환경에 따라서 그 표현이 달랐다. 그렇다 하여 仁의 개념이 체계화가 없다 할 수 없다. 그 仁의 시상을 체계화시킨 것이 곧 '一以貫之'이다. 曾子가 '一以貫之'를 충서로 풀이하고 있는 이것은 仁의 실천방법이라고 보아야 한다. 그러면 충서의 의미는 무엇인가? 이에 주자가 설명하기를 "자기의 마음을 극진히 하는 것이 忠이요, 나를 미루어 남을 이해하여 주는 것이 恕이다"라고 한다.

생각컨대 자기의 마음을 극진히 한다는 것은 하늘로부터 부여한(天命之謂性) 그대로 다한다는 말로 자기의 마음을 虛靈不昧케 하여 天理의 性을 다한다는 것이다. 이 같은 마음이 이루어 졌을 때 이것을 미루어 남에까지 나아가면, 成己하고 成物하여 남을 이해하게 되고, 동시에 남도 나를 이해하여 서로간에 誠實性과 信實性을 가질 수 있게 된다는 것이다. 그러므로 인간은 성실한 자기실현이 무엇보다도 중요한 것이다. 자기를 성실하게 독실하게 하는 것은 세계를 이루는 길이라 하여 『중용』에서는 "不誠이면 無物이라" 하였다. 이때의 '物'은 단순한 감각적인 사물을 말한 것이 아니다. 자기의 성실성에서 보여지는 실리의 物이라고 朱子는 설명하고 있다. 즉 진상으로서의 物을 말함이요 邪曲이 없는 인간의 내면적 성실에서 나타나는 실리의 物인 것이다. 그러므로 자기 자신이 불성실하면 사물의 진상이 드러나지 않기 때문에 타자의 신뢰성을 받지 못하게 된다. 여기서 體인 誠과 用인 信의 두 개의 개념이 아니라 이원적 일원화의 면이 됨을 엿볼 수 있다. 가령 『대학』의 明德과 親民의 관계를 살펴본다면 위정자 자신이 虛靈不昧하고 天理의 性을 갖춘 堯 舜과 같은 '性之'한 마음 상태, 즉 주체인 明德을 갖추고 있어야만 백성들로 하여금 신실성을 얻게 되어 그들을 교화할 수 있고 또 새롭게 할 수 있게 되어 덕치주의가 실현될 수 있듯이 개인 각자가 盡性하고 思誠하여 자기의 명분(君君 臣臣 父父 子子)을 다할 때 자기주체인 성실성은 곧 대상인 타자의 신실성과 상통하여 조화가 이루어지게 된다. 그러므로 體인 誠과 用인 信은 費而隱에 상응됨을 엿볼 수 있다.

V. 結 論

첫째, 이상으로 『중용』의 誠思想은 다음과 같이 요약될 수 있다.

❶ 費와 隱은 고래로 학자의 견해에 따라 그 이해가 다르지만, 주자학적으로 보면 '體用一源', '顯微無間'과 같은 의미에서 費隱도 '一源無間'이라 하겠다.
❷ 아직 誠, 즉 天道에 이르지 못한 인간이 思誠하고 誠之함으로써 드디어 天道에 도달하게 되면, 中和를 이루어 『중용』의 이른바 "君子之道 費而隱"의 體顯이 가능해진다.

③ 誠敬을 費隱으로 풀이하면, 적어도 『중용』의 경우 誠 자체는 天道이고 敬은 人道라는 점에서, 誠은 隱이요 敬은 費에 해당한 것이다.

④ 至誠의 방법 및 功效로서의 '盡己之性', '盡人之性', '盡物之性' 및 '興天地參'등을 費·隱으로써 보면, 이 네 가지는 用之廣으로서의 費요 至誠은 體之微로 隱이라 할 수 있다.

둘째, 『중용』은 주자가 말하듯이 首章에서 天命之性의 一理를 말하고 중간에서는 五倫, 三達德, 九經등 만사를 확산하고 끝으로, 上天之載 無聲無臭의 一理로 귀일시키고 있다. 이것은 『중용』의 체계가 費隱으로 이루어진 것이라 볼 수 있다. 그리고 人道와 天道가 합일된 聖人의 경지는 공자에 이른바 "從心所欲 不踰矩"의 경지로서 이상적인 인간상이요, 이러한 聖人은 仁과 誠이 체현된 것으로, 그 교화는 민주주의가 이상으로 삼는 세계를 바로 구현할 수 있을 것이다. 그리고 『중용』에서 주장하는 인도존중은 민주주의의 인권존중사상의 바탕이 될 것이며, 더우기 大本을 세우기를 강조한 것은 오늘날 우리가 외치는 주체성 확립의 전범이 될 것이며, 자기본심을 미루어 사람에 미치게 하는 忠恕의 사상은 민족협동은 물론이요, 나아가서는 인류애의 사상으로 확충될 것으로 본다.

특히 현대 산업경제시대의 병폐로 말미암아 빚어진 물질존중, 인간경시의 사상은 '不誠無物'이란 『중용』의 誠思想

으로써 바야흐로 구출할 수 있으리라 생각하고, 여기서 『중용』의 誠정신은 현대의 세계적 위기를 극복할 수 있는 힘이 되리라 믿는 바이다.

參 考 文 獻

1. 經集類

·十三經注疏及補正 全 16冊, 臺北, 世界書局, 中華民國 52~62
  (1963~1973)
·三經,『詩傳大全』,『周易傳義大全』, 全 2冊, 影印版, 서울, 成大
  大東文化研究院, 1970.
·經書,『四書章句集註大全』, 影印版, 서울, 成大 大東文化研究院, 1970.
·『中庸集註』,『大學集註』,『論語集註』,『孟子集註』, 서울, 世昌書館, 1968.
·宋程顥, 程頤 撰, 朱熹 編,『二程全書』, 影印版, 서울, 曹龍承 刊
         行, 1975.
·南宋 朱熹 撰『朱子大全』, 影印版, 서울, 曹龍承 刊行, 1978.
·南宋 朱熹 撰『近思錄』, 影印版, 서울, 曹龍承 刊行, 1976.
·明 王守仁 撰『王陽明全書』, 全 2冊, 影印版, 서울, 景文社, 1976.
·南宋 朱熹 撰『大學或問』,『中庸或問』, 合本影印版, 서울, 景文社, 1977.
·李 滉,『增補退溪全書』, 全 5冊, 影印版, 서울, 成大 大東文化研究院,
         1971.
·李 珥,『栗谷全書』, 全 2冊, 影印版, 서울, 成大 大東文化研究院, 1971.
·鄭齊斗,『霞谷先生文集』, 共 22冊, 鄭文升 編, 寫本, 哲宗7年(1856).
·鄭齊斗,『國譯霞谷集』, 2冊, 古典國譯叢書 70, 서울, 民族文化推進
         會, 1977.

2. 單行本

·柳承國,『東洋哲學論攷』, 서울, 1974. 成大 東洋哲學研究室
·金敬琢,『中國哲學史』, 서울, 1962. 泰成社
·金能根,『中國哲學史』, 서울, 1978. 獎學出版社
·裵宗鎬,『韓國儒學의 課題와 展開(Ⅰ)』, 서울, 1979. 汎學社
·梁大淵,『儒學槪論』, 서울, 1962. 新雅社
·车宗三,『中國哲學的』特質, 香港九龍, 人生出版社, 中華民國 52(1963).
·苑壽康,『朱子及其哲學』臺北, 臺灣開明書店, 中華民國 65(1976).

· 吳　康, 『宋明理學』臺北, 華國出版社, 中華民國 44(1955).

3. 論文類

· 李相殷, 『中庸思想』新譯四書, 中庸篇, 서울, 玄岩社, 1963.
· 朴鍾鴻, 『大學과 中庸의 現代的 意義』新譯四書.
· 中庸篇, 서울, 玄岩社, 1963.
· 金斗憲, 『中庸의 道理』劉錫昶博士古稀紀念論文集, 1970.
· 李東俊, 『十六世紀韓國性理學派의 歷史意識에 關한 研究』

『中庸』의 功效性*

I. 序 論

본 논문은 『중용』에 있어서 費隱의 공효성에 관한 연구이다.

먼저 유가경전 속에서 『중용』의 위치와 가치성을 성찰해 보기로 하겠다.

四書의 하나로 단행본으로 전해 오고 있는 『중용』은 『小戴禮記』 89편 속에 들어 있는 두 편 글의 편명이다. 그러나, 『중용』은 성리학이 발흥하는 宋明代에 이르러 『중용』의 진가가 본격적으로 나타나게 된 것이다.

그리고 宋代의 성리학도 儒, 佛, 道, 三敎의 사상이 교섭된 것으로부터 배태된 것이나, 유교사상의 핵심인 중용

---

*이 논문은 1980년도 성신연구논문집 제13집에 게재되었음.

사상이 주축을 이루고 있다는 것을 주의해야 한다. 특히 程伊川은 중용을 孔門의 心法을 전한 것이라 보고, 그 진가를 높이 평가하여 소중시 했으며 형인 明道와 함께『중용』의 내용에 대한 진지한 연구를 했다.

주희가 이 두 사람의 설을 계승발전시켜 예기 중『대학』과『중용』두 편을 중요시하여 禮記에서 빼어 내어 각각 단행본으로 독립시켜『논어』,『맹자』와 더불어 四書라고 했고,『中庸或問』,『中庸章句』등을 저술하여『중용』의 뜻을 이론적이요 철학적으로 해명했다.『중용』이 사서로 나눠진 후부터, 유가의 철학적 사상이 집적되어 있는 것으로 높이 평가하게 되었다.

다음으로『중용』저작자에 대하여 고찰해 보기로 하겠다.

종래에는 공자의 손자 子思가 道學의 그 전통을 잃어버릴까 우려하여 작한 것으로 믿어왔다. 그러나 子思 일인의 作이라고 하는 종래의 설과 秦漢間의 無名氏의 저작이라는 설에 대해서 제 삼견해의 절충설이 있으니『중용』은 子思에 의해서 그 저본이 성립되어서 門流에 의해서 완성된 것이라는 설이다.『중용』의 諸文章을 通觀해 본다면 공자의 말을 인용한 구절이 자주 나오고 또한『중용』저자의 말의 구분이 분명한데가 많은 것을 미루어 보아서 마지막 설이 가장 타당성이 있다고 보아야 한다. 그러나『중용』의 저자가 누구인가에는 구애 없이 유가사상의 정수가 담겼고 가장 함축성 있는 철학적인 이론이 잘 전개되어 있고 조리가 정연하여 짜여 있는 寶典인 것임에는 이론이 없다.

유가경전에 있어서 『논어』, 『맹자』는 경험적 사실을 말하고 있는데 반하여 『대학』『중용』은 철학적 이론적 사상을 구현한 것이라 하겠다. 그러나 『대학』이 유가사상의 전반적인 개설이라면 『중용』은 유가사상에 있어서 가장 근본적인 철학사상과 이론적인 체계를 전개한 것이다.

『중용』 연구에 있어서 費隱章을 중심으로 한 所以는 성리학에 있어서의 所以然과 所當然의 골자가 여기에 있고, 또한 『중용』에 있어서 가장 철학적 사상을 집약하고 있다는 것이다. 그래서 費와 隱을 구명함으로서 『중용』 전체를 보고 유가사상의 방향을 내다 보려는 것이 본 연구를 시도하게 된 취지이다.

다음으로 본 논문을 전개하고자 하는 것은 費隱의 개념을 구명하고 費와 隱의 관계 및 費隱의 一源論에 대하여 살펴보고, 다음으로 費隱의 구현을 고찰하고자 한다.

Ⅱ. 本 論

1. 費隱의 槪念

『중용』의 제12장에서 '군자의 道는 費하되 隱하나니라'는 말이 있다.

주희가 註하기는,

'費는 用의 廣이요 隱은 體의 微라'고 말했다.

雲峯 胡氏(12章小註)는 말하기를,

'費字 當作費用之費'라 하여 費用의 費로서 작용으로 보았고, 說文에는 '散財用也'라 하여 費用의 費로서 재물을 흩어서 쓴다는 것으로 보았지만 隱字에 대해서는 언급치 아니했다.

그러나 주자의 費隱의 설명에서 보아 隱에 대해서는 體之微의 體로 보았다고 하겠다.

楚辭招魂 '晋制犀比 費百些'의 주에 의하면 費는 '光貌' 즉 빛나는 모양이라고 하였고, 四書白話 해설에는 費는 '廣大'한 것이라고 했고[478], 丁茶山 전서에는 '費는 흩어져 있으면서 큰 것이며 隱은 닫혀져 있으면서 隱微한 것이라'[479]하여 散과 閟로 보았으며, 또 鄭齊斗(A.D 1649～1736)는 費를 '文之著라 하여 博之所在라'하였으며 隱은 '體之微요 約之所存이라'[480]하여 博文約禮로 보아 所在와 所存으로 費를 外在, 隱은 內存으로 보았다.

栗谷은 말하기를 '費는 所當然者이고 隱은 所以然者'로서 所當然者는 人事에 있어서 당위성을 가지고 있는 작용을 말하였고 所以然者는 지극히 隱微하게 이에 內存하여 있는 體라 하였다.[481]

---

478) 「中庸研究」, 金敬琢, '費隱章' 參照.
479) 『與猶當全書』 經集二卷, "費者, 散而大也 隱者閟微", p. 16.
480) 『鄭霞谷集』 I卷 中庸雜解, "費而隱卽, 下文 微顯之說之指也 費者 文之著也 博之所在也 隱者 禮之微也 約之所存也 是皆理之實也.", p. 101.
481) 『栗谷全書』 '聖學輯要', 卷之三, "臣答曰 中庸曰 君子之道 費而隱

上記諸說은 표현은 다르지만 크게 말하면 體와 用으로 설명한 것이다. 이것은 주자가 설명한 費는 用之廣이요 隱은 體之微라고 하는 體用說의 범주라 하겠다.

그러나 鄭玄은 말하기를, '費字는 釋文에 의하면 拂字와 같은 音이고 佹字와 같은 뜻이라'고 하여 違戾의 뜻으로 보았으며 隱字는 숨는 것, 즉 隱退하는 것으로 보았다.

이 같은 설에 대해서 孔穎達은 疏하여 '군자가 혼란한 世代를 만나 윤리·도덕이 어기어 지면 은거하여 벼슬을 하지 않고, 만약에 道가 행하여져서 안정된 사회가 되면 마땅히 벼슬자리에 나아간다'482)라고 하였으니 世上의 진리가 행하여질 때는 나아가 벼슬하고 無道한 사회가 되면 은거한다는 뜻으로 본 것이다.

鄭玄은 漢代人으로서 費와 隱을 정치적이요 윤리적 견지에서 보았는데 반하여 주자는 宋代人으로서 성리학의 입장에서 철학적이요 이론적으로 본 것이라 하겠다. 그러므로 주자는 이론적으로 형이상학적 체계를 형성한 것이라 하겠다.

이상에서 상술한 바와 같이 학자의 견해에 따라서 또한 시대적 배경에 따라서 費와 隱을 보는 견해는 다소 차이가

朱子釋之曰 費用之廣也 隱體之微也 理之散在事物 其所當然者 在父爲慈 在子爲孝 在君爲義 在臣爲忠之類 所謂費也 用也 其所以然者則 至隱存焉 是其體也", p. 545.

482) 『禮記』'經註疏 禮記註疏 中庸篇"鄭玄 費字釋文 古本拂字同音 孔穎達疏 君子之道 費而隱 註云 '言可隱之節' 費猶佹也 言君子之人 遭値亂也 道德違費則 隱而不仕 君道不費則 當仕也", pp. 8~9.

있으나, 費는 用之廣으로서 현상계에 顯現하고 있는 所當
然이요, 隱은 體之微로서 우리가 감지할 수 없는 所以然으
로 개괄할 수 있다.

2. 費와 隱의 關係

『중용』 제12장의 '君子之道 費而隱'에서 費는 用之廣으로
서 형이하의 성질을 가지고, 隱은 體之微로서 우리의 오관
으로 감지할 수 없는 형이상으로 개괄할 수 있다. 주자는
말하기를,

> "군자의 道는 體와 用을 겸비하고 있으며 이것은 費隱에
> 해당하는 말이다."483)

라고 했고, 또한,

> "형이상자는 甚廣하며 형이하자는 그 사이에 실행하고
> 있으면서 사물에 구비되지 아니한 것이 없으며, 있지 않은
> 곳이 없다."484)

라고 했으니 費와 隱이 두 개의 개념을 의미하는 것이 아
니다. 이원적 일원론으로서 군자의 道를 설명한 것이라 볼

---

483)『中庸』第12章 小註, "道者 兼體用 該費隱而言也".
484) 上同 "形而下者 甚廣 其形而上者 實行乎其間 而無物不具 無處不
　　有故曰費 就其中 形而上者 有非視聽所及故 曰隱".

수 있다. 그래서 이것을 설명하기를,

  "어리석은 부부도 알 수 있지마는 지극한데 이르러서는
비록 성인이라도 또한 알지 못하는 바가 있고, 不肖한 부
부라도 능히 행할 수 있지마는 그 지극한데 이르러서는 비
록 聖人이라도 또한 능히 하지 못하는 바가 있다. 그 천지
의 큼으로서도 사람이 오히려 부족하게 여기는 바가 있다.
그러므로 군자가 큰 것을 말할 적에는 천하에서 그것을 쪼
갤 수 없다."485)

고 한다. 이에 대해서 주자의 견해는,

  "道의 작용은 광대하나 그 體인즉 微密하여 볼 수 없으
니 이른바 費而隱이다. 이것은 가까운데에 卽하여 말한다
면, 男女居室은 인도의 常이므로 비록 愚 不肖한 것이라도
能知·能行할 수 있으나, 그 먼데에 極하여 말하면 천지의
지대함과 만물의 많음에는 성인도 역시 能知·能行할 수
없게 된다. 이같이 그 큼이 밖이 없으며 그 작음이 안이
없으니, 費하다고 할 것이다. 그러나 그 이치가 그러한 까
닭은 隱微해서 보이지 않는다. 대개 알 수 있고, 할 수 있
는 것은 道 가운데 한 가지 일이고 그 지극함에 미쳐서는
성인도 알지 못하고 능하지 못하니, 곧 전체를 들어서 말
하면 성인도 진실로 다 할 수 없음이 있다."486)

---

485) 『中庸』第12章, "夫婦之愚 可以與知焉 及其至也 雖聖人 亦有所不
知焉 夫婦之不肖 可以能行焉 及其至也 雖聖人 亦有所不能焉 天地
之大也 人猶有所憾 故 君子 一語大 天下 一莫能載焉 語小 天下一
莫能破焉".
486) 『中庸』第12章 註, "費用之廣也 隱體之微也 君子之道 近自夫婦居
室之間 遠而至於聖人天地之所不能盡 其大無外 共小無內 可謂費矣

라고 하였고 侯氏는 이에 對해서 설명하기를,

  "聖人이 알지 못하는 것은 공자께서 예를 묻고 벼슬을
  물으신 것과 같은 類이고, 능치 못한 것은 공자께서 직위
  를 얻지 못하신 것과 요순이 博施하는 것을 근심하신 類와
  같은 것이다."[487]

라고 하였다.

  주희의 해석을 종합해 본다면 匹夫匹婦의 愚·不肖로도
能知·能行하는 바로부터 聖人과 천지로도 다 할 수 없는
바에 이르기까지 道의 禮와 道의 작용이 無所不有함을 말
하고 있다.

  그리고 道의 크기로 말한다면 천지와 聖人이라도 다 할
수 없는데까지 다 포괄하지 않음이 없고 작기로는 匹夫匹
婦라도 능히 알 수 있고 능히 행할 수 있어서 道가 體하지
않음이 없어서 천하가 쪼개낼 수 없게 된다. 道의 작용한
바가 이같이 甚廣 甚大하기 때문에 費에 해당한다고 할 수
있고 그 작용되는 바 體인즉 用에서 不可離이면서 不視聽
인 형이상의 존재인 것이다. 이것이 바로 費와 隱의 不可
離의 관계를 설명하고 있는 것이다.

  鄭齊斗의 견해를 살펴 본다면,

    然共理之所以然則隱而莫之見也. 蓋可知可能者 道中之一事 及共至
    而聖人不知不能則擧全體而言 聖人 固有所不能盡也".
487)『中庸』第12章, "侯氏曰, 聖人所不知 如孔子問禮問官之類 所不能
    如孔子不得位 堯舜病博之類.".

"費는 얕고 쉬운 것을 말한 것이요 隱은 깊이 쌓인 것을 말하는 것이니, 군자의 道가 능히 하기 쉽고도 다하기 어려움을 말한 것이다. 대개 淺近한 것은 능하기 쉬운 것이요, 고원한 것은 이르기 어려운 것이다. 가깝고 작은 것은 그 시초요 멀고 큰 것은 그 극치이다. 그런즉 費隱은 始終의 어렵고 쉬운 것이요, 대소란 것은 始終의 얕고 깊은 것이다. 얕고 깊음이 있으므로 어렵고 쉬움이 있으니, 實은 한 가지 말이다. 그 크기로는 밖이 없으므로 천하의 넓음을 다해도 그것을 실을 수 없고, 그 작기로는 안이 없으므로 천하의 큼으로서도 그것을 쪼갤 수 없다."[488]

위 글에 "능히 하기 어렵다." 한 말은 道는 고환한 것이 아니라, 쉬우면서도 능히 실행하기 어렵다는 것을 시사한 말이며, 얕고 쉬우면서 깊고 먼 것이라는 것이다. 그러므로 능히 하기 쉽고 어려움은 『중용』의 首章에서 말한 性에 따라 命에 이르는 뜻이다. 따라서 道로 말하면 작고 큰 것이 없어 하나라는 것이다.

이와 같이 子思의 말이 이에 이르러 極을 이루었으나, 그 뜻을 나타내기에 부족함이 있어 詩經의 구절을 인용하여 밝히기를, "鳶飛戾天 魚躍于淵 言其上下察也"(『중용』 12장)라고 하였으니 부부에서 造端하는 것은 細小하여 알 수 있겠으나, 鳶과 魚의 상하로 現顯됨은 너무 커서 알 수

---

488) 『霞谷集』 '中庸篇註', "費謂淺多 隱謂蘊奧 言君子之道 易能而難盡也 盖淺近者 而高遠者爲難致 近小則共始也 而遠大卽 其極者也 然則費隱者 始終之難易 大小者 始終之淺深 以其淺深故 有難易 其實一說耳 其大無外故盡天下之廣而不能載 其小無內故 以天下之大而不能破", p. 78.

없는 것이다. 이것은 道의 體用이 아래 위로 顯示됨을 시사하는 동시에 無所不有임을 말하기도 한 것이다. 그래서,

> "군자의 도는 필부필부에서 발단되지만 그 지극한 데에 이르러서는 천지에 나타난다."[489]

고 했다. 여기에서 군자의 도란 천도와 인도를 합한 도를 가르키는 것이다. 가령 필부필부의 愚 不肖로서도 능히 알고 행할 수 있는 것은 부부간에 있어서의 애정의 질서 관계라든지, 한 가정의 부모 자식간의 慈孝의 질서 관계는 시간적으로나 공간적으로 유한한 존재를 나타내는 道의 발단이라고 할 때 이것을 인도라고 할 수 있다.

그러나 인생의 일체 현상에서 顯示되어지는 제질서와 그 현상에 내재하여 질서를 질서되게 하는 所以然之理는 道의 體인 동시에 천도라고 볼 수 있다.

詩經에서 인용한 구절에,

> "솔개는 하늘에 飛翔하는데 물고기는 연못에서 뛰어 오르누나"

라고 말한 것은 道의 공간상의 顯示性을 나타내는 동시에, 솔개는 하늘에만 비상하지 물속에는 뛰어 놀 수 없고 물고기는 물속에서만 뛰어 놀 수 있으되 물을 떠나서 공중에

---

489) 『中庸』 第12章, "君子之道 造端乎夫婦 及其至也 察乎天地".

비상할 수 없기 때문에 솔개와 물고기는 각자 자성이 있다는 것이다. 이와 마찬가지로 삼라만상은 모두 각자의 자성이 있다는 것이다. 이 같은 자성에 쫓아 행동하는 것을 천도라 할 수 있다. 또한 이 같은 도는 『중용』의 首章에 있는 '率性之謂道'와도 같은 뜻을 내포하고 있으며, 만물각자가 생득적으로 지녀온 도라고 보아야 하겠다. 따라서 인간의 도는 인간의 자성에 따르는 데에 있는 것이라고 보아야 한다.

3. 費隱의 一元論

『중용』 제13장에,

"道는 사람에게서 멀리 있지 않나니 사람들이 도를 하되 사람에게서 멀리한다면 도일 수 없다."490)

라고 하였다. "도가 사람에게서 멀리 있지 아니한다." 한 것은 어리석은 부부도 능히 행할 수 있다는 것이요, 또한 바로 사람 자신 속에 도가 내재해 있음을 의미하고 있다. 그렇기 때문에 도를 똑바로 실행하는 길은 자기자신을 수기하고 스스로 그것을 추구하여 인식하고 또한 구현하는데 있으며, 그와 같은 것을 현실 위에서 성취해야 한다. 어찌하든 인간과 현실을 떠나서 도가 성립될 수 없다는 데서

---

490) 『中庸』 第13章, "道不遠人 人之爲道而遠人 不可以爲道".

"사람에게서 멀리한다면 도일 수 없다."고 한 것이며 이 같은 것은 도의 현시성을 말한 것이다. 반면에,

"군자의 도 네 가지에 丘는 한 가지도 못한다."491)

한 것은 성인도 능히 하지 못한다는 것이니 그 體의 隱한 것이 사람으로부터 멀지 아니한 얕은 데로부터 성인도 능히 못하는 데 이르기까지 지극하여 미치지 못하는 妙가 있음을 말한 것이다. 이와 같은 것을 일러 '君子之道 費而隱'이라고 한다. 얕고 깊은 양단을 가지고 隱한 것을 설명한 것이니, 隱은 얕고 깊은 것으로 말한 것이다. 君子의 道의 얕고 깊은 일면을 설명한 것은『중용』제15장에,

"군자의 도는 비유하면 먼 곳을 행함에는 반드시 가까운 데서부터 출발함과 같으며 높은 곳에 오름에는 반드시 낮은 곳에서부터 출발함과 같다."492)

라고 했다. 이것은 도가 인간으로부터 멀리 떠나서 존재하지 않음을 말한 것이다. 즉 匹夫匹婦面에서도 능히 행할 수 있음을 시사한 것이다. 또한 이것은 隱한 것이 고원한 데에 있는 것이 아니라 卑近한데 있으면서 스스로 고원한 데 이르는 것을 말한 것이다. 이것을 일러 군자의 道가 費하면서 隱한다고 하는 것이다.

---

491) 上同. "君子之道 四 丘未能一焉".
492)『中庸』第15章. "君子之道 辟始行遠必自邇 辟如登高自卑".

여기에서 낮고 가까운 것은 주로 가정 관계를 가리킨다. 가정에서 가족간의 조화와 친목이 이루어진 뒤에 사회적 원만성을 생각할 수 있는 것이다. 가족간에 있어서의 상하 전후 관계의 구조가 그대로 사회의 상하 전후 관계의 구조로 추급될 수 있다고 보는 것이다. 이것은 『대학』에서 이른바 絜矩之道와 같은 뜻을 내포하고 있다. 즉,

"웃사람에게서 싫어하는 것으로 아랫 사람을 부리지 말며, 아랫 사람에게 싫어하는 것으로 웃 사람을 섬기지 말며, 앞사람에게 싫어 하는 것으로 뒷사람을 먼저 하지 말며, 뒷사람에게 싫어하는 것으로 앞사람을 따르지 말며, 오른쪽 사람에게 싫어하는 것으로 왼쪽 사람에게 건네지 말며, 왼쪽 사람에게 싫어하는 것으로 오른쪽 사람에게 건네지 말라."493)

고 하였다. 이것을 개괄하면 『중용』 제13장에,

"나에게 베풀어짐을 원하지 않는 것을 또한 남에게 베풀지 말라."494)

고 한 것과 『논어』에서 공자는,

---

493) 『大學』 傳文10章, "所惡於上 母以使下 所惡下 母以事上 所惡於前 所惡於後 母以從前 所惡於右 母以交於左 所惡於左 母以交於右 此之謂絜矩之道".
494) 『中庸』 第13章, "施諸己而不顧 亦勿施於人".

"仁者는 자신이 서고자 하는 데에 남을 세우고, 자신이
　達하고자 하는데 남을 達하게 하는 것"495)

이라는 말로 요약되는 것이니, 體와 用이 一體되어 忠恕가
이원적 일원론이 될 때, 군자의 도는 費而隱으로 자신이
서고자 하는 데에 남을 세우고 자신이 達하고자 하는 데에
남을 達하게 함으로서 도의 원만한 실현을 얻을 수 있게
된다.『중용』제13장에,

　　"군자는 그 자신의 처지에 마땅하게 처신할 뿐이요 처지
　밖의 것은 바라지 않는다고 말하고 부귀에 처하여서는 빈
　천에 마땅하게 처신하고, 夷狄에 처해서는 夷狄에 마땅하
　게 처신하고 환난에 처신하나니 군자에게는 들어가 自得하
　지 못할 데가 없다."496)

고 하였다. 이것은 필부필부에서 造端하는 것을 이름이니,
그 隱한 것이 실로 素其位497)하는데 있으므로 밖으로 바
라지 말라는 뜻을 내포하고 있다. 이것을 일러 군자의 도
는 費하면서 隱하다는 것이다. 또한 位에 常을 말하며 隱
이 常에 있다는 것을 밝힌 것이니 지극한 데에 이르러서는
성인도 알지 못하고, 지극한데 이르러서는 성인도 능하지

---

495)『論語』'雍也篇', "仁者 己欲立而立人 已欲達而達人".
496)『中庸』第13章, "君子 素其位而行 不願乎其外 素當貴 行乎富貴 素
　　貧賤 素夷狄 行乎夷狄 素患難 行乎患難 君子 無入而不自得焉".
497) 素는 本來의 땅이다. 君子는 恒常 本來 의리에 處하여 편안히 行
　　하고 그 밖의 것을 바라는 마음이 없다는 말이다.

못하다는 것도 또한 그 가운데 있다는 것을 시사한 것이다. 또한 이것은 군자의 生의 태도를 말하고 있는 것이다.

항상 자신의 처지를 깊이 자각하고 충족할 줄 알고 자기 처지 이외의 것을 바라지 않는 소위 知足의 인생관을 세워 나가는 태도, 또한 부귀, 빈천, 夷狄, 환난과 같은 如何한 경지에 처하여서도 그 처지에 알맞게 처리 해 나가는 『중용』의 道와 그리고 그와 같은 외부적인 자기처지에 거리낌 없이 自得할 줄 아는 達道, 知足할 수 있는 인생관에 대한 태도라든지, 자득할 수 있는 達道의 근거는 오로지 자기 생의 본분을 다하고 자기 생을 충실하게 실현하는데 있는 것이다. 그래서 자기 인생이 지닌 충실한 본분이란 점에서 볼 때 부귀, 빈천, 이적, 환난 등 그 어떤 처지에 있더라도 素地 아닌 때가 없다. 그러므로 "군자에겐 들어가 자득하지 못할 데가 없다."고 한 것이다. 이런 경우를 일러 군자의 道는 費하면서 隱하다는 것이다.

공자께서 말씀하시기를,

"귀신의 덕됨은 성하기도 하다. 보려고 해도 보이지 않고 들으려 해도 들리지 않지만 만물에 體納되어 있어 만물이 이를 빠뜨릴 수 없다. 천하 사람들로 하여금 齋戒, 明潔히 하고 服裝을 성히 하여 제사를 받들게 하나니, 洋洋히 그 위에 존재해 있는 듯 그 좌우에 존재해 있는 듯 하다.

詩에서는, 神의 來臨하옴을 헤아릴 수 없는데 하물며 꺼려할 수야 있으랴? 하였으니, 대저 은미한 것의 드러남과 誠의 가리울 수 없음이 이와 같도다."498)

라고 하였다. 이것은 귀신의 微하면서 顯함을 설명함으로써 군자의 道가 隱하면서 費함을 규명한 것이니, 그 體의 微한 것은 隱이요 用의 顯한 것은 費이다. 그 體의 미묘한 것이 顯한 用이 되는 바이니 지극히 微한 것으로써 顯한 用이 되는 것은 體한 바가 誠인 때문이다.[499]

여기에서 '귀신의 덕됨은 성하기도 하다.'에 있어서 德은 군자의 道로써 費而隱이라 볼 수 있다. '보려고 해도 보이지 않고 들으려 해도 들리지 않는다.'는 것은 體之微로서 隱이라고 볼 수 있다. 이와 같은 것은 '만물에 體納되어 있어 빠뜨릴 수 없다.'함은 用中에 體가 소장되어 있는 것을 의미함이요, '천하 사람들로 하여금 齋戒 明潔히 하고 服裝을 성히 하여 제사를 받들게 하다.'라고 한 것은 用의 넓음으로 費의 구현이라 하겠다. 그리고 '대저 은미한 것의 現顯함이니 誠의 덮어 가릴 수 없음이 이와 같구나'라고 한 것은 모든 현상의 근원적인 동인을 誠에 귀착 시키고 있음을 말하고 있다. 이 같은 誠은 본체인 까닭에 은미하여 不視, 不聞, 無形이며 덮어 가릴 수 없는 형이상인 것이다. 그러나 모든 현상의 구현은 이 誠의 발현임을 시사한 것이다.

또 공자께서 말씀하시기를,

,

---

498) 『中庸』第16章, "鬼神之爲德 其盛矣乎 視之而弗見 聽之而非聞 體物
而不可遺 使天下之人 齋明盛服 以承祭祀 洋洋乎如在其上 如在其左右
詩曰 '神之格思 不可度思 矧可射思' 夫微之顯 誠之不可揜 如此夫.".
499) 『國譯霞谷集』第一卷 中庸篇註, p. 87.

"舜은 大孝인져! 德은 聖人이 되고 높기는 천자가 되었고 富로서는 천하를 가졌으며 종묘에서 歆饗으로 받들고 자손들이 保有한다."500)

라고 하였다. 그러므로,

"큰 德 반드시 그 지위를 얻고, 반드시 그 祿을 얻으며, 반드시 그 명성을 얻으며 반드시 그 수명을 얻는다. 그러므로 하늘이 物을 生할 적에 그 재질로 인하여 두텁게 하여 준다. 그러므로 심어진 자를 북돋아 주고 기울어지는 자는 엎어 버린다."

라고 하였고, 시에 이르기를,

"아름답고 즐거운 군자여! 드러난 어진 덕이 백성에게 좋고 벼슬살이 하는 사람에게도 좋아서 하늘로부터 녹을 받고 하늘로부터 복을 명해 주어 다함이 없도다."501)

라고 하였다. 이것은 모두 道의 功用을 말한 것으로써 舜의 덕됨이 費하고 隱함을 밝힌 것이니 '舜의 大孝인져!' 함은 庸의 큼을 말함으로써 庸德의 大德이 그 속에 내재해 있으니 이것이 큰 庸의 德으로 성인이 된 道의 功用이요,

---

500) 『中庸』第18章. "舜 其大孝也與 德爲聖人 尊爲天子 富有四海之內 宗廟饗也 子孫保之".
501) 『中庸』第17章. "大德 必得其位 必得其祿 必得其名 必得其壽 故天之生物 必因其材而篤焉 故栽者 培之 傾者 覆之. 詩曰 '嘉樂君子 憲憲令德 宜民宜人 受祿于天 保佑命之 自天申元' 故 大德者 必受命.".

舜은 大孝이고 大德을 갖추고 있어서 그 지극함이 천명을 받을 수 있는데 까지 뻗어 있으니, 이것이 바로 隱이다. 庸德으로부터 지극한 德을 얻어 極道의 천명을 받는데 이르는 것은 앞에서 설명한 小大, 淺深, 卑高에 근본하는 것과 같은 뜻으로 이것을 일러 道의 功效性이라 할 수 있다.

4. 費隱의 具顯

武王과 周公을 가리켜 達孝라고 했다. 그들이 達孝인 所以는 父祖들의 뜻을 받들고 그 경영해 오던 사업을 이어받아 발전 성수 시켰기 때문이다.[502] 선왕의 位에 올라서는 선왕이 행하던 예법을 행하고 선왕이 演奏하던 歌樂을 演奏하고 선왕이 높이던 것을 공경하고 선왕이 친애하던 이를 친애하고, 그리고 죽고 없는 이를 섬기기를 살아 있는 이를 섬기듯 하여 孝의 지극함을 하셨다.[503] 周나라의 文武는 치자의 덕성을 가장 잘 닦고 쌓아 올린 內聖外王이라 할 수 있다. 周나라의 문왕과 무왕은 內聖外王으로서 가장 훌륭하게 덕치주의의 이상을 직접 실현한 사람이었고, 그 시대에 있어서 덕치주의를 구현시켰고 모든 제도와 정치적 행적이 뚜렷하였다. 그래서 공자께서는 늘 덕치주의를 전범으로 말씀하셨다. 그래서 공자께서는 哀公의 물

---

502) 『中庸』第19章, "武王周公 其達孝矣乎 夫孝者 善繼人之志 善述人之事者也".

503) 『中庸』第19章, "踐其位 行其禮 奏其樂 敬其所尊 愛其所親 事死如事生 事亡如事存 孝之至也".

음에 대하여 말씀하시기를,

> "文王 武王의 政事가 典籍에 실려 있으니, 文武의 임금
> 및 그 신하와 그런 사람들이 있으면 그 정사는 행하여지
> 고, 그 같은 사람들이 없으면 그 정사는 息滅한다."[504]

라고 했다. 여기에서 文武가 실현한 덕치주의에 있어서 어
떠한 형식적인 제도보다 治者의 인격적인 덕성이 기본이었
다. 이 같은 治者의 덕성에 비유하여 말하기를,

> "사람의 道는 정치에 敏速하고 땅의 道는 栽植에 敏速하
> 다."[505]

는 것이 바로 이것이다. 그러므로,

> "정치의 성패는 사람의 덕성에 달려 있고 사람을 취함
> 은 몸으로써 할 것이요, 道를 닦음은 仁으로써 할 것이
> 다."[506]

라고 했다. 위에서 말하는 도란 인도이며 『중용』 首章에
'率性之謂道'의 도로써 인간이 생활하면서 잠시도 떠날 수
없는 道이다. 이 같은 道는 천하의 達道이다. 아랫사람으

---

504) 『中庸』第20章. "文武之政 布在方策 其人 存則其政擧 其人 亡則
　　 其政".
505) 『中庸』第20章. "人道 敏政 地道 敏樹 夫政也者蒲廬也".
506) 上同. "爲政在人 取人以身 修身以道 修道以仁".

로 어버이를 섬기는 것과 어진 이를 높이는 五典이 곧 그
것이니 이것도 인도이다. 인도를 닦음은 仁으로 한다는 仁
은 性의 德이요, 義·禮 智를 포섭하는 性의 본질로서 하
나의 실체인 동시에 道의 體이다. 이것은 生의 본질이므로
인간은 體가 되는 仁을 자각하고 그것을 體認해야 한다.
　그래서,

　　　"仁은 人이나 친족을 친애함이 크고 義란 宜이니 어진
　　　이를 높임이 크다. 친족에 대한 친애의 降殺와 어진 이에
　　　대한 높임의 等差가 예의 발생근거이다."507)

라고 했다. 여기서 仁이란 義, 禮, 智와 함께 단순한 덕목
이라고 보기에 앞서 人道의 善之長으로 義, 禮, 智를 포섭
하고 있는 道의 본체인 것이다. 요컨데 仁은 인간과 인간
이 서로 통한다는 데에 큰 의의를 내포하고 있다.
　주체와 객체, 즉 나 자신과 타자가 대립의 영역을 떠나
서 서로 이해해 주고, 서로 애정을 주면서 '하나로 상통'
할 때에 仁의 실체는 파악될 수 있는 것이다. 맹자의 四端
중 惻隱之心의 경우, 그것은 하나로 상통하는 좋은 예라
할 수 있다. 이같이 인간의 각 개체가 애정이 상통될 때
그것이 仁이요, 그 仁이 바로 인간성인 것이다. '仁은 人이
다.'라는 말은 바로 仁이 인간된 所以然之理와 인간된 근

---

507) 『中庸』 第20章, "仁者人也 親親爲大 義者宜也 尊賢爲大 親親之殺
　　尊賢之等 禮所生也".

거를 제시한 말이라 할 수 있다. 따라서 仁의 추구는 인간이 인간된 所以然之理를 추구하는 것인 동시에, 인간성의 관계에 대한 구명이라 하겠다. 위에서 말한 바와 같이 인간과의 각 개체 사이를 交通하는 仁의 본질은 애정이라 할 수 있다. 이 애정은 가까운 六親을 중심으로 한 사이부터 구현된다. 즉 가까운 데로부터 먼 데로 애정을 베풀어 간다는 것이다. 그래서 '親之爲大'라 했고 맹자도 '親而仁民 仁民而愛物'[508]이라는 말을 한 것이다.

그래서, "군자가 몸을 닦지 않을 수 없다고 했다. 수신이란 仁을 體認하는 길이요, 體認의 근본은 孝에 있기 때문에 몸을 닦으려면 어버이를 섬기지 않을 수 없다."고 했다.

지극한 효로써 어버이를 섬기고, 사람의 사람 된 所以를 철저하게 자각하기 위해서는 仁을 깊이 體認해야 한다. 그래서, '사람을 알지 않으면 안된다.' 는 말을 한 것이다. 그리고 인간이 인간된 所以然을 철저하게 자각하는 것은 곧 天에 대한 인식을 하는 것으로써,

"天을 알지 않으면 안되는 것이다."[509]

라고 말한 것이다. 그래서 정치는 수신에서 시발점을 잡아 궁극은 천리에 귀결시키고 있다.

---

508)『孟子』盡心章上.
509)『中庸』第20章. "君子不可以修身 思修身 不可以不事親 思事親 不 可以不知人 思知人 不可以不知天".

인도는 천도의 구현이 되기 때문에 천도를 깨닫고 內聖
外王할 수 있는 哲人의 정치를 해야 한다는 것이 유교의
이상정치라 할 수 있다. 『중용』 20장에 달도와 달덕을 설
명하기를,

"天下의 達道 다섯이나, 그것을 행하는 所以는 셋이다.
군신과 父子와 부부와 昆弟와 朋友와 사귀는 것, 다섯 가
지는 천하의 달도요, 知仁勇 세 가지는 천하의 달덕이니
그것을 행하는 所以는 한 가지이다."510)

라고 했다. 여기서 말하는 달도란 인간이면 누구나 참여하
게 되는 인간과의 관계, 그 구현의 길을 말하는 것이다.
그 관계란 君臣, 父子, 夫婦, 兄弟, 昆弟, 朋友와 같은 범
주로 볼 수 있다.

이와 같은 관계는 다른 존재와의 밀접한 交通에 의하여
실질적으로 상호연대를 말하고 그 파악거점은 인간의 안팎
에 있는 것이다. 그래서 달도란 인간자신과 타자와의 交通
의 길이요, 관계 실현의 길이다. 이 같은 인간관계를 실현
케 하는 근거로서 三達德, 즉 知, 仁, 勇을 제시하고 있
다. 知, 仁, 勇의 삼달덕은 달도 구현의 주체적인 계기가
된다.

이 같은 '知, 仁, 勇의 셋은 천하의 달덕이니, 이것을 행

---

510) 『中庸』 第20章, "天下之達道 五 所以行之道地者 三 日君臣也父子
也夫婦也昆弟也朋友之交也五者 天下之達道也 知仁勇 三者天下之
達德也 所以行之者一也".

하게 하는 것은 하나다.'라고 한 하나가 誠을 가리키고
있다.(『중용』 제20장 주) 달도는 몸을 닦는 도이므로 인
도라 할 수 있다. 그래서 用之廣으로 費에 해당한다고 보
아야 한다. 達德은 道를 닦는 仁이 그것이다. 이것은 達
道의 所以然의 道로써 사람의 性된 바이니, 體之微로 隱
에 해당된다고 볼 수 있다. 위의 하나란 誠을 말한 것이
니, 이것은 천도요 誠의 命이다. 誠의 개념을 『중용』에서
'不欺', '眞實無妄', '天理之本然' 등으로 해석하였고 『논어』
에서는 '思無邪'로 풀이 되었다. 그 개념의 핵심은 진실에
있으므로 不欺이니 不息이니 無妄이니 할 수 있다. 그러
나 誠의 존립근거는 知, 仁, 勇의 三德에 있으며, 또한
誠이 없으면 知, 仁, 勇의 三德은 존립할 수 없다. 達道
의 구현도 誠이 없이는 불가능한 것이다. 그래서, '不能이
면 無物'(『중용』 제25장)란 말이 나오게 된 것이다. 또한
人道로서 天道에 도달할 수 있는 것을 知와 行의 양면으로
설명하였으니, 이를테면,

　　"자연히 알기도 하며, 배워서 알기도 하며, 고심해서야
　　알기도 하나, 그 앎에 미쳐선 한 가지다. 힘들지 않고 행하
　　기도 하며, 마땅하게 여기어 행하기도 하며, 힘써서 행하기
　　도 하나, 그 성과를 거두는 데에 미쳐선 한 가지다."511)

라 하였다. 이것은 인간의 자질의 차이점을 나누어 본 것

---

511) 『中庸』第20章, "或生而知之 或學而知之 或困而知之 及其知之一
　　也 或安而行之 或利而行之 或勉强而行之 及其成功一也".

이겠지만, 인간마다 자질의 차이점을 宋代에서는 기의 淸
濁, 純駁으로 풀이하고 氣質의 性과 自然의 性이 있음을
말하였다. 인간은 천도를 향해 한결같이 人道를 알고 행하
면 선천적인 자질인 自然의 性은 후천적인 노력에 의해에
달성될 수 있다고 보았으며, 그것을 달성할 수 있는 길은
眞實無妄 한 誠인 것이다.

그리고 알고 행한다는 것은 達道요 그 아는 所以와 행하
는 所以는 達德이다. 그 體는 본래 하나로 誠인 것이다.
그래서 주희가 말하기를,

"達德이라는 것은 천하 고금이 한가지로 얻는 이치이니,
一은 곧 誠뿐이다. 達道가 비록 사람에 의하는 것이나 이
三德이 없으면 행함이 없을 것이며, 達德이 비록 한 가지로
얻는 것이나 그러나, 하나라도 성실치 못한 것이 있으면 사
람의 욕심이 개재되어 덕이 그 덕이 아닐 것이다."512)

라고 말하였고 程子가 말하기를,

"정성이란(誠) 이에 그쳐서 이 세 가지를 성실케 하는
것이니, 이 세 가지 밖에 다시 따로 誠이 없는 것이다."

라고 하였으니 이것은 費隱의 功效가 성실성이 없으면 이
룩되지 못한다는 것을 나타낸 말이다. 『중용』 제20장에

---

512) 『中庸』 第20章 註, "謂之達道者 天下古今所同得之理也 一則誠而
已矣 達道 雖人所共由 然 無是三德則無以行之 達德雖人所同得 然
一有不誠則人欲 間之而德非其德矣".

治理의 아홉 가지 常道를 제시하고 있다.

"몸을 닦음과 賢者를 존경함과 친족을 視愛함과 大臣을
공경함과 群臣을 體察함과 서민을 자식처럼 사랑함과 백공
을 와서 모이게 함과 遠方 사람들에게 寬柔히 함과 제후를
포용함이다."513)

라고 말하였고, 또한 九經의 功効를 말하기를,

"몸을 닦으면 道가 확립되고, 賢者를 존경하면 의혹치
않게 되고, 친족을 친애하면 諸父・형제가 원망하지 않게
되고, 대신을 공경하게 되면 眩迷하지 않게 되고 群臣을
體察하면 그들의 報禮가 무겁게 되고, 서민을 자식처럼 사
랑하면 백성들이 받들어 모시기를 서로 힘써하게 되고, 백
공을 와서 모이게 하면 財用이 풍족하게 되고, 遠方 사람
에게 寬柔히 하면 사방이 귀순해 오게 되고, 제후를 포용
하면 천하가 畏服하게 된다."514)

고 했다. 이상의 아홉 가지 常道의 근저를 파헤쳐 들어가
면 知・仁・勇의 三德과 仁과 義의 정신에 있다고 볼 수
있다.

"仁義에 입각된 덕치의 아홉 가지 상도, 그것을 행하게
하는 것은 하나다."(『중용』제20장)

---

513) 『中庸』第20章, "凡爲天下國家一有九經 曰 修身世 尊賢也 親親也
敬大臣也 體羣臣也 子庶民也 來百工也 柔遠人也 懷諸侯也".
514) 『中庸』第20章, "修身則道立 尊賢則不惑 親親則諸父昆弟怨不 敬
大臣則不眩 體羣臣則士之報禮重 子庶民則百姓勸 來百工則財用足
柔遠人則四方歸之 懷諸侯則天下畏之".

라고 했으니 또한 인도와 천도를 가능케 하는 것은 誠이
아니고는 불가능 하다는 것이다. 그래서 "事爲가 미리 정
해지면 이루어지고 미리 정해지지 않으면 폐한다."(上同)
고 했다. 여기에서 事爲란 達道, 達德, 九經 등의 일에 해
당된다고 하겠다. 미리 정해진다는 것은 먼저 誠에 바탕하
여 선다는 뜻이다. 즉, 道는 성실성과 진실성을 근저로 하
여야만 성립이 가능하다는 것이다. 그래서,

　"아랫 자리에 있어 웃 사람에게 신임을 얻지 못하면 백
성을 다스리지 못할 것이다. 웃 사람에게 신임을 얻는 데
는 道가 있으니, 벗들에게 불신임을 받으면 웃 사람에게
신임을 얻지 못한다. 벗에게 믿음을 받는 데는 道가 있으
니, 어버이 마음에 들지 않으면 벗들에게 불신을 받으리
라. 어버이 마음에 들게 하는 데는 道가 있으니, 자신을
돌이켜 보아서 성실치 못하면 어버이 마음에 들지 못하리
라. 자신을 誠케하는 데는 道가 있으니 善에 밝지 못하면
誠케 못하리라."515)

한 것이 바로 이것이다. 즉 자신이 성실되지 못하면 외부
로부터 신망을 얻을 수 없으며, 내면으로 애경의 實이 없
게 된다. 그러므로 내면을 純一無雜하게하고 齋戒 明潔하
게 한 경지에 達한 연후에 외면이 방정하여지고 주체와
객체가 합일된 君子之道 費而隱이 가능한 것이다. 그래서

---

515) 『中庸』第20章. "在下位 不獲乎上 民不可得而治矣 獲乎上 有道 不
　　信乎朋友 不獲乎上矣 信乎朋友有道 不順乎親 不信乎朋友矣 順乎親
　　有道 反諸身不誠 不順乎親矣 誠身有道 不明乎善 不誠乎身矣".

『중용』제20장에,

"誠은 하늘의 道요, 誠해지려고 하는 것은 사람의 도다. 誠한 者는 애쓰지 않아도 모든 도리에 맞아지며, 從容히 도에 맞나니 성인이다 했고, 또 誠해지려고 하는 자는 善을 가려 굳게 잡는 자이다."[516]

라고 하였다. 이에 대해 주희는 다음과 같이 말하였다.

"誠은 眞實無妄을 말하는 것이니 천리의 본연이요, 誠之는 아직 眞實無妄하지 못하여 眞實無妄하려고 함을 말하는 것이니, 人事의 당연이다. 성인의 덕은 渾然히 天理인지라 진실하고 허망함이 없어 思勉을 기다리지 않고, 종용히 道에 맞나니 곧 또한 하늘의 道이다. 또 聖人에 아직 이르지 못한 사람은 人欲의 私가 없을 수 없이 그 덕됨이 다 진실하지는 못한 것이다. 그렇기 때문에 생각하지 않고 얻을 수 없으니, 반드시 선을 택한 후에야 선을 밝힐 수 있고 힘쓰지 않고 맞을 수는 없으니, 반드시 굳게 잡은 뒤에야 몸을 誠케 할 수 있나니 이것이 곧 이른바 사람의 도이다."[517]

라고 하였다. 이것은 천도와 인도를 설명한 것으로 常人이 현상이전의 본체계가 실재하고 있는 天道에 도달하기 위해

---

516) 『中庸』第20章, "誠者 天之道也 誠之者 人之道也 誠者 不勉而中 不思而得 從容中道 聖人也 誠之者 擇善而固執之者也".

517) 『中庸』第20章, 註 "聲者 眞實無妄之謂 天理之本然也 誠之者 未能眞實無妄而欲其眞實無妄之謂 人事之當然也. 聖人之德 渾然天理 眞實無妄 不待思勉而從容中道則亦天地道也 未至於聖則不能無人欲之私而其爲德不能皆實故 未能不思而得必擇善然後 可以明善 未能不勉而中則必固執而後 可以誠身 此則所謂人之道也".

서는 사욕을 버리고, 선을 택하여 굳게 지키려면 博學, 審問, 愼思, 明辨, 篤行과 같은 수학의 태도를 가지고 꾸준히 수신해 나갈 때 기질이 淸純하고, 人欲의 私가 없어져서 표리가 다 仁이요 義가 된다. 이른바 聖人의 영역 즉, 誠의 영역에 도달된다. 이때에는 힘쓰지 않아도 中道에 맞으며 생각하지 않아도 얻어져 從容히 道에 맞아진다. 이것이 바로 천도에 합치된 성인으로서 인간의 존재가 드러나는 君子之道 費而隱의 경지인 것이다.

또한,

> "생각하지 아니하고 힘쓰지 아니한다는 것은 生知 安行하는 자로서 知・仁의 上品이라 할 수 있고, 선을 택하여 굳게 지키면서 博學, 審問, 愼思, 明辨, 篤行을 하는 것은 學知, 利行하는 자로서 知・仁의 中品이라 할 수 있고, 다섯 가지를 己百, 己千으로 하는 것은 困知, 勉行하는 자이니 知・仁의 下品이라 할 수 있다."[518]

그리고 『중용』 제21장에,

> "誠으로 말미암아 밝아짐을 性이라 하고 明으로 하여 誠해짐을 敎라 한다. 誠하면 밝아지고 밝으면 誠해진다."[519]

---

518) 『霞谷集』, "誠者誠之者 其曰 不思不勉 生知安行者也 知仁之上品 擇善固執而五之者 學知利行者也 知仁之中品 五之之千百者 困勉之事也 知仁之下品", p. 97.
519) 『中庸』第21章, "自誠明 謂之性 自明誠 謂之敎 誠則明矣 明則誠矣".

라고 하였다. 위에서 誠은 천도요 性의 본연으로 體가 된다는 것을 밝혔다. 이에 대해 明은 인도로서 所當然이라 볼 수 있다. 인도에 의해 천도에 도달되어짐을 敎라고 했다. 여기의 性과 敎는 『중용』 首章의 天命之謂性의 性과 修道之謂敎의 敎와 같은 것이라 볼 수 있다. 여기에서 말하는 性은 천도이며 體之微로서 隱이요, 敎는 인도이며 用之廣으로써 費로 볼 수 있다. 그래서 性은 誠者의 의미로서 본연적임을 가리키고 敎는 學知, 困知로서 所當然인 誠之者를 가리킨다. 그리고 '誠則明'하고 '明則誠'이라고 한 것은 誠者와 誠之者, 즉 천도와 인도가 합일됨을 밝힌 것이다. 이와 같이 인도가 천도에 도달하게 되면,

"誠은 자신을 成遂시킬 뿐만 아니라 사물을 成遂시키는 所以가 된다. 자신을 成遂시킴은 仁이요, 사물을 成遂시킴은 知이니 性之德으로 내외를 합일하는 道가 된다."520)
"자신을 成遂시킴을 仁이라고 한 것은 天道의 보존을 뜻하고, 사물을 成遂시킴을 知라고 한 것은 人道로서 用之廣의 구현이라고 볼 수 있다."521)

주희는 또 설명하기를,

"誠은 비록 자신을 成遂시키는 所以가 나에게 있어서 眞實無僞이면, 자연히 사물에 미쳐 갈 수 있다. 자신을 成遂

---

520) 『中庸』 第25章. "誠者 非自成己而已也 所以成物也 成己仁也 成物知也 性之德也 合內外之道也 故 時措之宜也".
521) 『中庸』 第25章 註.

시키는 것을 두고 말하면 나 자신을 다하여 一毫의 私僞도 없음이니, 이 때문에 仁이라 했고, 사물을 成遂시키는 것으로 말하면 사물자체에 따라 성취시켜 각기 마땅함을 얻음이니, 이 때문에 智라고 했다."522)

여기에서 仁과 智는 性의 고유한 덕이며 주체인 內와 객체인 외물을 합일하는 道라 한 것은, 주체와 객체가 합일하는 君子之道이며 費而隱의 극치라고 볼 수 있다. 그런 까닭으로,

　　"至誠은 그침이 없다. 그치지 않으면 오래게 되고, 오래게 되면 징험된다. 징험되면 멀어지고 멀어지면 넓고 두터워지고, 넓고 두터워지면 높고 밝아진다."523)

고 했다. 이것은 지성의 功效를 말한 것이다. 『중용』 제22장에,

　　"오직 천하의 지성이라야 능히 그 性을 다할 수 있나니 그 性을 다할 수 있으면 능히 사람의 性을 다할 수 있을 것이요, 사람의 性을 다할 수 있으면 능히 物의 性을 다할 수 있는 것이요, 物의 性을 다할 수 있으면 천지의 化育을 도울 수 있을 것이요 천지의 化育을 도울 수 있으면 천지와 함께 병립하게 된다."524)

522) 上同.
523) 『中庸』第26章, "不息則久 久則微 微則悠遠 悠遠則博厚 博厚則高明".
524) 『中庸』第22章, "唯天下至誠 爲能盡其性 能盡其性則 能盡人之性 能盡人之性則 能盡物之性 能盡物之性則 可以贊天地之化育 可以贊天地 之化育則 可以與天地參矣".

라고 했다. 이것은 천하의 至誠 즉, 위대한 인간의 덕성이
극히 진실됨을 말하는 것이며, 또한,

"천하의 지극한 誠이란 것은 성인이 가지고 있는 德의
性이 천하에 능히 더할 것이 없음을 이르는 것이다."[525]

또한 이것은 天賦의 性이 실현이 극치에 이르고 있음을 시
사한 것이며, 아울러 君子之道의 극치라고도 볼 수 있다.

Ⅲ. 結 論

費隱은 중심으로 하여 『중용』 전편을 해명하고 그 功效
性을 고찰하였다.
『중용』이 본래 유가의 철학을 추상적으로 설명한 것이므
로 그 논리구조가 난해하다고 아니할 수 없다. 體用을 該
盡하여 言簡意豊하게 되어 있다. 君子之道 費而隱은 간단
한 문장속에 『중용』의 원리를 집약하고 있다고 하겠다. 상
술한 바와 같이 비은의 개념을 구명하였고 費와 隱의 관계
및 費隱의 一源論을 탐구해 보았으며, 또한 비은의 구현을
해명해 보려 하였다. 그러나 이것은 중용사상의 내용을 몇
분야에서 고찰한 것 뿐이요 이외에 제 입장에서 재검토할
수 있다고 하겠다.

---

525) 『中庸』第22章 註.

현대철학에 있어서 여러 가지 모순대립 문제를 모색하는
데 있어 중용사상이 관심의 대상으로 될 수 있으리라고 생
각된다.

제 2 장
道 家 類

1. 老子의 政治哲學思想
2. 莊子의 哲學思想

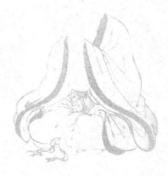

老子의 政治哲學思想*

Ⅰ. 序 論

노자는 중국철학사상의 중요한 위치의 인물이며 후세에
지대한 영향을 준 인물로서 그 학설이나 생애와 인물에 관
해서는 신비의 장막에 가리워 있다.

노자는 중국고대 도가사상의 시조가 되는 인물로서, 老
聃이라고도 하며 姓은 李, 이름은 耳, 字는 聃이다. 春秋
時代에 초나라의 苦縣에서 태어났다. 周나라 왕실의 守藏
室吏(도서관리)를 지냈다. 孔子가 노자를 방문하여 禮에
대한 질문을 한 적이 있었다 한다.[1] 그 당시는 周末의 쇠

*이 논문은 성신여자대학교 교육문제연구소 「교육연구 제35집」에 게재
  되었음.
1) 『史記』의 老子傳, "老子者, 楚苦縣厲鄕曲仁里人也 姓李氏, 名耳, 字
   伯陽, 謚曰聃, 周守藏室之吏也.".

란한 때였으므로 노자는 그의 도를 실천할 가망이 없다고 단정하여 은거를 결심하고 서쪽으로 여행을 떠났다. 도중 관문에서 관문지기 尹喜의 청에 의해 상하 2편의 책을 저술한 후 떠났는데 행방을 알 수 없었다고 한다. 그러나 전설에는 의문시되는 점이 많고, 그것을 전하는 『사기』의 '노자전'에서도 의문을 표명하고 있다. 오늘날의 학설로서는 B.C. 479년에 죽은 공자보다 100년 정도 후배라는 설과 가공의 인물로서 실재를 부정하는 설 등이 있다.

요컨대, 분명하지 않고 현존하는 책과 결부하여 생각하면 춘추전국시대의 중기(B.C 4세기)보다 올라갈 수는 없다.[2]

『노자』라는 책은 춘추말 전국초에 걸쳐 노자가 저술했다는 것이 통설로 인정하고 있다. 漢景帝 때에 經으로 불리기 시작했고, 宋代의 『太平御覽』 卷191에서 西漢 楊雄의 蜀王本記의 "老子爲關尹喜著 道德經"을 인용하면서 처음으로 『道德經』이라 하였다. 현재 많은 판본이 있으나 漢代의 河上公本과 魏의 王弼本 등이 대표적이다.

『노자』는 도경과 덕경으로 上・下편으로 구분하는데 河上公本은 상편 37장, 하편 44장 총 81장으로 나누고 있다.[3] 상편 37장은 주로 體道에 관한 것을 그 내용으로 하고 있으나 도의 작용적인 표현도 종종 찾아 볼 수 있다.

---

2) 『史記』 卷63, 「老莊申韓列傳」, 한국세계대백과사전 6, 동서문화출판사, p. 3292.
3) 『中國哲學史』, 勞思光, 鄭仁在(譯), 형설출판사, 1998, pp. 208~209. 參照.

하편을 도의 작용을 표현한 德章부분이라 하지만 역시 體道에 관한 문장이 많이 보인다. 81장 전편을 통하여 볼 때 無爲自然의 도를 체득한 聖人政治에 관한 문장을 여러 곳에서 찾아 볼 수 있다.

도덕경 속의 노자사상은 춘추전국시대의 혼란한 사회현상을 타개하여 바람직한 정치사회를 실현하려는 노력의 일환으로 성립된 것이다. 또 그 사상의 대부분이 바람직한 성인통치에 관한 묘사들이다. 이 같은 무위자연의 이상적 정치는 노자의 사상 전체를 요약 설명하는 도에 그 근저를 두는 것으로, 도의 본체적 속성에 일치되고 있는 것이다. 노자의 도는 우주만물의 생성변화의 主宰者로서 만물의 근원이자 運用者인 것으로 볼 수 있다. 이러한 도가 만물에 구현된 것이 德이다. 노자는 무위자연의 도를 체득한 성인통치를 실천함으로서 이상적인 정치가 구현될 수 있다는 것이다. 이와 같은 취의를 살려서 노자의 무위자연의 본체론과 작용을 구명함으로서 바람직한 성인정치를 河上公 주석을 중심으로 하여 규명하고자한다.

Ⅱ. 本 論

1. 本體論

(1) 道의 槪念

노자가 말하는 道는 儒敎에서 말하는 道와는 근본적으로 다르다. 유교에서 말하는 도는 인로의 道로 인간의 윤리·도덕적인 인도를 말하는 것이다. 그러나 노자가 말하는 도는 우주의 本體로서 천지자연의 도를 말하고 있다. 천하세간에서 당위법칙으로 삼고 있는 도는 절대의 도가 아닌 상대의 도이기 때문에 상황이나 시대에 따라 변할 수 있으나 노자의 도는 상대의 세계를 초월한 절대의 도로써 변함없는 항구성을 가지고 있는 상도인 것이다. 『노자』도와 유가 도의 차이점을 잘 표현하고 있는 것이 도덕경 제1장이다.

"도가 도로서의 구실을 하는 도, 예컨대 유교의 윤리도덕과 같은 것은 참도가 아니다. 또 이름이 이름으로서의 구실을 하는 이름, 예컨대 유교의 仁·義·禮·智 같은 것은 참이름이 아니다. 이름이 없는 道는 천지의 시작이고, 처음으로 이름이 생긴 것 즉 천지는 만물을 낳은 어머니다. 그러므로 우리는 참으로 없는 것, 즉 道에 있어서 그 幽玄奇妙한 작용을 볼 수 있고, 참으로 있는 것, 즉 천지에 있어서 그 차별상을 볼 수 있다. 이 양자 즉, 有와 無는 같은 근본에서 나와, 그 이름만을 달리한 것이기 때문에 다시 그 근본에 거슬러 올라가면 동일의 玄, 즉 도에서 나온 것이다. 玄의 또 玄인데 이는 우주의 삼라만상을 낳은 최초의 문이다."4)

라고 하여 도의 본체를 말하고 있다. 여기서 노자의 도 개념이 다의적임을 찾아 볼 수 있다. 노자는 이 글의 첫머리에서 자기가 주장하는 무위자연의 도가 유교에서 주장하는 인륜적인 道와 다르다는 것을 천명하였고, 원문에 "도에 의해서 천지가 생겼고 천지가 만물을 낳는다."고 하였으므로 그 도는 생성자임과 동시에 원초자로써 천지, 만물의 본체됨을 말하고 있다. 따라서 이러한 도는 우리의 오관으로 감지할 수도 없고, 우리의 사유에 의해 인식할 수 없는 형이상학적 문제를 가지고 있다는 것이다. 그러므로 노자의 도는 無名이고 천지에 앞서서 존재하고 있는 것으로 無形·無聲·無色이 혼연한 일체로서 만물을 이룬 근원적인 도를 설명하기를,

"道는 보려고 해도 보이지 않으므로 이것을 形氣가 아직 나타나지 않은 최초의 것이라는 뜻의 이(夷)라고 이름한다. 또 道는 들으려해도 들리지 않으므로 이것을 소리가 너무 작아 들을 수 없다는 뜻의 희(希)라고 이름한다. 혹은 道는 붙잡으려해도 잡히지 않으므로 이것은 너무 微하여 붙잡을 수 없다는 뜻의 미(微)라고 이름할 수 있다. 夷·希·微 세

---

4) 『老子』, '道德經', 第1章. "道可道 非常道, 名可名 非常名. 無名 天地之始, 有名 萬物之母. 故常無 欲以觀其妙, 常有 欲以觀其徼. 此兩者 同出而異名 同謂之玄. 玄之又玄 衆妙之門.".

가지는 각각 단독으로는 道의 본체를 구명할 수 없으며, 그 세 가지 말을 혼합하여 하나로 만든 존재 즉 無色·無聲·無形이 혼연한 근원적 존재가 곧 道인 것이다.

　　보통 물체는 위에 있고 높은 곳에 있으면 분명히 볼 수 있고 아래에 있고 낮은 곳에 있으면 어두워 볼 수가 없다. 그런데 道는 물체로서의 존재가 아니므로 위에 있다고 해서 특별히 분명한 것도 아니고 아래에 있다고 해서 특별히 어두운 것도 아니다. 또한 이 道는 繩繩하여 실이 끊어지지 않는 것 같이 다하여 정지하는 법이 없으며 이름지을 수 없다. 그래서 物의 세계를 넘어선 것, 즉 物의 차원을 초월한 세계에 돌아간다 할 수밖에 없다. 이 道를 다른 말로 표현하면 상태가 없는 어떤 상태, 모양이 없는 어떤 모양이라고도 할 수 있다. 그것은 희미하고 어렴풋하여 정확한 말로 표현하기 어려운 존재이다. 그런데 道는 무형이므로 이것을 앞에서 맞이하려 해도 그 머리를 볼 수 없고 뒤따라가도 꼬리를 잡지 못한다. 왜냐하면 道에는 처음도 없고 마지막도 없기 때문이다. 그런데 이 道는 옛날로부터의 방법을 견지하여 지켜, 그런 방법으로 오늘날의 萬有를 지배하는 것이다.

　　더욱이 이 道는 천지에 앞서서 존재하고 있었으므로 모든 것 중의 가장 오랜 것 즉 태고에 있어서의 만물의 始源을 잘 알고 있는데 이것을 도의 벼리 즉 도의 근본 또는 그 본질이라고 한다."[5]

라고 하여 노자가 도를 형이상학적으로 설명한 문장으로 제1장의 도가 無名이고 玄之又玄하면서 衆妙之門이라고

---

5) 同書, 第14章, "視之不見 名曰夷, 聽之不聞 名之希 搏之不得 名曰微. 此三者 不可致詰. 故 混而爲一, 其上不曒 其下不昧 繩繩不可名 復歸於無物 是謂無狀之狀 無象之象 是謂惚恍. 迎之 不見其首 隨之 不見其後. 執古之道 以御今之有. 能知古始 始謂道紀.".

설명한 것임에 대하여 본장은 인간의 감각적 지각을 초월하면서 惚하고 恍한 형이상학적 의미를 내포하고 있다. 특히 夷·希·微·無狀之狀·無象之象의 어구가 노자의 도가 형이상학적 존재임을 알 수 있다. 다음은 근원적인 실재, 즉 도는 우주자연의 원리를 설명하기를,

> "混沌된 상태에서 이루어진 것이 있으니 그것은 천지보다 먼저 생겼다. 그 도는 고요하여 아무런 소리도 형태도 없으나 다른 어떤 것에도 의존하지 않는 독립적인 존재로서 영원불변의 것이었다. 그런데 그것은 천하의 어느 곳에서도 보편적으로 보급되어 있지만 조금도 위험한 것은 아니다. 따라서 이것을 천지의 어머니, 즉 천하만물의 조물주라고 말할 수 있다. 나는 도대체 그 물건의 이름이 무엇인지도 모른다. 그의 字를 道라고 한다 억지로라도 이것에 이름을 붙인다면 大라고 한다."6)

고 하여 道는 무엇으로 형용할 수 없는 우주자연의 본체요 형이상학적인 실체이며 영구불변하는 天道의 근원을 설명하고 있다. 그리고 어떠한 名을 붙일 수 없는데 글자로 표현하라면 도라고 하고, 억지로 이름을 붙인다면 大라 표현했다. 이와 같이 도는 無始無終하고 獨立周行하여 萬古에서부터 지금, 미래로 亘하여 일순간도 휴식이 없이 계속 작용한다. 도는 상대의 세계를 넘어서 시공간을 초월하고 있다. 또 노자는 우주의 본체를 인격화하여 谷神이라고 한

---

6) 同書, 第25章, "有物混成 先天地生 寂兮寥兮 獨立而不改 周行而不殆 可以爲天下母. 吾不知其名 字之曰道 强爲之名曰大.".

다. 도의 만물을 생성하는 조화작용을 여성의 생식기에 비유하여 玄牝이라 한다.

　　"곡신 즉 道는 멸하지 않으니 이를 玄牝이라 한다. 玄牝
　　의 문은 道의 본원인 천지의 뿌리라 한다. 이 道라는 것은
　　눈에 보이지 않으나 옛날부터 지금까지 면면히 끊어지지
　　않고 존속하여 이를 활용하면 언제까지나 활동이 계속되고
　　또 道 자신도 지칠 줄 모른다."7)

라고 하여 도의 본체를 玄牝의 문이라 하여 천지를 생성하
는 뿌리로 보았다. 그러나 도 본체의 작용은 자연스럽게
의식작용이 없는 듯이 보이나 이면적으로는 도에 의하여
우주만물을 생성발전한다고 볼 수 있다. 그래서,

　　"참도는 無爲이면서 하지 않음이 없다. 후왕이 진실로
　　이것을 지키면 만물은 장차 저절로 화육될 것이다. 화육되
　　어 그래도 욕심이 일어나면 나는 장차 이를 無名의 樸으로
　　진정할 것이다. 무명의 박은 또한 장차 無欲의 경지에 이
　　르게 할 것이다. 욕심을 내지 않아 그리하여 虛靜해지면
　　천하는 장차 저절로 안정될 것이다."8)

라고 하여 천지대자연의 조화를 '無爲而無不爲'로 본 것이

---

7) 同書, 第6章. "谷神不死 是謂玄牝. 玄牝之門 是謂天地之根. 綿綿若
　　存 用之不勤.".
8) 同書, 第37章. "道常無爲而無不爲. 侯王 若能守之 萬物 將自化. 化
　　而欲作 吾將鎭之以無名之樸. 無名之樸 夫亦將無欲 不欲以靜 天下將
　　自定.".

다. 또, 한편 노자는 천지대자연의 조화의 근원에 있는 무위자연의 도를 인간의 당위로 감지함으로서 無欲과 虛靜을 강조하고 있다. 즉 무위자연의 도가 無爲하고 無欲하고 虛靜하기 때문에 인간도 無爲・無欲・虛靜해야 됨을 강조한 것이다.

또 노자의 도는 인식의 대상이 될 수 없다. 노자 도는 천지가 있기 전의 虛이며 無이며 無爲이기 때문에 인식의 대상이 아니다. 다만, 우리가 현상계를 통해서 본체인 도를 추론할 따름이다. 그러므로 虛는 절대적인 虛요, 無도 상대를 초월한 절대적 無인 것이다.

"노자는 말하기를 도는 비인 것이지만 그러나 비었다고도 해도 이것을 활용할 경우 혹은 차지 않으며 못이 깊은 것처럼 만물의 대종 같이 보이며 湛然히 무언가가 있는 것 같이 보인다. 내가(道) 누구의 아들인지를 모르겠는데 天帝보다 앞선 것 같다."9)

라고 하여 河上公은 이 장을 虛用章이라고 하였다. 이 장은 도의 본체를 설명하여 그 도를 인간에게 적용시켜 도를 체득한 사람이 갖춰야 할 德用에 대해서 설명하기를,

"도를 파악하기란 어렵지만 그것을 체득한 사람은 먼저 자기의지나 재능 따위를 눌러야 하고 또 실이 얽힌 것 같

---

9) 同書, 第4章, "道沖而用之 或不盈 淵兮 似萬物之宗. …湛兮 似或存. 吾不知誰之子 象帝之先.".

은 인간의 생각을 풀어야 한다. 즉 인간의 문명 따위를 기뻐하지 말아야 하며 번쩍거리는 빛 즉 자기의 재주·명예 따위를 자랑하는 마음을 배척해야하고 그리고 티끌처럼 보이는 세상의 속세와 발걸음을 맞춰 나가야 한다. 즉 독선적이고 오만한 태도를 버려야 한다."10)

라고 하였다. 이것은 바로 無欲하고 虛靜한 무위자연과 같이 우리 인간도 같은 德用을 갖춘 성인이 되어야 함을 시사한 것이다.

다음은 무위자연 道體에서 만물에 이르는 생성과정을 살펴보기로 한다.

"도가 一. 즉 一氣를 生하고 一氣가 나눠져 二, 즉 陰陽의 二氣가 되고 그 음기·양기가 교합하여 그것들과 함께 三으로 불리우는 冲和의 氣가 되고 그 冲和의 氣가 만물을 형성한다. 만물은 각자 음기를 등에 업고 양기를 앞에 안고, 그리고 冲和의 氣에 의하여 조화를 이룬다."11)

라 하였으니 노자는 본체계로부터 천지만물이 나타나는 현상계를 논급하였다. 그래서 노자는 "본체인 도를 만물의 奧(근원)인데 선인의 보배이며 불선인의 보배로 삼는 바이다."12)라고 하였다. 그러므로 "천지만물은 有로부터 生하고 有는 無로부터 生한다."13)라고 하였다. 근원으로 되돌

---

10) 同書, 같은 곳, "…挫其銳 解其紛 和其光 同其塵…".
11) 同書, 第42章, "道生一 一生二 二生三 三生萬物 萬物 負陰而抱陽 冲和以爲和. -以下省略-".
12) 同書, 第62章, "道者 萬物之奧 善人之寶 不善人之所保.".

아가는 것이 도의 운동이고 柔弱한 것이 도의 작용이다. 이 작용에 의해서 생성된 천하만물은 有에서 生하고 有는 無로부터 生한다고 하여 道의 발전과정을 설명하고 있다. 노자의 이른바 弱은 단순한 弱이 아니다. 그것은 强을 제압할 수 있는 弱이며 柔로서 剛을 제어할 수 있는 弱이다. 노자의 弱은 역설적인 弱이며, 세속적인 약이야말로 사실은 강일 수 있다고 역설하였다.

노자 도를 無라고 규정한 것은 아무 것도 없다는 의미가 아니다. 무어라 한정 할 수 없으므로 無라고 한 것이다. 어떤 실체는 존재하고 있으나 그것을 인간의 감각으로 파악할 수 없기 때문에 無라 한다. 이 無가 곧 우주의 본체로서 도이다. 이 도를 요약하면 다음과 같다.

(一) 도는 실체이며 만물의 終極原理이며 만물의 근본이며 一卽絶對로서 상대가 없다.

(二) 도는 만물과 不可離의 관계에 있으면서 그 위에서 작용한다. 즉, 만물 가운데 周行하며 遍滿하고 있다.

(三) 도는 유가의 上帝·皇天上帝 등 인격적 신이 아니고 상제 이전의 존재로서 비인격적 성격을 가지고 있다.

(四) 도가 만물을 생성하는 현상계는 유출적인 것이고 창조적인 것이 아니다.

---

13) 同書, 第40章, "反者 道之動 弱者 道之用 天下萬物 生於有 有生於無."

(五) 도는 표면적으로 볼 때는 寂然不動하여 전혀 無爲
　　로 보이나 이면적으로는 계속적인 작용을 하고 있
　　다. 도의 體는 無爲이나 그 작용은 활동적이라 할
　　수 있다.14)

다음으로 德에 대하여 설명하고자 한다.

(2) 德의 意味

노자가 말하는 德은 無爲의 덕 또는 노자의 덕이라고 한
다. 덕의 원뜻은 得인데 인간이 진리인 도를 획득하는 것
혹은 인간에 의해서 체득한 참된 진리를 말한다. 도라고
하는 말은 유교의 도와 노자의 도사이에 그 뜻과 내용을
달리하고 있는 이상 덕이란 말도 또한 '유교'와 '노자'사이
에 그 내용을 달리하고 있다. 유교의 덕이 인의예지의 도
를 체득하여 군자가 되는 것, 군자가 된 바람직한 인간의
태도를 덕이라고 보는데 반해, 노자의 덕은 인간을 포함한
일체 만물의 근원에 있는 진리의 조화 즉 무위자연의 道를
체득하여 자연의 천리 그대로 따르는 것에 의해 物我一體
가 되는 것, 곧 무위자연의 소박한 진리의 조화를 이루고
있는 인간의 태도를 덕이라 부른다. 바꾸어 말하면, 유교
의 덕은 인간의 세계를 중심으로 한 인간생활 속에서 인간
의 생활태도를 생각하는 것이고, 노자의 덕은 인간의 세계
를 초월한 입장에서 인간의 생활태도를 생각하는 것이다.

---

14)「中國哲學史」, 金能根, pp. 98~99. 參照.

體道者의 생활태도라고 볼 수 있다. 그래서 다음 문장에서 그 뜻을 찾아보고자 한다.

"常德은 德이라고 하지 않는지라. 이로써 덕이 있으며 下德은 덕을 잃지 않으려고 하는지라 이로서 덕이 없다. 常德은 無爲이므로 작위가 없으며, 下德은 有爲이므로 작위가 있다. 上仁은 有爲이지만 작위가 없으며, 上義는 有爲이지만 작위가 있다. 上禮는 有爲인데 이에 응함이 없으면 곧 팔을 휘두르면서 이에 대든다. 그러므로 도를 잃은 후에 덕이 있고, 덕을 잃은 후에 仁이 있고, 仁을 잃은 후에 義가 있고, 義를 잃은 후에 禮가 있다. 대저 예란 것은 충신이 薄해진 것이며 분란의 시작이다. 前識은 도의 열매를 맺지 못하는 꽃이며 어리석음의 시초이다. 이로써 대장부는 그 중후한 곳에 처하고 그 천박한 곳에 처하지 않으며, 그 착실한 곳에 처하고 그 부화한 곳에 처하지 않는다. 그러므로 저것을 버리고 이것을 취한다."15)

이는 무위자연의 도를 체득한 자의 참모습을 설명한 것이다. 이 장의 논지는 노자의 덕이 유교에서 주장하는 仁·義·禮·智 등의 有爲의 덕보다 우월하다는 점을 주장하여 有爲의 덕인 下德은 다시 上仁·上義·上禮 등으로 구분하여 유교도덕 下向性을 지적하고 있는데, 그 중 上仁

---

15) 『老子』, '道德經', 第38章. "上德 不德. 是以 有德 下德 不失德. 是以 無德. 上德 無爲而無不爲 下德 爲之而有以爲. 上仁 爲之而無以爲 上義 爲之而有以爲 上禮 爲之而莫之應 則攘臂而扔之. 故 失道以後 德 失德以後 仁 失仁以後 義 失義以後 禮. 夫禮者 忠臣之薄 而亂之首也 前識者 道之華 而愚之始也. 是以 大丈夫 處其厚 不居其薄 處其實 不居其華. 故 去彼取此."

은 공자 上義는 맹자 上禮는 순자에 상응시켜 생각할 수도
있다.

노자는 무위자연의 덕을 上德이라고 하는데 비하여 유교
의 덕을 下德으로 보고 있다. 그러므로 무위자연의 도와
만물을 화육하는 위대한 조화작용으로써 玄德을 말하기를,

    "도가 만물을 생성하게 하고, 도의 공덕이 만물을 기른
    다. 그리하여 만상의 형태가 나타나고, 그 형태가 있는 곳
    에 질서가 이루어진다. 그러므로 만물은 모두 도를 존중하
    고 그 공덕을 귀하게 여기는 것이다. 도와 그 공덕의 존귀
    함은 누가 명령해서 그렇게 하는 것이 아니라, 언제나 자
    연히 그렇다. 그런데 도가 만물을 생하고 그 도의 功德이
    만물을 기르고 이를 신장하고 양육하고, 안정시키고 충실
    하게 하고 기르고, 비호한다. 도는 만물을 생성하지만 자
    기소유로 삼지 않고, 공덕은 만물을 육성하면서도 뽐내지
    않고 생장시키면서도 지배자로 자처하지 않는데 이러한 것
    을 玄德이라고 하는 것이다."16)

라 하였다. 도는 만물을 생성하지만 자기 것으로 소유하지
않고, 덕은 만물을 경영하지만 자기 공로를 자랑하지 않고
만물을 지배하지도 않기 때문에 겸허한 태도를 가지고 있
다하여 玄德이라 한 것이다. 즉, 도의 현덕은 일체 만물을
생성 화육하는 위대한 조화작용을 하고 있음을 나타내고
있다.

---

16) 同書, 第51章. "道生之 德畜之 物形之 勢成之 是以 萬物 莫不尊道
    而貴德. 道之尊 德之貴 夫莫之命而常自然. 故 道生之 德畜之 長之
    育之 亭之毒之 養之覆之 生而不有 爲而不恃 長而不宰. 是謂玄德".

(3) 道와 德의 關係

노자는 聖人의 玄德의 정치를 설명하기를,

 "옛날에 無爲의 도를 잘 닦은 자는 그 도에 의해서 백성
을 총명하게 만들려하지 않고 도리어 그 도에 의해서 백성
을 어리석게 만들려 했다. 원래 백성을 다스리기 힘든 까닭
은 백성들에게 신통치 못한 지혜가 많기 때문이다. 지혜로
써 나라를 다스리는 것은 나라에 해가 되고, 지혜로써 나라
를 다스리지 않는 것은 나라에 복이 된다는 말이 있다. 이
두 가지 교훈을 잘 이해하는 것이 위정자의 법칙이다. 항상
이 법칙을 잘 이해하고 있는 것, 이것을 현덕 즉 무위자연
의 도를 체득하여 조화를 이룬 玄德者라 한다."17)

라 하였으니 무위자연의 도와 일체가 된 無知·無欲한 사
회구현을 이상으로 삼는 노자적 성인의 현덕 정치를 설명
하였다. 그리고 또 노자는 不爭의 덕을 다음과 같이 설명
하고 있다.

 "진실로 선비된 자는 사납지 않으며, 참으로 잘 싸우는
자는 화내지 않으며, 진실로 적을 이기는 자는 맞붙지 않
으며, 사람을 잘 부리는 자는 그의 아래가 된다. 이것을
不爭의 덕이라 하며 이것을 남의 힘을 善用하는 것이라 하
며, 이것을 천도에 합한다라고 한다. 옛날의 지극한 도이
다."18)

---

17) 同書, 第65章, "古之善爲道者 非以明民 將以愚之, 民之難治 以其智
多, 故 以智治國 國之賊 不以之治國 國之福, 知此兩者 亦稽式 常知
稽式 是謂玄德 -以下省略-.".

상대자에게 겸손하게 대하고 자신을 柔弱하게 하여 현덕의 조화를 이루는 자라야만 가능함을 시사하고 있다. 柔弱의 현덕을 말하기를,

"천하에 물보다 부드럽고 연약한 것은 없다. 堅强함을 치는 자로서 물보다 나은 자는 없다. 어떤 것으로도 그 본성을 바꿀 수가 없기 때문이다. 弱이 强을 이기고, 柔가 剛을 이기는 것은 천하에 모르는 자가 없지만 진실로 신행하는 자는 없다. 그러므로 聖人이 이르기를 '나라의 汚辱을 한 몸에 받는 자 이를 나라의 주인이라 하고, 나라의 불행을 인수하는 자 이를 천하의 왕자라 한다'고 했는데 참말로 바른 말은 위의 성인의 말씀과 같이 진실과 반대되는 것처럼 보이지만 사실은 가장 진실에 합당한 것이다."19)

이 장의 柔弱은 무위자연의 현덕을 나타낸 표현이며 무위자연의 도를 체득한 왕자의 덕을 설명하고 있다. 그래서 인위적인 것이 아무리 훌륭하게 보여도 천도에 순종하는 무위자연의 처세에는 미치지 못한다 하여,

"大怨을 화해하여도 반드시 餘怨이 있다. 어찌 참으로 선처했다 할 것인가? 그러므로 성인은 割符의 왼쪽만을 잡아 남을 책하지 않는다. 속담에 '덕이 있는 자는 할부를 맡고, 덕이 없는 자는 徵祝을 맡는다'고 했다. 천도에는 親疎

18) 同書, 第68章, "善爲士者 不武 善戰者 不怒 善勝敵者 不與 善用人者 爲之下. 是謂不爭之德 是謂用人之力 是謂配天 古之極.".
19) 同書, 第78章, "天下 莫柔弱於水 而攻堅强者 莫之能勝 以其無以易之. 弱之勝强 柔之勝剛 天下莫不知 莫能行. 是以 聖人 云 受國之垢 是謂社稷之主 受國不祥 是謂天下王 正言 若反.".

가 없는데 항상 善人에 편드는 것이다."20)

라고 하여 인위는 천도에 不及함으로 모든 것을 천도에 알
맞게 처리할 수 있는 덕있는 자를 노자는 요청하고 있다.
노자가 말하는 무위자연의 도는 삼라만상을 생성하여도 주
재하지 않고 잘 유지하면서도 자기 소유로 하지 않고 만물
을 다 조화롭게 질서를 유지하면서 혜택을 준다. 무위자연
의 도를 체득한 덕자로서의 성인도 인간을 위하여 남을 위
하여 이익을 줄 뿐 싸우지 않는다고 하였다. 노자는 다음
과 같이 현덕을 설명하고 있다.

"진실이 있는 말은 아름답지 않고, 훌륭한 말에는 진실
미가 없다. 진실로 훌륭한 사람의 말이 달변이 아니고 말
을 잘하는 사람은 진짜가 아니다. 진정한 의미의 知者는
이른바 博學君子가 아니고, 따라서 박학군자에게는 진정한
지식이란 없는 것이다. 무위자연의 聖人은 무엇이든 모아
서 저축하지 않는다. 모두들 남을 위하여 내는데 그런데도
자기의 소유는 날로 늘어난다. 무엇이든지 남에게 주는데
그런데도 자기의 소유는 점점 더 풍부해진다. 천도는 만물
에게 혜택을 줄뿐 결코 위해를 가하지 않으며 體道한 성인
도 어떤 일을 할 때도 모든 어려움을 당해도 그에 대항하
여 싸우지 않는다."21)

---

20) 同書, 第79章, "和大怨 必有餘怨 安可以爲善? 是以聖人執左契 而
不責於人. 有德司契 無德司徹. 天道無親 常與善人.".
21) 同書, 第81章, "信言 不美 美言 不信 善者 不辯 辯者 不善 知者 不
博 博者 不知. 聖人不積 旣以爲人 己愈有 旣以與人 己愈多. 天之道
利而不害 聖人之道 爲而不爭.".

라고 하여 무위자연의 도를 체득한 성인의 생활태도 즉 성인의 上善을 설명한 현덕에 대한 논술이라 하겠다. 다음으로 무위자연의 도인 無와 도의 작용에 의해서 이루어진 현상계의 有와의 관계를 찾아보고자 한다.

"서른개의 살이 하나의 수레바퀴통을 중심으로 하여 집중되어 있다. 표면적으로 보면 살이나 수레바퀴통을 움직이는데 가장 중요한 것처럼 보이지만 실제로 가장 중요한 것은 수레바퀴통 가운데의 軸을 끼우는 비어있는 구멍의 부분이다. 이 공허한 구멍이 있기 때문에 비로소 수레가 회전하여 수레로서의 용도를 다하는 것이다. 그것과 마찬가지로 질그릇을 만들 때. 찰흙을 이겨서 주전자나 병 따위의 그릇을 만드는데 그렇게 만들어진 주전자나 병같은 그릇의 내부에 아무 것도 없이 비어있는 '無'의 부분이 있기 때문에 그 그릇들이 각각 쓸모가 있게 되는 것이다. 또 건축물에 대해서 생각해 보아도 입구의 문이나 들창 등의 설비를 해가면서 방을 만드는데 그 방이 방으로서의 구실을 하는 것은 그 가운데 아무것도 없는 빈 부분이 있기 때문이다. 이렇게 생각해볼 때 '有'라는 것이 우리 인생에게 어떤 혜택을 주기 위해서는 그것에 앞서 '無'라는 것이 그 나름대로 어떤 작용을 해야하는 것이다. 그러므로 有로써 이롭게 하는 것은 無로써 그 용도를 다하기 때문이다."22)

라고 하였다. 有가 有로써 조화를 이루고 그 존재를 드러내기 위해서는 有만으로 부족하고 無를 부정적으로 媒介하

---

22) 同書, 第11章. "三十輻共一轂 當其無 有車之用 埏埴以爲器 當其無 有器之用 鑿戶牖以爲室 當其無 有室之用. 故 有之以爲利 無之以 爲用.".

여야만 비로소 有가 有로서 가치관이 확립될 수 있다는 철학적 본체론을 분명히 하고 있다.

2. 聖人統治의 具顯

(1) 道의 價値觀

노자는 우주의 본체를 虛靜 · 無爲 · 無欲으로 보았으므로 무위자연을 체득하고 大道로부터 나온 인간과 만물의 본성도 허정 · 무위 · 무욕하지 않으면 안된다는 것이다. 허정 · 무위 · 무욕한 것을 간직한자는 善한 자로서 바람직한 인간의 가치관을 세운 자라 볼 수 있고, 이에 반한 자는 惡한 자라 볼 수 있다. 그러므로 바람직한 인간은 얄팍한 지혜와 기교를 쓰는 僞俗을 벗어나서 소박하고 純粹한 무위자연의 상태로 돌아가는데 있다. 이와 같은 목적을 달성하기 위하여 다음과 같이 해야함을 말하고 있다.

첫째로 謙遜의 가치관.

"최상의 善은 물과 같다. 물은 만물을 이롭게 하여 다투지 않으면서 衆人이 싫어하는 곳에 있다. 그러므로 道에 가깝다. 거처로서는 땅을 좋다하고, 마음은 깊은 곳을 좋다고 하고 사귀는 데는 仁함을 좋다 하고, 말은 信이 있음을 좋다 하고, 正法은 다스려짐을 좋다 하고, 일에는 능력이 있음을 좋다 하고 움직임에는 때에 맞음을 좋다 한다. 다만 싸우지 아니하니, 그러므로 허물이 없다."23)

라 하였으니 물의 위대함은 만물에 순응하여 다투지 않는 점에 있다. 이렇게 다투지 않으므로 과실이 없어 누구에게 꾸중들을 이유도 없게 된다. 성인도 물과 같이 남에게 다투지 않고 겸손할 줄 아는 자세를 갖춘 자이다. 그러므로 무위자연의 도를 체득한 성인은 아무리 공이 있어도 겸손하여 그 공에 처하지 아니하면 길이 그 명예를 잃지 않는다는 것이다. "부귀하여 교만하면 스스로 화를 부르는 것이 된다. 공을 이루고 이름이 나타내면 몸은 물러가는 것이 천의 도이다."24)라고 하였으니 인간도 공명을 성취한 후에는 자기 몸도 공명에서 물러나는 것이 자연의 도에 맞는 인간이라는 것이다.

둘째로 노자는 인생의 三寶를 제시하고 있다.

"나에게 三寶가 있다. 나는 그것을 保持하여 이를 보배로 삼는다. 그 첫째는 慈悲이고, 그 둘째는 검소함이고, 그 셋째는 남의 앞에 서지 않는 것. 자비하므로 능히 용기가 있으며 검소하므로 능히 廣施하며, 감히 천하의 앞장이 되지 않으므로 능히 기량 있는 자의 우두머리가 된다."25)

라 하여 노자는 慈·儉·後의 三者로써 인생의 三寶로 삼

---

23) 同書. 第8章. "上善 若水. 水善以萬物而不爭 處衆人之所惡. 故 幾於道. 居善地 心善淵 與善人 言善信 政善治 事善能 動善時. 夫惟不爭. 故 無尤.".
24) 同書, 第9章. "…富貴而驕 自遺其咎 功遂身退 天之道.".
25) 同書, 第67章. "…我有三寶 持而保之 一曰慈 二曰儉 三曰不敢爲天下先. 慈故 能勇 儉故 能廣 不敢爲天下先. 故 能成器長 ….".

고, 인간이 살아가는데 자애과 검소와 겸손을 가치관 정립의 요소로 삼았다.

셋째로 노자는 柔弱을 주장하였다.

위에서 柔弱의 玄德을 논술하였는데 柔弱의 德을 쌓아서 무위자연의 道를 체득하였을 때 바람직한 聖人의 가치를 확립할 수 있다는 것이다.

넷째로 貪欲을 멀리하고 足할 줄을 아는 마음을 길러야 한다.

> "천하에 도가 있으면 軍令을 전하는 말을 민간에 불하하여 논밭을 경작하게 하고 천하에 도가 없으면 軍馬가 교외에서 새끼를 낳게끔 된다. 재앙은 만족함을 알지 못하는 것보다 더 큰 것이 없고, 허물은 소득을 욕심내는 것보다 더 큰 것은 없다. 그러므로 足한 것을 아는 것에 만족하면 항상 족하다."26)

라고 하였다. 수양 방법론으로 스스로 만족할 줄 아는 知의 철학을 논술하였다. 또 知足의 처세를 설명하기를 "욕망을 눌러 스스로 만족함을 알면 욕되지 않고 분수를 지켜 자기 능력의 한계에 머물 줄 알면 위태롭지 않아 언제까지나 편안할 수가 있다."라 하였으니 知足의 철학을 시사한 것이다.

다섯째로 무위자연으로 돌아가야 한다.

---

26) 同書, 第46章. "天下有道 却走馬以糞 天下無道 戎馬生於郊. 禍莫大於不知足 咎莫大於欲得 故 知足之足 常足矣.".

노자는 말하기를 불화한 세상을 구출하는 방법은 오직 무위자연으로 돌아가는 길 밖에 없다는 것이다. 누구나 인위적 仁義禮智와 같은 것에 집착하지 말고 素樸하고 柔弱하고 虛靜한 마음을 가지게 될 때 바람직한 성인의 현덕을 갖추게 될 수 있다는 것이다. 이와 같이 되었을 때 무위자연과 일치된 바람직한 인간의 가치관을 확립할 수 있으리라 믿는다.27)

(2) 聖人의 政治原理

노자는 相對의 세계를 부정하고 절대의 세계에 살 것을 요청하고 있다. 그러므로 무위자연의 道를 체득한 성인은 다음과 같이 상대의 세계에 사는 것이 잘못임을 논술하기를,

"천하가 다 美를 美라고 인식하는 경우에는 그 반면에 벌써 반드시 惡이 존재한다는 것을 예상하고 있는 것이다. 또 모든 사람이 이 善이 善이라고 인식하는 경우에는 이미 그 반면에 반드시 불선이 존재한다는 것을 예상하고 있다. 그런데 이것은 美·惡·善·不善의 경우만이 아니라 有·無에 대해서도 難·易에 대해서도 長·短에 대해서도, 高·下에 대해서도 音聲에 대해서도 前·後에 대해서도 마찬가지이다. 이 상대의 세계에 사는 한 모든 것이 전부 대립적인 상대를 갖고 있는 것이다. 그리하여 그 대립상 즉 차별상 중에 살고 그 대립상을 보고 있는 한 참된 진리를 파악할 수 없다. 이와 같이 상대의 세계에 산다는 것은 무가치함으로 성인은 無爲의 일에 몸을 두고, 말없는 가르침

---

27) 『中國哲學史』, 金能根, 奬學出版社, 1984. 3. pp 101~103. 參照.

을 행한다. 만물이 발흥해도 억지로 이것을 막아 그만두게
하지 않고 또 만물이 자기 힘에 의하여 생겨나도 갖지 않
으며 어떤 일을 해도 의지하지 않고 공을 이루어도 그 자
리에 앉지 않는다. 다만 앉지 않으니 이로써 떠나지도 않
는다."28)

라고 하였으니, 상대의 세계에 하는 것이 잘못임을 지적하
면서 無爲自然의 素樸한 세계에 돌아갈 것을 강력히 요구
하고 있다. 이 같은 초월적 세계에 들어가는 것이 장자 齊
物論篇에서 말하는 萬物齊同思想이다. 장자의 齊物論도 바
로 노자가 설파한 위의 문장을 연역 부연한 문장이라 볼
수 있다.

　다음으로 성인의 不爭의 덕을 살펴보기로 한다.

　　"구부러지면 쓸모가 없으므로 버려지는 반면 나무로서는
　　자기 생명을 보전할 수 있다. 굽으면 곧 펴고 우그러지면
　　곧 차고, 해지면 곧 새로워지고, 적으면 곧 얻고, 많으면
　　곧 미혹된다. 이런 관계로 聖人은 하나 즉 無爲自然의 道를
　　지녀 천하의 법식이 된다. 스스로 나타내지 않으니 그러므
　　로 뚜렷해진다. 스스로 옳다고 아니하여 그러므로 밝혀진
　　다. 스스로의 공을 자랑하지 않으니 그러므로 공이 자신의
　　것으로 된다. 스스로 자만하지 않으니 그러므로 오래 존경
　　을 받는다. 다만 싸우지 않으니 그러므로 천하가 진실로 이
　　와 싸우지 않는다. 옛날에 曲則全이라 함은 어찌 虛言이겠

---

28)『老子』'道德經', 第2章, "天下 皆知美之爲美 斯惡已 皆知美之爲善
　　斯不善已. 故 有無相生 難易相成 長短相較 高下相傾 音聲相和 前
　　後相隨. 是以聖人 處無爲之事 行不言之敎. 萬物作焉而不辭 生而不
　　有 爲而不恃 功成而不居. 夫唯不居. 是以 不去.".

느냐? 참으로 완전히 하여 이를 대자연에 돌린다."29)

라 하였으니, 曲則全이란 말은 곧 자기 생명을 보전하기
위해 총명과 예지 따위를 나타내 보이지 않는 것이 자기를
보전하는 유일한 방법임을 논술하면서, 자기를 낮추는 겸
손한 태도와 無欲, 無知해야만 성인의 덕을 가질 수 있음
을 말하고 있다. 聖人은 오직 무위자연의 道 하나만을 간
직하고 생활할 때 자기의 존재가치가 뚜렷해지고 이 세상
중에 자기와 적대하는 사람이 없이 항상 남의 존경을 받는
성인의 싸우지 않는 덕을 가질 수 있음을 시사한 것이다.
그래서 옛날에 무위자연의 도를 체득한 자의 덕을 살펴 본
다면,

> "옛날의 무위자연의 德을 가진 자의 상태를 말한다면,
> 하늘은 道를 체득하여 맑고, 땅은 道를 체득하여 편안하고
> 神은 道를 체득하여 영묘하고, 골짜기는 道를 체득하여 충
> 만하고, 만물은 道를 체득하여 생성하고, 侯王은 道를 체
> 득하여 천하의 군장이 된다. 그런데 이런 것들을 그와 같
> 이 만드는 것이야말로 무위자연의 道인 것이다. …그러므
> 로 귀한 것은 천한 것을 근본으로 삼고 높은 것은 낮은 것
> 을 기초로 삼는다. 그리하여 侯王은 자신을 孤·寡·不穀
> 이라고 謙稱하는 것이다. 이것이야말로 천한 것은 근본을
> 삼는 것이 아닌가? 그러므로 칭찬받기를 자주 원하면 도리

---

29) 同書, 第22章. "曲則全 枉則直 窪則盈 敝則新 少則得 多則惑. 是以
聖人 抱一 爲天下式. 不自見. 故明 不自是. 故彰 不自伐. 故有功
不自矜. 故長. 夫惟不爭. 故天下莫能與之爭. 古之所謂曲則全者 豈
虛言哉. 誠全而歸之.".

어 명예를 얻지 못한다. 모름지기 아름답기 구슬 같기를
원하지 말고, 볼품없는 돌처럼 처신할 것이다."30)

라 하여 무위자연의 도를 체득한 자의 생활태도를 말한 것
인데 자기의 고귀함을 아래로 떨어뜨린 안정된 천도의 기
본 자세를 가지는 것이 바람직한 무위자연의 도를 체득한
성인의 자세라는 것이다. 淸淨無爲한 성인의 태도를 살펴
보면,

> "진실로 완성되어 있는 道는 도리어 훼손된 듯하나 그
> 활용은 다함이 없고, 가장 충만한 道는 도리어 비인 듯하
> 나 그 활동은 역시 다함이 없다. 마찬가지로 매우 곧은 것
> 도리어 굽은 것 같고, 매우 교묘한 것은 도리어 서투른 것
> 같고, 뛰어난 웅변은 도리어 더듬는 것 같다. 躁動하면 추
> 위를 이기고 안정하면 더위를 이긴다. 그러므로 淸淨無爲
> 하면 천하의 표준이 된다."31)

라 하여 역설적인 표현법을 사용하여 더 큰 긍정을 얻으려
는 것이 노자철학의 장점이다. 또 노자의 聖人이 자기자신
의 일에 집착하지 않으며, 아량이 넓은 생활태도를 설명하
기를,

---

30) 同書, 第39章, "昔之得一者 天得一以淸 地得一以寧 神得一以靈 谷
得一以盈 萬物得一以生 侯王得一以爲天下貞 其致之一也. …故 貴以
賤爲本 高以下爲基. 是以 侯王 自謂孤寡不穀 此非以賤爲本耶 非
乎. 故 致數譽無譽 不欲珠珠如玉 珞珞如石.".
31) 同書, 第45章, "大成若缺 其用不弊 大盈若冲 其用不窮. 大直若屈
大巧若拙 大辯若訥. 躁勝寒 靜勝熱 淸淨 爲天下正.".

"無爲를 행하고 無事를 경영하고 無味를 맛본다. 小를 大로 하고 少를 多로 하고 원한을 잡기를 德으로써 한다. 難을 그 쉬운데서 도모하고 大를 사소한 데서부터 행한다. 천하의 난사는 반드시 쉬운데서 일어나고, 천하의 큰일은 반드시 자세한 데서 일어난다. 그러므로 성인은 결코 大를 행하려 하지 않으나 그러기에 능히 그 대를 성취한다. 대저 輕諾은 반드시 신뢰됨이 적고, 쉽다는 것이 많으면 반드시 어려운 것이 많다. 그러므로 성인은 모든 일을 신중하게 어렵다고 본다. 그러기에 사실로는 별로 어려움이 없다."32)

라 하여 무위자연의 도를 체득한 자는 잠자리에 뒹굴면서 아무 것도 하지 않은 나태한 자와 다르다는 것을 실질적으로 입증한 구체적 자료이다.

위에서 무위자연의 도를 체득한 聖人의 德을 도덕경 여러 곳에서 살펴보았다. 노자는 정치에 있어 바람직한 爲政者는 유가에서 內聖外王을 희망했듯이 무위자연의 도를 구현할 수 있는 성인을 요청하고 있는 것이다. 즉 無爲의 治를 바라고 있다.

(3) 聖人의 理想政治

노자철학에 있어서 무위자연의 道는 우주의 본체의 모습으로 우주내에 있는 만물들의 조화로운 질서를 본받는 것

---

32) 同書, 第63章. "爲無爲 事無事 味無味 大小多少 報怨以德 圖難於其易 爲大於其細. 天下難事 必作於易 天下大事 必作於細 是以 聖人終不爲大. 故 能成其大. 夫輕諾 必寡信 多易 必多難 是以 聖人 猶難之. 故 終無難矣.".

에 참된 뜻이 있으며 이러한 자연적 질서의 실천적 의미에서 정치의 원리로 나타난 것이 無爲의 治이다. 그런데 무위란 '아무 것도 하지 않은 것'이 아니라 '無爲而無不爲'의 의미로 인간적인 작위가 없이 무위이면서 어떠한 큰일이라도 이루지 못할 것이 없다는 뜻이다.33) 이와 같이 無爲에 의한 정치를 말하기를,

"최상의 帝王이 되면 아래에 있는 백성들은 그가 있는지조차 의식하지 못한다. 다음 인물인 경우에는 친근감을 느끼고 칭송하며, 그 다음의 인물인 경우에는 이를 두려워하고, 또 그 다음의 인물인 경우에는 경멸한다. 위정자에게 있어 신의가 부족하면 그만큼 백성들로부터 신뢰를 받지 못하며 위정자가 말을 함부로 하지 않고 그 功을 이루면 백성들은 다 자기가 저절로 그렇게 되었다고 생각한다."34)

고 하여 노자는 인욕과 사욕이 배제된 무위자연의 道에 따라 정치를 하게 되면 최고 帝王으로서 無爲의 治를 실천하는 인물이 된다는 것이다. 또 노자는 자연의 道를 체득한 不爭의 德을 소유한 성인이라야만 無知無欲한 정치를 할 수 있다고 본다.

"나라를 다스리는 데는 正道로써 하고 군대를 움직이는 데는 奇道로써 한다고 하는데 천하의 지배자가 되기 위해

---

33) 『老子』'德經' 第37章, "道常無爲而無不爲.".
34) 同書, 第17章, "太上 下知有之 其次 親而譽之 其次 畏之 其次 侮之. 故 信不足焉 有不信焉. 悠兮 其貴言 功成事遂 百姓 皆謂我自然.".

서는 無爲無事로써 하는 것이다. 내가 그것을 어떻게 아느냐 하면 無爲無事의 道에 의해서 그것을 안다. 이 세상에 금령을 많이 선포할수록 도리어 백성은 점점 가난해지고, 백성들에게 문명의 이기가 보급될수록, 나라는 도리어 점점 혼란에 빠진다. 백성들의 기술이 발달할수록, 기묘함을 뽐내는 물건들이 많이 만들어지고 법령이 정비되면 될수록 도둑은 더 증가된다. 그러므로 성인은 이와 같이 말하는 것이다. 내가 무위이면 백성은 저절로 교화되고 내가 청정을 좋아하면 백성은 저절로 바르게 되고, 내가 무사의 태도를 견지하면, 백성은 저절로 유족해지고, 내가 무욕하면 백성은 저절로 순박해진다."[35]

라 하여 무위자연의 도를 체득한 성인의 정치가 가져온 정치적 결과를 설명한 것인데 인간적인 작위를 버리고 본래 無事의 지배임을 분명히 한 청정무욕의 정치를 말하고 있다. 그리고 다음은 무위자연의 도를 체득한 성인이 無知·無欲·無爲로써 세상을 다스리는 방법을 제시하고 있다.

"賢能한 사람을 숭상하지 않으면 백성들로 하여금 다투지 않게 하고, 얻기 어려운 재화를 귀하게 여기지 않으면 백성들로 하여금 도둑질하지 않게 하며, 갖고 싶어하는 것을 보이지 않으면 백성의 마음으로 하여금 어지럽게 하지 않을 것이다. 이 까닭에 聖人의 다스림은 그 마음을 비게 하여 그 배를 채우고, 그 뜻을 약하게 하여 그 뼈를 굳세

---

35) 同書, 第57章, "以正治國 以奇用兵 以無事取天下 吾何以知其然哉 以此. 天下 多忌諱 而民彌貧 民多利器 國家滋昏 人多伎巧 奇物滋起 法令滋彰 盜賊多有. 故 聖人 云 我無爲而民自化 我好靜而民自正 我無事而民自富 我無欲而民自樸.".

게 한다. 그리하여 아무 것도 하지 않게 한다. 다만 무위
를 하면 다스려지지 않는 법이 없다."36)

라고 하여 성인이 백성을 다스리는 방법은 백성들로 하여
금 얄팍한 知를 구하는 마음을 비게 하고 차지하려는 욕망
의 뜻을 약하게 하여, 신체적 강건을 하는 동시에 노자의
무위자연의 道를 체득하려는 마음을 갖추어서 언제나 백성
들로 하여금 無知・無欲의 상태에 두어, 知者로 하여금 감
히 활동하지 못하게 하는 것이다. 따라서 무위자연의 도를
체득한 성인인 위정자가 무위의 정치를 하게 되면 천하는
저절로 잘 다스려지게 될 것이다. 이 장을 후세인들은 노
자의 愚民政治라고 한다. 무지・무욕한 백성이 되면 사리
사욕과 명리에 미혹되지 않고, 자연스럽게 다스려 질 수
있는 정치관을 말한 것이다.

　　"학문을 하면 지식이 날로 늘어가지만, 道를 닦으면 갖
　　고 있는 지식이 도리어 감소된다. 감소되고 감소되어 더할
　　수 없이 감소되면 無爲의 경지에 이르는데 이 무위의 道로
　　써 하면 천하만물 어느 것이나 성취되지 않는 것이 없다.
　　예를 들면 천하를 취하려면 항상 무사하게 해야 하는 것인
　　데 무사치 못하고 일을 꾸미게 되면 천하를 취할 수 없는
　　것이다."37)

---

36)『老子』'道德經', 第3章. "不尙賢 使民不爭 不貴難得之貨 使民不爲
　　盜 不見可欲 使民心不亂. 是以 聖人之治 虛其心 實其腹 弱其志 强
　　其骨. 常使民 無知無欲 使夫知者 不敢爲也 爲無爲 則無不治.".
37) 同書. 第48章. "爲學日益 爲道日損 損之又損 以至於無爲 無爲而無
　　不爲. 取天下 常以無事. 及其有事 不足以取天下.".

라 하여 무위자연의 상태로 돌아가야만 '無爲則無不治'할
수 있음을 전개하고 있다. 그리고 또한 寡知·寡欲의 처
세를 강조하고 있다. 다음은 도를 체득한 성인이 자기를
겸허하게 하여 일체를 무심하게 받아들이는 태도를 설명
하기를,

> "성인은 常心이 없고 백성의 마음으로 마음을 일삼는다.
> 선한 자를 나도 이를 선하다 하고 불선한 자도 나는 이를
> 선하다고 한다. 덕은 선하기 때문이다. 信이 있는 자를 나
> 는 이를 신이라 하고, 불신한 자도 나는 또한 이를 신이라
> 한다. 덕은 신이기 때문이다. 성인이 천하에 대한 태도 아
> 무것에도 집착하지 않는 마음으로 천하를 위하여 자기 마
> 음을 혼돈케 하여 천하 만민의 이목이 자기에게 집중되어
> 도 성인은 그들을 모두 마치 어린애처럼 無知·無欲의 상
> 태로 만든다."38)

라 하여 무위자연의 도를 체득한 성인은 세속적인 입장의
선·불선 또 신의 있는 인간, 신의를 지키지 않는 인간도
다같이 수용해서 무위자연의 도에 혼일화해가는 노자의 愚
民政治의 일면을 볼 수 있었다. 다음으로 우민정치의 일면
인 悶悶政治를 살펴보자.

> "위정자가 悶悶하여 대범한 정치를 하면, 백성은 순박하
> 게되고, 위정자가 察之하면 그 백성의 순박성이 결여된다.

---

38) 同書, 第49章, "聖人 無常心 以百姓心 爲心 善者 吾善之 不善者 吾
亦善之 德善. 信者 吾信之 不信者 吾亦信之 德信. 聖人在天下 歙歙
爲天下渾其心 百姓 皆注其耳目 聖人 皆孩之."

禍는 福의 의지하는 바요, 福은 禍가 잠복하는 곳이라고 한
다. 어느 누구도 그 극한점을 모른다. 이 세상에는 절대적
으로 정상적인 것은 없는데 정상적이라고 하는 것도 사실
은 비정상적인 것이 되고, 훌륭하다고 하는 것도 사실은 괴
상한 것으로 변한다. 따라서 인간이 이 상대의 진리를 상실
한 것은 지금 시작된 것이 아니고 훨씬 이전부터이다. 그러
므로 무위자연의 聖人은 자기가 방정하다고 해서 남을 거
기에 알맞도록 규정하지 않고 자기가 염결하다고 해서 그
표준에 이르지 못했다고 남을 헐뜯지 않는다. 자기가 直하
다고 해서 제멋대로 하지도 않고, 자기의 영지의 빛이 빛난
다고 해서 그것을 외부에 나타내어 자랑하지 않는다."39)

라고 하여 성인으로서의 위정자의 우민정치의 단면을 설명
한 것으로 노자는 悶悶의 정치를 주장했는데 이것은 명쾌
하게 사리를 따져서 이론적으로 논리적으로 해결해가려는
찰찰의 정치 즉 지적작위를 중하게 생각하는 정치에 상대
한 말이다. 그래서 노자는 無知·無欲한 백성이 되면 저절
로 다스려질 수 있다고 보았다.

"국가 통치의 인위적인 제도 규범을 제정하는 성인·현
인의 지혜를 끊어 버려야만 일반 백성들의 복리가 증진되
는 것이고 仁을 끊고 義를 버리면 일반 백성들이 孝慈에
돌아가며, 巧를 끊고 利를 버리면 도둑이 있지 않다. 이
三者는 그러니까 文章이 부족하다고 본다. 그러므로 소속
하는 곳이 있게 해야 하는데 素를 나타내고 樸을 지니며

39) 同書, 第58章. "其政悶悶 其民淳淳 其政察察 其民缺缺. 禍兮福之所
倚 福兮禍之所福 孰知其極 其無正. 正復爲奇 善復爲妖 人之迷 其
日固久. 是以 聖人 方而不割 廉而不劌 直而不肆 光而不耀.".

私를 적게 하고 欲을 적게 하는 것이다.”40)

라 하여 백성들로 하여금 聖·智·仁·義 등의 작위적인 논리관 즉 유가의 인위적인 것을 끊어 버리고 無欲하고 소박한 무위자연 상태로 돌아가야 함을 강조한 내용이다. 또 노자는 柔弱謙下의 처세를 정치론으로 전개하였다.

"大國은 말하자면 큰 강의 하류이다. 천하만물이 모이는 곳이며, 온 세상이 모두 사모하는 위대한 여성이라고도 할 수 있다. 여성은 언제나 가만히 있으면서도 남성을 이기는데, 그녀는 고요히 낮은 데에 만족한다. 그러므로 대국은 가만히 있으면서 소국에게 겸손하면, 소국의 신뢰를 획득할 수 있고, 소국은 또한 가만히 있어서 대국에게 겸손하면, 대국의 신뢰를 얻을 수 있다. 그러니까 겸손하여 소국의 신뢰를 얻기도 하고 낮은데 만족하여 대국의 신뢰를 얻기도 한다. 대국은 소국을 지배하여 그 모든 인민을 아울러 기르기를 바라고, 소국은 대국의 지배하에 들어가 그 나라를 섬기려는 것이다. 그러므로 이 대국·소국 양편이 원하는 바를 이루기 위해서는 먼저 대국이 겸손하면 되는 것이다.”41)

라 하여 노자는 여기서 '以牝勝牡'의 정치, '以靜爲下'의 정

---

40) 同書. 第19章. "絶聖棄智 民利百倍 絶仁棄義 民復孝慈 絶巧棄利 盜賊無有. 此三者 以爲文不足. 故 令有所屬 見素抱樸 少私寡欲.".

41) 同書. 第61章. "大國者 下流 天下之交 天下之牝. 牝常以靜勝牡 以靜爲下. 故 大國 以下小國 則取小國. 小國 以下大國 則取大國. 故 或下以取 或下以取. 大國 不過欲兼畜人 小國 不過欲入事人 夫兩者 各得其所欲 大者 宜爲下.".

치 지배술을 제시하여 謙下의 처세를 곁들인 정치관을 설
명하고 있다.

 그렇다면 노자의 이상사회에 있어서 무위자연의 정치 사
상에 대한 구현은 어떤 세계로 나타날 수 있을까?

> "작은 나라에 소수의 국민. 여러가지 문명의 이기가 있어
> 도 사용하지 않게 하고 백성들에게 생명을 소중하게 여겨
> 멀리 이주하지 않도록 한다. 이리하여 배나 수레가 있어도
> 그것을 타는 일이 없고, 무기가 있어도 그것을 진열하지 않
> 는다. 백성들에게 다시 옛날처럼 새끼를 맺어서 약속의 표
> 시로 삼게 하고 자기 음식을 맛나게 먹고, 그 의복은 좋다
> 고 생각하여 입고, 자기 주거에 정착하고, 그 습관을 즐기
> 게 한다. 이리하여 이웃나라가 건너편에 보이고, 닭이나 개
> 짖는 소리가 들릴만치 가까운 곳에 있어도 백성들은 늙어
> 죽을 때까지 남의 나라에 왕래하는 일이 없다."42)

라 하여 노자의 이상사회를 표현한 문장으로 유명하다. 노
자의 이상사회는 명색이 나라라고 하지만 지역은 좁고 인
구는 적어서 나라라기 보다 촌락 공동체라고 보아야 한다.
無知·無欲한 사람들로 구성된 촌락공동체는 자연의 상태
를 보존하기 위하여 문명의 이기·지식·기술 등을 근절하
고, 이주도 하지 않고 왕래도 끊고 거기서 나서 거기서 죽
어, 한평생 그곳을 떠나지 않는 완전히 외부사회와 차단된

---

42) 同書, 第80章, "小國寡民 使有什伯之器 而不用 使民重死 而不遠徙.
   雖有舟輿 無所乘之 雖有甲兵 無所陳之 使人復結繩而用之 甘其食 美
   其服 安其居 樂其俗. 隣國 相望 鷄犬之聲 相聞 民至老死 不相往來.".

사회인데, 이 공동체는 남한테서 침범을 받지도 않으며 지배자도 또한 통제나 간섭을 가하지 않는다. 생각컨대 노자적 성인은 어디까지나 無爲·無欲·無知함으로 단위 공동체의 자치에 맡기고 자기는 단지 그 대표자로서의 지위에 있게 된다.43) 이렇게 함으로서 영구한 평화를 유지할 수 있다는 것이다. 이것이 무위정치의 응용이며, 無事로써 천하를 유지할 수 있다는 것이다. 무조건 촌락 공동체를 그대로 방임하는 것이 아니라 무위자연의 도가 虛靜·無爲·無欲하기 때문에 통치자도 虛靜·無爲·無欲한 자세로 촌락 공동체를 무위로 통치하는 것이다. 그것이 바로 無爲而無不爲로서의 聖人 통치라 볼 수 있다.

Ⅲ. 結 論 - 現代的 意味

이상에서 논술한 바와 같이 노자의 본체론은 무위자연의 道이다. 이 도는 절대의 도로서 변함이 없는 상도임을 알았다. 그리고 또한 노자의 사상은 춘추전국시대의 어지러운 사회 현상을 잘 타개하여 바람직한 정치사회를 실현하려는 노력의 일환으로 성립된 것으로 그 사상의 대부분이 바람직한 성인통치에 관한 묘사들이다. 이 같은 무위자연의 이상적 정치는 노자의 사상 전체를 요약 설명하는 도에 그

---

43) 『老子』「道德經」, 盧台俊 譯解 , 홍신문화사, 1999, p. 255. 參照.

기저를 두는 것으로, 도의 본체적 속성에 일치되고 있는 것이다.

노자에게 도는 우주만물의 생성변화의 주재자로서 만물의 근원이자 운용자인 것으로 볼 수 있다. 이러한 도가 만물에 구현된 것이 덕이다. 노자는 무위자연의 도를 체득한 성인이 통치할 때 가장 이상적인 정치가 구현될 수 있다고 한다.

이상적 통치자인 성인은 무위자연의 원리에 입각하므로 백성들은 성인의 존재조차 모르지만 저절로 모든 통치가 이루어지게 된다는 것이다. 이렇게 성인의 명덕이 백성을 통치하는 정치에 실현될 때, '無爲而無不爲'하게 된다는 것이다. 즉, 작위나 인위적인 통치를 하지 않고, 소박하고 순박한 자연의 도에 따라 통치하게 되면 통치되지 않는 것이 없게 된다는 것이다. 따라서 노자의 성인통치론은 도의 원리인 무위자연에 입각한 우주자연의 순리에 부합하는 인간본성의 실현이라 할 수 있다.

또한 노자 철학사상은 인위적인 것을 부정함으로써 더 큰 긍정을 가져오고자 하는 것이 그 핵심이 되는 것이다.

그래서 도덕경 19장에 성인도 끊고 얄팍한 지혜도 버리면 民利가 백배가 되고 仁을 끊고 義를 버리면 백성은 孝慈에 復歸한다는 것(絶聖棄智 民利百倍 絶仁棄義 民福孝慈)이다. 유가에서 가장 바람직한 인물은 성인이요, 仁者인데 이것조차 끊어버리라는 것은 인위적인 성인, 인위적인 仁者를 거부한 것이다. 성인이면 표리가 같은 성인이 되어야 하고, 인자면 표리가 같은 인자가 되는 것을 요청하고 있는 것이다. 그러므로 노자는 작위없는 무위자연의 도를 체득한 內聖外王의 덕으로 통치할 때 표리가 일치된 정치가 실현될 수 있다는 것이다. 즉, 통치자가 無爲로써 다스리면 백성은 자연히 조화가 되고 통치자가 虛靜을 좋아하면 백성은 자연히 바르게 되고, 통치자가 無事를 주로 하면 백성은 자연히 부하여지고, 통치자가 無欲하면 백성은 자연히 소박하게 된다고 하였다.

현대 오늘날 사회의 병폐가 물질문명의 발달에 따른 정신의 황폐화에 있다. 이에 물질주의로 흘러 拜金, 崇金主義 사상이 만연되어 짐에 따라 실리지상주의가 팽배되어 인간성을 잃게 된 것이 오늘날 현대이다. 더구나 현대정치의 목표가 될 바람직한 삶의 회복은 자취를 감추게 되어 정치가의 윤리관·철학관은 찾아 볼 수 없는 현실에, 노자의 무위자연의 도를 체득한 성인의 통치를 재조명함으로써 이를 치유할 수 있는 청량제 역할을 할 수 있으리라 믿는다.

參 考 文 獻

· 金學主,「老子와 道家思想」, 서울, 太陽出版社, 1978.
· 金恒培,「老子哲學의 研究」, 서울, 思社研, 1986.
· 盧台俊,「新譯老子(道德經)」, 서울, 弘新文化社, 1979.
· 朴異汶,「老莊思想」, 서울, 文學과 知性社, 1982.
· 宋昌基 · 黃秉國(共編),「老子와 道家思想」, 서울, 文潮社, 1988.
· 崔廉烈,「老子哲學」, 서울, 教文社, 1984.
· 馮友蘭,「中國哲學史」, 鄭仁在譯, 서울, 螢雪出版社, 1984.
· 黃秉國(編),「老莊思想과 中國의 宗教」, 서울, 文潮社, 1987.
· 김한식,"政治學과 政治思想의 關係",「한국정치학보 24집 특별호」, 1990.
· 顧寶田,「先秦哲學要籍選釋」, 吉林, 吉林大學出版社, 1988.
· 高 亨,「老子正詁」, 中國書店, 1988.
· 勞思光,「中國哲學史」, 臺北, 三民書局股份有限公司, 中華民國 70年.
· 唐君毅,「哲學概論」, 臺北, 學生書局, 1989.
· 楊伯峻,「老子 · 莊子 · 列子」, 湖南, 岳麓書社, 1989.
· 余培林,「老子讀本」, 臺北, 三民書局股份有限公司, 中華民國 71年.
·「老子」臺北, 時報文化出版事業有限公司, 中華民國 72年.
· 馮友蘭,「中國哲學史新編」, 北京, 人民出版社, 1984.
· 許大同,「老子哲學」, 臺北, 五洲出版社, 中華民國 66年.
· 張揚明,「老子學術思想」, 臺北, 黎明文化事業公司, 中華民國 66年.
· 金能根,「中國哲學史」, 서울, 獎學出版社, 1984.

莊子 哲學思想[*]

I. 序 論

莊子의 전기는 『史記列傳』에서 찾아 볼 수 있는데 그 기록에 의하면,

'장자란 인물은 蒙人으로 名은 周요 字는 子休이다. 일찍이 蒙의 漆園城의 小吏로 있었다. 梁惠王과 齊宣王과의 동시대이며 맹자와 같이 戰國初期에 활동한 인물이다. 그의 학문은 규명하지 않은 것이 없을 정도로 박식하였다. 그러나 그 기본 사상은 노자의 설에 귀속되어 있다. 그의 저서는 十餘萬言이나 되었는데 대체로 寓話를 많이 썼다.'[45)]

---

*이 논문은 2001년도 성신연구논문집 제37집에 게재되었음.

45) 『史記 老莊申韓列傳』卷63. '莊子者 蒙人也 名周 周嘗爲蒙漆園吏 與梁惠王 齊宣王 其學無所不窺 然其要本歸於老子言 其著書十餘 萬言也.'

라고 하였으니, 전국 초기의 인물로써 맹자와 같은 시대에 활동한 인물이라는 것을 알 수 있으며 그의 학문은 해박하고 그의 사상은 주로 노자의 학술을 이어받았음을 알 수 있다. 노자의 저서는 漢志에 五三篇이 있었다 하나 晉의 郭象은 이를 內篇七 外篇十五 雜篇十一 등 33편으로 산정하였다. 이것이 현존하는 『장자』이다.

內篇七은 장자의 眞作으로서 文詞가 웅건하고 절묘하며 사상이 활대하고 심원하다. 외편과 雜篇은 장자의 文과 그 朋人의 글을 混收한 것으로서 내편 노자 및 열자의 主意를 敷演한데 불과하다. 『장자』 33편 중에 十餘萬言은 주로 도덕을 밝히고 인의를 경시하고 사생을 一如로 보고 是非 齊一로 하고 虛無恬澹 寂寞無爲를 논하였다.[46)]

장자가 말하는 본체 즉 도는 노자의 무위자연의 도를 부연한 것으로써 이 도는 우주내의 어떤 물에든지 존재하므로 우리 안전에 전개되어 있는 삼라만상은 다 도의 현상이다. 道外에 萬有가 없고 萬有外 도가 없다. 도의 발현이 만물이므로 도는 만물을 생성한다고 할 수 있다. 만물은 도로부터 顯하고 도에 隱한다. 도는 절대무차별이며 스스로 本이 되고 스스로 根이 된다. 도는 시공간을 초월하며 삼라만상에 無所不在인 것이다. 이 같은 본체적인 도는 無爲無形이지만 본체의 寂靜으로부터 발동하는 性이 있고 信이 있다라고 『장자』 大宗師篇에서 말하고 있다.

이와 같이 장자는 노자의 虛無·虛靜·無爲思想을 계승

---

46) 「中國哲學史」, 金能根, p. 117. 參照.

하였으므로 그의 인생관은 萬物齊同사상에서 찾아 볼 수 있다. 이 세상은 무위자연의 道의 입장에서 볼 때 善惡·美醜·大小·長短 등의 선별적 가치관이 있을 수 없다는 것이다. 이와 같은 선별적 가치관은 인간의 입장에 얽매이는 데서 생겨났다는 것이다. 본래 그런 것이 있는 것이 아니라 인간이 빚어낸 환상·착각 같은 것이라고 보았다. 그러므로 그런 인간의 입장을 떠나서 무위자연의 소박하고 純一無雜한 도에 합치할 것을 요청하고 있다. 그리고 인위를 떠나 무선별 절대의 세계인 도의 세계에 들어갈 때 미추·대소·장단·선악 따위의 모든 선별이 없어지고 모든 것이 평등함을 발견하게 될 것이다. 그것이 만물제동의 경지라는 것이다.

이런 상태에 도달한 자를 至人·神人·聖人 또는 眞人이라고 부른다. 이와 같은 목표를 달성하려면 일체의 편견을 버리고 무위자연과 자유평등을 누리는 자라야만 가능한 것이다. 그리고 또한 작위없는 무위자연의 도를 체득한 內聖外王의 덕으로 통치할 때, 표리가 일치된 사회가 이룩된다는 것은 노자가 주장하는 설과 같은 점이다. 즉, 통치자가 무위로써 다스리면 백성은 자연히 조화가 되고, 통치자가 虛靜을 좋아하면 백성은 자연히 바르게 되고, 통치자가 무위로 주도하면 백성을 자연히 富하게 되고 통치자가 무욕하면 백성은 자연히 소박하게 된다는 것이다.

이상과 같은 취의를 살려 본론에서는 먼저 장자의 철학적 본질에서는 무위자연의 도에 대한 개념과 만물제동 사상을 구명하고, 철학적 구현에서는 인륜사상과 성인통치론을 재조명함으로써 현대적 의미를 밝히고자 한다.

Ⅱ. 哲學思想의 本質

1. 本體로서의 道

동양사상에 있어서 도의 문제는 크게 두 가지로 나눌 수 있다. 하나는 유가에 있어서의 孔孟의 도이고 하나는 도가에 있어서의 老莊의 도이다. 유가의 도는 인로의 도로써 인간의 윤리적인 도라 할 수 있고, 노장의 도는 천지자연의 도로서 우주본체론적 입장을 말하고 있다. 장자의 도는 노자의 도를 기초로 하여 발전·전개하였기에 먼저 노자의 도를 알아보기로 하겠다.

우주의 본체가 되는 노자의 도는 상대적인 도를 초월한 영구불변의 常道로서 無名이다. 따라서 무명은 천지의 처음이다. 그런데 우리가 위에 있는 것은 天이라 하고 아래에 있는 것은 地라 하여 천지라고 하는 有名은 만물을 생성하기 때문에 천지는 만물의 어머니라 하겠다. 우주의 본체가 되는 도는 순박한 자연이므로 무욕함으로써만 우주의 본체의 묘용을 볼 수 있다는 것이다.[47] 노자의 도는 우리

---

47) 『老子』第1章, "道可道 非常道 名可名 非常名 無名天地之始 有名萬物之母 常無欲以觀其妙 常有欲以觀其徼 此兩者 同出而異名 同謂

의 오관으로 지각할 수 없다. 보고자 하여도 보이지 않으므로 夷라 한다. 듣고자 하여도 들리지 않으므로 希라 한다. 붙잡으려 하여도 잡혀지지 않으니 微라 한다. 도의 본체는 夷·希·微라 하여 우리의 오관으로 감지할 수 없는 존재이므로 그 궁극을 구명할 수 없고 오직 혼연히 하나로 된 어떤 무엇이 있다고 추론할 따름이다. 그러므로 無狀도 狀이요 無象의 象이므로 형이상자라 할 수 있다. 그것이 곧 노자의 도이다.[48]

이와 같이 노자의 도는 인간의 감각에 의하여 파악하기 어렵기 때문에 無라 한다. 無가 곧 우주의 본체인 것이다. 이 같은 무위자연의 도를 요약하면 다음과 같다.

(一) 도는 실존이며 만물의 終極原理이며 만물의 근본이며 一郞 절대자이다.
(二) 도는 만물 위에서 활동하나 만물과 이탈하지 않는다. 즉 초월적이며 周行遍滿하고 있다.
(三) 도는 유가의 上帝·皇天 등 인격적 神이 아니고 상제이전의 존재로서 비인격적 성격을 가지고 있다.
(四) 도가 만물을 生하는 현상은 유출적인 것이고 창조적인 것이 아니다.
(五) 道가 표면적으로 볼 때는 寂然不動하여 전혀 무위

之玄 玄之又玄 衆妙之門.".
48)『老子』第14章. "視之不見 名曰夷 聽之不聞 名曰希 搏之不得 名曰微 此三者 不可致詰 故混而爲一…是謂無狀之狀 無象之象 是謂惚恍.".

로 보이나 이면적으로는 끊임없이 활동하고 있다. 즉 도의 體는 무위이나 그 用은 활동적이라 할 수 있다.[49]

장자의 도는 노자의 도의 개념을 구체화한 무위자연의 도라 할 수 있다. 그래서 노자나 열자와 같이 道一元論으로 無로써 그 본체로 하고 있다. 장자가 말하는 도의 개념은 자연의 법칙이란 의미를 초월한 만물근원으로서 실체개념으로 볼 수 있다.

'도란 그것이 실재한다는 확실한 진실성을 가졌으면서도 어떤 의식적인 활동을 하는 것도 아니고 또 형태도 없는 존재이다. 그것은 마음에서 마음으로 전달되기는 해도 형태 있는 것으로써 손에 받을 수 없다. 이것을 체득할 수는 있어서 이것을 눈으로 보지는 못한다. 그것은 자기 자신 속에 존재의 근거를 갖고 천지가 아직 생기기 이전인 太古로부터 존재해 있었다. 그것은 귀신이나 천제에게 신령스러운 힘을 주고 하늘과 땅을 만들어 낸 것이다. 하늘의 정점인 태극위에 놓아도 높지 않고 태극(천지와 사방)의 아래에 두어도 깊지 않다. 천지보다 이전에 생겼건만 장구하지도 않고 태고보다도 오래 되었건만 늙지도 않는다.'[50]

라고 하였다. 장자의 도는 우리의 오관으로 인식할 수 없

---

49) 『中國文學史』, 金能根, 獎學出版社, 서울, 1984, p. 99. 參照.
50) 『莊子』'太宗師篇', "夫道 有情有信 無爲無形 可轉而不可受 可得而不可見 自體自根 夫有天地 自古以固存 神鬼神帝 生天生地 在太極之先而不爲高 在太極之下而不爲深 先天地生而不爲久 長於上古而不爲老.".

는 우주의 본체로서 만물을 생성소멸하면서 변화시키는 근본적 원리를 도라고 할 수 있다. 도는 무위임으로 마음으로 느껴서 전달되기는 해도 無狀의 狀으로 전달받을 수 없다고 했다. 이 도는 上古로부터 존재하여 그 작용은 귀신이나 상제에게까지 미치고 있다는 것이다.

장자와 東郭者의 대화 속에서 도가 無所不在임을 찾아볼 수 있다.

> '동곽자가 장자에게 도란 어디에 있는가 라고 물었을 때 없는 곳이 없다고 대답하였다. 좀더 확실히 말해 달라고 하였다. 장자는 보잘 것 없는 하등동물에 있을 수 있느냐고 반문하였다. 이에 장자는 도는 稊稗(가라지)에 있다고 대답하였다. 동곽자는 도가 어찌 하등식물보다도 못한 그런 곳에 있으랴고 하였다. 이에 장자는 도는 瓦甓(기와 · 벽돌)에 있다고 하였다. 또 더 심하게 尿溺(오줌)에 있다'[51]

라고 하였으니 도는 어디에서도 있으며, 그 도는 형체를 초월하고 있기 때문에 언어로 표현할 수 없음을 알 수 있다. 이러한 도는 태초의 無로서 우리의 오관으로 느낄 수 없고 오직 마음으로 감지할 뿐이라는 것이다.

장자는 천지만물을 생성유지할 수 있고 작용할 수 있는 지극한 원리를 도라 하였고 그것은 純一無雜하며 말로 표

---

51) 같은 책, '知北遊篇', "東郭者 問於莊子曰 所謂道 惡乎在 莊子曰 無所不在 東郭者曰 期而後可 莊子曰 在螻蟻 曰何其下邪 曰在稊稗 曰下其愈下邪 曰在瓦甓 曰下其愈甚邪 曰在尿溺."

현할 수 없는 것이다.

　　'無始는 도는 들을 수 없으니 들을 수 있는 것은 도가
　　아니다. 도는 볼 수 없으니 볼 수 있는 것은 도가 아니다.
　　도는 말로 표현할 수 없으니 말로 표현할 수 있는 것은 도
　　가 아니다. 形이 形되게 하는 것은 形이 아님을 알겠는가?
　　도는 이름해서는 안된다.'52)

라고 하였다. 도는 언어로써 표현할 수 없는 無狀之象으로
서 無名이라는 것이다. 장자는 도를 無 또는 無有로 표현
하고 있다. 이 無는 속세의 상대적인 有無의 無와는 구별
하고 있는 이 無는 절대자로서의 無이다.

　　'만물은 無有에서 나온다. 즉 有는 有에서 생겨나 有가
　　될 수 없고 반드시 無有로부터 생겨나야 한다.'53)

라고 하였다. 이와 같이 장자는 有는 만물을 상징하고 無
는 만물을 만물되게 하는 所以然之理로서 실체라 할 수 있
다. 이 같은 도로서 無는 형이상학적 無로서 시공간을 초
월한 자연의 대문으로서 無有이다.

　　52) 『장자해』「知北遊篇」, 왕무지, "无始曰 道不可聞 聞而非也 道可不
　　　　見 見而非也 道不可言 言而非也 知形形之不形乎 道不當名.", pp.
　　　　191~192.
　　53) 같은 책, '庚桑楚', "萬物出乎無有 有不能而有爲有 必出乎無有 而無
　　　　有一無有.", p. 197.

2. 萬物齊同思想

장자는 인생의 가치관 문제는 상대적 평가에서 이루어진다고 보았다. 차별적인 우리 가치 문제는 대소·선악·장단·미추·시비 등의 가치관을 생각해 볼 수 있다. 그러나 장자는 상대적 가치가 사실은 모두 무위자연의 도로서 인식을 못하는데서 생긴 것일 뿐, 실제로는 절대무차별임을 말하고 있다.

'그러면 도는 무엇에 뒤덮여 진위의 구분이 생기는 것일까? 언어는 무엇에 뒤덮여 是와 非의 대립을 낳는 것일까? 도는 어디를 간대도 존재해야 할 것이며 언어는 어디에 있어서나 타당해야 할 것이 아닌가? 그러나 그것이 그렇지 못함은 무슨 까닭인가? 도는 작은 성공을 바라는데서 숨겨지고 언어는 화려함을 추구하는 논의 속에서 잃는 것으로 인정된다. 그러므로 유가와 묵가의 시비가 생겨나 남이 그르다한 것을 옳다 하고, 남이 옳다 하는 것을 그르다 하려 하면 시비의 대립을 넘어선 밝은 지혜로 비추어 보는 것이 상책일 것이다.'54)

라고 하였다. 묵가와 유가는 서로 자기가 옳고 상대가 그르다고 논쟁을 벌이고 있다. 그러나 시비의 주장은 모두 자기 입장의 이기심에서 나오는 판단인 것이다. 각자의 주

---

54) 같은 책, '齊物論篇', "道惡乎隱而有眞僞 言惡乎隱而有是非 道惡乎往而不存 言惡乎存而不可 道隱於小成 言隱於榮華 故儒墨之是非 以是其所非 而非其所是 欲是其所非而非其所是 則莫若以明.".

장을 해나간다면 논쟁은 끝이 없게 된다. 장자는 시비란 대립의 입장을 넘어선 무위자연의 소박한 도를 체득한 지혜로 비추어 판단해야 함을 시사하고 있다. 그리고 또 장자는 일반적으로 모든 개념이 상대적임을 밝히면서 진정한 도는 상대성을 초월해야 함을 밝히고 있다.

'모든 사물은 '그'라고 부르지 못할 것이 없고, 또 '이것'이라 부르지 못할 것이 없다. 자기를 떠나 '그'의 처지에서는 보이지 않는 것도 자기의 입장에서는 환히 이해하게 된다. 그러므로 '그'라는 개념은 '이것'이 있기에 생겼고 '이것'이라는 개념은 '그'가 있기에 생겼다고 말할 수 있다. 즉 '그'와 '이것'은 상대적 개념이다. 상대적인 것은 여기에 그치지 않는다. 生에 대립하여 死가 있고, 死에 대립하는 것으로 生이 있다. 可에 대립하여 不可가 있고, 不可에 대립하여 可가 있다. 옳은 것에 기인하여 그른 것이 있고, 그른 것에 기인하는 것으로 그른 것이 있고, 그른 것에 기인하는 것으로서 옳은 것이 있다. 그러므로 聖人은 이런 상대적 입장에서 서지 않고 人爲를 초월한 자연의 입장에서 사물을 보는 것이다. 이것이야말로 是非의 상대성을 넘어선 진정 옳은 입장에 입각한 것이라 할 것이다.'[55]

라고 하였으니, 이와 같이 절대의 입장에서 관찰해보면 '이것'도 바로 '그'요, '그'도 '이것'과 같이 된다는 것이다. '그'

---

[55] 같은 책 '齊物論篇', "物無非彼 物無非是 自彼則不見 自知則知之 故曰彼出於 是亦因彼 彼是方生之說也 雖然 方生方死 方死方生 方可方不可 方不可方可 因是因非 因非因是 是以聖人 不由而照之於天 亦因是也 是亦彼也 是亦是也 彼亦一是非 此亦一是非 果且有彼是乎哉 果且無彼是乎哉".

와 '이것'이라는 개념은 입장만 바꾸면 역전하는 성질의 것이라면 과연 '그'와 '이것'이라는 개념이 처음부터 있다고 할 수 없다. 이와 같은 '이것'이니 '그'니 하는 대립이 해소된 경지를 道樞라고 한다.[56]

그러나 문짝의 지도리(樞)는 고리 속에 끼어짐에 따라 무수한 방향으로 작용을 발휘할 수 있듯이 무위자연의 道樞도 마찬가지로 無窮에 작용한다. 또한 이 같은 절대적인 입장에 서게 되면 옳다는 것과 그르다는 개념은 무궁한 변화중의 하나로서 그 자체로서의 존재를 상실하게 된다는 것이다. 그러므로 모든 시비 판단은 무위자연의 도를 체득한 밝은 지혜로 판단하는 것이 상책이라는 것이다. 이와 같이 상대의 개념을 초월하여 진정한 절대적 도의 입장에서 밝혀야 사물에 대한 개념이 齊同될 수 있다는 것이다. 또한 차별과 대립의 세계 속에 살고 있는 우리는 절대의 세계에서의 입장을 잘 모르고 있다. 절대적 입장에서 볼 때 차별과 대립은 있을 수 없으며 모든 것은 평등하고 무차별하며 '하나'인 것이다. 그러므로 차별의 세계를 벗어나 物我一體가 될 때 곧 만물제동이 되는 것이다. 이와 같은 상황을 장자는 다음과 같이 설명하고 있다.

  '세상 사람들은 절대 무차별한 道에서 사물을 보지 못하고 可한 것을 可하다고 하고 不可한 것을 不可하다고 여기

---

56) 같은 책 '齊物論篇', "彼是莫得其偶 謂之道樞 樞始得其環中 以應無窮 是亦一無窮 非亦一無窮也 故莫若以明.".

고 있다. 그런 판단의 기준은 어디에 있느냐 하면 마치 행인들의 통행에 의해 길이 이루어지듯 세상의 관습에 따르고 있을 뿐이다. 그러면 그들은 무엇을 '그렇다'고 긍정하는 것일까? 남들이 관습적으로 그렇다고 긍정하는 것을 자기도 긍정하고 있는 것뿐이다. 무엇을 '그렇지 않다'고 부정하는 것일까? 남들이 '그렇지 않다'고 부정하는 것을 자기도 부정하고 있을 것이다. 그러나 앞에서 道樞의 입장에서 생각해 본다면 어떠한 사물에도 반드시 '그렇다'고 긍정해야 할 점이 있으며 어떤 사물에도 반드시 可하다고 인정해야 할 점이 있다. 환언하면 어떤 사물이든 긍정 못할 것이 있고 어떤 사물이든 可하다고 인정 못할 것이 없다는 말이 될 것이다. 그 예로서 가로누운 대들보와 세로선 기둥, 문둥이와 서시, 엄청나게 이상한 것과 아주 기괴한 것 따위의 대립을 들어보자. 이와 같은 대립은 결국 사람의 얕은 지혜가 만들어낸 것뿐이며 절대적 입장에서 바라보면 모두 같다고 할 수 있다.'[57]

라고 하였다. 이와 같이 차별의 입장을 넘어 절대적 도의 입장에서 관찰한다면 분산·소멸한다는 것은 그대로 생성한다는 것이 되며 생성한다는 것은 곧 자멸한다는 것이 되고 만다는 것이다. 그러므로 무위자연의 도에 통달한 사람은 밝은 지혜를 가지고 있기 때문에 사물의 생성과 사멸의 차이가 없고 통털어 하나가 된다는 도리를 이해하게 된다는 것이다. 이리하여 도에 통달한 사람은 사람의 시비의 대립을 넘어선 절대의 입장에서 사물을 관찰한다는 것이다.

---

57) 같은 책, '齊物論篇', "可乎可 不可乎不可 道行之而成 物謂之而然 惡乎然 然於然 惡乎不然 不然於不然 物固有所然 物固有所可 無物 不然 無物不可 故爲是擧莛與楹 厲與西施 恢恑憰怪道通爲一.".

또 장자는 미추와 같은 차별적 상대적인 것은 초월하여
자기 자신의 본성을 지키면서 절대적 입장에 있어야 함을
강조하고 있다.

　'미인으로 유명했던 西施는 가슴앓이 병이 있어서 자기
마을에서 언제나 이맛살을 찡그렸다. 그 마을의 추녀가 이
것을 보고 그 어여쁨에 감탄하여 돌아가자 가슴에 손을 대
고 눈썹을 찡그리면서 마을을 돌아 다녔다는 것이다. 그랬
더니 한 마을의 부자들은 차마 못 보겠다 해서 대문을 굳
게 잠그고 나오지 않았고, 가난한 사람들은 처자식을 이끌
고 도망쳐 버렸다고 한다. 그녀는 찡그리는 것을 아름답게
여길 줄만 알고 아름답게 되는 까닭을 알지 못하였다.'58)

라고 하였다. 아름다운 자태를 가진 서시나 추녀는 모두
나름대로 절대적인 본성을 가지고 있다. 추녀는 자기의 본
성을 저버리고 서시의 미에 매혹되어 차별적 관찰에서 미
를 추구 하고자 하였다. 이와 같이 미추 차별의 상대적 관
찰을 떠나 절대적 관찰인 자연의 도에서 관찰한다면 미추
의 구별은 없게 된다는 것이다. 그래서 장오자는 사물을
보는 관점과 상대성에 대하여 그 견해를 말하고 있다.

　'만일 나와 그대가 변론을 한다고 하자. 그대가 나를 이
기고 내가 진다면 그대가 과연 옳고 내가 과연 그른가? 내

---

58) 같은 책, '天運篇, "西施病心而矉其里　其里之醜人見而美之　歸亦捧
心而矉其里　其里之富人見之　堅閉門而不出　貧人見之　挈妻子而去之
走　彼知美矉之所以美".

가 그대를 이기고 그대에 진다면, 내가 과연 옳고 그대가
과연 그른가? 우리 둘 중에 한 사람은 옳고 한사람은 그른
가? 그렇지 않으면 우리들이 다 옳거나 모두 다 그른가?
나도 그대를 알 수 없고 그대도 나를 알 수 없다. 사람들
은 그 무엇에 가리워 알지 못하는데 우리는 누구에게 시비
를 가려 달라고 하겠는가? 만일 그대와 의견이 같은 이에
게 가려 달라고 한다면 이미 그대하고 같은데 어떻게 가릴
수 있을까? 설령 나와 의견이 같은 이에게 가려 달라고 한
다면 이미 의견이 나와 같은데 또 어떻게 공정하게 가릴
수 있을까? 나도 그대도 아닌 다른 이에게 가려 달라고 한
다면 이미 나와도 다르고 그대와도 다른데 어떻게 가릴 수
있겠는가? 만일 나와도 의견이 같고 그대와도 같은 이에게
가리라고 한다면 이미 나와도 같고 그대와도 같은데 어떻
게 공정하게 가릴 수 있겠는가? 그렇다면 나도 그대도 남
도 할 것 없이 모두 다 서로 알 수 없다. 또 그 누구에게
가려 달라고 하겠는가?59)

라고 하였다. 일반적인 관점에 따라 논란하게 되면 올바른
결론에 도달할 수 없음을 시사한 것이다. 그러므로 자연적
입장인 天倪의 경지에서 사물을 본다면 만물은 모두 동일
하다는 것이다. 세상에는 옳다는 의견과 옳지 않다는 의견
들이 대립하고, 그렇다는 의견과 그렇지 않다는 의견이 대

---

59) 같은 책, '齊物論篇', "旣使我與若辯矣 若勝我 我不若勝 若果是也
我果非也耶 我勝若 若不吾勝 我果是也 而果非也耶 其或非也耶 其
俱是也 其俱非也耶 我與若不能相知也 則人固受其黮闇 吾誰使正之
使同乎 若者正之 旣與若同矣 吾能正之 使同乎我者正之 其同乎我矣
惡能正之 使異乎我與若者正之 其異乎我與若矣 惡能正之 使同乎我
與若者正之 旣同乎若矣 惡能正之 然則我與若與人 俱不能相知也 而
得彼也耶.".

립하고 있다. 그러나 이 '옳음'이 진정한 '옳음'이었던들 그
것은 누구에게나 명백한 사실이니까 옳지 않다는 반대의견
은 생겨나지 않았을 것이다. 그러므로 이와 같은 무의미한
차별적 대립을 이 자연적인 입장에 의해 화합시켜 나가는
길이 바로 한계 없는 절대의 세계로 들어가는 길이 된다.
절대의 세계서 사물을 판단하게 된다면 是非 然·不然과
같은 상대의 세계는 사라지고 만물은 동일하다는 것을 알
수 있게 된다.

至人과 같이 일체 무차별적인 절대적 입장에서 서면 피
차의 구별 같은 것은 모두 없어진다. 그래서 장자는 다음
과 같이 말한다.

> '예전에 나는 나비가 된 꿈을 꾼 적이 있다. 그때 나는
> 기꺼이 날아다니는 한 마리 나비였었다. 아주 즐거울 뿐
> 마음에 안 맞는 것은 조금도 없었다. 그리고 자기가 莊周
> 임을 조금도 자각하지 못했다. 그러나 갑자기 꿈에서 깬
> 순간 분명히 나는 장주가 되어 있었다. 대체 장주가 나비
> 된 꿈을 꾸었던 것일까? 아니면 나비가 장주 된 꿈을 꾸고
> 있는 것일까? 장주와 나비는 확실히 별개의 것이다. 그럼
> 에도 불구하고 그 구별이 애매함은 무엇 때문인가 이것은
> 物化라고 한다.'60)

라 하였다. 여기서 장자는 物我一體의 경지로서 만물제동

---

60) 같은 책, '齊物論篇', "昔者莊周夢爲胡蝶 栩栩然胡蝶也 自喩適志與
不知周也 俄然覺 則遽遽然周也 不知周之夢爲胡蝶與 胡蝶之夢爲周
與 周與胡蝶則 必有分矣 此之謂物化.".

을 설명하고 있다. 物化란 사물들 간의 차별을 초월하여 物我가 齊同된 것을 말한다. 이처럼 무위자연의 본질적인 관점에서 모든 사물을 관찰하게 되면 집착하거나 구속됨이 없이 절대적인 자유정신을 가지게 된다는 것이다. 그래서 장자는 꿈속의 나비와 현실 속의 장주가 하나된 것에서 만물제동의 의미를 찾아볼 수 있었다. 그래서 무위자연의 도를 체득한 至人은 사물들을 物의 관점이 아닌 도의 관점에서 볼 수 있게 된다.

'도의 관점으로 보면 사물의 귀천이 없고 사물의 관점에서 보면 자기는 귀하고 상대는 천하며 세속의 관점에서 보면 귀천이 자신에게 있지 않다.'[61]

라고 하였다. 만물제동의 도에서 본다면 어떤 것에도 귀천의 차별이 없다는 것이다. 우리 인간은 선악, 귀천, 대소 따위의 가치기준에 사로잡혀서 사물을 관조하고 있다. 이 같은 차별적인 가치기준으로 인하여 인간은 갈등을 가지게 된다. 이 같은 차별적 가치기준을 초월하여 만물제동의 도에서 관찰한다면 선악, 귀천, 대소와 같은 차별적, 상대적, 가치기준이 구별되지 않을 것이다. 그리고 또한 선악, 귀천, 대소와 같은 상대적 개념은 어디까지나 주관적 판단에 지나지 않는다는 것을 이해할 수 있다. 지금까지는 사

---

61) 같은 책, '秋水篇', "以道觀之 物無貴賤 以物觀之 自貴而相賤 以俗觀之 貴賤不在已".

물에 대한 만물제동을 살펴보았다. 다음으로는 인간 주위
에서 도가 어떻게 작용하는가를 찾아보기로 한다.

> '사람에게는 기쁨과 노여움, 슬픔과 즐거움, 근심과 개
> 탄, 변덕과 겁, 오염성과 방탕성, 솔직과 허세 따위가 있
> 거니와 이런 다양한 인정의 변화는 음악이 피리의 빈구멍
> 에서 흘러나오는 것 같이 버섯이 땅의 습기에서 생기는 것
> 같이 밤으로 낮으로 내 앞에 교대하여 나타나건만 그것이
> 어디서 생겨났는지 그 연유를 알지 못하겠으니, 아 정말
> 안타까운 일이어라. 아침으로 저녁으로 이것을 경험하게
> 됨은 그것이 어떤 근원이 있어서 생긴단 증거가 아닌가?
> 만일에 희로애락의 근원이 없다면 나도 존재할 수 없을 것
> 이며 내가 존재하지 않은 들 아무도 그 근원으로부터 희로
> 애락의 정을 이끌어내지는 못했을 것이다. 그렇다면 그 근
> 원과 나는 아주 가까운 거리에 있을 것임에 틀림없다. 그
> 럼에도 불구하고 희로애락의 정을 생기게 하는 것이 무엇
> 인지 알 수가 없다. 거기에는 반드시 진정한 主宰者가 있
> 을 것이라는 심증이 가나 그 형적을 발견할 수는 없다. 내
> 몸을 예로 들어보자! 내 몸에는 백개의 골절과 아홉 개의
> 구멍과 여섯 개의 내장이 다 갖추어져 있다. 나는 그 어느
> 것을 특별히 사랑하든가 하는 일은 없다.[62]

라고 하였다. 사람이 지니고 있는 心의 작용은 천차만별이
다. 따라서 인간의 情의 작용도 다양하다. 그러나 인간의

---

62) 같은 책, '齊物論篇', "喜怒哀樂 慮歎變慹 姚佚啓態 樂出虛蒸成菌
 日夜相代乎前 而莫知其所萌 已乎已乎 旦暮得此 其所由以生乎 非彼
 無我 非我無所取 是亦近矣 而不知其所爲使 若有眞宰 而特不得其
 眹…百骸九竅六藏賅而存焉 吾誰與爲親．".

희노애락과 같은 情은 상황에 따라 다르게 생기게 된다. 이것이 바로 자연의 현상인 것이다. 자연의 현상에 따라 희노애락을 절도에 맞게 하여 똑바른 인간가치관을 서게 하는 眞주재자가 바로 만물제동의 도라는 것이다. 만물제동의 도에 의하여 인간육체의 각 기관이 주재가 될 때 몸속에 있는 각 기관들도 질서 있게 움직이게 된다. 그래서 인간의 육체를 흔히 소우주라고 하며, 또는 자연의 도에 의하여 주재될 때 인간의 육체가 무리 없이 자유로운 작용을 하게 된다.

그래서 장자는 인간수양의 목표는 인간의 작용적인 일체의 활동을 버리고 무위자연에 일임하여 시비·선악과 같은 차별을 초월하여 인간의 名利를 떠나서 절대적 만물제동의 경지에 도달하는데 있다. 이런 경제에 도달하는 자를 至人·神人·聖人이라고 한다.

Ⅲ. 哲學思想의 具顯

1. 自然과 人倫觀

장자는 인간의 시비·장단·대소·미추·선악과 같은 상대적 차별세계를 넘어 만물제동의 도를 체득한 덕자가 자연의 본성을 지키고, 천성에 따르는 사람을 바람직한 인물

로 보았다. 이 같은 사람을 무위자연의 도를 체득한 덕자
로서 성인이라고 한다. 이 같은 성인 즉 眞人은 本然의
性에 따라 자기생활의 질서를 유지해나가는 인물이다. 그
러므로 명예나 인의가 인간존재의 주체가 될 수 없다는
것이다.

'갈강쇠·먹줄·그림쇠·곡척을 써서 목재를 바르게 함
은 수목의 본성을 깎아내는 일이며 새끼·끈·아교·옻 따
위로 굳게 붙이는 것은 타고난 본질을 상하게 하는 일이
다. 마찬가지로 몸을 굽혀가면서 예악을 행하고 웃음을 머
금고 인의를 설명하여 천하 사람들의 마음을 기쁘게 하는
것은 사람들에게 있어야 할 양상을 사실시키는 일이다. 이
세상에는 있어야 할 양상이 존재한다. 그 양상이란 굽는
것은 갈강쇠를 안 쓰고도 스스로 굽으며 곧은 것은 먹줄을
안 쓰고도 스스로 굳으며 둥근 것은 그림쇠를 안 쓰고도
스스로 둥글며 모난 것은 곡척을 안 쓰고도 스스로 모나며
붙는 것은 아교나 옻을 쓰지 않고도 스스로 붙어 있으며
묶어져 있는 것은 새끼나 끈을 쓰지 않고도 스스로 묶여져
있는 이런 자연의 모습이 그것이다. 그러기에 만물은 스스
로 이 세상에 생겨나서 왜 생겼는지 모르며 무심히 그 生
을 얻을 뿐이며 왜 얻었는지 모른다. 이와 같이 자연히 얻
은 모습이야말로 마땅히 있어야 할 모습이므로 古今을 통하
여 변함이 없고, 또 人爲에 의하여 손상할 수 없는 성질의
것이다. 그렇다면 인의를 표방하여 귀찮게 사람의 본성을
붙인다든가 묶든가 함으로서 무위자연의 세계에 끼어 들 필
요가 어디에 있겠는가? 이런 사람들이야말로 공연히 세상을
미혹케 하고 있는 것이다.'63)

---

63) 같은 책, '駢拇篇', "待鉤繩規矩而正者 是削其性也 待繩約膠漆而固
    者 是侵其德也 屈折禮樂 呴兪仁義 以慰天下之心者 此失其常然也

라고 하였다. 인위적인 仁과 義에 얽매이지 말고 무위자연
의 본성대로 살아가야 함은 강조하고 있다. 인위적인 인과
의에 매혹될 때는 참된 인간의 본성을 상실케 하게 된다는
것이다. 특히 舜이란 성인도 인과 의를 인간 세상에 표방
하여 천하의 인심을 교란시킨 후로 인과 의에 의해 인간의
바른 양상을 상실케 했다는 것이다. 그러므로 역대 성인들
은 자기의 본성을 상실하고 그들의 몸을 희생함은 공통된
점으로 보았다.

　　'성인이라는 伯夷는 수양산에서 굶어 죽었고 도둑놈인
　盜跖은 東陵山에서 사형에 처해졌다. 두 사람이 죽게 된
　원인은 각기 다르다 해도 자기 생명을 해치고 본성을 손상
　시킨 점에서는 마찬가지다. 그렇다면 반드시 백이만이 옳
　고 도척만이 나쁘다고는 말할 수 없지 않는가? 이와 마찬
　가지로 천하 사람들은 누구나 다 다른 무엇을 위해서 자기
　몸을 희생하고 있다. 그런데 인위를 위해서 희생하면 남들
　이 군자라 칭찬하고 재물은 위해 일신을 버리면 소인라 하
　여 경멸하게 마련이다. 자기를 상실한 점에서는 같은데 불
　구하고 군자니 소인이니 하는 구별이 생긴다. 그러나 생명
　을 해치고 본성을 손상한 점에서 말한다면 도적놈인 도척
　도 성인 백이와 다를 바가 없다. 그 사이에 어찌 군자, 소
　인의 차이를 둘 필요가 있겠는가?'64)

　　天下有常然 常然者 曲者不以鉤 直者不以繩 圓者不以規 方者不以矩
　　附離不離膠漆 約束不以繩索 故天下誘然皆生 而不知其所以生 同焉
　　皆得 而不知其所以得 故古今不二 不可虧也 則仁義又 奚連連如 膠
　　漆繩索 而遊乎 道德之間爲哉 使天下惑也".
64) 같은 책, '駢拇篇', "伯夷死名於首陽之下 盜跖死利於東陵之上二人者
　　所死不同 其於殘生傷性均也 奚必伯夷之是 而盜跖之非乎 天下盡殉

라고 하였다. 인간성을 무위자연의 도로부터 부여받는 최고의 가치관으로 생각하는 이상 우리의 본성에 손상을 주는 것은 용납할 수 없다는 것이다. 그런 결과 백이나 도척이나 군자나 소인이나 마찬가지라고 본다. 그러면 성인인 백이나 도둑놈인 도척을 동일시할 수 있겠느냐 하는 문제점이 제기된다. 생각컨데 인간은 상대적인 차별세계를 초월하여 절대적 무위자연의 본성대로 살아갈 때 성인이나 도척 또는 군자. 소인과 같은 차별세계가 생겨나지 않는다는 것이 장자의 가치관이다. 그래서 장자가 말하는 선이란 인의를 가리키는 것이 아니라 자기가 타고난 덕을 잘 살리는 것이다. 다시 말하면 선이란 인의로서 이루는 것이 아니라 자기 본성의 진실 그대로 사는 것을 뜻한다. 자기만이 관심을 갖는다는 것은 彼我의 차별상에서 벗어나 만물의 道에로 복귀하는데서 진정한 성인의 가치관을 갖춘다는 것이다. 다음은 어부란 노인을 통하여 장자의 인간윤리의 실천방법을 알아보고자 한다.

'사람에게는 빠지기 쉬운 여덟 가지 결점이 있고 일에 잘못하게 쉬운 네 가지 결함이 있다. 이것을 잘 살펴 두어야 한다. 여덟 가지 결점이란 무엇인가? 자기가 할 일이 아닌데도 손을 대는 것, 이것을 摠이라 한다. 남에게 상의도 받지 않았는데 먼저 의견을 말하는 것, 이것을 佞이라 한다. 상대의 뜻을 맞추어 발언하는 것 이것을 諛라고 한

也 彼其所殉一也 則有君子焉 有小人焉 若其殘生損性 則盜跖亦伯夷 已 又惡取君子小人於其閒哉.'.

다. 남의 나쁜 것을 말하기 쉬운 좋아하는 것 이것을 讒이라 한다. 남의 관계를 갈라놓고 친한 사람들을 이간시키는 것 이것을 적이라 한다. 나쁜 짓을 칭찬하고 악을 선이라 속여 남을 타락시키는 것, 이것을 慝이라 한다. 선악을 가리지 않고 어느 쪽이나 호의를 보여서 상대의 뜻을 캐내는 것, 이것을 險이라 한다. 이 여덟 가지 결점은 밖으로는 남의 정신을 교란시키는 안으로는 자기 몸을 상하게 하는 것이니 군자는 그런 자와 사귀지 않으며, 현명한 임금은 그런 자를 쓰지 않는다. 그러면 네 개의 결함이란 무엇인가? 천하의 중대사에 손대기를 좋아하고 함부로 항구적인 궤도를 고쳐서 자기의 공을 삼으려 하는 것, 이것을 叨라 하고, 나쁜 재주를 부려 제멋대로 일을 해 내고 침해하여 제 이익을 꾀하는 것, 이것을 貪이라 하고, 잘못한 줄 알면서도 고치려 안하고 충고를 듣고도 더 극성을 부리는 것 이것을 很이라 하고, 자기 비위에 맞으면 좋아하고 맞지 않으면 좋은 것도 나쁘다고 하고 헐뜯는 것, 이것을 矜이라 한다'[65]

라고 하였다. 공자에게 이상에서 말한 여덟 가지 결점을 제거하고, 네 가지의 결함을 실행하지 말아야 무위자연의 도를 체득하여 眞人이 될 수 있음을 말한 것이다. 그러므로 무위하고 無知하고 虛靜해야 한다는 무위자연의 도를

---

[65] 같은 책, '漁父篇', "人有八疵 事有四患 不可不察也 非其事而事之 謂之摠 莫之顧而進之 謂之佞 希意道言 謂之諂 不擇是非而言 謂之諛 好言人之惡 謂之讒 析交離親 謂之賊 稱譽詐僞以敗惡人 謂之慝 不擇善否 兩容頰適 偸拔其所欲 謂之險 此八疵者 外以亂人 內以傷身 君子不友 名君不臣 所謂四患者 好經大事 變更易常 以挂功名 謂之叨 專知擅事 侵人自用 謂之貪 見過不更 聞諫愈甚 謂之很 人同於己則可 不同於己 雖善不善 謂之矜 此四患也.".

인간에게 적용할 때 참된 도덕적인 인간가치관이 정립되어 본성대로 행동하는 有德者가 될 수 있다는 것이다. 바로 이와 같은 도덕적 인간상은 상대적 차별세계를 초월하여 절대적 세계인 만물제동의 도에서 인간본성의 윤리관을 구현할 때 무위자연의 도를 체득한 덕자가 될 수 있다는 것이다. 곧 바람직한 眞人이 된다는 것이다. 이 바람직한 眞人은 자연의 평등성을 가지고 있기 때문에 인성의 생사를 동일한 관계에서 생각할 뿐만 아니라 만물과 인간을 天均 즉 평등사상의 관점으로 보기 때문에 시비와 선악·미추를 초월한 제동의 관점으로 생각한다는 것이다. 따라서 장자는 이와 같은 인성윤리관을 자연평등적 인간관이라 한다. 그리고 또 장자는 無用之用 사상에서 인간의 참된 가치를 찾으려 한다.

'대목이 우두머리인 匠石이 齊 갔다가 曲轅이라는 고장에 이르렀다. 마침 길가 櫟社의 神木이 눈에 띄었다. 그 크기는 소 떼를 뒤덮을 정도로 그 줄기의 둘레는 백 아름은 됨직했으며 그 높이로 말하면 산을 굽어보고 땅에서 열 길이나 되는 높이에 이르러서야 가지가 나 있었다. 그 가지도 엄청나게 커서 배를 만들 수 있을 정도의 것이 수십 개나 되었다. 구경꾼이 몰려들어서 마치 저자나 선 듯했다. 그러나 匠石은 돌아보지도 않고 걸음을 재촉할 뿐이었다. 동행하던 제자들은 구경을 하고 나서 匠石을 뒤쫓아 달려가 말을 했다. 제가 도끼를 손에 잡고 선생님을 따른 이후 이와 같이 훌륭한 목재는 본적이 없습니다. 그런데도 선생임께서는 눈도 주지 않고 가시기만 하니 무슨 까닭입니까? 쓸데없는 말은 하지 말아라. 저것은 아무 소용도 닿지 않는 나무

다. 저 나무로 배를 만든다면 가라앉을 것이고, 관을 만든
다면 곧 썩을 것이요, 기구를 만든다면 곧 깨어질 것이요,
문을 만든다면 진이 흐를 것이요, 기둥을 만든다면 곧 벌
레가 먹을 것이니 아무 취할 것이 없는 나무다. 아무 소용
없는 까닭에 저렇게 오래 생명을 보존하는 것이다.'66)

라고 하였다. 無用之用에 대한 아주 좋은 우화라고 할 수
있다. 모든 나무는 나무가 가지고 있는 특성 때문에 잘리
고 꺾이기 마련이다. 장자의 逍遙篇에 나오는 가죽나무와
같이 우리 인간에게 무용지물이 되었을 때 천수를 다하는
것이다. 이 神木도 우리 인간의 개개인에게 이로움을 줄
수는 없으나 만인에게 쓰임이 됨을 알 수 있다. 즉 무용해
짐으로서 유용해진 것이다. 모두 유용해지기만을 추구하는
인간 세상에서 무용지용의 가치관은 겸손하고 겸허한 자세
를 가져야만 바람직한 眞人이 될 수 있음을 시사한 것이
다. 그래서 장자는 인간사회가 혼란하게 됨은 인간 각자가
명예나 권력에 너무 집착하여 싸우는데서 일어나게 된다고
보았다. 사회의 질서와 윤리의 기강을 유지하는 데는 개인
적인 명예나 재물을 얻는데 대한 집착을 버리고 무위자연
에 바탕을 둔 도덕질서를 회복할 때 이상적인 사회를 구축

---

66) 같은 책, '人間世篇', "匠石之齊 至乎曲轅 見櫟社樹 其大蔽牛 絜之
百圍 其高臨山十仞而後有枝 其可以爲舟者 旁十數 觀者如市 匠伯不
顧 遂行不輟 弟子厭觀之 走及匠石 曰 自吾執斧斤以隨夫子 未嘗見
材 如此其美也 先生不肯視 行不輟 何邪 曰 已矣 勿言之矣 散木也
以爲舟則沈 以爲棺槨則速腐 以爲器 則速毁 以爲門戶 則液樠 以爲
柱則蠹 是不材之木 無所可用 故能若是之壽".

할 수 있다고 본다. 그리고 장자는 이와 같은 이상적인 사회는 무위자연의 도를 체득한 至德者가 통치할 것을 요구하고 있다.

　'지극한 덕으로 다스려지는 세상에서는 사람들의 걸음걸이는 느릿느릿하고 그 눈빛에는 침착성이 있었다. 이런 시대에는 사람들은 자기가 사는 마을에서 벗어나 필요가 없었기 때문에 산에 작은 길을 만들어서 외부와 왕래하는 일도 없었으며 배나 다리를 만들어서 몸을 건너는 일도 없었다. 모든 사람은 사이좋게 같이 살았고 마을은 이어져 있었다. 사람들은 과도한 욕심을 내지 않았으므로 금수는 번창하고 초목은 무성하게 자랐다. 그러므로 사람들은 금수들과 함께 놀았으며 나무에 올라가 새둥우리를 들여다 보아도 새가 놀라지 않았다. 또 지극한 덕에 행해진 시대에는 사람들은 금수들과 함께 살고 만물과 같이 생활하고 있었다. 하물며 군자와 소인의 구분 같은 것을 어찌 알기나 했으랴! 사람들은 바보같이 무지했으며 자기가 타고난 덕을 떠나지 않았고 바보같이 무욕했으니 그야말로 소박한 것이었다. 이 같은 소박했기 때문에 민중은 그 본성을 완전히 지켜갈 수 있는 것이다.'[67]

라고 하였다. 무위자연의 도를 체득한 덕자가 다스리는 사회에서는 마치 만물제동의 도에 의하여 관찰할 때 귀천·미추·대소·장단과 같은 차별적 상대의 세계를 초월하여

---

67) 같은 책, '馬蹄篇', "至德之世 其行塡塡 其視塡塡 當是時也 山無蹊隧 澤無舟梁 萬物群生 連屬其鄕 禽獸成群 草木遂長 是故禽獸可係羈而 遊 鳥鵲之巢 可攀援而闚 夫至德之世 同與禽獸居 族與萬物並 惡乎知 君子小人哉 同乎無知 其德不離 同乎無欲 是謂素樸 素樸而民生得矣".

절대 무차별 세계가 전개될 수 있듯이 자연의 도에 의한 조화를 이룬 사회가 형성되어 백성들은 각자 소박한 그 본성을 지켜 살기 좋은 大同社會가 이루어진다는 것이다. 이와 같은 취지를 살려 성인 통치에 관한 것을 살펴보기로 한다.

2. 聖人 統治論

장자의 정치사상은 노자의 '無爲而無不治'라고 말한 無爲之治思想을 근간으로 한 성인정치를 주장하고 있다. 성인정치란 외면적인 제도나 법으로 통치하는 것이 아니라 각기 자연의 본성을 바르게 지닌 다음에 그대로 행하게 하며, 그대로 할 수 있는 일을 행하게 하는 것이다. 장자가 현명한 제왕의 정치에 대하여 다음과 같이 말하고 있다.

'현명한 제왕의 정치는 그 효과가 천하를 뒤덮고 있으면서도 자기에게서 나온 줄을 아무도 의식하지 못하게 한다. 또 모든 사람을 교화하건만 백성들은 그런 줄을 모르고 지낸다. 그는 될 수 있는 대로 자기 이름을 드러내지 않고, 만물로 하여금 각기 스스로 즐기게 하는 것이다. 이같이 현명한 제왕은 인간의 지혜로서는 헤아릴 수 없는 경지에 서서 아무 구속도 없는 자유의 세계서 노니느니라.'68)

---

68) 같은 책, '應帝王篇', "明王之治 功蓋天下而似不自己 化貸萬物 而民弗恃 有莫擧名 使物自喜 立乎不測 而遊於無有者也.".

라 하였다. 노자는,

　'최상의 정치자는 백성들이 그가 있는지 조차 의식하지
　않는 자이다.'69)

라고 말했듯이 장자가 말하는 현명한 정치가도 위정자의
여러 가지 治積을 백성들이 의식함 없이 자유롭게 살도록
하는 것이라 하였다.

　'천도는 끝없이 운행하며 막히는 일이 없다. 그러므로 만
　물이 생성하는 것이다. 이상적인 제왕의 道도 끝없이 운행
　하여 막히는 일이 없다. 그러므로 천하 사람들이 그에게로
　돌아가는 것이다. 성인의 도 역시 끝없이 운행하여 막히는
　일이 없다. 그러므로 온 세계 사람들이 복종하는 것이다.
　만약 천도를 밝히고 성인의 도에 통달하며 제왕의 도 전모
　를 다 이해하는 사람이 있다면 그 사람의 행동은 자연 그
　것이어서 고요하지 않을 수 없을 것이다.'70)

라 하였다. 이상적인 제왕의 정치는 만물제동할 수 있는
무위자연의 도로서 施政할 때 천하 사람들이 모두 歸服한
다는 것이다. 그리고 무위자연의 도를 체득한 제왕의 덕을
다음과 같이 말하고 있다.

---

69)『老子 道德經』第17章, "太上不知有之".
70) 같은 책, '天道篇', "(天道遂)而無所積 故萬物成 帝道運而無所積 故天
　　下歸 聖道運而無所積 故海內服 明於天 通於聖 六通四辟於帝王之德者
　　其自爲也 昧然無不靜者矣 聖人之靜也 非曰靜也善故靜也".

'무릇 제왕의 덕은 천지의 도를 근본으로 삼고 자연의
도의 작용을 주제로 하고 무위를 일상의 규범으로 삼는다.
무위로 임하면 신하를 써서 천하를 다스리고도 남음이 있
으며, 有爲로 임하면 일이 무수히 있는 까닭에 거꾸로 천
하에 부림받는 결과가 되어 아무리 애써도 힘이 모자라게
마련이다. 그러기에 옛 사람들도 저 무위를 존중한 것이
다. 그러나 군주도 무위의 덕을 지니고 신하도 무위의 덕
을 지닌다면 이는 상하가 덕을 같이 한다는 말이 된다. 만
약 이같이 신하가 임금과 똑같은 덕을 지닌다면, 이것은
신하가 신하아님이 된다. 또 만약에 아래 있는 신하도 有
爲의 덕을 지니고, 위의 군주도 有爲의 덕을 지닌다면 이
것은 위에 있는 군주가 아래에 있는 신하와 도를 같이 한
다는 이야기가 된다. 만약에 위에 있는 군주가 아래에 있
는 신하와 다를 것 없는 도밖에 지니지 못한다면 이것은
군주가 군주임을 스스로 부정하는 것이 된다. 그러기에 군
왕은 반드시 무위의 덕으로 천하 사람을 부려야 하며, 신
하는 반드시 有爲의 덕으로 천하를 위해서 구사한다. 이것
은 변화할 수 없는 도이다.'71)

라고 하였다. 無爲는 제왕의 덕이요 有爲는 신하의 덕이라
해서 무위는 제왕이 아닌 자에게는 금지되어야 하는 것으
로 보인다. 그러나 생각컨데 무위자연의 도를 체득한 제왕
이 무위의 덕으로 천하 사람들에게 시정할 수 있는 아량을
가질 수 있으나 有爲의 덕을 가진 신하는 천하사람을 위한
시정을 베풀 수 없음을 표현한 것이라 본다.

---

71) 같은 책, '天道篇', "夫帝王之德 以天地爲宗 以道德爲主 以無爲爲常
無爲也 則用天下而有餘 有爲也 則爲天下用而不足 故古之人 貴夫無
爲也 上無爲也 下亦無爲也 是下與上同德 下與上同德則不臣 下有爲
也 上亦有爲也 是上與下同道 上與下同道則不主 上必無爲而用天下
下必有爲爲天下用 此不易之道也."

'옛 사람들도 도의 본질적인 부분은 인간으로서 자기를 완성하는데 쓰고 그 나머지 부분은 국가를 다스리는 데 쓰고, 다시 그 나머지는 천하를 통치하는데 쓴다고 말하였다. 이것으로 보건대 제왕이 세상을 다스리는 일은 성인이 여유가 있을 때 행하는 것이며, 자기의 도를 완성하고 주어진 생명을 살려 가는 길이 아니라는 것이 명백하다. 그런데 요즘의 군주들은 부귀를 구해서 자기 몸을 위태롭게 하고 자기의 생명을 버려서 外物의 희생이 되고 있으니 어찌 슬픈 일이 아니랴 대개 성인은 행동함에 있어서 반드시 무엇을 지향해서 나아가느냐 하는 구체적인 방법을 명확히 해서 本末輕重을 그르치는 일이 없다'72)

라고 하였다. 인위적인 통치를 지양하고 자연본성에 따라 施政해야하는 무위의 정치를 요청하고 있는 것이다. 그러므로 장자는 유가의 인의에 의한 시정은 사회의 여러 가지 갈등을 조장하기 때문에 인위적인 유가의 정치를 하지 말아야 한다는 것이다. 도와 덕을 갖춘 성왕이 무위자연의 본성대로 시정할 때 이상적인 정치가 구현된다는 것이다. 그래서 무위자연의 도를 체득한 위정자는 다음과 같은 순서를 밟아서 이상정치를 한다는 것이다.

'옛날에 대도를 명백히 체득한 분들은 먼저 자연을 밝히고 나서 그 다음에 도덕을 밝혔다. 도덕을 밝히고 나서 그 다음에 인의를 밝혔다. 인의를 밝히고 나서 그 다음에 분

---

72) 같은 책, '讓王篇. "道之眞 以治身 其緖餘 以爲國家 其土苴以治天下 由此觀之 帝王之功 聖人之餘事也 非所以完身養生也 今世俗之君子 多危身棄生殉物 豈不悲哉 凡聖人之動作也 必察其成以之 與其所以爲.".

수를 밝혔다. 분수를 밝히고 나서 그 다음에 명목과 실제를 밝혔다. 명목과 실제를 밝히고 나서 재주에 따라 벼슬에 임명하는 일을 밝혔다.…仁人이나 현인이나 어리석은 사람이나 각기 그 실정에 맞는 대우를 받아서 각기 그 능력에 맞는 지위를 얻게 되었고 반드시 그 직분의 명칭에 알맞은 일을 하게 되었다. 이 도리에 입각해서 신하는 임금을 섬기고 임금은 신하를 기르며 이 도에 입각하여 백성을 다스리고 이 도에 입각해서 자기 몸을 수양하며 인위적인 智謀를 쓰는 일이 없고 반드시 자연법칙과 합치한다면 이것이야말로 태평성대이며 최상의 정치일 것이다.[73]

라고 하였다. 무위자연 도를 체득한 위정자는 자연도인 본성에 의한 정치를 해나갈 것을 주장하였다. 인위적인 도덕정치를 거척하고 있다. 그러나 현실을 직시할 때 無爲之治를 원동력으로 하여 정치의 근간을 마련하게 되면 그 뿌리인 도에 의하여 말단까지 무리 없는 사회질서가 확립될 수 있다는 것을 설명하고 있다. 제왕으로부터 전 백성에까지 자연의 도에 입각해 수신하고 자연의 이법에 맞는 생활을 하게 된다면 최상의 無爲之治가 실행 될 수 있음을 말하고 있다. 그래서 장자는 子夏의 계통을 이어받아 유교사상을 배운 바가 있으므로 인위적인 윤리관계를 아주 거척한 것은 아닌 듯 하다.

---

73) 같은 책, '天道篇', "古之明大道者 先明天而道德次之 道德已明 而仁義次之 仁義已明 而分守次之 分守已明 而形名次之 形名已明 而因任次之…仁賢不肖襲情 必分其能 必由其名 以此事上 以此畜下 以此治物 以此修身 知謀不用 必歸其天 此之謂太平 治之至也.".

'무릇 이 세상에는 크게 조심해야 할 것이 두 가지가 있
다. 그 하나는 천명이며 또 하나는 義이다. 자식이 아버지
를 사랑하는 것은 하늘의 뜻이니까 언제나 마음에서 떠나
는 일이 없다. 이에 비겨 신하가 임금을 섬기는 것은 의이
다. 이 세상 어디를 가도 임금이 지배하지 않는 고장은 없
는 것이므로 천지사이에서 군신의 의로부터 도피할 곳은
아무데도 없는 것이다. 그러기에 이 두 가지를 크게 경계
해야 할 것으로 치는 것이다. 부모를 섬기는 데에 있어서
는 어디에 있어서나 부모의 마음을 편히 해드리는 것이 효
도의 극치며 임금을 섬기는데 있어서는 어떤 일이건 가리
는 일이 없이 그 임무를 완수하여 임금을 안심케 하는 것
이 충성의 극치이다.'74)

라고 하였다. 장자가 人間世篇에서 공자의 말을 빌려서 천하
의 人戒를 설명하였다. 부모한테 효도하고 임금에게 충성을
다하는 것이 바로 천명을 다하는 것으로 보았다. 순수 도가
의 사상이라기 보다는 유가의 사상같이 보인다. 장자는 내편
인 人間世에서 공자의 말을 많이 인용한 것을 미루어보아 도
가의 무위자연의 도사상에 유가의 윤리사상을 접목시켜서 더
욱 현실화시키려는 뜻이 있음을 찾아볼 수 있다. 그리고 장
자는 인도도 천도에 근거를 두어야 함을 말하고 있다.

　　'천지는 광대하지만 만물을 화육하는데 있어서는 공정무

---

74) 같은 책, '人間世篇', "仲尼曰 天下有大戒二 其一命也 其一義也 子
　　之愛親 命也 不可解於心 臣之事君 義也 無適而非君也 無所逃於天
　　地之間 是之謂大戒 是以夫事其親者 不擇地而安之 孝之至也 夫事其
　　君者 不擇事而安之 忠之盛也."

사하며 만물은 잡다하지만 무위의 덕으로 다스려지는 점에
서는 아무 차이가 없다. 사람의 수효는 참으로 많은 것이나
그 주인 노릇을 하는 것은 한 사람의 임금이다. 그 임금은
무위의 덕에 입각해서 각자의 본성을 발휘케 하여야 한다.
그러하기에 옛말에도 '太古 적에 천하에 군림한 제왕들은 인
위를 떠나 자연의 덕을 따랐을 뿐이다'라고 하였다. 도의 입
장에서 명분을 따진다면 천하의 지배자로서의 군주는 긍정
되어야 한다. 도의 입장에서 사람의 분수를 따진다면 군신
의 의는 스스로 명백해진다. 도의 입장에서 사람들의 재주
를 관찰하면 이 세상의 관리들은 적재적소를 얻을 수 있다.
도의 입장에서 널리 바라본다면 만물의 활동은 적정함을 얻
을 수 있다.75)

라고 하였다. 이같이 천지에까지도 통달되는 것이 덕이며 만
물에까지 널리 미치는 것이 도라는 것이다. 그러므로 정치는
의에 지배되고 의는 덕에 지배되고 덕은 도에 지배된다는 것
이다. 그리고 그 도도 무위자연에 지배되게 마련이다. 그래
서 천하를 다스리는 제왕들은 無爲. 無慾. 無知하기에 천하
사람들을 만족시킬 수가 있었다고 볼 수 있다. 그러므로 무
위자연의 도에 적용된 施政을 할 때 다스려지지 않음이 없을
것이다. 그와 같이 무위자연의 도에 의한 이상정치가 구현되
었을 때 도덕정치가 이룩될 수 있으리라 믿는다.

---

75) 같은 책, '天地篇', "天地雖大 其化均也 萬物雖多 其治一也 人卒雖
   家 其主君也 君原於德 而成於天 故曰玄古之君天下 無爲也 天德而
   已矣 以道觀言 而天下之君正 以道觀分 而君臣之義明 以道觀能 而
   天下之官治 以道汎觀 而萬物之應備.".

Ⅳ. 結 論

이상에서 논술한 바와 같이 철학사상의 본질에서는 본체로서의 자연도와 만물제동사상을 구명했다. 본체로서 자연의 도는 자연의 근본원리로서 형이상학적이며, 상대의 세계를 초월한 절대자이다. 노자의 도의 개념을 구체적으로 부연한 무위자연의 도라 할 수 있다. 그래서 道一元論으로 無로써 그 본체로 삼고 있다. 만물제동사상에서는 차별과 대립의 세계를 초월한 절대의 세계에서 볼 때 모든 것은 평등하고 '하나'인 것이다. 즉 차별의 세계를 벗어나 物我一體가 될 때 만물제동이 되는 것이다. 도에서 관찰하면 大小, 長短, 美醜, 善惡, 是非, 可不可, 貴賤과 같은 차별의 입장을 넘어 만물제동됨을 알 수 있었다.

철학사상의 구현에서는 자연과 인륜관을 논하고 난 뒤 성인 통치론을 살펴보았다. 자연과 인륜관에서는 만물제동의 道를 체득한 덕자가 자연의 본성을 지켜서 천성 그대로를 따르는 사람으로 보았다. 이 같은 사람을 성인·眞人이라 했다. 성인·진인은 만물제동의 도에로 복귀함으로서 그 가치관을 드러낸 자라고 보았다. 그리고 성인 통치론에서는 천하를 다스리는 제왕들은 無爲, 虛靜, 無欲, 無知로서 천하를 통치할 때 이상적인 정치가 구현됨을 논하였다. 즉 통치자가 무위로써 백성을 다스리면 자연히 조화가 이룩되고, 통치자가 허정을 좋아하면 백성은 자연히 바르게 되고, 통치자가 무욕을 주로 하면 백성은 자연히 부하여지고, 통치자가 무지하면 백성은 자연히 소박하게 된다는 것이다.

현대사회는 물질주의, 숭금주의로 흘러 인간성을 상실하고 있다. 더구나 현대사회의 목표가 될 바람직한 삶의 회복은 자취를 감추게 되어 정치가의 철학관을 찾아 볼 수 없는 것이 오늘날의 현실이다. 이때에 만물제동의 도를 체득한 성인의 통치를 갈구할 때라고 본다. 따라서 장자의 무위자연의 도를 체득한 성인의 통치를 재조명함으로써 오늘날 혼란한 사회를 치유할 수 있으리라 믿는다.

參 考 文 獻

· 郭　象, 莊子注, 臺北 中華書局 民國 71.
· 郭慶藩, 莊子集釋（全四冊）, 北京, 中華書局, 1978.
· 王先謙, 莊子集解, 臺北, 華正書局 民國64.
· 曹础基, 莊子淺注, 北京, 中華書局 民國63.
· 關　鋒, 莊子內篇譯解和批判, 三民書局 民國70.
· 馮友蘭, 中國哲學史（上·下）, 京都, 中文出版社 民國73.
· -------, 中國哲學史（鄭仁在譯）, 서울, 螢雪出版社, 1977.
· 金能根, 中國哲學史, 서울, 螢雪出版社, 1977.
· 勞思光, 中國哲學史（第一卷）, 臺北, 三民書局 民國70.
· 陳啓天, 莊子淺說, 臺北, 正中書局 民國67.
· 方東美, 原始儒家道家哲學, 臺北, 黎明文化事業公司 民國72.
· 張成秋, 先秦道家思想研究, 臺北, 臺灣中華書局 民國72.
· 胡哲敷, 老莊哲學, 臺北, 臺灣中華書局 民國71.
· 唐君毅, 中國哲學原論-道論篇, 台北, 臺灣學生書局, 民國75.
· 牟宗三, 才性與玄理, 台北, 臺灣學生書局 民國72.
· 章太炎, 齊物論釋定本, 太北, 廣之書局 民國59.
· 楊慧傑, 天人關係論, 台北, 大林出版社, 民國67.
· 吳　怡, 逍遙的莊子, 台北, 東大圖書公司, 1984.
· 吳　怡, 禪與老莊, 台北, 三民書局 民國74.
· 李康洙, 道家思想研究, 서울, 高大民族文化研究, 1984.
· 金白鉉, 莊子哲學中「天人之際」研究, 台北, 文史哲出版社 民國75.
· 王弼注, 老子, 台北, 臺灣中華書局 民國70.
· 吳　康, 老莊哲學, 台北, 臺灣商務印書館 民國76.
· 李　逸, 莊子總論及分篇評注, 台北, 臺灣商務印書館 民國62.
· 崔廉烈, 老莊哲學의 研討, 서울, 學文社, 1984.
· 世界史想大全集 第11輯 老子·莊子, 서울, 大洋書籍, 1975

제 3 장
墨 家 類

1. 墨子의 哲學思想

墨子의 哲學思想

I. 序 論

　사상의 형성은 고래로부터 자연적 환경과 사회적 환경과의 조화 속에서 나타나는 하나의 산물이다. 이 같은 환경과의 조화를 떠나서 어떤 사상의 형성을 생각할 수 없으며 또한 그 사상의 생성과 衰滅의 필연적인 가치관도 생각할 수 없는 것이다. 그러므로 한 사상의 유기적 관계의 필연적 법칙을 이룰 수 있는 것은 자연적 환경과 사회적 환경이라는 것을 쉽게 찾아볼 수 있는 것이니, 예컨대 공자, 석가여래, Sokrates와 같은 대사상가의 출현은 각기 사회적 여건과 자연적 여건과의 필연적 원인에 의한 필연적 결과로서 존재하였던 인물들이다. 또한 묵자사상의 출현도 예외는 아니라 본다. 그와 같은 뜻을 살려 묵자의 略傳을 살펴보기로 하겠다. 묵자는 B.C 五~四세기경, 사회적 혼

란과 전쟁으로 어려운 전국시대에 태어났다. 이름은 翟이
며 공자와 같은 魯나라 사람이며, 宋나라 사람 또는 楚나
라 사람이라고도 한다. 史記에 의하면 생존연대는 정확하
지 아니하다고 하나 양계초가 고증한 바에 의하면 거의 魯
나라 사람임에 틀림없다. 묵자는 대략 周나라 定王 元年으
로부터 십년에 이르는 사이(B.C 468~459년) 공자가 죽
은(B.C 479년) 뒤 십여년만에 세상에 태어났으니,1) 묵자
는 공자가 죽은 해와 맹자가 태어난 해(B.C 372년) 중간
쯤 되는 전국시대초기의 사람이라 추정할 수 있다. 이 시
기에는 大小 제후국들이 각축을 하던 시대이므로 天子國인
周나라의 권위는 땅에 떨어지고 수단 방법을 가리지 않고
패권을 다투어 분열과 분쟁이 거듭되고 있는 가장 혼란한
시대라 할 수 있다. 묵자는 처음에는 공자의 유학을 배웠
으나 그 번거로운 유학사상은 백성들의 실이익에 크게 도
움이 되지 아니함을 생각하게 되었다. 특히 유가에서 중히
여겼던 시경, 서경을 익히고 예와 같은 의식을 중요시했지
만 혼란한 세상을 바로 잡는데 큰 힘이 되지 못함을 절감
했던 것이다. 서민출신인 묵자는 번다한 형식체제를 갖춘
예의를 중요하게 생각하는 유가들은 사회발전의 저해 요소
로 보았던 것이다. 그리하여 묵자는 공자가 이상국으로 생
각했던 周나라의 문물제도에 반기를 들고 禹임금이 實踐躬
行으로 홍수를 다스렸던 夏나라의 문물제도를 흠모했던 것
이다. 특히 봉건귀족들의 사치에 대하여 반발하여 근검절

---

1) 梁啓楚, 墨子學案.

용을 내세우고 있다. 이와 같은 생각을 가지게 된 것은 묵자 자신 역시 신분이 어려운 가정에서 자랐기 때문인 것으로 추론된다. 묵자는 '앉은 자리가 따스해 질 틈도 없이 행동하고 일하였으며 묵자의 연통은 검어질 수가 없다'[2]고 할 만큼 부지런한 행동주의자였다. 맹자도 '묵자는 겸애를 주장하며 머리끝부터 발끝까지 털이 다 닳아 없어지더라도 천하를 이롭게 하는 일이라면 감행하였다'[3]고 하였고, 장자는 '묵자는 정말로 천하의 好人이니 찾아도 얻기 어려운 분이다. 그는 비록 몸이 파리해진다 하더라도 그런 일은 버리지 않았으니 才士라 할 것이다'[4]고 하였으니, 얼마나 행동주의자인가를 입증하여 주는 것이다. 이와 같이 實踐 躬行主義者로서 墨翟은 묵가라고 하는 학파의 창시자로서 그 명성은 공자와 병행할 정도로 고조되었으며 그의 사상이 혼란한 전국시대의 사회에 미친 영향은 지대하였다. 두 사람을 대비하여 보면, 공자는 주초의 문물제도를 흠모하고 그대로 답습하되 윤리 도덕적인 면에 잘 융화하여 그 당시 혼란한 사회를 안정하여 예기에 나타난 大同社會를 도모하려고 하였으나, 묵자는 너무 형식적인 예악이나 문물제도에 얽매이지 말고 시대감각에 알맞은 실용성에 힘쓸 것을 역설하였다. 환언하면 공자가 고대문명을 답습한 자라면 묵자는 고대문명을 현실에 알맞게 비평·적용한 자라고 말할 수 있다. 또 공자는 周禮의 제도를 이끌어다가 인

---

2) 呂氏春秋 : 准南子.
3) 『孟子』 '盡心篇上'.
4) 『莊子』 '天下篇'.

간의 가치관을 정립하여 바람직한 인간상을 이룩하려 하였고 묵자는 객관적인 利를 통하되 사회의 모순된 제도를 현실에 알맞게 개선하려고 하였다. 그는 互愛·知天·明鬼·用賢 등이 사회개선에 극히 이로운 것이라 생각하여 兼愛와 天志, 尙賢, 尙同思想의 필연성을 말하였다. 유가의 厚葬·音樂·運命과 같은 것은 실용적인 생활의 저해요소로 간주하고 非攻·節用·節葬·非樂·非命을 역설한 것이다.5)

　이와 같은 관점을 미루어 보아 묵자의 일생동안 救世濟民을 위한 구체적인 방법은 利의 관점에 있다고 보겠다. 그래서 功利 추구자라고 볼 수 있다. 이런 점으로 추론해 보건대 묵자는 현실을 중요시하는 사회주의자요, 또한 공리주의를 지향하는 응용철학자라고 볼 수 있다. 그러나 묵자사상의 기본관은 겸애사상에 뿌리 박고 있기 때문에 兼愛를 떠난 공리추구는 생각할 수 없는 것이다. 이 같은 관점을 살펴 본론에서는 묵자사상의 근본을 이루는 겸애사상의 근거를 살펴보고, 그 사상이 실용주의사상에 어떻게 적용되었는가를 구명함으로써 그 현대적 의미를 살펴보고자 한다.

---

5) 『中國哲學史』, 張起鈞, 吳怡共著, 吳鍾逸譯, p. 66. 參照.

Ⅱ. 兼愛思想이 胚胎된 根據

묵자는 혼란한 전국시대의 사회상을 볼 때 인심은 惟危하고 道心은 惟微하여 공자가 주장하는 형식적인 예의와 같은 윤리관으로는 올바르게 사회질서를 유지할 수 없음을 생각하였다. 禹임금이 자기희생적인 노력이 모든 허례허식을 배격하고 근검절약의 생활로 실천궁행했던 그 생활방법이 묵자로 하여금 실용주의사상 배태케한 큰 원인이라 하겠다. 이와 같이 행동주의요 실용주의사상을 실행해 나갈 수 있는 근본사상은 겸애에 두고 있으며 겸애의 근거 중의 그 하나는 천이고, 다른 하나는 三表(三法)이다. 묵자의 천에 관한 논의는 法儀, 天志, 明鬼, 兼愛, 非命, 靈魂不滅論 등 여러편에 나타나고 있다. 또 그는 可謂 천은 일체도덕률의 근저이며 政敎의 최고표준으로 보았고, 또 하늘은 천하의 최고지배자이기 때문에 하늘이 뜻하는 바대로 하는 것이 큰 인간사회의 정의구현이며 모든 사람이 본받고 따라야 할 규범이 된다는 것이다.6) 묵자가 말하기를,

"사람들은 집에서 가장의 명령을 두려워하고, 나라에서는 임금의 뜻을 받들 줄 알면서도 절대적인 위치에서 온 세상을 지배하고 있는 하늘의 뜻은 소홀히 한다. 가장이나 임금에게 죄를 지으면 도피할 여지가 있으나 하늘에 죄를 지으면 도피할 여지조차도 없는 절대적인 존재라는 것이다"7)

---

6) 「中國哲學史」, 金能根. p. 133. 參照.
7) 『墨子』 '天志篇下'.

라고 하였으니, 천은 최고지배자임을 시사하고 있으며, 또한 하늘은 의로움을 좋아하는 반면 불의를 싫어함을 설명하기를,

  "무엇으로써 하늘이 의로움을 바라고 불의를 싫어한다는 것을 알 수 있는가? 그것은 천하에 의로움이 있으면 살고 없으면 죽으며 의로움이 있으면 부해지고 없으면 가난해지며 의로움이 있으면 다스려지고 의로움이 없으면 어지러워진다. 그러니 하늘은 그들의 삶을 바라고 죽음을 싫어하며, 그들의 부를 바라고 가난을 싫어하며 그들의 다스림을 바라고 어지러움을 싫어한다. 이것이 하늘은 의로움을 바라고 불의를 싫어함을 아는 근거인 것이다"[8]

라고 하였다. 하늘이 의로움을 좋아하는 반면 불의를 싫어하므로 하늘의 뜻을 따르는 의로운 사람에게는 사람들이 바라는 복과 녹을 주지만 의롭지 못한 사람에게는 불행과 재난을 내린다는 것이다. 여기에서 所謂天은 일체도덕률의 근저가 됨을 알 수 있다. 또 天은 政敎의 최고표준일 뿐만 아니라 정치에 있어서 최상의 주권자이므로 천하만을 감독하는 것이 아니라 미관소직까지도 감독하고 사역한다. 묵자가 말하기를,

  "천자란 천하에서 최고로 귀한 사람이며 천하에서 최고로 부한 사람인 것이다. 그러므로 부하고도 귀한 사람이면 하늘의 뜻을 알고 따르지 않을 수가 없는 것이다. 하늘의

8)『墨子』'天志篇'.

뜻을 따르는 사람은 모두를 아울러 서로 서로 사랑하고 서
로 이롭게 해주어 반드시 하늘의 상을 받을 것이다"9)

라고 하였으니, 천은 최고 최귀하므로 善政을 주관하고 악
정을 허용하지 않는다. 천하의 백성들은 天意에 의하여 施
政하는 천자의 政教를 따르게 된다면 親疎厚薄의 차별 없
이 겸애하게 된다는 것이다. 이와 같이 모든 帝主는 천사
상에 입각하여 만백성을 겸애하지 않으면 안된다고 보았
다. 생각컨데 오늘날 민주화의 길목에 서있는 우리나라의
정치는 과거 힘의 정치 즉 力政을 지양하고 천의에 의한
議政이 施政될 때 만백성들은 믿고 따라 갈 것이며 민주화
의 꽃이 피어 겸애하는 백성들이 될 수 있으리라 믿는다.
묵자는 또한 天兼天下而食10)이라 하여 天은 천하사람들을
함께 먹인다는 천사상으로 인간사회에서 잘살고, 못살고,
아름답고, 추한 것, 선한사람과 악한사람 할 것 없이 天은
함께 포괄적으로 양육하고 있다는 취의를 살려 만백성을
함께 사랑해야 한다는 겸애사상을 주장하게 된 한 所以이
다. 또 묵자는 天을 표준으로 삼아야 함과 동시에 귀신에
대해서도 경외함을 강조하고 있다. 明鬼篇에 의하면 귀신
은 天鬼·山川鬼·人鬼의 三種이 있는데 이 귀신들은 하느
님과 사람들 사이에서 사람들의 착하고 악함에 따라 복을
주기도 하고 재난을 안겨 주기도 한다. 이와 같이 귀신은

---

9) 『墨子』'天志篇上'.
10) 『墨子』'兼愛上'.

大善·大惡·小善·小惡을 주관하는 존재임을 귀신을 경외하는 정신을 고취하여 勸善懲惡의 補助로 하는 존재로 여겨 사회 안녕질서를 유지하는데 주안으로 삼았던 것이다. 그리고 정치를 실현함에 있어서도 天志에 기준을 두고 '順天之意'를 강조함과 동시에 정치의 是非 得失의 판단은 三法(三表)에 의하여야 함을 말하고 있다. 묵자는,

"三表란 무엇인가? 근본(本)을 정하는 것, 원(原)을 찾는 것 효용(用)을 살피는 일이다. 어디에 근본을 두어야 할까? 옛 聖王의 사적에 근본을 두어야 한다. 어디에 연원을 찾아야 할까? 아래로 백성이 직접 듣고 본 사실에 연원을 찾아야 한다. 어디서 효용을 살필까? 국가와 백성의 이익에 맞는지 살펴보아야 한다. 이것이 三表이다"[11]

라고 하였다. 묵자는 고래로부터 내려오던 운명론을 부정하고 국가의 흥망성쇠와 인간의 부귀 빈천은 다 인간의 노력 여하에 달렸다는 것을 확증키 위해 이 같은 三表를 제시한 것이다. 더 구체적으로 살펴보면 다음과 같다.

(一) 옛날 성왕의 遺蹟을 살펴보면 옛날 桀이 천하를 어지럽히던 것을 湯이 다스렸고, 紂가 어지럽히던 천하를 武王이 다스렸다. 세상이 바뀌지 않고 백성이 달라지지도 않았는데 桀·紂 시대는 어지러웠고 湯·武王의 시대는 다스렸다.[12]

---

11) 『墨子』 '非命篇上'.
12) 『墨子』 '非命篇中'.

전자는 폭정을 하여 백성이 도탄에 빠졌고, 후자는 선정을 하여 천하가 평정하여졌다. 이와 같은 것으로 보아 治·亂은 운명이 아닌 것을 분명히 알 수 있다. 治·亂의 원인은 인간의 행위에 따라 발생함을 알 수 있다. 그러므로 우리는 옛 성왕의 행위를 오늘날의 준칙으로 삼아서 인간가치표준으로 해야 한다.

(二) 백성의 입장에서 고찰하여 보면 고래로부터 금일에 이르기까지 운명의 體를 본 사람도 소리를 들은 사람도 없다. 이것은 운명이 없다는 증거이다. 또는 '백성의 耳目之實'이라 함은 누구든지 수긍할 수 있는 객관적 근거를 의미한다. 이같이 묵자의 경험을 근거로 한 '百姓의 利'를 중시했음을 찾아 볼 수 있다.

(三) 국가의 刑政을 실시하여 그것이 백성에게 이익이 되느냐 안되느냐 고찰해 보아야 한다. 국가와 백성이 이익에 맞는 것이 곧 천의에 의한 모든 가치결정의 표준이 된다는 것이다. '백성 인민의 利에 기여할 수 있으면 겸애의 의미를 갖게 된다는 것이다'.13)

위의 사실과 같이 天이나 神이 愛를 즐기고 널리 백성을 愛할 것을 인정하고 그것을 고조한 것은 천하백성을 함께 사랑해야 한다는 所以이며 또한 겸애의 근거가 되는 것이다.

---

13) 「中國哲學史」, 金能根, pp. 131~132. 參照.

Ⅲ. 兼愛思想의 發展

1. 兼愛의 意義

묵자 학설의 중심을 이루고 있는 것은 겸애사상이고 그 것을 좀 더 발전시킨 것이 交利思想이다. 그러나 이 같은 사상들은 天에서 유래한 것이다. 묵자가 말하는 겸애란 모든 사람이 모두를 편견없이 똑같이 상애한다는 뜻이다. 이 같은 겸애는 박애주의와 같은 것으로 볼 수 있다. 묵자는 천의에 의하여 施政하는 성인에 대하여 말하기를,

> "聖人이란 천하를 다스리는 일에 종사하는 사람이다. 반 드시 혼란이 일어나는 까닭을 알아야만 천하를 다스릴 수 있게 되고 혼란이 일어나는 까닭을 알지 못하면 곧 다스릴 수 없는 것이다. 이것은 마치 의사가 사람의 병을 고치는 것과 같다"14)

라고 하여 천하를 올바르게 다스리자면 잘 다스려지지 않 은 원인을 알아야 한다는 것이다. 그래서 묵자는 말하기를,

> "일찌기 살펴보건대 어디에서 일어나고 있는가 서로 사 랑하지 않음에서 일어난다. 신하와 자식이 그의 임금이나 아버지께 도리에 어긋나는 짓을 하는 것이 이른바 혼란이 다. 자식은 자신을 사랑하면서도 그의 아버지는 사랑하지

---

14)『墨子』'兼愛篇上'.

않는다. 그래서 아버지를 해치면서 자신을 이롭게 하는 것
이다. 아우는 자신은 사랑하면서도 형은 사랑하지 않는다.
그래서 형을 해치면서 자신을 이롭게 하는 것이다.……제후
들이 각기 그의 나라는 사랑하면서도 다른 나라는 사랑하
지 않는다. 그래서 다른 나라를 공격함으로써 그의 나라를
이롭게 하는 것이다. 천하를 어지럽히는 것들은 여기에 전
부 원인이 있을 따름이다. 이것이 어디에서 일어나는가를
살펴보건데 모두가 서로 사랑하지 않는데서 일어나고 있
다"15)

라고 하였다. 나라를 올바로 다스리자면 혼란의 원인을 파
악하여야 한다. 이 혼란은 사람들이 相愛하지 않는데서 야
기된다는 것이다. 환언하면 사람들 각자가 남을 자신처럼
사랑하기만 한다면 질서있는 세상이 되어 평화로워질 수
있다는 것이다. 묵자는 그 당시 국가간의 침략이나 사회적
혼란과 투쟁은 다 不相愛에서부터 기인하는 것으로 보고
그 근본대책으로 天이 인민에게 親·疎·厚·薄의 차별 없
이 평등하게 사랑하는 것과 같이 평등하게 상애할 것을 강
조하였다. 또 겸애란 자기 몸을 사랑하는 것 같이 남을 사
랑하고 자기 부모를 사랑하는 것 같이 타인의 부모를 사랑
하여 자타의 구별을 두지 않아야 한다는 것이다. 이에 반
하여 자기만을 사랑하고 타인을 미워하여 해치는 것을 별
애라 한다. 그래서 묵자는,

"父子가 서로 사랑하고 형제가 서로 사랑하며, 부부가

---

15)『墨子』'兼愛篇上'.

서로 사랑하고 군신이 서로 사랑하고 대소·빈부·강약이
서로 사랑하고 집집마다 서로 사랑하고 각국이 서로 사랑
하고 일체의 인류가 서로 사랑하기를 자기를 사랑하는 것
같이 하여 각각의 사이에 티끌만큼의 차별도 없어야 한
다"16)

고 하였다. 이것은 별애를 버리고 겸애를 하게 되면 예기에
서 말하는 大同社會가 이룩될 것이라는 것이다. 또 별애를
말하는 사람은 자타를 구별하여 다른 사람의 사정을 전연
알아줄 주 모르는 것이다. 이에 반하여 겸애를 주장하는 사
람은 다른 사람의 어려움을 잘 이해하여 주고 고통을 서로
나누는 사람인 것이다. 이와 같이 묵자는 유교의 차별애와
뚜렷이 구별된다. 맹자는 묵자의 겸애설을 공박하여 無父
라고 하였으나, 그 겸애설을 자세히 음미해 보면 타인의
부모를 자기의 부모와 같이 사랑하면 타인도 또한 자기의
부모를 사랑할 것이 틀림없으므로 타인의 부모를 사랑한다
는 것은 결국 자기부모를 사랑하는 근거가 된다. 묵자는
말하기를,

"아우른다(兼)는 것은 聖王의 道이며 임금이나 대신들이
편안할 수 있는 근거이며 만백성들이 입고 먹는데 풍족해
줄 수 있는 근거가 되는 것이다. 임금된 사람은 반드시 은
혜롭고 신하된 사람은 반드시 충성되며 아비된 사람은 반
드시 자애롭고 자신된 사람은 반드시 효성스러우며, 형된
사람은 반드시 우애를 다하고 아우가 된 사람은 반드시 공

16) 『墨子』 '兼愛篇中'.

손해진다. 그러므로 군자가 만약 은혜로운 임금이나 충성
된 신하나 자애로운 아버나 효성스런 자식이나 우애있는
형이나 공손한 아우가 되고자 한다면 마땅히 아울러야 한
다는 이론을 따라 실행하지 않으면 안될 것이다. 이것이
聖王의 道이면 만백성들의 큰 이익인 것이다"17)

라고 하여 겸애야 말로 성왕의 도이며 만백성의 이익이 되
는 것임을 강조하고 있다. 또한 얼핏 보기에는 공子의 正
名思想과 흡사할 것 같다. 공자의 정명사상은 임금은 임
금, 신하는 신하, 아버지는 아버지, 아들은 아들로서 자기
에게 주어진 개념만 다하면 되는 것이지만 겸애는 자기의
주어진 개념을 다하는 것을 넘어서 자타를 포괄하는 사랑
의 조화를 이루어 만백성에게 이익을 주려는 실리주의적인
입장에 서는 것이다. 공자의 정명사상과 차이점이 있다고
생각한다. 다시 말해서, 만백성을 天意에 따라 義政으로서
함께 사랑하고 이익을 줄 수 있다는 것은 이미 자타를 넘
어선 公槪念이 되기 때문에 공개념 속에 있는 자기가족애
는 자연적으로 겸애의 대상에서 벗어날 수 없다는 것이다.

2. 實利主義

묵자는 행위규범으로서의 利를 우리가 보통 말하는 이기
나 이해득실의 利와는 구별하고 있다. 공자는,

---

17) 『墨子』 '兼愛篇下'.

"군자는 義에 약바르고 소인은 利에 약바르다"[18]

하였고, 맹자도,

"어찌 꼭 이로움만을 말하려 하십니까 또한 인의가 있을
따름입니다"[19]

라고 하니, 유가들은 이익만을 주장하는 것을 소인들이라
하였다. 그러나 묵자는 겸애와 의로움을 결부시켜 조화를
이룬 실리주의적인 입장에서 체계화 시키고 있다. 그래서
묵자는 공리주의적인 방법으로 겸애를 주장하기를,

"국가는 서로 攻伐하지 않고 人家는 서로 교란하지 않는
데 이것이 천하의 해인가? 그것은 천하의 利라고 말하지
않으면 안된다. 여러 가지 이익의 근거를 고찰해 볼 때 그
이익은 어디에서 생겨났는가? 그 이익은 남을 사랑하고 남
을 이롭게 하는 데서 생겨났다고 말해야 한다. 남을 사랑
하고 남을 이롭게 하는 사람들을 別이라 불러야 하는가?
兼이라 불러야 하는가? 반드시 兼이라 불러야 한다. 그렇
다면 서로 겸애하는 사람은 과연 천하의 大利를 생기게 하
는 자가 아닌가? 그러므로 묵자의 兼은 옳은 일이다"[20]

라고 했다. 모든 이로움이란 사람들이 서로 사랑해 주고
사람들을 이롭게 해주는 데서 생겨난다는 것이다. 그러므

---

18) 『論語』 '里仁篇', "君子喩於義 小人於利".
19) 『孟子』 '梁惠王篇'.
20) 『墨子』 '兼愛篇下'.

로 남을 사랑하는 사람은 남들도 역시 그를 사랑해 주고 남을 이롭게하는 사람은 남들도 역시 그를 이롭게 해준다는 것이다.

겸애와 이익을 하나로 결속한 것으로써 편협된 이기주의와는 완전히 구별된다. 그래서 묵자는 겸애를 바탕하여 이익을 추구하는 실리주의자이다. 이러한 실리주의에 대하여 묵자는 말하기를,

"자기를 죽이어 천하를 보전케하면 그것은 자기를 죽이어 천하를 새롭게 한 것이다"

라고 말했듯이 天意에 따라 義를 위하여 과감하게 행하는 희생정신과도 그 뜻을 같이 한다고 볼 수 있다. 그래서 묵자의 '利'는 실리적 측면과 윤리적인 측면의 조화에서 묵자의 진실한 利의 모습을 찾아 볼 수 있다. 즉 利와 義는 不可離의 관계에 있으면서 '天下之利'가 되는 실리를 요청하고 있는 것이다. 이와 같은 실리사상은 마치 공자의 '殺身成仁'의 정신이나 맹자의 舍生取義의 정신과도 맥을 같이 한다. 그래서 묵자는 貴義篇에서 義의 貴重性을 강조하여 '萬事莫貴於義'라 하였으니, 즉 '만사에는 의보다 귀한 것이 없다'라는 말로 겸애의 질서를 위한 근간으로 삼고 있다. 그러므로 겸애할 수 있고 겸애에 의한 利의 조화를 이룩할 수 있는 실체가 義라는 것이다. 중용에서도 '義는 宜也'라 하여 時中을 말하는 것으로 그때 그때에 따라 알맞게 처리

한다는 것과 통하는 말이다. 묵자의 義도 우리 생활의 알맞은 겸애와 利를 요청함으로써 도덕 질서유지를 위한 실리적 행위규범인 것이다. 그래서 묵자는 윤리 도덕의 기준이 되는 의로움이란 세상의 무엇보다 더 귀중한 것임을 말하면서 의로움을 愛와 공경 그리고 利와 결부해서 생각하는 것이 유가에서 생각하는 의로움과 차이점이라 하겠다. 묵자가 친구를 방문함에 묵자에게 말하기를,

"지금 천하엔 의로움을 행하는 사람이 없는데 자네는 홀로 스스로를 괴롭히며 의로움을 행하고 있으니 그만 두는 게 좋겠네, 이에 대해 묵자가 말하기를, 지금 여기에 한 사람이 있는데 자식이 열명 있다 해서 한 사람이 농사를 짓고 아홉 명은 들어 앉아 있다면, 농사짓는 사람은 더욱 다급히 일하지 않으면 안될 걸세, 먹는 사람은 많은데 농사짓는 사람은 적기 때문일세, 지금 천하엔 의로움을 행하는 이가 없으니 자네는 마땅히 내게 의로움을 권해야 할 것이어늘 어째서 나를 말리는가?"21)

라고 하였다. 세상에 의로운 행위를 하는 사람이 적으나 단 한사람이라도 의로움을 행하여 많은 사람으로 하여금 의로움을 실천해 나갈 것을 강조한 것이다. 이와 같이 묵자는 '겸애'와 더불어 '利'가 實利되게끔 하는 근거가 의에 있다는 것을 주장함으로써 그 의가 실천적 이성임을 말하고 있다. 그러면 또한 義의 근거는 어디에서 찾아야 하는

---

21) 『墨子』 '貴義篇'.

가 하는 문제가 제기된다. 묵자는 말하기를,

　　"하늘은 또한 무엇을 바라고 무엇을 싫어하는가? 하늘은
　　의로움을 바라고 불의를 싫어한다. 그러니 천하의 백성들
　　을 거느리고 의로움에 종사한다는 것은 곧 내가 바로 하늘
　　이 바라는 일을 행하는 것이 된다. 내가 하늘이 바라는 일
　　을 하면 하늘 역시 내가 바라는 일을 해준다. 그러면 나는
　　무엇을 바라고 무엇을 싫어하는가? 나는 복과 녹을 바라고
　　천벌을 싫어한다. 만약 내가 하늘이 바라는 일을 하지 않
　　고 하늘이 바라지 않는 일을 한다는 것은 내가 천하의 백
　　성들을 거느리고서 재난과 천벌 가운데서 종사하는 것이
　　된다. 그렇다면 무엇으로써 하늘이 의로움을 버리고 불의
　　를 싫어한다는 것을 알 수 있는가? 그것은 천하에 의로움
　　이 있으면 살고 의로움이 없으면 죽으며 의로움이 있으면
　　부해지고 의로움이 없으면 가난해지며 의로움이 있으면 다
　　스려지고 의로움이 없으면 어지러워진다. 그러니 하늘은
　　그들의 삶을 바라고 죽음을 싫어하며 그들의 부를 바라고
　　가난을 싫어하며 그들의 다스림을 바라고 어지러움을 싫어
　　한다. 이것이 내가 하늘은 의로움을 바라고 불의를 싫어함
　　을 아는 근거인 것이다"22)

라고 하였으니 義의 근거가 천에 있음을 쉽게 알 수 있다.
여기서는 천이 의를 좋아하고 불의를 싫어함을 설명하고
있는데 천은 자기의 뜻을 따르는 의로운 사람에게는 복록
을 주고 따르지 않는 사람에게는 불행과 재난을 준다는 것
이다. 이같이 천은 인간행위의 최고규준이요, 도덕의 최고
가치규범이기 때문에 天은 義의 근거가 되며 의는 利의 근

---

22)『墨子』'天志篇上'.

거가 된다. 따라서 의롭게 利를 하려는 자는 천의에 따라 현사회에서 만민을 겸애함으로써 천하 인민을 이롭게 할 수 있게 되는 것이니 이와 같이 될 때에 실리주의가 확립된 질서 있는 사회를 이룰 수 있다는 것이다.

Ⅳ. 社會思想

묵자의 사회사상이라 함은 본체적인 天과 작용적인 義와 利의 조화로서 겸애를 적용시켜 이루어진 실용주의이다. 특히 주의해야함은 관념적인 天思想에 치중한 것이 아니라, 현실에 입각한 실용적인 문제에 치중함과 동시에 윤리 도덕적인 실천 문제에 중점을 두고 있는 것이다. 특히 묵자는 천하백성을 위한 公共之利를 중요시하여 겸애할 것을 중요시하고 있기 때문이다. 묵자의 非攻篇에 의하면 "천하 군자들은 이 큰 불의를 행하여 남의 나라를 攻擊하는데도 이것을 義라 하는데 이는 전쟁의 불의함을 모르기 때문인 것이다"라고 하였다. 이것은 누구나 사랑해야 한다는 겸애설을 바탕으로 한 전쟁 부정론인 것이다. 이와 같이 실질적으로 천하인민에게 公利가 되지 않는 것은 모두 배척한 것이다. 이와 같이 묵자는 겸애론에 입각한 천하인민의 利를 추구하는 사회 정책론을 전개한 것이다. 이 같은 취의를 살려 정치사상의 측면과 경제사상의 측면을 살펴보기로 한다.

1. 政治思想

묵자는 겸애사상을 정치적 근본으로 삼고 윗사람의 뜻에 동조하여 主義·主張을 하나로 통하는 尙同政治와 賢人을 존중하되 능력이 있으면 누구나 등용시켜 높은 벼슬과 녹을 주어 정사를 맡기는 尙賢政治를 말할 수 있다. 묵자는 한 나라가 조직된 국가로 형성되기 전에는 자연상태의 사회현상으로 보았다. 그는 말하기를,

"아주 오랜 옛날 인간이 처음 태어나서 아직 천자나 제후와 같은 통치자가 없을 때는 아마 이러 했을지도 모른다. 천하의 모든 사람은 제각기 主義를 달리하여 한 사람에게 반드시 한 가지씩 主義가 있어 두 사람이면 두 가지의 다른 主義가 있게 되고 열 사람이면 열 가지의 또 다른 主義가 있게 되어 사람이 많으면 많을수록 主義·主張들이 그 만큼 많아진다. 여기서 사람들은 제각기 자기의 주장을 옳다 하고 남의 主義·주장을 그르다고 하니 자연 서로 헐뜯고 비난할 수 밖에 없다. 이래서 결국 집안에서는 아버지와 아들이 형과 아우가 서로 미워하고 원망하다가 끝내 화합하지 못하고 갈라서게 되고 세상은 온통 물길을 끓거나 불로 들치거나 또 독약을 쓰거나 해서 사람들이 해치는 판국이 된다. 일하고 남는 힘이 있어도 약한 사람을 도우려 아니하고, 먹고 남은 제 몫을 썩히면서도 굶주리는 사람에게 나누어주는 일이 없으며, 도덕이 있는 사람은 그 좋은 덕행을 감추어 남을 가르쳐 선도하려 하지 않으니, 천하가 어지러워지는 꼴을 보면 아치 금수의 세계와 다른 것이 없다"[23]

라고 하였으니, 이러한 형정이 없고 체계화된 국가가 형성되지 않은 국가사회에서는 각자가 자기의 主義·主張을 하기 때문에 어떠한 통일된 주의·주장을 가질 수 없게 된다. 이와 같이 제각기의 주의·주장을 하나로 묶어서 禮義之政이 바르고 질서 있는 사회를 확립하기 위해서는 강력한 힘을 발휘 할 수 있는 통치자 즉 賢者를 요청하고 있는 것이다. 그래서 賢者의 필요성을 말하기를,

"천하가 어지러워진 까닭은 그 많은 사람들의 제각기 다른 主義를 하나로 통일할 통치자가 없었기 때문이다. 그래서 천하의 賢者를 가려 천하의 자리에 앉힌 것이요, 설령 천자가 있다해도 그 한 사람의 힘으로는 벅찼기에 다시 賢者 가운데서 적당한 사람을 뽑아 三公의 높은 벼슬을 주어 천자를 돕게 한 것이다. 그러나 천자와 三公이 있다 해도 천자가 하도 넓고 커서 이 분들의 힘만으로는 먼 나라 또는 언어나 풍습이 다른 나라 백성들의 시비와 이해의 분별을 밝힐 수 없으므로 여러 나라로 나누어 경계를 짓고 제후 임금을 골라 자리에 앉게 하였다. 여기에서도 제후의 힘만 가지고는 부족하기에 다시 그 나라에서 알맞은 賢者를 뽑아 장관의 자리에 앉게 하여 제후를 돕게 한 것이다"24)

라고 하였다. 무정부의 상태에서 체계적인 정치를 이끌어가기 위해서는 천자를 중심으로 한 많은 현자들을 등용하여 그들로 하여금 통치케 해야 한다는 것이다. 그러면 현자를

23) 『墨子』 '尙同上'.
24) 『墨子』 '尙同上'.

많이 모아들이는 방법은 어떻게 해야 할 것인가? 그 방법을
말하기를,

"가령 어떤 나라에서 활 잘 쏘는 사람과 말달리기 선수
를 모으려 한다고 하자. 그러자면 먼저 그 사람에게 많은
祿을 주어 잘 살게 하고 그 사람들을 높은 벼슬 자리에 앉
혀 부귀를 한꺼번에 누리게 하고 존경을 다하여 그들의 재
주를 칭찬해 준다. 이렇게 하면 그 소문이 널리 퍼져 사방
에서 듣고, 활쏘기 말달리기에 능한 사람들이 다투어 몰려
올 것이다. 한 가지 재주에 능한 사람도 이토록 후한 대접
을 해야 하는데 하물며 덕행이 두텁고 말에 밝으며 學藝에
능통한 賢者를 대접함에 있어서는 말할 것이 없다. 이들이
야말로 나라의 보배요 나라의 일꾼이니 이들을 잘 살게 해
주고 고귀한 자리에 앉혀 존경을 다하며 공로를 높이 찬양
해 주어야 할 것이다. 이렇게 하면 자연히 사방에서 소문
을 듣고 어진 인사들이 몰려들어 나라 안은 온통 어진 이
로 가득할 것이다"25)

라고 하여 賢者란 의로움을 잘 실천하는 인물이므로 우대
해 줌으로써 많은 현자를 발탁할 수 있음을 시사한 것이
다. 그러므로,

"어떤 사람이든 의롭지 못한 사람이면 그에게 부와 귀를
누리지 못하게 하고, 누구든지 의롭지 못한 사람이면 내
곁에 가까이서 일하는 사람이라도 가까이 여기지 아니할
것이다"26)

---

25)『墨子』'尙賢上'.
26)『墨子』'尙賢上'.

라 하여 현자는 의로운 품격을 갖추고 있어야 함을 강조하고 있다. 그리고 현자를 등용하는 데는 철저한 자주력 본위로 하고 귀천에 따르지 않고 어느 누구에게 기회를 부여해야 한다는 것이다.

"옛 聖王이 천하를 다스릴 때는 귀천을 막론하고 덕이 있는 사람을 가려 그 사람에 알맞은 지위를 주고 어진 이를 존중하였다. 농부 장인 장사꾼 할 것 없이 유능하다면 기용하여 높은 지위를 주고 봉록을 후하게 주며 정사를 맡기되 반드시 명령을 실행하도록 하였다."27)

고 하는 옛 聖王의 말을 빌려서 말한 것은 공정한 의리를 앞세워 사사로운 원망을 버리는 평등주의의 원리를 설명하고 있는 것이다. 그리고 묵자는 다음과 같이 말한다.

"옛날 堯임금에게는 舜이 있었고, 舜임금에게는 禹가, 禹임금에게는 皐陶가, 湯王에게는 伊尹이, 그리고 武王에게는 閎天 泰顚 南宮括 散宜生等…이와같이 각기 賢者가 있어 함께 나라를 다스렸기에 천하가 평화로웠고 만백성이 다같이 풍성하게 살 수 있었다"28)

고 하였다. 천하의 모든 정치가들은 진정으로 仁義를 행하고 어진 선비를 얻고자 하며 위로는 先王의 도덕에 합하고 아래로는 나라와 백성들의 이익이 되기를 바란다. 또한 어

---

27)『墨子』'尙賢上'.
28)『墨子』'尙賢下'.

진 이를 존중한다는 것은 하느님과 자신 그리고 온 백성을 다같이 이익되게 하는 것인데 이것이 바로 정치의 근본이 된다는 것이다. 그리고 천하의 賢者로서 천자가 정해지면 각국의 제후국의 임금과 장관에게 법령을 내린다.

"착한 일이나 착하지 못한 일을 듣고 알았을 때는 모두 상부에 신고하라. 상부에서 옳다고 하는 것은 백성들도 옳다고 해야할 것이요. 상부에서 그르다고 하는 것은 역시 다같이 그르다고 해야할 것이다. 또 상부에서 혹 허물이 있으면 반드시 거리낌없이 잘못을 말하여 고치도록 할 것이요 서민들 가운데 착한 일을 한 사람이 있거든 빠짐없이 추천하라"29)

라고 하였다. 이것은 통치자인 천자가 민의에 의하여 정치를 하고자한 것으로 천하 백성의 주의·주장을 통일하는 좋은 民約방법이다. 주의·주장을 한 가지로 묶을 수 있는 통치자는 백성의 추대에 의하여 발탁된 분이기 때문에 통치자인 임금은 그 나라 백성들에게 법령을 다음과 같이 해야 한다.

"착한 일이나 착하지 못한 일을 듣고 알았을 때는 반드시 임금님께 고하라. 우리나라 임금님은 이 세상에서 가장 어진 분이니 나라 임금님이 옳다고 하는 것은 누구나 반드시 옳다고 해야 하며, 나라 임금님이 그르다고 하는 것은 다 어김없이 그르다고 해야 할 것이다. 이리하여 누구든지

---

29) 『墨子』'尙同上'.

> 나쁜 말을 버리고 임금님의 착하고 아름다운 말씀을 배우
> 며 나쁜 행실을 버리고 임금님의 착하고 어진 행실을 본받
> 으라"30)

고 했다. 이것은 하나의 통치자가 천하 백성을 위한 정치
적 체제를 유지하기 위하여서는 통치자 본인이 먼저 天志
에 의한 정치적 표준 인물이어야 하고, 명덕을 갖추어 겸
애로서 실리를 위한 명령을 백성들에게 내렸을 때 그 명령
은 진실된 사실이므로 백성들은 본받아 들이게 되고 순종
하게 된다는 논리이다. 만약에 천하 백성의 사리에 어긋나
는 임금님의 명령이 내려질 때는 그것은 따르지 말고, 좋
은 점만 본받을 것을 말한 것은 민의에 의한 정치이니 민
주적 정치체제의 일면을 엿볼 수 있다. 그러나 묵자가 생
각하는 국가의 통치권자는 막강한 힘을 가지고 있는 전제
군주를 말하면서 반드시 虛靈不昧한 명덕을 갖춘 內聖外王
을 요청하고 있는 것이다. 다음 천자의 법령을 살펴보면,
천자는 각 제후를 세우고 백성들은 다스릴 鄕長里長까지 선
발한 다음 그들에게 법령을 포고하고 가르침을 내리기를,

> "착한 사람이나 악한 사람을 보거든 반드시 상부에 신고
> 하라. 상부에서 옳다고 하는 것은 다같이 옳다고 할 것이
> 요, 상부에서 그르다고 하는 것은 역시 하나같이 그르다고
> 해야 한다. 그리고 착한 일을 하는 사람이 있거든 빠짐없
> 이 추천하고 혹 상부에 허물이 있거든 반드시 그 잘못을

---

30) 『墨子』 '尙同上'.

말하여 고치도록 할 것이며 상부의 의견에 동조하여 무지한 小人들과 어울리려 하지 않는 사람이 있거든 위에서는 이들을 상주며 여러 백성들도 함께 칭찬해 주도록 하라. 그러나 만일 위에 말한 조항 가운데 한 가지라도 어기는 사람이 있다거나 또한 못된 무리들과 뭉쳐 다니며 상부의 일을 헐뜯는 사람이 있을 때는 이들을 남김없이 가려내어 벌주도록 할 것이며 모든 백성들도 함께 그들의 잘못을 꾸 짖도록 하라"31)

라 하였으니 옛 聖王이 시행한 형벌과 賞·譽는 누구나 믿을 정도로 公明正大하였던 것이다. 그러면 里長, 鄕長 제후가 잘 다스릴 수 있는 근거는 어디에 있을까 하는 문제가 제기된다. 그것은 오직 里長, 鄕長, 제후가 자기가 맡은 통치체계내에서 백성의 맡은 주의·주장을 하나로 통일할 수 있는데 있다. 다음으로 천자가 천하인민을 잘 통치할 수 있는 이유는 천하의 모든 백성들의 주의·주장을 하나로 통일할 수 있는데 있는 것이다. 다시 말하면 결국 작은 마을로부터 크게는 천하에 이르기까지 모든 백성들의 주의·주장을 하나로 묶게 되어 요순시대나 문무시대와 같은 살기 좋은 국가가 형성될 수 있다는 것을 묵자는 말한다. 오늘날 천자와 제후가 세운 정치체제가 아직 그대로 있는데 천하가 어지러워지는 이유를 사람들이 말하고 있다. 이에 대해 묵자가 말하기를,

---

31) 『墨子』 '尙同中'.

"비유컨대 오랑캐땅 苗나라 임금이 五刑을 만들어 그 백
성들에게 사용하고 있다. 옛 聖王은 五刑을 제정하여 그것
으로 천하를 잘 다스렸다는데 苗나라의 경우는 五刑을 제
정함으로 말미암아 오히려 천하가 어지러워졌으니 그 원인
은 刑 자체가 나쁜 것이 아니라 바로 刑을 사용하는 그 사
람이 나쁘기 때문이다"[32]

라고 하였다. 그 사회에 五刑이 제정되어 있는 그 자체가
나쁜 것이 아니라 그것을 사용하는 위정자가 刑을 잘못 사
용하는데서 천하가 어지러워진다는 것이다. 그러므로 성왕
은 형벌을 집행함에 戒愼하기 때문에 모든 백성들은 그 정
당성을 인정하게 되지만, 폭군은 함부로 형벌을 집행함으
로 원성을 듣게 된다. 그러므로 위정자는 형집행을 삼가야
됨을 경고하고 있다. 정치의 근본은 윗사람의 뜻에 동조하
는데 있음을 다음과 같이 묵자는 말하고 있다.

"천자는 결코 사람이지 귀신이 아니다. 천자가 귀신처럼
밝을 수 있는 것은 여러 사람의 耳目의 힘을 빌어 자기의
보고 듣는 일에 도움이 되게 하고, 또 여러 사람의 입을
빌어 자기의 언론에 도움이 되게 하며, 여러 사람의 힘을
빌어 자기의 사려에 돕게 하고, 또 여러 사람의 팔·다리
를 빌어 자기동작에 도움이 되게 하였기 때문이다"[33]

라고 하였다. 이것은 천자가 백성의 耳目에 귀를 기울여

---

32)『墨子』'尙同中'.
33)『墨子』'尙同中'.

민의에 맞는 시정을 할 때 천자는 천자의 구실을 다할 수 있다는 것이다. 다시 말하면 민심은 천심이기 때문에 민의와 민심은 서로 상통함으로 주의·주장을 하나로 통일할 수 있다는 것이다. 이와 같이 될 때 아래 백성은 윗사람의 뜻에 동조하게 되는 것이다. 이에 대해 묵자는 다음과 같이 말하고 있다.

> "천자의 視聽을 돕는 사람이 많을수록 넓게 보고 들을 수 있고, 언론을 돕는 사람이 많을수록 그만큼 천자의 은혜로움이 널리 알려져 따르는 者가 많으며, 사려를 돕는 자가 많을수록 그 만큼 빠르게 되고, 동작을 돕는 사람이 많을수록 모든 일이 그 만큼 빨리 익숙할 수 있다는 것이다. 옛 聖王이 공업을 훌륭하게 이룩한 것은 오로지 위정자가 상부에 동조하는 인물들을 많이 가졌기 때문이다"[34]

라고 하였으니, 국가를 다스리는 위정자가 국가를 부유하게 하고 국가를 평안하게 하기 위해서는 윗사람의 뜻을 아랫사람이 모두 동조하게끔 하는 것이 중요하다는 것이다. 동조하게끔 하는 데는 위정자의 명덕을 필요로 하는 것이다. 무조건 따르고 동조하는 것이 아니라 위정자가 천의에 의한 兼愛의 德을 가지고 있을 때 백성들을 교화할 수 있게 되고 따라서 위정자를 동조하게 된다는 것을 말하고 있다. 이것은 유가의 덕치주의 이론과 그 맥을 같이 하고 있다고 볼 수 있다. 다음으로 천하의 주의를 하나로 통일하

---

34) 『墨子』 '尙同中'.

는 방법을 말하기를,

> "애국하고 유익하게 하는 사람이 있으면 반드시 상부에
> 신고하라 그리고 유익하게 하는 사람을 보고 신고하면 신
> 고하는 사람까지 아울러 상을 내릴 것이며 이때 백성들은
> 다같이 이들을 칭찬해 주도록 한다. 반대로 나라를 미워하
> 고 해치는 사람을 보고도 신고하지 않는 사람이 있다면 이
> 사람도 나라를 해치는 무리와 똑같은 사람으로 간주하여
> 함께 벌을 줄 것이니 이때는 백성들이 다같이 이들에게 비
> 난의 화살을 퍼붓도록 한다"35)

라고 하였다. 이것은 상벌을 통하여 아랫사람으로 하여금
윗사람의 뜻에 동조하고 윗사람의 주의와 하나가 된다는
방식으로 치국에 적용한 것이다. 여기서 천자는 천하백성
들의 온갖 주의·주장을 하나로 통일하되 다시 위에 계신
하느님의 뜻(天志)에 동조해야 한다. 윗사람의 뜻에 동조
하는 尙同의 설은 위로 천자에 쓰이면 治天下가 될 것이
고, 제후에게 쓰이면 치국이 될 것이고, 아래로 한 가정에
쓰이면 제가가 될 수 있다. 이 묵자의 상동의 설은 작게는
가정으로부터 크게는 천하에까지 다 적용될 수 있는 정치
의 근본이라 할 수 있고 또한 천하를 평정할 수 있는 요결
인 것이다.

---

35) 『墨子』 '尙同下'.

2. 經濟思想

묵자의 경제사상은 국가와 인민의 공리가 가장 중요문제로 제시한 실리주의 측면을 말하고 있는 것이다. 그리고 전국민은 근검절약의 생활을 계속할 것을 추구하면서 겸애 실리사상에 입각한 사회정책을 구현시키려고 하였다. 또한 묵자의 경제사상은 개인적인 私利私慾의 利가 아니라 天志에 의한 公槪念의 공리이며 남을 위하는 겸애정신이 함께 있는 交相利 입장에서 이해해야 한다. 묵자는 경제정책의 일환으로 節用·節葬·非樂等을 백성들이 행할 것을 말하였다. 節用은 검약의 의미이며 국민 전체의 實利實益을 뜻하는 국민생활방법이라고 생각하여 묵자는 다음과 같이 말하기를,

  "옛날 성인이 한 나라 정치를 하면 그 나라의 부는 배가 된다. 그것을 확대하여 천하의 정치를 맡는다면 천하의 부도 배로 늘어날 것이다. 그가 부를 배로 늘리는 것은 밖에서 땅을 뺏음으로써 늘리는 것이 아니라 그 국가의 사정에 따라 쓸데없는 비용을 없앰으로써 두 배의 부를 늘리는 것이다. 성왕이 정치를 함에 있어서 그가 政令을 발하고 사업을 일으키며 백성들을 부리고 재물을 사용함에 있어 모든 것을 편리하게 이루어지도록 하지 않음이 없다. 그러므로 재물사용에 낭비가 없고 백성들의 생활에는 수고로움이 없으며 그들에게 돌아가는 이익이 많아지는 것이다"[36]

---

36) 『墨子』 '節用上'.

라고 하였다. 쓸데없는 비용을 없애는 것이 성왕의 도이며 천하의 큰 이익이라는 것이다. 그러므로 위정자는 성왕의 도에 입각하여 경제정책을 시정할 때 백성들의 실리가 됨을 말한 것이다. 그리고 위정자들은 전쟁을 비롯한 쓸데없는 곳에 낭비를 많이 하여 나라 인구도 줄게 되고 나라의 재물도 결핍하게 하고 있지만 천하를 올바로 다스리는 성왕의 도란 바로 쓰는 것을 절약하는 관점에서 백성들의 실리에 맞는 절약을 강조하고 있다. 묵자는 실리주의 입장에서 언제나 兼愛交利를 결부시켜 왔다. 그래서 비유하여 말하기를,

> "손가락을 자름으로써 팔을 남게 한다는 것은 이익가운데서도 큰 것을 취하는 것이고 손해가운데서도 작은 것을 취하는 것이다. 손해가운데서 작은 것을 취하는 것은 손해를 취하는 것이 아니라 이익을 취하는 것이다. 그가 취한 것은 남이 갖고 있는 권한이기 때문이다. 도적을 만나서 손가락을 잘림으로써 자기 몸의 해를 면한다면 그것은 이익이 되나 그가 도적을 만났다는 것은 해인 것이다"[37]

라고 하여 小利 즉 私利를 버리고 大利 즉 公利를 취하여 兼愛交利로써 국민을 위하는 것이 묵자경제사상의 핵심이라 볼 수 있다. 또 묵자는 實利益을 추구하는 관점에서 예술의 類는 존재하지 아니해도 좋다는 것이며 勤勞·節儉主義의 입장에는 공연히 마음만을 흔들어 놓는 음악은 해로

---

37) 『墨子』 '大取篇'.

운 것이라 주장한다.

"어진 사람이 하는 일은 반드시 천하의 이익을 일으키고
천하의 해를 없애기에 힘쓰는 것이다. 이렇게 함으로써 천
하의 법도를 삼아서 사람들에게 이익이 되면 곧 행하고 사
람들에게 이익이 되지 않으면 곧 그만두는 것이다. 또한
어진 사람이 천하를 위하여 헤아릴 적에는 그의 눈에 아름
다운 것이나 귀에 즐거운 것이나 입에 단 것이나 몸에 편
안한 것을 위해서 일하지 않는다. 이런 것으로서 백성들이
입고 먹을 재물을 축내고 뺏게 되기 때문에 어진 사람은
하지 않는 것이다"38)

라고 하였다. 묵자가 음악의 즐거움 자체를 모르고 비난하
는 것은 아니라는 것을 볼 수 있다. 편안한 생활, 아름다
운 무늬, 즐거운 음악, 맛있는 음식이 좋은 줄 안다. 그러
나 이러한 것들이 군자로서 일을 하는데 방해가 되기 때문
에 싫어한다는 것이다. 그러므로 묵자의 철저한 실리주의
적 태도를 찾아 볼 수 있다. 王侯가 예술을 熱愛하고 예악
을 熱心이라면 그 때문에 여러가지 비용을 낭비한다. 그것
이 重稅를 과하는 원인이 되어 일반민가의 공익을 해치게
된다는 것이다. 그러나 왕후 國君이 兼愛交利에 기초를 둔
실리실익을 베풀고 민중도 또한 이 같은 취의에 부합하는
생활을 할 때 생활의 안정을 기할 수 있다는 것이다. 그는
다음으로 節葬을 설하였다. 묵자가 말하는 절장이란 장사

---

38)『墨子』'非樂篇上'.

지내는 의식이나 비용을 절약해야 한다는 뜻이다. 유가들
의 주장에 의한 장사는 너무 번거로운 의식과 오랜 기간의
喪을 지쳐왔다. 이것은 국가의 부를 위하여 백성들의 경제
생활의 질서를 위하여 이롭지 못하다는 것이다. 묵자는 말
하기를,

"성대하게 장사지내는 결과를 계산하여 보면 모든 재물
을 많이 묻어 버리는게 된다. 오래 喪을 입는 결과를 계산
해보면 오랫동안 일하는 것을 금기시키는게 된다. 이미 이
룩해 놓은 재물들을 한꺼번에 묻어버리고 뒤에 살아남은
사람들은 오랫동안 일을 금지 당하는 것이다. 이렇게 함으
로써 부하여지기 바란다는 것은 이것을 비유하면 마치 농
사짓기를 금하면서도 수확을 올리려 드는 것과 같은 것이
니 부하여 진다는 이론은 성립될 수가 없는 것이다"39)

라고 하였다. 葬禮를 간소하게 행하도록 강조하면서 장례
를 지내는 절도가 있게 하여 너무 박하게 하는 것도 좋지
않지만 유가에서 행하는 것과 같이 성대한 장례식에 삼년
상이란 산 사람으로 도저히 견디기 어려운 일이다. 또한
그것은 지나친 사치 풍조에 지나지 않으며 죽은 자에게 아
무런 이익이 되지도 않을 뿐만 아니라 오히려 산 사람에게
큰 손해가 된다는 것이다. 장례는 어디까지나 산 자와 죽
은 자가 다같이 이로울 수 있는 방법을 취해야 한다는 것
이다. 또한 성대하게 하는 유가의 장례방법을 버리고 알맞

---

39) 『墨子』 '節葬下'.

게 거행하는 것이 나라를 부강하게 하는 것이라는 것이다.40) 다음으로 묵자는 인구증가는 생산품의 증가라는 원칙에서 인구증가의 필요성을 강조한 것은 그 당시 제왕들은 나라의 부강은 바로 그 나라 인구수에 비례되고 있다고 보았으므로 묵자도 인구증가는 곧 많은 노동력의 수단이 된다고 보아서 인구증가에 대한 것을 강조하고 있다. 또 묵자는 실용·실리를 위한 분업을 주장하고 있다.

> "비유를 들면 담을 쌓는데 흙을 잘 다니는 사람은 흙을 다지고, 흙을 잘 날라다 넣는 사람은 흙을 날라다 넣고, 감독을 잘 하는 사람은 감독을 하고, 그런 뒤에야 담이 완성되는 것이니, 의로움을 행하는 것은 이와 같고, 변론을 잘 하는 사람은 변론을 하고, 책 해설을 잘 하는 사람은 책을 해설하고, 일네 종사를 잘 하는 사람은 일에 종사하는 것이고, 그런 뒤에야 의로운 일들이 성취될 것이다"41)

라고 하였으니 묵자가 현대적인 분업정신을 지니고 있었다는 일은 놀라운 일이다. 사람의 능력과 재능에 따라 그에 알맞은 일을 분담케 하는 것이 혼자서 처음부터 끝까지 한 일을 완성하는 것보다 훨씬 능률적이라는 묵자의 분업론은 그 당시에 탁견이라 볼 수 있다. 이상과 같이 묵자의 사회사상은 자신이 서민출신이요 군사출신이므로 백성들의 공허한 경제생활보다 실질적으로 천하백성에게 알맞은 실리실익을 갈구했던 것이다. 특히 이익의 분배는 어느 사적인

---

40) 『墨子』 '節用上'.
41) 『墨子』 '耕柱篇'.

개인에 대한 분배가 아니고 누구나 다 똑같이 혜택을 가질 수 있는 兼愛交利에 있는 것이다. 또한 경제사상 중에서 핵심을 이루고 있는 것은 交相利인데, 이것은 利가 公利로 될 수 있게끔 하는 의를 떠나서 생각할 수 없고, 또 겸애를 떠나서 생각할 수 없는 것이다. 그러므로 사회의 질서를 이룰 수 있는 도덕적 근저가 의이고, 그 작용적 역할을 하는 것이 交相利인데, 그것들을 잘 조화하여 줄 수 있는 것이 겸애이다. 體가 되는 義와 작용인 利는 서로 不可離의 관계에 있으면서 天意에 의하여 천하백성을 함께 사랑하게 될 때 인간의 가치관이 정립될 수 있다는 것이다. 겸애를 根底한 인간가치관이 정립될 때 '天德'이 구현되어 禮記에서 말하는 大同社會와 같은 이상적인 사회를 이룩할 수 있다는 것이다.

V. 結 論

이상에서 논술한 바와 같이 묵자의 주요사상은 兼愛交利에 있다. 묵자의 겸애사상이 배태된 근거 중의 그 하나는 천이고, 다른 하나는 三表에서 찾아보았다. 전자는 '天兼天下而食'이라 하여 천은 천하 사람들을 다같이 먹인다는 사상에서 天意에 따라 만백성을 함께 사랑해야 하는 겸애사상을 말했고, 후자는 천과 신이 愛를 즐기고 널리 백성을 愛할 것을 인정하고 있으므로 성왕의 施政이 국가와 백성의 공익에 맞는 것이 겸애의 의미를 갖는 所以라는 것이다. 다음으로는 겸애사상이 발전한 것이 겸애·교리임을 밝혀 '겸애'와 더불어 '利'가 실리가 되게끔 하는 근거가 의에 있음을 밝힘으로써 그 義가 실천도덕적 이성임을 말하고 있다. 또 사회사상면에서는 정치사상과 경제사상 측면을 살펴보았는데, 정치사상에서는 천자가 천하백성들의 主義·主張을 하나로 통일하는 尙同政治를 말하였다. 윗사람의 뜻에 동조하는 상동의 설은 위로 천자에 쓰이게 되면 천하가 다스려지고, 제후에게 쓰이게 되면 나라가 다스려지고, 가정에 쓰이게 되면 집을 다스릴 수 있다 하여 가정에서부터 천하까지 다 적용할 수 있다고 묵자는 말하였다. 또 상동정치는 역사적 고찰을 통하여 天志의 취지를 기준으로 하여 겸애로서 민가의 뜻을 모으는 民約政治로서 尙同倫理政治의 극치가 될 수 있음을 논술하였다. 동시에 尙同政治와 尙賢政治가 함께 행하여야만 이상적 사회가 구현될 수 있음을 알았다. 다음 경제사상에서는 그 중심을 이루고 있는 것은 '交相利'인데 이것은 公利의 槪據가 되는 義를 떠나서 생각할 수 없고 또 겸애를 떠나서 생각할 수 없는 것이다. 사회질서를 이룰 수 있는 도덕적 근저가 義이고, 그 작용적 역할을 하는 것이 交相利인데 義와 利를 조화시켜 주는 것이 겸애이다. 이 같은 취의를 살려 절용·절장과 같은 실용적 실리를 주장하였는데 호화로운 생활보다 근검절약을 위주로 하는 節用의 義를 실천할 것을 논술하였다. 이와 같은 것은 가장 현실적이고 실생활에 가

장 알맞은 사회정책으로 우리나라 李朝後期의 실학사상이
나 미국의 실용주의사상과도 그 맥이 통한다 하겠다. 특히
上·下不信이 만연되고 있는 현대사회에서 서로를 아끼고
사랑하는 겸애를 근저로 하여 국가·백성을 이끌어 가는
위정자들의 유능을 믿으며 그에 부응하여 더욱 위정자들은
백성에게 視와 聽을 밝히고 交相利의 실리주의를 시정한다
면 현대의 가장 복잡한 난관을 극복할 수 있으리라 믿는
다. 또한 현대 산업경제의 다원화로 빚어진 병폐로 물질존
중과 인간성 소외라는 큰 문제점에 봉착하고 있다. 이 시
점에 묵자의 겸애 交利思想에 입각한 경제사상, 정치사상
이 요청된다. 이 같은 사상을 현시대에 알맞게 적용한다면
서로 사랑하고 믿고 사는 좋은 사회를 이룩할 수 있으리라
믿으며, 이 사상을 세계로 추급해 간다면 세계평화 공존사
상 및 평등사상과 결부될 수 있으리라 믿는다.

參 考 文 獻

· 「四書 : 四書章句集註大全」, 影印版, 서울, 大東文化硏究院, 1970.
· 南宋朱喜撰 「朱子大全」, 서울, 曹龍承刊行, 1978.
· 「十三經注疏刀補正」, 全16冊.
· 臺北 : 世界書局, 民國56~62年.
· 張經一 「墨子集解」, 臺灣, 文史出版社, 民國71年.
· 「墨子原文」, 上·下冊, 影印本.
· 王塞生, 「墨子新論」, 民主憲雜誌社, 民國42年.
· 唐君毅, 「中國哲學原論」, 臺灣, 臺灣學生書局, 民國73年.
· 唐君毅, 「大學用書中國哲學原論」, 臺灣, 臺灣學生書局, 民國73年.
· 勞恩光, 「中國哲學史」, 臺灣, 三民書局, 民國73年.
· 金敬琢, 『中國哲學史』, 서울, 泰成社, 1962.
· 金能根, 『中國哲學史』, 서울, 獎學出版社, 1978.
· 馮友蘭, 『中國哲學史』, 鄭仁在譯, 서울, 螢雪出版社, 1985.
· 張起鈞, 『中國哲學史』, 宋河璟譯, 서울, 一志社, 1985.
· 柳昌勳, 『東洋思想槪說』, 서울, 桂民社, 1968.
· 沈佑燮, 『先秦諸子選讀』, 서울, 誠信出版社, 1984.
· 蕭公權, 『蕭公權全集第24卷』, 「中國政治思想史上」, 聯經出版社業公司.

제 4 장
法 家 類

管子 政治哲學思想*

I. 序 論

管鮑之交라는 말을 낳아 우리에게 잘 알려진 관자는 이름은 夷吾이고 字는 仲이다. 齊나라 穎上人으로, 西紀前 七世紀에 공자보다 약 150년 전, 春秋時代의 亂世에 태어나서 齊桓公에게 등용되어 40년동안 名宰相으로 있으면서 桓公을 도와 覇王이 되게끔 하는데 큰 功을 세우고, 공자가 나기 약 90년 전에 죽었다. 管仲은 복잡한 난세에 태어났고 또한 관중자신의 일생도 매우 복잡다난했기 때문에 그의 爲人과 사상도 단순하지 못했으므로 그에 대한 후인의 평가도 구구하다.

공자의 관자에 관한 평을 찾아보면,

"그는 그릇이 작고(小器), 儉素하지 못하고, 禮를 몰랐다."[1]

고 평했고 또,

　　"桓公이 그 형 糾를 돕던 召忽은 糾를 따라 죽었는데 싸
　움에서 활을 쏘아 桓公의 帶를 맞추기까지 한 管仲은 죽지
　아니하였으니 仁하지 못할 것입니다. 桓公이 諸侯들을 몰
　아 盟主가 되어 무력적 유혈전을 피하고 평화적으로 복종
　하게 하였으니 누가 그의 仁을 따르겠느냐 管仲은 죽지 아
　니하고 도리어 桓公의 宰相이 되었으니 그는 仁者일수 없
　지 아니합니까. 管仲은 桓公을 도와 제후들의 覇者가 되게
　하고, 周의 王室을 받들어 천하를 통일하여 세상을 바로잡
　아서, 모든 사람들이 오늘에 이르도록 그의 혜택을 입고 있
　는 것이다. 만약 관중이 아니었더라면 우리들은 머리를 풀
　고 오랑캐 옷을 입었을 것이 아니겠느냐?"2)

라 평하여 관자의 현실적인 정치의 功績을 인정했던 것이다.
　관자의 정치적 특색은 왕권확립에 있다고 할 수 있다.
그는 국가의 주권과 국가의 위치를 왕이나 군주보다도 높
였던 것이다. 왕보다 나라를 앞세운다는 것은 오늘의 생각
으로는 지당하다고 할 수 있으나 고대 중국에 있어서는 혁
명적 사고라 할 수 있다.
　관자는 왕권확립을 위해 부국강병의 경제정책과 법치주
의를 강조했다. 그러나 관자는 결코 협소한 법치주의나 실

---

*이 논문은 1999년도 동양철학연구 제21집에 게재되었음.

1) 『論語』 '八佾篇', "子曰 管仲之器小哉".
2) 『論語』 '憲問篇', "子路曰 桓公殺公子糾 召忽死之 管仲不死 曰未仁乎"
　　"子曰 管仲九合諸侯 不以兵車 管仲之力也 如其仁 如其仁" "子貢曰 管
　　仲 非仁者與 桓公殺公子糾 不能死 又相之" "子曰 管仲相桓公覇諸侯
　　一匡天下 民到于今 受其賜 微管仲 吾其被髮左衽矣".

리만을 추구하는 富國强兵策만을 일삼은 소인은 아니었다.

　　"곡창이 실하면 예절도 알고 의식이 족하면 영욕도 안
　　다."3)

고 말했듯이 그는 우선 물질의 풍족이 위에서야 정신적 향
상을 이룩할 수 있을 것이며 나라의 교화 덕치도 이룩할
수 있다고 보았다.

　그래서 관자의 정치적 이상은 인민의 민심과 지지를 얻
어 잘 다스리고, 나아가서는 천하를 덕으로써 평정한다는
것이 최종의 목적이었다. 관자는 무력으로 천하를 누르는
것을 覇者라 했고, 덕으로써 다스리는 사람을 왕자라 하면
서 이에 覇王이 되어야 한다고 주장했다. 그리고 그는 文
과 武를 겸비하는 것이 덕이다4)라고 했다.

　관자의 사상은 그 시대와 그 개인의 복잡한 환경으로 단
순하지 못했기에, 그를 법가의 始祖로 보는 隨書 이래의
史家의 著者들과 그를 도가로 보는 漢書藝文志의 著者들이
있다.

　또한 '관자'에는 유가적인 요소, 즉 순자와 비슷한 점도
산견되어져 유가로 보는 견해도 있다. 사실 공자 이전에
는 개인이 전적으로 저술하는 경우가 거의 없었다. 따라
서 『관자』라는 책 전체가 관중의 손에 의해 체계적으로 저

---

3) 『管子』 '牧民篇', "倉廩實則知禮節 衣食足則知榮辱".
4) 『管子』 '覇言篇', "文武具備, 德也".

술되어질 가능성이 희박하다. 부분 부분 자기 자신의 말을 남긴 것을 후인이 重言하여 加筆된 것으로 보아야 한다.

그러므로 필자는 이와 같은 관점에서 추론컨대, 관자의 정치철학사상은 자연법사상을 배경으로 하여 "자연은 虛靜·無爲·無欲하기 때문에 왕도 虛靜·無爲·無欲해야 한다"는 기본적인 철학사상속에서 법술사상을 전개했던 것으로 본다. 무위자연의 도를 철학사상의 본체로 보고, 법술사상을 그 작용적인 것으로 보았던 것이다.

또한 관자는 무위자연의 도이외에 儒家德本을 정치철학의 본질로 보고 작용적인 것으로 法術과 경제정책과의 조화를 이룬 정치에 역점을 두었던 것이다.

생각컨데, 고전에,

"덕을 본으로 하고 재를 말로 한다."5)

라고 하였는데 다원화된 오늘날 사회속에서는 물질주의로 흘러 물질을 本으로 하고 덕을 末로 생각하고 있는 현 정치 사회가 만연되어 가고 있다. 이에 잘못되어 가고 있는 현 정치사회풍토를 바르게 잡을 수 있는 청량제 역할을 할 수 있다고 사료되어 관자 정치철학사상을 다음과 같은 내용으로 규명하고자 한다.

---

5) 『大學』傳十章, "德者本也 財者末也".

Ⅱ. 管子思想의 本質

1. 思想의 淵源

관자사상 연원을 살펴보면 관자는 통례로 법가의 첫머리로 꼽히고 있으나 漢志에 의하면 도가에 들어가 있었던 것을 隨·唐志에 이르러 비로소 법가안에 넣은 것이다.

요컨대 관자의 經世的 방면으로서는 그의 사상은 법가와 크게 닮았고 또 이론적 방면으로서는 도가와 닮은 점이 있다. 그렇지만 관자는 정치가로서 立身한 인물이어서 그가 중시한 바는 정치론·경제론에 있으므로 이를 분류할 때에는 법가에 넣는 것이 타당하다고 생각한다. 그럼에도 전국시대 著作으로 보여지는 4편인 心術 上·下篇, 白心篇, 內業篇은 黃老學 즉 도가와 법가의 사상을 융합한 도가의 철학 이론으로 법가정치를 논증한 정치철학으로서의 黃老思想에서 비롯된 문장으로 보여진다.

이를테면 도를 본받아야 한다는 것을 말하면서 "하늘의 도를 얻는다."[6]든지 또한 "憲律·제도는 도를 본받아야 된다."[7]든지 "도를 구하고 賢人을 起用해야 한다."[8]는 등의 대목은 노자와 같이 우주의 본체를 도라 하였다. 이 같은 도는 천지간에 있는 만물의 본원이며 절대자로 無聲無臭하

---

6) 『管子』'形勢篇', "得天之道 其事若自然".
7) 『管子』'法法篇', "憲律制度 必法道".
8) 『管子』'法法篇', "得道而道之 得覺而使之".

며 無狀之狀으로서 자연의 법칙이며 만물의 원리라고 할
수 있다.

『관자』의 內業篇을 보면,

관자는 노자가 우주의 본체인 도라는 形도 없고 聲도 없
으며 寂然不動 하다고 한 것과 같은 본체적 도를 말했
다.9)

도는 허정하고 무위하고 무욕하므로 인군도 도로써 物에
應해야 된다는 것이다.

도가 허정하므로 인군도 허정하게 그 자세를 갖추고 喜
怒哀樂의 감정에 좌우되지 말고 평정한 內心으로써 대인관
계를 투명하게 가져야 한다. 즉 神明의 덕으로 賢愚曲直을
판단하는 능력을 가지고 아래 사람의 정을 통찰하고 신하
의 속임을 당하는 일이 없어야 한다10)라고 하였는데 이것
은 허정하고 소박한 무위자연의 도를 체득한 인군을 요청하
고 있다. 허정한 자연의 도를 체득한 인군은 神明의 명덕을
갖춘 인군으로써 자기의 명분을 감당할 수 있는 군주가 될
수 있다는 것이다.

또 도가 무위하므로 인군도 무위하여야 하므로 활동을
하게 되면 그 지위를 잃고 靜하면 이에 스스로 무위자연의
도를 체득하게 된다는 것이다.11) 그러므로 인군은 항상
소박하고 겸허한 자세로써 허정의 도를 지키면서 好惡를

---

9) 『管子』 '內業篇', 第 四十九 "不見其形 不聞其聲 而序其成 謂之道".
10) 「中哲史」, 金能根, p. 142. 參照.
11) 『管子』 '心術上篇', "動則失位 靜則自得道".

표시하지 않아야 신하가 전전긍긍하면서 자기의 임무를 다하게 된다는 것이다. 인군은 다만 賞罰로 신하를 대할 뿐이다. 만일 인군이 신하와 같이 일하게 되면 인군의 재능이 반드시 신하보다 월등하다고 할 수 없다. 이에 인군의 단점이 나타나면 신하는 人君을 멸시하게 된다는 것이다.

그러므로 인군은 항상 安佚한 위치에 있어야 하고 신하는 항상 勞苦로운 위치에 있어야 한다. 군신관계를 인체에 비유한다면 인군은 心과 같고 신하는 耳目口鼻와 같다고 할 수 있다.12)

도가 무욕하므로 인군도 무욕하지 않으면 안된다는 것이다. 인군의 욕심이 드러나면 신하는 그것을 기회로 인군을 속인다는 것이다. 또 인군이 욕심이 있으면 그 총명이 투명하지 못하여 사리판단이 흐리게 된다는 것이다. 그런데 노자의 도는 우주본체를 원리적으로 설명하였으나 관자는 도로써 人君南面의 術로 응용한 것이 서로 다르다고 할 수 있다.

이상에서 논술한 것을 요약하면 관자의 철학사상의 본체는 노자의 무위자연의 도와 같은 개념으로 볼 수 있고 정치철학의 體는 무위자연의 도가 허정·무위·무욕하기 때문에 인군도 무위자연의 도를 체득한 內聖外王을 요청하고 있다. 따라서 인군도 허정하고 무위하고 무욕해야만 인군

---

12) 『管子』 '心術上篇', "耳目者 視聽之官也 心而無與於視聽之事則 官得守其分矣 夫心有欲者 物過而目不見 聲至而耳不聞也 故曰上離其道下失其事 故曰心術者 無爲而制竅者也".

의 명덕이 잘 정립되어져서 백성을 교화시키고 새롭게 할 수 있는 정치력을 발휘할 수 있다는 것이다.

다시 말하면, 인군이 하늘로부터 부여받은 虛靈不昧하고 思無邪한 명덕을 体로 하여 시정할 때 백성을 교화하고 백성을 새롭게 할 수 있다는 덕치주의사상을 제시하고 있다는 것이다.

『관자』 諸篇中에서 유가사상같은 내용을 살펴보기로 한다. 『관자』 '乘馬篇'과 '小問篇'에서는 신분계급의 질서에 대하여 논하고 '小問篇'과 '牧民篇'에서는 刑罰强制보다 국민과 국가들의 자발적 지지를 요청하고 있다. 이를테면 환공은 治國의 4가지 조건을 관자에게 물었다. 이에 대답하기를,

> 무릇 백성을 다스리는 자는 다음 네 가지를 지켜야 합니다.
> 첫째, 백성들이 어떤 고통을 겪고 있는지를 살펴야 합니다.
> 둘째, 덕으로써 백성들을 어루만져야 합니다.
> 셋째, 형벌로 백성들을 위협하는 일이 없어야 합니다
> 넷째, 백성들에게 권력으로 강요하지 말아야 합니다.13)

라 하여 이 네 가지만 잘 지키는 군주라면 백성들로 하여금 자발적인 지지를 받을 수 있을 것이다라고 하였고, 牧民篇에서는,

> "정치의 興함은 민심에 순응함에 있고, 정치의 패함은 민심을 거역함에 있다."14)

---

13) 『管子』 '小問篇', "桓公問治民於管子 管子對曰 凡牧民者, 必知其病而憂之以德 勿懼以罪 勿止以力 愼此四者 足以治民也".

하여 나라를 지탱하는 윤리강령으로 禮義廉恥와 같은 四維를 주장했다. '小問篇'의 자기가 하고자 하는 바가 아니면 다른 사람에게 베풀지 말라고 한 것은 『대학』이나 『중용』에서 말하는 충서의 의미를 내포하고 있다. 또 治者로부터 절제의 규범을 보이고 있는 것을 살펴보기로 한다.

> "上이 無量하면 백성이 망령된 행동을 하고 文巧을 禁하지 않으면 백성들이 이에 음란해진다 라고 하였다. 백성이 국가의 근본이고 民情을 중시해야 한다."15)

라고 하였으니, 맹자가 말하는 민본주의사상을 엿볼 수 있다. 다음으로 관자의 정통적 법가사상의 내용을 고찰해 보기로 한다.

『관자』의 '法禁篇'이나 '法法篇'에서는 嚴刑重罰主義16)를 그 내용으로 하고 있고 '立政篇'에서는 新法令의 공포 · 전달 및 엄격한 실시17)와 重令篇에서는 법의 중요와 법은 만인에게 평등 · 법 앞의 평등과 군주 절대18)(입법권의 專行) 등의 대목을 그 내용으로 하고 있다.

한 나라 군주는 법령을 중시해야만 군주의 존엄성을 유

---

14) 『管子』'牧民篇', "政之所興在順民心 政之所廢 在逆民心".
15) 『管子』'覇言篇', "以人爲本".
16) 『管子』'法禁篇', "刑殺毋救則民不偸於爲善 有過必誅則 善惡明故不爲 苟且之善" 『管子』'法法篇', "多救者 先易而後難 久而不勝其禍…法者 民之父母也".
17) 『管子』'立政篇', "正明之朔…君乃出令 布憲于國…令必出…然後可以擧事".
18) 『管子』'重令篇', "凡君國之重器 莫重於令 令重則君尊 君尊則國安".

지하게 되어 나라의 안녕 질서를 찾을 수 있음을 시사한 말이다.

환언하면 나라의 안정을 꾀하려면 법령을 엄격하게 시행하여 군주의 존엄을 확보해야 한다. 법령을 엄격하게 시행하려면 형벌을 엄하게 해야 한다. 그러므로 현명한 군주는 무엇보다도 법령을 중시하는 까닭에 군주가 법령을 중시하면 신하는 처벌이 두려워서 열심히 일을 하게 된다.[19]라고 했다.

또 군주가 법령을 정하더라도 신하가 자기 뜻대로 내용을 함부로 바꾸게 되면 그것은 군주의 권력을 신하에게 줌과 마찬가지다. 이렇게 되면 나라의 안정을 바랄 수 없다. 물론 관자는 자연법을 긍정하고, 선왕의 도를 높이고 법의 항구성의 필요를 역설하고 법을 인군보다 중하다고 한 것 따위의 정통법가의 주장과 다른 점도 많지만 또 같은 점이 더 많다.

2. 法家로서의 德治主義

제나라 법가의 도덕관은 법치제도와 덕치의 관계, 도덕과 법의 관계, 도덕생활과 경제생활의 관계와 같은 諸問題에 중점을 두어 왔다.

제나라의 법가들은 商鞅처럼 강력한 법으로 나라를 다스릴 것을 주장하였으나, 상앙과는 뚜렷이 다른 점이 있다.

---

19) 『管子』 '重令篇', "惟令是視 故曰 令重而下恐".

그들은 도덕교화를 통한 법의 필요성으로 보고 덕과 법이 병행되어야 함을 주장하였다. 특히 관자는 덕치로서 정치의 본질로 하고 그 작용적인 것으로 법치를 요청하고 있다. 그러므로 나라를 통치하는 인군은 무위자연의 도가 허정하고 무위·무욕하기 때문에 인군의 마음도 허정하고 무위·무욕한 명덕을 갖추어 시정할 것을 요청하고 있는 것이다.

> "옛날의 성왕이 위대한 명성을 천하에 남기고 뛰어난 공적을 후세에 남기게 된 것은 그들이 선정을 베풀어 민심을 장악하는데 성공했기 때문이다."[20]

라 하였다. 여기에서 말하는 성왕은 內聖外王으로써 무위자연의 도를 체득하고 虛靈不昧한 명덕을 갖춘 위정자를 뜻하는 것이다. 인군이 갖추고 있는 명덕으로 시정하여 백성을 교화시키고 이익을 주었기 때문에 예기에서 말하는 大同社會가 이루어져서 백성들의 민심을 사로잡게 된 것이다. 이것이 바로 관자의 덕치에 입각한 시정이라 볼 수 있다. 군주는 백성의 이익을 보장해 줌으로써 민심을 얻어야 군주의 자리는 확고하게 보장된다고 했다. 그 길만이 국가와 국민의 총화를 이룩하는 길이고 그렇게 되면 천하를 얻어 다스릴 수 있다고 하겠다.

---

20) 『管子』 '五輔篇', "古之聖王 所以取明名廣譽厚功大業 顯於天下 不忘於後世 非得人者 未之嘗聞".

『관자』 '五輔'에서는 민심을 장악하고 선정을 펴기 위해서는 5가지 정치를 보좌하는 원칙을 제시하고 있다.

> "덕을 일으키는데는 여섯 가지 방법 '六興'이 있고, 義를 높이는 데는 일곱 가지 내용 '七體'가 있고, 예를 바르게 하는 데는 여덟 가지 기본 '八經'이 있고, 법을 실시하는 데는 신분에 맞는 다섯 가지 '五務'가 있으며, 임기응변의 조치 '權'에는 세 가지 척도 '三度'가 있다."21)

라고 한다.

첫째로 덕을 일으키는 여섯 가지 방법을 다음과 같이 제시하고 있다.

(一) 백성의 후생을 도모할 것. 그 내용으로는 택지의 조성, 조림 권업, 여농 주택의 건설이 포함된다.

(二) 경제의 발전을 도모할 것. 그 내용으로는 자원 개발, 수송의 증강, 도로의 보수, 교역의 장려 등.

(三) 水利를 잘 할 것. 그 내용으로는 제방과 저수지의 건설, 하천의 준설.

(四) 관용적 정책을 실시할 것. 그 내용으로는 조세 부역의 경감, 형벌의 경감이 포함된다.

(五) 백성의 위급을 구해줄 것. 그 내용으로는 돌보아줄

---

21) 『管子』 '五輔篇', "德有六興 義有七體 禮有八經 法有五務 權有三度 所謂六興者何 曰辟田疇 利壇宅 修樹埶 勸士民 勉稼穡 修牆屋 此謂厚其生…此謂振其窮".

사람이 없는 노인과 고아, 홀아비와 과부의 구재,
재해 원조.

(六) 백성의 곤궁을 구제할 것. 그 내용으로는 빈민에
대한 의료라든지 식량의 배급, 부랑아의 갱생이 포함된다.
라고 했으니 여기에 열거한 후생·경제·수리·관정 救
急·救窮의 여섯 가지 정책은 도덕 사회를 일으키는 방법
인 것이다.

왜냐하면 백성이 위정자에게 바라고 있는 것은 이 여섯
가지로 다 되기 때문이다. 이 여섯 가지가 만족할 수 있을
정도로 충족되면 백성은 당연히 군주를 믿고 신임하게 된
다. 바로 이 같은 좋은 정치성립은 군주의 明德이 백성에
게 구현된 예라 하겠다.

둘째로 義를 높이는 일곱 가지 내용 즉 七體을 다음과
같이 살펴보기로 한다.

(一) 부모에게 효도하고 형제간에 우애로우며 남에게 慈
惠를 베풀 것.

(二) 군주에게 충성하고 벗에게 신의를 지키며 남을 공
경할 것.

(三) 만사에 중용을 지키고 예절을 지킬 것.

(四) 행동은 신중하게 하고

(五) 사치와 낭비를 삼가고 기근에 대비할 것.

(六) 덕행을 돈후하게 하고 災害와 전란에 대비할 것.

(七) 협동·화목·단결하여 적의 침략에 대비할 것.22)

라고 하였다. 의를 체득하면 백성들을 자기명분을 찾게 된
다. 그런 백성이 될 때 전국이 일체가 된다. 이렇게 될 때
군주의 위치가 안정되어지고 또 국위를 외부로 선양할 수
있는 계기가 된다.

셋째로 禮를 바르게 하는 여덟 가지 기본(八經)의 내용
을 살펴보기로 한다.
지금가지 덕과 의에 대한 내용을 이해하고 있다. 그러나
신분의 질서에 대한 관념인 예에 대한 八經을 살펴보기로
한다. 이 八經은 上下, 貴富, 長幼, 貧富의 여덟계층 사이
에는 각각 일정한 신분관계가 있다. 이것을 예의 팔경이라
한다. 즉

(一) 군주는 공정하고 無私해야 한다.
(二) 신하는 충성심이 깊어야 하고 私黨을 짓지 말아야
    한다.
(三) 어버이는 자식을 자애롭게 대하고 올바르게 가르쳐
    야 한다.
(四) 자식은 부모에게 효도하고 형제간에 우애로워야 한다.
(五) 연장자는 연소자를 너그럽게 대하고 올바르게 인도
    해야 한다.
(六) 연소자는 연장자를 공경하고 사랑해야 한다.

---

22) 『管子』 '五輔篇', "民之德矣 而未知義 然後明行以尊之義 義有七體
    七體者何也 曰孝悌慈惠 以養親戚 恭敬忠信 以事君上 中正比宜 以
    行禮節 整齊撙詘 以辟刑戮 纖嗇省用 以備飢饉 敦懞純固 以備禍亂
    和協輯睦 以備寇戎 凡此七者義之體也".

(七) 남편은 아내에게 착실하게 대하고 사랑해야 한다.

(八) 아내는 가사에 충실하고 남편을 정절로써 따라야
   한다.[23]

라고 하였다. 이렇게 되면 상하, 귀천, 장유, 빈부사이에
질서가 확립되어 각자 자기신분에 맞는 행동을 하게 된다
는 것이다. 이렇게 되었을 때 사회질서가 확보되고 모든
재난이 일어나지 않는 것이다.

예를 지켜야 함은 바로 이 때문인 것이다. 그런데 백성
들이 예를 알게 되어 신분질서가 서게 된다. 그러나 그들
은 아직 각자의 사회적 책임을 자각하지 못한다. 그러므로
책임을 자각시키는 방법으로 五務를 제시하고 있다.

넷째로는 신분에 맞는 사회책임 五務의 내용.

(一) 인재를 선발해서 정치를 보좌하도록 할 것. 이것이
   군주의 책임이다.

(二) 군주를 보좌하여 나라를 다스릴 것. 이것이 신하의
   책임이다.

(三) 군주의 명령에 따라 그 맡은 직무를 완수할 것. 이
   것이 행정 담당자의 책임이다.

(四) 덕행을 수양하고 능력을 기를 것. 이것이 선비의
   책임이다.

---

23) 『管子』 '五輔篇', "爲人君者 中正而無私 爲人臣者 忠信而不黨 爲人
   父者 慈惠以敎 爲人子者 孝悌以肅 爲人兄者 寬裕以誨 爲人弟者 比
   順以敬 爲人夫者 敦懞以固 爲人妻者 勸勉以貞".

(五) 농경에 힘쓸 것. 이것이 백성의 책임이다.24)

위와 같이 군주가 정치를 보좌할 인재를 선발하고 중신들이 군주를 잘 보좌하여 직무를 관장하면 매사 처리가 잘 이루어 질 것이요. 선비가 덕행을 쌓아 능력을 발휘하면 많은 인재가 배출될 것이요. 그리고 일백 백성들은 농경에 힘쓰게 되면 국가재정이 넘칠 것이라는 것이다.

백성들은 자신의 책임감을 가지고 각자 맡은바 임무를 수행하면 아무리 어려운 일이라도 해낼 수 있게 된다는 것이다.

각자의 신분과 학식 그리고 능력에 따라 책임이 부여된다고 관자는 말하였다. 이 같은 부여된 책임을 자각해서 실천하는 것이 국력과 직결된다고 그는 강조하고 있다. 마치 이 같은 말은 공자의 正名思想과도 그 맥을 같이 하고 있는 것이다. 자기의 받는 바의 개념을 바르게 할 때 사회의 질서가 서게 되고 국가관이 확립하게 된다는 것과 같은 정명사상의 일면을 찾아 볼 수 있다.

다섯째로 사태의 변화에 대처하는 세 가지 척도 곧 삼탁(三度)을 살펴 보기로 한다.

(一) 天時를 생각할 것
(二) 地利를 생각할 것
(三) 人和를 생각할 것

---

24) 『管子』 '五輔篇'. "五務者何 曰 君擇臣而任官 大夫任官辨事 官長任事守職 士修身功材 庶人耕農樹藝".

天時가 상서롭지 않으면 홍수와 한발로 천재를 입게 된다. 지리를 바로 얻지 못하면 기근에 휘말리게 된다. 인화를 얻지 못하면 반란이 일어난다. 이 세 가지 재해는 다름이 아니라 대처하는 정치가 잘못된 결과에서 초래되는 것이다.[25)]

큰일을 도모하려면 천시와 지리를 고려해서 결정하지 않으면 안된다는 것이다. 그것을 수행 할 수 있는 것은 인화에 의해 해야 된다는 것이다.

관자는 天災・地異・禍亂은 결국 정치를 잘못함으로써 생기는 것이라 보았다. 특히 관자가 하늘의 時와 땅의 지리와 인간들의 친화를 동시에 三度으로 본 점이 기이하다. 天地人을 삼재로 본 전통적 사고도 있겠으나 보다 민심을 얻고 국민의 지지를 받아야 천하를 통일하고 바로잡아 다스릴 수 있다고 한 그의 주장을 더욱 강조하기 위해서라고 볼 수 있다. 관자 정치관으로서는 민심의 화합은 바로 천과 지리를 얻는 것과 같이 중대한 것이라고 볼 수 있다.

이상의 다섯 가지 사항인 덕・의・예・三志・權 등은 치국하는 강령으로 윤리, 경제, 정치 생활과 같은 세 방면을 포괄하고 있다. 관자는 덕을 알고 나면 의를 알아야 하고, 의를 알고 나면 예를 알아야 하고 예를 알고 나면 三志를

---

25) 『管子』 '五輔篇', "所謂三度者何. 曰 上度之天祥, 下度之地宜, 中度之人順. 此謂三度 故曰 天時不祥 則有水旱 地道不宜 則有飢饉 人道不順 則有禍亂. 此三者來也, 政召之".

알아야 한다고 하며 덕과 법과의 不可離 관계를 주장하였다. 즉 덕과 법을 병행할 것을 시사한 말이다.

여섯째로 국가의 네 가지 강령

도덕규범에 관해서 관자는 특히 禮·義·廉·恥 등 네 가지 덕을 중시하여 국가를 지탱하는 강령으로 삼았다.

> "국가에는 네 가지 강령이 있다. 네 가지 강령 중 어느 하나만 단절되어도 나라가 흔들리고 두 가지 것이 단절되면 위기에 직면하게 되고 세 가지 것이 단절되면 국가가 전복되고 만다. 그리고 네 가지가 모두 단절되었을 때는 멸망의 운명이 닥쳐온다. 불안정한 것은 바로 잡을 수 있고 위태로운 것은 편안을 되찾게 할 수 있고 전복되는 것도 일으켜 세울 여지가 있지만 멸망한 것만은 어떻게 할 도리가 없다. 그러면 네 가지 강령이란 무엇인가?
> 첫째 禮, 둘째 義, 셋째 廉, 넷째 恥이다. 禮란 절도를 벗어나지 않는 것이다. 義란 스스로 나서지 않는 것이다. 廉이란 자기의 실수를 감추지 않는 일이다. 恥란 남의 악행에 따르지 않는 일이다. 따라서 사람들이 절도를 지키면 지배자의 자리가 흔들리지 않을 것이다. 누구나 스스로 나서지 않으면 행실이 저절로 온전하게 될 것이다. 그리고 남의 악행에 끌려 가지 않으면 사악한 짓이 생겨날 리 만무하다."26)

---

26) 『管子』 '牧民篇', "國有四維, 一維絶則傾 二維絶則危, 三維絶則覆, 四維絶則滅. 傾可正也 危可安也 覆可起也 滅不可復錯也 何謂四維 一曰禮, 二曰義, 三曰廉, 四曰恥. 禮不踰節義不自進 廉不蔽惡, 恥不從枉 故不踰節 則上位安. 不自進, 則民無巧詐. 不蔽惡, 則行自全. 不從枉 則邪事不生.".

라고 하였다. 관자는 국가를 바로 잡을 수 있는 4대 강령으로 예·의·염·치로 본 것이다. '예란 절도를 벗어나지 않는 것이다'라고 한 것은 사회의 제도나 규정을 어기지 않음을 말한 것이고, '의란 스스로 나서지 않는 것이다.'라고 한 것은 부당한 방법으로 직책과 재물을 획득하려 하지 않음을 말한 것이다. '염이란 자기 잘못을 숨기지 않는 것이다.'라고 한 것은 자기의 잘못한 것을 은폐하지 않는다는 것을 말한다. '치란 남의 악행에 따르지 않는 것이다.'라고 한 것은 나쁜 행위를 실행하지 않음을 의미하는 것이다.

관자는 위정자가 백성들로 하여금 예·의·염·치를 이해할 수 있게끔 시정해야만이 비로소 국가의 정치적 강령·법적 강령이 시행될 수 있다고 보았다. 그러므로 위정자는 정치철학의 본체인 명덕을 확고하게 세워서 백성들로 하여금 四維를 실천할 수 있게 해야 한다.

일곱째로 禮法의 연원은 義理에 있다.

『관자』의 '心術上'에서는 禮와 義·法을 다음과 같이 밝히고 있다.

> "義란 각자 그 마땅한 바에 처함을 일컫는다. 예란 인간의 정서와 의리에 맞게 적절히 다듬어진 것이다. 그런 까닭에 예에는 理가 있다고 할 수 있다. 理라는 것은 분수에 맞게 義를 깨닫는다는 뜻이다. 그러므로 예는 의에서 나오고 의는 理에서 나오며 理는 마땅함에서 연유하는 것이다.

법이란 다같이 그렇게 하지 않으면 안되는 것에서 연원하
는 것이다. 그러므로 죽이고 가두고 벌주는 일을 한결같이
해야 모든 일을 할 때 법을 살피게 된다."27)

라고 하였다. '예는 義에서 나오고 의는 理에서 나오며 理
는 마땅함에 연유하는 것이다.'라고 말했다. 예의 참뜻은
인간의 행위를 규칙에 맞게 곧 분수 있는 행위를 함을 뜻
한다. 즉 계급제도의 규칙에 알맞게 따르는 것이다. 그리
고 법칙은 계급제도의 여러 질서 규정을 법률 조항과 같은
형식으로 만들어서 사회 구성원으로 하여금 법은 계급제도
속에서의 규범을 확고하게 지키도록 하는 강제 통용력을
가진다.

여덟째로 정치의 요결은 민심의 소재를 정확히 파악하는
데 있다. (四順)

민심을 順成시키면 나라 다스림이 흥성하고 민심을 거역
하면 나라 다스림이 패망한다. 인민은 憂勞, 貧賤, 危墜,
滅絶의 네 가지를 싫어하고 佚樂, 富貴, 存安, 生育의 네
가지를 바란다. 이것이 四惡이고 四欲이다. 쉽게 말하면
四惡는 勞苦, 貧賤, 개인생명의 위험 및 일가의 절멸이다.
예나 지금이나 이를 싫어하는 것은 人之常情이다. 한편 四

27) 『管子』 '心術上', "義者謂各處其宜也 禮者因人之情 緣義之理而爲之
節文者也 故禮者謂有理也 理也者 明分以諭義之意也 故禮出乎義 義
出乎理 理因乎宜者也 法者所以同出不得不然者也. 故殺僇禁誅以一
之也. 故 事督乎法".

欲은 安樂, 富貴, 개인 생명의 안전 및 일가의 번영이다. 이를 소망하는 것도 당연하다.28)

따라서 위정자는 인민에게 의당 원하는 바를 충족시켜 주고 당연히 기피하는 바를 덜어 주어야 한다. 그러면 인민들도 위정자를 위하여 물불을 가리지 않고 헌신 봉사할 것이다. "줌과 받음"의 원칙·무시하고 인심을 거역하고 형법이나 살육을 아무리 강화해도 이른바 정치는 이루어지지 않는 법이다. 법치제도가 시행되려면 법을 집행하는 위정자가 虛靈不昧한 명덕과 公平無私한 도덕적 품성을 갖추어 있어야 한다. 이 같은 자기가치관이 확립된 군주는 자기 자신의 명덕을 먼저 확립하고 나서 백성들에게 임해야만 백성을 교화시킬 수 있고 새롭게 시킬 수 있을 것이다. 이와 같이 군주의 덕치주의의 정신이 백성에게까지 추급되어 갈 때 국가의 이익은 자연적으로 수호되어 간다는 것이다. 위정자 자신이 법가의 공평무사한 명덕을 갖추고 유가의 예·의·염·치의 四維를 갖추어서 국가와 민족을 위해 전력한다면 백성 각자에게는 물론이고 국가에도 이익을 보게 될 것이다. 다음으로 논구하고자 하는 것은 정치사상의 구현으로서 법치주의와 경제정책을 구명하고자 한다.

---

28) 『管子』 '牧民', "政之所興 在順民心 政之所廢 在逆民心. 民惡憂勞 我佚樂之. 民惡貧賤 我富貴之 民惡貴 民惡危墜 我存安之 民惡滅絶 我生育之. 能佚樂之 則民爲之憂勞 能富貴之 則民爲之貧賤 能存安之 則民爲之危墜 能生育之 則民爲之滅絶."

Ⅲ. 政治思想의 具現

1. 經濟政策

관자가 대정치가로서 성공할 수 있는 바탕은 바로 그의 뛰어난 경제정책에 있었다. 물질적으로 가장 풍부한 국가가 되어야 정신적으로 천하를 지배할 수 있다는 평범한 진리로 국가재정과 국민경제 수립에 힘을 썼던 것이다. 먼저 국민의 살림이 살찌게 해야 국가재정이 풍부해진다는 것이 그가 주장하는 바이다. 이러한 관점에 볼 때 관자의 경제정책은 국가를 위해 국민을 약탈하는 것이 아니라 국민의 부강을 위해서 국가가 협조해 줌으로써 국가가 부강해 나가도록 하자는 데 있다. 이에 관자는 다음과 같이 백성의 부에 대해 말하고 있다.

> "나라를 다스리는 요결은 절대적으로 백성을 부하게 만들어라. 백성이 부하면 나라 다스리기도 쉽다. 백성이 가난하면 나라 다스리기가 어렵다."29)

라고 하며 위정자는 백성을 부하게 하는 것이 치국의 요결임을 말하였고, 또,

> "백성들의 욕구를 반드시 충족시켜 주어야 한다. 그래야 웃

---

29) 『管子』 '任法篇', "凡治國之道 必先富民 民富則易治也 民貧則難治也.".

사람의 말을 들을 것이며 따라서 정치가 잘 될 것이다."30)

라고 하였으니 위정자는 백성의 욕구 즉 경제적 부와 안락을 충족시켜 주어야만 정치가 잘 이룩될 수 있음을 시사한 것이다.

"나라를 잘 다스리는 자는 백성들을 먼저 富하게 한 후에 정치를 한다."31)

라고 하였으니 관자의 경제 정책은 국민의 경제적 생활안정이 정치의 선결문제이어서 먼저 백성을 굶주리거나 헐벗지 아니하게 해야 하고, 그리하기 위해서는 農産을 중히하고, 商工을 억제하며, 농지의 조사를 정기적으로 시행하여 농경지의 등급을 실수입에 따라 정하여 과세를 될 수 있는 대로 가볍게 공평하게 하고, 농산물을 국가가 매상 저장하여 곡가를 조절하며 농민의 생활과 국민의 식량을 확보하는 동시에 흉년에 대비하고, 소금과 쇠(鐵) 따위의 專賣를 실시했다.

그는 農桑, 植林, 畜産, 果樹, 栽培 등 증산의 장려와 화폐정책과 물가의 조절과 수탈과 사치의 금지와 과세의 공평뿐만 아니라, 부의 분배에 대해서도 상당한 관심을 가져서 부의 편재를 막기 위해서 巨富를 억제하며 거부들로 하

---

30) 『管子』 '五輔篇', "夫民必得其所欲 然後 聽上 聽上然後 政可善爲也.".
31) 『管子』 '治國篇', "是以善爲國者 必先富民 然後 治之.".

여금 빈민이나 궁한 친척에게 재물을 나누는 미덕을 발휘하도록 하여 그들의 명예심을 자극하기도 하고 다소 奇計를 써서 貸金業者로 하여금 빈민들의 국방비 부담으로 인한 채무 증서를 파기하기도 하였다.[32] 그리고 또한 그는 부의 분배에 관심이 많았다.

"천하의 재물을 백성 전체를 위하여 사용해야 한다"[33]

고 하고, 또,

"천하의 물자를 부족하다고 걱정하기 전에, 물자가 모든 사람들에게 공평하게 분배되어 있는지를 반성해야 한다."[34]

는 유명한 말을 남겼다. 牧民篇에,

"국토를 가지고 백성을 다스리는 자는 일년 사계절을 통하여 생산 계획을 원활하게 진행시킴으로써 경제를 풍요하게 하도록 배려하지 않으면 안된다. 물자가 풍부한 나라에는 아무리 멀리에서라도 백성이 모여들기 마련이며 개발이 앞선 나라에서는 한 사람도 도망치는 사람이 없기 마련이다. 국고가 충족하면 비로서 예절도 알고 지키게 될 것이며, 의식이 족하면 비로소 명예로운 일과 치욕적인 일을 구분해 알고, 윗사람이 예와 법도를 잘 지키고 넘나지 않

---

32) 「中國法思想의 史的背景」, 崔泰永, 大韓民國 學術院文集 第二十輯, p. 209. 參照.
33) 『管子』 '覇言篇', "…以天下之財, 利天下之人.".
34) 『管子』 '牧民篇', "天下不患無財 患無人以分之.".

으면 일가친척이 굳게 단결하여 뭉칠 것이며 네 가지 인륜 도덕의 대강령인 禮·義·廉·恥를 넓게 베풀면 임금의 명령이 잘 시행될 것이다. 그러므로 나라가 태평해서 형벌 같은 것을 쓸 필요가 없을 정도로 만들려면 무엇보다도 먼저 사치를 금해야 하며 나라를 잘 보존하기 위해서는 무엇보다도 四維 곧 禮·義·廉·恥가 제대로 행해지도록 조정해야 된다."35)

라고 하였다. 정치를 함에는 먼저 백성의 생활을 안정시켜야 한다고 보았기 때문에 창고를 곳곳에 설비하고, 넉넉히 먹어야 한다는 말을 자주 하고, 생활이 넉넉하지 못하면 슈이 서지 않는다고 하고, 넉넉히 먹어야 백성을 부릴 수 있고 넉넉히 먹어야 민중이 단합하여 하나가 될 수 있게 된다는 것이다. 이것은 우리가 자주 쓰는 의식이 족해야 예절을 안다.(衣食足而知禮節)이라든가 "恒産이 없으면 恒心이 없다."36)고 한 것과 같은 뜻을 의미하고 있다. 창고가 가득 차면 예절을 알고 의식이 족하면 영욕을 안다고 한 것은 먼저 물질적인 기초를 굳힐 일을 강조한 것은 오늘날에는 새로운 것이 아니겠지만 그 당시에는 대단한 탁견이라 하겠다. 관자는 이 때의 시대적 배경을 정확히 간파한 사람이라 볼 수 있다. 백성을 잘 다스린다는 것은 어떤 추상적인 의미가 내포된 것이 아니라 직접 생산해서 물

---

35) 『管子』 '牧民篇', "凡有地牧民者 務在四時 守材倉廩. 國多財則 遠者來 辟擧則民留處 倉廩實則知禮節 衣食足則知榮辱 上服度則六親固 四維 張則君令行. 故省之要 在禁文巧 守國之度 在飾四維".
36) 『孟子』 "有恒産有恒心, 無恒産無恒心".

질적으로 풍부하게 하고 나서 그 결과 백성들이 모여들고 생활이 유족하게 되면 도덕적 가치관이 형성되어 질서가 바로 서게 된다는 것이다.

다음은 『관자』의 十一經을 살펴 보기로 한다.

(一) 나라를 세우려면 무너지지 않는 땅을 골라라.
(二) 무진장한 穀倉을 만들어라.
(三) 무진장하게 저장할 수 있는 창고를 만들어라.
(四) 명령은 물흐르는 것처럼 침투시켜라.
(五) 獵官운동을 근절시켜라.
(六) 거역하면 파멸만이 있다는 것을 백성에게 명심시켜라.
(七) 功은 利와 관련된다는 것을 백성에게 가르치라.
(八) 불가능한 사업에는 손을 대지 말라.
(九) 무리한 요구를 하지 말라.
(十) 영속성이 없는 정책을 쓰지 말라.
(十一) 회복할 수 없는 정책을 실행하지 말라.[37]

라고 하였다. 여기에서 무너지지 않는 땅을 고른다는 것은 덕망이 있는 인물에게 정치를 담당시키는 일이다. 무진장한 곡창을 만들라는 것은 농업 생산을 향상시키는 일이고, 무진장 저장할 창고를 만들라는 것은 생활필수품의 생산을 진흥시키는 일이다. 그러므로 有德者가 정책을 담당하는 국가는 安泰하게 되고, 그리고 농업생산이 향상되면 식량은 결핍되는 일이 없으며, 생활필수품의 생산을 진흥시키면 백

---

37) 『管子』 '牧民篇', "錯國於不傾之地 積於不涸之倉 藏於不竭之府 下令於流水之原 使民不爭之官 明必死之路 開必得之內 不爲不可成 不求不可得 不處不可久 不行不可復.".

성의 생활은 풍성해진다는 것이다. 위와 같은 十一經의 내용을 관자는 고급 관리들로 하여금 정책시행의 기본 방침으로 제시한 것이다.

다음으로는 관자의 경제안정책으로 '治國篇'을 살펴보기로 한다.

　　"나라를 올바르게 다스리는 길은 백성들을 부유하게 만드는 데 있다. 백성이 부유하게 되면 나라를 다스리기가 쉽고 이와 반대로 백성이 가난해지면 나라를 다스리기가 어려워진다. 그 이유는 무엇인가? 백성의 살림이 부유해지면 鄕里에 안주하여 가정을 존중하게 되고, 향리에 안주하여 가정을 존중하게 되면 관장을 존중하게 되고 죄짓는 것을 두려워하게 된다. 이럴 때 통치하기 쉬운 것은 너무나 당연한 일이다. 이와는 반대로 백성이 가난할 경우 어떻게 될 것인가? 백성이 가난해지면 향리에 안주하지 못하고 그렇게 되면 가정을 대수롭지 않게 여기기 마련이다. 향리에서 안주하지 못하고 가정을 대수롭지 않게 여길 때는 관장을 업신여기고 법을 지키지 않게 된다. 이렇게 되면 통치하기가 어렵게 된다."38)

라고 하였다. 이것은 나라 백성들이 모두가 고루 잘 살고 있는 나라는 위정자가 다스리기가 쉽다는 것이다. 그래서 나라를 올바르게 다스리고자 하는 위정자는 반드시 나라

---

38) 『管子』 '治國篇', "凡治國之道　必先富民　民富則易也．民貧則難治也．奚以知其然也．民富則安鄕重家．安鄕重家則敬　上畏罪．敬上畏罪則易治也．民貧則危鄕輕家　危鄕輕家則敢陵上犯禁　陵上犯禁則難治也　故治國常富　而亂國常貧．是以善爲國者　必先富民　然後治也．".

경제에 신경을 써서 먼저 백성들을 부유하게 만든 다음에 나라를 안정되게 다스릴 수 있다는 것이다. 또한 관자는 농사는 천하의 大本이라는 뜻에서 다음과 같이 말하고 있다.

"七十九대의 옛날 임금들이 법제와 정령이 제각기 일치되지 않았으면서도 모두 천하에 王者로서 군림할 수 있었던 것은 무슨 까닭인가? 그것은 나라가 부유하고 곡식이 풍부하기 때문이다. 그런데 이런 것들은 모두 농사에서 시작되는 것이므로 선왕들은 모두 농업을 존중하였다. 무릇 나라를 다스리는 데에 가장 급한 일은 상공업과 사치품을 금하는 일이다. 이것이 금지되면 놀고 먹는 백성이 없어지고, 놀고 먹는 백성이 없어지면 반드시 농사에 종사하기 마련이다. 백성들이 모두가 농사에 열중하면 전답은 잘 개간될 것이며 곡식의 생산 또한 많아질 것이다. 곡식의 생산이 많아지면 나라가 부유해질 것이다."39)

라고 했다. 선왕들은 많은 인구와 막강한 군대, 넓은 영토와 부유한 국가가 모두 이 곡식의 증산에서 이루어진다는 것을 터득했었던 까닭에 상공업과 사치품의 생산을 금지시키고 농사를 장려하는 정책을 펴왔던 것이다.

그러므로 관자의 治國하는 강령은 첫째, 理財 즉, 民을 부하게 하여 衣食住에 부족함이 없게 하고 인민의 생활과 사회질서의 안정을 꾀할 것 둘째, 治兵 즉, 국방을 튼튼히

---

39)『管子』'治國篇', "昔者七十九代之君 法制不一 號令不同. 然俱王天下者 何也. 必國富而粟多也. 夫富國多粟 生於農. 故先王貴之. 凡爲國之急者 必先禁末作文巧. 末作文巧禁則民無所游食 民無所游食則必農 民事農則田墾. 田墾則粟多. 粟多則國富.".

하여 나라를 안전하게 할 것 셋째, 教民 즉, 人君이 모범이 되어 법도를 지키고 스스로 절제하며 례의와 廉恥의 四維를 알아서 그 슈이 행해지게 할 것 넷째 法治 즉, 법에 의하여 통치하되 그 법은 항구성이 있게 하고, 공평무사하게 적용하고, 법은 일단 제정·공포·시행되면 人君도 그 법령을 자의로 쉽게 變改하지 말고 이를 준수하여 법이 人君보다 중요함을 보일 것 다섯째, 敬神 즉, 神明을 경외하고 조상을 崇敬할 것 등이라고 요약할 수 있다.[40]

그리고 관자는 법의 항구성을 유지하고 법이 人君보다 존중하다고 하여 법의 존엄성을 강조한 점에서 진정한 법치주의자라고 할 수 있다.

2. 法治主義

"관자는 법을 존중하여 '법은 백성의 부모이다.' 仁義禮樂도 모두 법에서 생겨 나온 것이니 先聖이 만민을 다스릴 때 하나로 결속시킬 수 있었던 것도 모두 법에 의한 것으로 보았다. 그러므로 周書에 이르기를···백성이 법에 의존하지 아니하면 불행하다.···百官이 국사를 처리함에 있어서 법을 떠나서 제멋대로 다스리면 불행하다. 그러므로 법은 안정성과 불변성이 있어야 한다. 국가의 존망과 治亂이 법에 따르느냐 위반하느냐에 따라서 생긴다.···그러므로 법은 천하의 至道요, 聖君이 治國하는 實(用)이다."[41]

---

40) 『中國法思想의 史的背景』, 崔泰永, 大韓民國 學術院篇文集, 第二十輯, 1981, p. 210. 參照.

41) 『管子』'法法篇', "法者民之父母也 法者生其福 故爲父母也.", 『管子』'任法篇', "故 黃帝之治也 置法而不變使民安其法也. 所謂仁義禮樂者

라고 하였다. 통치는 법질서로부터 시작된다. 법이 없는 통치는 생각할 수 없는 것이다. 옛날 통치는 德治와 法治로 생각해 볼 수 있었다. 덕치는 법치를 따를 수 없게 되었다. 堯舜과 같은 임금이 천하를 다스릴 때는 법령으로 천하를 다스릴 수 있었기 때문에 덕치주의만으로 통치가 가능할 수 있었던 것이다. 그러나, 인구가 많아지고 사회가 다원화되어 가면서 덕치만은 어렵게 되어 법에 의한 통치가 불가피하게 된 것이다. 관자는 덕치주의를 완전히 배제하고 법치주의를 주장하는 것은 아니라고 본다. 덕과 법을 병행한 법치를 주장하고 있다고 보아야 한다. 그런데 법이 백성으로부터 준수되는 가장 기본적인 요건은 법 자체가 합리적이어야 하고, 군주 자신이 솔선해서 법을 준수할 때 온 백성들은 군주를 따라 법을 지키게 된다고 관자는 말하고 있다. 그래서 군주가 합리적인 법을 지킬 것을 강조하여,

"합리적인 법을 제정하지 않으면 세상은 원활해 질 수 없다. 존중되지 않을 부당한 법을 제정하면 상부로부터 내려지는 명령은 지켜지지 않는다. 명령을 내리더라도 실행되지 않는 것은 그 명령 자체가 합법적이 아니기 때문이다. 합법적인 명령이라도 지켜지지 않는 수가 있는데 그것은 명령의 전달자인 관리가 법률을 잘 모르기 때문이다.

皆出於法…周書 曰 國法有國者有 法也 法不一則有國者不祥 法不一則亂 故不祥 民不道法則不祥…群臣不用 禮義敎訓則不祥 百官服事者 離法而治 則不祥…故法者 天下之至道也 道無越於法者 聖君之實用也.".

또 담당 관리자가 법률에 정통한데도 명령이 지켜지지 않
는 수가 있다. 그것은 賞罰이 너무 가볍기 때문이다. 상벌
을 너무 무겁게 하여 지켜지지 않는 것은 信賞必罰이 없기
때문이다. 신상필벌을 행하고 있건만 위정자가 솔선해서
법률을 지키려고 하지 않기 때문이다."42)

라고 하였다. 여기에서 주의할 점은 위정자 자신이 솔선수
범해서 법률을 잘 지켜야만 백성들도 법률을 잘 지킬 수
있음을 찾아 볼 수 있다. 위정자 자신의 가치관이 잘 정립
되어 虛靈不昧한 明德이 발휘된다면, 자연적으로 백성들은
법률에 어긋나는 행위를 하지 않고 만들어진 법률을 잘 지
킬 것이다. 따라서 信賞必罰도 잘 지켜질 것이요, 모든 명
령도 잘 시행되어 안정된 사회가 이루어 질 것이다. 그런
데 관자는 군주가 다음과 같은 경우에 군주의 지위는 위험
하게 된다고 했다.

① 현인이 있는데도 등용하지 않는다.
② 선행을 알고도 그 사람을 채용하지 않는다.
③ 유능한 인재를 발탁하지 않는다.
④ 제후들과 친교를 맺지 않는다.
⑤ 제후들과 함께 모의를 해놓고도 실행할 때는 모르는 척
   한다.
⑥ 적을 위험한 지경까지 몰아 넣고도 철저하게 쳐부수지
   않는다.

---

42) 『管子』 '法法篇', "不法法 則事毋常. 法不法 則令不行. 令而不行 則
令不法也. 法而不行 則修令者不審也. 審而不行 則賞罰輕也 重而不
行 則賞罰不信也. 信而不行 則不以身先之也. 故曰禁 勝於身 則令行
於民矣.".

⑦ 일단 쫓아낸 신하를 다시 채용한다.

⑧ 청탁을 받아 놓고 이를 들어주지 않는다.

⑨ 재정이 풍부하게 되었건만 백성에게는 그 혜택을 주지
않는다.

⑩ 기밀을 엄중하게 지키지 않는다.[43]

라고 했다. 이와 같은 경우에는 군주가 위험한 상태에 놓이게 된다. 그러므로 현명한 군주는 위와 같은 일을 과감하게 단행하여 지배자의 자의적 흐름을 막고, 지배체제를 확립하기 위하여 냉정하고 합리적인 법률시행을 강행해야 한다.

군주의 삼욕(三欲)을 관자는 다음과 같이 말하고 있다.

"군주는 백성들에게 세 가지 일을 하고 싶어한다. 그러나 그것은 한도를 지키지 않는다면, 군주의 지위를 위태롭게 만든다. 세 가지 일이란 첫째 요구하는 것, 둘째 禁하는 것, 셋째 명령하는 것이다."[44]

라고 하였다. 백성에게 무언가 요구했을 때는 성과를 거두어야 한다. 지나친 요구를 해서 성과를 거두지 못하면 오히려 요구하지 아니함만 못할 것이다. 그래서 백성들이 해낼 수 있는 요구를 해서 반드시 성과를 거두어야 한다. 그

---

43) 『管子』 '法法篇', "聞賢而不擧殆, 聞善而不索殆, 見能而不使殆, 親人而不固殆, 同謀而離殆, 危人而不能殆, 廢人而復起殆, 可而不爲殆, 足而不施殆, 幾而不密殆.".

44) 『管子』 '法法篇', "君有三欲於民, 三欲之節 則上位危, 三欲者何也, 一曰求, 二曰禁, 三曰令.".

리고 군주는 禁令을 하면 반드시 금지시키고 싶다. 이런 경우도 알맞게 금령을 내리는 것이 중요하다. 명령을 내리는 것도 실행할 수 있는 일에 하도록 명령을 내려야 한다. 생각컨데 군주가 위의 세 가지를 백성들에게 실행 시키려 하면 그나나 백성들에게 알맞은 요구와 알맞은 禁令과 알맞은 명령을 내려서 백성들이 반항없이 자율적으로 따르도록 해야 한다. 준법에 의한 군주의 위엄을 말하기를,

"대국의 군주는 그 위세가 당당하려니와 소국의 군주는 그 위엄이 보잘것없기 마련이다. 그렇다면 이 대국의 군주가 위세당당하게 보이는 이유는 무엇인가? 그것은 그의 명령을 받드는 백성이 많기 때문이다.

한편 소국의 군주가 그 위엄이 보잘 것 없이 보이는 이유는 무엇인가? 그것은 그의 명령을 받드는 백성이 적기 때문이다. 이처럼 명령을 받드는 백성이 많고 적음에 따라 군주의 위세가 오르고 내리기 마련이다. 그렇다면 어느 군주인들 가급적 많은 백성이 자신의 명령을 받들기 바라는 것은 당연한 일이 아니겠는가? 군주는 어떻게 해야만 자기의 명령을 받드는 백성을 많이 거느릴 수 있는가? 그것은 무엇보다도 법도를 세워서 명령이 실행되도록 해야 한다. 이것이 바로 명령을 받드는 백성을 많게 하는 방법이다. 따라서 조정에서 공포한 법령가운데서 시행되는 것이 많고 시행되지 않는 것이 적을 때 백성의 불평은 줄어들 것이며, 이럴 때라야 온 백성은 군주의 뜻을 받들게 될 것이다."45)

---

45) 『管子』 '法法篇', "大國之君尊 小國之君卑. 大國之君 所以尊者何也. 曰, 爲之用者衆也 小國之君 所以卑者何也. 曰, 爲之用者寡也. 然則 爲之用者衆則尊, 爲之用者寡則卑 則人主安能不欲民之衆爲己用也.

라고 했다. 나라의 힘은 백성에게 있으며 백성이 군주를 믿고 따를 때 그 나라는 강한 나라가 된다. 백성이 군주를 따르는 것은 공평한 법도를 세워서 명령이 실행되었을 때 가능한 것이다. 그러므로 법령이 해이하게 되면 백성을 망치게 된다. 또 위정자인 군주가 백성을 사랑한다해서 법령의 기강이 해이 되도록 만들면, 백성을 사랑하는 것이 아니라 백성을 망치고 만다. 따라서 곧 이는 나라를 망치는 것이 되며, 위정자 자신도 종말을 고하게 된다. 백성을 진정으로 사랑한다면 백성을 바르게 부리려면 때로는 가혹한 채찍질도 필요하다고 관자는 보았다.

관자는 또 군주는 자기의 권세를 남에게 결코 넘겨 주지 말아야 된다고 하였다.

> "군주가 군주일 수 있는 근거는 무엇인가? 그것은 세력이다. 따라서 군주가 세력을 잃을 때 신하에게 오히려 지배당할 것은 너무나도 당연한 일이다. 세력이 아래로 내려가면 군주가 신하에게 지배받게 되고, 세력이 위로 올라가면 신하가 군주에게 지배받게 되는 것은 한 가지 공식이다."46)

라고 하였다. 그러므로 군주는 자기의 권세를 남에게 이양할 때 그것이 곧 자기의 지위를 위태롭게 하는 것이라 했

使民衆爲己用奈何. 曰, 法立令行 則民之用者衆矣. 法不立令不行則民之用者寡矣. 故法之所立. 令之所行者多, 而所廢者寡, 則民不誹議, 則聽從矣.".
46)『管子』'法法篇'. "凡人君之所以爲君者 勢也. 故人君失勢, 則臣制之矣. 勢在下, 則君制於臣矣. 勢在上, 則臣制於君矣.".

다. 이는 군주가 군주로서 지위를 굳힐 수 있는 것은 오로
지 그 권세를 행사함으로써 가능하다고 보는 것이다. 일단
남에게 넘어간 권리를 찾는다는 것은 불가능한 일이라고
관자는 말하고 있다. 그리고 군주가 권세를 잃게 되는 중
요한 이유는 군주의 명령이 올바르게 백성들에게 전달되지
않거나 또는 백성의 보고가 올바르게 상달되지 않을 경우
라고 보고 있다. 또 위정자인 군주는 위엄을 가지고 사심
은 정령을 내리고 백성은 그 은혜에 감동하여 군주를 위해
힘쓰게 될 것이다. 이렇게 행함으로써 국가의 질서는 영원
히 확립하게 될 것이다.

다음으로는 관중 정치학의 진수인 覇王論을 살펴보기로
한다. 그러면 패왕의 조건을 다음과 같이 말하고 있다.

"패왕이란 어떤 인물을 가리키는가. 하늘과 땅의 법칙을
속속들이 알고 민심을 장악하는데 힘쓰며 신시대를 개척한
다. 그리고 제도 문물을 일신하고 제후의 서열을 정하며
천하전체를 복종시킨다. 이것이 패왕이 취할 태도이다. 그
러기 위하여 그는 항상 다음과 같이 힘을 써야 한다. 즉
大國은 그 영토를 깎아내어 줄인다. 침략을 기도하는 나라
는 평화정책을 쓰도록 한다. 무력이 강대한 나라는 병력을
삭감시킨다. 약소국은 원조를 해준다. 정치적 문란을 일삼
는 나라는 합병하고 포악 무도한 군주를 추방한다. 위정자
의 책임만을 추구하되 그 백성에게는 누를 끼치지 아니한
다. 이렇게 해서 항상 천하의 질서가 확립되도록 노력하므
로 천하에 군림할 수 있는 법이다."47)

---

47) 『管子』 '覇言篇', "覇王之形 象天則地 化人易代 創制天下 等列諸侯

라고 하였다. 패왕이란 자기 나라를 풍족하게 이루고 난
뒤에 다시 이웃나라까지 그 은덕을 베풀 수 있는 인물을
일컬음이다. 그에게는 자신이야말로 천하에 은덕을 베풀
수 있는 사람이라고 확신하고 있기 때문에, 덕을 똑같이
베풀고 道를 똑같이 펴는 제후에 대하여 나라를 빼앗거나
하는 일이 없다는 것이다. 천하를 손아귀에 넣되 힘으로
하지 않고 그 은덕으로 상대방을 복종시킨다는 것이다. 이
것이야말로 패왕이 취할 수단으로 관자는 보았다. 또 관자
는 천하를 차지하려면 우선 사람을 얻어야 함을 강조하고
있다.

"천하에서 권력을 행사하려는 자는 먼저 제후에게 德을
베풀 일이다. 영토를 확장하기 위해서는 먼저 주지 않으면
안된다. 상대방을 굴복시키기 위해서는 우선 양보하지 않
으면 안된다. 이렇게 하여 제후의 마음을 획득한 다음에야
성왕은 권력을 천하에 행사했던 것이다.…聖王은 이 도
리를 잘 이해하고 있었기 때문에 자신의 언행을 낮추어 천
하의 인재를 모았다. 또 녹봉을 공평하게 줌으로써 많은
신하를 붙잡아 둘 수 있었던 것이다. 천자라고 하는 최고
의 지위와 천자라고 하는 최대의 재산을 손에 넣었는데도
불구하고 '욕심쟁이'라는 비난을 받지 않았던 것은 이처럼
백성 전체의 이익을 도모함을 잊지 않았기 때문이다."48)

___

貧屬四海 時匡天下. 大國小之 曲國正之 彊國弱之 輕國重之 亂國幷
之 暴王殘之 僇其罪 卑其列 維其民 然後王之.".

48) 『管子』 '覇言篇', "夫欲用天下之權者 必先布德諸侯. 是故先王有所取
有所與 有所詘 有所信 然後能用天下之權. 夫兵幸於權 權宰於地. 故
諸侯之得地利者 權從之 失地利者 權去地. 夫爭天下者 必先爭人.…
是聖王卑禮 以下天下之賢 而王之. 均分以釣天下之衆 而臣之. 故貴

라고 했다. 천하를 얻으려면 '옛날 성왕이 천하의 재산을 모두 백성 전체를 위해서 사용했었고, 그 위력의 모두를 천하 통일을 위해서 사용했었다. 스스로 덕에 의한 정치를 행하여 제후를 단결시키고, 사악한 신하를 처벌하여 도덕의식을 높였다. 이렇게 해서 천하 전체의 지지를 얻음으로써 명군의 권위를 높였던 것이다.'라고 했듯이 먼저 백성의 지지를 얻고 인재를 모아야 한다고 했다. 무력을 강하게 하는데도 백성의 지지와 인재를 먼저 얻지 않으면 안된다고 했다. 그러기 위해서는 군주 자신이 겸허한 자세와 덕망을 갖추고 훌륭한 인재를 모으는 일만이 천하를 얻는 비결이라고 한다.

다음은 桓公과 관자와의 대담 속에서 패왕의 근본을 알아보겠다. 관자가 桓公에게 '패왕이 되시어서 큰 일을 하실 의향이 있으시다면 먼저 그 근본을 다스리셔야 합니다'라고 말했을 때 이 말을 들은 桓公은 '그 근본이란 무엇을 말함이오.'하고 물었다. 관자가 대답하기를,

> "齊나라 백성이야말로 상감의 근본입니다. 그런데 그 근본이 되는 백성은 어떤 상태에 처해 있습니까? 백성들은 기아에 허덕이고 있건만 세금은 무겁기만 합니다. 그들은 죽음을 두려워하고 있는데도 刑의 집행은 가혹하기만 합니다. 그들은 수고로움을 불평하고 있건만 부역에 동원되고 있습니다. 상감께서 세금을 가볍게 해주신다면 백성들은 기아에서 벗어나게 됩니다. 또 刑의 집행을 너그럽게 해주

爲天子 富有天下 而代不謂貪者 其大計存也.".

신다면 그들은 죽음의 공포에서 벗어나게 됩니다. 부역을 동원하되 때를 가려서 하신다면 백성들은 수고로움을 불평하지 않을 것입니다."49)

라고 말했다. 환공이 듣고 이 세 가지 일을 그대로 시행하겠다고 대답했다.

다음으로 군주가 백성을 다스리는 4대 조건을 관자는 제시하고 있다. 이에 대하여 환공의 물음에 관자가 대답하기를,

> 첫째, 백성들이 어떤 고통을 겪고 있는지를 살펴야 합니다.
> 둘째, 德으로써 백성들을 어루만져야 합니다.
> 셋째, 형벌로 백성을 위협하는 일이 없어야 합니다.
> 넷째, 백성들에게 권력으로 강요하지 말아야 합니다.
> 이 네 가지를 지키는 군주라면 백성들을 능히 다스릴 수 있습니다.50)

라고 했다. 관자가 구체적으로 설명하기를 군주가 백성들의 그 고통을 알아주지 않는다면 백성들은 군주를 증오하기 마련일 것이요, 또 德으로써 백성들을 어루만져 주지 않으면 백성들은 군주를 원망합니다. 그리고 "형벌로 백성들을 위협한다면 백성들은 고통을 이기지 못하여 나라를

---

49) 『管子』 '覇言篇', "以天下之財 利天下之人 以明威之振 合天下之權 以遂德之行 結諸侯之親 以姦佞之罪 刑天下之心 因天下之威 以廣明王之代.".
50) 『管子』 '小問篇', "凡牧民者 必知其疾 而憂之以德 勿懼以罪 勿止以力 愼此四者 足以治民也.".

떠나 도망할 것입니다."라고 桓公에게 설명하였다. 桓公이
다시 묻기를 이 네 가지를 행하려면 어떻게 하면 되겠느냐
고 물었다. 이에 관자가 답하기를,

"신의를 지키고, 인자하시며, 위엄을 갖추시고, 예의를
지키신다면 곧 이 네 가지를 지키시는 것이 됩니다."라고
했다. 더 상세하게 설명하기를 위정자가 신의있는 태도로
임한다면 백성들이 위정자를 신뢰하게 됩니다. 위정자가
인자한 태도로 임한다면 백성들은 그 위정자를 다르게 됩
니다. 위정자에게 위엄이 갖추어져 있으면 백성들은 두려
워하게 됩니다. 위정자가 예의를 지킨다면 백성들이 존경
하게 됩니다."51)

라고 했다. 그러므로 명령을 내린 것을 바꾸지 않는 것을
信이라 했고, 임금 자신이 원치 않는 것을 시키지 않는 것
을 仁이라 하였으며, 뜻이 확고하고 행동이 바른 것을 嚴
이라 했고, 신의를 지켜 양보할 줄 아는 것을 禮라고 했
다. 이와 같이 聖王은 백성들의 고통을 덜어주고 덕으로써
어루만져 주며, 형벌로 위협하지 말고 권력으로 강요하지
말아야만 안정되게 통치할 수 있는 것이라고, 관자는 강조
한다. 그러나 군주가 된 桓公이 帝王이 되고 싶어 여러 신
하 자기 자신의 인격에 대해서 탐문하였으나, 모두 帝王
자격이 없다는 것이 공론이었다. 특히 賓胥無가 桓公의 안
전에서 그 부당성을 직간한 것은 용감하다고나 할까. 그

---

51) 『管子』 '小問篇', "質信極忠 嚴以有禮 愼此四者 所以行之也…信也者
民信之 忠也者民懷之 嚴也者民畏 之禮也者民美之.".

말을 받아들이는 桓公의 아량 또한 높이 평가되어야 할 것이다. 그러나 환공은 재상 관자의 정치철학 사상을 잘 수용해서 백성을 다스리는 기준으로 삼아 霸王은 되었지만 帝王은 되지 못했다. 齊桓公을 霸王으로 만든 관자는 뚜렷한 정치철학의 본질인 무위자연의 道를 齊桓公에게 심어주었다. 무위자연의 道란 虛靜하고 無爲하고 無欲하기 때문에 人君도 虛靜·無爲·無欲해야 된다고 했다. 이것 바로 위정자의 바람직한 가치관 정립이라 보아야 한다. 위정자가 이와 같은 가치관이 바르게 세워졌을 때 君王이 소박하고 思無邪한 明德을 주체로 해서 만백성을 다스릴 때 자연적으로 교화되고 새롭게 되는 것이다. 사회가 복잡하고 인구가 많아져서 잘 다스려지지 않는 경우가 많다. 그래서 관자는 단순 덕치보다는 법치까지 병행해서 통치할 것을 요청하고 있다. 그러므로 관자의 정치철학사상의 주체는 明德主義요 그 작용으로서는 경제정책과 법치로 나누어진다. 여기에서 주의할 점은 관자가 齊桓公을 霸王으로 만들게 된 것은 바로 덕치주의와 법치주의를 하나로 병행시키는 데서 齊桓公을 霸王으로 만들 수 있었다는 사실을 알 수 있었다.

Ⅳ. 結 論

첫째, 이상으로 관자의 정치철학사상을 다음과 같이 요약될 수 있다.

관자는 춘추시대 亂世에 태어나서 齊나라 桓公에게 중용되어 四十年동안 名宰相으로 있으면서 桓公을 覇者가 되도록 하는데 공을 크게 세웠음을 찾아 보았다.

① 철학사상의 본질 문제에서는 자연법 사상을 배경으로 한 무위자연의 도를 본체로 삼았다. 도가 허정함으로 인군도 허정하여야 하고, 도가 무위하므로 인군도 무위하여야 한다. 또 도가 무욕하므로 인군도 무욕해야 한다고 함으로써 본체적인 도를 인군의 術로 응용되었음을 살펴보았다.

② 다음으로 정치철학사상적으로는 인군이 무위자연의 도와 같이 소박하고 純一無雜하며, 虛靈不昧한 명덕을 體로 하고 자연법을 긍정적으로 받아들이면서 선왕의 도를 높이는 동시에 예·의·염·치와 같은 四維를 선양하여 나라의 기강을 잡아가는 덕치주의를 살펴보았다.

③ 그리고 더 나아가서 民富를 위한 경제정책을 중점적으로 제시하면서 덕과 법을 병행해서 적용해야 한다는 것을 군왕에게 주장하였다. 존중사상이라든지, 법은 만인에게 평등해야 된다든가, 법을 인군보다 중하다고 한 것은 법치주의사상의 단면을 보여주고 있다. 그러나 관자가 말하는 법치주의는 내면적 성실성과 외적인 신실성이 가득차있는 덕치주의를 동반하고 있음을 여러 문구에서 찾아 볼 수

있었다.

④ 관자는 桓公을 霸王으로 만들기 위해서 군왕자신이 법률을 먼저 준수할 수 있는 명덕을 갖추고 나서 백성에게 시정할 것을 항상 제시하고 있었다. 생각컨데 桓公이 霸王 될 수 있었던 것은 관자가 民富强兵케 하는 방법을 제시했고 恒常 백성의 마음을 헤아릴 수 있는 폭넓은 명덕을 정치철학의 본체로 제시하면서 덕치와 법치를 병행하여 실시케 했기 때문이다.

⑤ 그리고 관자의 정치이상은 높은데 있었다.

관자의 시대에는 요순과 같은 시대와 달리 인심이 위태롭고 도덕은 희미해 가는 혼란한 시대였기에 그 때에 맞추어 齊桓公을 패왕으로 만들 수 밖에 없었다고 본다. 桓公은 패왕이 아닌 제왕이 될 수 있는 방법을 신하들에게 물었으나 桓公의 인간된 그릇이 제왕이 될 수 없다고 대답하였고 또 시대상황으로 보아 제왕의 구실을 할 수 없다고 사료된다. 다만 관자는 환공이 인민의 민심과 지지를 얻어 나라를 잘 다스리고, 나아가서 덕으로써 천하를 평정함으로써 천하를 바르게 다스리도록 한다는 것이 관자의 최종 목적이었음을 찾아 볼 수 있었다.

요컨대 관자는 공리주의자이고 실제 정략가로서 윤리·경제·정치·외교·법률 등에 대하여 일가견을 갖춘 정치철학자이고 또 국제정세를 가장 현실에 맞게 이용한 명재상으로 후세에 본받을 만한 정치가이다.

둘째, 생각컨데 현대에 살고 있는 우리는 물질주의·숭

금주의로 흘러 인간성 상실이란 풍조가 만연되고 있는 것이 우리의 실정이다. 이에 如何히 하여야만 잃어버린 인간성을 회복하고 바람직한 인간가치관을 정립하느냐 하는 것이 지금 중차대한 것이다.

돌이켜보건대 8·15해방과 독립은 우리 사회에 어려운 문제를 던져 주었다. 그 당시 사회는 서구로부터 들어온 자유의 물결이 우리의 민주주의를 저절로 이루게 해 주는 것으로 생각하였다. 그 당시는 국내적으로나 국외적으로 안녕질서 회복이 채 이루지 못한 실정이었고 국민 각자가 공익보다 사익에 치중하는 것이 사회 실상이었다. 이와 같이 가치관이 흔들리는 정치풍토 속에서 순조로운 사회회복이란 어려운 실정인 것이다.

특히 정치적·경제적 혼란은 백성들의 가치관 혼란을 가져왔던 것이다. 그리고 6·25동란때 매우 극심한 사회혼란을 지냈다는 사실과 80년대 이후 급격한 경제성장으로 인한 물질문명의 발달로 물질위주의 가치에 치중함에 따라 인격적 가치관 즉 인간성을 중심으로 하던 사회윤리관이 무너지기 시작한 것이다.

이와 같이 인간가치관의 혼란으로 윤리도덕은 땅에 떨어지고 세상 인심은 더욱 악해 갔던 것이다. 이에 대해 물질위주의 사회에서 인간성회복의 일환으로 윤리교육을 실시해 보았으나 별 효과를 거두지 못한 것이다. 이 같은 현상은 물질 및 실리 지상주의가 인간성 회복보다 위에 있기 때문이다. 고전에 "德은 本이요 財는 末이다" 하였는데 현대는 가치관이 바뀌어 "재는 본이요 덕은 말이다."하는 것이 오늘날 우리의 실정이다. 『대학』 전10장에 "본을 外로 하고 말을 內로 하면 백성들이 다투어 서로 약탈한다"고 했는데 이것이 현대 사회현상이라 볼 수 있다.

그래서 본말이 전도된 현실 속에서 정치적으로 사회통합의 이념을 상실한 채 파행적인 민주화를 외치고 있는 사회, 경제적으로 물질주의로 인한 황금만능주의만이 만연되고 있는 사회, 문화적으로 무조건 외래 문화의 수용만을 제일로 아는 사회, 교육적으로는 바람직한 전인교육과 인간교육을 저버리고 지식교육에만 치닫고 있는 사회의 질서를 확립하고 바람직한 인간 가치관을 정립하기 위해서는 위에서 상술한 관자의 정치철학사상이 이를 해결할 수 있는 청량제 역할을 할 수 있을 것이다.

더욱이 오늘날 민주화의 물결이 몰아치고 있는 현실에서 위정자 자신들이 虛靈不昧하고 소박한 명덕을 갖추고 난 연후에 민주주의에 의한 정치를 할 때 백성들로부터 신뢰성을 얻을 수 있는 민주정치를 구현할 수 있으리라 믿는다.

參 考 文 獻

1. 資料
· 「管子」,「中庸」,「莊子」,「論語」「大學」,「韓非子」
· 「孟子」,「老子」
· 「荀子」,「墨子」,「春秋左傳」,「史記」,「朱子論類」

2. 單行本

〈韓書〉

· 沈佑燮 外 4人著,『중국 선진 정치윤리사상의 현대적 조명』(한국 정신문화연구원, 1992)
· 풍우란, 정인재 역,『중국철학사』, 형설출판사, 1990
· 가노 나오키, 吳二煥 역『중국철학사』, 을유문화사, 1989
· 김능근,『중국철학사』, 장학출판사, 1984
· 장기균, 송하경외 역,『중국철학사』, 일지사, 1989
· 김곡치, 조성을외 역,『중국사상사』, 이론과 실천, 1989
· 쯔끼호라 유즈루, 동양사상연구회편역,『관자』, 지문사, 1990
· 金鍾武,『諸子百家』下, 삼성미술문화재단, 1978
· 崔南善,『檀君과 三皇五帝』, 世界思想大全集 21,『管子・列子』, 大洋書籍, 1975
· 동경대 중국철학연구실 著, 조겨란 역,『중국사상사』, 동녘학술총서 4, 1992)
· 周桂鈿 著 문재곤外 譯,『강좌 중국철학사』, 예문서원, 1992
· 勞思光 著 鄭仁在 譯,『중국철학사』古代篇, 탐구당, 1986
· 李雲九,『中國의 批判思想』, 驪江出版社, 1987
· 朱伯崑 著 전명용外 譯,『중국고대윤리학』, 이론과 실천, 1990
· 楊孝溁 著 高在旭 譯,『中國社會思想史』, 강원대 출판부, 1988
· 王雲五,『先秦政治思想』, 臺北, 臺灣商務印書館, 1971
· 蕭公權,『中國政治思想史』上, 臺北, 聯經出版事業公司, 1980
· 中國文化大學 哲學研究所 編,『中國道學哲學』, 臺北: 國立編譯館, 1981

· 梁啓超 管子傳, 『飮氷室全集』(八), 臺北, 臺灣中華書局
· 張其的, 『中華五千年史』7, 戰國史後篇 戰國學術, 中國文化大學出版
　　　　部, 民國 69年
· 胡　適, 『中國哲學史大綱』, 臺北, 商務印書館, 1975
· 徐復觀, 『中國人性論史』, 臺北, 商務印書館, 1975
· 廣士元, 『中國學術思想史』, 臺灣, 異仁書局, 1981
· 『史學與傳統』, 臺灣, 時報文化出版事業有限公司版, 1982
· 候外廬, 『中國思想通史』 第1卷, 北京, 人民出版社, 1980
· 唐君毅, 『中國哲學原論』 厚道編, 臺灣, 新亞研究所, 1973
· 『管子』 1, 2, 臺灣, 中華書局印行, 民國 62年
· 李澤厚, 『中國古代思想史論』, 臺灣, 谷風出版社, 民國 76年
· 蔣伯潛編著, 『諸子通考』, 臺灣, 正中書局印行, 民國 73年
· 劉流璜, 『先秦諸子初探』, 北京, 江蘇人民出版社
· 馮　契, 『中國古代哲學學的邏輯發展』 上, 上海, 人民出版社, 1993
· 方立天, 『中國古代哲學學問題發展史』 上, 中華書局, 1992
· 中國哲學會主編 『哲學論文集』 第二輯, 臺灣商務印書館印行, 民國 57年
· 許坑生, 『中國法家』, 北京, 上海古籍出版社, 1989
· 鄭良樹, 『商殃及其學派』, 北京, 上海古籍出版社, 1989
· 趙守正, 『管子經濟思想硏究』, 北京, 上海古籍出版社, 1989
· 巫寶三, 『管子經濟思想硏究』, 北京, 中國社會科學出版社, 1989
· 熊鈍生, 『管子Ⅰ, Ⅱ』, 臺灣, 臺灣 中華書局, 中華民國 62年

〈論文〉

· 崔泰永, 『中國法思想의 歷史的背景』, 大韓民國學術院論文集 第二十
　　　　輯, 1981
· 허창무, 『중국선진정치 윤리사상의 현대적 조명』 중 '관자의 정치
　　　　윤리사상', 한국정신문화연구원

列子의 哲學思想*

I. 序 論

列子(B.C 450~B.C 375?)의 名은 禦寇이며 B.C 400
년경 鄭나라에 태어났다. 대략 孔, 老와 孟, 莊의 중간인
春秋 末期로부터 全國 初期에 생존했던 인물이다. 열자는
세속을 떠나서 마음대로 세월을 주로 보냈던 것을 생활화
하였다. 하나 그의 상세한 사적은 규명하기 어렵다. 저서
는 列子八卷이 있는데 天瑞篇만이 그의 자작인 듯 하고 그
밖의 7편은 그의 문인들이 부연한 듯 하다.[52]

『열자』는 고래로부터 『노자』『장자』와 함께 道家三書로
서 널리 읽혀온 책이다. 이 책은 고대의 우화가 재미있게

---

*이 논문은 2001년도 성신여자대학교 교육문제연구소 「교육연구 제
 36호」에 게재되었음.
52) 金能根, 「中國哲學史」, 奬學出版社, 1984, p. 111. 參照.

전개되어 있어서 오랜 세월동안 중국인 생활과 낙망이 넘쳐 있는 도가사상이 실려 있다. 유가들은 현실주의에 입각한 예교로서 형식에 맞는 사회질서 유지를 하려고 하였다. 따라서 유가들의 그와 같은 형식주의는 인간생활을 무기력하게 만드는 경향이 있었다. 그리고 또한 윤리도덕이란 형식주의에 사로잡혀 무기력하고 값어치 없는 인간성을 조성하기도 하였다. 그러나 노자의 부정철학과 같이 열자는 이같은 형식적이고 실질적인 가치기준을 일단 부정하여 무위자연의 소박하고 진실한 인간가치 문제를 요청하고 있는 것이다.『노자』道德經 제2장에 있는 것과 같이 인간의 차별상인 빈부, 대소, 미추, 장단, 명욕, 선악과 같은 유가의 상대적 가치관을 부정함으로서 자연에 순응할 수 있는 절대적 가치관을 추구하고 있는 것이다.[53]

그래서 중국 사람들은 세상이 어지럽고 자기자신의 소원성취를 이루지 못했을 때는 대개 이들은 도가의 신비스러운 지혜를 빌려서 정신적인 안정을 찾을 수 있었다.

열자의 사상은 유가의 이상적 가치관을 부정함으로서 초월적인 절대가치관을 추구할 수 있으므로 정신적으로 자유로울 수가 있었다. 따라서 열자는 역사적 사실과 관련시켜 해석하기는 어렵다. 대개 역사적 사실로서가 아니라 자기이론을 전개하는데 필요한 우화적인 재료로 사용하고 있는 것이다. 이 같은 우화적인『열자』책에 대하여 살펴본다면 한서예문지에『열자』8편이 실려있으니 열자가 저서를 남

---

53)『列子』, 金學主 新譯, 明文堂, 1991, pp. 9~10. 參照.

긴 것만은 거의 틀림없는 것 같다. 그러나 지금 우리에게 전해지고 있는 『열자』를 柳宗元 같은 이는 옛부터 여러 사람들이 빼고 더 보태고 한 것임을 지적하였고, 林希逸은 편중의 문장이 한결같은 문체가 아니므로 한 사람의 손에 의해서 쓰여진 게 아님을 지적하였고, 高似孫, 宋濂 같은 사람들은 모두 후인들이 이것 저것 모아 이룩해 놓은 것이 현재의 『열자』라고 주장하였다. 곧 『열자』는 諸子百家들의 이야기를 주워 모은 것이라는 것이다.54) 이와 같이 『열자』에 대한 설이 있으나 『열자』란 책 속에 담겨있는 본체적인 면과 그 작용적인 면은 부정할 수 없는 것이다.

본체적인 측면은 노자의 무위자연의 개념과 유사하나 노자와 같이 우주의 본체를 道라 하지 않고 다만 道에 해당하는 것을 설명하고 있다.

작용적인 측면에서 인간의 수양론을 제시하고 있다. 수양의 극치가 바로 神人, 聖人, 至人, 眞人의 경지라는 것이다.

이 같은 경지에 도달하기 위해서는 작위를 버리고 무위자연의 도를 체득해야만 가능하다는 것이다. 평화로운 사회를 이룩하기 위해서는 무위자연의 도를 체득한 지인, 성인이 통치해야 한다고 한 것은 老莊과 같은 점이라 하겠다.

이 같은 취의를 살려 열자의 철학사상의 본체와 발전을 구명하고, 다음으로 철학사상의 구현으로 인성론과 이상적 인물, 그리고 성인 정치론을 천명함으로서 현대적 의미를 알아보고자 한다.

---

54) 同上, p. 12. 參照.

Ⅱ. 哲學思想의 本質

1. 本體論

천지만물이 생기기 이전의 우주본체론을 최초로 규명한 자는 노자라 말할 수 있다. 고래로부터 내려오던 우주본체를 무위자연의 도라 하여 이 도가 천지의 기원이요 우주의 본체가 됨을 정립하였다. 이와 같은 우주 본체론의 근원인 도는 형이상자로서 우리의 감각으로 감지할 수 없는 無形之狀이다. 이 같은 無形之狀의 도에서 연역되어 발전된 것이 천지만물이라 한다. 인간도 만물의 하나라 한다면, 無形이요 無爲의 도인 그 본체를 추구하는데는 작용인 인간의 본성을 추구함으로서 그 실체를 찾아낼 수 있다는 것이다. 이 같은 현실에서 볼 때 우주본체론은 인성론과 불가분의 관계라 할 수 있다.

열자도 노자의 본체론을 계승하여 虛無로써 본체를 삼아 도가사상과 같은 사고를 가졌다. 그러나 노자와 같이 우주의 본체를 도라 하지 않고 다만 도의 개념과 같은 것을 들어서 설명하고 있다. 이 같은 설명을 『열자』의 첫 장인 〈天瑞篇〉에서 우주의 본체에 관하여 상세하게 기술하고 있다. 그 곳에서 열자는 우주의 본체와 인간과의 관계를 잘 설명하고 있다.

열자는 우주의 기원에 대하여 천서편 첫머리에서 스승

壺子의 말을 빌어 우주의 본체의 오묘한 진리를 다음과 같
이 설명하고 있다.

"생장하는 것과 생장하지 않는 것이 있고, 변화하는 것
과 변화하지 않는 것이 있다. 생장하지 않는 것은 생장하
는 것을 잘 생장하게 해주며, 변화하지 않는 것은 변화하
는 것을 잘 변화하게 해준다. 생장하는 것은 생장하지 않
을 수가 없는 것이며, 변화하는 것은 변화하지 않을 수가
없는 것이다. 그러므로 언제나 생장하고 언제나 변화하는
것이다. 언제나 생장하고 언제나 변화하는 것은 생장하지
않는 때가 없고 변화하지 않는 때가 없는 것이다. 陰과 陽
이 그러하고 사철이 그러하다. 생장하지 않는 것은 疑獨한
것이요 변화하지 않는 것은 갔다가는 되돌아 오는 것이어
서 그 가는 끝이 있을 수가 없고 독특한 그 道는 다할 수
가 없는 것이다.[55]

열자가 자기의 스승 호자의 말을 빌어 만물을 생장하고
변화케 하는 우주의 본체가 되는 도의 오묘한 원리를 제자
들에게 설명하고 있다. 우주의 본체로서의 도는 만물을 생
장케하고 변화시키는 근원으로서 상대의 세계를 초월한 절
대자로서 영원불변한 것이다. 그러므로 이 같은 본체로서의
도 자체는 不生, 不化하고 저절로 그러하고 저절로 그렇게 되
는 것이다라고 하였다. 이 같은 내용은 『노자』도덕경 제9장
에 도의 功用이 영구함을 여성의 생산력에 비유한 것이 있다.

---

55) 『列子』 '天瑞篇', "有生不生 有化不化. 不生者能生生 不化者能化化 生
者不能不生 化者不能不化 故常生常化 常生常化者 無時不化 陰陽爾
四時爾 不生者疑獨 不化者往復 其際不可終 疑獨其道不可窮.".

"공허의 神은 죽지 않으며 이것을 玄牝이라 한다. 현빈
의 문은 이것을 천지의 근원이라 말한다. 면면이 존재하는
듯하나 이것의 작용은 지침이 없다."[56]

라고 하였다. 노자의 도가 영구불변함과 만물을 생산하는
근원을 설명한 것인데 열자가 말하는 不生, 不化하는 본체
적 도와 같은 점이 있다고 볼 수 있다. 그러면 천지만물은
어디에서 생겨난 것일까?라고 하여 우주의 기원을 말하기
를 太易이 있고 太初가 있고, 太始가 있다고 말한 것이다.

"太易이라는 것은 기운도 나타나지 않는 상태이다. 太初
라는 것은 기운이 나타나기 시작한 상태이다. 太始라는 것
은 형체가 이루어지기 시작한 상태이다. 太素라는 것은 성
질이 갖추어져 있으면서도 서로 분리되어 있지 않으므로
그것은 혼동상태라 말한다. 혼동상태란 만물이 서로 혼돈
을 이루어 서로 분리되지 않았음을 말한다.그것은 보려해
도 보이지 않고 들으려 들리지 않으며 잡으려 해도 잡히지
않는다. 그러므로 그것을 易이라고 말하는 것이다. 易에는
형체와 한계가 없다. 易이 변하여 一이 되고 一이 변하여
七이 되고 七이 변하여 九가 된다. 九로 변한 것은 궁극에
이른 것이어서 곧 다시 변하여 一이 된다. 一은 형체 변화
의 시작인 것이다."[57]

---

56) 『老子』 '道德經', "谷神不死 是謂玄牝 是謂天地之根 綿綿若存, 用之
不勤".
57) 『列子』 '天瑞篇', "太易者 未見氣也. 太初者 氣之始也. 太始者 形之
始也. 太素者 質之始也. 氣形質具而未相離, 故渾淪. 渾淪者 言萬物
相渾淪而未相離也. 視之不見 聽之不聞 循之不得 故曰易也. 易無形
埒 易變而爲一 一變而爲七 七變而爲九 九變者 究也 乃復變而爲一.
一者 形變之是也.".

여기에서는 천지 생성의 원리를 말하고 있다. 천지가 생성되는 과정을 太易이 있고 太初가 있고 太始가 있고 太素가 있다고 하면서 우주의 기원이 太易임을 시사하고 있다. 열자는 太易을 氣가 아직 발현되지 않은 상태를 말하는 것인데, 太初, 太始, 太素의 氣形質을 간직하고 있으나 아직 바깥으로 나타나지 않고 있다는 것이다. 그래서 氣形質이 갖추어져 있는 상태를 渾淪이라고 하여 하나가 된 太易狀態 無形埒이라 설명하고 있다. 그러므로 혼륜으로 된 太易은 노자의 무위자연의 도의 표현과 같은 것이 있다.

"이것을 보려고 해도 보이지 않는다. 그래서 빛깔이 없는 것(夷)이라 한다. 이것을 들으려 해도 들리지 않는다. 그래서 소리가 없는 것(希)이라 한다. 이것을 잡으려 해도 잡히지 않는다. 그래서 형태가 없는 것(微)이라 한다. 이것은 포착할 수가 없다. 그러므로 이것이 뒤엉켜서 하나가 되어 있다고 보아야 한다. 그것은 그 위쪽이 밝지도 않고 그 아래가 어둡지도 않으며, 만물을 끊임없이 생성하여 이름을 붙일 수가 없다. 그리고 그것은 無의 저쪽으로 돌아가는 것이다. 이것을 상황이 없는 상황, 형상 없는 형상이라 하며 이것을 있는 듯 하면서 없고, 없는 듯 하면서 있는 것이라 이른다."58)

노자가 말하는 무위자연의 도가 우리의 어떠한 오관으로도 포착할 수 없다고 하였다. 夷, 希, 微 이 세 가지가 혼

---

58) 『老子』 '道德經', 第14章, "視之不見 名曰夷 聽之不聞 名曰希 博之不得 名曰微 此三者不可致詰 故混而爲一 其上不皦 其下不昧 繩繩兮不可名 復歸於無物 是謂無狀之狀 無象之象 是謂惚恍.".

연일체가 되어 하나가 된다고 했는데 하나가 바로 열자가 말하는 혼륜으로서 우주 본체를 말하는 것이다. 물론 열자가 말하는 우주의 기원인 太易의 혼륜은 노자가 말하는 우주의 기원인 도와는 똑같을 수는 없다. 열자의 太易인 혼륜은 氣形質을 포함하고 있기 때문에 노자의 무위자연의 도에 해당하는 無爲나 虛無가 아니라 氣形質의 삼요소를 갖추어 있으며 분리되지 않은 혼륜을 말하고 있다. 이 같은 太易인 혼륜은 바로 노자가 말하는 夷, 希, 微 삼자가 혼륜하여 하나가 된 도를 설명하고 있는 것과 같은 것이다. 차이점은 혼륜에 내장되어 있는 요소가 다르다는 것이다.

또 열자는 혼륜을 無形 또는 虛라고 하지만 이것은 노자가 말하는 無狀의 狀이 無象의 象과 같은 양상이라고 볼 수 있다. 그런데 열자의 太易인 혼륜은 우주만물의 기원으로서 氣形質의 삼요소가 分離되지 않은 無形인 것이다. 즉 열자의 太易은 우주만물의 기원으로서 혼륜과 동일한 우주의 본체인 것이다. 열자의 혼륜과 같은 太易이란 본체는 周易의 太極, 노자의 無爲 또는 無極, 有物 混成, 先天地의 도, 周濂溪의 無極而太極에 상응하는 것이라 할 수 있다.

다음으로 본체로서의 작용을 찾아보기로 한다.

"생장하는 것과 생장하지 않는 것이 있고 변화하는 것과 변화하지 않는 것이 있다. 생장하지 않는 것은 생장하는 것을 잘 생장하게 해주며, 변화하지 않는 것은 변화하는 것을 잘 변화하게 해준다. 생장하는 것은 생장하지 않을

수가 없는 것이며, 변화하는 것은 변화하지 않을 수가 없
는 것이다. 그러므로 항상 생장하고 언제나 변화한다. 항
상 생장하고 변화하는 것은 잠시도 생장하지 않을 수 없고
잠시도 변화하지 않을 수 없다."59)

　위의 글에서 열자가 밝힌 不生者와 不化者는 우주의 본
체가 되는 道를 표현한 말로서 만물을 생장케 하고 변화시
키는 근원이 되는 것으로서 不生者와 不化者 자체는 생장
하지도 변화하지도 않고 저절로 그러하고 저절로 그렇게
되고 있음을 말하고 있다. 그래서 "物을 生하는 자는 생장
하지 않고, 物을 변화시키는 자는 변화되지 않는다. 스스
로 생장하고 스스로 변화하여 스스로 형성되고 스스로 빛
깔을 지니며 스스로 알게 되고 스스로 힘을 지니며 스스로
없어지고 스스로 멈추게 된다."60)라고 하였다. 不生者와
不化者는 잠시도 생장케 하지 않을 수 없고 잠시도 변화케
하지 않을 수 없다는 것을 시사하고 있다. 그러므로 장자
의 道가 自生自化의 작용을 갖추고 있는 것과 같은 점이
있다고 볼 수 있다. 따라서 열자는 만물의 생장과 변화의
과정과 不生者와 不化者를 통하여 우주의 본체의 불변성을
설명하면서 또한 본체인 道가 自生自化하면서 천지만물을
생장시키는 실체임을 밝히고 있다.
　다음으로는 열자가 설명하고 있는 우주의 기원의 작용을

---

59) 『列子』 ‘天瑞篇’, 註4 參照.
60) 上同 "故生物者不生 化物者不化 自生者自化 自形自色 自智自力 自
　　消自息. 謂之 生化形色智力消息者 非也.".

노자가 무위로 설명하고 있는 것과 같다. 『열자』天瑞篇에
는 다음과 같다.

"그러므로 생장하는 것이 있고 생장하는 것을 생장하게
하는 것이 있다. 형체를 지닌 것이 있고 형체를 지닌 것을
형체를 지니도록 하는 것이 있다. 소리를 내는 것이 있고
소리를 내는 것을 소리나게 하는 것이 있다. 색깔을 지닌
것이 있고 색깔을 지닌 것을 색깔을 지니게 하는 것이 있
다. 맛이 있는 것이 있고 맛이 있는 것을 맛이 있게 하는
것이 있다. 생장된 생장자는 죽게 되지만 생장자를 생장시
킨 것은 終末이 있은 적이 없다. 형체를 지니게 된 형체를
지닌 자는 실존하지만, 형체를 지닌 자를 형체를 지니게 한
것은 존재한 적이 없다. 소리를 내게 된 소리내는 자는 귀
에 들리지만 소리내는 자를 소리내게 한 것은 소리를 발한
적이 없다. 색깔을 지니게 된 색깔을 지닌 자는 밖에 드러
나지만 색깔을 지닌자에게 색깔을 지니게 한 것은 드러난
적이 없다. 맛있는 자를 맛있게 한 것은 맛으로 드러난 적
이 없다. 이것은 모두 무위한 직능에 의한 것이다."[61]

우주만물은 처음부터 모두가 완전한 공능을 구비해 있는
것은 아니다. 모두가 제각기의 특별한 효능을 발휘하는데
무위의 도에 의해서 생성 변화가 조화를 이루고있다. 이를
테면 천지만물의 生生者, 形形者, 聲聲者, 味味者는 生者,

---

61) 『列子』, '天瑞篇', "故有生者 有生生者. 有形者 有形形者. 有聲者 有
聲聲者. 有色者 有色色者. 有味者 有味味者. 生之所生者死矣 而生
生者未嘗終. 形之所形者實矣 而形形者未嘗有. 聲之所聲者聞矣 而聲
聲者未嘗發. 色之所色者彰矣 而色色者未嘗顯. 味之所味者嘗矣 而味
味者味嘗呈 皆無爲之職也.".

形者, 聲者, 味者의 眞主宰者인 것이다. 이와 같은 본체로서의 진주재자는 무위로서 이들을 주재하는 것이다. 이 같은 주재는 작위가 배제된 자연히 생성하고 변화한다는 의미로 열자는 무위로서 주재한다고 말하고 있다. 열자는 노자의 道는 무위이면서 無不爲이다.[62]라고 말한 그 우주본체관을 벗어나지 않고 있다고 생각한다. 다시 말한다면 老莊의 무위자연의 본체관의 테두리 속에서 太易 즉 渾淪, 不生 不化와 같은 용어를 가지고 열자의 본체관과 본체의 발전과정을 설명하고 있다고 보아야 한다. 그러나 열자에 있어서 우주의 무궁함은 노자의 無極의 무궁함과 차이점을 가진다. 노자의 무극은 외적으로 끝없음을 말하여 無外, 無際를 설명하고 있으나 열자는 내적으로나 외적의 무궁함을 말하고 있는 점이 老莊의 무궁과의 차이점인 것이다.

다음으로 열자의 본체로서의 생성과정을 살펴보기 전에 노자의 본체 발전과정을 살펴보기로 한다.

> "유형한 道가 一을 낳고, 一이 二를 낳고, 二가 三을 낳고, 三이 만물을 낳는다. 만물은 陰을 지고 陽을 업고 沖氣로서 조화를 이룬다"[63]

라고 하였다. 무위자연의 도가 하나의 우주 근원이 되어 그 하나가 음양의 둘로 갈라지고 이 두 기운이 沖氣에 의

---

62) 『老子』 '道德經', 37章, "道常無爲而無不爲".
63) 『老子』 '道德經', 42章, "道生一, 一生二, 二生三, 三生萬物, 萬物負陰而抱陽, 沖氣以爲和".

해 조화를 이룩하여 만물이 생겨난다. 만물은 모두 陰을 업고 陽을 안으며, 충기에 의해 그것을 조화롭게 만든다는 것이다. 또 "천하의 만물은 有에서 生하고 有는 無에서 生한다."64)고 하여 우주의 본체 발전과정을 설명하고 있다.

2. 本體의 發展

열자는 다음과 같이 우주의 발전과정을 설명하고 있다.

> "易에는 형체와 한계가 없다. 易이 변하여 一이 되고 一이 변하여 七이 되며 七이 변하여 九가 된다. 九가 변화된 것은 궁극에 이른 것이어서 곧 다시 변하여 一이 된다. 一은 형체변화의 시작인 것이다. 맑고 가벼운 것은 올라가 하늘이 되고, 탁하고 무거운 것은 내려와 땅이 되고 冲和의 기운은 사람이 된 것이다. 그러므로 하늘과 땅은 정기를 품고 있고 만물은 변화하고 생성하고 있는 것이다."65)

열자가 一, 七, 九의 숫자로 우주 본체의 발전과정을 설명하고 있는데 이 숫자와 우주의 기원인 渾淪의 내용이 되는 氣形質과의 관계를 살펴보기로 한다. 위에서 열자는 一은 氣形質을 내장하고 있는 혼륜인 太易을 가리킨다고 보아야 한다. 氣形質의 단서가 혼륜된 無爲의 상태인 것이

---

64) 『老子』 '道德經', 第40章, "天地萬物生於有 有生於無.".
65) 『列子』 '天瑞篇', "易無形埒 易變而爲一 一變而爲七 七變而爲九. 九變者 究也. 乃復而爲一 一者形變之始也. 清輕者上爲天 濁重者下爲地 冲和氣者爲人 故天地含精 萬物化生.".

다. 또한 분화된 천지만물이 다시 변화하여 돌아가는 곳도 太易인 一이라는 것이다. 다음으로 一이 변하여 七이 된다는 것은 노자가 一에서 二가 된다는 것으로 천지의 형성을 설명하고 있듯이 열자도 천지만물의 형성을 설명하고 있다. 다음으로 열자는 이 七이 변하여 九가 된다고 하였는데, 이 九인 太素의 과정에서 천지만물이 완성된다는 것이다.

그래서 열자는 "一이라는 것은 형태변화의 시작으로 보고, 맑고 가벼운 것은 위로 올라가 天이 되고 탁하고 무거운 것은 아래로 내려와 땅이 된다. 冲和氣는 인간이 된다." 하여 天地人 삼재가 太易인 혼륜이라는 무위의 도하나에서 연역 발전되어졌음을 시사하고 있다.

이상의 一, 七, 九의 본체 발전과정을 요약하면 一은 무위로 된 혼륜 상태를 가리키고 七은 천지가 형태가 이룩된 상태이며, 九는 천지만물이 완전하게 형성된 상태를 가리킨다. 그 중 인간은 冲和의 氣에 의해서 형성된다고 보았다. 열자는 우주의 형성과정을 생명의 본체로 파악하고 氣로서 그 생성과정을 설명하고 있다. 열자는 위의 설명에서 太易은 기가 나타나지 않은 혼륜 상태라 하고 太初를 기가 시작되는 것이라 하여 우주만물의 생성과정을 기로 해명하고 있다.

"杞 나라의 어떤 사람이 하늘과 땅이 무너지고 떨어져 몸둘 곳이 없게 될 것을 근심하여 잠자고 밥먹는 것조차도

잊었었다. 또 어떤 이는 그가 걱정하는 것을 걱정하였다. 그래서 그를 찾아가 깨우치려고 말했다. '하늘은 기운이 쌓여 있는 것이니 기운이 없는 곳이란 없는 것이오. 그대는 몸을 움직이고 호흡을 하면서 하루종일 하늘 가운데에서 행동하며 몸담고 있는데 어째서 떨어질 것을 근심하오?' 그 사람이 말했다. '하늘이 과연 기운이 쌓인 것이라면 해와 달과 별들이 떨어지게 마련이 아닙니까?' 그를 깨우치려는 사람이 말했다. '해와 달과 별들이란 또한 기운이 쌓인 가운데에서 빛을 지니고 있는 것들이오. 그것이 떨어진다 하더라도 또한 맞아서 부상을 당하는 일이 있을 수 없을 것이오.'"66)

위의 설명에서 열자는 우주만물은 기에 의해 생성된 것임을 밝히고 있다. 동시에 천지만물을 질서 있게 生化하는 것도, 기의 작용임을 밝히고 있다. 그러므로 열자라 말하는 기는 천지만물을 생성시키는 역할뿐만 아니라 조화의 역할도 함께 하고 있음을 알 수 있다. 다음으로 인간의 冲和氣를 살펴보기로 한다.

열자는 인간의 변화단계를 다음과 같이 설명하고 있다.

"인간은 태어나서 죽을때까지 큰 변화를 네 번 가진다. 嬰孩, 少壯, 老耄, 死亡이다. 嬰孩때에는 기운이 전일되고 뜻이 한결같아서 조화의 극치를 이루고 있으므로 물건이 손상케 하지 못하고 덕도 더할 것이 없다. 少壯 때는 혈기

---

66) 『列子』, '天瑞篇', "杞國有人 憂天地崩墜 身亡所寄 廢寢食者 又有憂彼之所憂者 因往曉之曰 天積氣耳 亡廢亡氣. 若屈伸呼吸終日在天中行止 奈何憂崩墜乎? 其人曰 天果積氣 日月星宿不堂墜邪? 曉之者曰 日月星宿 亦積氣中之有光耀者 只使墜 亦不能有所中傷. 其人曰 奈地壞何?.

가 왕성히 넘치고 욕망과 생각이 가득히 일어나서 물건이
공격을 받게 되고 덕은 그 때문에 쇠퇴하기 마련이다. 老
耄 시기에는 욕망과 생각이 부드러워지고 육체의 활동이
그치게 됨으로 물건이 앞서지 못하게 된다. 비록 갓난아기
처럼 완전한 상태에는 미치지 못하지만 젊은 시대와 견주
어 본다면 간격이 있다. 사망은 곧 終息이다. 그러나 궁극
으로 돌아가는 것이다."67)

열자는 기에 의한 인간의 변화 과정을 네 단계로 설명하
고 있다. 즉 嬰孩, 少壯, 老耄, 死亡이라고 한다. 네 단계
중에서 嬰孩기를 冲和 작용이 가장 충일한 시기로 보고 있
다. 노자도 소박하고 순박한 인간성을 영아에 비유한 것이
있다. 이를테면 "氣를 오로지 하면서 유연함을 이룬다면
능히 嬰兒가 될 수 있겠는가?"68)라고 하였다.

열자는 冲和의 기를 자연 그대로 보존한 시기가 영아기
로 보고 이 때가 바로 성인의 덕을 가진 것으로 보았다.
그러므로 인간은 수양을 거쳐 인욕과 사의를 버리고 무위
자연의 도인 冲和의 기를 간직할 때 혼륜의 도를 체득한
성인의 경지 즉 神人, 至人의 경지에 도달할 수 있다는 것
이다.

---

67) 『列子』 '天瑞篇', "人自生至終 大化有四. 嬰孩也 少壯也 老耄也 死
亡也. 其在嬰孩 氣全志一 和之至也 物不傷焉 物莫先焉 德莫加焉.
其在少壯 則氣飄溢 欲慮充起 物所攻焉 德故衰焉 其在老耄 則欲慮
柔焉 體將休焉 物莫先焉 雖未及嬰孩之全 方於少壯間矣 其在死亡也
則之於息焉 反其極矣.".
68) 『老子』 '道德經', 第10章, "專氣致柔 能嬰兒乎?".

Ⅲ. 哲學思想의 具顯

1. 人性論

열자가 제시하고 있는 바람직한 인간성이란 무엇인가? 그리고 인간이 살아가는데 바람직한 가치관을 어떻게 구현해야 하는가? 즉 이상적 인간성이란 어떤 것인가에 관하여 살펴보기로 한다. 먼저 도가의 대표인물인 노자의 인간가치관을 살펴보아서 비교해 보기로 한다. 노자는 우주의 본체를 도덕경 81장 속에서 다양하게 표현하고 있다. 그 표현된 것들을 정리하면 虛靜·無爲·無欲으로 볼 수 있다. 그래서 노자는 무위자연의 道를 체득한 인간의 본성도 虛靜·無爲·無欲하지 않으면 안된다는 것이다. 虛靜·無爲·無欲을 가진자는 바람직한 가치관을 가진 선한자로 볼 수 있고, 이에 反한 자는 악한 자라 볼 수 있다. 그러므로 바람직한 인간은 얄팍한 지혜와 기교를 벗어나서 소박한 무위자연의 상태로 돌아가는 데 있다. 이 같은 목적을 달성하기 위해 다음과 같이 해야함을 말하고 있다. 첫째로 겸손의 가치관 "최상의 선은 물과 같다. 물은 만물을 이롭게 하여 다투지 않으면서 衆人이 싫어하는 곳에 있다. 그러므로 도에 가깝다. 거처로는 땅을 좋다하고 마음은 깊은 곳을 좋다하고 사귀는데는 仁을 좋다하고, 말은 信을 좋다."69)

물의 위대함은 무위자연한 데로 만물에 순응하여 다투지 않는데 있다. 이렇게 투쟁하지 않기 때문에 남에게 꾸중들을 이유도 없다. 성인도 물과 같이 남에게 다투지 않고 겸손하여 명예를 잃지 않는다는 것이다.

둘째로 노자는 사람이 살아가는 데 三寶가 있음을 제시하고 있다. "나에게는 三寶가 있다. 나는 그것을 保持하여 이를 보배로 삼는다. 그 첫째는 자비이고 둘째는 검소함이고 셋째는 남의 앞에 서지 않는 것이다. 자비하므로 능히 용기가 있으며 검소하므로 능히 널리 베푸며, 감히 천하의 앞장이 되지 않으므로 능히 기량 있는 자의 우두머리가 된다."[70]

노자는 慈·儉·後의 三者로써 인생의 三寶로 삼고, 인간이 살아가는데 자애와 검소와 겸손을 가치관 정립의 요소로 삼았다.

셋째로 노자는 柔弱을 주장하였다. 위에서 물의 유약과 嬰兒의 柔弱之德을 말했는데 이 같은 덕을 체득하였을 때 바람직한 聖人의 가치를 세울 수 있다는 것이다.

마지막으로 탐욕을 멀리하고 足할 줄 아는 마음을 길러야 한다는 것이다.

"천하에 道가 있으면 군령을 전하는 말을 민간에 불하하

---

69) 『老子』'道德經', 第8章, "上善若水. 水善利萬物而不爭 處衆人之所惡 故幾于道. 居善地 心善淵 與善人 言善信".

70) 『老子』'道德經', 第67章, "…我有三寶 持而寶之. 一曰慈 二曰儉 三曰不敢爲天下先 慈故能勇 儉故能廣 不敢爲天下先 故能成器長…".

여 논밭을 경작하게 하고 천하의 道가 없으면 군마가 郊理
에서 새끼를 낳게끔 된다. 재앙은 만족함을 알지 못하는
것보다 큰 것이 없고, 허물은 소득을 욕심내는 것보다 더
큰 것은 없다. 그러므로 足한 것을 아는 것에 만족하면 항
상 족하다."71)

위의 내용은 수양 방법론으로 스스로 만족할 줄 아는 知
의 철학을 논술하였다. 다섯째로 무위자연으로 돌아가야
한다는 것이다. 노자는 不和한 세상을 구출하는 방법은 오
직 무위자연의 道로 돌아가는 길밖에 없다는 것이다. 누구
나 인위적 仁義禮智와 같은 것에 집착하지 말고 소박하고
柔弱하고 虛靜하며 無欲한 마음을 가지게 될 때 바람직한
성인의 玄德을 갖추게 되어 바람직한 인간 가치관을 확립
할 수 있다는 것이다.72)

열자가 제시하고 있는 바람직한 인간상인 至人·神人은
如何한 인물이며, 그리고 그 배경이 如何한 것인가를 구명
하고자 한다. 열자는 인간의 生化가 宇宙生化의 한부분이
라는 점에서 인간의 身·生·性命은 천지에 의해 委形, 委
和, 委順된 것이라 한다.

"舜이 이르기를 내 몸이 나의 것이 아니라면 어느 누가
그것을 가지고 있는 것입니까? 그는 대답했다. 그것은 천
지가 맡긴 形이다. 生도 너의 것이 아니라 그것은 천지가

---

71) 『老子』 '道德經', 第46章, "天下有道 郤走馬以糞 天下無道 戎馬生於
郊, 禍莫大於不知足 咎莫大於欲得 故知足之足常足矣.".
72) 『中國哲學史』, 金能根, 獎學出版社, 1984 pp. 101~103. 參照.

맡긴 和이다. 性命도 너의 것이 아니라 천지가 맡긴 順이
다."73)

위의 내용은 인간의 생성 변화가 우주 변화의 한 부분으
로써 천지 자연에 의해 인간의 性이 이루어진다는 관점에
서 인간의 형체나 정신은 무위자연의 도에 의해 조화되고
순응되어진 수양 과정을 통하여 혼륜의 본체를 터득하게
된다. 이 같은 상황은 노자에서는 虛靜하고 無爲하고 無欲
한 성인의 경지에 도달하는 것이라 볼 수 있다. 특히 열자
는 天瑞篇에서는 인간은 冲和의 기에 의해 형성되고 형성
된 인간은 혼륜의 기가 갖추게 된다고 하였다. 따라서 인
간은 冲和된 기를 갖추게 된다는 것이다. 여기의 冲은 虛
와 같은 의미로 소박하고 사욕과 인욕이 배제된 무위자연
의 기가 충만한 것으로서 노자가 말하고 있는 虛靜과 같은
것으로 볼 수 있다. 인간에 있어서 冲和의 기는 『중용』 제
1장에 있는 中和의 道와도 같은 의미를 가지고 있다. 致中
和에서 致中 致和로 나눌 수 있는데 致中은 인간에 있어서
본체인 性을 나타내고, 致和는 인간의 情之正으로서 작용
의 조화를 말한다. 致中和는 體用一源이 된 바람직한 인간
성을 소유한 자를 말한다. 즉, 성인의 경지이다.

열자가 말하는 "嬰孩때는 기와 志가 오로지 한결같아서
조화의 지극함 이룬다."74)고 함은 冲和의 기가 충만한 인

---

73) 『列子』'天瑞篇', "舜曰 吾身非吾有 孰有之哉. 曰 是天地委形也 生
非汝有 是天地之委和也 性命非汝有 是天地之委順也".
74) 『列子』'天瑞篇', "其在嬰孩 氣專志一 和之至也.".

간성이라 하겠다. 이때 인간은 致中和된 성인의 경지로 무위자연 道의 경지라 할 수 있다. 열자는 "나의 몸은 마음에 합하고, 마음은 기운에 합하고 기운은 神에 합하고 神은 無에 합한다."75)고 시사하였다.

따라서 인간의 형체에 무위자연 도인 우주의 본체가 갖추어져야만 生의 본질인 性은 곧 우주의 기원이 된다고 보고 있다. 그러므로 열자가 말하는 인간성은 우주의 기원으로 본질적 체이고, 無形으로 冲和이며 虛靜으로서 무위자연의 도와 같은 것이다. 다음은 열자가 주장하는 德은 如何한 것인지 노자가 말하는 덕과 상관하여 살펴보기로 한다.

노자가 말하는 덕은 무위의 덕인데 이것을 노자의 덕이라고도 한다. 덕의 원뜻은 得인데 인간이 참된 도리인 道를 체득한 참된 도리를 말한다. 유교에서는 덕은 仁義禮智의 道를 체득하여 바람직한 인간의 태도를 덕이라 보는데 반해, 노자의 덕은 인간을 포함한 일체 만물의 근원에 있는 眞理의 조화, 즉 무위자연의 道를 체득하여 자연의 天理 그대로 따르는 것에 의해 物我一體가 되는 것, 곧 무위자연의 소박한 眞理의 조화를 이루고 있는 인간의 태도를 德이라 부른다.

"上德은 덕이라 하지 않는 지라 이로서 덕이 있으며, 下德은 덕을 잃지 않으려고 하는지라 이로서 덕이 없다. 常

---

75) 『列子』 '仲尼篇', "我體合於心 心合於氣 氣合於神 神合於無.".

德은 無爲이므로 작위가 없으며, 下德은 有爲이므로 작위가 있다."76)

위의 내용은 무위자연의 도를 체득한 참모습을 설명한 것이다.

노자는 무위자연의 덕을 上德이라고 하는데 비하여 유교의 덕을 下德으로 보고 있다. 그러므로 조화의 작용으로서 무위자연 덕을 玄德이라고 한다.

"도가 만물을 생성하고 그 도의 功德이 만물을 기르고 이를 신장하고 양육하고, 안정시키고, 충실하게 기르고, 비호한다. 도는 만물을 생성하지만 자기 소유로 삼지 않고, 공덕을 만물을 육성하면서도 뽐내지 않고 생장시키면서도 지배자로 자처하지 않는데 이러한 것을 玄德이라고 한다."77)

무위자연의 도는 만물을 생성하지만 자기 것으로 소유하지 않고, 덕으로 만물을 경영한다. 자기 공로를 자랑하지 않고, 만물을 지배하지도 않기 때문에 겸허한 태도를 가지고 있다하여 현덕이라 한 것이다. 즉, 도의 현덕은 일체 만물을 생성화육하는 위대한 조화작용을 하고 있음을 말한다.78)

---

76) 『老子』 '道德經', 第38章, "上德不德 是以有德 下德不失德 是以無德 上德無爲而無不爲 下德爲之而有以爲.".
77) 『老子』 '道德經', 第51章, "故 道生之 德畜之 長之 育之 亭之 毒之 養之 覆之. 生而不有 爲而不恃 長而不宰 是爲玄德.".
78) 『老子政治哲學思想에 관한 연구』, 沈佑燮, 誠信敎育問題硏究所 35 집, pp. 8~9. 參照.

열자가 말하는 덕은 노자가 위에서 설명하고 있는 현덕이나 유교에서 말하는 명덕의 개념에서 크게 벗어나 있지 않다고 본다. 열자, 黃帝篇에 나타난 덕에 나타난 것을 살펴보면 '其德全矣'라는 표현을 하였는데 여기에서 말하는 덕은 수양이 된 조화로운 상태를 의미한다고 보아야 한다.79) 열자가 말하는 덕은 有爲的인 인간들이 수양을 통해서 자연적인 본체인 性과 일치할 때 自然의 本性과 조화로운 덕은 같은 개념으로서 性卽德이 되는 것이다. 이와 같은 상태에 있는 사람을 冲和 즉 혼륜의 본체를 간직하고 있는 성인 또는 至人이라 한다. 性卽德은 유교의 명덕과 같은 의미로 풀이할 수 있다. 『대학』의 명덕을 朱子가 풀이하기를 '인간이 하늘로부터 부여받은 것인데 虛靈不昧하고 仁義禮智와 같은 것을 구비하고 있다.고 설명하고 있다. 이 명덕은 性卽理로 천도의 의미를 내포하고 있다. 열자가 말하는 덕도 명덕이나 玄德의 범주내의 의미라고 본다. 여기에서 주의할 점은 性卽德을 갖추고 있는 사람을 至人, 神人, 성인으로 말할 수 있는데, 이 같은 인물은 무위자연의 도만 체득하여 靜만을 유지하고 있는 것이 아니라 動的으로 生化發展되어 다른 사람들을 감화시켜 나가는 氣作用이 있다는 것을 생각해야 한다. 위에서 말하는 至人, 神人은 性卽德을 갖춘 바람직한 가치관을 정립한 성인을 말하는 것이다.

---

79) 『列子』 '黃帝篇', "紀渻子爲周宣王 養鬪鷄…鷄難有鳴者 已無變矣 望之似木鷄矣 其德全矣".

2. 理想的 人物

(1) 도에 通達한 至人

무위자연의 도를 체득한 至人은 물건에 의해 상해를 받지 않는다. 그것은 자연의 원리대로 처신하고 道에 도달하여 있기 때문이다. 다음은 관윤이 열자에게 至人에 대한 물음에 대한 해답이다.

> "열자가 關尹에게 묻기를 至人은 물속을 다녀도 숨막히지 아니하고 불을 밟아도 뜨겁지 아니하며 만물 위를 다녀도 두려워하지 않습니다. 여쭈어 보건대 어찌하여 이런 경지에 이르게 되는 겁니까? 관윤이 대답했다. 그것은 순수한 기운을 지키기 때문이다. 지혜와 기교와 과감한 용기 같은 것이 아니다…至人은 그의 본성이 통일되고 그의 기운이 길러지고 그의 덕을 지니게 되므로서 만물이 만들어진 원리에 통달하게 된다는 것이다. 이와같은 사람이라면 그의 천성은 온전히 지키어지고 그의 정신에 틈이 없게 된다는 것이다."80)

달통한 至人은 자연의 도에 통달하여 있기 때문에 천성이 통일되어 있고 정신이 완전한 도에 통한 사람이다. 이같은 사람은 만물의 힘을 초월해 있기 때문에 그의 몸이나

---

80) 『列子』 '黃帝篇', "列子門 關尹曰 至人潛行不空 蹈火不熱 行乎萬物之上而不慄 請問何以至於此? 關尹曰 是純氣之守也 非智巧果敢之列…壹其性 養其氣 含其德 以通乎物之所造…夫若是者 其天守全而況得全於天乎? 聖人藏於天 故物莫之能傷也.".

정신에 영향력을 줄 수 없다. 伯昏瞀人이 열자에게 至人의 지극함을 설명하기를,

> "지극한 사람이란 것은 높은 산에 올라가서는 푸른 하늘을 엿보고 아래로는 황천으로 스며들어 가면서 팔방을 멋대로 다녀도 정신과 기운이 변하지 않는 법이오 지금 당신은 두려워하면서 눈을 감으려는 뜻을 지니고 있고. 당신은 과녁을 맞추기가 위태로울 것이오."[81]

라고 하였다. 지극한 경지란 百尺竿頭 위험한 곳에 놓이더라도 평지와 같이 행동할 수 있는 것을 말한다. 따라서 至人의 경지란 아무리 환경 조건이 달라져도 정신과 마음이 조금도 흔들리지 않는 초연한 지경에 이르러야만 된다는 것이다. 그것은 자기자신이 만물과 혼연일체가 되고 자기의 마음이 자연과 융합되었을 때만 가능한 것이라는 것을 열자에게 설명한 것이다. 그러므로 至人은 자기의 사사로운 마음을 없애고 천명에 이르는데 있기 때문에 곧 자기를 없애고 완전히 자연에 동화됨을 말한다. 이와 같은 사람은 만물에 대하여 거느리는 일이 없기 때문에 험난한 곳에 몸을 두더라도 外物이 그를 해치지 못한다는 것이다. 그리고 至人의 한 가지 조건은 '無言 無爲'[82]해야 한다는 것이다. 또 至人은 자기자신의 마음을 텅 비게 함으로서 아무리 재주가 많아도 뽐낼 줄을 모른다. 아무리 훌륭한 사람이라도

---

81) 『列子』'黃帝篇', "伯昏瞀人曰 夫至人者 上闚青天 下潛黃泉 揮斥八極 神氣不變 今汝○然有恂目之志. 爾於中也殆矣夫!".
82) 『列子』'黃帝篇', "至言去言 至爲無爲".

자기 자신을 훌륭하다고 남 앞에 내세우는 사람들은 정말로 훌륭한 사람이 못된다는 것이다. 그러므로 至人은 천지 자연의 총화의 氣로서 세상 사람들을 굴복시킬 수 있다는 것이다. 용기와 힘으로는 한 사람밖에 굴복시킬 수 없을 뿐만 아니라 남의 눈밖에 나오지만 總和之氣 卽性德의 선으로 남을 대하는 사람은 남들이 그를 사랑하며 이롭게 해주려 든다는 것이다. 열자는 다음과 같이 至人은 他物에 구애됨이 없이 자유로운 생활을 한다.

"至人이 거함은 죽은 것과 같고 움직임은 기계와 같다. 또한 가만히 있는 까닭을 알지 못하지만 역시 가만히 있지 않는 까닭도 알지 못한다. 또한 움직이는 까닭도 알지 못하지만 역시 움직이지 않는 까닭도 알지 못한다. 또한 여러 사람들이 본다고 하여 그의 감상이나 모습이 바뀌지 않는다. 역시 여러 사람들이 보지 않은 것을 생각하여 그의 감정이나 모습을 바꾸지 않는 일도 없다. 홀로 갔다가 홀로 오며 홀로 나갔다가 홀로 들어오는데 누가 그를 방해할 수 있겠는가"[83]

『至人』은 죽은 것과 같고 움직임이 또한 기계와 같다고 한 설명은 知·情·意와 같은 有爲的인 것을 벗어나서 無爲自然의 德에 일치된 상태이기 때문에 渾淪의 본체가 온전하게 구현됨을 가리키고 있다.

---

83) 『列子』 '力命篇', "黃帝之書云 至人去若死 動若機. 亦不知所以居, 亦不知所以不居. 亦不知所以動, 亦不知所以不動. 亦不以衆人之觀 易其情貌 亦不謂衆人之不觀 不易其情貌 獨往獨來獨出獨入 孰能礙之.".

(2) 道를 體得한 神人

神人은 실은 至人과 같은 의미인데 莊子 여러 곳에서도 찾아 볼 수 있는 것이다. 열자는 신선에 가깝다는 표현으로 특별한 능력을 구비한 인물을 묘사한 것이다.

> "그 산위에 신인이 있는데 바람을 마시고 이슬을 마시되 먹지 않았다. 마음은 깊은 샘물과 같았고 모습은 처녀와 같았다. 무엇을 아끼지도 아니하고 사랑하지도 아니하여 仙人과 성인이 그의 신하 노릇을 하였다. 위압하지도 아니하고 노하지도 아니하여 성실한 사람들도 그의 부림을 받았다. 베풀어주지도 않고 은혜를 입히지도 않았으나 물건은 저절로 풍부하고 모으지도 아니하고 거두지도 않았으나 자기에겐 부족된 것이 없었다. 陰과 陽은 언제나 조화를 이루고 해와 달은 언제나 밝게 비추었다. 사철은 언제나 순조로왔고 바람과 비는 언제나 균등했다. 생물의 번식과 양식은 언제나 때에 맞았고 매년 곡식은 언제나 풍년이 들었다. 그리고 토지에는 질병이 없고 사람에게는 요절과 불행이 없었고, 만물에는 병폐가 없었고 귀신의 요사스러운 것이 없었다."[84]

여기에서는 열자가 그리던 이상적인 인간상을 추구하고 있다. 列姑射山의 신인은 인간세상의 有爲를 벗어나서 아무런 감정이나 私欲없이 충화의 氣를 간직하여 무위하게

---

84) 『列子』'黃帝篇', "列姑射山 在海河洲中 山上有神人焉 吸風飲露不食 五穀 心如淵泉 形如處女 不偎不愛 仙聖之臣 不畏不露 願愨爲之使 不施不惠 而物自足 不聚不斂 而己無愆 陰陽相調 日月常明 四時常若 風雨相均 字育常時 年穀常豊 而土無札傷 人無夭惡 物無疵癘焉.".

삶으로써 자연의 도에 順流하자는 것이다. 이러한 신인에 대한 이야기는 莊子 逍遙遊篇에 잘 표현되어 있다.

> "貌姑射山에 神人이 살고 있었다. 살갗은 얼음이나 눈과 같고, 날씬한 자태가 처녀와 같았다. 오곡을 먹지 않고, 바람이나 이슬을 마셨고, 구름을 타고 나는 용을 어거하면서 이 세상 밖을 노닐었다. 그의 정신이 집중되면 만물이 상처받는 일이 없고 곡식들도 잘 여문다. 나는 이것을 허황하다하여 믿지 아니했다."85)

위의 장자가 逍遙遊篇에서 표현한 신인은 인간세계를 초탈한 출세간 세계에 살고 있는 무위자연의 도를 체득한 인물을 상징한 것이라 볼 수 있다. 이 표현은 열자, 黃帝篇에 있는 列姑射와의 신인의 자태와 생활상을 장자가 비슷하게 표현한 것이지 뚜렷이 밝혀지지 않고 있다.

열자가 말하는 신인은 우주의 본체인 무위의 도에 합치된 상태이다. 그러므로 신인의 작용은 또한 外物之性과 합치되기 때문에 외계사물은 신인을 저해할 수 없는 것이다.

> "穆王이 거의 신인이었던가? 자기 자신의 즐거움을 잘 추궁하고도 오히려 백년 지나서 가버리셨으니 세상에선 왕이 승하하였다고 했다."86)

---

85) 『莊子』 '逍遙遊篇'. "貌姑射山 有神人居焉 肌膚若氷露 綽約若處子 不食五穀 吸風飲露 乘雲氣 御飛龍 而遊乎世俗之外 共神疑 使物不疵癘而年穀熟 吾以是狂而不信也.".
86) 『烈子』 '穆王篇'.

周나라 穆王이 幻術師와 함께 神遊를 통해 진정한 세상을 누릴 수 있음을 시사한 것이다. 지극한 사람이란 제한된 세상 속에서 부귀 영화나 명리 같은 것은 뜬 구름과 같으니 이 같은 세상을 초월해서 진정한 정신세계의 경지에 致達할 때, 바로 冲和의 道를 터득하게 된다는 것이다.

(3) 冲和의 氣를 지닌 眞人

위에 논술한 지인과 신인은 冲和의 기를 보유하고 있는 이상적 인물로서 무위자연의 道를 체득한 성인을 말한다. 여기에 논하고자 하는 眞人은 꿈과 생시의 경계를 논함으로써 꿈과 생시를 초월하는 참된 사람의 깨달음을 시사하고 있다.

> "깨어 있음에도 여덟 가지 징험이 있고 꿈에는 여섯 자기 징후가 있다. 무엇을 여덟 가지 징험이라 말하는가? 첫째는 일하는 것, 둘째는 작위, 셋째는 얻는 것, 넷째는 잃는 것, 다섯째는 슬픈 것, 여섯째는 즐거운 것, 일곱째는 사는 것, 여덟째는 죽는 것이다. 이러한 여덟 가지 징험은 형체들이 접촉하는 것이다. 무엇을 여섯 가지 징후라 말하는가? 첫째는 올바른 꿈, 둘째는 놀라는 꿈, 셋째는 생각에 의한 꿈, 넷째는 깨어가며 꾸는 꿈, 다섯째는 기쁜 꿈, 여섯째는 두려운 꿈이다. 이러한 여섯 가지 징후는 정신이 교접하는 것이다. …열자가 말하였다. '정신이 만나면 꿈이 되고 형체가 접촉하면 일하는 게 된다. 그러므로 낮에는 생각하고 밤에는 꿈을 꾸는 데 정신과 형체가 만나기 때문이다. 그러므로 정신이 안정된 사람은 생각과 꿈이 스스로

없어진다. 진실로 깨어 있으면 말하지 아니하고 진실로 꿈 꾼다면 이치에 통하지 않는 법인데 물건의 변화가 왕래하는 것이기 때문이다. 옛날의 참된 사람(眞人)은 그가 깨어 있다 해도 꿈꾸지 않는다. 했는데 어찌 헛된 말인가?'"87)

여기서는 꿈과 생시의 경계를 논하고 있는데 생시의 깨어 있을 때 일이란 형체의 활동을 하지만 꿈은 정신적 활동에 그친다. 그러나 깨어 있을 때나 꿈꾸는 일은 외부 물건의 변화에 접하여 일어나는 것임은 틀림없다. 진인이 꿈과 생시를 초월하는 이유는 깨어 있다 해도 세상일에 집착하는 법이 없고, 잠을 잔다 하더라도 꿈꾸는 일이 없다. 깨어서는 스스로를 잊고 있는 듯하고 꿈을 꾸려 해도 물건의 변화에 따라 함께 변화할 뿐이니 꿈이 꾸어지지 않는다는 것이다.

『열자』의 이러한 꿈의 생각은 『장자』에 이르러 유명한 蝴蝶夢으로 발전하고 있다.

"莊子는 일쩍 꿈에 蝴蝶이 되어 유쾌하게 펄펄 날아 다녔으나 자신이 莊周인 줄은 알지 못하였다. 그러던 것이 문득 깨고 보니 塊然의 육체를 가진 莊周이다. 자기가 꿈에 호접이 되었는지 혹은 호접의 꿈이 장주인지 어느 것이 진실인가를 알 수 없다. 이것을 物化라고 한다."88)

87) 『列子』'周穆王篇', "覺有八徵 夢有六候. 奚謂八徵? 一曰故 二曰爲 三曰得 四曰喪 五曰哀 六曰樂 七曰生 八曰死 此者 八徵形所接也. 子列子曰 神遇爲夢 形接爲事. 故盡想夜夢 神形所遇. 故神凝者 想夢自消. 信覺不語 信夢不達 物化之往來者也. 古之道人 其覺自忘 其寢不夢 幾虛語哉?".

여기에서 物化의 의미를 살펴보면 '사람이 죽는 것을 꿈을 꾸는 자가 깨는 것과 같다는 것이다' 죽는 것은 없어지는 것이 아니고 化하는 것이라는 뜻이다. 그러므로 眞人은 깨어있는 것과 꿈꾸는 경계를 초연히 넘어설 줄 알아야 한다는 것은 열자가 설명한 것과 같은 내용이다.

3. 바람직한 聖人 政治

위에서 至人, 神人, 眞人에 대해서 논술했다. 지인, 신인, 진인은 표현 글자가 다를 뿐이지 다같이 무위자연의 도 즉 冲和의 氣를 본체로 하고 있다. 性·德과 같은 명덕을 체득하고 있기 때문에 타자를 교화시킬 수 있는 능력을 가지고 있는 것이다. 자기 자신을 이룰 뿐만 아니라 대상을 이룰 수 있는 힘을 발휘할 수 있는 것이다. 이와 같은 능력을 가지고 있는 사람은 '繼天而立極'[89]한 인물이라 볼 수 있다. 즉 무위자연의 無極을 체득하여 人極을 세운 인물이라는 것이다. 이와 같은 인극은 곧 천도의 경지에 도달한 성인을 가리키는 것이다. 열자는 바람직한 인물을 말할 때 우주본체적인 무위자연의 도인 太極으로부터 유가의 인류의 최고봉인 인극으로서 성인까지를 추인하고 있다고 보아야 한다. 『열자』에는 仲尼篇이 포함되어 있는 것으로

---

88) 『莊子』 齊物論, "昔者 莊周夢爲蝴蝶也 自喩適志與 不知周也 俄然覺 則蘧蘧然周也 不知周之夢爲蝴蝶與 蝴蝶之夢爲周與 周與蝴蝶則必有 分矣 止之爲物化.".
89) 『中庸』 序文.

짐작할 수 있다. 중니편에서는 도가로서의 열자의 주장이 이어지고 있다. 性・德이 완전한 聖人은 변통이 자유롭고 至人은 마음이 텅 비어 있어 말도 없고 지각도 없다. 근심이 없는 것보다는 근심도 즐거움도 모르는 경지, 많이 알고 어질고 의로우며 진리를 따르는 것보다는 아무런 작위 없이 生化하는게 지극히 바람직한 聖人의 일이라는 것이다.

"너는 헛되이 천성을 즐기고 운명을 아는 것이 근심 없다는 것만 알았다. 즐기고 운명을 안다는 것이 근심 없는 것만 알았지. 천성을 즐기고 운명을 안다는 것은 근심 중에서도 큰 것이 있음을 알지 못하고 있어. 지금 너에게 그 사실을 얘기해 주려는 게야.

한 몸을 닦고 궁해지던, 영달하던 거기에 맡기어 살고 밖의 왔다 갔다는 하는 것이 내가 아님을 앎으로써 마음과 생각에 변화와 혼란이 생기지 않는 것. 이것이 곧 네가 말하는 천성을 즐기고, 운명을 앎으로써 근심이 없다는 것이야. 전에 나는 『詩經』과 『書經』을 닦고 예의와 음악을 바로 잡아 그것을 가지고서 천하를 다스리어 후세에 끼쳐주려 하였었어. 다만 한 몸을 닦고서 魯나라를 다스릴 뿐만 아니었지. 그런데 魯나라 임금과 신하들은 날로 그들의 질서를 잃어 어짐과 의로움(仁義)이 더욱 쇠퇴하였고 감정과 성격은 더욱 각박해졌어. 그 도가 한 나라와 한 세대에도 행하여지지 않는다면 천하나 내세에는 어떠하겠는가? 나는 비로서 『詩經』과 『書經』이나 예의와 음악이 세상을 다스리는데 도움이 되지 않는다는 것을 알게 되었어. 그러나 그것을 개혁하는 방법이 될 근거를 찾지 못하고 있었어. 이것이 천성을 즐기고 운명을 아는 자로서 근심하는 일인 것이야.

그렇지만 나는 그것을 터득하고 말았네. 대저 즐기고 안다는 것은 옛사람들이 말한 즐기고 아는 것이 아니야. 즐기는 것도 없고 아는 것도 없는 것이야말로 참된 즐거움이요 참된 앎이지. 그러므로 즐기지 않는 일이 없게되고 알지 못하는 일이 없게 되며 근심하는 일이 없게 되고 하지 못하는 일이 없게 되네. 시경이나 서경이나 예의와 음악은 어찌 그것을 버릴 수 있겠는가? 그것을 개혁한들 무엇이 되겠는가?"90)

위의 내용에서 '樂天知命' 곧 천을 즐기고 운명을 안다는 말은 『易經』繫辭傳에 있는 말로서 고래로부터 아무런 걱정 없이 생활하는 방법으로 사용해 왔다. 이 말은 도가나 유가 양쪽에서 잘 받들어 왔던 용어이다. 공자께서 즐기는 것도 없고 아는 것 없는 것이야말로 참된 즐거움이요 참된 앎이라는 것이다. 이와 같은 표현은 열자가 즐기고 안다는 작위, 또 의식적인 작위는 완전한 즐거움이 될 수 없다고 주장하는 것과 같다. 이상적인 경지란 즐거움도 앎도 없는 경지이다. 그와 같은 경지에 도달하면 완전히 근심이 없어지는 것은 물론이요, 즐거움이나 앎도 자유로워지는 것이다. 이와 같은 경지에 이른 인물을 이상적 인물이라 한다. 또 열자가 말하는 이상적 인간상은 위에 말하는 『詩經』과 『書經』 예의와 음악과 같은 有爲에 의한 즐거움이나 앎이

90) 『列子』 '仲尼篇', "汝徒知樂天知命之無憂 未知樂天知命有憂之大也 今告若其實 脩一身 任窮達 知去來之非我 亡變亂於心慮 爾之所謂 樂天知命之無憂也 曩吾脩詩書 正禮樂 將以治天下 遺來世 非但脩一身 治魯國而已 而魯之君臣 日失其序 仁義益衰 情性益薄 此道不行 一國與當年 其如天下與來世乎? 吾始知詩書禮樂 無救於治亂 而未知所以 革之之方. 此樂天知命者之所憂.".

아니라 무위자연의 도에 일치된 참된 즐거움과 참된 앎으로써 몸과 마음이 자유로워지는 상태이다.

關尹이 열자에게 원인과 결과의 관계를 다음과 같이 말하고 있다.

"말이 아름다우면 곧 그 울림도 아름답고, 말이 악하면 곧 그 울림도 악하다. 몸이 길면 곧 그 그림자도 길고 몸이 짧으면 곧 그 그림자도 짧다. 이름이란 것은 울림과 같은 것이요, 몸이란 것은 그림자와 같아야 하는 것이다. 그러므로 그대의 말을 삼가면 거기에 따르는 자가 있을 것이라 말했던 것이다. 그러므로 성인들은 나간 것을 보고서는 들어올 것을 알고 지나간 것을 살핌으로써 올 것을 아는 것이다. 이것이 그들이 앞일을 먼저 알게되는 이치인 것이다. 법도는 자신에게 달려있고 생각함은 남에게 달린 것이다. 남이 우리를 사랑하면 우리도 반드시 그를 사랑하게 되고, 남이 우리를 미워하면 우리도 반드시 그를 미워하게 된다. 湯王과 武王은 천하를 사랑했었기 때문에 왕노릇을 하였고 桀王과 紂王은 천하를 미워했기 때문에 망하였던 것이다.

이것이 생각해야할 일인 것이다. 생각과 법도가 모두 분명하다 하더라도 無爲의 道를 따르지 않는다면 마치 나감에 있어서 문을 통하지 않고, 길을 감에 있어서 길을 걷지 않는 것과 같은 것이다. 그렇게 함으로써 이익을 추구한다면 또한 어렵지 않겠는가?"[91]

---

91) 『列子』 '說符篇'. "關尹謂子列子曰 言美則響美 言惡則響惡. 身長則影長 身短則影短. 名也響也 身也者影. 故曰愼爾言 將有和之 愼爾行將有隨之. 是故聖人 見出以知入 觀往以知來. 此其所以先知之理也. 度在身 稽在人. 人愛我 我必愛之 人惡我 我必惡之 湯武愛天下故王桀紂惡天下故亡. 此所稽也. 稽度皆明 而不道也 譬之出不由門 行不

關尹이 열자에게 설명한 요점은 모든 결과는 자기자신의 행동에 원인을 두고 있다는 것이다. 인과의 관계를 잘 살펴나간다면 앞으로의 일을 미리 알 수도 있고 올바르게 천하를 다스릴 수 있다는 것이다. 그러므로 '聖人들은 나간 것을 보고서는 들어올 것을 알고, 지나간 것을 살핌으로써 올 것을 아는 것이다.'고 關尹은 열자에게 설명하였다. 內聖外王으로서의 湯王과 武王은 虛靜, 無爲, 無欲의 道를 따르면서 천하 백성을 먼저 사랑했기 때문에 백성들도 왕을 따르게 됐던 것이다. 바로 인과의 법칙을 적용했던 것이다. 생각컨대 우주본체적 측면에서는 老莊의 무위자연에 뿌리를 두었고 윤리도덕적 측면에서는 유가의 中和의 道에 역점을 두었다고 볼 수 있다. 정치적 관점을 살펴보건대, 바람직한 정치를 구현할 수 있는 인물은 바로 무위자연의 도를 체득한 성인이야 함을 강조하고 있다. 이 같은 內聖外王의 정치를 인간사회에 실천하게 될 때, 禮記에서 말하는 大同社會가 이루어질 것이다.

열자는 노자와 같이 뚜렷한 정치 철학을 제시하지는 아니했으나 열자, 仲尼篇이나 湯問篇, 說符篇에서 성인의 이상적 정치에 관하여 논하였다. 열자도 노자와 같이 無爲之治로서 정치의 원리로 삼고 있다. 그런데 無爲란 '아무것도 하지 않는 것'이 아니라 '無爲而無不爲'[92]의 의미로 인위적인 작위가 없이 無爲이면서 어떠한 큰 일을 이룰 수

從徑也. 以是求利 不亦難乎?".
92) 『老子』 '道德經', 第37章, "道常無爲而無不爲.".

있다는 것이다. 그러므로 노자는 인욕과 사욕이 배제된 무위자연의 道에 따라 정치를 하게 되면 최고제왕으로 無爲之治를 실천하는 인물이 된다는 것이다. 그리고 또한 노자는 무위자연의 道가 虛靜, 無爲, 無欲하기 때문에 통치자 자신도 虛靜, 無爲, 無欲한 자세로 통치할 것을 요청하고 있다. 그것이 바로 無爲而無不爲로서 바람직한 성인정치인 것이다. 위에서 논술한 노자의 無爲之治는 열자의 성인 정치에 그대로 적용될 수 있다고 사료된다.

Ⅳ. 結 論 - 現代的 意味

이상에서 논술한 바와 같이 열자는 노자의 무위자연의 본체론을 계승하여 虛無로써 본체로 삼았다. 노자와 같이 본체를 道라 하지 않고 道의 개념과 같은 것을 들어서 설명하고 있는데, 이를테면 太易, 渾淪, 無爲, 不生, 不化의 氣와 같은 표현으로 노자의 무위자연의 道에 상응하는 것을 설명하고 있다. 또 열자는 우주의 기원인 太易은 無形이므로 우리 오관으로 감지할 수 없다는 것을 알 수 있었다. 그리고 우주본체로서의 혼륜의 도는 氣形質의 삼요소를 갖추어 있으며 無에서부터 有가 될 때까지 太易, 太初, 太始, 太素의 사단계를 들어서 설명하고 있다. 太易은 無名·無形한 氣로서 기가 발현되지 않은 상태를 가리킨 것이고, 太初라는 것은 천지가 나누어지지 않은 때의 하나의 덩어리로 되어 기의 존재 상태로서 기의 시작이고, 太始라는 것은 천지가 개벽하여 형체를 이루고 있는 상태이고, 太素는 형이 각각 다르게 생성함에따라 그 성질도 다르게 이루는 質의 시작이다. 열자는 氣形質이 갖추고 不相離된 것을 혼륜이라 하는데 이것을 太易이라고도 한다. 太易이 발전하여 一이 되고 一이 발전하여 七이 되고 七이 발전하여 九가 되고 九가 발전하여 궁극에 이른다는 것이다. 이 것은 그 淸하고 輕한 기는 상승하여 天이 되고 濁하고 重한 기는 하강하여 地가 되고 冲和의 기는 人이 되고 천지는 精氣를 합하여 만물이 化生한다고 하였다. 그리고 열자는 太易 또는 易은 周易의 太極, 노자는 無極, 先天地而生道, 周濂溪의 無極而太極에 해당하는 것이라고도 할 수 있다. 열자는 有爲의 세계를 초월하여 천지간의 한 자연인으로서 일상생활 전체를 무위자연에 맡기면 절대 영역인 虛無로 돌아갈 수 있다고 하였다. 이 같은 경지가 바로 至人, 神人, 眞人, 聖人의 경지로 보았다. 이 같은 목표를 달성하려면 일체의 욕심을 버리고 무위자연과 같은 자유평등을 누리는 자만이 달성할 수 있다는 것이다.

위와 같이 작위없는 무위자연의 도를 체득한 성인이 통치할 때, 『예기』에서 말하는 평화로운 大同社會가 이룩된다는 것은 老莊의 정치관과 같은 점이 있다고 하겠다.

현대사회는 물질주의, 숭금주의로 흘러 인간의 소박성을 상실하고 있다. 더구나 현대정치의 목표가 될 바람직한 삶의 회복은 사라지고, 위정자의 철학관은 찾아볼 수 없다.

이에 열자의 聖人之治를 재조명함으로써 이를 치유할 수 있으리라 믿는다. 이와같은 관점에서 본 연구가 발표됨으로써 부정 부패를 일삼고 있는 현대 정치가들에게 정치 철학관을 심어줄 수 있으리라 믿는다.

參 考 文 獻

· 原　典, 『列子』, 『老子』, 『莊子』, 『論語』, 『荀子』, 『孟子』
· 金學主, 『老子와 道家思想』, 서울, 太陽出版社, 1978.
· 金學主, 新譯 『列子』, 明文堂, 1991.
· 金恒培, 『老子哲學의 研究』, 서울, 思社研, 1986.
· 盧台俊, 『新譯老子(道德經)』, 서울, 弘新文化社, 1979.
· 朴異汶, 『老莊思想』, 서울, 文學과 知性社, 1982.
· 宋昌基 黃秉國(共編), 『老子와 道家思想』, 서울, 文潮社, 1988.
· 崔廉烈, 『老子哲學』, 서울, 敎文社, 1984.
· 馮友蘭, 『中國哲學史』, 鄭仁在譯, 서울, 螢雪出版社, 1984.
· 黃秉國(編), 『老莊思想과 中國의 宗教』, 서울, 文潮社, 1987.
· 김한식, "政治學과 政治思想의 關係", 『한국정치학보 24집 特別號』,
　　　　1990.
· 顧寶田, 『先秦哲學要籍選釋』, 吉林, 吉林大學出版社, 1988.
· 高　享, 『老子正詁』, 中國書店, 1988.
· 勞思光, 『中國哲學史』, 臺北, 三民書局股彬有限公司, 中華民國 70年.
· 唐君毅, 『哲學概論』, 臺北, 學生書局, 1989.
· 楊伯峻, 『老子·莊子·列子』, 湖南, 岳麓書社, 1989.
· 余培林, 『老子讀本』, 臺北, 三民書局股彬有限公司, 中華民國 71年.
· 『老子』, 臺北, 時報文化出版社業有限公司, 中華民國 72年.
· 陳榮捷, 『戰國道家』
· 馮友蘭, 『中國哲學史新編』, 北京, 人民出版社, 1984.
· 許大同, 『老子哲學』, 臺北, 五洲出版社, 中華民國 66年.
· 張揚明, 『老子學術思想』, 臺北, 黎明文化事業公司, 中華民國 66년.
· 金能根, 『中國哲學史』, 서울, 獎學出版社, 1984.
· 林秀茂 烈子思想竅探, 現代와 宗敎 第11輯, 1988.
· 淺野裕一, 『烈子와 神仙·養生思想』, 平河出版社, 1988.
· 鄭雲吉, 『烈子의 人生觀에 관한 研究』, 博士學位論文, 1999.
· 沈佑燮, 『老子 政治 哲學 思想에 관한 연구』, 성신여대 敎育研究
　　　　第35輯. 2000.

韓非子의 政治哲學思想*

Ⅰ. 序 論

고래로부터 법가의 대표적인 인물로 韓非를 지목하고 있다. 『한비자』는 한비의 저서로서 처음 『한비』로 불리우다가 宋代 이후 『한비자』라 불리워져 왔다.

『史記列傳』에 의하면 한비란 韓나라의 여러 公子중 한 사람으로 刑名·法術의 學을 좋아했으며 그의 사상의 근본은 黃老에 두었다 하고, 한비는 말더듬이였으므로 말로 표현을 잘 할 수는 없으나 저술을 잘 하였고, 李斯와 함께 순자를 스승으로 섬기었다 하였다.

한비는 강대국인 陳나라가 韓나라를 넘보고 있었기에 韓나라는 '매우 위태한 때라고 여기었다. 그는 이와 같은 국난을 극복하기 위하여 '古墳'·'說難'·'五蠹'·'內儲'·'外

儲'·'說林' 등을 지어 韓王에게 올렸으나 불행히도 韓王은 한비의 건의를 받아 들이지 않았고, 오히려 秦나라의 秦始皇이 이와 같은 저서를 읽고 감탄하여 韓나라를 정벌하였다. 韓王은 이와 같은 위기를 모면하기 위하여 한비를 秦나라에 파견하여 진시황을 달래보도록 하였다. 이 때 李斯와 姚賈가 한비를 모함하여 결국 옥에서 그의 뜻을 펼쳐보지 못하고 드디어 한비를 자살하게끔 하였으니, 이 때가 진시황 14년, 韓의 安王 6년이고, 한비의 나이는 48세 였다.93)

기록에 나타난 한비의 생애는 비참하였다고 볼 수 있으나, 그가 저술한 법술사상은 秦나라가 통일을 하는 데 크게 이바지되었다고 하여도 과언은 아닌 듯 싶다. 이 때문에 한비의 사상은 방대한 저술 속에서 선진시대의 법술사상의 진수와 아울러 역사적 가치관을 찾아 볼 수 있다. 또한 智術의 선비요 能法의 선비로서 한비는 그 당시 찬탈과 약육강식의 풍조가 만연해 있었던 혼란한 시대적인 상황 하에서 어떠한 사물에 대한 인식과 시비를 판단할 때는 주관적인 편견을 지양하고 보편적이고 객관적인 표준을 설정하여야 한다고 생각하였다. 또한 이와 더불어 한비는 "군주는 보편적인 원칙을 가지고 있어야 하고, 신하는 구체적인 사항들을 행하게 하며, 군주는 신하들의 임무와 공적을 비교·조사함으로써 그 성취 정도에 따라 상벌을 집행하도록 해야 한다."94)는 등과 같이 비교적으로 현실적이고 실

---

93) 『史記』 '老莊申韓列傳'.
94) 『韓非子』 '說難篇'의 要點整理. 世界思想大全集 第5卷 p. 248.

리적인 방안을 대체로 주장하였다.

본론에서는 이와 같은 관점을 살려 『한비자』의 법술사상의 입론을 論究하고, 다음으로 法·術·勢治論을 구명함으로써 법술사상의 가치관을 정립하고, 한비의 법술사상의 현대적 의미를 조명하고자 한다.

Ⅱ. 本 論

1. 法治論 背景

춘추전국시대의 많은 사상가들의 주장은 각각 다를지라도 그 하나로 일치하는 점이 있으니 그것은 바로 백성을 도탄에서 구원하려는 점이다.

공자는 인간이 서로 사랑하고 사회적으로 조화를 이룰 수 있는 도가 바로 仁이라 하였고, 맹자는 공자의 仁에 義를 덧붙여서 仁義라 하여 바로 유가 철학의 줄거리를 정립하였다. 그리고 도가학파의 원류인 노자는 무위자연의 道를 詩句와 같은 형식을 취하여 『도덕경』 제81장을 저술했다. 그 뒤를 이어 장자는 노자의 무위자연의 사상을 더욱 구체화하였다. 그러나 법술사상을 체계화한 한비는 순자의 제자로서 순자의 성악설의 영향을 받아서 재래의 법치사상을 더욱 체계적으로 정립하였다.

한비의 법치사상에 영향을 끼친 법가로는 관자, 申不害,

商鞅과 愼到이다. 한비는 상앙에게서 '法治'를, 신불해에게서 '治術'의 응용을, 그리고 신도에게서 '勢'의 中時論을 수용하였고, 관자에게서 무위자연에 입각한 정치를 수용하였다. 여기에서 가장 중요한 것은 관자의 본체적인 도이다. 노자와 같이 우주의 본체적인 도를 말하면서 人君도 도로써 物에 응해야 한다고 했다. 도가 虛靜, 無爲, 無欲하므로 人君도 虛靜, 無爲, 無欲해야 된다고 했다.[95]

신불해는 『史記本傳』에 申子의 學은 黃老에 기본하고 刑名을 주로 하였다고 하였으니 刑名·法術을 연구한 듯하다. 신불해는 법치론자로서 "군주는 그의 視聽을 함부로 하지 말며, 자신의 지력을 믿지 말고 다만 靜·虛·無爲로써 공법에 일임하고 私情에 치우치는 일이 없어야 하며, 親疎厚薄의 차별을 보이지 말며, 그 好惡를 나타내지 말아야 한다."고 하였다. 신불해는 보편적인 知德보다 그 효과가 광대하다고 보았고, 그것은 노자의 무위자연의 이상정치를 실현하는 데 가장 좋은 방법이라고 생각하였다.[96]

상앙은 그의 저서인 『상앙』 24편을 저술하였는 데 부강책만을 논하고, 관자나 신불해와 같이 노자와 같은 우주본체적인 道에 대해서는 언급하지 않았다. 그는 治國의 삼요소로서 法·信·權의 三者를 말하였다. 法은 군신이 함께 잡는 것이고, 信은 군신이 함께 세우는 것이고, 權은 君만이 制하는 것[97]이라 하고 三者 중에서도 법을 중시하여

---

95) 「中國哲學史」, 金能根, p. 144. 參照.
96) 同上 '法術論', p. 146. 參照.

법의 확립을 강조하였다. 법 앞에서는 만인의 평등이요 親疎의 차별 없이 적용되어야 한다고 보았다. 그가 秦의 국정을 잡았을 때에 그의 信賞必罰主義를 백성들에게 선포하여 백성들로 하여금 국법에 복종하게 하였다.

이와 같이 상앙은 法萬能主義를 주장하고 도덕을 배격하여 백성을 억압하는 정치는 성공하였으나, 백성들로부터 신임을 잃고 말았다.98) 그러므로 한비는 순자로부터 인간은 자기의 이익을 추구한다는 성악설에 입각하여 자기의 법술사상을 정립하였기 때문에, 人君은 治民함에 있어서 공자의 仁이나 맹자의 仁義같은 윤리적인 제재보다도 법률적인 제재를 가해야 함을 역설하였으나, 관자나 신불해가 주장한 虛靜・無爲・無欲의 자연주의사상을 배제한 법치론을 주장하지는 않은 것으로 본다. 다만 시대적인 상황에 따라서 본체론적인 虛靜・無爲의 정치보다 실용적인 법치주의를 요청하고 있는 것으로 보아야 한다. 그러므로 시대적인 상황에 따라 실용적인 법치주의를 강조하다 보면 본체론적인 無爲之治 사상이 보이지 않게 되는 것이다. 한비가 관자・신불해・상앙과 같은 법가사상을 정리하였다 함은 바로 본체론적인 법치사상과 실용적인 법치사상의 양면성을 생각해 볼 수 있다. 한비가 생각하는 人君이든 신하이든 간에 본체론적인 無爲之治를 근본으로 하고 실용적인 법치를 강하게 실행할 것을 요청하고 있다는 점이다. 그

---

97) 『商鞅』 '修權篇'. 國之所治者三 一曰法 二曰信 三曰權 法者 君臣之所共操 信者 君臣之所共立也 權者 君之獨制也.
98) 同上 p. 148. 參照.

당시의 상황으로 볼 때 사회가 다원화되고 인구가 증가되어 복잡화된 사회에서는 강력한 법률적인 제재가 윤리적인 제재보다 효과적이라고 보았다.

그러므로 다음과 같은 관점에서 실용적인 법치를 요구하게 된 것이다.

첫째, 한비는 인간의 본성은 순자의 성악설에 입각해서 보았기 때문에 누구나 이기심을 가지고 태어났다고 생각했다.

> "경작을 위하여 사람을 고용하는 경우에 주인이 用人에게 美食과 厚賃을 주는 것은 용인을 사랑해서가 아니라 자기의 밭을 잘 가꾸어 주기를 바라기 때문이고, 또 용인이 熱誠으로 밭갈기에 종사함은 주인을 사랑해서가 아니라 미식과 후임을 바라기 때문이다. 이롭게 한다면 越人도 친구가 될 수 있으나 해롭게 한다면 父子도 원수가 된다."99)

라고 하였고, 또 그는 인성에 대해 말하기를,

> "대저 백성들의 성향은 수고로움을 싫어하고 편안함을 좋아하니 편안하면 나태해지고, 나태해지면 다스려지지 아니하고 다스려지지 아니하면 어지러워진다."100)

라 하고,

---

99) 『韓非子』 '外儲說 左上', "夫賣庸而播耕者 主人非家而美食 調布而求易錢者 非愛庸客也 曰如是…庸客致力而疾耘耕者 盡巧而正畦陌畦時者 非愛主人也 曰如是 羹且美 錢布且易云也…故 人行事施予 以利之爲心則越人易和 以害之爲心則父子離且怨".
100) 同上 '心度篇', "夫民之性 惡勞而樂佚 佚則荒 荒則不治 不治則亂".

"백성들은 利祿을 좋아하고 刑罰을 싫어한다."101)

라고 하여 수고스러움을 싫어하고 편안함을 즐거워하여 利
를 좋아하고 해로움을 싫어하는 것이 인간의 성향임을 말
하고 있다. 또한 군신간의 관계에 대해서도,

　　"신하들은 사력을 다하는 것을 가지고 임금과 흥정하고,
　　임금은 爵祿을 가지고 신하들과 거래한다. 신하와 임금의
　　관계는 아버지와 아들처럼 親愛의 관계가 아니라 계산에서
　　나온 것이다."102)

라 하여 임금과 신하의 사이에도 이해타산에 의하여 관계
를 유지하고 있음을 시사한 말이다. 그래서,

　　"군주는 백성들에 대하여 전시에는 그의 죽음을 요구하
　　고 평화로울 때는 그 노동력을 다하기를 요구한다."103)

라 하여 군주와 백성사이에는 사랑의 관계로 맺어진 것이
아니라, 서로 필요성에 의하여 맺어진 것이라고 본다. 또
한 사회의 구성인들 사이에서도

　　"수레 만드는 이가 수레를 완성하게 되면 사람들이 부귀
　　해지기를 바라고, 목수가 관을 완성하면 사람들이 일찍 죽

---

101) 同上 '制分篇', 民者 "好利祿而惡刑罰".
102) 『韓非子』 '難一篇', "且臣盡死力以與君市 君垂爵祿以與君 市君臣之
　　 際 非父子之親也 計數之所盡其力".
103) 同上 '六反篇', "君上之於民也 有難則用其死 安平則盡其力".

기를 바란다. 이는 수레 만드는 사람이 어질고 목수는 잔
인한 것이 아니라 사람이 귀하게 되지 않으면 수레가 팔리
지 않고 사람이 죽지 않으면 관이 팔리지 않기 때문이니
실제로 사람을 증오하는 것이 아니라 利가 사람의 죽음에
있기 때문이다."104)

라 하여 모두가 자기 자신의 이해관계에 있음을 말 해주고
있다.105) 누구나 이기심을 가지고 있음을 보여준 예라 하
겠다. 또 부모가 자녀에 대한 경우도 마찬가지로 보았다.
남아가 출생하면 치하하고 여아가 출생하면 냉대한다. 남
아나 여아 모두 양친의 골육을 나눈 것이 틀림이 없는 데
이와 같은 차별을 하는 것은 부모 자신들의 노후 봉양의
이로움을 생각하기 때문이다. 父子의 지친관계에 있어서도
타산적이거든 하물며 타인과의 관계에 있어 이해를 따질
것은 말할 필요가 없다고 하였다.106)

둘째, 인구의 증가율로 인하여 투쟁이 생긴다고 보았다.

"옛날에는 천연자원이 풍부하였으므로 백성들 사이에 투
쟁이 있을 필요가 없지만 今日은 五人의 자녀가 있어도 많
다고 생각하지 않으나 그 五人의 자녀가 있어도 五人의 자

---

104) 同上 '外儲說 左上', "故輿人成輿則欲人之富貴 匠人成棺則欲人之夭
死也 非輿人仁而匠人賊也 人不貴則輿不售 人不死則棺不買情非憎
人也 利在人之死也".
105) 『民主文化論叢』 91.8. 第2卷 第8號 拙稿 '韓非 法術思想의 再照
明' pp. 100~102. 參照.
106) 「中國哲學史」, 金能根 p. 153. 參照.
『韓非子』 '六反篇', "且父母之於子 産男則相賀 産女則殺之 此俱出
父母之懷衽 然男子受賀 女子殺之者 慮其後便 計之長利也".

녀를 낳는다고 생각하면 祖父가 돌아가시기 전에 二十五人
의 孫을 가지게 된다."107)

　이와 같이 인구증가에 재화의 공급이 부족하여 자연히
사람들 사이에서 싸움이 일어나서 사회적 혼란을 면하기
어렵다고 하였다.
　셋째, 가치관의 차이로 堯舜 때는 궁전·식물·의류 등
이 다 보잘 것이 없었으며, 또한 천자의 位를 讓與하는 것
도 큰 문제로 삼지 않았다. 그러나 今日의 縣令의 지위라
할지라도 누구나 그 관직을 중히 여겼다.
　그러므로 고대인이 재산을 가볍게 여긴 것은 본성이 어
질어서가 아니라 재화가 풍부하기 때문이며, 천자가 位를
헌신짝 같이 버린 것은 인격이 고상해서가 아니라 천자의
권세가 미약하기 때문이다. 古今의 사람의 행위가 동일하
지 아니함은 그 환경의 여건이 동일하지 않기 때문이지 사
람의 본성이 다르기 때문이 아니다.
　옛날 풍속이 후하다 하여 인성이 선하다는 증거는 성립
될 수 없다는 것이다. 그래서 한비는 공자가 말한 "반드시
이끌기를 政으로 인도하고 刑으로 齊一하여야 平天下할 수
있다."108)고 하는 법치부분만을 긍정했다.
　이와 같은 政論을 근거로 하여 한비의 法·術·勢·治論
을 구명하고자 한다.

---

107)『韓非子』'五蠹篇', "古者 丈夫不耕 草木之實 足食也 婦人不織 禽
　　獸之皮 足衣也…今人有五子 不爲多 子又有五子 大父未死而有二十
　　五孫".
108) 同上 p. 154. 參照.

2. 法・術・勢治論

(1) 法治論

중국에서 법치라는 개념의 기원은 관중으로부터 시작하여 상앙을 거쳐 한비에 와서 정립되었다. 대부분의 법가사상가들은 혼란한 사회의 질서를 바로 잡을 수 있는 길은 오직 법치주의사상만이 될 수 있다고 생각했다. 앞서 언급했듯이 도덕적인 사회규범이나 윤리적인 교화로서는 사회질서를 확립할 수 없는 시대적인 상황이라는 것이다. 이때 군주는 혼란한 사회질서를 바로 잡고 富國强兵의 나라를 세우는 데 대처하기 위해서는 강제통용력을 가진 법으로 사회적 질서를 바로 잡아야 한다고 주장한다.

그러나 한비가 수용한 법의 개념은 치국을 위한 법으로서 오늘날의 의미로 비추어 볼 때 정치적・법률적인 두 양상을 동시에 가지고 있는 복합적인 개념이라 볼 수 있다.

첫째, 모든 법은 인간행위의 규준이 되어야 한다고 하여 다음과 같이 말하였다.

"法術을 버리고 마음대로 다스린다면 堯임금도 바로 잡을 수 없다. 콤파스와 자를 버리고 자기 뜻대로 마음대로 한다면 名匠도 한 개의 수레바퀴를 완성시킬 수 없을 것이다. 자를 버리고 길고 짧음을 마음대로 한다면 名匠인 王爾라 하더라도 한 가운데를 자를 수가 없게 된다."[109]

---

109) 『韓非子』 '用人篇', "釋法術而心治 堯不能正一國 規矩而妄意度 系

라고 하였으니, 인간행위를 측정하는 기준으로 법을 말함
으로써 관중이 말한 정치적 기준인 법술사상과 일치하는
내용이라 하겠다.

둘째, 법이란 강제 통용력을 가지고 있는 사회적 규범
으로써 백성들의 범법을 예방함으로써 안정된 사회질서의
유지를 위하는 제도이다. 이와 같은 주장을 다음과 같이
말하고 있다.

　　"똑바로 선 나무를 기다려 화살을 만든다면 백세를 기다
　　려도 화살을 얻지 못할 것이며, 자연적으로 된 원형의 나
　　무를 기다려 수레바퀴를 만든다면 천세를 기다려도 바퀴를
　　만들 수 없다. 그러므로 현명한 군주는 우연의 선을 따르
　　지 아니하고 필연의 도를 행하는 것이다."110)

라고 하여 객관적이고 보편성이 있는 규법을 실행해야 함
을 시사한 말이다.

다음으로 이와 같은 법은 어떠한 특징을 가지고 있는 가
를 살펴보기로 하겠다.

첫째, 법은 공정성과 객관성을 가지고 文書에 기록되고
만백성에게 공포되어야 한다. 법이란 잘 편집하고 서술해
서 관부에 보관하고 백성에게 공포해야 한다.111)라고 하
였으니 오늘날 법을 제정하여 국민에게 공포하는 것과 유

　　仲不能成一輪 廢尺寸而差短長 王爾不能半中".
110) 『韓非子』'顯學篇', "夫必恃自直之箭 百世無矢 恃自圜之木 千世無
　　輪矣…故有術之君 不隨適然之善 而行必然之道.".
111) 同上 '難三篇', "法者 編著之圖籍 設之於官府 而布之於百姓者也.".

사하다.

둘째, 법이란 통일되고 고정되어 인민들이 널리 알게 하는 것이 좋다112)라는 것이며, 대국을 다스릴 때 자주 법을 바꾸면 人民들은 이를 고통스럽게 느낀다113)는 것이다.

셋째, 법은 君王이 군신을 제압하는 행위의 규율이며, 치민하는 제도라는 것이다.

> "법은 憲令으로써 官府에 드러나고 賞罰은 민심을 사로
> 잡는다. 즉 상은 법을 평소에 조심하는 자에게 돌아가고
> 벌은 령을 범하는 자에게 적용되는 것으로 또한 수용되어
> 져야 한다. 이는 신하가 스승으로 삼아야 할 바이다. 신하
> 로서 법이 없으면 아래서 질서가 어지러워진다."114)

라 하며, 또한,

> "도는 만물에 동일하지 아니하고 덕은 음양에 동일하지
> 않으며, 인군은 군신과 동일하지 않다."115)

라 하여 도나 덕이 만물이나 陰陽에 동일하지 않은 것처럼 법도 인군과 군신 앞에 동일하지 않다는 것이다. 즉 인군이 법으로 군신을 제압하고 통어하는 도구로 사용하고 있

---

112) 同上 '五蠹篇', "法莫如一而固 使民知之".
113) 同上 '解老篇', "治大國而數變法 則民苦之".
114) 『韓非子』 '定法篇', "法者 憲令著於官府 賞罰必於民心 賞存乎愼法
　　　而罰加乎姦令者也 此臣之所師也 臣無法則亂於下".
115) 同上 '揚權篇', "道不同於萬物 德不同於陰陽…君不同於君臣".

음을 강조한 것이다.

한비자의 입법의 목적은 사적인 이익의 추구를 지양하고 공적인 이익을 추구함에 있다.

"대개 법령을 세우는 까닭은 사적인 이익의 추구를 방지하기 위해서 이다. 법령이 시행되어 진다면 私道는 없어질 것이다. 사적인 것은 법을 혼란하게 하는 근거가 된다."116)
"사적인 이익의 추구가 실행되면 공적인 이익은 소멸될 것이다."117)

라 하였다. 여기에서 공적인 입장은 인군을 지칭하는 것이고, 사적인 입장이란 백성과 군신들을 의미하며, 또한 여기에서 말하는 인군은 강력한 법을 집행할 수 있는 유일한 인물이고 최고의 국가 권력자로 상징되며, 또한 富國强兵을 할 수 있는 유일한 존재의 위치에 있는 자이다. 이와 같은 법이 실천에 옮길 수 있는 것은 군주에 의해 행하여지지만, 立法의 궁극적인 목적은 군주 한 사람만의 이익을 위하는 것이 아니라 만민의 이익을 추구하는 데 있음을 천명하고 있다.

"성인이 백성을 다스림은 근본을 헤아리는 것이지 그 욕심을 쫓는 것이 아니다. 오직 백성을 이롭게 할 뿐이다. 그러므로 형벌을 내림은 백성을 미워하기 때문이 아니라

---

116) 同上 '詭使篇'. "夫立法令者 所以廢私也 法令行而私道廢 矣 私者所以亂法也".
117) 『韓非子』 '五蠹篇'. "私行立而公利滅矣".

백성을 사랑하는 것을 근본으로 삼기 때문이다."118)

그는 또 말하기를,

"법은 귀한 사람에게 아첨하지 않고, 먹줄은 굽는 나무
때문에 휘어지지 않는다. 법이 가해지는 곳에 知者가 爭辯
하지 못하고 勇者가 감히 다투지 못한다. 과오를 벌 줌에
있어서 대신을 피하지 아니하고 선량한 것에 상을 내림에
匹夫를 빠뜨리지 않는다."119)

라 하였다. 그는 누구나 똑같이 법의 작용을 받아야 함을
말하면서 범법자의 처벌과 선량한 자의 상벌은 공정해야
함을 주장하고 있다.
    또 한비는 법치의 효과를 다음과 같이 말하고 있다.

"어떤 불량한 자식이 있어 부모의 엄한 책망도 듣지 않
고 마을 사람의 꾸지람도 듣지 않고 師友의 타이름도 듣지
않고 공공연히 악행을 자행하던 자라도 官憲이 그를 잡아
서 국법으로 처단하려 하면 그 때에야 공포를 느끼고 改悛
의 태도를 보이게 된다."120)

---

118) 『韓非子』 '心度篇', "聖人之治民 度於本 不從其欲 其於利民而已 故
    其與之刑 非所以惡民 愛之本也".
119) 同上 '有度篇', "法不阿貴 繩不撓曲 法之所加 智者弗能辭 勇者弗敢
    爭 刑過不避大臣 賞善不遺匹夫".
120) 同上 '五蠹篇', "今有不才之子 父母怒之弗爲改 鄉人譙之弗爲動 師
    長敎之弗爲變 夫以父母之愛 鄉人之行 師長之智 三美加焉 而終不
    動 其脛毛不改 州部之吏操官兵 推公法 而求索姦人然後恐懼 變其
    節 易其行矣".

라고 하였으니 人治나 禮治를 실시하여도 그 효과가 없지만 법치를 실시함으로써 그 효과가 현저함을 찾아 볼 수 있다.

또 다음으로 법치의 효용을 살펴보기로 하겠다.

첫째, 법은 中者의 군주가 써야 하는 治民의 유일한 방법이라고 주장했다. 그래서 법의 객관성과 中者의 군주가 선천적으로 지니고 있는 능력으로 관련지어 법을 治民의 공구로 규정하였다.121)

둘째, 법령을 확립함으로써 私를 없애고 邪를 막을 수 있다고 한비는 주장하였다.

즉 법만이 공평무사할 수 있기 때문에 법을 표준으로 하여 私意와 邪妄을 막아야 한다고 했다.122) 이 사의와 사망은 여러 신하들의 작위이기 때문에 법은 신하를 통솔하는 규범이라 정의하고 이와 같은 것을 제거하기 위하여 법을 실현해야 함을 주장한 것이다. 법은 治民의 공구인 동시에 군신의 행위를 규율하는 규범인 것이다. 따라서 군신의 사의와 사망을 법으로 막으려 함은 바로 富國强兵과 정권유지에 장애가 되는 요소를 제거하는 효과가 있기 때문이다.

셋째, 법치를 통해서 부국강병을 도모할 수 있다고 주장한다. 仁義가 아닌 嚴罰만이 신민으로 하여금 최선을 다하게 한다. 법치는 민력을 동원하는 좋은 방법이고, 민력이

---

121) 同上 '用人篇', '顯學篇', '大體篇'의 要點 整理.
122) 同上 '詭使篇', '飾邪篇'의 要點 整理.

바로 부국강병의 원동력이기 때문이다.123)

넷째, 법치는 貪官汚吏의 생성을 막을 수 있다고 주장했다. 법치는 신민을 피차에 구속하고 서로 밝히게 만들기 때문에 관리의 私와 뇌물을 막을 수 있다고 했다.124)

이와 같이 한비의 법치론은 군신의 특권을 제압하고, 군주의 이익을 확충하여 만백성의 이익과 부국강병을 도모하는 데 그 목적이 있다고 본다.

(2) 術治論

한비가 논한 勢治는 단순히 군주의 막강한 권력통치를 두고 말하는 것이 아니고, 그것은 오직 法과 術에 의해서 만들어진 勢, 곧 인위의 勢에 의한 통치이다. 그러므로 한비에 있어서 문제점은 인위의 勢를 어떻게 운용할 것인가? 하는 방법의 문제가 바로 術의 문제이다. 따라서 한비의 法·術·勢에 관한 이론은 그 정치사상의 불가결한 요소였다. 한비가 주장하는 술치론의 기본적인 생각은 신불해로 부터 유래된다. 『史記』에 의하면 신불해의 학문은 黃老에 근본하고 刑名을 주로 한다고 되어 있는 데 이를 보아 刑名·法術의 學에 주력한 것 같다. 또 한비의 '解老'·'喩老' 등을 살펴보면 한비가 말한 無爲術과 道家에서 말한 無爲와의 차이점은 道家의 無爲는 작위없는 소박하고 속임이 없는 자연 그대로의 우주 본체를 말한다면, 한비가

---

123) 同上 '外儲說 右下篇', '和氏篇'의 要點 整理.
124) 同上 '入說篇'의 要點 整理.

말하는 작위의 術은 관자나 신불해가 말한 虛靜·無欲을 군주의 통치의 근본으로 삼고 그 근본을 미루어 군신과 백성들에게 무위의 정치를 적극적으로 실천하는 것이다. 즉 體로써 虛靜·無欲한 통치의 本을 군신·백성에게 추급하여 나가는 方術을 말한다. 術은 군주가 군신을 다스리는 통치술이라 하겠다. 한비는 또한,

> "지금 신불해는 術을 강조하였고, 상앙은 법을 강조하였다. 術이란 책임을 따져서 벼슬을 주고, 명분을 좇아서 내용을 추구하며 사람을 죽이고 살리는 권한을 쥐고서 여러 신하들의 능력을 시험하는 것입니다. 이것은 군주가 잡고 있어야만 할 것입니다."125)

라고 하여 군주가 신하를 제어하는 權變이라는 것이다. 또 군왕이 법과 術을 병행해서 사용해야 함을 강조하였다. 또한,

> "법이란 관청에서 갖추어져 있는 법과 법령이며 백성들의 마음에 반드시 있는 형벌이다. 상은 법을 삼가는 이에게 주며 벌은 명령을 범하는 자에게 가하여지는 것이다. 이것은 신하들이 스승으로 삼아야만 할 것입니다. 군주가 術이 없다면 곧 윗자리에 가리워 있게 되며 신하가 법이 없다면 아래에서 혼란을 일으키게 될 것입니다. 그리하여 이것들은 한 가지도 없어서는 안 될 것이며, 모두 제왕이 쓰는 기구인 것입니다."126)

125) 同上 '定法篇', "今申不害言術 而公孫鞅爲法 術者因任而授官 循名 而責實 操殺生之柄 課群臣之能者也 此人主之所執也".
126) 同上 '定法篇', "法者憲令著於官府 刑罰必於民心 賞存乎愼法 而罰

라고 하였다. 임금이 법령만을 중시하고 관리들을 통제하는 用人術을 쏠줄 모르면 대신들의 사적인 세력이 확충되어 가기 때문에 강력한 통치권을 지속시켜 나아가려면 법은 물론이요 用人術도 절대적으로 필요하다는 것이다. 그는 또한,

> "術이란 능력에 따라 관직을 주고 名에 따라 그 實을 요
> 구하는 것으로서 죽이고 살리는 칼자루를 붙잡고서 군신의
> 능력을 잘 살피는 것이니 군주가 잡고 지키는 것이다."127)

라고 하였으니 여기서 말하는 實은 관직을 맡은 인물을 뜻하며, 名이란 관직의 이름을 가리킨다. 요컨대 術이란 관직들에게 재능에 따라 관직을 배치해 주고 그 관직의 명의에 일치하는 내실을 상과 벌을 활용하여 그들의 능력을 최대로 발휘할 수 있도록 하는 것이라 하겠다.

다음으로 한비의 術治의 목적을 살펴보기로 한다.

춘추시대 이래 흥행하던 弑君·簒奪의 풍조는 術이 없었던 까닭으로 발생하는 것으로 보고 다음과 같이 주장했다.

> "군주의 환난은 사람을 신용하는 데 있다. 사람들을 신
> 임하면 남에게 제어를 당한다. 신하들의 군주와의 관계는
> 골육의 친분이 있는 게 아니라, 권세에 매여서 하는 수 없

加乎姦令者也 此臣之所師也 君無術則弊於上 臣無法則亂於下 此不
可一無 皆帝王之具也".

127) 同上 '定法篇'. "術者 因任而授官 循名而責實 操殺生之柄 課群臣之
能者也 此人主之所執也".

이 섬기고 있는 것이다. 그러므로 신하된 자들은 그의 임
금의 마음을 엿보아 틈타려고 잠시도 쉬지 않고 생각하고
있다. 그런데 임금이 태만하게 윗자리에 앉아 있으니, 바
로 이것이 세상에 군주를 협박하거나 죽이는 일이 있게 되
는 까닭인 것이다."128)

라고 하였으니 군주와 신하의 관계에서 신하는 勢에 매여
부득이 군주를 섬기고 있으니 군주는 항상 조심하라는 것
이다. 또한 말하기를,

　　"군주된 사람이 그의 아들을 너무 신임하면 곧 간신들은
아들을 업고서 그들의 사사로운 욕망을 달성하려 한다. 그러
므로 李兌가 趙나라 군주의 스승이 되자 그의 아버지 주보를
굶겨 죽게 하였던 것이다. 군주된 사람이 그의 처를 너무 신
임하면 곧 간신들은 그의 처를 업고서 그들의 사사로운 욕망
을 달성 하려 한다. 그러므로 優施가 麗姬의 스승이 되어 申
生을 죽이고 奚齊를 군주의 자리에 앉혔던 것이다. 이처럼
가깝고 자식처럼 친한 사이도 말할 것도 없다."129)

라 하였으니 군주는 자식이나 처자 조차도 믿어서는 안된
다는 것이다. 다시 말해서 군주 자신 이외의 사람을 믿으

---

128) 同上 '備內篇', "人主之患 在於信人 信人則制於人 人臣之於其君 非
　　有骨肉之親也 縛於勢而 不得不事也 故爲人臣者 窺覘其君心也 無
　　須臾之休 而人主怠傲處其上 此世所以有劫君弑主也".
129) 同上 '備內篇', "爲人主而大臣其子 則姦臣得乘於子 以成其私 故李
　　兌傅趙王而餓主父 爲人主而大臣妻 則姦臣得乘於妻 以成其私 故優
　　施傅麗姬 殺申生而立奚齊 夫以妻之近與子之親 而猶不可言 則其餘
　　無可信者矣".

면 '四助'·'五壅'·'八姦'과 같은 것이 생긴다는 것이다. 그
래서 한비는 四助의 힘을 빌어 자기의 세력을 더욱 키워
나갈 것을 말하고 있다.

"나라의 실권을 쥔 사람들이 중요한 일들을 멋대로 하면
곧 나라 안팎의 사람들이 그들의 부림을 당하게 된다. 그리
하여 '제후들도 그들에게 기다리지 않으면 일이 제대로 되
지 않게 된다.' 그러므로 적국은 그를 칭송하는 것이다. '여
러 관리들은 그들에게 기대하지 않으면 업적을 이루지 못
하게 된다.' 그러므로 여러 신하들은 그들에게 부림을 당하
게 된다. '군주 측근의 사람들도 그들에게 기대하지 않으면
군주를 가까이 할 수가 없게 된다.' 그러므로 군주 측근에
서 그들의 나쁜 짓을 숨겨주게 된다. '학자들은 그들에게
기대하지 않으면 받는 祿이 薄하게 되고 대우도 낮아진다.'
그러므로 학자들은 그들을 위하여 선전하게 된다. 이 네 가
지 보조자는 간악한 신하들이 자기 자신을 꾸미는 근거가
되는 것이다."130)

라고 하였으니 四助의 힘을 빌어 자기의 세력을 더욱 키워
간신으로 되어감을 시사한 것이다. 또 한비는 말하기를,

"군주에게는 다섯 가지의 壅塞이 있다. 신하가 그 군주
를 가로막는 것을 壅塞이라고 한다. 신하가 財利를 제어하
는 것을 壅塞이라 한다. 신하가 제 마음대로 명령을 내리
는 것을 壅塞이라고 한다. 신하가 私意를 행할 수 있는 것

---

130) 『韓非子』 '孤憤篇', "當塗之人擅事要 則外內爲之用矣 是以諸侯不因
則事不應 故敵國爲之訟 百官不因 則業不進 故群臣爲之用郎中不因
則不得近主 故左右爲之匿 學士不因 則養祿薄禮卑 故學士爲之談".

을 塞이라고 한다. 신하가 자기의 사람을 扶植할 수 있는 것을 壅塞이라고 한다. 신하가 군주의 耳目을 덮어 막으면 임금은 그 자리를 잃고, 신하가 財利를 견제하면 임금은 백성에게 덕을 상실하며, 신하가 함부로 제 마음대로 명령을 전행한다면 임금은 제어할 길을 잃는다. 신하가 사사로이 의로운 일을 하면 군주는 명성을 잃게 되고, 신하가 제 사람을 부식시키면 군주는 黨與를 잃는다. 이 같은 일들은 임금만이 홀로 오로지 행해야 할 것이고 남의 신하된 자가 조종할 수 없는 것이다."131)

라고 하였다. 이 같이 四助의 힘을 입고 있는 간신의 '五壅'으로 임금을 가리워 弑君 또는 찬탈의 계기를 가진다고 지적하고 있다. 또한 '四助'와 '五壅'이 생겨나는 원인이 되는 것은 '八姦'으로 보았다.

"대체로 남의 신하된 자가 이용하여 奸計를 성취하는 데는 여덟 가지의 방법이 있다.

첫째, 同狀을 利用하는 것이니 무엇을 同狀이라 하는가? 귀한 부인과 사랑하는 孺子와 偏嬖의 好色 등이 그것이다.

둘째, 在旁이니 무엇을 在旁이라고 하는가? 俳優와 侏儒와 좌우에 가까이 모시어 친숙한 자들을 일컫는 말이다. 이들은 군주가 명령하기도 전에 네, 네하며, 시키기도 전에 그렇게 하겠습니다. 하고 나서는 자들이다.

셋째, 父兄의 恩義를 이용한다. 무엇을 父兄이라고 하는가? 側室, 公子는 군주가 가장 친애하는 자이며 대신과 延

---

131) 同上 '主道篇', "人主有五壅 臣閉其主曰壅 臣制財利曰壅 臣擅行令曰壅 臣得行義曰壅 臣得樹人曰壅 臣閉其主 則主失明 臣制財利則主失德 臣擅行令 則主失制 臣得行義 則主失名 臣得樹人 則主失黨 此人主之所以獨擅也 非人臣之所以得操也"

吏는 군주가 더불어 헤아리고 計劃하는 자이다.

넷째, 재앙을 기르게 한다. 무엇을 재앙을 기른다고 하는가? 군주가 아름다운 궁실과 대지를 즐겨하며 자녀와 駒馬를 좋게 꾸며서 그 마음을 즐겁게 한다. 이것은 남의 군주된 이의 재앙이다.

다섯째, 백성을 이용한다. 무엇을 백성을 이용한다고 하는가? 신하가 된 자는 公用의 재물을 흩어 주어서 백성의 마음을 즐겁게 하고 작은 은혜를 베풀어서 백성의 마음을 빼앗아 조정과 시정으로 하여금 다 자기를 칭찬하도록 만들어 그 제2의 군주를 막아 가리고 자기의 하고자 하는 바를 성취시킨다. 이것을 백성을 이용한다고 하는 것이다.

여섯째, 靑山流水 같은 辨說을 이용한다. 무엇을 물 흐르듯 하는 辨說을 이용한다고 하는가? 군주는 깊은 궁궐 속에 있어서 담론에 접할 기회가 막혀 있으므로 남의 논의를 듣는 일이 드물다. 그러므로 辨說에 움직여지기 쉽다. 그래서 군주에게 교묘한 청산유수 같은 口辯을 구사하여 군주에게 이익과 권세를 가지고 실시하게 하며 환난과 재해로써 군주를 두려워하게 만든다. 실속 없는 빈 말을 늘어놓아 군주를 미혹하게 만든다. 이것을 청산유수같은 辨說로 이용한다.

일곱째, 위력과 강권으로 위협한다. 무엇을 위력과 강권으로 위협한다고 하는가? 남의 군주된 이는 군신과 백성 때문에 위엄이 있고 강권이 있게 된다. 군신과 백성들을 공갈하여 자기의 사사로움을 수행케 한다. 이것을 威强으로 군신과 백성들을 위협하여 자기에게 복종하게 한다는 것이다.

여덟째, 외국의 세력을 이용한다. 무엇을 외국의 세력을 이용한다고 하는가? 군주된 이는 나라가 작으면 큰 나라를 섬기고, 군사가 약하면 강한 군사를 두려워한다. 그리하여 신하된 자가 외국의 위세를 사용하여 자기의 임금에게 자기의 私利를 요구하여 유도한다. 심한 자는 외국의 군대를

동원하여 군주를 견제한다. 이와 같은 것을 외국의 세력을
이용한다고 하는 것이다."132)

위의 '八姦'을 막기 위해서는 통치자인 군주는 자기 주위
를 살펴서 이에 대한 대책을 강구해야 한다고 본다.

'內儲說 上'을 보면 인군이 신하를 제어하는 術策 7가지
를 제시하고 있다.

첫째, 특정인의 말만 듣지 말고 많은 사람의 입으로 나
오는 말을 참고하여야 한다.

둘째, 법가는 刑九에 賞一의 중벌 주의를 신봉하므로 어
떠한 가벼운 죄라 할지라도 반드시 벌함으로써 그 위신을
밝히고 중죄를 범하지 않도록 경고한다.

셋째, 상을 줄 사람은 반드시 상을 줌으로써 현능한 선
비로 하여금 그 힘을 다하도록 한다.

넷째, 무슨 일이든지 일일이 신하에게 묻고 각기 책임을
수행하도록 독책한다.

다섯째, 군주가 어떤 목적을 가지고 있으나 그것을 숨겨
두고 다른 일을 신하에게 명하여 행하게 함으로써 그 목적
을 달성하는 것이다.

여섯째, 군주가 어떤 일에 대하여 숙지하면서도 신하에
게 물음으로써 그 신하의 인물의 邪正을 알아보는 것이다.

일곱째, 군주가 그 사상과 반대 되는 것을 물어 신하를

---

132) 『韓非子』 '八姦篇', "人臣之所道成姦者 有八術 一曰在同牀 二曰左旁
三曰父兄 四曰養殃 五曰民萌 六曰流行 七曰威强 八曰四方".

시험하는 것이다.

또 '五蠹篇'을 보면 한비는 국가를 해하는 다섯 종류의 사람을 들었다.

一蠹는 尙古主義 학자로서 그들은 선생의 도를 칭송하고 仁義를 빙자하고 용모와 의복을 화려하게 하고 辨說로써 당세의 법을 의심하게 하고 군주의 마음을 현혹시킨다. 이는 文으로써 법을 어지럽히는 자들이다.

二蠹는 국가에 이익이 되지 못하는 언론을 일삼는 자로서 작위를 행하고 외력을 빌어서 사욕을 성취하고 사직의 이익을 유기하는 자들이다.

三蠹는 칼을 차고 다니는 협사로서 무리들을 모아서 절조를 고조하여 그 이름을 나타내고 國禁을 범하는 자들이다.

四蠹는 군주의 近習者로서 私門을 쌓고 貨賂를 다하여 重人의 알현에 힘쓰고 汗馬의 노력을 기피하는 자들이다.

五蠹는 商工民으로서 거칠고 나쁜 器를 修治하고 不勞의 財를 쌓아서 시기를 기다려 농민의 이익을 빼앗는 자들이다.

이와 같은 五蠹의 民을 제거하거나 耿介之士를 기르지 않으면 국가는 반드시 멸망한다고 한비는 말하였다.[133]

또 한비는 術은 虛靜·無爲·無欲을 근간으로 하는 수단으로써 신하와 백성을 제어하는 힘으로써 術을 다음과 같이 말하고 있다.

---

133) 『韓非子』'五蠹篇', "學者, 論客, 俠士, 側近, 商工人".

"術이란 가슴 속 깊이 감추는 것이다. 그것은 여러 원칙에 어긋나지 않는 것으로 은밀히 여러 신하들을 통제하는 것이다."[134]

"術이란 군자가 신하의 능력에 따라 일을 맡기고 관직을 주는 것이며 신하가 명분을 좇아 실적을 따지는 것으로 살생의 수단을 가지고 여러 신하의 능력을 시험하는 것이다. 이와 같은 권한은 군주가 집권하는 것이다."[135]

라고 하였으니 군주가 신하를 統御함을 말하고 있다.

다음으로 한비자의 術을 어떻게 사용했는가를 알아보기로 한다.

첫째, 虛靜 · 無爲를 근본으로 삼아야 한다.

"군주는 이해의 표적으로 되어 많은 사람들은 이를 둘러싸고 각기 소망을 적중시키려 한다. 따라서 군주는 언제나 사방으로부터 겨누어지고 있다. 그 好惡의 情을 나타내면 신하는 그 情을 잡아 쥐고 군주를 미혹케 한다."[136]

라고 하였다. 군주는 心虛 · 身靜으로 無爲해야만 신하가 군주의 好惡와 지혜를 파악하지 못하여 作姦하지 못한다는 방술이다. 한비는 말하기를,

---

134) 同上 '難三篇', "術者 藏之於胸中 以偶衆 而潛御群臣也".
135) 同上 '定法篇', "術者 因任而授官 循名而責實 操殺生之柄 課君臣之能者也 此人主之所執也".
136) 『韓非子』 '外儲說 右上篇', "人主者 利害之軺轂也 射者衆 故人主共矣是以好惡見 則下有因而人主惑矣⋯明主之道 在申子之勸 獨斷也".

"군주는 자기의 하고자 하는 바를 드러내서는 안된다. 군주가 그 하고자 하는 바를 드러내면 신하는 스스로 장차 아로 새겨서 겉을 꾸밀 것이다. 군주가 자기의 의사를 드러내면 신하는 스스로 겉과 속이 다르게 될 것이다. 그런 까닭에 좋아하고 싫어하는 것도 모두 버린다. 그렇게 하면 신하는 비로소 소질을 나타낼 것이다. 교묘함도 버리고 지혜도 버린다. 그렇게 하면 신하는 곧 스스로 낮추게 될 것이다."137)

라고 하였다. 군주가 자기의 감정을 노출시키지 않고 무위자연의 도의 상태에 있을 때에 자신의 지혜와 기교가 노출되지 않기 때문에 신하들은 소박한 마음으로 자기의 지혜를 짜 나간다는 뜻으로 한비의 사상의 바탕에는 노자의 철학이 깔려 있고, 노자의 무위의 도 위에 법술적인 사고를 접목시키고 있다고 보아야 한다.

또한 한비는 군주가 무위로써 자신의 지혜와 기교를 생각해 내게 하는 것이다.

"대개 할 일은 많고 지혜는 부족하다. 적은 것은 많은 것을 이길 수 없다. 일인의 지혜로써 사물의 이치를 두루 알기에 足하지 않다. 그래서 사물에 따라 사물을 다스려야 한다. 신하는 많고 군주는 적다. 적은 것은 많은 것을 이길 수 없다. 一君으로써 군신을 두루 알기란 불가능하다. 그러므로 사람에 따라 사람을 이해해야 한다. 이로써 형체는 노고롭지 않고서도 사물은 다스려질 것이며, 지혜와 사

---

137) 同上 '主道篇', "君無見其所欲 君見其所欲 臣自將彫琢 君無見其意 君見其意 臣將自表裏 故曰去好去惡 臣乃見素 去舊去智 臣乃自備".

려를 사용하지 않고서 姦은 擄得할 수 있을 것이다."138)

라 하였으니, 군주는 무위에 안주하고서도 신하의 지혜와
기교를 짜내도록 할 수 있는 술책이다.
　한비는 形名參同할 것을 주장하고 있다. 臣이 진언하는
바가 名이고, 그 名에 따른 업적이 形이다.

　　"군주는 그 名을 조절하고 신하는 그 形을 나타낸다. 形
　名이 參同하니, 上下가 조화롭다."139)
　　"군주가 形名이 일치할 때 虛言에 미혹되지 않는다. 또
　한 參同은 군주가 名을 잡고 臣이 形을 확인함으로써 臣으
　로 하여금 정직하게 利를 취할 수 밖에 없도록 하는 결과
　가 있다는 것이다."140)

그러나 한비는 形名을 參同하는 데 있어서 군신들이 말은
많으나 공이 적으면 벌하고 군신이 말은 적으나 공이 많아
도 벌하였다. 形과 名은 參同하여 일치점을 가져야 한
다.141)고 주장한다.

---

138)『韓非子』'難三篇', "且夫物衆而知寡 寡不勝衆 智不足以徧知物 故
　　因物以治物 下衆而上寡 寡不勝衆者 言君不足以徧知臣也 故因 人
　　知人 是以形體不勞而事治 智慮不用而姦得".
139) 同上 '揚權篇', "君操其名 臣效其形 形名參同 上下和調也".
140) 同上 '孤憤篇', "不以功伐決智行 不以參伍審罪過 而聽左右 近習之
　　言 則無能之士在廷 而愚汚之吏處官矣".
141) 同上 '二柄篇', "故群臣其言大而功小者則罰 非罰小功也 罰功不當名
　　也 群臣其言小而功大者亦罰 非不說於大功也 以爲不當名也 害甚於
　　有大功 故罰".

(3) 勢治篇

춘추전국시대에는 한 군주를 위한 정치체제였다. 따라서 각국들은 중앙집권체제를 추진하였다. 군주들이 원만한 법치주의를 실천하기 위해서는 중앙집권체제를 확립하고 勢를 필수적으로 생각했고, 이것이 법치주의의 근간이 된다고 생각했다. 한비는 이 시대에 강력한 영도력을 갖춘 지도자가 요청되고 있기 때문에 勢治와 尊君을 강조했다.

이와 같이 勢治와 尊君을 주장하는 것은 상호보완관계를 유지할 때 군주의 위상이 높여지고 부국강병을 지향할 수 있기 때문이다. 法·術·勢는 한비 정치철학의 3대 요소이다. 이 중에서 勢治主義思想은 춘추전국시대에 있어서 비교적으로 군주의 통치를 가능하게 하는 권력지위이며, 法術을 실천하기 위한 전제조건을 의미한다. 법가의 勢治論은 愼到에서부터 시작해서 계승되어 오다가 한비에 이르러 그 학설이 체계화되고 정립되었다고 볼 수 있다.

한비자의 勢에 대한 것을 살펴보기로 한다.

> "신하와 군주의 관계란 골육의 친함이 있는 것이 아니다. 勢에 묶여 마지못해 섬기는 것이다."[142]
> "현명한 군주가 나라를 통치할 때는 勢를 위임받는다."[143]

---

142)『韓非子』'備內篇', "人臣之於其君 非有骨肉之親也".
143) 同上 '難三篇', "凡明主之治國也 任其勢".

라 하였으니 군주는 나라를 통치할 때 勢를 가지고 있기 때문에 군신관계에서도 섬김을 받을 수 있고 존경을 받을 수 있는 위치에 놓이게 된다. 그러므로,

"군주의 勢는 家人을 다스리는 도구로서 보편적인 강제력이라 할 수 있다. 그래서 勢는 많은 이를 제압하는 자이다."144)

라고 하였고, 또한,

"勢는 일종의 도구로써 어떤 무엇으로도 금지시키지 못한다."145)

라고 하였다.

한비자는 勢의 목적을 치국의 중요한 수단으로 삼았기 때문에,

"나라는 군주의 수레이고, 勢는 군주의 말(馬)이다."146)

라고 비유하였다. 또한 군주만이 이 勢를 독점해서 치국해야 한다고 주장한다. 그러므로,

---

144) 『韓非子』 '八經篇', "勢者 勝家之資也".
145) 同上 '難勢篇', "勢之爲道 無不禁".
146) 同上 '外儲說 右上篇', "國者 君之車也 勢者 君之馬也".

"군주는 권세를 사람에게 빌려 주어서는 안된다. 만약
군주가 그 하나라도 놓친다면 신하는 이를 갖고 그 권세를
壁으로 삼는다."147)

라고 하였으니 군주만이 勢를 독점해야 원만하게 신하와
백성들을 통치할 수 있음을 강조한 것이다.

3. 法術思想의 價値觀

한비자는 위에서 法·術·勢의 통치이론을 구명한 바와
같이 상호 유기적인 관계를 맺고 있음을 알았다.
이와 같은 法·術·勢의 통치이론에 대한 유기적인 관계
를 살펴보면 법의 주요대상은 신하와 백성이고, 術의 대상
은 신하 뿐이다. 법은 여러 사람에게 공포하여 알게 된 律
文이지만, 術은 군주 한 사람만이 마음 속에 깊이 간직한
奇智있는 術策을 말한다. 勢 역시 術과 마찬가지로 군주
만이 독점할 수 있는 것이다. 여기에서 주의해야 할 점은
法·術·勢의 주체는 누구이며, 또한 누구를 대상으로 하
느냐? 가 문제이다. 이것은 두 말할 것 없이 군주가 法·
勢·術의 주체이다. 법이 단지 군주정치에 대한 이익추구
를 옹호하는 데 그 초점이 맞추어졌다는 점과 術과 勢는
군주만이 완전히 독점하고 있었다. 여기에서 군주의 통치
대상인 신하로부터 백성까지 법치사상을 적용해서 안정된

---

147) 同上 '內儲說 下篇', "權勢不可以借人 上失其一臣以爲百".

사회를 어떻게 하면 이룩할 수 있느냐? 하는 문제가 무엇보다도 중차대하다. 또한 민주주의 국가에서 백성을 위한 백성에 의한 정치구현에 비추어 본다면 부정적인 면이 있다. 또한 군주가 국가를 개인사유물처럼 좌지우지한 점과 법의 특정권을 군주만이 소유하고 신민은 고려조차 할 수 없었다는 점 등의 부정적인 요소가 많이 강조되고 있다고 볼 수 있다. 한비의 입법의 궁극적인 목적은 국민의 이익을 위하는 데 초점이 맞추어져 있다고 볼 수 있다. 춘추전국시대의 다원화된 현실 속에서 法術의 작용적인 면을 강조할 수 밖에 없었던 현실을 이해해야 한다. 당시 시대상을 고려해 볼 때 그의 법술사상은 유효했으며, 그의 부국강병책에 알맞게 적용함은 그 당시의 현실적인 요구라고 볼 수 있다.

이와 같은 관점에서 법술사상의 적용이 큰 효과를 나타낼 수 있는 바탕은 무엇보다도 법철학에 있다고 보아야 한다. 한비는 관자와 신불해 같은 법사상가들의 虛靜·無爲·無慾의 사상을 잘 전수 받은 법술사상가이기 때문에 법치의 본체는 군주 자신의 명덕이라 생각된다. 신하와 백성을 통치하는 데 근원적인 것은 군주의 虛靜하고 無慾한 명덕이라 볼 수 있다.

『대학』에 明明德, 新民을 말하였는데 군주의 虛靈不昧한 명덕이 확립되어 있을 때에 신하들과 백성들이 새롭게 할 수 있고 교화할 수 있듯이 한비자도 군주 자신의 밝은 지혜와 밝은 德으로 자기 가치관이 확립되고 난 뒤에 法術로 백성들을 다스릴 때 惡人을 거척하고 善人의 이익을 위한 정치가 구현될 수 있으리라 믿는다. 한비의 법술사상의 주체는 항상 군주이다. 군주의 가치관이 정립되어야만 法·術·勢의 통치가 제대로 이루어질 것이며, 또한 공자의 正名에 알맞은 정치가 실현되어 안정된 사회가 이룩될 수 있으리라 믿는다.

Ⅲ. 結 論

이상에서 한비자의 법술사상을 간략하게 구명하여 보았다. 한비는 혼란하고 다원화 된 춘추전국시대에 태어나서 살다 간 법술사상가로써 이 혼란한 시대를 가장 효과적으로 통치할 수 있는 法·術·勢의 통치방법을 제시하였다. 그의 법술이론은 인간의 성품은 태어날 때부터 이기적이고 악하다는 순자의 性惡說과 지속적으로 변화·발전한다는 역사관을 근거로 하고 있었다.

법치의 내용을 살펴보면 勢는 군주의 통치권으로 상벌의 二柄으로 표현되었으며, 법은 군주가 통치하는 工具로서 신과 백성을 제한하여 국가의 질서를 바로 잡는 데 그 목적을 두고 있다. 術은 군주가 신하들을 통제하는 데 사용하는 法術로서 군주의 지위를 유지하기 위하여 간신들의 모략을 막는 데 필요한 方術이다.

法·勢·術은 관중·신불해·상앙 같은 법가들이 이미 만들어 놓은 것을 시대적인 상황에 알맞게 종합하고 정리한 것으로 이 세 가지는 서로 不可離의 관계에 있음을 밝혔다. 역사의 흐름 속에 사상이란 것은 우리 사회에 영향을 준다. 그 가운데는 긍정적인 면과 부정적인 면이 있기 마련이다. 이를테면 古來로부터 중요시하던 덕치주의와 도덕관념과 같은 것을 경시하는 점과 한비가 군주의 지배를 완벽하게 하는 데 勢와 術을 제시했으나 국민의 행복을 위하는 방법을 제시하지 못한 점이 그것이다. 그러므로 한비의 법술사상은 국민의 자유와 행복을 추구하는 經世濟民하는 데는 부족한 점이 있었다고 볼 수 있다. 그러나 이처럼 비판받아야 할 점이 있음에도 불구하고 한비의 법치사상이 가치와 의의를 갖는 것은, 인구가 기하급수적으로 증가하고 국가와 사회가 다원화하여 복잡해질수록 仁義와 같은 윤리도덕을 강조하는 덕치주의로는 통치가 불가능하기 때문이다.

당시 어려운 사회여건을 고려해 볼 때 군주의 강력한 전제정치의 실현으로 부국강병 할 수 있는 기본적인 인식 속에서 그 당시의 법술사상의 실현은 상당한 의의를 가지고 있다고 본다.

이와 같은 법치론은 오늘날의 법과는 좀 다른 점은 있으나 혼란한 사회를 질서있게 바로 잡을 수 있는 강제 통용력은 오늘날의 법과 같은 점이 있다고 하겠다.

앞으로 동양의 법철학을 연구하고자 한다면 노자의 자연

법사상으로 부터 한비자의 법치론에서 규명되어야 하는
데, 이것은 연구과제로 남긴다.

參 考 文 獻

· 金谷治 外, 조성을 옮김, 『中國思想史』, 이론과 실천, 1986.
· 金能根 著, 『中國哲學史』, 『獎學出版社』, 1984.
· 金永俊 著, 『比較政治發展論』, 一潮閣, 1989.
· 金鍾武 著, 『諸子百家上·下』, 三省文化文庫, 1977.
· 『論儒家鬪爭』, 上海: 人民出版社, 1975.
· 陶希聖 著, 『中國政治思想史』, 臺北: 食貨出版社, 1954.
· 木村英一 著, 『法家思想の 研究』, 東京: 弘文堂書局, 1944.
· 裵宗鎬 外, 『韓非子, 墨子, 荀子』, 三省出版社, 1990.
· 司馬遷 著, 『史記, 卷四』, 「老子, 韓非子傳」, 臺北, 泰順書局, 1971.
· 蕭公權 著, 『中國政治思想家』, 臺北: 聯經出版社, 1982.
· 8申口浩, 田口當久治 外, 『國家思想史』, 거름, 1985.
· 薩孟武 著, 『中國社會政治史』, 臺北, 民國 58. 『中國政治思想家』,
　　　　　　臺北, 三民書局, 民國 58. 『中國政治思想』, 臺北, 産博
　　　　　　出版社, 民國 67.
· 王曉波, 張純共 著, 『韓非思想的歷史研究』, 臺北: 聯經出版社, 1983.
· 梁啓超 著, 『先秦政治思想史』, 中華書局, 民國 66.
· 容肇祖 著, 『韓非子考證』, 臺北: 臺聯出版社, 1935.
· 任繼愈 著, 『中國哲學史』, 北京, 1985, 전태원 역, 까치, 1990.
· 劉明鍾 著, 『中國思想史』·「古代篇」, 以文出版社, 1983.
· 牟宗三 著, 鄭仁在, 鄭炳碩 共譯, 『中國哲學特講』, 螢雪出版社, 1985.
· 陳啓夫 著, 『中國政治哲學槪論』, 華國出版社, 民國, 40.
· 陳奇猶 著, 『韓非子集譯』, 臺北: 世界印行, 1963.
· 張素貞 著, 『韓非子思想體系』, 黎明文化事業公司, 民國, 68.
· 張其日勻 著, 中國文化研究所譯, 『中國思想의 根源』, 文朝社, 1986.
· 金洪柱, 「韓非의 政治經濟思想에 關한 研究」, 仁何大學碩上論文, 1987.
· 김영태, 「韓非의 術論 研究」, 서울大 哲學論究 21, 1993. 12.
· 裵垣達, 「法家思想에 關한 研究」, 安東文化, 第7篇, 安東文化研究
　　　　所, 1976.

·沈佑燮, 拙稿,「韓非 法術思想의 再照明」, 民主文化論叢, 민주문화
　　　아카데미.
·제2권 제8호 통권 제15호, 1991. 8.
·심재우,「韓非子의 法思想」, 高麗大 法學論集 32, 1996. 12.
·李康洙,「韓非의 經世思想」, 哲學探究, 中大文理哲學科, 1986.
·李元術,「韓非子의 政治思想研究」, 嶺南大 社會科學 8, 1977.
·정환종,「韓非子의 ʻ法ʼ」, 國民大 北岳論叢 10, 1992. 5.

찾아보기